U0331131

杜威晚期著作

1925—1953

复旦大学杜威与美国哲学研究中心　组译

杜威全集

《自由主义与社会行动》
1935至1937年间的论文、书评及报告

第十一卷

1935—1937

[美] 约翰·杜威　著

朱志方 熊文娴 潘 磊 喻郭飞 李 楠 译

华东师范大学出版社

上海市版权局著作权合同登记　图字：09－2004－377号

《杜威全集·晚期著作》(1925—1953)

第十一卷(1935—1937)

主　　　编　乔·安·博伊兹顿(Jo Ann Boydston)

文 本 编 辑　凯瑟琳·E·普洛斯(Kathleen E. Poulos)

助理文本编辑　芭芭拉·莱文(Barbara levine)

　　　　　　　安妮·夏普(Anne sharpe)

　　　　　　　哈丽雅特·弗斯特·西蒙(Harriet Furst Simon)

目　录

中文版序

《杜威全集》中文版终于由华东师范大学出版社出版了。作为这一项目的发起人，我当然为此高兴，但更关心它能否得到我国学界和广大读者的认可，并在相关的学术研究中起到预期作用。后者直接关涉到对杜威思想及其重要性的合理认识，这有赖专家们的研究。我愿借此机会，对杜威其人、其思想的基本倾向和影响，以及研究杜威哲学的意义等问题谈些看法，以期抛砖引玉。考虑到中国学界以往对杜威思想的消极方面谈论得很多，大家已非常熟悉，我在此就主要谈其积极方面，但这并非认为可以忽视其消极方面。

一、杜威其人

约翰·杜威(John Dewey, 1859—1952)是美国哲学发展中最有代表性的人物。他不仅进一步阐释并发展了由皮尔士创立、由詹姆斯系统化的实用主义哲学的基本理论，而且将其运用于社会、政治、文化、教育、伦理、心理、逻辑、科学技术、艺术、宗教等众多人文和社会科学领域的研究，并在这些领域提出了重要创见。他在这些领域的不少论著，被西方各该领域的专家视为经典之作。这些论著不仅对促进这些领域的理论研究起到过重要的作用，在这些领域的实践中也产生过深刻的影响。杜威由此被认为是美国思想史上最具影响的学者，甚至被认为是美国的精神象征；在整个西方世界，他也被公认是 20 世纪少数几个最伟大的思想家之一。

杜威出生于佛蒙特州伯灵顿市一个杂货店商人家庭。他于 1875 年进佛蒙特大学，开始受到进化论的影响。1879 年，他毕业后先后在一所中学和一所乡村学校教书。在这期间,他阅读了大量的哲学著作,深受当时美国圣路易黑格尔学派刊物《思辨哲学杂志》的影响。1882年,他在该刊发表了《唯物主义的形而上学假定》和《斯宾诺莎的泛神论》两文,很受鼓舞,从此决定以哲学为业。同年,他成了约翰·霍普金斯大学的哲学研究生,在此听了皮尔士的逻辑讲座,不过当时对他影响最大的是黑格尔派哲学家莫里斯(George Sylvester Morris)和实验心理学家霍尔(G. Stanley Hall)。两年后,他以《康德的心理学》论文取得哲学博士学位。

1884年,杜威到密歇根大学教哲学,在该校任职10年(其间,1888年在明尼苏达大学)。初期,他的哲学观点大体上接近黑格尔主义。他对心理学研究很感兴趣,并使之融化于其哲学研究中。这种研究,促使他由黑格尔主义转向实用主义。在这方面,当时已出版并享有盛誉的詹姆斯的《心理学原理》对他产生了强烈的影响。杜威对心理学的研究,又促使他进一步去研究教育学。他主张用心理学观点去进行教学,并认为应当把教育实验当作哲学在实际生活中的运用的重要内容。

1894年,杜威应聘到芝加哥大学,后曾任该校哲学系主任。他在此任教也是10年。1896年,他在此创办了有名的实验学校。这个学校抛弃传统的教学法,不片面注重书本,而更为强调接触实际生活;不片面注重理论知识的传授,而更为强调实际技能的训练。杜威后来所一再倡导的"教育就是生活,而不是生活的准备"、"从做中学"等口号,就是对这种教学法的概括。杜威在芝加哥时期,已是美国思想界一位引人注目的人物。他团聚了一批志同道合者(包括在密歇根大学就与他共事的塔夫茨、米德),形成了美国实用主义运动中著名的芝加哥学派。杜威称他们共同撰写的《逻辑理论研究》(1903年)一书是工具主义学派的"第一个宣言"。此书标志着杜威已从整体上由黑格尔主义转向了实用主义。

从1905年起,杜威转到纽约哥伦比亚大学任教,直到1930年以荣誉教授退休。他以后的活动也仍以该校为中心。这一时期不仅是他的学术活动的鼎盛期(他的大部分有代表性的论著都是在这一时期问世的),也是他参与各种社会和政治活动最频繁且声望最卓著的时期。他把两者有机地结合在一起。他对各种社会现实问题的评论和讲演,往往成为他的学术活动的重要组成部分。从1919年起,杜威开始了一系列国外讲学旅行,到过日本、墨西哥、俄罗斯、土耳其等国。"五四"前夕,他到了中国,在北京、南京、上海、广州等十多个城市作过系列讲演,于1921年7月返美。

杜威一生出版了 40 种著作,发表了 700 多篇论文,内容涉及哲学、社会、政治、教育、伦理、心理、逻辑、文化、艺术、宗教等多个方面。其主要论著有:《学校与社会》(1899 年)、《伦理学》(1908 年与塔夫茨合著,1932 年修订)、《达尔文主义对哲学的影响》(1910 年)、《我们如何思维》(1910 年)、《实验逻辑论文集》(1910 年)、《哲学的改造》(1920 年)、《人性与行为》(1922 年)、《经验与自然》(1925 年)、《公众及其问题》(1927 年)、《确定性的寻求》(1929 年)、《新旧个人主义》(1930 年)、《作为经验的艺术》(1934 年)、《共同的信仰》(1934 年)、《逻辑:探究的理论》(1938 年)、《经验与教育》(1938 年)、《自由与文化》(1939 年)、《评价理论》(1939 年)、《人的问题》(1946 年)、《认知与所知》(1949 年与本特雷合著)等等。

二、杜威哲学的基本倾向

杜威在各个领域的思想都与他的哲学密切相关,这不只是他的哲学的具体运用,有时甚至就是他的哲学的直接体现。我们在此不拟具体介绍他的思想的各个方面和他的哲学的各个部分,仅概略地揭示他的哲学的基本倾向。杜威哲学的各个部分,以及他的思想的各个方面,大体上都可从他的哲学的基本倾向中得到解释。这种基本倾向从其积极意义上说,主要表现为如下三点。

第一,杜威把对现实生活和实践的关注当作哲学的根本意义所在。

在现代西方各派哲学中,杜威哲学最为反对以抽象、独断、脱离实际等为特征的传统形而上学,最为肯定哲学应当面向人的现实生活和实践。如何通过人本身的行为、行动、实践(即他所谓的以生活和历史为双重内容的经验)来妥善处理人与其所面对的现实世界(自然和社会环境),以及人与人之间的关系,是杜威哲学最为关注的根本问题。杜威哲学从不同的角度来说有着不同的名称,例如,当他强调实验和探究的方法在其哲学中的重要意义时,称其哲学为实验主义(experimentalism);当他谈到思想、观念的真理性在于它们能充当引起人们的行动的工具时,称其哲学为工具主义(Instrumentalism);当他谈到经验的存在论意义,而经验就是作为有机体的人与其自然环境的相互作用时,称其哲学为经验自然主义(empirical naturalism)。贯彻于所有这些称呼的概念是行动、行为、实践。杜威哲学的各个方面,都在于从实践出发并引向实践。这并不意味着实践就是一切。实践的目的是改善经验,即改善人与其自然和社会环境的关系,一句话,改善人的生活和生存条件。

杜威对实践的解释当然有片面性。例如,他没有看到人类的物质生产活动在人的实践中的基础作用,更没有科学地说明实践的社会性;但他把实践看作是全部哲学研究的核心,认为存在论、认识论、方法论等问题的研究都不能脱离实践,都具有实践的意义,且在一定意义上是合理的。

值得一提的是:与胡塞尔、海德格尔等人通过曲折的道路返回生活世界不同,与只关注逻辑和语言意义分析的分析哲学家也不同,杜威的哲学直接面向现实生活和实践。杜威一生在哲学上所关注的,不是去建构庞大的体系,而是满腔热情地从哲学上探究人在现实生活和实践各个领域所面临的各种问题及其解决办法。在杜威的全部论著中,关于政治、社会、文化、教育、心理、道德、价值、科学技术、审美和宗教等多个领域的具体问题的论述占了绝大部分。他的哲学的精粹和生命力,大多是在这些论述中表现出来的。

第二,杜威的哲学改造适应和引领了西方哲学由近代到现代转向的潮流。

19 世纪中期以来,西方哲学发展出现了根本性的变更,以建构无所不包的体系为特征的近代哲学受到了广泛的批判,以超越传统的实体性形而上学和二元论为特征的现代哲学开始出现,并越来越占主导地位。多数哲学流派各以特有的方式,力图使哲学研究在不同程度上从抽象化的自在的自然界或绝对化的观念世界返回到人的现实生活世界,企图以此摆脱近代哲学所陷入的种种困境,为哲学的发展开辟新道路。西方哲学由近代到现代的这种转折,不能简单归结为由唯物主义转向唯心主义、由进步转向反动,而是包含了哲学思维方式上一次具有划时代意义的转型。它标志着西方哲学发展到了一个新的、更高的阶段。杜威在哲学上的改造,不仅适应了而且在一定意义上引领了这一转型的潮流。

杜威曾像康德那样,把他在哲学上的改造称为“哥白尼革命”(Copernican revolution)。但他认为康德对人的理智的能动性过分强调,以致使它脱离了作为其存在背景的自然。而在他看来,人只有在其与自然的相互作用中才有能动作用,甚至才能存在。哲学上的真正的哥白尼革命,正在于肯定这种交互作用。如果说康德的中心是心灵,那么杜威的新的中心是自然进程中所发生的人与自然的交互作用。正如地球或太阳并不是绝对的中心一样,自我或世界、心灵或自然都不是这样的中心。一切中心都存在于交互作用之中,都只具有相对的意义。可见,杜威所谓哲学中的哥白尼革命,就是以他所主张的心物、主客、经验自然等的交互作用,或者说人的现实生活和实践来既取代客体中心论,也取代主体中心论。他也是在这种意义上,既反对忽视主体的能动性的旧的唯物主义,又反对忽视自然作为存在的根据和作用的旧的唯心主义。

不是把先验的主体或自在的客体,而是把主客的相互作用当作哲学的出发点;不是局限于建构实体性的、无所不包的体系,而是通过行动、实践来超越这样的体系;不是转向纯粹的意识世界或脱离了人的纯粹的自然界,而是转向与人和自然界、精神和物质、理性和非理性等等都有着无限牵涉的生活世界,这大体上就是杜威哲学改造的主要意义;而这在一定程度上,也正是多数西方哲学由近代到现代转向的主要意义。杜威由此体现和引领了这种转向。

第三,杜威的哲学改造与马克思在哲学上的革命变更存在某些相通之处。

西方哲学从近代到现代的转向与马克思在哲学上的革命变更的政治背景大不相同,二者必然存在原则性区别;但二者发生于大致相同的历史时代,具有共同的历史和文化背景,因而又必然存在相通之处。如果我们能够肯定杜威的哲学改造适应并引领了西方哲学从近代到现代转向的潮流,那就必须肯定杜威的哲学改造与马克思在哲学上的革命变更必然同样既有原则区别,又有相通之处。后者突出地表现在,二者都把实践当作哲学的根本意义而加以强调。马克思正是通过这种强调而得以超越旧唯物主义和唯心主义辩证法的界限,把唯物主义和辩证法有机地统一起来,建立了唯物辩证法。杜威在这些方面与马克思相距甚远。但是,他毕竟用实践来解释经验而使他的经验自然主义超越了纯粹自然主义和思辨唯心主义的界限,并由此提出了一系列超越近代哲学范围的思想。

杜威的经验自然主义并不否定自然界在人类经验以外自在地存在,不否定在人类出现以前地球和宇宙早已存在,而只是认为人的对象世界只能是人所遭遇到(经验到)的世界,这在一定程度上类似于马克思所指的与纯粹自然主义的自在世界不同的人化世界,即现实生活世界。杜威否定唯物主义,但他只是在把唯物主义归结为纯粹自然主义的唯物主义的意义上去否定唯物主义。杜威强调经验的能动性,但他不把经验看作可以离开自然(环境)而独立存在的精神实体或精神力量,而强调经验总是处于与自然、环境的统一之中,并与自然、环境发生相互作用。这与传统的唯心主义经验论也是不同的,倒是与马克思关于主客观的统一和相互作用的观点虽有原则区别,却又有相通之处。

杜威是在黑格尔影响下开始哲学活动的。他在转向实用主义以后,虽然抛弃了黑格尔的绝对唯心主义,甚至也拒绝了黑格尔的辩证法,但是在他的理论中又保留着某些辩证法的要素。例如，他把经验、自然和社会等都看作是统一整体，其间都存在着多种多样的联系；他在达尔文进化论的影响下，明确肯定世界（人类社会和自然界）处于不断进化和发展的过程之中。他所强调的连续性（如经验与自然的连续、人与世界的连续、身心的连续、个人与社会的连续等等）概念，在一定程度上就是统一整体的概念、进化和发展的概念。这种概念虽与马克思的辩证法不能相提并论，但毕竟也有相通之处。

三、杜威哲学的积极影响

杜威实用主义哲学对现实生活和实践的强调，对西方哲学从近代到现代转向的潮流的适应和引领，特别是它在一些重要方面与马克思哲学的相通，说明它在一定程度上体现了时代精神发展的要求。正因为如此，它必然是一种在一定范围内能发生积极影响的哲学。

实用主义在美国的积极影响，可以用美国人民在不长的历史时期里几乎从空地上把美国建设成为世界的超级大国来说明。实用主义当然不是美国唯一的哲学，但它却是美国最有代表性的哲学。实用主义产生以前的许多美国思想家（特别是富兰克林、杰斐逊等启蒙思想家），大多已具有实用主义的某些特征，这在一定意义上为实用主义的正式形成作了思想准备。实用主义产生以后，传入美国的欧洲各国哲学虽然能在美国哲学中占有一席之地，其中分析哲学在较长时期甚至能在哲学讲坛上占有支配地位；但是，它们几乎都毫无例外地迟早被实用主义同化，成为整个实用主义运动的组成部分。当代美国实用主义者莫利斯说：逻辑经验主义、英国语言分析哲学、现象学、存在主义同实用主义"在性质上是协同一致的"，它们"每一种所强调的，实际上是实用主义运动作为一个整体范围之内的中心问题之一"。① 就实际影响来说，实用主义在美国哲学中始终占有优势地位。桑塔亚那等一些美国思想家也承认，美国人不管其口头上拥护的是什么样的哲学，但是从他们的内心和生活来说都是实用主义者。只有实用主义，才是美国建国以来长期形成的一种民族精神的象征。而实用主义的最大特色，就是把哲学从玄虚的抽象王国转向人所面对的现实生活世界。实用主义的主旨

① Morris, Charles W. *The Pragmatic Movement in American Philosophy*. New York: George Braziller, 1970, p. 148.

就在指引人们如何去面对现实生活世界,解决他们所面临的各种疑虑和困扰。实用主义当然具有各种局限性,人们也可以而且应当从各种角度去批判它,马克思主义者更应当划清与实用主义的界限;但从思想理论根源上说,正是实用主义促使美国能够在许多方面取得成功,这大概是一个不争的事实。

在美国以外,实用主义同样能发生重要的影响。与杜威等人的哲学同时代的欧洲哲学尽管不称为实用主义,但正如莫利斯说的那样,它们同实用主义"在性质上是协同一致的"。如果说它们各自在某些特定方面、在一定程度上体现了现代西方社会的时代特征,实用主义则较为综合地体现了这些特征。换言之,就体现时代特征来说,被欧洲各个哲学流派特殊地体现的,为实用主义所一般地体现了。正因为如此,实用主义能较其他现代西方哲学流派发生更为广泛的影响。

杜威的实用主义在中国也发生过重要的影响。早在"五四"时期,杜威就成了在中国最具影响的西方思想家。从外在原因上说,这是由于胡适、蒋梦麟、陶行知等他在中国的著名弟子对他作了广泛的宣扬;杜威本人在"五四"时期也来华讲学,遍访了中国东西南北十多个城市。这使他的思想为中国广大知识界所熟知。然而,更重要的原因是:他在理论中所包含的科学和民主精神,正好与"五四"时期中国先进知识分子倡导科学和民主的潮流相一致。另外,他的讲演不局限于纯哲学的思辨而尤其关注现实问题,这也与中国先进分子的社会改革的现实要求相一致。正是这种一致,使杜威的理论受到了投入"五四"新文化运动和社会改革的各阶层人士的普遍欢迎,从而使他在中国各地的讲演往往引起某种程度的轰动效应。杜威本人也由此受到很大鼓舞,原本只是一次短期的顺道访华也因此被延长到两年多。胡适在杜威起程回国时写的《杜威先生与中国》一文中曾谈到:"我们可以说,自从中国与西方文化接触以来,没有一个外国学者在中国思想界的影响有杜威先生这样大的。我们还可以说,在最近的将来几十年中,也未必有别个西洋学者在中国的影响可以比杜威先生还大的。"[①]作为杜威的信徒,胡适所作的评价可能偏高。但就其对中国社会的现实层面的影响来说,除了马克思主义者以外,也许的确没有其他现代西方思想家可以与杜威相比。

尽管杜威的实用主义与马克思主义有原则区别,但"五四"时期中国马克思主义者对杜威及其实用主义并未简单否定。陈独秀那时就肯定了实用主义的某

---

① 引自《胡适哲学思想资料选》(上),上海:华东师范大学出版社,1981年,第181页。

些观点,甚至还成为杜威在广州讲学活动的主持人。1919 年,李大钊和胡适关于"问题与主义"的著名论战,固然表现了马克思主义与实用主义的原则分歧,但李大钊既批评了胡适的片面性,又指出自己的观点有的和胡适"完全相同",有的"稍有差异"。他们当时的争论并未越出新文化运动统一战线这个总的范围,在倡导科学和民主精神上毋宁说大体一致。毛泽东在其青年时代也推崇胡适和杜威。

"五四"以后,随着国内形势的重大变化,上述统一战线趋向分裂。20 世纪30 年代后期,由于受到苏联对杜威态度骤变的影响,中国马克思主义者对杜威也近乎于全盘否定了。20 世纪 50 年代中期,为了确立马克思主义在思想文化领域的主导地位,从上而下发动了一场对实用主义全盘否定的大规模批判运动。它在一定程度上达到了预期的政治目的,但在理论上却存在着很大的片面性。当时多数批判论著脱离了杜威等人的理论实际,形成了一种对西方思潮"左"的批判模式,并在中国学术界起着支配作用。从此以后,人们在对杜威等现代西方思想家、对实用主义等现代西方思潮的评判中,往往是政治标准取代了学术标准,简单否定取代了具体分析。杜威等西方学者及其理论的真实面貌就因此而被扭曲了。

对杜威等西方思想家及其理论的简单否定,势必造成多方面的消极后果。其中最突出的有两点:一是使马克思主义及其指导下的思想理论领域在一定程度上与当代世界及其思想文化的发展脱节,使前者处于封闭状态,从而妨碍其得到更大的丰富和发展;二是由于扭曲了马克思主义哲学和现代西方哲学的关系,忽视了二者在某些方面存在的共通之处,在批判杜威哲学等现代西方哲学的名义下扭曲了马克思主义哲学一些最重要的学说,例如关于真理的实践检验、关于主客观统一、关于个人与社会的关系等学说都存在这种情况。这种理论上的混乱导致实践方向上的混乱,甚至在一定程度上导致实践上的挫折。

需要说明的是:肯定杜威实用主义的积极作用并不意味着否定其消极作用,也不意味着简单否定中国学界以往对实用主义的批判。以往被作为市侩哲学、庸人哲学、极端个人主义哲学的实用主义不仅是存在的,而且在一些人群中一直发生着重要的影响。资产阶级庸人、投机商、政客以及各种形式的机会主义者所奉行的哲学,正是这样的实用主义。对这样的实用主义进行坚定的批判,是完全正当的。但是,如果对杜威的哲学作具体研究,就会发觉他的理论与这样的实用主义毕竟有着重大的区别。杜威自己就一再批判了这类庸俗习气和极端个人主义。如果简单地把杜威哲学归结为这样的实用主义,那在很大程度上就是把杜威所批判的哲学当作是他自己的哲学。

四、杜威哲学研究在当代中国的积极意义

改革开放以来,中国政治和思想文化上的"左"的路线得到纠正,哲学研究出现了求真务实的新气象,包括杜威实用主义在内的现代西方哲学研究得到了恢复和发展。以 1988 年全国实用主义学术讨论会为转折点,对杜威等人的实用主义的全盘否定倾向得到了克服,如何重新评价其在中国思想文化建设中的作用的问题也越来越受到学界的关注,对杜威等人的实用主义的研究由此进入了一个新阶段。"五四"时期,由于杜威的学说正好与当时中国的新文化运动相契合,起过重要的积极作用;今天的中国学界,由于对马克思主义哲学和现代西方哲学都已有了更为全面和深刻的理解,对杜威的思想的研究也会更加深入和具体,更能区别其中的精华和糟粕,这对促进中国的思想文化建设会产生更为积极的作用。

对杜威哲学的重新研究在当代中国的积极意义,至少包括如下三个方面:

第一,有利于对马克思主义哲学有更为全面和深刻的理解。

这是因为,杜威哲学和马克思的哲学虽有原则性区别,但二者在一些重要方面有相通之处。这主要表现在二者都批判和超越了以抽象、思辨、脱离实际等为特征的传统形而上学;都强调对现实生活和实践的关注在哲学中的决定性作用;都肯定任何观念和理论的真理性的标准是它们是否经得起实践的检验;都认为科学真理的获得是一个不断提出假设、又不断进行实验的发展过程;都认为社会历史同样是一个不断发展的过程,社会应当不断地进行改造,使之越来越能符合满足人的需要和人的全面发展的目标;都认为每一个人的自由是一切人取得自由的条件,同时个人又应当对社会负责,私利应当服从公益;都提出了使所有人共同幸福的社会理想,等等。在这些方面将马克思主义与杜威的实用主义作比较研究,既能更好地揭示它们作为不同阶级的哲学的差异,又能更好地发现二者作为同时代的哲学的共性,从而使人们既能更好地划清马克思主义和实用主义的界限,又能通过批判地借鉴后者可能包含的积极成果来丰富和发展马克思主义。

第二,有利于对中国传统文化的批判继承。

杜威哲学和中国传统文化有着两种不同的联系。以儒家为代表的中国传统文化是一种前资本主义文化,没有西方资本主义文化的理性主义特质,不会具有因把理性绝对化而导致的绝对理性主义和思辨形而上学等弊端;但未充分经理性思维的熏陶又是中国传统文化的缺陷,不利于自然科学的发展,更不利于人的个性的发展和自由民主等意识的形成。正因为如此,以儒家为代表的中国传统文化往往被历代封建统治阶级神圣化和神秘化,成为他们的意识形态,后者阻碍了中国科学技术的发展、人民的觉醒和社会历史的进步。"五四"新文化运动的主要矛头就是针对儒家文化作为封建意识形态的方面,以此来为以民主和科学精神为特征的新文化开辟道路。杜威哲学正是以倡导民主和科学为重要特征的。杜威来到中国时,正好碰上"五四"新文化运动,他成了这一运动的支持者。他的学说对于批判作为封建意识形态的儒学,自然也起了促进作用。

但是,儒家文化并不等于封建文化;孔子提出的以"仁"为核心的儒学本身并不是统治阶级的意识形态。直到汉武帝实行"罢黜百家,独尊儒术"的政策以后,儒学才取得了独特的官方地位,由此被历代封建帝王当作维护其统治的精神工具。即使如此,也不能否定儒学在学理上的意义。它既可以被封建统治阶级所利用,又能为广大民众所接受,成为他们的生活信念和道德准则。历代学者对儒学的发挥,也都具有这种二重性。正因为如此,儒学除了被封建统治阶级利用外,还能不断发扬光大,成为中华民族宝贵的思想文化遗产。儒学所强调的"以人为本"、"经世致用"、"公而忘私"、"以和为贵"、"己所不欲,勿施于人"等观念,具有超越时代和阶级的普世意义。新文化运动的代表人物并不反对这些观念,而这些观念与杜威哲学的某些观念在一定程度上是相通的。杜威哲学在"五四"时期之所以能为中国广大知识分子接受,在一定程度上正是因为中国文化传统中已有与杜威哲学相通的成分。正因为如此,研究杜威的实用主义思想,对于更清晰地理解儒家思想,特别是分清其中具有普世价值的成分与被神圣化和神秘化的成分,发扬前者,拒斥后者,能起到促进作用。

第三,有利于促进对各门社会人文学科的研究。

杜威的哲学活动的一个突出特点,是他非常自觉地超越纯粹哲学思辨的范围而扩及各门社会人文学科。我们上面曾谈到,在杜威的全部论著中,关于政治、社会、文化、教育、道德、心理、逻辑、科学技术、审美和宗教等各个领域的具体问题的论述占了绝大部分。他不只是把他的哲学观点运用于这些学科的研究，而且是通过对这些学科的研究更明确和更透彻地把他的哲学观点阐释出来。反过来说，他对这些学科的研究都不是孤立地进行的，而是通过其基本哲学观点的具体运用而与其他相关学科联系起来，从而把对这些学科的研究形成为一个有机整体，并由此使他对这些学科的研究可能具有某些独创意义。

例如，杜威极其关注教育问题并在这方面作了大量论述，除了贯彻他对现实生活和实践的重视这个基本哲学倾向、由此强调在实践中学习在整个教学过程中的决定作用以外，他还把教育与心理、道德、社会、政治等因素紧密地结合在一起，从而使教育的内容更加丰富、全面。他的教育思想也由此得到了更为广泛的认同，被公认为是当代西方最具影响的教育学家。值得一提的是：无论在中国还是在苏联，杜威在教育上的影响几乎经久不衰。即使是在政治和意识形态影响极为深刻的年代，杜威提出的许多教育思想依然能不同程度地被人肯定。陶行知的教育思想在中国就一直得到肯定，而陶行知的教育思想被公认为主要来源于杜威。

我们这样说，并不是全盘肯定杜威。无论是在哲学和教育或其他方面，杜威都有很大的局限性，需要我们通过具体研究加以识别。但与其他现代西方哲学家相比，杜威是最善于把哲学的一般理论与其他人文社会学科密切结合起来、使之相互渗透和相互促进的哲学家，这大概是不可否认的事实。在这方面，很是值得我们借鉴。

五、关于《杜威全集》中文版的翻译和出版

要在中国开展对杜威思想的研究，一个重要的条件是有完备的和翻译准确的杜威论著。中国学者早在"五四"时期就开始从事这方面的工作。当时杜威在华的讲演，为许多报刊广泛译载并汇集成册出版。"五四"以后，杜威的新著的翻译出版仍在继续。即使是杜威在中国受到严厉批判的年代，他的一些主要论著也作为供批判的材料公开或内部出版。杜威部分重要著作的英文原版，在中国一些大的图书馆里也可以找到。从对杜威哲学的一般性研究来说，材料问题不是主要障碍。但是，如果想要对杜威作全面研究或某些专题研究，特别是对他所涉及的人文和社会广泛领域的研究，这些材料就显得不足了。加上杜威论著的原有中译本出现于不同的历史年代，标准不一，有的译本存在不准确或疏漏之

处,难以为据。更为重要的是,在杜威的论著中,论文(包括书评、杂录、教学大纲等)占大部分,它们极少译成中文,原文也很难找到。为了进一步开展对杜威的研究,就需要进一步解决材料问题。

2003年,在复旦大学举行的一次大型实用主义国际学术讨论会上,我建议在复旦大学建立杜威研究中心并由该中心来主持翻译《杜威全集》,得到与会专家的赞许,复旦大学的有关领导也明确表示支持。2004年初,复旦大学正式批准以哲学学院外国哲学学科为基础,建立杜威与美国哲学研究中心,挂靠哲学学院。研究中心立即策划《杜威全集》的翻译。华东师范大学出版社朱杰人社长对出版《杜威全集》中文版表示了极大的兴趣,希望由该社出版。经过多次协商,我们与华东师范大学出版社达成了翻译出版协议,由此开始了我们后来的合作。

《杜威全集》(*Collected works of John Dewey*)由美国杜威研究中心(设在南伊利诺伊大学)组织全美研究杜威最著名的专家,经30年(1961—1991)的努力,集体编辑而成,乔·安·博伊兹顿(Jo Ann Boydston)任主编。全集分早、中、晚三期,共37卷。早期5卷,为1882—1898年的论著;中期15卷,为1899—1924年的论著;晚期17卷,为1925—1953年的论著。各卷前面都有一篇导言,分别由在这方面最有声望的美国学者撰写。另外,还出了一卷索引。这样共为38卷。尽管杜威的思想清晰明确,但文字表达相当晦涩古奥,又涉及人文、社会等众多学科;要将其准确流畅地翻译出来,是一项极其庞大和困难的任务,必须争取国内同行专家来共同完成。我们旋即与中国社会科学院哲学研究所、北京大学、清华大学、中国人民大学、北京师范大学、南京大学、浙江大学、武汉大学、北京外国语大学,以及华东师范大学和上海社会科学院哲学研究所等兄弟单位的专家联系,得到了他们参与翻译的承诺,这给了我们很大的鼓舞。

《杜威全集》英文版分精装和平装两种版本,两者的正文(包括页码)完全相同。平装本略去了精装本中的"文本的校勘原则和程序"等部分编辑技术性内容。为了力求全面,我们按照精装本翻译。由于《杜威全集》篇幅浩繁,有一千多万字,参加翻译的专家有几十人。尽管我们向大家提出在译名等各方面尽可能统一,但各人见解不一,很难做到完全统一。为了便于读者查阅,我们在索引卷中把同一词不同的译名都列出,读者通过查阅边码即原文页码不难找到原词。为了确保译文质量,特别是不出明显的差错,我们一般要求每一卷都由两人以上参与,互校译文。译者译完以后,由复旦大学杜威与美国哲学研究中心初审。如无明显的差错,交由出版社聘请译校人员逐字逐句校对,并请较有经验的专家抽查,提出意见,退回译者复核。经出版社按照编辑流程加工处理后,再由研究中心终审定稿。尽管采取了一系列较为严密的措施,但很难完全避免缺点和错误,我们衷心地希望专家和读者提出意见。

复旦大学杜威与美国哲学研究中心的工作是在哲学学院和国外马克思主义与国外思潮创新基地的支持下进行的,学院和基地的不少成员参与了《杜威全集》的翻译。为了使研究中心更好地开展工作,校领导还确定研究中心与美国研究创新基地挂钩,由该基地给予必要的支持。《杜威全集》中文版编委会由参与翻译的复旦大学和各个兄弟单位的专家共同组成,他们都一直关心着研究中心的工作。俞吾金教授和童世骏教授作为编委会副主编,对《杜威全集》的翻译工作作出了重要的贡献。汪堂家教授作为常务副主编,更是为《杜威全集》的翻译工作尽心尽力,承担了大量具体的组织和审校工作。华东师范大学出版社与我们有着良好的合作,编辑们怀着高度的责任心兢兢业业地在组织与审校等方面做了大量的工作,在此一并表示衷心的感谢。

刘放桐
2010 年 6 月 11 日

导　言

约翰·J·麦克德谋特(John J. McDermott)

　　1932 年那个令人绝望的夏天,哥伦比亚特区的华盛顿像一个萧条的欧洲国家被围困的首都。从 5 月起,大约 2.5 万第一次世界大战的退伍军人陆续聚集在华盛顿。他们身无分文,携妻带子,在市内的公园、垃圾场、破货栈以及倒闭的店铺安营扎寨。他们有时候练军操,有时候唱着当年的战歌。有一次,他们由一位挂着勋章的老兵带头,打着褪色的美国国旗,在数十万沉默的华盛顿居民的注视下,游行至宾夕法尼亚大道。然而,大多数时候,他们沉思着,等待着。这些退伍军人是为要求政府实施救济而来的,希望能以此渡过经济大萧条的第三个年头;他们特别想立刻兑现 1924 年调整补偿法案(Adjusted Compensation Act)规定的士兵"奖金",而不是等到 1945 年领取酬金。如果能兑现的话,他们大概每人能拿到 500 美元。①

　　我相信,读者们都知道这支奖金远征军(Bonus Expeditionary Force)的命运。总统希尔伯特·胡佛总统颁发的、美国战争英雄道格拉斯·麦克阿瑟、怀特·艾森豪威尔以及乔治·巴顿执行的命令是令人绝望的:这些退伍军人被毒气毒杀,被大火焚烧,被鞭打,最终被解散。他们衣衫褴褛地出现在华盛顿波托马克河畔的樱桃树丛中,被十年前出现的大资产阶级所遗弃。他们很快仓皇而逃,在 30 年代的美国狼狈地生存着。这正是约翰·杜威发表他的大多数社会和

---

① 威廉·曼彻斯特(William Manchester):《光荣与梦想》(*The Glory and the Dream: A Narrative History of America, 1932—1972*),波士顿:利特尔-布朗出版公司,1974 年,第 3 页。

政治论著的那个年代的早期。美国当时正处于极度的经济大萧条中。时常响起的对美国之梦的赞歌,变成了一场噩梦的回声。

本卷的时间跨度是 1935 年到 1937 年。1935 年,罗斯福(Franklin Delano Roosevelt)就任总统,政府采取一系列重大的措施,以挽救困扰美国的严重的经济萧条。例如,以社会保障为目的,确立了第一个联邦工资税制。阿道夫·希特勒宣布废弃《凡尔赛条约》,并开始军队征兵。乔治·桑塔亚那(George Santayana)发表了《最后的清教徒》(*The Last puritan*);其他一些活跃的作家还有托马斯·沃尔夫(Thomas Wolfe)、詹姆斯·法雷尔(James T. Farrell)、约翰·斯坦贝克(John Steinbeck),以及艾略特(T. S. Eliot)。与此同时,第一个环球电话通话实现了,跨度为 23000 英里。维生素 B_2 合成了,中子被发现了,世界上最长的铁路桥在南非建成。

1936 年,罗斯福以压倒性的胜利击败阿尔弗雷德·兰登(Alfred Landon),再次当选总统。在参与建立一个稳固的第三政党失败以后,杜威支持社会党候选人——诺曼·托马斯(Norman Thomas)。斯大林主义者清除异己的活动达到高峰,纳粹德国公然出兵捷克。诺贝尔文学奖颁发给了尤金·奥尼尔(Eugene Oneill),当时还有其他一些著名的作家,包括约翰·道斯·帕索斯(John Dos Passos)、W·H·奥登(Auden),以及罗伯特·弗罗斯特(Robert Frost)。科尔·波特(Cole Porter)的作品提高了美国音乐的品质。《生活》(*Life*)杂志创办了。从英格兰起程开始处女航的"玛丽皇后号"到达了目的地。罗伯特·哈钦斯(Robert Hutchins)抨击"进步教育"和大学"选举"机制,从而引发了他与杜威的几次交流。

1937 年,日本侵略中国,意大利从国际联盟中退出,纳粹德国引发的东欧动荡仍在继续。斯坦贝克发表了《人与鼠》(*Of Mice and Men*);劳若尔(Laurell)、哈代(Hardy)和麦克斯(Marx)兄弟使美国电影熠熠生辉。当西班牙内战爆发的时候,巴黎世界博览会展览了毕加索的壁画《格尔尼卡》(*Guernica*)。国会阻止罗斯福总统"操纵"最高法院。

在这段时期里,美国社会一个微妙的特征是:一些激进群体站在共产主义和某种正统马克思主义意识形态一边发表言论,声讨美国社会。这些群体的抨击,与那些同样固执的保守派的抨击一样激烈。那些保守派们对新政改革不满,杜威也发现新政改革是苍白的。

这些经过挑选的重要事件为杜威于 1935 年到 1937 年的论著提供了一个历史处境的概貌。1935 年到 1937 年间,杜威发表了九十多篇文章,以及一部极为犀利和重要的著作《自由主义与社会行动》(*Liberalism and Social Action*)。我将考察这些文章的主要论题,并分析《自由主义与社会行动》一书的主要论点。

杜威的文章在这里按照"哲学"、"教育"、"社会和政治"的顺序排列,后面接着就是列夫·托洛茨基(Leon Trotsky)的调查报告,在《社会前沿》(*Social Frontier*)上发表的散论、评论、杂记、报告和附录。有些哲学论文在内容上是专业的,而其他则是关于文化和宗教问题的。第一类中,最重要的是《经验主义的经验考察》(An Empirical Survey of Empiricisms)一文①。杜威重申了他的一个终身的立场:经典哲学不能为经验提供一个合适的或者有效的描述。他写道:

> 古典哲学认为经验有三大局限,存在着经验知识(严格地说,是信念和意见而不是知识)与科学的对立,存在着实践的局限性和依赖性与理性思想的自由特征之间的对立。经验的这两个缺点还有形而上学基础:感觉和身体行动仅限于现象界,而理性就其固有本性来说近于最终实在(第 74 页②)。

自从与绝对唯心主义决裂以来,杜威就与经典思想的这些假说和偏好展开了持久的论战。在杜威看来,现代实验科学的出现,再加上威廉·詹姆斯于 1890 年在《心理学原理》(*Principles of Psychology*)一书中对经验所作的杰出的经验分析,给哲学提出了完全不同的使命。哲学的使命是利用经验进行探究、诊断和实验,从而在我们人类与自然之间有机的相互作用中揭示出经验的现实性(actuality)。他认为,实验科学不仅改变了我们获得经验的方式,也改变了经验
的性质,从而使信念的创新和恰当检验成为可能(第 75 页)。

在《皮尔士的性质理论》(Peirce's Theory of Quality)③一文中,杜威对性质持有相似的观点。杜威强调说,在皮尔士看来,性质属于第一性而非第三性,正

---

① 载《观念史研究》(*Studies in the History of Ideas*),哥伦比亚大学哲学系编,纽约:哥伦比亚大学出版社,1953 年,第 3 卷,第 3—22 页。
② 书中出现的页码均为本卷边码,即英文原版书页码。——译者
③ 《哲学杂志》(*Journal of Philosophy*),第 32 期(1935 年 12 月 19 日),第 701—708 页。

如某些皮尔士的解释者所主张的那样。他引用皮尔士的观点说："性质……是'第一性的、当下的、新颖的、原生的、最初的、自发的、自由的、生动的、自觉的，并且是短暂的'。但它之所以如此，（杜威继续引用说）正是由于它具有一个不同的维度，不同于实存对象或理性对象的任何内容或成分。"（第93页）对杜威而言，皮尔士那一串丰富的形容词是非常贴切的；与英国经验主义者相对照，他的立场孕育着原始经验——性质——的萌芽，那是最开始出现的东西。

尽管杜威在这个时期主要关注教育和社会问题，但他仍然发现，有必要弄清楚传统哲学的问题，例如那些与共相、种类和类、通称命题相关的问题，以及他在颇受争议的1938年出版的《逻辑：探究的理论》(Logic：The Theory of Inquiry)一书中所处理的那些问题，该书被有些人认为是杜威最重要的哲学著作。在本卷中出现的《特征和特性：种类和类》(Characteristics and Characters：Kinds and Classes)、《什么是共相》(What are Universals)，以及《通称命题、种类和类》(General Propositions，Kinds，and Classes)，最初都发表在这个时期的《哲学杂志》上。

该部分其余严格的哲学论文是对阿尔弗雷德·诺斯·怀特海（Alfred North Whitehead）的哲学的仔细评论，杜威的教育和政治思想都与他相去甚远。然而，杜威对于错误总是很宽容，不会因为这个鸿沟而妨碍他赞同怀特海某些特别的东西；事实上，在杜威看来，"由于怀特海的哲学对于我们所有人的哲学思考的未来充满潜力，我提出了基本方法的问题，而不限于做一项更加轻松的工作，即从诸多启发性的观点中挑选一个加以专门评论。"[1]杜威的这种说法实际上是以一种温和的方式在说：他相信那个时期大多数人对怀特海的解释没有抓住要害，将本质主义的、柏拉图式的数学模型强加给他，而没有关注他的有机论和他对过程的重视。值得注意的是，杜威已经预想到怀特海（出版于1938年）的著作《思想方式》(Modes of Thought)一书的观点；在这部著作中，怀特海讨论的正是杜威

xv

---

[1]《怀特海的哲学》(Whitehead's Philosophy)，《哲学评论》(Philosophical Review)，第46卷（1937年3月），第177页（本卷第153页）。有意思的是，怀特海曾将杜威比作"古代的斯多葛派，比作奥古斯丁、阿奎那，弗朗西斯·培根、笛卡尔、洛克、奥古斯特·孔德"，也就是说，将杜威比作"使哲学思想成为关乎他们时代需要的那些思想家"。怀特海，《约翰·杜威及其影响》，收录于《约翰·杜威的哲学》(The Philosophy of John Dewey)，保罗·阿瑟·席尔普（Paul Arthur Schilpp）编，埃文斯顿和芝加哥：西北大学，1939年，第477页。

提出的问题,并且他明显地走向过程隐喻和过程哲学。①

这部分有两篇文章谈宗教问题。首先,杜威反对伯纳德·米兰德(Bernard Meland)的观点,即"神秘自然主义"是"宗教人本主义"的一个"必然因素"。杜威对过度信念、超验论断和意念一类东西非常谨慎。在我看来,这种谨慎非常明智,尽管我认为杜威过于仓促地排除了这类断言作为我们潜在经验的丰富土壤可能产生的东西。在《当今的一个宗教问题》(One Current Religious Problem)一文中,杜威指向人类经验可以获得的多元传统——艺术、科学甚至政治学中的传统。他为某些投靠基督教的人的努力感到遗憾,这些人死守这个"伟大传统",以还原论方式剥夺了人们选择的权利;更糟糕的是,他们否认那些非正统派人士的"宗教"意识。

约翰·杜威是一个有宗教信仰的人,这就是说,他有世俗的礼拜活动。他对自然的律动和人与自然的交互作用有着极大的敏感度。杜威讨厌制度上的权威性,诸如中世纪教会的权威,它建立在先天的基础上;不论在哪种经验条件下实现,它都没有充分听取自然的召唤,这为其成员的生活方式增加了不必要的负担。杜威忠于通过经验方法获得的理智,而不是权威的意见。这正是他所指的科学、科学方法和理智创新的方法。在 1936 年的文章《权威和社会变化》(Authority and Social Change)中,杜威清楚地表明:如果我们打算发展求知共同体(the community of inquiry),也就是皮尔士率先为之奋斗的那种共同体,那么,科学方法正是我们所必需的方法。

> 每一个科学探索者,甚至在他最大地偏离了现行观念的时候,他所依赖的也是公共拥有的方法和结论,而不是私有的东西,即使有时候,这些方法和结论最初都是私人发明的产物。科学探索者作出的贡献是得到集体检验和发展的,其中得到合作验证的部分就成为共有的智力财富(第 142 页)。

后面十来篇短文和《社会前沿》上的散论讨论教育问题。我不可能对每篇文章都作评论,所以把一些反复出现的主题抽取出来,这些主题集中反映了杜威关于教育、学校管理、教师为其职业方向及职业品质进行规划并承担责任的必要性

---

① 怀特海:《思想方式》,纽约:麦克米兰出版公司,1938 年。

的观点。然而在讨论这些主题之前，有必要留意霍拉斯·曼（Horace Mann）对杜威的显著影响。在杜威关于教育的著述中，他频繁地援引曼他这个人、他的著述以及他对教育政策的态度。在《民主对教育的挑战》（The Challenge of Democracy to Education）①一文中，杜威把曼称作公立学校体制最重要的创始人，"进步教育的守护神"；并认为他清楚地看出免费的公立教育和民主——或者用曼的话来说，"共和主义的自治制度"（第181页）——之间存在着不可削弱的关系。杜威接着说，曼用"教育是我们唯一的政治保险；在这个方舟之外，是滔天洪水"这样的话语表明了自己的观点。曼还说："公立学校是人类最伟大的发明。其他社会组织是治疗性、补救性的，而它是预防性的，是一剂解药"（第181页）。_{xvii}在杜威看来，正是这个"梦想"处于持续的危险之中，危险来自敌对的社会力量和政治力量，也来自代表富人利益而对普通老百姓漠不关心的经济体制。

约翰·杜威兴趣广泛，真心地将思维方式和行动方式融合在一起，这是他的生活和思想的显著特征。在这些教育论文中，我们很清楚地看到，杜威的观点是在数十年阅读、思考、旅行、对话、教学并使用公共经验中获得的。我可以这样来概述他的立场：免费的公立学校是民主社会的关键。如果它们要取得成功，教师必须才思敏捷，经验丰富，与少年儿童打交道的能力高强，或者加以相应的改变，也有与成人互动的高强能力。而且，教师必须意识到存在一些邪恶势力，那些势力不信任自由研究、实验方法、求知共同体以及学术自由。单个的英雄人物不可能对抗和战胜那些势力。雄辩、牢骚或者自怜也不会战胜那些势力。这种反对自由研究和民主社会建立的势力，必须有相当的政治力量与之相抗衡。所以，为了学生的利益、学校的利益、公共利益及美国民主的将来，教师必须组织起来并直接参与政治进程。

这样看来，杜威并不是没有意识到这条道路上的严重危险。在19世纪30年代，他一次又一次地重复说，困扰美国社会的有两个极端派：一是那些鼓吹暴力革命和消灭现存制度的人；二是那些希望复辟古典经济制度和政治制度的人。在古典经济体系和政治体系中，唯有"最适应者"生存下来，但对那些由于家庭、宗教原因或偶然变故而极其需要帮助的人必须提供一定的帮助。在杜威看来，

———————————

① 《民主对教育的挑战》，第181—190页。也见《霍拉斯·曼在今天》（Horace Mann Today），第387—390页。

这两种立场都染上了他最痛恨的弊病——即绝对主义，或者说，它们都采取了一种不允许例外出现的立场，万人同一副面孔的意识形态占主导地位，奥德赛式的人类历程被特殊的利益——左派的或右派的——压制。当然，正如杜威所主张的那样，最重要的问题是明显的：如果教师组织起来，我们如何知道他们不会受当时危害美国的这种或那种意识形态的影响？

xviii

这个问题正是杜威以他个人的方式提出的关于国民教育的问题。他告诫我们教师对社会福利的义务。并且，在同样的随笔、论文、讲座或者社论中，他总是断定教师的这些义务不受各种政治秘方所诱惑，不论这些政治秘方是激进的还是反动的。在杜威的思想里，并不存在政治上的幼稚。他警告我们所有的人："任何真正的理想都有赖于对现实存在的意义的认识。"①至于什么是实际的，杜威在他早些时候的著作《学校与社会》(School and Society)和《儿童与课程》(The Child and the Curriculum)中已经说得很清楚了。

用杜威的专用术语来说，这种处境的处置可以被陈述为：教师对孩子有双重义务。首先，教师必须对孩子在他或者她的社会、家庭以及环境背景中的特有经验有所了解。教师教孩子时，必须能够走出又走进这些熟悉的经验。第二，教师必须寻找一种方式，使孩子摆脱对熟知的经验格式的完全依赖。为此，他必须开拓视野，使孩子们对自己的局部经验产生富有想象力的"重构"，并鼓励他们参与到不同的文化、环境、宗教、伦理体系、政体以及社会组织中去，不管在多大程度上是模拟的。在课程上，到目前为止，一切尚可。但是，教师的工作地点是学校，是市民纳税者出资建立的校区。这些市民往往对教师应该教什么持有见解，他们的见解常常是墨守成规的、保守的，偶尔也会是激进的。对杜威而言，教师必须对社会的呼唤和需求保持敏感。民主政体就是这样。然而，在杜威看来，同样，教师不是特殊利益、意识形态或者任何政治偏见的俘虏。

很明显，课程创新的双重要求，一方面是孩子内心的需求；另一方面是家长和社群对学校和教师施加的压力，使情况变得极为复杂和变幻莫测，甚至是微妙的。杜威有一系列的策略与这些潜在的冲突相抗衡。首先，他希望教师把自己看作一个经济上的无产阶级，所以要与"工人"结盟。"工人"是30年代美国的一个神圣的词汇，在杜威看来，尤其是这样。应该直接地说，杜威蔑视"闲散的富

xix

---

① 《展望：自由社会的自由教师》(The Forward View：A Free Teacher in a Free Society)，第538页。

人"。他写道：

　　并不是每做一件事都是工作，即使它为做事的人提供了某些报酬。仅当做事情产生对其他人有价值的东西，不仅在特殊情况下有价值，而且当那种事情一般能够服务于人时，它才是工作。那些以他人的工作为生却不回报的人，是某种类型的寄生虫。以利息、股息或租金为生的人，只要不做别的事情，就是寄生虫。社会的某一阶层获得荣誉、尊敬和赞赏，如果是因为这个阶层的成员解除了劳动的必要性，那么就有某种东西在理智上和道德上以及经济上都是颠倒了的。不相信这一点，就等于相信那些减少社会真正财富的人而不是增加社会财富的人，是最高等级的。每个人都在理论上同意这个陈述，但事实上，这个国家重视富人仅仅因为他们是富人。这说明我们的实践并不符合我们的理论信念。①

　　毫无疑问，杜威在这段引文中的立场非常清楚明白，直截了当。站在这种立场上，他随后号召教师们结束他们的"隔离"状态，参与到"与广大工人联合"中去②。这种要求的理由既是经济的，也是政治的。在杜威看来，这两方面都能为教育的独立性服务，以达到改革、创新的目的，并使学校从特殊的利益集团的掌控中解放出来。我们应该记得，在国家经济和政治窘迫的时候，杜威采取的是这种中间立场。1929 年到 1935 年期间，1200 万人口达到了就业年龄；当然，只有一半找到了工作，剩余 600 万人口没有工作。杜威对这个问题作了如下讨论：

　　这么多青年人由于现行经济体制决定的局面而没有机会获得工作，这真是太可怕了。同样可怕的是：这么多青年人没有机会在所谓的公共教育体系中找到造成这种悲惨局面的原因；而且在很大程度上，灌输给他们的观念是歪曲现实的谎言。迷茫与困惑已经足够普遍，不需要再给他们增加故意培养的盲目了。③

---

① 《教师和大众》(The Teacher and the Public)，第 158 页。
② 《联合起来，我们屹立不倒》(United, We Shall Stand)，第 350 页。
③ 《乱世青年》(Youth in a Confused World)，第 354 页。

一方面是当权者对影响美国年轻人恶劣的、不公平的环境的掩饰,另一方面是在影响着底层和中低层人民生活的制度决策中存在的持久、普遍的混乱,我们很难知道杜威更关注哪个。杜威非常不能忍受混乱、放任自流和用言辞来欺骗,所有这些都与他在为全国公民们规划一个可行的将来时深信的理智方法相反。在《教育与社会变革》(Education and Social Change)中,他指出在教育事务中体制上的混乱带来的危险:

> 关于理智保守主义可以说很多。至于长久维持动荡的、不确定的、混乱的社会生活条件和教育,我不知道能够说些什么。然而,最容易的事情就是不进行根本的思考并让事情放任自流。基于其他任何不同于放任自流——它至少是一个政策,尽管是一个很盲目的政策——的政策,每一个特殊的事项和问题,不管是学习内容的选择和组织问题,还是教学方法问题、学校建筑和设备问题、学校行政问题,都是包罗万象而基本问题的一个特殊侧面:学校将选取什么样的社会力量(经济的、政治的、宗教的、文化的力量)的运动来支配其目标和方法,学校将与什么社会力量结盟?
>
> 如果不从这个角度来讨论教育问题,就只会加剧现有的混乱。脱离这个背景,离开这个视点看问题,教育问题只能得到临时解决并且一眨眼就成为未解决的问题。上述建议并不意味着学校要投身于政治经济的竞技场,并且同某个党派站在一边(第411—412页)。

杜威谈到了在"混乱"和"漂浮"导致的社会政治漩涡中,以及在激进势力和保守势力对教师造成的诱惑下,一种真正的创造性教学方法有多大的可能性。1936年,他写道:"最终只有三种力量控制着社会——习惯、强制力或暴力、以智力为指导的行动。在完全正常的条件下,习惯或习俗具有最强的作用。当前这样的社会危机意味着这种力量大体上已经失效。"[①]

xxi

现在可以很明显地看出,在杜威看来,战争的一方是"高压和暴力势力",不管其政治信仰是左还是右;另一方是"由智力引导的行动"。杜威很明显地倾向于后者。他首先阐明当代的境况,在一篇对他的清教徒祖先的挽文中,他写道:

---

① 《学术自由的社会意义》(The Social Significance of Academic Freedom),第379页。

我认为,没有哪个国家的经济史像美国经济史这样以投机为显著的标志。在某些方面,它毫无疑问地加速了我们的经济增长。但是,它并不保证固定不变的增长,也不能保证社会习俗的稳定性。作为人,我们不满足于稳固,我们更加迫切地想得到更多;我们更急于行动,而不乐于反思我们的所作所为;我们想要抓取灵丹妙药和江湖膏药来治疗身体的和社会的疾病。投机精神与浪费精神一拍即合,它们一起培养了对生命本身粗鲁的漠视,鼓励人们去采取犯罪手段。①

1937 年,杜威热烈地讨论国家浪费的主题。他批评保持"经济个人主义的自由"主张,"经济个人主义的自由"在土地空闲、荒地开发、自然富足时期是合适的,甚至是必然的。他说,现在这样一种途径不仅过时了,而且成为国家生存的威胁。在一篇写给当代经济学家的文章中,杜威认为,"经济个人主义"是主要的威胁。

它助长了自然资源粗暴、过度地利用,似乎自然资源真的能够永不枯竭。公共领地要保护,贫瘠的土地要修复成肥沃的土地,要与洪水进行战斗,要遏制我们的民族遗产大部分变成沙漠的势头,这都是我们为过去沉溺于所谓的经济自由的放纵行为交付的罚金。没有自然资源的富足存贮,所有人的平等自由就无从谈起。只有那些已经拥有它的人,才能享受它。如果要获得真正的机会平等,我们传统的浪费和破坏政策不仅必须修改,而且需要逆转。②

在杜威撰写本卷所收入的那些论文的几年中,有一件有趣的事情,即他与罗伯特·梅纳德·哈钦斯(Robert Maynard Hutchins)之间有一场著名的争论。以哈钦斯 1936 年出版的《美国的高等教育》(*The Higher Learning in America*)一书为中心,这场交流是充满火药味儿的,主要争论古典传统的教育作用,特别是柏拉图、亚里士多德和托马斯·阿奎那的思想。在教学方法上,哈钦斯对这些思

---

① 《教育,社会组织的基础》(Education, the Foundation for Social Organization),第 232 页。
② 《自由》(Freedom),第 251 页。

想家的重要性充满热情,他正确地认识到他们对任何时期的文化都是重要的。不幸的是,他对文化中发生的、令人难以置信的变迁关注得不够,他对那些持有全然不同甚至相反的观点的同样有影响力的人物的出现也关注得不够。杜威则相反,他倾向于认为,这些古典思想家们受到时代的局限,不可能达到教育学上的超越。然而,杜威对新颖的事物有敏锐的见解,他总是更新我们的问题和解决它们的最好办法。考虑到现在的学生对历史惊人的无知,我怀疑哈钦斯或者杜威是否为我们提供了一个合适的讨论。

在这一部分,杜威的散文风格起初看起来很温和,很适合他(据传说,他长长的一生中只有三次情绪失控);但是细读下来,这些文章的火药味儿和其折中的味道一样浓。杜威赞成对美国社会进行激进的批评,然而他对激进的解决办法非常谨慎。下面一段话概括了他在教育的基本问题上的观点:

> 将问题推向极致:教育者的任务是什么? 因为接受了阶级概念而强化 *xxiii* 阶级划分和阶级斗争的意识吗? 还是帮助人们确定某种社会意识,使我们尽可能用教育的手段而非暴力来完成变革? 在这件事情上,只要教育可以说点什么,不管影响是大还是小,那么,我们要有哪几个"阶级"呢? 被剥削阶级意识到他们是被剥削的群体,继而努力取得物质的乃至政治的权力,从而成为统治阶级,这是否足够达到我们需要的社会变革的目标呢? 有些人相信暴力革命就是解决方案,相信接下来实行一个阶级的专政是实现变革的最好的或唯一的方式。从这些人的观点来看,这(阶级意识)完全有可能是足够的,而其他一切都可能阻碍改造的到来。但是,我很难想象会有教育者接受这种观点,除非他事先已经完全丧失了对教育的信心。①

剩余的文章可以被划入社会政治类。它们讨论的话题和《自由主义与社会行动》中出现的很多话题一样,所以我将稍后讨论它们。然而,杜威对"新政治"的呼吁是值得注意的。早在 1930 年,杜威试图组织一个新的政党,作为独立政治行动联盟的一个分支。这种努力被自由国会领导人拒绝以后,他选择支持诺

---

① 《阶级斗争与民主道路》(Class Struggle and the Democratic Way),第 384—385 页。

曼·托马斯,即 1932 年和 1936 年竞选时的社会党候选人。① 但是,杜威仍然对自由政治的革新抱有希望。1935 年,他发表一个演说,强调对每个市民而言是一种崭新的政治观点的绝对迫切性。在那篇《需要——一种新政治》(Needed — A New Politics)文章的结尾,杜威肯定了政治变革的必要性和方法。

xxiv

　　　　这种变化不可能仅仅依靠政治手段就能产生;但是,没有政府和政治的帮助,它不可能发生。我的朋友们,正是由于这个理由,我认为有必要建立一种新政治、关于政治的一种新道德观念、政府权力的一种新联合和组织,以利于促成相互交往和交流的一种新的、更合乎人性的、更公正的、更明智的秩序(第 281 页)。

　　在这些论文中,自始至终反复出现的另一个主题是杜威对富豪的愤怒。他决定支持亨利·乔治的"地租社会化"提议,他赞同一种有严格等级的所得税,这种税制按照支付能力缴纳。杜威悲叹道,大多数"民主国家仅仅达到了'资产阶级'的民主"。他这句话指的是:"权力最终落到了金融资本家的手中,不论政府怎么宣称说它属于全体人民并为全体人民服务。"②

　　为了方便读者细读,这里还有大量的书评、散篇以及一些报告。杜威对其他人的著述常常能产生共鸣;在对待皮尔士、亨利·柏格森和米德等人的著述时,他总是急切地想帮他们摆脱批评,使他们的观点处于最好的位置。然而,这并不是说他不能或者不会作出批评。他对伯特兰·罗素的书《宗教和科学》(Religion and Science)的评论就表明了这一点。

　　在本卷收录的所有九十多篇文章中,杜威的宽容大度、对自由的教育和政治事业的热衷和执著,以及他将理论与实践、方法与目的结合起来的无与伦比的能力,对任何时候、任何地点的任何人都是印象深刻的成就。此外,我们还不应该忘记:在 1937 年,杜威已经是一个 78 岁的老人了。

　　我现在对杜威这个时期的著作《自由主义与社会行动》发表一些看法。1934

---

① 乔治·戴奎真:《约翰·杜威的生平与思想》,卡本代尔和爱德华兹维尔:南伊利诺伊大学出版社,1973 年,第 251—256 页。

② 《民主是激进的》(Democracy Is Radical),第 296 页。

年 12 月 28 日,美国哲学协会一年一度的圣诞周会议在纽约召开。会上,杜威发表了题为"自由主义的未来"的演讲,①简略地表明了他的基本立场。他预先表达了这部即将问世的著作的一些主题。首先,他简短地描述了历史情境。他批评说:18 世纪和 19 世纪古典自由主义堕落成一条冷漠的自由放任路线,忽略了大多数市民的需求,只迎合富人的需求。接着,他考虑社会自由主义"在它继承的绝对论遗产被清除之后"剩下的两个最显著的特征。在杜威看来,

xxv

> 首先,这样一种自由主义知道,个人不是一个固定的、现成既有的东西。它是某种要去获得的东西,不是孤立地获得的,而是需要环境的帮助和支持,包括文化环境和物理环境——文化环境包括经济、法律、政治制度,还包括科学和艺术(第 291 页)。

"其次",杜威写道,

> 自由主义持有历史相对性的观点。它知道,个人和自由的内容随着时间而变化;它相信,无论对于个人从婴儿到成人的发展,还是对于社会的变化,都是如此。与绝对主义学说相对立的哲学是实验主义。历史相对性和实验主义之间的联系是本质的。时间意味着变化。相对于社会政策而言,个性的意义随着个人生活条件的变化而改变。早期自由主义是绝对化的,也是非历史的(第 291—292 页)。

这两个立场反映出杜威对 20 世纪思想中最富想象力的探索:首先,自我是一个过程,是在社会和历史处境中自我形成的(杜威经常承认说,黑格尔的思想对他而言是"永久的存款");其次,历史是一种重建过去的方法。忠于事实和细节,历史的意义被当代的视角和需求这个棱镜折射。在杜威看来,现代最重要的突破是实验方法,他说:"实验方法不是瞎忙活,也不是这里做一点点、那里做一点点,以期望事情有所改善。"(第 292—293 页)。在实验方法中,严格使用理智方法将获得最大的成果。杜威进一步声称,"作为一种社会哲学的自由主义,和

---

① 第 289—295 页。

行动上的激进主义并没有原则上的对立",而"问题完全在于,对变化条件的理智研究揭示了什么方法"(第 293 页)。在美国 30 年代的情况下,很明显,杜威所说的这种揭示指的是教育、政治、工业等公共部门之间的和睦。只有在这种和睦下,美国民主才能够实现。他在文章的最后写道:"任何自由主义,如果没有把完全的文化自由当作最重要的,没有把它与真正的工业自由之间的关系看作一种生活方式,就是一种堕落的、虚妄的自由主义。"(第 295 页)

列夫·托洛茨基被指责为苏联反革命和暴力散布者,杜威有关著名的、颇有争议的托洛茨基案调查委员会的评论是对自由主义最直接的批评。杜威时年已77 岁高龄,被选为委员会主席。他乘坐火车,到墨西哥去主持喧闹的事件听证会。我也曾到过现场,那是迭戈·里韦拉①的故乡、墨西哥的科瑶坎市(Coyoacan)。很明显,杜威虽然年迈但并不昏聩。在眩目的太阳下,仅仅有一台磨损了的吊扇呼呼作响,他仍保持着他的尊严、气度和睿智。

委员会的主要论点和决定也收录在本卷中。读者将注意到,杜威不仅仅想公平地对待托洛茨基,他同样致力于对美国自由主义自欺态度的批评。针对某些自由主义者,杜威写道:"尽管这些人的意图是诚实的,他们却有着理智与道德上的混乱,这是自封的自由主义者的最大弱点。"(第 317 页)关于美国自由主义者对斯大林政体的巴甫洛夫式的反应,杜威持有极大的保留。这比他的自由主义同仁早了数十年。

品读杜威关于他为什么同意担任这个委员会主席的说法,并把它与托洛茨基在会议结尾时对杜威的贡献作出的评价进行对比,是非常有趣的。杜威的陈述可与柏拉图的《申辩篇》中苏格拉底的著名演说媲美。他说道:

> 最后,不是代表委员会而是代表我自己说一句话。我希望选一个主席来组织这些初步调查,他应当经验丰富,能更好地承担这项将要执行的困难而复杂的任务。但是,我把毕生的精力都献给了教育事业,我把教育看作为社会利益而进行的公众启蒙。如果我最终接受我现在担任的这个责任重大的职务,那是因为我发现,不这么做将是对我的终身事业的背叛(第309 页)。

---

① 迭戈·里韦拉(Diego Rivera, 1886—1957),墨西哥画家,著名共产主义者。——译者

在听证会的结尾,托洛茨基回应道:

> 你们这个委员会的形成——由于委员会的领袖是一个在道德上具有不可动摇的权威地位的人,是一个由于年龄原因有权置身于政治战场冲突之外的人——从这个事实中,我看到了一种新的、真正大大加强的革命乐观主义,而它构成我的生命的基本要素。①

我现在回头考察《自由主义与社会行动》这本书,它分为三章:《自由主义的历史》、《自由主义的危机》和《复兴的自由主义》。杜威在第一章以"今天"是否有可能做一个自由主义者这个设问开头,这个问题在杜威那个时代是可行的,在"今天"也是可行的。然后,他详细地描述了自由主义一波三折的历史:18世纪起源开始,19世纪遍地开花,20世纪从高度强调个人主义到为了穷人、游民无产阶级的利益寻求政府干预的变革。

这一章最精彩的部分之一,是杜威为了使杰里米·边沁(Jeremy Bentham)的思想摆脱不该受到的遗忘而作的力所能及的努力。杜威认为,边沁突破了"固有的自然权利"这个看起来积极而实际上消极的学说。杜威认为:

> 自然权利和自然自由仅仅在虚构的社会动物学领域中才存在。人们遵守法律,并不是因为认为这些法律与自然权利的图式相一致,而是因为相信遵守法律的后果在整体上比不遵守法律好,不论这种信念正确与否(第15页)。

边沁对结果的强调,尽管是定量的且很僵硬,但对杜威很有吸引力。杜威作为一个实用主义者,他相信在对命题、论点、实验和立法作出评价时,结果是一个 *xxviii* 很重要的因素。杜威承认,对旧的自由放任式自由主义的攻击来自不可靠的来源——人道主义、福音派的虔诚、浪漫主义和保守党。由空想社会主义者罗伯特·欧文(Robert Owen)领导的社会主义萌芽运动也包含在内。杜威注意到美国的国情是完全不同的,因而他并不期望类似的援助来与保守经济势力和信念

---

① 《列夫·托洛茨基案》(*The Case of Leon Trotsky*),纽约:哈珀兄弟出版公司,1937年,第585页。

抗争。最后,杜威赞扬托马斯·希尔·格林(Thomas Hill Green)的影响。格林是黑格尔派,他反对经典自由主义中原子论的个人主义。他认为,"关系构成了自然实在、心灵实在和社会实在"(第20页)。杜威在这一章的末尾称赞格林的追随者们:他们是新自由主义者,"这些新自由主义者认为,国家有责任建立一些制度,使个人有效地实现自身的潜能"。(第21页)。

在该书的第二章《自由主义的危机》中,杜威描述了旧自由主义的优点和缺点,并提出新自由主义面临的任务。对于前者,他写道:

> 如果我们除去早期自由主义信条中的偶然因素,它还存在着一些有持久价值的东西。这些有价值的东西是个人自由和通过自由才可能实现的个人内在能力的发展,以及自由理智在求知、讨论和表达中的核心作用。但是,那些外在于这些价值的偶然因素给这些理想涂上了一层颜色,使它们在社会组织的新问题产生时变得软弱无力或者不近情理(第25页)。

对于现代工业民主,这些使旧自由主义不再相关或具有创造性的外在因素是什么? 第一个缺点是旧自由主义没有考虑到"历史相对性"。

> 但是,不考虑历史也带来了恶果。它使自由主义者对如下事实视而不见:他们对自由、个性和理智的特殊解释受制于他们所处的历史环境,仅仅与他们所处的时代有关。他们把自己提出的观点看作在任何时间和任何地点都有效的不变真理;他们没有历史相对性观念,不论是一般而言,还是用在他们自己身上(第26页)。

尽管旧自由主义拥护代议制政府,但它忽视了统治阶级的冷酷和利己。实质上,"他们没有看到如下事实:新生产力影响每一个人的生活,新生产力的私人控制与未经检查的政治权力的私人控制一样,将以同样的方式运转。"(第28页)旧自由主义摆脱了对过去的依赖,"但它并没有达到实验性和建设性的理智观念"(第33页)。结果是:旧自由主义很快受到引诱,成为"既得利益"的附庸,而既得利益是阻碍实质性的社会变化的。新自由主义的义务是维持先前对自由、个体性以及"理智解放"的强调,但是要保证这些价值不被某些社会势力操纵;这些社会势力并不同样相信这些价值应该广泛传播并制度化。这种变革要通过理智的方法来完成,这种方法的主要特征是"通过结合新因素来重构旧因素"(第37页)。在杜威看来,这种活动包括情感生活,因而他强烈反对把情感和理智对立起来的传统。相反,杜威认为,"理智唯有由感情激起,才会产生行动"(第38页)。

第三章,也是最后一章,是《复兴的自由主义》。杜威在这几页中表现得最直截了当。他对美国社会的批评以及提出的补救策略,都是如此。他提出了一个警告:不论如何,社会变化都会发生。由来已久的问题是这种变化如何发生以及为什么发生。"我们不一定要创造流变,但它必须得到引导"(第41页)。为了导致改善性的社会变化而不是破坏性的社会变化,杜威指出了我们新近经验的三个重要的变化。第一,我们从严重匮乏的状态转向了富足的状态,然而杜威本该证明这句话却没有证明,因为我们并没有"整体地"富足。第二,不安全性的起源已经彻底地改变了。

> 对很多人来说,无保障产生的条件不再源于自然。这些条件存在于一些制度和社会安排中,而制度和社会安排是在人类蓄意控制的范围之内的。当然,这种变化标志着人类历史上发生的最大革命。由于这种变化,现在无保障不是导致工作和牺牲,而是导致绝望(第43页)。

xxx

第三,独立的个人现在是孤立无助的,单个行动者作为变化的力量目前在很大程度上是神话。相反,"集中和合作组织现在是规则",以至于"仅仅致力于人们的思想而没有行动来改变制度,教育的任务就不可能完成"(第44页)。

如果反思这三点变化,我们发现,杜威在告诉我们:重大的变化已经以我们生活在文明世界中的方式发生了。权力、社会势力和经济势力的分布经历了一场深刻的变革。因此,旧方法和旧假说不仅不能实现必要的变化,而且实际上阻碍着我们洞察问题处境的根本实质;更糟糕的是,在确保人类未来的全国性和国际性的战斗中,这些旧方法和旧假说使我们过于天真地对待我们的对手、我们的敌人。① 为了确保我们最终理解这些变化,必须允许我们有"探索的自由和言论

---

① 《自由主义与社会行动》,第46页。

的自由",这在杜威看来是至上的、不可化归的"行动方式"(第47页)。政治讨论依赖于符号,不仅是语言——在杜威看来,语言是人类最伟大的成就——还包括诸如议会和国会这样的制度。然而,符号必须与实在相联系;否则,它们将误导人们,使人们困惑。政治教育学(它是我为杜威在30年代的大多数活动起的名字)的任务就是对讨论进行引导,使其使用基于实际情况的符号。

在《自由主义与社会行动》的最后几页,杜威有说服力地攻击了必然性和我们屈从于武力的倾向。他写道,"对不可避免性的认定,往往是教条的结果"(第55页)。杜威认为,在这个问题上,激进派和保守派没什么区别。他指向纯粹的历史发展产生新奇的事物。

xxxi 激进分子坚持认为,将来变化的方法必须和过去一样。他们与顽固的反动分子有很多相同之处,后者把过去当作最终事实。这两种人都忽略了如下事实:历史是一个变化的过程,它不仅在细节上发生变化,而且引导社会变化的方法也发生变化(第58页)。

杜威看到,只有两条出路。第一条出路有两个可能:a)用随同但是无效的"合流"来对待"放任自流";b)用暴力和革命来对待"放任自流"。第二条出路清楚地表达并实现"有社会组织的理智"(第61页)。最后,为了"人类精神的自由"和全面发展人类能力的机会,杜威断言说:"自由主义的任务是尽最大的努力,以最大的勇气,使这些珍贵的东西一刻也不丢失,并从此时此地起得到加强和扩大。"[①]

我写这个导论的时候,距离杜威发表本卷收入的那些著述的时间已经超过50年了。从那时起,我们目睹了第二次世界大战的暴力、大屠杀带给人们不可言说的恐惧、广岛上空爆炸的原子弹掀开了令人战栗的潘多拉之盒。随后,我们看见了叫做"古格拉"的苏联劳改集中营、越南的崩溃、柬埔寨的暴行、教派暴力的产生,以及系统的国际恐怖主义的出现。美国的处境要好一点,但是数以百万

[①]《自由主义与社会行动》,第65页。诚然,杜威对重大变革的可能性并不乐观。1932年,萨蒙·列文森致信杜威,请求他不要对资本主义太苛刻。杜威回信说:"如果'资本主义体制'能够从其自身的错误和罪恶中挺立起来,它当然可以容忍我可能针对它的任何攻击!"引自戴奎真《杜威的生平与思想》,第256页。

计的人民仍然生活在贫困线以下，国家债务造成可怕的威胁。统治者在儿童教育上存在严重的冲突。① 事实上，考虑到美国现在的国情，杜威的著述非常有先见之明。

我们处在 20 世纪倒数的第二个十年，如果相对于我们的时代来评价杜威的立场，我们会说，他没有考虑到两方面的发展。首先，杜威低估了被他看作解放先锋的领域——高等教育和工会——全世界合作、多面发展的能力。第二，杜威高度信任理性、善良意志和理智的分配。不幸的是，他对邪恶、疯狂和人类可能集体地对其他人类犯下滔天罪行持有不成熟的信条。仅仅在杜威生活的时代所发生的大屠杀就已经告诉我们：十足的邪恶将不可避免地出现。

然而，如果知道这些、知道我们是谁、我们在哪里，我无法想到，除了杜威以外，我还能向谁寻求智慧以改善我们现在的困境，我还能把谁当作照亮我们未来的智慧之灯。

---

① 假若杜威亲身经历了（第一颗人造卫星）"伴侣号"之后批判者对学校的严厉谴责、浪漫教育家的鞭笞、新左派运动的外围支持者的暴力和历史天真（尽管新左派的创始人知道得多一些），以及"道德多数派"的反经验的狭隘性，他就会有切身的似曾相识的（déjàvu）经验。令我震惊的是：杜威的教育哲学仍然是上述毒药的最好解药。

自由主义与社会行动

序　言

下面几章都是在弗吉尼亚大学佩基－巴伯基金会（The Page-Barbour 3 Foundation）的演讲。为了出版，某些段落是重写的，最后一章还作了扩充。我希望向朋友们表达我的谢意，不管是老朋友，还是新朋友；他们都给了我很多帮助，使我在这所大学度过了愉快的时光。我也想谢谢希尔伯特·施奈德（Herbert W. Schneider）和悉尼·胡克（Sidney Hook），他们阅读了我的手稿并提出批评和意见。对于这些，我都作了自由利用；不用说，他们并不为我写的内容负责。我似乎不必提到文献，但我还是很高兴有机会向学生们表达我对《社会科学百科全书》（*Encyclopaedia of the Social Sciences*）的无比敬意。

我想向本书的读者们提出两个请求，这不是为了阻止批评，而是为了使批评更加贴切一些。一个人不可能在三场演讲中说出他所有的想法，也不可能说出所有他自以为知道的东西。相应地，有些话题和主题的省略并不意味着我在一个更长篇的论述中也忽略它们。我不得不省略关于自由主义与国际事务的关系的讨论，我为此感到特别遗憾。我希望提醒读者们，我不能一口气把什么都说了，我们必须先强调一个方面，然后再说这个总话题的另一个方面。所以，我希望我说的能被看作一个整体，并且能与社会行动的其他方法作比较和对照。

1935 年 3 月于纽约市

1.
自由主义的历史

5　　长期以来,自由主义习惯了社会变化反对者的攻击;长期以来,它一直被那些想维持现状的人当作敌人。但是今天,有些人希望社会瞬间发生急剧变化。他们相信,暴力推翻现存制度是产生所需变化的正确办法,与来自这些人的指责相比,先前那些攻击已经是很温和的了。从当前的这些攻击中,我选出两个作为典型:"自由主义者对无产阶级的悲苦给予口头支持,却在关键时刻总是为庇护资产阶级统治者效力。"此外,自由主义者被定义为"私底下认可激进观点却从不付诸行动的人,他们害怕失去权力和地位"。这些言辞数不胜数。它们表明,在很多人的心目中,自由主义脚踏两只船,所以那些在社会冲突中不愿意采取确定立场的人常常把它当作避难所。它的言辞拐弯抹角,被当成不痛不痒的学说,等等。

　　民心,特别在这个国家,是服从时尚的快速变化的。不久以前,"自由主义"还是一个褒义词;做一个自由主义者,就是追求进步、高瞻远瞩、不带偏见,以所有令人赞赏的性质为特征。然而,我认为,我们不能把这种特殊的变化仅仅当成思想潮流的波动而不予以考虑。欧洲三个大国迅速镇压了勇敢地为自由主义奋斗的公民自由运动。几乎在欧洲大陆所有的国家中,公民自由运动都奄奄一息了。这些国家没有一个是长期为自由主义理想奋斗的。但是,那些承认自己关

6　心社会变化、不愿意保留旧制度的人又引发了新的攻击。众所周知,在战争时期,任何自由主义代表的东西都处于险境之中。在世界危机中,自由主义的理想和方法一样被质疑;人们普遍相信,自由主义仅仅在公平的社会氛围中才能繁荣发展。

我们几乎不可能不问自由主义到底是什么;它包含哪些具有永恒价值的要素(如果有的话),这些价值在世界现在面临的状况中如何得到维护和发展。我提出这些问题,是出于我自己的考虑。我想弄清楚:一个人诚实地、理智地继续做一个自由主义者是否可能? 如果答案是肯定的,那么,今天哪种自由主义的信仰是应该被坚持的。由于我并不认为我是唯一如此自问的人,所以我正准备阐明我对这个问题作出考察后得到的结论。如果一方面有懦弱和逃避的危险,那么,另一方面就有失去历史意识的危险,以及贸然进入短命的现代潮流的危险,仓促地放弃藏在杂草中持久的、无价的东西。

我们所从事的研究,其自然的开端就是考察自由主义的起源和过去的发展。本章就是讨论这个话题。通过简要的历史考察得出如下结论:自由主义历经盛衰起伏,并且其意义在实践中如此不同,以至于相互对立。如果对自由主义的历史不作详细的考察,就很容易导致该结论。但是,找准并描述与自由主义的发展紧密相连的多义性,将有助于确定它对现在和将来的意义。

"自由"和"自由主义"这两个词语被用来指称一种特殊的社会哲学,它们在19世纪初才出现。但是,这两个词语所指的东西出现得要早些。它可以追溯到希腊思想;它的某些观点,特别是关于理智的自由运用的重要性的观点,在佩里克利斯(Pericles)的悼词中可以见到显著的表达。但是,为了当下的目的,我们不必回溯到1688年"光荣革命"的哲学家约翰·洛克(John Locke)。洛克自由主义的突出观点是:政府的建立是为了保护个人的权利,这些权利是在社会关系的政治组织之前个人拥有的权利。一个世纪以后,美国《独立宣言》对这些权利做了概括:生存的权利、自由和追求幸福的权利。在"自然"权利中,洛克特别强调财产权。根据他的看法,财产权起源于如下事实:个人通过自身的劳动,把自身和某些迄今未被占有的自然对象"混合"在一起。这种观点的矛头,指向统治者未经人民代表的认可就对财产征收的税费。这种理论在辩护革命的权利中达到顶峰。由于政府的建立是保护个人的自然权利,当它们侵犯并破坏这些权利而不是保护这些权利时,就再也不该服从。这个学说在我们的祖辈们反抗英国统治的革命中富有成效,它在1789年的法国革命中也有扩大的应用。

这种早期自由主义的影响,很明显是政治方面的。然而,洛克最大的兴趣是:在偏执流行、持异端信仰的人被迫害的年代、在国内战争和国际战争都带有宗教色彩的年代坚持宽容。为了满足英国的紧急需求——从而是另一些国家的紧急需求，即需要用代议制政府来代替任意政府——它遗留给后来的社会思想的一种学说，即关于个人与生俱来的、独立于社会组织的自然权利的学说。对于自然法则①高于成文法这一较早的半神学半形而上学的观点，它直接输入了实践意义；对于自然法则是理性的同伴、由人类天赋的自然之光来揭示这个旧观念，它赋予了一种新的形式。

这种哲学的整体气质是个人主义的，其中个人主义是与有组织的社会行动相对立的。它坚持个人不仅在时间上而且在道德权威上优先于国家。它用思想和行动的自由来定义个人，这种自由是个人以某种神秘的方式事先拥有的，是由国家的唯一职责来保障的。理性被当作个人天生的禀赋，在人与他人的道德关系中表现出来，但并不由这些关系来维持和发展。因此，个人自由最大的敌人被认为是政府，因为政府试图侵犯个人天生的自由。后来的自由主义继承了这种统治者和被统治者之间自然对抗的观点，把它解释为个人和有组织的社会之间的自然对立。一些人的心里仍然浮动着这样的想法：有两种不同的行动和正当权益的"领域"，它们分别属于政治社会和个人，为了后者的利益，前者必须尽可能地简约。直到19世纪下半叶，政府可能并且应该是保障和扩展个人权利的工具这种观点才产生。我们的宪法的一些条款授予议会以权力来提供"公共福利"和保障公共安全，这也许是自由主义的这个新方面的一个前兆。②

上述内容表明，在洛克看来，自然权利包含经济因素，也就是财产，这是有政治意图的。然而，洛克有时甚至用财产来指称"生命、自由和产业"包含的一切事物；个人拥有对他自身、他的生命和活动的产权；这种广义的财产是政治社会应该保护的。在政治领域对财产权利予以的这种重视，毫无疑问，对后期自由主义明确的经济学表述产生了影响。但是，洛克对业已拥有的财产感兴趣。一个世纪以后，大不列颠的工业和商业有如此充分的进展，以至于人们的兴趣集中于财富的生产而非占有。劳动观念作为财产权利的源头，与其说是被用来保护财产免受统治者的没收（在英国，这种权利实际上是有保障的），倒不如说是促进和辩护资本使用和投资的自由，以及劳动者离职并寻找新工作的权利——从半封建

① 在英文中，自然律和自然法为同一个词。为兼顾这两种意义，故译为"自然法则"。——译者
② 也许，在法规的制定者的头脑里，这个条款并没有被更多地思考，而只是被用来允许议会为公路、河流和港口拨款。在随后的实践中，这种权力并没有被过多地使用，它没有因为某些经济上的弊病而超出规定的有限的社会服务。

社会沿袭下来的成文法是否定这些权利的。可以很公正地说，早期的经济观念是静态的，它关注财产和房地产。这种新经济观念是动态的。它关注的是从一堆具有法律威力的累赘的限定中将生产力和交换解放出来。敌人不再是统治者的任意特殊行动。它是成文法和司法实践的整个体系，因为这个体系不利于劳动、投资和交换的自由。

9

由于这种新兴趣，早期自由主义发生的转变如此巨大，以至于我们应该详尽地描述它的过程。对自由和个人的关注，是洛克式自由主义的基础，它被保留下来了；否则的话，新理论就不会被称作自由主义了。但是，自由被赋予一种完全不同的实践意义。最终结果是使政治服从于经济活动；自然法则与生产和交换的法则联系起来了，并且给早期的理性概念以全新的意义。亚当·斯密（Adam Smith）这个名字与这场变革的发端有着不可分割的联系。尽管他还远远不是自由放任观念的无条件的拥护者，但他认为，尽可能多地摆脱政治限制的个人活动，是社会福利的主要资源和社会进步的最终动力。他认为，每一个个人中存在一个"自然的"或者天生的倾向，这种倾向是通过努力（劳动）来满足自己的自然需求，从而改善自身的生活状态。社会福利向前推进，是因为大量个人努力无设计、无计划的趋同结果增加了可由人们集体支配或由社会支配的商品和服务。这种产品和服务的增加，产生了新的需求，导致生产力新方式的产生。这里不仅是交换、"交易"的天生冲动，而且个人通过交换的过程从劳动的必要性中解放出来，从而满足个人所有的自身需求；通过分工，生产率极大地提高了。自由经济过程从而引起日益增长的交换无止境地盘旋上升，通过"看不见的手"（这与 18 世纪的人钟爱的前定和谐学说是对等的）的引导，个人为个人进步和个人收益作出的努力增进了社会利益，并创造了利益间相互依赖的日益紧密的关系。

新政治经济观念和理想与工业活动的增加是一致的，英国工业活动甚至在蒸汽机发明以前就很显著。它们快速地蔓延，首先在纺织业，然后在其他行业。机器代替了人力，英国工业和商业的大扩张接踵而来，它们助长了工业活动的力量。在工业革命的影响下，反对把政治行动看作社会力量的陈旧论点呈现出一种新的形式。政治行动不仅仅是对个体自由的侵犯，而且实质上是一种阴谋，用以反对带来社会进步的事业。洛克关于自然法则的观点，获得了一种更具体、更直接的实践意义。自然法则仍然被当作某种比人为法更基础的东西，与自然法则相比，人为法是非自然的。但是，自然法则失去了从前的道德意义，它们被确

10

定为自由工业生产和自由商品交换的法则。然而,这种思想并不是由亚当·斯密创立的。他从法国重农学派那里接受了这种观点,法国重农学派如其名字所表明的那样,相信社会关系由自然法则支配,并把自然法则等同于经济法则。

法国是一个农业国家,重农学派的经济学是为了农业和矿业的利益而被构想和表述的。根据他们的观点,土地是所有财富的源泉,所有真正的生产力最终来自土地。工业与农业不同,它只是改造自然所提供的东西而已。这个运动本质上是抗议政府措施使农业赤贫、使闲散的寄生虫富有。但是,它潜藏的哲学是:经济法则是真正的自然法则,其他法则都是人为的,因而应该尽可能限制它们的范围。在理想社会中,政治组织将照搬自然设定的经济模式。法律源自自然。

洛克说过,劳动,而非土地,是财富的资源。英国当时正从一个农业社会过渡到工业社会。法国的学说以它自身的形式并不适合英国的国情。但是,把自然法则与经济法则相等同的潜在理念翻译为适合工业社会需求的形式,并不存在多大的困难。从经济哲学角度看,从土地到劳动的转变(为了满足需求所付出的代价),只要求把注意力集中到人类的自然本性上,而非物理自然上。心理学法则建立在人类本性的基础上,与任何建立在土地和物理自然基础上的法则一样,是真正的自然法则。土地本身仅仅在为了满足人类本能需求的劳动的影响下,才是生产力(productive)。亚当·斯密本人对于阐明法则如何用人类本性来表述并没有特别的兴趣。但是,他明确地依靠人类本性的一个倾向——同情心——来寻找道德需求的基础,他用另一个自然的冲动——改善生存条件和交换的本能——来给经济学理论奠定基础。这些本性倾向运行的法则摆脱了人为限制后,就成为支配着人们相互关系的自然法则。就个人来说,按照理性的要求(按斯密的概念,就是站在无偏的旁观者立场)所施予的同情心是美德行动的标准。但是,政府不能诉求于同情心。它可以采用的唯一措施是去影响利己动机。当它在个人追求自然的自我利益的行动中保护个人的时候,这种措施变得最为有效。这些隐含在斯密思想中的观点,被他的后继者们清楚地表达出来:部分由经济学经典学派清楚地表达,部分由边沁和密尔(Mill)①父子清楚地表达。在相当长的一个时期里,这两个派别携手并进。

---

① 亦译"穆勒"。——译者

经济学家发展了个人的自由经济活动的原则；政府行动被当作对自然自由的一种干涉。由于这种自由等于没有政府行动的干预，结果就形成了自由放任的自由主义。在通过立法改革习惯法和司法程序热火朝天的运动中，边沁引入了相同的概念，尽管是从一个不同的角度。密尔父子发展了经济学家和边沁的理论中隐含的心理基础和逻辑基础。

我从边沁开始。原有的法律体系通过选区议员定额体系（rotten borough system）与一种政治体系紧密地结合在一起，这种政治体系建立在大土地所有者占支配地位的基础上。不论在生产还是交换领域，新工业力量的运行几乎在每一点上都受大量习俗的抑制和扭曲，这些习俗正是习惯法的核心。边沁不是从个人自由的观点，而是基于这些限制对个人享有幸福的影响来探讨这种情形。因此，每一个对自由的限制都是痛苦的源泉，并且是对反之即能享有的快乐的限制。因此，就政府行动的正当范围而言，这两个学说的效果都是一样的。边沁直接地，而不是像经济学家的理论那样间接地，对准已存法律和司法程序中的一切东西；它们造成了不必要的痛苦，并限制了个体对快乐的获取。此外，他的心理学将改善个人条件的冲动（这是亚当·斯密学说的基础）转变为如下教条：渴望快乐，憎恶痛苦，是支配人类行动的唯一动力。由获利的欲望控制的生产交换所隐含的这种心理学理论，在政治和法律方面建立起来。此外，制造业和贸易的不断扩张，使一个强大阶级的利益成为这种新式自由主义的动力。这句话不是说睿智的新自由主义的引路人自身也受到获取物质利益期望的驱使。相反，他们组成了一个群体，焕发出惊人的无私精神，这与他们宣称的理论相反。他们超脱直接市场利益的行动，使他们摆脱了商人阶级特有的狭隘和目光短浅——谈到商人阶级，约翰·斯图亚特·密尔（John Stuart Mill）甚至比亚当·斯密更尖刻。这种解放使他们能够发觉并清楚地论述当时兴起的运动——这种能力是一切时代知识阶级的真正品性。但是，假如他们的说教未能契合一个在声望和力量上不断上升的阶级的利益，那么，他们发出的声音可能只是旷野中的呐喊。

根据边沁的观点，衡量所有法律和每一行政措施的标准是它对最大多数人的幸福总和的影响。为了计算这个总和，每个个人都被当作并且仅仅被当作一个人。仅仅把这个学说表达出来，也是对法律认可的每一种地位不平等的抨击。其实，在它起作用的每一个领域，它使个人幸福成为政治行动的规范。实际上，尽管边沁没有马上意识到，它却把我们的注意力从个人已拥有的幸福转移到在社会制度发生彻底改变的情况下,个人可能拥有的幸福。因为已存的制度使少数个体享有他们的幸福,却以多数人的痛苦为代价。边沁本人设想的法律和政治制度上将要进行的改变主要是反面的,例如消除滥权、腐败和不平等。然而(我们在后面将看到),他的基本学说一点也不阻碍人们使用政府权力来正面地创立新制度,只要这样做看起来更有效地促进个人的幸福。

边沁最有名的著作为《道德和立法原则》(*Principles of Morals and Legislation*)。他实际上把"道德和立法"当成一个单词。他致力于研究立法的道德,一般地说,是政治行动的道德。他提出了一个简单的标准,即政治行动对最大多数人的最大幸福的影响。他不断地致力于揭露现存法律体系的弊端,还有它在民事和刑事司法程序以及行政管理的应用中存在的弊端。他在他的各种著述中详尽地逐一抨击这些弊端。但是,他的抨击实际上是累积式的,因为他在详细的批评中只用了一个原则。我们可以说,他是在司法领域第一个搜集并揭发丑闻的人。但是,他不仅仅如此。他不管什么地方发现一个缺陷,都会提出一种补救的办法。他是司法和行政管理领域的一个发明者,犹如当时机器生产的发明者一样。他提到自己时说,他的抱负是"把实验的推理方法从物理学领域扩展到道德领域"。他所说的道德的,意指人文的——这是 18 世纪英国思想的一个共同点。他还把自己的工作与物理学家和化学家所做的工作,即在各自领域发明增加人类财富的产品和技术相比较。也就是说,他并不把他的方法局限于推理;推理仅仅是为了在实践中实现变革才会出现。历史表明,在发明司法和管理策略方面,没有谁的头脑比他更活跃。格雷厄姆·沃拉斯(Graham Wallas)谈论他和他的学派时说道:"1832 年英国贵族权力的垮台并没有导致国内的社会革命或者行政混乱,也没有导致国外新大英帝国的粉碎,这一事实在很大程度上是由于一系列政治措施——地方政府改革、公职的公开竞争、科学的卫生和治安管理、殖民地自治政府、印度行政改革——这些内容有的是边沁的信徒们在他的著述中发现的,有的是在他死后用他的方法发展的。"①

尽管边沁关于人类本性的深层理论中存在一些基本的缺陷,但他的著述证明,自由主义并非只能做点小改革而对大事无能为力。边沁的影响证明,自由主义也可以成为引起彻底的社会变革的力量——只要它把大胆的、广泛的社会发

---

① 《社会科学百科全书》中关于边沁的词条,第 II 卷,第 519 页。

明的能力与具体事情的详细研究结合起来，并有行动的勇气。19世纪上半叶，英国法律和行政变革的历史主要是边沁和他的学派的历史。边沁学派中并没有很多政治家、立法者或者公职人员，我认为，我们会从这个事实中发现一些对现在和将来的自由主义很重要的东西。根据美国式原则"让别人去干吧"，美国的自由主义者习惯于假设和期望某届政府某一天上台后将带领人们陈述和实施自由政策。我不知道历史上有什么证据表明这种信念和期望是有根据的。首先必须建立自由主义的纲领，它极具特色，处在政府行动的直接范围之外。只有迫使公众给予关注，彻底自由主义的直接政治行动才会到来。这是我们从19世纪早期自由主义那里学来的。如果没有见多识广的政治智慧作背景，为了达到口头上的自由主义目的而采取的直接行动也许会导致政治上的不负责任。

边沁的理论导致他持有如下的观点：一切有组织的行动都应从它影响个人生活的后果来判断。他的心理学是相当根本的。这种心理学使他把后果设想为原子式的快乐和痛苦的单元，可以做代数相加。他的学说主要是由于这个方面遭受到后来的学者，特别是道德家们的批评。但是，如果我们从历史的观点看，他的学说的这个特殊方面是一个偶然的附加物。他长期的观点是：习俗、制度、法律和社会安排应该根据它们的后果来评定，因为只有这些后果才落实到组成社会的个人上。由于对后果的强调，他迅速地干掉了在他之前统领英国思想的两个学派的教条。他几乎是蔑视地将保守学派置之不顾，保守学派把习俗和过去的先例当作社会智慧的源泉。这个学派在今天的经验主义者那里得到了回应，这些经验主义者抨击每一个新的、具有开创精神的措施和政策，理由是它没有得到经验的认可；然而，他们所说的"经验"，实际上是指在过去形成的、现在已经不复存在的思想模式。

按照大卫·休谟(David Hume)提供的一条线索，早期自由主义建立在天生自然权利的概念上。对于这个方面的内容，边沁的批评也是充满火药味儿的。自然权利和自然自由仅仅在虚构的社会动物学领域中才存在。人们遵守法律，并不是因为认为这些法律与自然权利的图式相一致，而是因为相信遵守法律的后果在整体上比不遵守法律好，不论这种信念正确与否。如果现存规则的后果变得让人难以忍受，他们就会起来反抗。一种开明的自我利益观念使统治者不会过度逼迫臣民的忍耐力。这种开明的公民自我利益将引导他们尽可能用和平的手段促成变革，这些变革将影响政治权利和公利的分配，导致政治当权者为人民的利益服务而不是反对人民的利益——边沁认为，这种情形是通过建立在普选制度之上的代议制政府来实现的。但是，无论如何，政策和评判的尺度和标准是它们在个人生活中引起的后果，而不是自然权利。

由于经济学家和边沁主义者的自由主义与英国现代的状况相适应，洛克学派的自由主义的影响日渐式微。到 1820 年，洛克学派的自由主义在实践上已经灭亡了，而它在美国的影响则要长久得多。我们没有边沁式的人物，即使有，他是否有很大的影响力也值得怀疑。除了法律制订上的一些变动，很难发现有什么迹象表明边沁对我们国家有所影响。正如前面说到的，洛克的哲学与美国反抗殖民统治的斗争之间的关系，非常近似于它与一个世纪前英国革命的关系。这就是说，直到美国内战时期，美国是以农业为主导的国家。随着美国开始工业化，个人自由的哲学，尤其是契约自由所表现的个人自由，为控制经济体系的人提供了所需的学说。法院自由地运用这种学说，宣布某些立法是限制这种自由和违反宪法的。《独立宣言》体现的洛克思想适合于我们先辈的处境，它给予个人开拓自己事业的机会。生活在这种开国条件下的人，很少考虑政治行动。政治事业主要是一种附属的东西，附属于个体开创本人事业的行动。人们高度自发地实践自助和私人创业的信条，以至于不需要专门的理智支持。最后一点，由于不存在封建主义背景，边沁式的司法和行政改革体系得不到特有的支撑。

美国在推动社会立法方面，比英国落后了一代人之多。大法官霍姆斯（Holmes）觉得必须提醒他的同僚们注意，赫尔伯特·斯宾塞（Herbert Spencer）的《社会静力学》（*Social Statics*）终究没有纳入美国宪法。英国在边沁的影响下，建立起一个独立于政党控制的、有序的公职体系。在我们这里，政治报酬就像经济上的金钱回报一样，落入最善于经营的竞争者手里；战利品属于获胜者。而最大多数的最大利益这个原则，导致英国建立了国家利益高于局部利益的原则。美国的政治史则主要是地方利益优先的记录。我们热衷于制定法律，这也许可与边沁的立法机关"万能"原理联系起来。但是，我们从来没有认真地对待我们制定的法律，而历史上，我们几乎没有什么可与英国功利主义学派赋予行政的重要性相比。

我谈到了英国自由主义的两个学派——经济学家的自由主义和功利主义的自由主义。起初，它们志同道合。英国自由主义的后期历史主要是一个分歧加深的过程，最终导致公开的分裂。然而，边沁本人是站在古典经济学一边的，他用后果作判断的原则却通向了适得其反的应用。边沁本人呼吁扩大公立教育和促进公共卫生的行动。就理论而言，在驳斥个人不可剥夺的自然权利这一教条时，他为国家采取正面行动扫清了障碍——只要人们能够看到这种行动增进了总福利。戴西（Dicey）在《英国的法律和舆论》(*Law and Opinion in England*)一文中指出，60年代后，集体主义立法政策至少为一代人增添了力量。这自然是受了改革法案的激发，而改革法案极大地拓宽了选举的基础。科学方法的使用即使当时还有些零散、薄弱，却鼓励了实际后果的研究并促进了一些立法政策的形成，以图改善现存制度带来的后果。与边沁派的影响相联系，它在一切方面都极大地削弱了如下观点：理性是遥远的、高高在上的、揭示最终真理的能力。它使理性成为研究具体情况并设计措施来改善具体情况的能力。

然而，我不会让你们得到这样的印象：从个体自由主义到集体自由主义的转向是功利主义的直接后果。相反，社会立法主要是由英国托利党人促成的，传统托利党人对产业阶级毫无感情可言。边沁派自由主义并不是一系列法律的来源，如工厂法、儿童和妇女保护法、禁止她们在矿业工作的法令、工人赔偿法、雇主责任法、减少工作时间、失业救济以及劳动法。所有这些措施都与自由放任自由主义倡导的契约自由观念相反。人道主义与福音派教会的虔诚、与浪漫主义联合起来，为这些措施提供了主要支持，而托利党则是它们的主要政治机构。人道主义是创建新工业规章的一种力量，对人道主义兴起的论述如果没有把那些英国国教和其他教派的宗教领袖的名字列进来，都是不恰当的。我们想到的名字有威尔伯福斯（Wilberforce）、克拉克森（Larkson）、圣扎迦利·麦考利（Zachary Macaulay）、伊丽莎白·弗赖（Elizabeth Fry）、汉娜·莫尔（Hannah More），以及沙夫茨伯里（Shaftesbury）勋爵。工会的力量在增长，以罗伯特·欧文为代表的一场活跃的社会主义运动也开展了。但是，尽管有这些运动，或者说随着这些运动的开展，我们必须记住，与自由主义联系在一起的是宽广的胸怀、信念和行动的自由。逐渐地，自由主义的精神和意义发生了一种变化。这种变化虽然是逐渐的，却是确实的。它脱离了自由放任的信条，而与之相联系的是用政府行动来帮助那些处于不利经济地位的人并改善他们的条件。在这个国家，除了一小群早期自由主义的信徒，这种普遍的观念和政策实际上成为自由主义信仰的定义。美国自由主义的例证是本世纪早期的社会进步主义，它与上个世纪上半叶英国自由主义之间的共同点如此之少，以至于彼此对立。

柯尔律治(Coleridge)、沃兹华思(Wordsworth)、卡莱尔(Carlyle)以及罗斯金(Ruskin)以不同的方式阐明了浪漫主义,其影响是值得特别注意的。一般说来,这些人在政治上是支持托利党的,即使并不积极,也至少有一些共鸣。这些浪漫主义者都是英格兰工业化结果的积极反对者,他们攻击的矛头直指经济学家和边沁派,他们认为经济学家和边沁派对这些后果负有主要责任。由于不赞成对非协同的个人活动的依赖,柯尔律治强调持久制度的重要性。根据他的观点,持久制度是人们团结在一起、达到思想和目的协调一致的手段,是唯一真实的社会纽带。它们是一种力量,借助这种力量,人类关系得以保持,而不是瓦解成离散的、相冲突的原子的堆积。他和他的追随者们的工作是对边沁学派的反历史性质的一种有力抵制。19世纪科学的主要兴趣是历史,包括历史视野内的进化。柯尔律治不是一个历史学家,他对历史事实不感兴趣;但是,他对伟大历史制度的使命有着非常深刻的见解。沃兹华思宣扬回归自然的福音,自然是指河流、峡谷、山脉以及简朴乡民的灵魂所表现出来的自然。他有时候是隐晦的,但常常是明确地把工业化当作自然最大的内部和外部敌人。卡莱尔对功利主义和现存的社会经济秩序进行了不懈的斗争,他用"无政府状态加警察"这个词组来概括这两者。他号召用社会权威体制来加强社会联系。罗斯金宣扬艺术的社会重要性,并相应地谴责经济的完全统治地位。威廉·莫里斯学派的美学社会主义者使他的教导深入人心。

浪漫主义运动深刻地影响了在最狭窄的自由放任的自由主义圈子里成长的那一批人。约翰·斯图亚特·密尔几乎从摇篮里就继承了他父亲的学说,同时又感到,与浪漫主义者描写的诗歌、持久的历史制度以及内在生活的价值相比,这个学说空洞无趣。他为调和两者而斗争,即使不成功,也非常勇敢。他敏锐地感觉到身边的人们生活的粗俗和知识水平的低下,他看到了这两种特征之间的关系。有一次,他甚至说,他期待一个时代的到来,那时候,"劳动生产的分工……将按照公认的正义原则来进行"。他认为,现存制度只是临时的,支配着财富分配的"法则"不是社会的,而是人制定的,也是人可以改变的。这些话语体现的哲学与他早期的主张——"人类因为一个唯一的目的而有权以个人或集体的方式干涉他人的行动自由,这就是自我保护"——之间有很大的距离。浪漫学派是产生这种变化的主要影响因素。

还有另一种思想力量导致早期自由主义的改变,这种思想公开地承认自由的目标而同时又攻击早期自由主义。在专业哲学圈以外,托马斯·希尔·格林(Thomas Hill Green)这个名字并不广为人知。但是,他是以一贯的论述风格把有机唯心论引入英国的引路人。有机唯心论起源于德国——主要是为了反对个人自由主义和个体主义的经验主义的基本哲学。约翰·密尔本人对联想主义心理学说产生的后果感到非常苦恼。信念和目的的心理联系是外在联想的产物,它们很容易因环境的变化而破裂。道德的和社会的后果对信念和社会关系的所 20 有稳定基础产生了破坏性的威胁。格林及其追随者揭露,在早期自由主义学派所说的经验主义旗号下发展起来的原子论哲学,在各个方面都存在这种缺点。他们几乎一条一条地批评从洛克学说中生长出来的心灵理论、知识理论以及社会理论。他们主张,关系构成了自然实在、心灵实在和社会实在。但是,与浪漫主义学派不同,格林及其追随者依然忠于自由主义的理想:公共利益是政治组织和政策的衡量标准;自由是最宝贵的品质,也是个性的标志;每一个个人都有权全面发展自身的能力。他们设法用事物本身的结构为这些道德断言提供不可动摇的客观基础,而不是把它们建立在孤立个人的感觉这个散乱的稀松基础之上。因为根据他们的观点,组成事物本质的关系是客观理性和客观精神的表现,而客观理性和客观精神维系着自然和人类心灵。

唯心论哲学说,人们是通过某种关系结成一体的,而这种关系来自并显现终极宇宙精神。因而,社会和国家的基础是共同的智慧和目标,而不是暴力,也不是自我利益。国家是一个道德机体,政府是其中的一个器官。只有通过参与共同的理智活动和共享同一个目标,使它为公共利益服务,个人才能实现自身的真实个性,才能变得完全自由。国家只是精神和意志的许多器官中的一个,精神和意志把事物结成一体,使人类互为肢体。国家并不产生如下道德要求:个人作为客观思想和目的的承载者,应该全面实现其潜能。此外,国家直接诉求的动机并不处于最高层次。但是,保护所有人类联系形式,并推进所有人类联系模式,是国家的职责;而人类的联系体现着社会成员的道德要求,并成为个人自愿的自我实现的手段。国家的职责,从反面说,是为个人的自我意识(意识到自己是谁)清除障碍;从正面说,是推进公共教育事业。只有履行这个职责,国家才是国家。 21 这些哲学自由主义者们指出,经济和政治的限制使很多个人,也许是大多数个人,不能从事自愿的理智活动;而只有通过自愿的理智活动,他们才可能成为他们能够成为的人。这种新自由主义学派的教导影响了许多人的思想和行动,他们不去费力地理解它的哲学基础。这些教导帮助人们打破自由是个体已经拥有的东西这一观点，并灌输自由是个人要去获得的东西这种想法，而获得个人自由的可能性受制于个人在其中生活的制度媒介。这些新自由主义者认为，国家有责任建立一些制度，使个人有效地实现自身的潜能。

因此，由于各方面的原因和各种影响，自由主义内部产生了分裂。这种分裂是产生自由主义歧义性的原因之一，而自由主义的歧义性也说明了自由主义为什么越来越无所作为。还有一些人也自称是自由主义者，他们用一种古老的对立来定义自由主义，对立的一边是有组织的社会行动的领域，另一边是纯粹的个人创造和努力的领域。打着自由主义的招牌，他们嫉恨政府活动的每一个扩展。他们可能勉强承认，在巨大的社会压力下，我们需要国家采取的特殊保护措施和缓解措施；但是，在采取长久的政治政策措施方面，他们是社会立法（即使是禁止童工的法令）公认的敌人。他们仍然有意或无意地为现存经济体制作系统的理论辩护，他们奇怪地坚持现存经济体制是一切个人自由的体制。这看起来是有点讽刺意味的。

但是，今天大多数自称为自由主义者的人都承认如下原则：有组织的社会必须行使它的权力来建立一些条件，使大多数个人拥有实际的自由，而不仅仅是法定的自由。他们对他们的自由主义作了具体的定义，那就是为达到这个目的而采取的一系列措施。假设国家活动限于维持人与人之间的秩序，当一个人侵犯了现有法律赋予的另一个人的自由时，应确保受害者能够获得赔偿。他们相信，这样的国家概念实际上只是对现存秩序的残忍和不公平的一种辩护。由于自由主义内部这种划分，自由主义的后期历史变得摇摆不定和混乱不堪。许多自由主义者相信要大量使用有组织社会的权力来改变那些把人们连结起来的事项。继承过去导致这些自由主义者抛弃单纯的保护和缓解措施——这个事实部分地说明了为什么另一个学派总是轻蔑地谈论"改革"。下一节的内容是描述自由主义的危机，以及它现在几乎自己也能发觉的困境。通过批评早期自由主义的缺点而指示一条出路，自由主义由此可以化解危机，并作为一种坚实勇敢的力量出现。

2.
自由主义的危机

　　早期自由主义者努力把个人从世袭的社会组织施加的限制中解放出来,他 23
们的斗争产生的净效应就是提出了一个问题,即新社会组织问题。在 19 世纪初
的 30 多年里,自由主义者建立的观念在批评和分析方面是强有力的。它们使长
期以来受抑制的力量得以释放。但是,分析并不是建构,力量的释放本身并没有
给获得自由的力量指明方向。维多利亚时代的乐观主义,在一段时间内隐藏了
自由主义的危机。但是,作为 19 世纪后期特征的民族、阶级和种族之间的冲
突——这些冲突近年来愈演愈烈——将乐观主义淹没了,危机再也掩盖不住了。
早期自由主义的信念和方法面对社会组织和整合问题时,变得无能为力。它们
的不足在很大程度上导致当下流行的信念:自由主义是一种过时的学说。同时,
信念和目的的不稳定性和不确定性是产生一些武断信仰的重要因素,这些信仰
深深地敌视自由主义以任何可能的表达方式所提倡的一切东西。

　　一如果篇幅更长一些,这种危机可用约翰·斯图亚特·密尔的生涯来描述;在
那个时期,这种危机的全部效力还没有清楚地显现出来。他在他的《自传》
(Autobiography)中写道,早在 1826 年,他就问自己一个问题:"假设你所有的人
生目标都实现了,你期待的所有制度和观点的改变都能在一瞬间完全实现,那
么,这会给你带来极大的快乐和幸福吗?"他的回答是否定的。为解放而斗争给
予他积极战斗的满足感。但是,达到目标的前景在他面前呈现出一幅情景,其中
缺乏某种东西,那是好的生活无条件必需的。在他想象中出现的图景里,他发
现,有些东西相当空洞。假若他的雄心勃勃的目标实现了,人生是否值得过下 24
去? 对此,他的疑惑与日俱增。这种疑惑无疑有生理上的原因,敏感的年轻人常

常经历这种危机。但是，他也感觉到他父亲和边沁的哲学中有些东西太肤浅了。这种哲学在他看来，只触及了生活的外层，而没有触及个人生存和成长的内在源泉。我想，我们说他发现摆在自己面前的只是一些理智的抽象，这是很恰当的说法。各种批评使我们对经济人这个抽象颇为熟悉。功利主义者还增加了两种抽象：法人和政治人。但是，它们还是没能触及人本身。密尔首先在市民高雅艺术中得到了慰藉，艺术，特别是诗歌，是情感培育的媒质。于是，他反对边沁主义，认为边沁主义完全是唯理智论的，把人等同于算账的机器。后来，在柯尔律治及其信徒们的影响下，他懂得了制度和传统是养育人类生活中最深刻、最宝贵的东西必不可少的养分。他了解到孔德建立在科学组织上的未来社会的哲学，于是就有了新的奋斗目标——建立某种社会组织制度，在那里应该存在某个核心精神权威。

为了把这些观点与深深地烙印在他身上的边沁主义调和起来，密尔终身作了努力。这里我们所关心的是：密尔的思想历程是自由主义自身产生的信念和行动的持续危机的一个征兆，这种危机产生于人们需要把早期关于自由的观点与社会组织的迫切需求统一起来的时候，亦即当人们需要把思想领域与社会制度领域建设性地综合起来的时候。获得自由的问题，极大地拓展和深化了。它现在并不表现为信仰和经济行动等事务上政府与个人自由的冲突，现在的问题是建立整个社会秩序，拥有一种精神权威来滋养和引导个人内部和外部的生活。科学已不仅仅是技术应用以增加物质生产力，它还要把通情达理的精神灌输到个人的头脑中。这种精神是由社会组织培育的，又对社会组织的发展作出贡献。人们看到，建立普选制度和代议制政府并没有解决民主问题，而只是触及皮毛。正如哈夫洛克·埃利斯（Havelock Ellis）所说："我们现在看到，选票和投票箱并没有使选举人哪怕从外部压力中解放出来；并且，它们并不必然使他从自己的奴性本能中解放出来，这一点具有更严重的后果。"民主问题成为社会组织形式问题，延伸至所有的领域和生活方式。个体的能力不应该仅仅摆脱机械的外部限制而释放出来，而应该得到培养、维护和引导。这种组织所需要的教育远远多于普通的学校教育。要是不更新目的和愿望的源头，普通的学校教育将成为一种新式的机械化和形式化教育，与政府限制一样，是自由的敌人。社会组织对科学的要求远远不只是外在的技术应用——单纯的外在的技术应用也会导致生活的机械化和新型的奴役。它要求求知的方法、辨别的方法、通过可证实的后果进行检验的方法在所有需要判断的事情上被自然化,不论在总体上还是在细节上。

我们需要一种社会组织形式,它应该包括经济活动并把经济活动转变成个人高级能力发展服务的手段,早期自由主义没有满足这个需要。如果我们除去早期自由主义信条中的偶然因素,它还存在着一些有持久价值的东西。这些有价值的东西是个人自由和通过自由才可能实现的个人内在能力的发展,以及自由理智在求知、讨论和表达中的核心作用。但是,那些外在于这些价值的偶然因素给这些理想涂上了一层颜色,使它们在社会组织的新问题产生时变得软弱无力或者不近情理。

在考虑这三个价值之前,我们最好注意一个偶然的观点,它后来在很大程度上使自由主义变得无能为力。早期自由主义者缺乏历史意识,并对历史不感兴趣。这种缺乏一度具有一些直接的实用价值。它给予自由主义者一件对抗反动派的有力武器,因为它削弱了他们对起源、先例和过去历史的诉求;而社会变革的反对者正是通过这种诉求,赋予现存的不平等和滥用权力一种神圣不可侵犯的性质。但是,不考虑历史也带来了恶果。它使自由主义者对如下事实视而不见:他们对自由、个性和理智的特殊解释受制于他们所处的历史环境,仅仅与他们所处的时代有关。他们把自己提出的观点看作在任何时间和任何地点都有效的不变真理;他们没有历史相对性观念,不论是一般而言,还是用在他们自己身上。

当他们构想自己的观念和计划的时候,他们打击的是既定制度和习俗规定的既得利益。自由主义者试图引进的新力量还处于萌芽的阶段,正严阵以待地阻挡这些力量的释放。直到 19 世纪中期,当时的情景才彻底改变。他们为之奋斗的那种经济和政治的变革在如此大的程度上得以实现,以至于这些变革转而成了既得利益;它们的学说,特别是自由放任的自由主义,为当时的现状提供了理论辩护。现在,这种信条在我们这个国家仍然极为强大。早期的“自然权利”学说高于立法行动,法庭赋予它明确的经济意义,法官用它来摧毁为实现真正的而非纯形式的契约自由而通过的社会立法。打着“直率的个人主义”的旗号,它痛斥一切新的社会政策。既定经济政体的受益人在自由联盟的旗帜下团结在一起,以图永久地维持对千百万同胞的严酷统治。我的意思不是说,如果不是由于早期自由主义学说的缘故,对变革的抵制就不会出现。但是,如果早期自由主义者认识到他们对自由的意义解释具有历史相对性,后来的抵制当然也就失去了其主要的理论和道德支撑。悲剧在于,尽管这些自由主义者们是政治绝对主义的死敌,他们对于自己表达的社会信条而言,又是绝对主义者。

当然,这一陈述并不意味着他们反对社会变迁,事实显然相反。但是,它的确意味着,他们认为,有益的社会变革只能以一种方式出现,这就是私人经济企业。它无需社会的引导,而是建立在私有财产神圣不可侵犯之上并导致这种结果——这就是说,不受社会控制的自由。所以,今天,那些承认早期自由主义的人把所有已发生的社会改善,例如生产力的增加和生活标准的提高,归功于这个因素。自由主义者并不试图阻止变革的发生,但他们试图把这个过程限制在单一的轨道上,并试图把这个轨道固定下来。

如果早期自由主义者把他们提出的特殊的自由解释看作具有历史相对性的观点,就不会使它僵化成任何时期和任何社会环境下都可以应用的学说。特别是,他们会认识到,有效的自由都是一定时期的社会条件的产物。如果他们这样做了,他们就会知道,随着经济关系变成确立人类关系形式的主导控制力量,为了广大个人的利益,必须实现他们宣称的自由,这就要求对经济力量施加社会控制。由于自由主义者没有把纯形式自由或立法自由与有效的思想和行动自由区分开来,所以过去一百年的历史是他们的预言没有实现的历史。他们预言说,一个经济自由的政体将带来民族之间的相互依赖,从而带来和平。实际情景是不断扩大的战争和破坏。甚至卡尔·马克思也有同样的看法:新经济力量将破坏经济民族主义,并迎来一个国际主义时代。民族主义加剧是当前世界的一个特点,这一现象足以说明问题。争夺落后国家的原材料和市场,与那些国家的国内工业发展的外资控制相结合,伴随着千方百计地阻止其他发达国家进入本国市场。

早期经济自由主义者的基本观点是:一个经济自由的政体,几乎自动地引导生产通过竞争进入他们预想的渠道,尽可能有效地提供社会需要的商品和服务。获取个人利益的欲望早就使人们认识到,通过令人窒息的竞争并取代非竞争资本的大结合,可以使那种欲望得到更大的满足。自由主义者们以为,个人追求自我利益的动机将大大地解放生产能量,以至于产生越来越大的富足。他们忽视了如下事实:在很多情况下,通过维持人为的匮乏,通过凡勃伦(Veblen)所说的系统地破坏生产,个人的利润能够更多。最重要的是:自由主义有多种模式,而自由主义者把自由的外延完全等同于他们那种特殊招牌的经济自由的外延;他们完全没有预料到,生产手段和分配的私人控制会极大地影响大众在工业以及文化领域的有效自由。少数人拥有权力的时代,取代了19世纪早期自由主义者们设想的全人类自由时代。

这些陈述并不是隐晦地说,这些自由主义者们应该或者能够预见新生产力的冲击将引起的变化。问题是:他们没有掌握他们提出的自由解释的历史地位,这导致社会体制的僵化,从而阻碍他们宣扬的目的的实现。这个失败有一方面值得特别提起。没有人比边沁主义者更清楚地看到,统治者的政治自我利益如果不受社会检查和控制,将导致破坏人民大众自由的行动。他们对这个事实的认识是他们提倡代议制政府的主要依据,因为他们认为,这个措施可以迫使统治者的自我利益顺从臣民的利益。但是,他们没有看到如下事实:新生产力影响每一个人的生活,新生产力的私人控制与未经检查的政治权力的私人控制一样,将以同样的方式运转。他们把新法律制度和改变政治条件的需要看作达到政治自由的手段。但是,他们没有看到,如果要实现经济平等和自由,经济力量的社会控制是同样必要的。

边沁的确相信,经济平等的加强是可取的。对此,他辩护的根据是更多人的更大幸福,即简单地说,一千个人各拥有一万美元,比一个人拥有一千万美元产生的幸福总和更大。但是,他相信,经济自由体制本身将向着更大平等的方向发展。同时,他认为"时间是唯一的中介",他反对使用有组织的社会力量来促进平等,因为这样的行动将扰乱"安全",而"安全"是比平等更大的幸福条件。

自由放任自由主义的实际后果是不平等而不是平等,当这一情况变得明显的时候,这种自由主义的辩护者们建立了一个双重的辩护体系。一方面,他们依据个人心理和道德品格的自然不平等,断言运气和经济地位的不平等是这些天生差异自由运行"自然的"、有根据的后果。赫伯特·斯宾塞甚至把这个观念树立为一个宇宙正义原则,其根据是原因和结果间的比例关系的观念。我想,在今天,即使承认自然不平等的原则,也几乎没有人如此冷酷地断言财富和收入的不平等与个人天生禀赋的不平等之间有任何相应的比率。如果我们假设事实上有这么一个比率,结果将是不堪忍受的,由此得出的实践推理是:有组织的社会努力应该进行干预,以阻止这个所谓的自然规律完全生效。

另一条辩护路线是不停地赞美创业、独立、选择和责任等,从个人出发、以个人为中心的品德。我相信,我们需要更多的"直率的个人",而不是更少。我正是以直率的个人主义的名义来挑战这个论证的。现在存在的不是独立，而是大范围的寄生式的依赖性——这证明我们现在需要大规模公共的和私人的慈善事业。当前反对公共救济论证的依据是：公共救济使它的接受者成为乞丐，贬低了他们的道德。如果说这些话的人对于那些迫使我们不得不动用千百万公共经费解救贫困的条件无动于衷，听起来真是有点讽刺的味道。奴役和管制是少数人控制多数人的生产劳动手段的结果。对这个论证一个更严重的批评是：它完全根据那些最不重要的表现来设想创造性、活力、独立等概念，这些概念被限定在经济领域。而与文明的文化资源（如与友谊、科学和艺术等等）等相联系来运用它们有什么意义，则完全被忽略了。特别最后这一点，最为清楚地显示出自由主义的危机，以及根据真正的个人自由来重新考虑自由主义的需要。当下盛行的物质经济学和物质主义经济学的极大张扬牺牲了文化价值，这并不是早期自由主义本身的产物。但是，正如密尔所经历的个人危机所表明的，早期信条的僵化在思想和道德上是偏向于这种张扬的。

　　这个事实导致从自由概念到个人概念的自然过渡。早期自由主义的深层哲学和心理学导致人们把个体性看成某种既成的、业已拥有的东西，我们仅仅需要完全消除某些法律限制就行了。人们并不把个体性看作变化的东西，看作只有通过不断成长才能获得的东西。由于这种失败，个人对社会条件实际上的依赖不受重视。某些早期自由主义者，例如约翰·斯图亚特·密尔，的确很重视"环境"在个人差异中产生的作用。但是，"环境"这个单词和观念的使用很重要。这句话是说——上下文证实了这种解释——社会安排和社会制度被看成在外部起作用，但不以任何显著的方式进入个人的内部构成和成长。社会安排不被看作积极力量，而是被看成外部限制。密尔在谈社会科学的逻辑时，有些话是切合这种解释的。"社会状态下的人仍然是人，他们的行动和热情服从个人的人性的法则。当人们联结在一起的时候，他们并不像氢和氧不同于水那样转变成一种不同的物质……社会中的人所具有的性质都是从个人法则得出的并且可以分解为这些性质，此外没有其他性质。"他又说："人们在社会状态下的行动和感情是完全受心理学法则支配的。"①

　　这些话里有一条含义是自由主义者最不愿意否定的。这条含义直接响应了

———————————

① 引自密尔的《逻辑》（*Logic*），第 6 册，第 7、9 章。

密尔对他在受教育时学到的信条所持的反对态度。这些陈述警告人们不要过于重视单纯的外部制度变革,这些变革并不进入欲望、目的和信念等个人构成因素。就这个方面来说,这些陈述表达了自由主义因其本性而会认定的一个观念。但是,密尔的意思既比这少又比这多。虽然他可能否认他持有自然状态的观点(自然状态是个人在进入社会状态之前的存在状态),但事实上,他为这个学说提供了一个心理学版本。它的含义是:个人有充分发展的心理道德本性,有他自己的既定法则,独立于他与其他个人之间的联系。社会法则正是来自、也可以分解为这些心理学的孤立人性的法则。他自己举例说,水与单独的氢和氧不同,假如不同是由于一个先入为主的教条的影响,这个事例倒可能给他更好的启迪。婴儿在与家庭其他成员接触的过程中,不断地修改自己的心灵和性格;并且,当他接触的人更广泛时,这种修改持续贯穿他的一生,这与氢因同氧结合而被改变一样为真。如果我们把这个事实的意义普遍化,显然,由于天生的有机结构或生物结构相当稳定,人性的实际"法则"是个人处于联系中的法则,而不是处于虚构的、脱离相互联系的条件下的存在物的法则。换句话说,如果自由主义真诚地承认个体性的重要性,它必须深入思考人与人相联系的结构。因为后者不论从正面还是反面来说,都会影响个人的发展。由于个人与社会对立这个完全没有根据的观点流行起来,并且由于个人自由主义的深层哲学进一步促进它的流行,很多人对个体性观念采取了轻视的态度,而事实上,他们正为社会变革而努力,以便直率的个人能够成为现实;另外一些人以个人主义的名义支持一些制度,这些制度却有力地阻碍着拥有真正个体性的人的出现和成长。

现在我们来谈谈自由主义信条中的第三个持续价值——理智。我们应该感激早期自由主义者,因为他们为了思想、信仰、表达和交流的自由而展开勇敢的斗争。我们享有的公民自由在很大程度上是他们努力的成果,也是参与了同样的斗争的法国自由主义者们努力的结果,尽管这种自由现在已是岌岌可危。然而,他们关于理智本质的基本理论不能提供一个坚实的基础,以使他们拥护的事业取得持久的胜利。他们把心灵分解为原子元素之间外在联系的复合体,正如他们把社会分解为自身拥有独立固定本性的个人之间外在联系的简单复合那样。他们的心理学实际上不是公正地探索人性的产物。它更像是一种政治武器,被设计出来用以打破一些失去适用性的僵化的教条和制度。密尔自己的论点是:他建立的那些心理学法则先于人们一起生活和交流、彼此间采取行动和作出反应的法则。这个论点本身就是一种政治工具，是为了批判那些他相信应该被取代的信念和制度而制造的。这个学说在揭露弊端方面是强有力的；但是，对于一些建设性的目的，它又是软弱无力的。边沁断言他把实验的方法引进社会科学，就仿照牛顿模型把对象分解为外在地相互作用的原子而言，这样的断言是恰当的。然而，它并没有认识到，综合性的社会观念作为指导行动的操作假说，在实验中有何地位。

实践后果也是逻辑后果。由于现在的条件发生了变化，并且当前的问题是如何由摆脱了旧社会连接的个体单元来建构社会组织，于是，自由主义走向危急时期。把理智看作从孤立元素——感觉和情感——的联结中产生的某种东西，这种理智概念并没有为建构新社会秩序的长远实验留有余地。它很明确地对每一个诸如集体社会计划的东西充满敌意。自由放任的教条应用于理智，也应用于经济行动，尽管在科学中实验方法的观念要求由综合性的观念来控制，这些观念考虑到由行动来实现的各种可能性。科学方法在理智方面反对随心所欲，它
33 同样也反对依赖思想习惯，而思想习惯是由过去的"经验"形成的。早期自由主义者所持的心灵理论超越了对过去的依赖，但它并没有达到实验性和建设性的理智观念。

自由主义学派的原子式个人主义正在消解，并且以反作用的方式引发了有机客观心灵的理论。但是，这个体现为唯心主义形而上学的理论结果也敌视有意图的社会计划。人们相信，由制度体现的心灵的历史历程说明了社会的变化——一切都与它自己的时代合拍。19世纪后期的一个特征是对历史和进化的兴趣，这强化了一个类似的观念。斯宾塞的唯物论哲学和黑格尔的唯心论学说联手，把社会引导的重担交给某些权力，它们处于审慎的社会远见和规划之外。马克思用经济的历史辩证法替代了黑格尔的唯心辩证法，正如欧洲社会民主党解释的那样，经济的历史辩证法指向一个同样不可避免的、朝向某个预定目标的运动。此外，唯心主义的客观精神理论为正在兴起的民族主义提供了理论辩护。绝对精神的具体显现，据说要由民族国家来提供。今天，这种哲学已经转变为对极权国家的支持。

自由主义的危机是与自由主义未能阐述和把握一种合适的理智概念相关的。合适的理智概念应该与社会运动和指引运动方向的因素相结合。我们不能因为早期自由主义者没有达到这样一种理智概念而严厉地指责他们。人类学研

究的第一个科学学会成立的时间,正是达尔文的《物种起源》(*Origin of Species*)问世的那一年。我引用这个特殊的事实,是用来代表一个更大的事实;这个更大的事实是:社会科学,即对关系中的人进行有控制的研究,是19世纪后期的产物。此外,这些学科不仅出现得太晚,不能影响自由主义社会理论的论述,而且深受更先进的自然科学的影响,以至于其研究结果被认为只有理论上的重要性。我这句话是说,尽管社会学科的结论是关于人的,但是人们认为它们与研究遥远星系的自然科学的结论有同样的性质。社会探索和历史探索事实上是社会进程的一部分,而非外在于社会进程的某种东西。没有意识到这个事实带来的后果,是社会科学的结论过去没有成为社会行动计划的一个组成部分(现在也不多)。如果关于人的探索的结论被置于社会行动计划之外,社会政策必然没有关于人的知识的引导;然而,如果社会行动的向导不是社会的先前条件和社会习俗,或者个体心灵的快乐直觉,那么,就必须提供这种引导。关于理智的本质和作用的社会观念仍然是不成熟的;因此,它只是初步、偶尔地被当作社会行动的向导。早期自由主义的悲剧是:当社会组织的问题最为迫切的时候,自由主义者仅仅说理智是个人拥有的东西,这对问题的解决没有任何帮助。

今天,物理知识及其技术应用已经远远超过我们关于人的知识及其在社会发明和建设中的应用,这几乎是老生常谈了。我刚才所说的东西,表明这个问题有很深的根源。毕竟,我们累积了关于人的大量知识,即由人类学、历史、社会学、心理学提供的知识,尽管它与我们的物理知识相比显得比较少。但是,它们仍然被看作仅仅是专家积累的理论知识,至多不过是由他们以图书和论文的形式向大众传播。我们已经习惯性地认为,物理知识中的每一个发现迟早都会指示生产过程中的一个变化;无数人的工作就是通过发明,使这些发现用于改进实践操作。关于人和人事的知识,几乎完全是另一回事。尽管人们承认后者是关于人的知识,但是,比起距离人更遥远的自然科学发现来,它们产生了更小的实践效果。

社会知识的初期状态在两个领域中有所反映,它们分别是教育和社会政策立法。理智在这两个领域最为敏感,也最为持久活跃。科学在我们学校里被传授。但是在很大程度上,它在学校里基本上是另一门课程,学会它的方法与“学习”课程体系安排的其他老式课程的方法相同。如果它受到恰如其分的对待,如果理智的方法本身在起作用,那么,科学的方法将体现在每一门课程和每一个学习环节上。思想就会与行动的可能性联系起来,审查每一种行动模式的方式,就是看它与习惯和观念(它产生于观念)有什么联系。如果不以这种方式对待科学教育,那么,学校引进所谓科学课程意味着又一次将学习的材料和方法机械化。如果不把"学习"当作意义理解力和判断力的提高,而当作信息的获取,那么,合作实验的理智方法就只能偶然地、通过曲折的途径进入个人的工作结构。

关于通过立法和行政形成的、由社会组织起来的智慧在公共事物活动中有什么地位、如何使用这个问题,我将在下一章里讨论。在这里,我希望读者能够把它在政治中施加的作用力与个体和党派欲获取并保持官职和权力而施加的作用力相比较,与公共机构的宣传和有组织的压力群体施加的作用力相比较。

从人性的角度说,自由主义的危机是一些特殊历史事件的产物。一旦自由主义教条被当作永恒的真理表达出来,它就成为既得利益者用以反对社会进一步变化的工具,否则就会被崛起的新势力粉碎。然而,自由、个体性以及自由理智的观念有一种持久的价值,一种从未比现在更需要的价值。自由主义的任务是在理论和实践上,以适应当前需要和力量的方式来陈述这些价值。如果我们采用历史相对性的概念,那么,再清楚不过的是:自由观念总是相对于一些力量,它们在一定时间和地点让人感到越来越压迫人。具体的自由是指摆脱具体的压迫力,摆脱人们曾经当作人类生活的正常部分而现在觉得变成了枷锁的东西。在某个时期,自由是指从奴隶制中获得解放;在另一个时期,是指一个阶级摆脱农奴身份。在 17 世纪晚期和 18 世纪早期,自由是指从专制王朝统治中获得解放。一个世纪以后,它是指工业主义者摆脱那些束缚新生产力的因循守旧的法律习俗。今天,它是指摆脱物质保障缺乏的状态,摆脱强制和压迫,这些强制和压迫阻碍大众分享身边丰富的文化资源。自由总是对某个阶级和群体有着直接的影响,它们以特定的方式遭受现代社会中存在的权力分配施加的限定。假若一个无阶级的社会产生出来,形式的自由概念就会失去意义,因为它所代表的事实成为已经建立起来的人与人相互关系的组成部分。

在这样一个时期到来之前,自由主义必须继续履行一种必要的社会职责。自由主义的任务就是成为社会转变的桥梁。在某些人看来,这样说实际上承认了自由主义是一种没有颜色的"中道"学说。尽管自由主义有时在实践上采取这种形式,但是实际并非如此。我们总是依赖过去积累的经验,但是总有新的力量形成、新的需求产生,如果新力量要释放,新需求要满足,那么,这就要求我们对过去的经验模式进行重构。旧经验和新经验总是需要相互融合的,于是,旧经验的价值就成为新欲望和目标的奴仆和工具。我们总是受习惯和习俗的支配,这个事实表明,某些力量业已过气却仍然是我们存在的一部分,我们总是受它们的惯性和动量的影响。人类生活总是处于制度的道德模式之下。但是,变化总是伴随着我们,并要求我们不断地重整旧习惯、旧思维方式、旧欲求方式以及旧行动方式。旧的、稳定的因素和新的、干扰的因素之间的有效比率,在不同的时期非常不一样。有时候,整个共同体看起来是被习俗支配的,只有外来的突袭和入侵产生一些变化。有时候,比如说现在,变化是如此的剧烈和迅速,以至于习俗似乎正在我们眼前消溶。但不论比率是大还是小,总是需要作出一些调整,并且只要意识到需要调整,自由主义就有作用和意义。不是自由主义创造了这种需要,而是调整的必要性定义了自由主义的职能。

通过理智方法实现的调整是唯一无需再次作出的调整,即使遭遇比首次调整时更不利的环境。广义地说,理智就是通过结合新因素来重构旧因素。它是将过去的经验转变为知识,将知识注入观念和目的之中,预期将来发生什么,指明如何实现我们想要的东西。每一个出现的问题,不论是个人的还是集体的,简单的还是复杂的,只有通过在过去经验积累的知识库中挑选材料,并使已经形成的习惯起作用,才能得以解决。但是,为了适应出现的新条件,知识和习惯必须被修正。就集体问题来说,相关的习惯就是传统和制度。长存的危险要么是隐性地依靠它们去行动,没有被重构以满足新条件;要么是在某个死板坚守的教条的指引下,急躁而盲目地往前冲。在个人或者群体面临的每一个问题上,理智的职能是在旧习惯、习俗、制度、信念与新条件之间建立有效的联系。我所说的自由主义的桥梁职能,与理智的职能全然相同。自由主义之所以强调自由理智的作用就是成为引导社会行动的方法,其根源就在这里,不论它是否有意识地认识到这一点。

对自由主义的批评忽略了如下事实:如果不依赖于理智,我们就只有随心所欲地即兴而为,或者使用由非理智情感和盲目的教条主义引发的强制力——后者是它的基本纲领所不能容忍的。说理智方法已经试验过并且失败了,这样的批评完全是无的放矢,因为当前形势的关键是理智方法根本就没有在现有条件下试验过。我们根本没有使用我们现在掌握的全部科学材料和实验方法的资源来试验它。还有一种说法,即理智是冰冷的,而只有情感才驱使人们走向新的行动方式,正如习惯使他们固守旧方式一样。当然,理智唯有由感情激起,才会产生行动。但是,情感和理智之间存在固有对立的概念,是科学实验方法产生之前形成的心灵概念残留的痕迹。因为后一种方法意味着观念和行动的紧密结合;而行动产生并支持情感。观念为引导行动而被构想出来并付诸使用,它们充满了情感的力量;而情感的力量是与行动的目标相依随的,伴随着这些观念的,还有为目标而奋斗的过程中出现的兴奋和鼓舞。由于自由主义的目标是自由和保障个人全面实现潜力的机会,所有从属于这些目标的情感强度在观念和目标周围积聚起来,那些观念和行动是实现目标所必须的。

还有一种说法,即普通的市民不具备足够的理智,因而不能把理智当作一种方法。这种反对意见援引所谓关于遗传的科学发现和普通人智商的令人印象深刻的统计数据,但却完全依赖一个旧观念;这个旧观念说,理智是个人业已拥有的东西。寡头政治和反社会的孤立政策的最后一个立足点,就是这种纯个体主义理智概念的长期存在。自由主义依赖的不是天生的、不受社会关系影响的禀赋,而是如下事实:个人生活在一定社会条件下,并在其中活动和形成自身,天生的能力足以使普通人对这些社会条件所体现的知识和技术作出反应和予以应用。少数个人的天生能力达到了一定的高度,从而可以发明蒸汽机、机车、发电机或电话。但是,没有人低劣到不能明智地运用这些理智成果,只要它们是有组织地相互联系在一起的生活手段。

对个人理智的指责事实上是对某种社会秩序的指责,这种社会秩序不允许普通人获得人类在知识、观念和目的等方面积累的丰富储备。现在甚至不存在一种社会组织允许普通人分享潜在可用的社会理智,更谈不上存在这样一种社会秩序,其主要目的是建立一定的条件,促进大量的个人能占有并使用手边的东西。少数人占有社会物质资源,其背后隐藏的是少数人为了自身的利益占有文化资源、精神资源,这些资源不是由占有它们的那些个人创造的,而是全人类共同创造的。谈论民主的失败是没用的,除非我们掌握了它失败的根源,并采取一定的措施建立一种社会组织,以鼓励理智的社会化扩展。

正如我一开始所说的,自由主义的危机源于如下事实:在早期自由主义完成了它的使命以后,社会面临着一个新问题,即关于社会组织的问题。早期自由主义的工作是使一群代表着新科学、新生产力的人摆脱那些压迫新社会行动模式的习惯、思维方式和制度,不论它们在过去某个时期是多么有用。早期自由主义使用的分析、批评和瓦解的工具,对于解放而言,是极有成效的。但是,面对新力

39

量和个人的组织问题，即把个人生活方式彻底地转变为融洽的社会组织，并拥有理智和道德的引导能力，自由主义几乎是无能为力的。民族国家出现了，它们伪称自己代表着抵抗社会解体的秩序、纪律和精神权威。这是一条悲剧性的评论，表明老自由主义的成功引发了新问题却对新问题的解决毫无准备。

但是，理智解放、自由、每个个人都应该有机会实现自身拥有的潜能，这些价值太珍贵了。我们不能为了一个专制体制而牺牲了这些价值；如果这种体制在很大程度上仅仅是经济上的优势阶级的代理机构，而这个阶级力图维护和扩大它已经积聚的利益，却牺牲真正的社会秩序、统一和发展，那么，上述价值尤其不能牺牲。自由主义必须凝聚起来，根据与当前形势相适应的手段，制定它为之奋斗的目标。现在，只有一种持久的社会组织形式是可能的，在那里，为了组成社⁴⁰会的个人实现有效的自由和文化发展，新生产力以合作的方式受到控制和使用。如果每一个单独的个人屈从于私人利益，其行动仅仅是毫无计划的、外在的聚合，那么，上述社会秩序是不可能建立起来的。早期自由主义的要害就在于此。有一种观点认为，自由主义不能在维护其目标的同时把它设想达到这些目标的手段颠倒过来。这种观点是愚蠢的。现在，只有颠覆早期自由主义采取的手段，这些目标才能实现。实施有组织的社会计划，是自由主义实现其目标的唯一社会行动方法。社会计划付诸实施，以创建一种秩序，在其中，工业和金融合乎制度地受社会引导，为文化自由和个人成长提供物质基础。这种计划进而要求关于自由理智的新观念和新逻辑，使之成为新的社会力量。我将在下一章论述复兴的自由主义的这些方面。

3.
复兴的自由主义

有人以为,我们生活在一个静态的社会和世界中,任何新的东西都不会发生,要不然就是由于使用了暴力。没有任何东西比上述想法更盲目。社会变革是一个不容置疑的事实、一个形式各异的事实、一个强度极为显著的事实。实际上,革命性的变革正发生在生活的方方面面。家庭的变革,教会的变革,学校的变革,科学和艺术的变革,经济关系和政治关系的变革,这些变革如此迅猛地发生着,以至于超出了我们的想象。我们不一定要创造流变,但它必须得到引导。它必须受控制,以便朝着与生活原则相一致的目标前进,因为生活本身就是发展。自由主义认定了一个既持久又灵活的目标:个人自由、个人潜能的实现,这就是他们的生活法则。它承认,运用自由理智是引导变革的方法。无论如何,文明面临如下问题:将正在发生的变革统一为一种连贯的社会组织模式。自由主义精神的标志是它自己对这一模式的描绘:社会组织使得一切个人的有效自由和个人心灵与精神成长的机会成为可能。当前,自由主义需要认识到,业已确立的物质保障是实现它所怀有的目标的先决条件。因此,在生活基础牢靠的情况下,个人就会积极地分享现存的文化资源,并按照自己的方式,为进一步丰富文化资源作贡献。

变革的事实如此持久、如此剧烈,以至于它淹没了我们的心灵。面对它的迅猛速度、庞大规模和剧烈强度,我们不知所措。毫不奇怪,人们求助于精神分析教给我们的所谓理性化,换种说法,也就是保护性的幻想,使自己免受这种巨大变革的冲击。变革是进化的一部分,进化必然要经过连续阶段而导向某个预先注定神圣的遥远事件,这种维多利亚式的观念就是一种理性化。通过无产阶级对统治阶级的战胜,带来一种快速的、完全的、几乎是灾难性的变革,这种想法也是一种类似的理性化。但是,在现实领域,人们大多用草率的、临时的、常常不连贯的即兴作风来应对变革的冲击。自由主义与其他人生理论一样,处于紊乱的状态之中;一个遭遇急剧变动而又没有任何理智和道德准备的世界,命运就是如此。

由于缺乏心理和道德准备,正如我刚才所说,快速的变革导致迷茫困惑,不知所措,放任自流。信念、欲望和目的模式的变化滞后于外部条件的变化,而人们是在外部条件下相互联系的。工业习惯的变化最为迅猛;政治关系的变化远远地跟在后面;法律关系和方法的转变更为滞后;制度上的变化发生得最晚,它直接涉及思维和信念模式的变化。如果自由主义想要成为一种生机勃勃的力量,上述事实确定了自由主义的主要责任,尽管这决不是最终责任。它的任务首先是教育,是最广义的教育。学校教育只是教育工作的一部分,教育在其全面的意义上是指所有形成(欲望和信念的)态度和倾向的影响力,而态度和倾向形成心灵和性格的主导习惯。

在一些制度中,巨大的转变发生了,但这种转变相对而言仍然是外在的——明智的目的和情感模式还没有发生相应的改变。我来说说其中一个制度中发生的三个变化。在大多数人类历史上,文明以一种人文生活缺乏物质基础的状态存在着。我们的思考方式、计划方式和工作方式都与这一事实相匹配。感谢科学和技术,我们现在生活在一个潜在富足的时代。这种新可能性的直接后果刺激人们以不可思议的热情获取物质资源,即财富,给人类展现了新的前景。当新力量和新因素出现的时候,它首先被推向极端,这是所有发展的特征,无论是生理发展还是精神发展。只有在它的可能性被耗尽(至少是相对地)的时候,人们才从生活的角度去看它。生活的经济-物质方面属于社会的基底神经节,却侵占社会机体的皮层长达一个多世纪。人类曾经需要辛苦劳作来保证自己的物质基础,当机器和非人力量足以使人类从这种局限中解放出来的时候,在匮乏的年代养成的欲望和勤劳习惯尚未准备好顺从新时代并采取与之相称的行为习惯。即使现在,当一个富足时代的光景出现的时候,当这个光景被铁的事实证明了的时候,大多数人向往的结果是物质上的保障,而不是这种保障可能带来的生活方式。人类的心灵仍然可悲地被旧习惯紧紧地抓在手里,被过去的记忆缠绕着。

其次,无保障是匮乏的亲生子,也是匮乏的养子。早期自由主义强调无保障的重要性,把它当作根本必须的经济动力。他们认为,没有这种刺激,人们就不会工作,不会节制或者不会积攒。这个观念的陈述是新的,但它表达的事实却不是新的。它深深地植根于因长期与物质匮乏作斗争而形成的习惯中。以"资本主义"为名字的制度是在日益危急的短缺时代形成的欲望和目的的系统中显示出来的,现在踏入了一个潜在的富足日益增加的时代。对很多人来说,无保障产生的条件不再源于自然。这些条件存在于一些制度和社会安排中,而制度和社会安排是在人类蓄意控制的范围之内的。当然,这种变化标志着人类历史上发生的最大革命。由于这种变化,现在无保障不是导致工作和牺牲,而是导致绝望。它激发的不是能量的释放,而是无能。只有通过救济金,才能把死亡转变为生存。但是,要通过修改制度来实现潜在的富足,心灵和行动习惯仍然差距太远,以至于我们多数人热心地讨论个人主义、社会主义和共产主义等标签,甚至没有看到能够实现和应该实现的东西的可能性,更不用说其必要性。

第三,仍然主导着经济制度的信念和目的模式,是在个人单独或以小群体形式进行手工生产时形成的。据说,众多孤立的个人不抱有任何社会性目的,他们进行各种各样的大量劳作,劳作结果无计划的重合为总体社会提供了服务。这种观念的表达也是某种新东西,但它表达了某个时代的工作原则。新生产力的出现,终结了那个时代。我们无需极高的智慧就可以看到,在现在的条件下,孤立的个人几乎是走投无路的。现在,集中和合作组织是规则。但是,长期以来,单独个人的劳动体制产生的观念仍然支配着集中和集团组织的运行。为了某个相互的利益进行合作尝试,只是相当罕见的实验性的做法。但是,社会本身应该使合作的工业秩序成为制度,这种秩序是与机器和电力时代产生的生产实际相符合的。在大多数人看来,这是一个极为新奇的观念,仅仅提出这样的建议也会招致各种谩骂——有时候会面临牢狱之灾。

那么,当我说新生自由主义的第一个目标是教育的时候,我的意思是说:它的任务是帮助人们产生某些心灵和性格的习惯,产生某些理智的和道德的模式,它们在某些地方甚至接近实际的事件运动。我再重复一遍:当前心灵混乱和行动麻木的根本原因是外部发生的实际的事件运动与欲望方式、思想方式,以及把情感和目的付诸实施的方式之间的分裂。仅仅致力于人们的思想而没有行动来改变制度,教育的任务就不可能完成。人们以为,仅仅通过"道德"手段就可以改变倾向和态度,而"道德"手段被看作完全发生于人的内部的东西,这个观念本身就是一个必须修改的旧模式。思想、欲望和目的存在于人与环境条件的持续的相互作用中。但是,决断的思想是导致行动改变的第一步,而行动改变又进一步导致所需的心灵和性格模式的改变。

总之,现在自由主义必须变得彻底,"彻底"意指认识到在制度建立方面实行彻底变化的必要性,以及采取相应的行动促成这些变化的必要性。由于实际情况包含的可能性与实际状态之间的鸿沟如此之深,以至于临时采取的零星政策不可能填补这个鸿沟。无论如何,产生变化的过程将是一个逐渐的过程。但是,现在处理这个或那个弊端的"改革"并无一个以全盘计划为基础的社会目标,这种改革完全不同于重构["改革"(re-form)的字面意义]事物的制度框架。一个多世纪以前的自由主义者,在当时被指责为颠覆性的激进分子;只是在新经济秩序建立以后,他们才成为现状的辩护者,或者满足于社会的修补工作。如果激进主义被定义为对社会需要发生彻底改变的认识,那么,今天,任何一种非激进的自由主义都是毫不相干的,也是注定要失败的。

但是,在很多人看来,不论是支持者还是反对者,激进主义都意味着把使用暴力当作实现急剧变化的主要方法。在这里,自由主义者和激进主义者分道扬镳了。因为自由主义者认为,明智行动的组织才是主要方法。关于这个问题,任何直率的讨论都必须认识到,那些谴责暴力的人,在一定程度上自己也愿意诉诸暴力,并随时准备将他们的意志付诸行动。他们从根本上反对的是现有经济制度的改变。为了维系现存的经济制度,他们使用这种制度给予他们的暴力。他们无需宣扬这种暴力的使用,他们唯一需要做的就是使用它。暴力而不是智力是现有社会制度措施的一个组成部分,通常是一种强制措施,如同危急年代的公开暴力一样。司法体系就是建立在强制上的,尤其是它的刑罚,在民事实践方面更为精细。在国家争端的解决中,战争是反复使用的方法。激进分子中的一派强调以下事实:过去社会权力的转移,要么通过暴力来完成,要么伴随着暴力的出现。但是,我们需要明白的是:在我们的社会结构自身内,武力是得到使用的,至少以强制的形式。在早期自由主义者看来,竞争体制是激发个人潜在才能并把它们导入有用于社会的渠道的手段。而现在竞争体制事实上是无需依恋的、近乎赤裸裸的战争。少数人依照法定所有权对生产资料的控制,是针对多数人的持续的强制力量。这一点也许需要通过陈述来强调,但是对于一个愿意观察现存状况并如实报道它的人而言,这是相当清楚明白的。把政治国家当作具有强制力的唯一机构,是愚蠢的。与集中的、有组织的资产利润相比,它施加的强制力就相形见绌了。

在每一个危机时刻,强制力爆发为公然的暴力;鉴于我们长期依赖强制力的使用,这并不令人惊讶。在这个国家,拓荒条件和历史上多数时期存在的移民条件培养了暴力传统,那些掌握权力的人尤其会反复诉诸暴力。在急剧变化的时期,我们对宪法及其关于言论、出版和集会等公民自由的保障所具有的言语上和情感上的尊敬,很容易走过了头。司法官员通常是最坏的违法者,他们充当了某种统治社会经济生活的权力的代理人。宪法所说的言论自由作为一种安全阀被轻而易举地遗忘了,这也许说明了言论自由无力得到维护,其价值不过是口舌之战的手段而已。

事实上,在现在的社会体系中,我们把强制力和暴力当作社会控制的手段来依赖;面对这个事实,我们并不会感到高兴。我们更乐意回避这个事实。但是,只有承认这个事实,充分认识其深度和广度,我们才能够理解理智依赖的意义,并把它当作另一种社会导向的方法。不承认这个事实,就意味着认识不到那些宣扬暴力的人获得了现有社会制度许多牢固因素的许可。他们可以利用它来达到相反的目的。以为理智方法已经占了统治地位,以为那些主张使用暴力的人将一种新元素引入了社会图景,这种设想也许并不是虚伪,而是愚昧,因为它没有意识到理智作为另一种社会行动方法包含什么内容。

关于这个问题真正涉及的内容,我首先举一个例子。撇开我们的暴力传统不谈,为什么当社会活动得以平静地开展时,言论自由得到许可,甚至受到赞美;但是,当事情变得危急时,言论自由就如此轻易地被摧毁吗?当然,一个笼统的答案是:实际上,社会制度使我们已经习惯了以某种隐蔽的方式使用武力。但是,部分答案处在我们根深蒂固的习惯中,我们习惯地认为,理智是个人拥有的东西,它的使用是个人的权力。认为探索的自由和言论的自由不是行动方式,这种看法是错误的。它们是极有效力的行动模式。反动派即使不是在明确的观念上,也是在实践上,比自由主义更快地领会了这个事实;自由主义者过于偏向地认为,这种自由仅仅是个人权利,也不会有什么结果。结果是,这种自由只要看起来不会以任何方式威胁到社会现状,就是被允许的。当事实如此的时候,一切努力都把既定秩序与公共利益等同起来。一旦确立了这种等同,由此得出的结论是:任何单纯的个人权利都让位于全民福利。只要思想和言论自由被当作单纯的个人权利,当它与全民福利对立时,或者当它被成功地描述为与全民福利对立时,它就和其他单纯的个人权利一样,必须让路。

对于早期自由主义者为个人的思想和言论自由而展开的崇高斗争,我丝毫没有贬低的意思。他们的功绩不是光用文字就可以记录的。没有什么比布兰德斯(Brandeis)大法官在一次立法行动中所说的话语更动听的了,那次立法行动实际上是限制政治表达自由。他说:"那些为我们争取了独立的人相信,国家最终会使人们自由地发展自己的才能。在国家政府中,协商的力量将战胜独裁的力量。他们把自由当作目的和手段来珍视。他们认为幸福的奥秘是自由,而自由的奥秘是勇气。他们相信,随心所欲的思想自由和言论自由是发现和推广政治真理不可或缺的手段;没有自由,演说和议会讨论都是无效的;拥有自由,讨论就足以防止臭名昭著的学说四处流散;自由最大的威胁是一个了无生气的民族;公共讨论是一种政治职责;这应该是美国政府的一个基本原则。"这是好战的自由主义的教条。但是,我现在提出的问题与如下事实有联系:这些话属于美国最高法院的一个少数派的意见。在上面的引文中,个体思想和言论自由的公共职能很清楚地被认识到。但是,这些话的正确性并未广为接受,而是遇到了一个障碍:一种旧习惯,它把思想和表达的自由当作一种个体固有的东西,与社会主张保持距离,甚至与之对立。⁴⁸

自由主义不得不承担起澄清以下事实的责任:理智是一种社会资产,实际上,它享有的职能和它的起源一样,在社会合作中是公共的。孔德反对纯粹的个人观点,在他看来,这种基础构成了法国革命的基础。他说,在数学、物理和天文学中,不存在私人思想的权利。如果我们把这句话从实际科学过程的语境中取出,它面临着危险,因为它是错误的。单个的研究者不仅有权力并且有责任批评出现在科学中的观点、理论和"法则"。但是,我们把这句话放在科学方法的语境中,它表明孔德持有这种观点是因为知识总体在社会中产生,产生知识的方法不是个人创造和拥有的。他使用的方法,即使在其使用和应用中引入了新东西,也保持着公共的有效性。

亨利·乔治(Henry George)在谈到那些以每天五百或者六百公里的速度在海洋上往返的轮船时,评论道:"没有任何证据表明,今天建造、驾驶以及使用这些轮船的人,在体质和精神上比他们的祖先更优越,尽管祖先最好的航行工具是用柳条和兽皮制造的小舟。这些轮船显示的巨大进步,不是人类本性的进步,而是社会的进步——它归功于个人更广泛和充分地联合起来,去完成共同的目

49 标。"这个单一的事例如果得到恰当地思考,比一大本博士论文更能说明理智的本质及其社会职能。这里只考虑其中的两个因素及其社会后果。想想钢铁生产过程中包含的事情,从火的第一次使用到后来矿石的粗糙冶炼,再到现在大批量生产钢铁的过程;再想想船只穿越浩瀚大海的导航能力的发展,从船只贴着海岸线航行、凭肉眼可见的太阳和星星导航的日子,到现在由仪表指引行驶在安全可靠的航线上,科学的进步,包括数学、天文学、物理学和化学的进步,使这两件事情变得可能。描述所有这些进步,能写出厚厚一大本书。历史记录的内容显示大量的合作努力,其中一个人使用无数其他人提供的成果,并通过使用这些成果来增加共有的、公共的存储。对这种事实的考察,清楚地展现了理智的实际社会特征,正如它的实际发展和应用那样。通过考察理智对个人生活方式的影响、对人与人之间的联系纽带的影响,我们可以发现,这一得益于新的运输方式来到大草原上的麦农面前,来到旷野上的养牛者面前,来到南方的棉花种植者面前,进入大量的作坊和工厂,进入银行的会计室。而且,在这个国家可以看到的事情,将在全球其他的国家重现。

如果我们想了解理智的本质,以及它的起源和发展、它的使用及后果,我们必须考察上述这些事情,而不是考察抽象的、规范的心理学。在这里,我想重新提到前一章中提出的一个观念。在那里,我谈到,作为一种社会方法,依赖理智的做法常常遭到蔑视;并且我说过,这种轻蔑是出于把理智等同于个人的天生能力。与这种观点对比时,我谈到个人的能力,他获取理智、知识、观念和目的并作出反应的能力,而这些事情是融合在个人生活的环境中的。例如,我们每一个人都认识一些中等才能的技工,他对职业范围之内的事情是聪慧的。许多相互合作的个人积聚的智慧包含在他的生活环境中,他通过应用天生的能力使这些智

50 慧中的一部分成为他自己的。可获得的知识、观念和人文素养都体现在社会媒质的制度中,有了社会媒质,每个普通人的社会和政治理智都会提升到意想不到的高度。

问题出现在附属条件中。个人在制度媒质中思考、欲求和行动,这些制度媒质能够体现实际存在和潜在可获得的理智吗?在直接处理这个问题之前,我想说一说在我们现在的政治制度下理智运行的情况,这些政治制度表现为当前民主政府的实践。我不想贬低辩论和会议的方法替代随意定规则的方法所显示出来的进步。但是,好一点往往是好很多的敌人。政治生活中的理智表明,辩论激

发了公共性;由于公共性,疮口暴露出来了,否则还可能隐藏着。它为新观点的发表提供了机会。与专制规则相比,它吸引个人关心公共事务。但是,解决社会组织的问题需要全面的规划,这种规划的系统创建如果依赖讨论和辩论,无异于依赖一根脆弱的芦苇,尽管在某些观念被提出来以后,讨论和辩论是精化观念和政策必不可少的途径。曾经有一段时间,人们认为,辩论即对已经流行的各种观念进行比较,以便精化和澄清它们,就足以发现物质自然的结构和法则。在后一领域,这种方法被实验观察的方法所取代,它以内容丰富的假说为指导,使用所有数学上可用的资源。

但是,我们在政治上仍然依靠辩论,只是偶尔有一点科学控制。我们的普遍选举制,与它之前的体制相比,具有极大的价值;但它表明,理智是个人拥有的东西,顶多由于公共辩论而得到扩展。现行的政治实践完全忽视了专职群体,以及这个群体的存在涉及的系统知识和目的,这显示它依于数量上的个人相加,类似边沁的最大多数人的最大幸福这一纯粹的数量陈述。政党的形成或18世纪的作者们所说的派系的形成,以及政党执政体制,是在实践上必须制衡的数量式和原子式个人主义的手段。有人认为,通过公开辩论,政党之间的冲突将带来必然的公共真理,这种观点是一种在政治上渗了水的黑格尔式辩证法,企图通过反题观念之间的统一达到合题。这种方法与有组织的合作研究的步骤毫无相同之处,后者在物质自然的领域为科学赢得了胜利。

在政治学中,如果把理智等同于辩论,那就意味着对符号的依赖。语言的发明,大概是人类获得的最伟大的单项发明。政治形式的发展,促使符号的使用代替了任意的权力,这是另一个伟大的发明。19世纪,议会制度、成文宪法以及普选制度的建立,是对符号力量的一曲颂歌。但是,符号只有与隐藏其后的现实相联系,才有意义。我想,没有一个理智的观察者能否认,在政党政治中,符号通常被用作现实的替代物,而不是与现实相联系的手段。读写知识的普及,与电报、便宜的邮费和印刷出版一起,极大地增加了受影响人群的数量。我们称之为教育的东西,做了大量的工作来形成用符号代替现实的习惯。民众政府的各种形式,使人们必须精致地使用语言来影响政治行动。"宣传"是这些影响结合起来产生的、不可避免的后果,它延伸至生活的每一个领域。语言不仅替代了现实,而且自我堕落了。普选制度和议会政府威望的下降与如下信念紧密相关:理智是一种个人拥有的东西,它可以通过语言劝导来达到;这一点即使没有明确说出来,也在实践中表现了出来。

通过对比,这个事实表明了与舆论、情感和行动相联系的理智的真正意义所在。民主的危机要求以科学方法为范例的理智取代现在被接受的那种理智。这种变革的需要,不限于要求更诚实、更公平,即使主要为政党至上的目的和为获取某种特殊的隐蔽利益而开展的辩论腐蚀了这些品质。这些品质需要恢复。但是,我们还有更多的需要。即使这些道德品质得到提升,而如果理智仍然被等同于辩论和劝导,只是出于这些事情才必须有,那么,理智的社会使用就还是有缺陷的。我们所需要的东西近似于在研究上使用的科学方法,在长远社会计划的发明和规划上使用工程思维。用原因和结果来考虑社会现实,以及用手段和后果来考虑社会政策的思维习惯,仍然处于初始阶段。政治中的理智状态与自然的物理控制中的理智状态形成鲜明的对照。后一领域发生的事情突出地显示了有组织的理智的意义。在短短一百年的时间里,科学和技术的结合释放出来的生产力,大于以往整个人类历史创造的成果。仅仅是过去的一代,生产就增加了900万倍。弗兰西斯·培根颇具先见之明,他认为,通过探究方法的改变就可能征服自然力。他的这一预言被很好地实现了。固定式发动机、机车、发电机、汽车、汽轮机、电报、电话、无线电以及电影,既不是孤立个人思想的产物,也不是所谓的资本主义这个特殊经济体制的产物。它们是方法的硕果,这些方法首先穿透了有效的自然因果律,然后运用得到的知识进行发明和构造的大胆探险。

这个时期以来,关于阶级冲突,我们听说了很多。人类历史在我们面前展示的几乎全是关于阶级斗争的记录,斗争结果以被压迫阶级的胜利告终,权力相应地向该阶级转移。我们很难避免用现代情景去阅读过去。确实,从根本上说,我们不可能避免这种做法。在一定的条件下,我们不得不采取这条途径,这是相当重要的。因为过去的已经过去了,只剩下审美趣味,我们要面对的是现在。过去的知识是重要的,仅仅因为它加深和扩展了我们对现在的理解。但是,有一个条件。如果我们转向过去并且不允许受到次要现象的误导,那么,无论它们多么强烈和紧急,我们都必须抓住现在最为重要的东西。从这种立场上看,科学方法和以它为基础的技术的兴起是真正活跃的力量,它们产生了世界正经历的、大量各种各样的变化;而不是阶级斗争,阶级斗争的精神和方法是与科学相对立的。我们如果掌握了这种理智的体现所施加的因果力量,就会知道该转向哪里去获得引导将来的变化的手段。

当我说科学方法和技术是一种活跃的力量，产生了社会正在经历的革命性转变时，我并没有说没有其他力量可以阻止、歪曲和败坏它们的运行。相反，它肯定地蕴涵着这个事实。的确，正是在这一点上存在冲突，它引起现在情形的混乱和不确定。冲突的一方是起源于前科学和前技术时期的制度和习惯，另一方是科学和技术产生的新力量。在相当大的程度上，科学的应用甚至科学自身的成长都受制于人们叫做"资本主义"的制度。"资本主义"这个词，大致是指以一种特定的经济关系方式为中心的政治和法律安排的复合体。由于这种处境对科学和技术的限制，培根的预言的第二部分，即从人的角度来说最重要的部分，目前还没有得到实现。自然力的征服并没有像他预期的那样，高度地改善人类的普遍生存状况。

由于这些局限是科学革命和工业革命发生时存在的立法制度和道德观念施加的，科学革命和工业革命带来的收益被相对较小的阶级占有了。工业企业家们的收入和他们的付出完全不成比例。通过实行生产和交换手段的私人所有制，他们把相当大的一部分生产力增长的成果揣入自己的口袋。这种占有不是出于违法的阴谋或险恶的居心。它不仅得到长期通行的立法制度批准，而且得到普遍的道德规范的认可。私有财产制度远早于封建时期。从文明开启以来，这种制度就与人类生活相伴随，几乎没有例外。它的存在，使它自身在人类的道德观念上打下了深深的烙印。此外，新工业力量势必打破很多曾经强大的、牢固的阶级障碍，给予千百万人新的前景，激发一种新的希望——特别是在这个没有封建背景、没有牢固的阶级制度的国家。

由于这种文明时代特有的立法制度和思维方式仍然存在，冲突便产生了。它给现在生活的每一方面带来了混乱。如何实现新的社会定向和社会组织，这个问题归根到底，是使用自然科学的进步能够产生的新生产资源来达到社会目的，达到边沁所说的最大多数人的最大利益。前科学时期形成的制度关系，阻碍了这种伟大变革的完成。落后的思想和道德模式为旧制度提供了保护。在表达过去的同时，它们也表达了现在的信念、观念和目的。今天，自由主义的问题就集中在这里。

有人以过去历史为根据论证说，彻底的变革必须通过阶级斗争产生，其高潮是公开的战争；这一论证没有区分两种力量，一种是积极的力量，另一种是抵抗的、偏转的力量，这两种力量产生了我们现在所处的社会境况。我已经说过，积极的力量是科学方法和技术应用，相反的力量是旧制度和围绕旧制度形成的习惯。我们看到，这两种力量及其结果的分布没有得到区分，而是混合在一起。这种混合是资本阶级或资产阶级的标志，作为一个阶级，资产阶级被赋予现在工业化社会所有的重要特征——就如同为私有财产而实行的经济自由体制的维护者们，他们习惯地把过去一个半世纪中取得的每一进步，归功于同一个资本主义体制。因此，正统的共产主义文献，从1848年的《共产党宣言》(Communist Manifesto)到今天，都对我们说，资产阶级，一个独特的阶级的名字，做了这个，做了那个。据说，它使生产和消费具有世界性的特点；它摧毁了民族工业基础；它使城市中心积聚了大量人口；它的主要成就是产生了巨大的生产力，在这个过程中，它的权力从农村转移到城市。此外，它导致了越来越严重的危机，导致了一种新形式的帝国主义，疯狂地抢占原材料和市场。最终，它产生了一个新阶级——无产阶级，具有与资产阶级相反的共同利益。它给予无产阶级一种无法抗拒的刺激而促使它组织起来，先是一个阶级，然后是一种政治力量。根据黑格尔辩证法的经济学，资产阶级从而创造了它自己的极端对立面，该对立面一定会终结旧权力和旧统治。带着内战面纱的阶级斗争最终会爆发为公开的革命，结果要么是斗争的两派两败俱伤，要么是权力从一个阶级转移到另一个阶级，社会大范围地实现革命性的重构。

上面概述的立场，以高度的简单性把广大的领域统一起来。在这里，我之所以谈到它，仅仅因为它强调以公开暴力战争为高潮的阶级斗争是产生彻底转变的方法。我们应该注意到，问题不是某些暴力是否伴随着彻底的制度变革的实现，而是我们可以连贯地依赖并努力推动的方法是武力还是理智？有人坚持主张，暴力的使用是不可避免的。这种观点将限制可获得的理智的使用，因为凡是在事情不可避免发生的地方，理智均无法使用。对不可避免性的认定，往往是教条的结果；理智只知道实验结果，即与先入为主的教条对立的东西，除此之外，理智并不假装知道什么。此外，对暴力不可避免性的预先接受，势必导致在和平方法可能解决问题的情况下使用暴力。奇怪的是：人们普遍承认，这个或那个具体的社会问题，如家庭问题、铁路问题、银行问题，如果要解决，也必须由理智方法来解决；然而，人们却假定有某个无所不包的社会问题，只能通过暴力的使用来解决。这个事实如果不是以一个教条为前提得出的结论，那将无法解释。

人们常常认为，实验的理智方法之所以能够应用到物理事实上，是因为物理自然并不呈现出阶级利益的冲突；它不能应用到社会，是因为社会的显著标志为互不相容的利益冲突。然后，人们认定，"实验主义者"忽略了相互冲突的利益这个令人不舒服的事实。当然，相互冲突的利益存在着，否则就没有社会问题了。需要讨论的问题正是：为了最大可能地有益于所有人的利益——至少是大多数人的利益，相互冲突的主张如何得到解决。民主的方法——就它是有组织的理智方法而言——把这些冲突公布于众，从而使它们的主张得以被了解和评价，使它们的讨论和评判可以根据更广泛的利益来进行，而不仅仅是根据它们各自单独代表的利益。例如，在军火制造商和大多数人之间存在着利益的冲突。这两者各自的主张越是得到公开和科学的衡量，公共利益就越是有可能得到揭示和发生效力。金融大资本家控制了生产方式，他们通过维持相对的匮乏来获取利润。毫无疑问，在他们和失去工作的工人、饥饿的消费者之间存在着客观的利益冲突。但是，产生暴力冲突的原因是我们没有把冲突置于理智之光中；在理智之光的照耀下，相冲突的利益可以根据大多数人的利益来裁决。那些持有暴力不可避免这一教条的人承认，在一定程度上，需要用理智去发现和表达主要的社会利益，然后他们又收回了这一立场。"实验主义者"则主张，每一民主社会中的所有人在某种程度上都依赖的那种方法，应该自始至终地全面遵循。

尽管阶级斗争存在，有时还升级成隐蔽的内战，但任何习惯于使用科学方法的人都会高度怀疑：实际的人类发展成为一些叫做阶级的固定群体，它们没有共同的利益，它们有内在的统一性却外在地相互分离，因而成为历史的主人——这本身是一种假说。这种关于阶级的观点，是一种僵化逻辑的残余物。这种逻辑曾经一度在关于自然的科学中盛行，但是现在已经再无容身之处了。这种从抽象到实体的转变更像是概念的辩证，而不是对事实的实际考察，尽管在很多人看来，它在情感上比后者的结果更有感召力。说过去历史上所有的社会进步都是合作的结果，而不是冲突的结果，这也有点夸张。但是，与另一种夸张相比，这种夸张更有道理。而我们可以毫不夸张地说，文明的尺度是合作的理智方法在多大程度上取代了野蛮的冲突。

但是，我在这里特别关注的立场是把两种完全不同的东西——科学技术的结果和关于财富关系的法律体系的结果——不加区分地合并成一种力量。科学和技术具有革命性的社会效果，而法律系统是相对静止的元素。据马克思主义者们自己说，社会的经济基础由两部分组成，一部分是生产力，另一部分是社会生产关系,即合法的财产制度;前者在其下运行,后者总是滞后的,生产力的力量产生"革命"来改变生产关系系统。但是,除了科学技术之外,现代生产力还是什么呢? 除了有组织的理智在行动中大规模展现以外,科学技术还是什么呢?

正在发生的社会事件是两种因素结合的产物,一种是动态的,另一种是相对静态的,这是正确的。如果我们把这种结合叫做资本主义,那么,资本主义确实是所有已经发生的重要社会变化的"原因"——每当生产力增加成为关注点的时候,资本主义的代表人就急于提出这个论点。如果我们想要理解有益的或有害的事情,而不仅仅是贴上标签,都必须从区分开始,以区分结束。生产力的巨大增加,人群在城市和大工厂集结,距离的消除,固定和流动资本的积累——这些事情都将在某一阶段发生,无论既定的制度体系是什么。这些事情是新技术生产方式的结果。某些其他事情的发生是由于沿袭下来的制度以及信念和性格习惯,它们伴随并支持那些制度。如果从这一点开始,我们将看到生产力的释放是经过合作组织起来的理智的产物;我们还将看到,制度框架还没有在较大程度上顺应创新和建设性理智的冲击。任何诚实的人都不会否认,到处都有这种强迫和压制。然而,这些东西都不是科学和技术的产物,而是科学方法还未触动的旧制度和旧模式延续的产物。由此得出的推论是清楚的。

有人根据历史论证说,重大的社会变革只能通过暴力手段才能实现。鉴于正在发生的大规模变革没有使用暴力,这个论证需要作较大的限制。但是,即使允许拿过来说事,也不能得出结论说暴力是我们现在需要依赖的方法——除非我们认可教条主义的历史哲学。激进分子坚持认为,将来变化的方法必须和过去一样。他们与顽固的反动分子有很多相同之处,后者把过去当作最终事实。这两种人都忽略了如下事实:历史是一个变化的过程,它不仅在细节上发生变化,而且引导社会变化的方法也发生变化。我回到我在这一章节开头所说的话。社会秩序确实在很大程度上受制于强制力量,并不时地爆发为公开暴力。但同样为真的是:人类现在拥有一种新方法,这种方法是合作的和实验的科学方法,它表现为理智的方法。如果我断言,这种历史新因素的存在使那些以过去的暴力效果为根据的论证变得完全无效,那么,我就是用一种教条主义对待另一种教条主义。但是,我们断言,这种因素的出现,要求我们依照现在的形势本身来进行分析,而不是僵化地把它归并到从过去得出的固定概念之下。这样的断言是在理性范围之内的。

任何按照现在的形势作出的分析都将注意到一个事实，它有力地反对以过去暴力的使用为根据的论证。现代战争是毁灭性的，它超出了过去所知的一切。当然，毁灭性增加的主要原因是：科学把武装对抗中各方的破坏能力提升到了一个新的高度。但是，其原因还有，所有社会元素之间的相互依赖性大大增加了。把现代各个国家和团体联系在一起的纽带不仅数量众多，而且极为脆弱。局部群体的自给自足和独立是比较原始的社会特征，在每个高度工业化的社会中，这些特征已经消失。把平民和军队区分开来的鸿沟，实际上已经不见了。战争导致所有正常的社会活动瘫痪，而不仅仅是几支武装力量在战场上对阵。《共产党宣言》指出了两条出路：要么发生革命性的变革，权力转交给无产阶级；要么斗争各方一起毁灭。正统的共产主义者认为，内战是实现权力转移和大规模社会变革的恰当手段。今天，内战只会出现一种可能的结果：所有派别的毁灭和文明生活的破坏。单是这个事实，就足以使我们考虑理智方法的潜力了。

此外，主要依靠暴力方法实现彻底变革的论证方式，就其自身来说，也太过头了。据说，经济上占主导地位的阶级手中掌握所有的权力机构，直接掌握的有军队、民兵组织和警察，间接掌握的有法庭、学校、报刊和电台。我不会停下来分析这个陈述。但是，如果我们承认这个陈述是有效的，由此得出的结论一定是：使用暴力来反抗一个如此坚固的力量是愚蠢的；由此得出的正面结论是：使用暴力保证成功的条件如此苛刻，以至于我们无须大量诉诸暴力来促成巨变的发生。①

那些赞成依赖暴力的人常常把事情看得过于简单，他们提出了一个他们认为自明的选言判断。他们说，我们唯一的不同选择是信任现有的议会程序。这种把立法与其他长期起作用的社会力量和机构分离开来的做法，是完全不实际的。立法机关和议会不是存在于真空中的——就连椅子上的审判员们也不可能生活在一个完全与世隔绝的隔音室中。有人假定，当社会经历巨大变化的时候，宪法和立法机构的活动有可能保持不变；而这种假设，只不过是在练习语言的形式逻辑而已。

在这个国家，由于成文宪法的解释是由法院作出的，我们的政治制度通常是

---

① 我们应该注意到，马克思本人并不完全赞成如下教条：暴力是实现"社会关系"体系的革命性变化所不可避免的手段。因为他曾经考虑在英国、美国甚至荷兰，通过和平的手段发生变化。

不可变更的,这是真的。我们的制度在形式上是民主的,实质上势必偏向有特权的大财阀,这也是真的,甚至更为重要(因为它是导致这种僵化的因素)。然而,在实际试验之前就假定民主政治制度既不能有进一步的发展,也不能有建设性的社会应用,这是十足的失败主义。当公意(public will)是指统一之类的东西时,各种形式的代议制政府是有表达公意的潜力的。在它们之中,没有任何固有的东西禁止它们由一些政治机构来补充,这些政治机构代表一定的经济社会利益,比如生产者和消费者的利益。

支持理智使用的最终论证是达到的实际目的——即后果。那些坚持野蛮暴力必要性教条的人断言,暴力的使用是实现真正民主的方法——他们宣称自己是真正的民主信徒,我没有听说过比这更大的谬论了。以为某个阶级使用暴力,就能在一夜之间将社会转变为无阶级的民主社会,这种想法要求不寻常地信仰黑格尔关于对立面的辩证法。武力培养武力对抗;作用与反作用的牛顿法则在物理上仍然成立,暴力是物理的。既声称民主是最终理想,又把压制民主当作实现这个理想的手段,这只有在一个甚至连最基本的民主都没有听说过的国家才是可能的;但是,在一个有着真正民主精神传统的国家,这种立场表达的是:有一个阶级想要占有和保留权力,不论这个阶级叫做法西斯还是无产阶级。鉴于非民主国家发生的事情,提出下面一些疑问是切题的:一个阶级的统治是否意味着对大多数人的专政,还是一个少数派政党对指定阶级的专政? 在这个政党宣称代表的这个阶级中,是否允许持异议者存在? 是否政党遵循历史和无比正确的领袖的空洞教条规定了一个公式,文学和其他艺术的发展必须照此进行? 或者说,艺术家是否受严格的控制? 在这些问题得到满意回答之前,那些宣称压制民主是充分建立真正民主途径的人应该受到高度的怀疑。依靠有组织的理智,把它用作引导社会变革的方法,这种立场有一个例外——表面的而非真正的例外——社会通过公认的大多数走上了通往伟大社会变革的社会实验之路,并且少数人用暴力来抗拒理智行动方法的实施。于是,我们就可以理智地使用暴力来制服顽固的少数人。

有人可能认为,我这样认真地对待一小群人的论证,是过度地抬高了他们的地位。但是,他们的立场有益于我们面临的各种选择充分地呈现出来,它澄清了复兴的自由主义的意义。这些选择是:继续放任自流,随意处置紧急情况;依赖暴力;依赖有社会组织的理智。然而,前两个选择并不互相排斥,因为如果允许放任自流,其结果可能是通过使用暴力产生的社会变化,不管是不是有规划的。总而言之,自由主义最近的政策是推进"社会立法",也就是说,给政府的旧职能增添一些社会服务的事务。不能轻视这些新增事务的价值,它标志着坚定地背离自由放任的自由主义在教育公众实现社会控制的可能性方面具有相当大的重要意义。它帮助发展某些技术,这些技术是社会化经济所需要的。但是,如果自由主义没有准备好进一步使生产力社会化,从而使个人自由得到经济组织结构的支撑,那么,它将在相当长的一个时期里遭受失败。 62

经济组织在人类生活中的最终定位,是为个人能力的有序表现和人类非经济需求的满足提供稳定的基础。如我前面所说,相对而言,与物质生产相联系的人类活动属于常规兴趣和活动。"常规"是指无需付出特别的注意力和精力,这些活动为理智、审美和友谊等生活价值的解放提供稳定的基础。每一位宗教、道德大师和先知都说过,物质是通往好的生活的手段。至少在名义上,这种观点被每一个文明社会接受。物质生产的负担从人的肌肉和大脑转移到蒸汽、电力和化学过程,这种转移现在使这个理想的有效实现成为可能。需要、向往和欲望总是产生创造性行动的动力。在广大民众中,当这些欲求在条件力量的逼迫下以求取生计为导向时,本应是一种手段的东西就必然变成目的。直到现在,新机器生产力本来是摆脱这种事态的手段,却被用来强化和夸大手段和目的之间真实关系的颠倒状态。从人性的角度说,我不知道如何避免有这种特征的时代。但是,它的存在是产生不断加剧的社会混乱和冲突的原因。劝告个人应该把精神目标置于物质手段之上的说教,是不能终止这种局面的。通过有组织的社会重构,让个人自由支配高效生产机制的结果,才能终止这种局面。我们这个时代实际具有腐蚀性的"物质主义",并非出于科学。它源自一种由当权阶级孜孜不倦地培养的观点:只有为物质占有和物质利益而斗争,个人的创造力才能被激发和发展。我们要么放弃对理想和精神价值至高无上的信仰,调整我们的信念,以适应占主导地位的物质定向;要么通过有组织的努力,建立物质充裕的社会化经济,以使人类有精力去追求更高的价值。 63

解放个人的能力,使它们自由、自主地表现出来,这是自由主义信条一个本质的部分。因此,真诚的自由主义必须求取达到其目的手段。只有通过对物质力和机械力的管制,众多个人才能摆脱其文化可能性所受到的管制以及随之产生的压迫。自由主义的衰落,是由于它没有正视多种选择并采用可以实现其目标的手段。只有当自由主义走上达到其理想的道路，它对它的理想才是忠诚的。对经济力量进行有组织的社会控制，不属于自由主义的历史路径，这种观点表明自由主义仍然受到其早期自由放任阶段的残余物的妨碍，它把社会和个体对立起来。现在有人认为，自由和个体性的发展是目的，拒绝把有组织的社会努力用作手段。这种观念打击了自由主义的热情，并使其丧失斗志。早期自由主义把单独的、竞争的个人经济行动看作达到社会福利这一目标的手段。我们必须把这个观点颠倒过来，并认识到社会化的经济是手段，自由的个人发展是目的。

自由主义者在观点和做法上分裂成不同的阵营，而反动派由于共同的利益和习俗的纽带则凝聚在一起，这几乎是尽人皆知的事情。自由主义者只有通过统一的行动，才能达到观点和信念的组织。与信念共识相伴而来的、有组织的统一行动在多大程度上得到实现，取决于经济力的社会控制在多大程度上成为自由行动的目标。最大的教育力量，在塑造个人倾向和态度方面的最大影响力，是个人在其中生活的社会媒质。现在与我们最为贴近的环境，是为达到社会化经济这个大目标而采取的统一行动。稳定的物质基础使个人的文化表达能力获得释放，达到这样一种社会状态不是一天两天的工作。但是，人们都一致地把冲动和能力的释放叫做理想；社会化经济是冲动和能力得以释放的基础和媒介。只要我们集中精力确立社会化经济，自由主义者现在进行的分散的、相冲突的活动将达到有效的统一。

为复兴的自由主义详细罗列一个计划，不是我的任务。但是，"应该做什么"这一问题不容忽视。观念必须组织起来，这种组织意味着个人的组织，持有这些观念并且乐于把信仰转化为行动。向行动转化，意味着自由主义的普遍信条表达为具体的行动计划。自由主义者的弱点是缺少行动的组织，没有这种组织，民主的理想就会有盲动的危险。民主是一种战斗的信仰。当它的理想得到科学方法和实验理智的理想加强的时候，就不可能不引出纪律、热情和组织。把关于将来的问题狭隘地理解为法西斯主义和共产主义之间的斗争问题，势必招致一场灾难，可能使文明在这场斗争中毁灭。充满生机、英勇无畏的民主自由主义是一种力量，它必定能够避免这种对问题的灾难性的狭隘理解。我就是这样一个人，不相信生活在杰弗森和林肯传统下的美国人会变得软弱和中途而废，不去全心全意地努力把民主变成活生生的现实。我重申，这要有组织。

问题不可能通过论证得到回答。实验的方法意味着试验，通过试验和有组织的努力来回答问题。试验的理由并不抽象，也不深奥。这些理由就处在标志着现代世界的混乱、不确定和冲突之中。认为一旦努力就会成功，这种想法的理由也不是抽象而生僻的。这些理由就在于实验方法和合作理智在制服物理的自然能量、使之服从人类潜在的使用方面获取的成就。在物质生产中，理智方法现在是业已确立的规则；放弃它，就是回归到蛮荒时代。这项任务要继续进行下去，而不是往后退，直到理智方法和实验控制成为社会关系和社会导向的规则。我们要么走这条路，要么承认人类自由和人类能力施展所需要的社会组织问题是不可解决的。

　　忽视或者轻视前进道路上的障碍，是相当愚蠢的。但是，在科学和工业革命中发生的事情虽是已经完成了的事实，却也面临着极大的危险；道路已被标出。也许这条路还没有人走过。如果这样，未来仍然有走向混乱的危险，这种混乱将在一段时间内由于强制性和武力性的暴力组织而在外表上被掩盖，在这种情况下，人的自由将会完全消失。虽然如此，人类精神自由的事业，获得人的能力充分发展的机会的事业，自由主义长久以来代表的事业，是如此珍贵并且根深蒂固，因而不会永远被淹没。在犯了数百万年的错误之后，理智认识到自己是一种方法，它不会永远迷失在黑夜之中。自由主义的任务是尽最大的努力，以最大的勇气，使这些珍贵的东西一刻也不丢失，并从此时此地起得到加强和扩大。

论　文

经验主义的经验考察[①]

历史上有三种经验概念。第一种形成于古代古典时期，并一直持续到 17 世 纪，就时间长度而言，它是最重要、最有影响力的。第二种经验概念是十八、十九 两个世纪的特征。尽管它是较为新近的概念，却是我们现在使用"经验主义"这 个词时通常在脑海中浮现的概念。第三种是最新的动向，仍然处于发展的过程 中。在讨论它们的时候，大可忘掉一个个经验主义者，仅仅考虑各种经验概念。 因为如果我们以"主义"开头，就会有陷入徒劳无功的论辩术的危险，正如多数关 于"主义"的讨论那样；而各种经验主义背后的经验观念以及相关争论，至少都是 解释同一个确定主题的不同尝试。

要理解希腊人关于经验的本质和局限的概念，从我们现在对"经验的"一词 的使用中可以最容易、最直接地得出线索，比如我们说医学长期以来建立在纯粹 的经验基础之上，医学的实践者在很大程度上是经验主义者。詹姆斯在他的《心 理学》(Psychology)中讲述的关于老式铁路列车司闸员的故事是一个很好的讲 解。当火车停在站台上，车厢内满是从锅炉里冒出的烟尘时，乘客开始抱怨。司 闸员回答："只要火车一开动，就不会有烟了。"有人问他为什么，司闸员说："它总 是这样。"从希腊人的观点看经验和"经验的"意义是什么，这是一个很好的讲 解。大量的天气预报，艺术和手工艺依赖的大量信息，部分医药、锻造、木工、制 鞋等等，都是经验知识的实例。从反面说，虽然"经验"提供的信息是相当可靠

[①] 首次发表于《观念史研究》，哥伦比亚大学哲学系编，纽约：哥伦比亚大学出版社，1935 年，第 3 卷， 第 3—22 页。

的,即对实践功利或行动目的是可靠的,但它并不涉及或依赖任何关于事件的原因或理由的洞见。如果我们从总体上勾画希腊哲学家对经验的论述,那么,这就是我们必须考虑的本质的东西。它指过去积累的信息,不仅仅是个人的过去,而且是社会的过去。它通过语言传递,甚至通过各种手工艺师的关系来传递,就此而言,这种信息浓缩为必然的概括。它们告诉人们如何做某种事情,比如建造一个房屋、制作一个雕像、领导一支军队,或者在一定的情境下预期发生什么事情。

在柏拉图那里,经验开始成为一个贬义词,这种贬义在哲学的古典时期始终伴随着它。我认为,这种贬义观点的理由是相当明显的。这种知识与另一种知识相对比而言,处于不利的位置,后一种知识依赖我们关于为什么某事发生的洞见,或者说,依赖我们对事情的理由或原因的理解,因为总的说来,在早期思想中,"事情的理由"和"事情的原因"基本上是同义的。如果你知道为什么一件事情发生,那么,你就理解了它,你就把握了它发生的理由。所以,经验和经验知识与科学形成鲜明的对比,因为科学意味着理解或者理性的领会。柏拉图拿几何学家系统、理性地建立起来的知识,与木匠可能使用的概括作对比来阐明这种区别。经验具有习俗的一切局限。的确,整个经验概念与习惯和习俗即使不相等,也有紧密的联系。它是过去的集体记忆或储蓄,就像司闸员所说的"不会有烟了,因为它总是这样"。过去反复出现的事件留下某种确定的预期:事情将继续这样发生。所以,经验不能产生科学那样受人尊敬的知识,而只能产生意见;尽管意见有时是正确的,但我们可以说这是巧合,因为不知道它们为什么正确。

71　　亚里士多德对经验的本质以及在哲学中它被给予较低地位的原因有更系统的论述。众所周知,对他来说,经验不是感觉也不是知觉,而是关于事物积累的、实践的、有组织的信息。它产生于过去经验的积累,从过去经验中筛选成功因素,剔除不成功因素。

亚里士多德持有梯级知识的观点——当然,这种观点终归是从柏拉图那里得来的——一个梯级系列:首先是感觉,然后是把感觉组织起来的知觉。现在,在亚里士多德看来,甚至在感觉中也有形式,即使在知觉中,我们也可以把握形式,而不单是质料或材料,因为我们可以把握性质、特性、特征。知道椅子,就是知道某种结构,它定义一整类对象;知觉到某个东西是椅子,就是把握到某种因素,这种因素只要行得通就是普遍的。接下来就是想象。它保留了形式因素,即结构因素,却忽略了质料。我们的想象,即我们的再生想象或记忆,虽然没有把握纯粹的形式,但与直接感官知觉相比,它对形式的把握更少地陷入感觉和质料之中。有一种潜意识心理机制,与亚里士多德心理学一样,具有生物学的成分。通过这种机制,形象得以保持并或多或少地相互融合,那些相似的形象相互加强。因此,我们获得了一类事物这样的观念,虽然这是非科学的观念,却依然是一种观念。它是经验的分类或概括,这就是经验。

首先是感觉,然后是知觉,再然后是再生的记忆或再生的想象,后来是这些形象在经验中的巩固或者组织。伴随着这种一般观念,还有某种一般的行动趋向,它指向某种结果形式,即习惯。与柏拉图一样,亚里士多德认为,这个积累过程通过语言,通过教育,在艺术和手艺中继续进行;它不仅仅贯穿个人的一生,而且代代相传。因此,标准的行动方式,标准化的信念、预期、材料和技术聚合体,构成了经验。

因此,在柏拉图和亚里士多德那里(在亚里士多德那里,更多的是整个经验),经验都服务于一个有用的目的,即为我们提供一个得到巩固的、净化过的过去经验的结果,它在形式上使那些经验可以为将来的行动所用。但是,如同在柏拉图那里,经验与科学、理解或领悟形成对照,后者依赖理性。事实上,这种对照定义了理性:凡是为我们提供完全没有质料的纯形式的东西,就是理性,就是经院派和早期现代哲学中的纯粹理智。亚里士多德对柏拉图的经验概念的主要修改,是阐述了理性理解是从经验开始逐级上升而后出现的。

根据亚里士多德的观点,存在某些东西,经验知识是关于它们的唯一可能的知识。在对象和事件没有必然性和普遍性的地方,在偶然性因素进入的地方,经验知识是我们能够获得的唯一知识,尽管它不是组成科学的明证性知识。因此,在社会、政治和道德事务中并不存在普遍性和必然性;并且,就像亚里士多德常说的那样,关于某个主题,一个人有学养的标志是:他所期待的观念的精确性并不高于该主题本身允许的程度。

我或许应该顺便指出一点,尽管这可能与我的主题并不严格相关,但这是柏拉图和亚里士多德之间的一个重要区别。在我看来,这比很多受到强调的区别更加重要。柏拉图充分意识到,政治和社会事务不由理性支配,不具有理性的和必然的形式。但是对他而言,问题的大部分是考虑在什么条件下,道德和政治可以真正地成为科学,社会立法问题由理性支配。因此,他的《理想国》是一种尝试,至少理想地描绘在什么条件下政治和道德真正成为有理性的事务。亚里士多德没有这样的抱负。我不会说他很愿意让畜生去讲道德和政治,但是他愿意把它们留给概率和意见,留给某种程度的猜测,尤其是留给精明专家的直觉。理性的或科学的控制留给纯理论或纯理智的事务。因此,与柏拉图相比,亚里士多德在实践事务——包括道德实践和政治实践——和理论之间作出的区分更为明晰。

73　　我想,这就是为什么一般认为亚里士多德比柏拉图更重视经验。亚里士多德认为,从历史和心理学上说,理性的功能只是从感觉开始的一系列逐级上升步骤的结果。对他而言,不存在原初的、分离的、独立的理性直觉。理性直觉必须经历经验阶段,所以即使是一个科学家,在处理明证的和理性的事情时,也需要一个经验阶段的准备,这是他自己的发展和教育的问题。理性的洞察对经验的依赖既不是逻辑的,也不是认识论的。这是一个生物学问题,有人可能认为是个人履历和教育问题。达到某种高度与爬梯子之间并没有逻辑联系,而是由于事情如此构成;在某种条件下,我们不爬梯子就不能到达某个特定的地方。

　　我想强调一点,它现在已经很少被提到了,但它对于理解柏拉图和亚里士多德是必需的,即希腊人不像现代人那样把认知或理智与行动分离开来。在现代思想中,主要是通过伊曼纽尔·康德(Immanuel Kant)的影响,这种分离才流行起来。只要能做到,康德不把所有合并在一起的东西分离开来是不会满足的。我的意思并不是说,希腊人试图从一个中得出另一个;而是说,他们总是成对地看待它们,因此不同的活动阶段与理智认识的不同阶段之间有直接的、密切的对应。感觉与欲望之间的联系比它与知识之间的联系更为紧密,这在柏拉图和亚里士多德的心理学中是相当基本的。如果我们从味觉和嗅觉开始,它们与饥饿这种欲望之间的联系是相当明显的;但是,即使在视觉和听觉这些更高级的感觉中,这类感觉也在本质上是与欲望相联系的生物活动的官能。你可能会记得柏拉图描述的一个故事,他以道德的观点描写了一个人的欲望,这个人的体面感使他不去看一个(动物)尸体,但他最终还是睁开眼睛并且说:"在那儿,吃个饱吧。"换句话说,一种需要被满足的饥饿感由眼睛表达出来,就像可以由味觉和嗅觉表达一样。想象作为记忆对应于某种特定的行动路线,与某种经验形式的再生形象联系在一起。习俗和习惯与经验知识的实践或行动部分相对应或相关联。最

74　后,带有对完美形式、理念和理想的审美满足的观赏,在柏拉图那里是纯粹直觉,在亚里士多德那里是自成一体的理性活动。与观赏相对应的是纯粹理性的具有

神性本质的活动,即理论(*theoria*)。

我要求大家注意这一点,理由是:尤其在亚里士多德的影响下,经验通常限于指那种一般叫做"实践"的活动。我们说,"这是实践的","这是一个注重实践的人",是指那种适合于取得某些非常有限的功利的活动——功利而不是更高的价值。最高的活动是纯理智活动,因此,它必须与每一种实践活动区分开来。后来的哲学继承了这种对"经验"的轻视,认为"经验"与较低级的实践行动相联系;与之对比,纯理性活动具有更高的价值。

经验因此被等同于关于物质的有限的功利的行动,并且与科学相对立。由于经验是限于有限功利意义上的"实践",经验不可能上升到凡俗事物之上。手艺人是经验的典范,他依赖工具和材料;因此,他的活动决不完全是独立的、自由的、高雅的。但是,理论活动是在理性范围内由理性进行的,因而完全无需外来的帮助。甚至道德和政治活动也是实践的,因为它要求他人的合作,不像纯粹思想那样是自足的。

于是,古典哲学认为经验有三大局限,存在着经验知识(严格地说,是信念和意见而不是知识)与科学的对立,存在着实践的局限性和依赖性与理性思想的自由特征之间的对立。经验的这两个缺点还有形而上学基础:感觉和身体行动仅限于现象界,而理性就其固有本性来说近于最终实在。于是,这三重对比意味着经验在形而上学和认识论上受轻视,还在道德上受轻视:两种活动在价值上有区别,一种活动限于身体物理事物,源于需要和获取暂时的功利;另一种活动飞升到理想的和永恒的价值。道德上的贬低渲染了前两个方面,并赋予它们人性的价值。

即使后来思想对经验概念作了大力改造,以经验为基础的知识仍然受到老式的批评。即使再多的经验,也不能建立普遍的必然真理。它不能超越一般的东西,亦即通常的和惯例的东西。实在被看作不变的、永恒的东西,显示为使事物必然是其所是的本质,而经验"知识"则限于变化的、偶然的东西。例如,数学是自然科学中唯一真正科学的因素,超出了经验的能力。虽然在社会道德和政治领域里,亚里士多德满足于经验结论,因为他认为它们属于概率的王国,但随着基督教的到来,把道德建立在绝对真理之上的要求出现了。因此,在这个领域,经验主义也开始变得可疑,因为它不能提供普遍的必然真理。

在很多方面,柏拉图和亚里士多德关于经验的论述从正面说,是一种诚实的经验报告。因为在新实验科学产生前，古代和中世纪拥有的那种经验就是以上描述的那种经验。没有任何技术使经验观察和预期的理性控制得以实现。就我看到的而言，人们无法预期这种技术可以产生，人们无法看到理性思想如何得到经验的推动，从而经验能够孕育新真理并检验由经验生出的信念。经验和理性理想之间的鸿沟，似乎是固定的、不可逾越的。经验在数量上可能增长，但是它无法改变它的性质。

简而言之，上述关于经验的论述是当时文化条件下的正确陈述。那个时期的哲学犯下一个错误，以为某个特定文化状态的含义是永恒的——这是哲学家和其他人都很容易犯的错误。倘若那个时期的经验是一切可能经验和将来经验的尺度，我不知道如何回击这种关于经验本性的观念。但是，有一个要点应该被牢记（当前时期的哲学家没有理由忽视这一点），即后来的发展表明，经验可以在它自身内纳入理性控制。

谈第二个典型的经验概念时，我将来一个突然的大跳跃，谈论约翰·洛克阐述的观念；由于时间不够，我将跃过他之前的思想家们重要的前期观念。然而，我不由自主地要说到罗杰·培根（Roger Bacon）和弗兰西斯·培根（Francis Bacon）的独特之处，是他们（对经验）的评价有一个彻底的转变。正如我们看到的，古典哲学把经验等同于由习俗和加固的记忆得来的信念和技能，认为它因此不可避免地受到过去的奴役。思想家们开始把事情颠倒过来。在他们看来，所谓的理性真理，感染了陈词滥调和盲目接受权威的毛病。相比之下，"经验"表示某种鲜活的、人身的东西，而"理性"指示一些论断和教条，其威力来自习俗和传统。有趣的是，我们注意到这种转变伴随着另一种同样彻底的变化。古典思想颂扬共相，认为个体只有作为共相的器官才是有效的。在洛克之前的几个世纪，有日益增强的趋势，即认为前人所说的普遍的、客观的东西是外加给人的沉重负担，并把个人当作自由的落脚点和一切理智与政治进步的源泉。这种双重的评价逆转是文化发生变化的迹象，也许比技术性的经验概念中的任何因素都更加重要。

约翰·洛克把这种新精神发扬光大，他把经验定义为本质上由观察组成的东西，这种观点意味着经验是与自然直接的、第一手的、人身的接触。这时候，观察通过感觉来进行。于是，如果观察是对有效知识的起源的检验，在物理问题上，只有通过感觉产生的"观念"才可信任。他对观察的信任，是他对天赋观念产生敌意的根源。如果仔细阅读他对天赋观念的驳斥，就会看到他的驳斥不是技术性的。按照他对那个时期的解释，天赋观念成了无根据的传统和任意妄为的权威的大堡垒。根据定义，天赋观念不受批评和检验。说一个特定的"原则"是天赋的，你会自动地使它免受批判的考察。

　　洛克认为，大部分所谓的天赋观念，特别是在道德领域，事实上都是幼年从祖父母或保姆那里得来的。的确，在那么幼小的岁月，人们不记得它们的起源了，于是便以为它们一直在头脑中，一开始就植入心灵之中。洛克对我们现在所说的先天的东西的反驳，是对强加的和第二手东西的反驳。他谈到过度地依赖不加批评地阅读书本的做法时，重申了他的动机。其精神就是蒙田（Montaigne）和其他"现代人"的精神。我们要理解他强调观察和感觉的做法，就必须记得他的矛头指向同时代的思想倾向中的哪些方面，这对于所有哲学家的许多事情是一样的。他强调的精神，是我们称作启蒙运动精神的一部分——这场首先在神学中、然后在政治领域表现出来的运动叫做"理性主义"——这些转变是如此之大，以至于诸多文化变革用明确的词语表达了出来。

　　在洛克的思想里，感觉和观察的特征是它们的强迫性，因而这也是经验的特征。它们被强加给我们，不论我们喜不喜欢；如果我们睁开眼睛，竖起耳朵，就会不由自主地接受某些"简单观念"。这种意志和意见的强迫是它们有效性的基本保证——至少是我们的体格允许的唯一保证。强迫可以防止胡思乱想和约定信念的偶然性。与这种不可逃避的力量相对比，由我们构造并贴上"理性"标签的那些观念是我们自己的构造物，因而是可疑的，除非我们可以用"经验"——也就是观察——来检查它们。因为，根据洛克的观点，观察是自然而不是我们心灵做出的事情。因此，他强调白板说和印象接受的被动性。

　　洛克坚持古典传统，他认为经验不能提供普遍知识，并得出结论：没有关于自然现象的精确科学，只有足够让我们过生活的概率。安置在我们心里的理解力的蜡烛足够明亮地照耀着我们脚下的道路。另一方面，他认为伦理学和数学是真正的科学，虽然它们以从观察得出的观念为出发点，但这些观念之间的关系是由我们控制的，是由心灵产生的，因此无需与任何外在的"原型"相符合。它们是自己的模型和来源，因此可以成为经验的规则；它们自身就是模式，而无需服从其他的模式。换句话说，洛克本人并不像有人所描述的那样，是一个与感觉主义者同类的彻底的经验主义者。他认识到关系对于真正的科学知识而言是必要的，把它们看作"理解的工艺"，尽管关系项来源于观察。

在洛克观点的展开中,下一步是把关系和要素还原成感觉的形式。快乐和痛苦被当作感觉的种类;根据洛克的18世纪法国追随者的观点,注意、欲望和意志都可以从感觉的合适联想中得出。在洛克本人看来,联想是一种力,通过这种力,事物之间客观的或"自然"的联系被非自然的联想所取代——例如,有时在心中萦绕挥之不去的韵律。在那些把自己的观念写成一个广博的逻辑系统的人看来,联想是把感觉即经验的要素联结在一起的唯一可能的纽带。

在英国,詹姆斯·密尔和他的信徒们全心全意地接纳了这样建立起来的系统。这个系统如此的广博,如此得到热烈拥护,以至于它的流行使很多本该更有学识的人认为,唯独联想论的感觉主义有权享有经验哲学的名誉。其中一些人尽管抵制这种哲学,却似乎极端地认为它是实际经验的恰当解释。实际上,康德本人就把它当作对经验中经验的东西的恰当描述。他认为,正是由于这个原因,如果经验要成为融贯的、有认知作用的东西,就必须由先天的因素来补充。

这种感觉哲学,就其总体格局来说,变成了心理学,并在一个时期被誉为真正"科学的"。正如桑塔亚那所说,从它对大量常识信念的冲击来说,它是一种恶毒的心理学。但是,从这种哲学与当时的文化之间的关系上说,我们必须看到,它的恶意针对的是各式各样有影响的迷信的独断论和任意的政治权威,因为它自己的意图既不指向科学也不指向常识。就科学而言,人们理所当然地认为,在摆脱这些力量的压迫之后,科学将繁荣发展并成为支配生活的原则。在这个意义上,这群经验论者的确是"理性主义者"并具有激进的特点。

他们的哲学意图就是成为并且也被用作批评的工具,以图打破那时占主导地位的教会和政治制度。它使用洛克的标准,要求所有的制度都通过自然作用于我们,从而产生起源于经验的凭证,却忘了根据他们的哲学结论,"自然"在法庭上不再有一席之地。然而,我们回头看看,很显然,自然和经验相联系作为有效性的唯一保证,存在着不一致性;这种不一致性使感觉论的经验主义成为一种强有力的批评和瓦解的工具,远远超过作为它的逻辑结论的怀疑主义。作为一种武器,如下事实加强了它的威力:它把属于自然秩序观念的力量与鲜活的、无阻碍的个人经验的力量结合起来了。

从正面来看,这种经验哲学被用来彰显教育的重要性,或者用爱尔维修(Helvétius)的话来说,教育的万能。与观察的强迫性相联系,洛克坚持心灵的被动性和接受性。如果心灵中没有空白,世界不可能在心灵上打上准确的印记。

法国思想家从这种被动的、空白的心灵观点开始,实际上断言说(至少有几个极端分子这么说),通过控制心灵的印象、感觉和观察,特别是通过控制那些与快乐和痛苦一起形成的联想,你可以建立任何你希望的心灵类型或者性格类型,不好的制度和所有的定律最糟糕的地方在于它们腐蚀心灵。它们把幸福和成功与错误的事情联系起来。恰当的政治和社会秩序把快乐的感觉与对社会有用的事物联系在一起,把个人痛苦的感觉与对社会有害的事物联系在一起。教育的责任是促进这种(联想)行动——边沁不仅在教育问题上,而且在立法和司法程序上,都采纳了这种观点。 *80*

因此,从肯定的方面来看,不论是否实现,经验主义是一种理想。它与 18 世纪的进步观念和人性可无限完善的远景的展现相联系,只要清除了不好的政治制度和教会制度产生的腐蚀,教育和理性就会获得机会。

18 世纪和 19 世纪初,尽管在洛克那里对典型的经验主义有一个确定的理智基础,但它可以被解释为一种社会学说,这个学说的着重点是它可以被用作武器。由于所有历史都强调这个方面,我将略过休谟给早期的经验学说定下的怀疑论方向。它表明,随着洛克的简单观念的辩证发展,其结果是关于外部世界和自我存在的彻底怀疑论。休谟对经验论的真正贡献,在于他使习惯和习俗的概念及其重要性重新得到重视。当然,那个时期的生物学和生理学水平还不能使他说明习惯的重要性。在他看来,习惯仍然是一个简单的神秘联结,但他的确引入了联结原则和组织原则,尽管是从后门引入的,这个原则消解了洛克的"简单观念"的后果。但是,在我看来,无论如何,这场经验运动的重要性在于它的批判的、否定的方面。作为传统学说的一种溶剂,它的威力远远大于它在建构方面给予的推动力。当总体文化形势提出正面建设性取向和推动力的要求时,就出现了建立一种新型哲学的文化机遇。

因此,19 世纪的德国哲学应运而生。它从康德开始,经过德国哲学整个浪漫时期和新浪漫时期,后来在 80 和 90 年代的英国得到采纳,并在各个大学(从前是经验哲学或者修正后的经验哲学的中心)成为主导的思想模式。那里需要某种保障,以避免经验主义破坏性、消溶性的倾向走向极端。法国大革命是一个 *81*
典型的事例,它表明那种哲学如果不经检查而放任自流,将变成什么样子。

我提到这种理性主义的、精神论的反应,是因为它对某些经验学派的成员影响非常强烈,比如约翰·斯图亚特·密尔。当然,他在一个最严格的经验主义者团体里,由他的父亲詹姆斯·密尔培养长大。但是,通过个人的经验,通过那个时期的社会问题,通过一些直接的影响,特别是科尔律治和沃兹华思的影响,他察觉到历史上经验主义的缺点,并感到需要某种东西为生活和行动提供一个更稳定、更有建设性的基础。他使用各种办法来获得这个基础,而又在根本上不放弃他的经验主义。也许,他最有特色的办法是发明了一些牢不可破的联想。最使他困扰的是:如果一些联想可以建立一个正面的行动,它也可以被破坏,只剩下一个没有任何方向的人。所以他发现(我认为更像是发明)了一种机制以建立不会被打破的联想,这些联想如此稳固,以至于可以为必然普遍原则的所有实践目的服务。

然而,在约翰·斯图亚特·密尔那里,比他的心理学实验——从逻辑上说,心理学实验是变化不定的——更重要的是他对逻辑的兴趣。关于经验,他把中心注意力从经验的心理学的表达转移到科学方法问题上。密尔在逻辑上的兴趣,主要归因于他对社会问题、经济问题和政治问题的兴趣,这是一个很容易确定的事实。他真正的问题是在自然科学中使用的方法如何用于考虑政治和经济事务,从而使这些事情脱离单纯的观念和偏见的领地。

几乎所有人都会承认,密尔的逻辑本身是一个不融贯的混合体,其中有从感觉联想得出的心理学前提,有对科学方法和科学步骤本身的真正兴趣。我认为,我可以相当公允地说(尽管我不认为这个陈述可以得到证明),间接而非直接地,这种变化有一个相当确定的结果:它是第三种经验概念的一个前奏和促进因素,这个概念使我们进入近期和当前。至少在我们为了简便起见不考虑数学的条件下,自然科学依赖于经验,这是一个事实,或者说,看起来像一个事实。同时,如果经验是感觉联想论者所说的那个样子,它就不可能产生科学,这是无可辩驳的。因此,某个地方存在着错误,要么自然科学对经验的依赖没有热衷这个话题的人所说的那种密切,要么经验不同于古典概念和 18 世纪概念所做的分析,是另外一种东西。

此外,自然科学出现了一个明显的特征,感觉主义者不能说明这个特征,也不能使这个特征成为可能,这个特征就是实验。因为所有的实验都涉及有控制的活动,它们受观念引导,受思想引导。例如,当前的物理学涉及极为精细、复杂的思想图式,是感觉或任何观察都鞭长莫及的。因此,事实看起来似乎是:那些在科学实验和组织中充当理论和假说的观念既不是感觉的摹本,也不是由过去的经验和观察指明的,它们具有自由的、想象的性质。这是任何直接感觉或观察都不具有的。

现在,沿着这种思路,我们至少可以推导出威廉·詹姆斯哲学的一个方面,即有效性不是一个起源问题,也不是一个前件问题,而是一个后承问题。人们通常认为,这个与所有实用主义的哲学相联系的陈述,仅仅针对以前的理性主义。它更直接的攻击对象是以前的经验主义。例如,密尔沿袭经验主义传统,他非常明确地说,有效性的所有证明或明证都是前件问题,观念就是由前件构造出来的。我认为,詹姆斯整个哲学的核心观点是:观念的价值不在于它们的起源,而在于它们被用来引导新观察和新实验时产生什么结果。我认为,他的《心理学》的一些章节,特别是第二卷的最后一章,比他的《实用主义》讲座更好地论述了这个观点。因此,至少有一个因素产生了新经验概念和新型经验主义,不论我们把这个因素归入两种以前的历史体系中的哪一种,都不能理解它。这是哲学史面临的一个困难。哲学史趋向于阻碍独创性,不是直接地,而是通过培养一种心灵习性,让它相信每一个观念都必须按照某个先前存在的系统来解释或理解。很明显,一个好观念,我指一个真正重要的观念,包含着背离先前形成的体系,而且评价它的标准必须由它的批评者和获得该观念的人共同制定出来。

实验习惯、向前看、向将来看,以及将观念投入使用等思想的普及,使经验概念在发展过程中产生了一个根本的转变。另一个因素是老式的内省心理学的衰落和一种有客观基础、本质上是生物学基础的心理学的发展。举个例子说,如果从生物学和生理学的角度看待感觉,就不可能得到与旧分析心理学提供的相同的感觉概念。在探讨这个问题的具体节点上,我们在很多方面更接近亚里士多德的心理学。从生理学角度来说,感觉显然是行为机制的一部分,与运动器官有直接的联系。感觉导致运动模式的刺激并保持下去,除非训练形成的联结开始起作用,在那种情况下,它们成为有意识的感觉或感觉性质。换句话说,它们必定与行为模式的确定相关,例如通过某些路径建立内在关系,这些路径通往从未有过的行动模式。

在思想史上,第三种关于经验的观点多少还处于萌芽状态,它仍然处于发展的过程中。但是,我试图提请大家注意两种倾向,或者说两个主题,它们对于发展经验的新型解释、从而对于发展一种新型的经验主义是很有影响的:一种是在由结果进行证实和验证的过程中的科学实践,尤其是观念、假说和实验的使用;另一种是完全不同的心理学路线,它产生于客观地看待事物,从生物学观点而不是内省分析的观点看待事物。

神秘自然主义和宗教人本主义^①

　　《新人本主义者》(*New Humanist*)的编辑友好地把一篇伯纳德·E·米兰德(Bernard E. Meland)先生的论文副本寄给了我,并邀请我对它作一个简短的评价。当然,我非常同意米兰德先生的观点,人不能与自然分离,宗教人本主义的发展必须充分考虑人与自然之间的关系。我想,任何人本主义者都不会否认这一点,尽管与纯属人性的因素作出的贡献相比,一些人本主义者可能倾向于尽可能削减人类生活的自然基础。这种过度强调人性因素的做法(如果有)的实践依据是很好解释的。不管说什么做什么,责任总是要由人来承担。

　　我与米兰德先生的区别,在于他强调神秘自然主义是宗教人本主义的一个必要因素。任何把人从其自然母体中分离出来的理论,都存在"人类-膨胀"的危险,这是毫无疑问的。问题在于,神秘主义是不是唯一的或恰当而有效地应对这种膨胀的出路和防卫。米兰德先生似乎假定情况确实如此。但是,我并没有发现他为此提供了什么证据。事实上,他呈现的证据都具有非神秘的性质。人的有意识和有意志努力都建立在"非自觉的活动层次"上,这个事实一点也不神秘。这是一个要用自然方法来探究的事实。对于属于人类本能的理智活动,非自觉因素的意义也是要用自然方法来确定,最终要由人来决定。也许可以说,"自我"

只不过是"强化的中心,(自然的)广泛而复杂的动力在那里聚集"。这个事实至多是提出了一个问题而没有解决它。因为,我认为米兰德先生不会否认,先前的

---

① 首次发表于《新人本主义者》,第 8 期(1935 年 4—5 月),第 74—75 页。杜威评论的是米兰德的文章,见本卷附录 1。

学者们称作"动物本能"的东西包含在这种聚集中,或者说,自我中有许多"自然"元素,它们必须通过有意识地选择和努力被改造,而不是被理想化、被美化。如果承认这一点,那么,我们人类与自然的关系就是选择和改造,这是理智和决策工作。

我并不否认有些人对自然的感觉可以说是神秘的。它在诗歌和其他艺术形式中也有所表达。它有时会为人类的经验添加一个价值维度——并且,它有时也为蒙昧和堕落效力。我要质疑的是:首先,神秘主义是人本主义用以避免"人类-膨胀"的唯一方法;其次,它是基本的;第三,它是普遍的,因而是宗教人本主义一个必要的、必须的部分。

皮尔士的性质理论①

古奇(Goudge)先生在对皮尔士②的批评中,提出一些关于"所与"(given)的本质的问题。这些问题在当代哲学发展中相当重要,就哲学当代的发展状态而言,一方面关于所与的问题,另一方面关于普遍和本质的问题,变得非常重要。当然,这些问题本身远远超出了皮尔士本人有关观点的内在一致性问题。但是,它们的重要性也使正确理解皮尔士本人的贡献变得相当重要。因此,我打算指出古奇先生转述皮尔士观点时出现的一些基本的误解。

在古奇先生探讨的那些段落中,皮尔士要考察的是现象学,或者说经验到的经验。尽管他(皮尔士)不时地(在我看来,这是非常不幸的)介绍他偏爱泛心论的形而上学,但他并不是在形而上学或宇宙论的基础上进行写作,而是对经验进行逻辑分析;这种分析的基础就是他所谓的第一性,或者在每一个被经验到的事物中性质的纯粹整体性和弥漫世界的统一性,无论该事物是气味、戏剧《李尔王》(King Lear),还是哲学或科学体系;第二性,存在性,或者单个事件;第三性,中介,或者连续性。

古奇先生在皮尔士对第一性的处理中发现了一种不一致,其依据是:后者既认为第一性作为感觉性质就是赤裸裸的所与,又认为它由"逻辑可能性或共相"组成(第538页)。现在我认为,对皮尔士的仔细阅读表明:(i)当他使用"可能

性"一词时,是指物质潜在性或能力,而不是逻辑可能性;(ii)第一性是给予的,充满经验到的事物的整体性质,严格地说,皮尔士并不主张这样的第一性甚至就是

---

① 首次发表于《哲学杂志》,第32卷(1935年12月19日),第701—708页。
② 《哲学杂志》,第32卷(1935年),第533—544页。

潜在性。我从后一个观点开始。古奇先生引用如下："第一性……是完全简单的,没有部分……可能性这个词很适合它。"①非常不幸,古奇先生在引文的句子中间中止了引用,因而遗漏了正确理解皮尔士观点所必需的关键点。原始文本中的这段话是这样的:"可能性一词适合它,除非可能性意味着与存在的东西之间的一种关系,而普遍的第一性则是其自身的存在方式。这正是它需要一个新的用语的原因。否则的话,可能性本来就已经满足了要求。"②

我并不是说古奇先生为了证明自己的观点而漏掉限定从句和附加语句。毫无疑问,他认为,它们是无关的。但是,它们不是;就性质作为可能性而言,它们是问题的关键。在关于现象,即关于任何经验到的事物的分析中(逻辑的而非心理的分析),皮尔士发现,有必要从两个方面思考第一性或经验的性质:其一,它是自在的;其二,它与现象的其他方面之间有关系。在上述所引段落中,皮尔士要说的是:尽管性质相对于第二性或存在是可能性,但它并不是自在的可能性和自身的可能性。第二性,或者存在,他在别处用反作用和相互作用、阻力或原生的自我肯定来定义它。在本来的意义上,第二性就是现实性;同时,也是严格意义上的个体性。参照如此定义的存在,性质是可能性,也是一般性。与现象的存在相联系,性质的普遍统一性是要满足的一个条件。他说,存在就是"它发生的时间和地点……因此,严格地说,不同的第二性没有共同的性质"。③但是,经验的确有共同的性质;因此,第二性在逻辑上受性质的制约。一般性就其出现而言并不属于任何现象,但是经验的质料由于第一性或整体的未分化的性质的同时出现而获得一般性。性质或第一性本身既不是个体的,也不是一般的。但是,作为第二性的第一性,它为第二性提供了一般性。如果我们没有清楚地看到,皮尔士处理第一性的方式既有第一性自身,也有第二性的第一性(还有第三性的第一性),那么,他所说的话还不只是不一致性的问题。那些话不知所云。

现在我开始谈论另一点。脱离语境的"可能性",是一个歧义的词。它既指逻辑可能性,也指物质潜在性。尽管皮尔士旨在说明性质就是第一性,因为性质是他所说的存在(以及第三性、连续性或合理性)的逻辑条件,然而当他说"可能

---

① 古奇先生的论文,第 537 页;《皮尔士文集》(*Collected Papers of Peirce*),第 1 卷,第 531 页(本卷中,皮尔士引文的阿拉伯数字皆指在哈特肖恩-韦斯的版本中段落的编号)。
② 变体字是我加的(中文版中为楷体加重,下同——译者)。
③《皮尔士文集》,第 1 卷,第 532 页。

性一词适合它"时,他说的是能力和物质潜在性,而不是说性质是逻辑可能性。直至皮尔士写到了前面引用的那一段,这个事实才搞清楚。早在第 422—425 节(在那里,他特别讨论了性质),他就在一个大幅展开的讨论中清楚地表达了这个观点。我从中引用一些典型的段落。性质

> 不是任何依赖心灵的东西。就其存在而言,它不是任何依赖心灵的东西,不论感觉还是思想。它的存在也不依赖于如下事实,即某些物质事物拥有该性质。性质依赖于感觉,这是概念论者所犯的最大错误。性质仅仅是一种抽象的*潜在性*。这些学派的错误就在于,他们认为,潜在的或者可能的东西只不过是实际的东西使它们如此。①

皮尔士进而作出的解说无可争议地证明,他使用"潜在性"这个词并非偶然。他批评了一些人认为某个事物在黑暗中并不具有红色的性质,或者在未实际施加压力时铁并不具有阻力的性质。"你的意思是说,一块铁如果实际上没有受到压力就失去阻力了吗?"(第 1 卷,第 422 节)。这种能力只有在与某物相互作用的条件下才会被实现,但是作为一种能力仍然存在着。根据皮尔士的观点,性质本身,就其自身而言,恰好是并且仅仅是这种潜在性;它就像与动力学有关的潜在能量,后者涉及阻力,因此涉及现实性或存在。"我们不可能无矛盾地主张一种性质只有实际上存在于某一物体中时才存在。"性质是"可能发生"的东西,因为每一个定律事实上是一个事件的每一描述,都包含某种可能发生但目前尚未发生的东西,所以都包含作为潜在性的性质。同样的分析适用于一般性。抵抗压力的势能(capacity)或能力,在具体的或单个的场合中得到实现。但是作为能力,它是一般的,因为它是一种运动方式。因此,他批评唯名论者,因为他们即使没有明确表明,也隐含地否认事物具有存在的方式。在皮尔士的体系中,他所说的潜在性和一般性非但不是"逻辑可能性或者共相",而且为逻辑可能性和共相提供了宇宙论基础或物理基础。皮尔士把共相看作"主导原理",只有把事物特

---

① 斜体是我加的。把先前的一个陈述(419)与这一段做比较,"性质,就它们是普遍的而言,多少是有点模糊的和潜在的。但是,一个事件完全是个体的。它于此时此地发生……性质与事实有牵连,但它们并不构成事实"。

有的运行方式引入研究领域,这个理论才有意义。我认为,皮尔士最有特点的哲学贡献是他关于存在与逻辑之间的关系的原创性理论。他说,可能性和一般性是事物的方式或模式,它们相对于实现而言是可能的和一般的,只有在与其他事物发生相互作用的个体化条件下才能得到实现。如果不明白这一点,他的理论就是完全没有意义的。

一种广为接受的理论认为,像不同的颜色之类的实现了的性质,仅仅与振动的量的差异相关。皮尔士走得很远,甚至对这个理论提出质疑,他们"不会在深朱砂色和紫罗兰色之间作这种区分……毫无疑问,我们关于这些振动的不完善的知识导致我们把它们抽象地描述为仅仅在量上有区别",因此,我们不断增长的关于电子的知识,将使我们能够在其中发现不同的运动方式或潜在性,它们与不同的感觉性质相对应。①

现在,我们应该能够清楚地看到,古奇先生想到的不一致性只不过是皮尔士的分析从两个方面来对待第一性或性质这个事实,一方面是它作为本身,另一方面是它与第二性或者存在相联系,在这种条件下,它完全并必然地具有潜在性和一般性。此外,他清楚地提示读者,这正是他所做的工作。他在古奇先生忽略的从句和语句中就是这么做的,他在前面一段话中就这么说了:

> 我们看到,关于性质的观念就是关于现象或部分现象的观念,它被视作一个单子,不涉及它的部分或成分,也不涉及其他任何东西。我们不必考虑它是存在还是仅凭想象,因为**存在依赖于其主词在总体宇宙框架内有一个位置**。可以说,一个与其他东西相分离、不存在于任何世界而仅仅自在的元素,**当我们思考它的时候**,它就是纯粹潜在的。但是,我们甚至不必注意其他事物明确地不出现;我们要考虑的,是把总体看作一个单元。

并且,似乎是为了防止像古奇先生那样的误解,他说:

> 当我们说性质是一般的,是部分规定,等等,所有这些说法都适用于被

---

① 在这一点上,皮尔士引入了他的泛心论的形而上学。但是,他清楚地把他的想法叫做"猜想"。不管怎样,他的逻辑分析是独立于这种特殊的形而上学解释的。

思考的性质；但是，这些东西并不属于经验的性质-要素。①

　　就其自身来说，性质整体并密切地满布（pervade）于现象或经验，使它成为它所是的那个经验。当然，因而它是"无法言说的"。皮尔士先生或其他人只能唤起对它的注意，激发其他人在他们有心留意的任何经验和每一个经验中，对它的出现予以关注。当它被描述，甚至当它指示性地被提及时，就出现了另一个新的经验，可以这么说，这个新经验有其自身整体化的统一性质——如此下去，以至无穷。当这种性质相对于存在被反思时，它被看作一种潜在性，并且是一般的。如皮尔士所指出的，性质并不抵抗，而存在则包含反作用和抵制。因此，关于纯粹想象的事物的经验，比如说半人马（Centaurs），有其自身满布的统一性质，如同马棚中的马的经验一样。但是，尽管这种性质相对于存在而言没有证据价值，却是任何经验存在的一个条件，因而是经验或现象的一个条件。

　　"或部分的现象"这个分句所涉及的区分也很重要。适合作为一个整体的戏剧《李尔王》的经验，同样适用于其中的每一个动作、每一个场景以及每一个线条，只要该经验有其自身的统一性。一个完全错误的做法是把第一性或性质的应用局限于诸如红的、硬的、甜的这样的事情，尽管它们作为部分现象是可以这样应用的。第一性的性质是任何一个和每一个经验题材的特征，只要该经验具有统一性和整体性，它就完全独立于其"构成成分"的复合体，并且独立于这些构成成分在实存世界中的位置。因此，每当我们回想起先前的某个经验，回想的经验是一个新经验，有其自身满布的统一性质。

　　到此为止，皮尔士关于不可言说和不可描述的话，只不过是一个老调重弹式的概括：为了拥有红色这种性质，你必须对它有直接经验；尽管一个瞎子能够理解颜色理论，并且能够理解被命名为红色的东西在理论中的地位，但红色作为一种直接性质无法出现在他的经验中。这不是一个论辩或论证的问题，而是要么是、要么不是的问题；而且，发现它是否如此的唯一办法只能是指示性的，而不是论辩。除了有关老调重弹的概括之外，皮尔士所说的是：无论一种统一经验的构成成分多么复杂，无论构成成分是存在的还是想象的，经验的统一性和整体性都是性质的统一性和整体性，反之亦然。

――――――――――

① 《皮尔士文集》，第 1 卷，第 424、425 页。斜体是我加的。

于是，当古奇先生说，性质或第一性在皮尔士那里就是所与，其意思"与洛克和贝克莱的'观念'、休谟的'印象'、康德的'表象'、现代哲学中的'感觉材料'和'呈现'大概是一样的"，他完全是南辕北辙。① 比较接近事实的说法是这样的：皮尔士要对上述这些理论的基础和含义提出谨慎的、即使并不直接的批评。因为他指出，关于"观念、印象、感觉材料、呈现"的经验，有其自身的统一性，有其自身独特的、不可复制的性质。比如，该陈述适用于洛克在思考并阐述观念时的经验，并且适用于任何一个阅读洛克的文章或者对它进行反思的人的经验。而且，洛克称作观念的东西被他当作存在的东西（至少在心灵中或者在心灵面前存在），并且关于表象和感觉材料的全部要点就在于：可将某种存在赋予它们，无论是心理的存在还是其他存在。但是，诚如上文所清楚表明的那样，性质或第一性就其自身而言，是完全独立于存在的东西；后者是"斗争"问题，是作用-反作用问题。在皮尔士的理论中，关于观念、印象等问题，都是关于构成成分的问题，是关于这些构成成分在存在构架中的位置的问题，而存在的构架由实际的反作用和抵抗力所决定。假设皮尔士所说的第一性的意思类似于（更不用说"大幅同义"）现代哲学家所说的所与，那么，称它们不可言说或者将它们应用于皮尔士所描述的任何一个特性上，都纯粹是无稽之谈。但是，我们可以并非无意义地说，具有洛克式的观念或休谟式的印象的每一个经验，就其题材或构成成分而言都有其自身的性质；并且可能出现的关于该性质的任何描述，都发生在另外一个新的经验之中，这个新经验具有自身的性质统一性和整体性。

古奇先生认为，皮尔士的性质与桑塔亚那看作本质的感觉材料大致相似，当他这样说时，他在同一条错误的道路上渐行渐远。② 任何可以被称为本质、意义和实体的东西，都属于皮尔士所说的第三性的领域。同样，当他讨论皮尔士的"性质无法描述"的观点时，他说，"皮尔士主张任何描述行为必将改变所与的本性，这个观点蕴涵着对真正知识的可能性的否定，因而自相矛盾"，并且利用乘法表作为有关所与的例子。③ 本性这个概念是一个属于第三性而非第一性领域的概念，这一点完全被忽视。经过描述，本性属于知识的领域，而性质则属于单一

---

① 古奇先生的论文，第 534 页。
② 古奇先生的论文，第 543 页。
③ 古奇先生的论文，第 539 页。

的总体经验出现的领域，与认知或反思性的述说丝毫不相干。皮尔士并不认为描述行为改变了被描述的东西的性质，但是他认为，在描述另一种经验、乘法表或其他东西的性质时，在这种描述行为中发生的经验本身具有另一种性质。原初经验的性质变成这个有自身性质的新经验的一个构成成分。正如皮尔士所说，性质是"第一性的、当下的、新颖的、原生的、最初的、自发的、自由的、生动的、自觉的，并且是短暂的"。但是，它之所以如此，正是由于它具有一个不同的维度，不同于实存对象或理性对象的任何内容或成分。

关于皮尔士对第一性、第二性和第三性的心理学辨析和描述，我想分别补充几句。在心理学的论域，性质（包括仅仅拥有而未说到的感觉）代表感觉；第二性代表存在，它是意志力的（因为它包含努力-反抗）；第三性作为认知思维，代表理性。现在，可用两种方式来解释这些心理学的描述。就皮尔士的泛心论的偏好而言，这些描述毫无疑问，应该按字面意思来理解。这就是说，在他的形而上学宇宙论中，皮尔士倾向于相信，除了经验和现象，某种酷似感觉的东西与努力-反抗行为之间的关系构成了宇宙，而自然的连续性则可比作经验中呈现为反思性思想的东西。但是，我已经指出，皮尔士关于现象或者经验的逻辑分析，在逻辑上不仅独立于这种宇宙论的解释，而且完全是自成一体的。

而且，正在讨论的问题不可能有另外的解释。例如，不论"感觉"是不是自然世界的构成成分，我们都可以肯定地说，从心理学上说，正是通过感觉（包括感官知觉），性质才得以呈现在经验中；正是通过自觉的经验，存在，即作用-反作用的问题，才得以在经验中实现；并且正是通过思想，连续性才被经验到。本体论方面的全部要求就是：存在本身必须是性质上的，而不仅仅是数量上的，其标志是压力和张力以及连续性。皮尔士关于经验的逻辑分析所设定的本体论解释就是这些，而且只有这些。

古奇先生从皮尔士那里引了一段话，这段话在这里非常有意义。"感觉是按其直接性对直接的东西的真实心理表象，是按其直接的、正面的当下性对当下的东西的真实心理表象。"①在皮尔士看来，感觉是存在的直接性的心理表象，这种

---

① 《皮尔士文集》，第5卷，第44页。斜体是我加的。这段在皮尔士那里的话甚至与第一卷中选出的关于第一性的段落有更为紧密的联系。事实上，它如下写道："感觉的性质是真实的心理再现，把当下的第一范畴表现为它所是的那样，等等。"

直接是自然世界中所有事物的特征。这个观念是皮尔士理论的全部本质，其他东西都是多余的；他以哲学家少有的坦率反复地说，这是一种猜想。如果这段话的含义发掘出来，我们就不会用感觉来定义或辨别性质。反过来，则是可以的。凡是可以叫做感觉的东西，都可以借助于直接的性质得到客观的界定；凡是感觉，当它们呈现为经验的时候，都具有某种直接的性质，不论是红色的感觉、高贵的感觉，还是《李尔王》的感觉。我个人相信，这是一个合理的学说。但无论是否合理，它都是皮尔士的逻辑分析所蕴涵的东西。我并不打算降低皮尔士本人的泛心论解释的倾向，这种解释使得事物的直接性质具有感觉的本性。但是，我强调以下事实，这也是他自己反复强调的，就关于经验的分析而言，这种解释是可选择的。

最后说几句我个人的话。我并不认为自己完全赞同皮尔士的分析，因为我并不认为我已经完全掌握了它。但是，我非常确定：他高于所有的现代哲学家，他开辟了一条道路，允许真正的经验哲学得以发展。与传统的经验哲学家不同，他并未切断经验与自然的联系。如果沿着这条道路走下去，他将走出洛克的"观念"以及当代感觉材料理论和本质理论同样陷入的死胡同。由于这个原因，按其原貌来理解皮尔士的理论是非常重要的。

特征和特性：种类和类[①]

　　"何时"（when）和"条件"这些词语在其逻辑力上是歧义的，后者只能通过语境来确定。有时候，它们有存在或时空的含义；有时候，又具有严格的逻辑意义。当我们问"太阳明天何时升起"时，问句中出现的"何时"具有明显的时间指称。"当……时"引导从句"当我们问……时"，它等同于如果，意思是指每当或者如果问起这个问题。当然，它本身并不蕴涵这样一个问题已经提出。要确定问题的存在，就需要一个独立的命题。条件也有同样的歧义性。有时候，它意指时空条件，通常是因果条件，尽管并不总是如此。但是，当我们断言"如果他来，我将离开"时，前件或条件子句是后件或结论句的逻辑条件。在纯逻辑上的、非存在性的意义上，在任一假言命题中，前件即如果从句都是后件或那么从句的一个条件。

　　在所举的例子中，语境决定着意义，在逻辑理论中没有混淆的危险。然而，情况并不总是这样。本文的目的是从理论上解决某些重要的混淆问题。我要预先说到如下事实：从密尔的时代开始，"性质"和"属性"两个词经常被交替使用，尽管前者指某个存在的东西，而后者则表示一个逻辑形式；从语言学上说，第一个是"具体的"，第二个是"抽象的"。任一性质都有时空内容；属性只出现在如果-那么命题中。用下文的用语来说，一个命题中的一种性质的逻辑效力，就是作
为一种特性或特征而起作用的；通过这种特性或特征，我们分辨出某个观察到的存在对象或事件。在"血是红的"中，红的被当作一种特征或特性；这种特性或特

[①]　首次发表于《哲学杂志》，第 33 卷（1936 年 5 月 7 日），第 253—261 页。

征与其他性质一起,使我们得以辨别某种东西是血。当我们说"独有特性"时,意思就是指这样一种特定的性质可用作甄别或标记一种特定种类的对象的出现。另外,如果我们已经有关于什么是血的定义,这种定义不依赖于具体事例在特定时间、地点中的出现,那么,"血是红的"这个命题就属于如果-那么类型,并且该定义是根据属性或特性间的关系作出的。

在有些情况下,人们已普遍认识到逻辑理论中混淆的危害,尽管我还远远不能确定这种认识所涉及的实际影响是否一直持续下去。"所有"一词就是一个例子。在某种意义上,它的意思是一个集合,这个集合是实际存在的。例如,在命题"这个箱子中所有的橘子保证都是一流的、完好无损的"中,所有的具有一种集合效力(collective force),并且可以被陈述为通过单元对象的枚举所形成的确切总和。同样的说法,也适用于命题"以下人员是所有在失事中获救的人"中的所有。然而,像"所有的人终有一死"这样的命题是完全歧义的。在一种意义上,它具有存在效力:它断言"曾经存在过,现在存在着,或者在将来将会存在的所有人都死了,或者会死"。与上面所引用的橘子和在失事中获救的人一样,它具有存在的意义。然而,不同的地方在于,它指称的那些存在物是不可数的,不能被一一枚举;之所以如此,是由于题材的本性,而不仅仅是因为人类的无能。①

然而,命题"所有的人终有一死"还具有另一种意义,它与刚才给出的意义具有不同的逻辑类型。它的意思可能是"不论任何东西,如果它是人,那么它终有一死"。这样一个命题并不断定任何人存在;该命题要具有存在性的应用,必须补充另外一个命题,即人存在。它陈述了"是人"和"是终有一死的"这些特性或属性之间的一种关系,这种关系被认为是必然的。

这段议论与"特性"和"特征"两个名称的问题之间的联系是明显的。刚才引用的如果-那么命题陈述了"是人"和"是终有一死的"之间的关系;它并没有陈述关于活着的事实和关于死亡的事实之间的关系。即使没有人曾经活过,该命题也同样有效(或无效)。因为该命题所陈述的内容是,被定义为终有一死的东西与被定义为人的东西必然相关。简言之,它阐明了某些意义或某些概念之间的关系,而不是特定的存在事实之间的关系。我把具有这种逻辑地位和逻辑效力

---

① 我在这一点上不考虑后一类型的命题是不是关于集合的这个逻辑问题。然而,这个问题不是一个语词问题,从中可以得出具有根本的逻辑重要性的推论。

的内容命名为特性(*character*)。现在来考察命题"现在活着的所有人将在未来某个时刻死去"。它陈述的是可观察的存在之间的关系,而不是词项"是如此这般的"可以适用的事情之间的关系。它并不是说由于被定义的意义的本质或特性,一个命题蕴涵另一个命题,而是说从某个关于实际存在的东西,我们可以推论出具有存在本质的另外一个东西。该命题断定,一个事物或事件的某些已观察到的性质,是甄别目前尚未观察到的某个东西的标记或标志,尽管这个东西目前尚未被观察到,但在时空世界的某处拥有存在。我把这样的性质命名为特征(*characteristics*)。关于"人是什么"的定义是一个具有完全不同类型的命题;它是一个如果-那么式的命题。构成这样一种命题的词项,我称之为特性。由于有关差异是两种不同命题之间的差异,一种命题具有存在(和偶然)含义(existential import),另一种命题具有非存在性的、必然的或普遍的含义,所以问题的关键不是言辞上的。如果我提出的这些特殊名称遭到反对,如果我们想避免逻辑理论中的基本混淆,那么,就必须找到其他的一些词。这种差异与推理和蕴涵之间存在的差异紧密相关。

相关差异的语言表达有"具体"词和抽象词之别。这种差异的语言表达如红的(red)和红(redness)、重的(heavy)和重(weight)、热的(hot)和热(heat)、公正的(just)和正义(justice)、人(man)和人性(humanness)。尽管有些词缀是抽象词的特征,如-*ity*、-*ness*、-*tion*,但英语语言并不由语词的词形来确切地显示其表达

⁹⁸ 力。当我们说"叶子的颜色在变化",我们谈论的是一种存在的性质,但并不存在"colority"或"colorness"之类的通用词。然而在物理科学中,"颜色"(color)代表一个定义;它表达周期振动的本质特性与辐射和吸收的特性之间的一种关系——振动、吸收和辐射都是抽象名词。这句话所定义的东西和作为性质的颜色之间的差异,类似于物理学中的 T 和作为存在性质的冷热之间的差异。关于特性间关系的定义,所断定的是变量之间的函数关系,与变量是否存在无关。例如,就 T 来说,汞柱大小的变化和分子运动的变化之间有恒定的相关性。热或冷的具体性质不在公式中出现;颜色作为一种性质,也不在颜色作为颜色性(colority)的科学定义中出现。我们同样以双重的、多义的方式使用一些数学词项。在数学科学中,三角形意指三角性(tr*angularity*),即角的特性和线的特性之间的一种关系。当我们说一个存在的图形是三角形时,是在谈论一种存在的特征,它满足定义规定的条件。然而,我们常常说到颜色性或者三角性所指的特性

之间的关系,这些特性是从具体情况中通过抽象得出的,这里"抽象"意指着重选择某个性质,而故意忽略所有其他性质。从这种关于"抽象"和普遍的起源的观点看,我们看到了我正在处理的这种混淆的最终根源。我在这里对抽象的本质问题的考虑,仅限于指出:如果抽象被定义为选择一种性质而忽略其他性质,那么,它就不能产生一种共性,诸如白性或颜色性、物理学中的 T,也不能产生任何科学概念、定理或原则。另一方面,如果把抽象设想为一种获得共性的操作过程,那么,它涉及一条从有关存在的性质通往某种处于不同逻辑层次的东西的路径;只要我们高兴,可以尽可能长时间固执地执著于一个性质,但它仍然是一个具体的性质:白的,而不是白性。颜色性或者白的科学概念决不可能通过对有关存在的性质的直接审视和比较得出,三角性的数学概念也不可能从三角形的东西中直接得出。在一定的条件下,事物无疑提示一定的概念表达。但是,共相不可能逻辑地建立在存在的东西之上,尽管从心理学和历史学上说,后者可以是共相形成的一个环境条件。

99

把特征和特性的区别看作逻辑形式的区别,我们也就掌握了区分描述、命题与定义的钥匙,前者陈述事物如何如何,后者断定如此这般的特性之间有什么关系。

然而,不幸的是,在通俗使用中,"定义"一词是意义不明确的。除了意指关于特性或属性的必然关系的陈述,它常常被用来表示一种操作,即区分或辨认某个事物属于某个种类,或者是一种区分活动。我们可以由一组观察到的特点来描述或分辨一次月食,即当地球运转到月亮和太阳之间时,月亮就从视线中消失了。但是,月食的定义具有完全不同的形式。它具有如果-那么式的、与存在无关的形式。如果词项"所有的"出现了,它的意思是:每当或假若面对某些特性,那么另有一些特性就必然涉及。

我现在转向逻辑理论的一个具体事例,这里有我们所讨论的混淆。密尔说(当然相当正确),当我们断言"雪是白的,牛奶是白的,亚麻布是白的"时,我们并不是说这些东西是颜色,而是说它们有颜色。然而,他接着说:"白性是专门用于这种颜色的名称。"①这个陈述恰恰忽略了"是"和"有"之间的区别,它们是两个

---

① 《逻辑》(*Logic*),第 1 卷,第 2 章,第 4 节。

逻辑形式,一个是与存在无关的,另一个是与存在有关的。按照这种说法,白的和白性之间的区别,一个是某个事物的性质,另一个是分离出来的性质;这种思想方式不仅仅密尔才有。但是,白性根本不指称一个颜色;它指示某种有颜色性的方式。实际上,它是一个条件定义,如果可以有效地断定任何存在的对象是白色的,就必须满足这些条件。白性是某些以一定比例结合的振动的辐射-吸收能力的函数相关性。它有别于白色的,就如同幽默的定义有别于一个笑话。这个例子也许一点也不重要。但是,如果我们不牢记这个事例所显示的逻辑维度,由于理论的混淆,观察到的世界事物的逻辑形式和科学的概念结构的逻辑形式之间的关系就会遗失。

密尔保留着很强的事实意识,即使事实与他的主要学说有矛盾。他提出抽象词是通称的还是单称的这个问题。他说,其中有一些很明显是通称的,是一个属性类的名字。他说,颜色是通称的,因为它指称白性、蓝性、红性等等。白性就其不同的色度而言,也同样是通称的。量值和重量也同样是通称的,因为量值有不同的程度,重量也有不同的程度。但是,像相等、方形等这样的抽象词项所指示的属性"是单一的,不容许复多"。他对这种明显的不一致感到困扰,于是得出结论说,"最好的做法可能是既不把这些名词当作通称的,也不把它们当作个体的,而把它们单列一类"。①我想,稍作思考就可以发现,密尔在这里从非存在性的定义滑向了存在事物的特有特征。重量是重量,量值是量值,就像相等是相等、方形是方形一样。他所说的程度上的区别,实际上是具体事物性质上的区别。他的推理会导出这样的结论:相等也是一类属性的名称,因为不同尺寸的事物彼此相等。关于量值,一个大的事物并不比一个小的事物更多地例示了量值。一个事物要么有大小,要么没有。事物的颜色可能从灰白变化到纯白,但是白性并不允许有程度。有点奇怪的是,在能见度的问题上,他认识到了这一点,尽管事物一定有不同程度的能见度。

密尔的事实感表现在他的如下陈述上:像相等、白性、能见度这样的词项,我们最好既不把它们看作通称的,也不把它们看作单称的,而是把它们看作单独的一类。如果遵守这个观点并把它弄清楚,我们就会很清楚地看到,通称词项(与一个种类相关的一般的东西)具有关于存在的逻辑内容;而抽象词项,即关于特

①《逻辑》,第1卷,第2章,第4节。

性之间的关系的定义,则不具有这种内容。如果承认这个事实,我们就会看到,抽象词项,包括重量和颜色性是"单独的一类",因为它们是共相。重量既不是重也不是轻,量值定义了大小,但是它没有大小。我们讨论密尔,其意义不在于就密尔谈密尔。现代逻辑著作充满了通称(一般)和共相之间的混淆,尽管大家都在名义上认识到了所有一词是歧义的。

这里所谈的混淆最明显地表现在当今的一个习惯中,这就是把关于单称命题和如果-那么式的命题当作同一类型,两者都被称为 A 型命题或全称①肯定命题。例如,我们有传统的三段论,"所有的人都终有一死,苏格拉底是人,所以苏格拉底终有一死",它是 AAA 三段论的常用例子。如果大前提是一个全称命题,它是如果-那么的形式:任何是人的东西都终有一死,或者终有一死和是人这两种属性(特性)之间有一种必然的关系。小前提是一个有关存在的命题,它断言苏格拉底具有一些特征,这些特征满足人的定义规定的那些条件。因此,苏格拉底尽管是一个个体,被确定为一个种类中的一员;如果不是这样,或者说,如果他是绝对单一的,那就不能对他作任何断定。因此,大前提是真正的全称的,小前提是通称的。两个命题有不同的逻辑形式,这是因为,苏格拉底是一个种类中的一员,是由于他具有某种特征,这个断言依赖于某种观察活动。

看看"专业赛跑者有肥厚的心脏"这个命题。它是一个严格的通称命题,断言了辨认和区别对象种类的某些特征之间的关系。然而在当今的命题逻辑中,我们发现,这种形式的命题被当作全称命题,其形式被混同为数学命题的形式,或者如果-那么类型的形式。有些文本中就有这种混同,这些文本在其他场合下却正确地断言了全称命题并不蕴涵一个单称命题。与刚才引用的通称命题相对应的全称命题,陈述两个概念或特性之间的必然关系。除非这样一种全称命题被建立,上述命题将被读作"专业赛跑者可能有肥厚的心脏",即某些赛跑者有肥厚的心脏。如果"所有的"是一个真正的全称词,"所有的"和"有些"之间的区别就不是一个量的区别,而是逻辑形式的区别。有些是一个数量词,但数量不确定;有些命题陈述具有相关特征的事例数量与事例总数量之间的数字比例,这样数量就被确定了。就所引的事例来说,即使这个比例是百分之百,完整的陈述必须断言目前检验过的事例百分之百是如此这般。它的意思不可能是撇开检查过

① 在英语中,"全称的"、"共相"、"普遍的"为同一个词,即 universal。——译者

的事例数量去断言"所有的"事例是如此这般,除非一个关于特性之间的必然关系的全称真命题被确立了。

不幸的是,关于种类(一个有存在意义的词项)与全称命题所确定的如果-那么内容,没有一个严格的、普遍接受的语言表达。我们恰当地谈及人类的各个种,谈及毛茛属植物的各个属。但是,我们无区别地称它们为类。我们也谈及三角形性的各个类,例如不等边三角形、直角三角形以及等边三角形,好像它们与种类和刚才提及的"类"具有同样的逻辑形式。但是,一种情况是有关存在的题材的,另一种情况是由定义来确定事情。白色、红色、蓝色等等,是具体的颜色的种类。如此这般不同比例的振动与吸收-辐射之间的关系,定义了是这种或那种颜色(颜色相位和颜色模式)是什么意思,这个命题不是一个关于种类的命题。没有三角形种类,只有由三角形定义来确定的是三角形的一些模式。把词项"种类"和"类"当作同义词使用,这在分类学的划分中已经确定下来,如植物学和动物学中的划分,以至于一个巨大的障碍妨碍着我们建立一套恰当的逻辑术语。但是,像刚提到的那样,认识到逻辑形式上的区别是必要的。我提议,词项"类"被限制为由定义或如果-那么命题确定的模式。

无论如何,逻辑必须作出一个选择。现在有一种坚定的努力,试图把所有的逻辑形式同化为数学形式。如果坚持这种做法,那么,所有的单称命题和通称命题都必须被排除在逻辑理论之外。如果命题"苏格拉底终有一死"被引入,那么,我们必须认识到"苏格拉底"和"终有一死"是在命题函项中引入的假设值,它们没有存在的指向。我们将不得不对概念"包含"进行检查,并注意到它在逻辑效力上极端模糊,即不能确定它是应用到种类的元素关系上,还是应用到特性之间的如果-那么关系所确定的模式上。人们在讨论具体事例时认识到这个区别,但是在逻辑理论中对这个区别的普遍效力的认识,我一例也没有看到过。我从最近一个文本中引用下面一段话,用以表明在具体事例上,人们看到了这个区别:"有些定理,当项是命题时,它们为真;当项是类时,它们为假。例如,如果 p 蕴涵 q 或 r,那么,p 蕴涵 q 或者 p 蕴涵 r,对于命题,这是一个真定理……当把项解释为类时,它为假。例如,如果所有的英国人是男人或者女人,那么,所有的英国人是男人或者所有的英国人是女人。这是假的。"

后一个命题在引文中叫做关于类的命题,其实是有关存在的,但它是关于种类的。引文所说的那个关于命题的定理,是一个真正的如果-那么命题或者是全称的、与存在无关的命题。这种逻辑形式上的区别就是在一种情况下成立的东西在另一种情况不成立的理由,假若认识到这一点,它的影响将远远大于刚才引用的具体事例。因为如果在逻辑理论中,我们把关于种类的命题当作真正的命题,那么,我们必须认识到,不是所有的逻辑形式都能同化为数学类型。因此,前文提到的选择有另一个选项摆在我们面前。目前的情况是:要么逻辑理论清除所有关于单称命题、通称命题、包含(仅仅作为全称所蕴涵的实例或模式)和推理的论述,要么承认后者是逻辑形式,并进而建立一个确立它们与全称命题的区别和关系的融贯的逻辑理论。

因此,我们不能在这两个选项中作随意的选择。如果关于单称词、特征和种类的命题以及关于共相、特性和类的命题彼此间有一种必然的逻辑关系,那么,逻辑理论必须把这两种命题辨别出来,它有责任建立一个关于它们之间的关系的一致理论。在当前的著述中,人们常常把通称命题和全称命题当作同一种形式来使用,这是混淆两种类型的例证。这种混淆既无根据,又妨碍我们去解决逻辑理论中最为根本的问题。在前面,我几次说到,全称命题提供了一种保证,使我们可以把某些性质的联合当作推理的有效证据标志。这种立场并不必然导致我们建立通称命题与全称命题、种类与类在形式上的区别。然而,它的确蕴涵这样一个学说:这两类逻辑形式之间有必然的联系。在另一篇文章中,我将阐述我的立场的这一方面。

什么是共相[①]

I.

在前一篇文章中,我处理了特征和特性之间的区别,以及由此产生的通称命题和全称命题、种类和类之间的区别。[②] 特征被定义为某个存在物的性质,它们能够使存在作为一个种类得到识别和分辨。特性形成了如果-那么命题的内容,它是一个公式,定义[某某]是如此这般(being such-and-such)。在这篇文章中,我打算讨论共相的本质,这个本质是通过把共相视为如果-那么命题的内容来确定的。作为开头,我要重新提起包含的意义是不明确的。它的一个意义是指某个集合体的一部分或某个种类中的一员。因此,当我们说"黑人是人"以及"桑博是黑人"时,首先把存在包含在一个还有其他成员的上级类别中,然后断定一个个体事物是上级种类的一个成员。当我们说三角形是平面图形时,语言形式看起来是一样的,但它的意思是说,平面的定义也决定了三角形性的定义。后者是平面的模式或方式之一。这里,包含意指落在定义的范围之内,即被确定为定义所确立的特性关系的模式之一。除了由是三角形、是四边形、是多边形的方式所确定的,是平面的没有别的意义。即使不知道有黑人,"人"仍然有意义。包含关系在这里是意义的必然关系,而不是可观察事实的联结。

---

① 首次发表于《哲学杂志》,第 33 卷(1936 年 5 月 21 日),第 281—288 页。
②《哲学杂志》,第 33 卷,第 253—261 页(本卷第 95—104 页)。

下面的例子出自《牛津辞典》(*Oxford Dictionary*)，它可以使我们的观点更加清楚。"劳动这个观念必然包含与使用脑力和体力做一项具体工作……相联系的所有令人不愉快的感觉。"这个例子表明定义中什么是必然的、什么是一个观念或概念不可或缺的部分。是一个观念的一部分，显然不同于一个与存在有关的集合体的一部分，或者一个与存在有关的种类的一个成员。这个陈述说，劳动的定义或概念如果不包含或包括令人不愉快这个特性，就必然是不完整或不充分的。如果有人说"人包括黑人"，这是一个笨拙的语言表达；而说人的观念必然包括把黑人当作人，那是一个自然的语言表达。同样，当我们说"每个好的诗人都包含了一个批评家"，很明显，它是指一个诗人蕴涵着是一个批评家；一个特性离开了另一个，就不可能存在。它的逻辑意义完全不同于我们说一个东西被包含在一个集合体中，或者一个种类被包括在另一个种类中。

假设，我们用词项"在……里面"来代替词项"包含"。我们可以合法地说，下棋的规则，王、后、卒的定义等等在下棋游戏的走子里面。它们决定了什么是有效的。下棋的游戏也在名为"室内游戏"的游戏种类里面。一种情况指的是一个种类中的一员。在某种意义上，力学的平行四边形定律在帆船航行的路线里面。它是一个公式或者一个规则，通过它，可以确定帆船的方向和速度的实际改变。然而，虽然在一个种类里面的包含不存在问题，但不存在一个力的平行四边形的种类，帆船运动可以说是这个种类中的一员。这个原则或公式的应用有很多例子，这就是说，所有的运动都可以解析为不同方向上作用力的复合。我在前一篇文章中提出，一个原则的实例或模式可以称为一个类。任何一个种类的成员只要在一定时间有确定的数量，这个种类在那个时间就可以被穷尽地划分。而根据定义，一个类不能被划分，因为它的存在应用的可能性的范围是不确定的。①

如果全称命题是规则、公式、原则、定律的本质，那么，它蕴涵着某些推断。我首先想说，假若柏拉图的共相理论是一个逻辑理论，而不是一个本体论理论，那么，它在逻辑上比亚里士多德的理论更正确。因为后者认为形式，即共相，是在存在的殊相里面的，具有存在的涵义。如果作逻辑上的解释，柏拉图学说认为，共相在殊相"里面"，就像象棋规则决定了每一个棋子的子力一样。当然，这种假想与历史事实相反。柏拉图把共相——美——看作本身比任何一个实际的

---

① 划分和分类(后者在这里有定义)不是同等的。

事物更美的东西,而不是把它看作一个原则。如果这个原则确立了,就可以确定一些特征。实际事物由于这些特征,可以被有效地断言为美的。

II.

从上述观点来看,每一个共相与任何规则一样,是一个操作公式。共相并不作描述;描述是通过某些性质的结合来进行的,这些性质使我们能够区分或识别一个事物属于哪个种类。共相"包含"后者,就像一个内科医生的处方包含药物配方一样,当把它当作做事的指南时就按照它来行动。尽管皮尔士没有使用操作术语,但是他关于"引导原则"的本质的考虑预想到了这个概念。他从如下事实开始:我们进行推理时,习惯在起作用。一开始,我们用这些习惯,或者说被这些习惯使用,却没有意识到它们。渐渐地,根据它们产生的后果,我们开始意识到它们。然后,我们发现,一些习惯多次重复产生稳定的后果,而其他一些则产生不稳定的后果。前者因为得到了明确的表述而成为进一步推理的有意识的指导原则。我们也了解到,这些指导原则可以依据它们的值域来确定应用范围。一个旋转的铜盘如果置于两个磁极之间就会停止转动,这个原则的应用限于铜盘。我们发现,另有一些原则在所有稳定的、未被后来的操作推翻的推理中,都是指南或指导性的原则。它们不是前提,但它们指导所有的前提和结论的形成。①

这里的观点显然是操作性的。此外,它还意味着,指导性原则的选择及它们的有效和无效是由执行这些操作的后果来支配的。虽然指导性原则来自自然操作,近似地来自生物习惯,最终来自自然操作(生物操作从自然操作中得出),但它们不仅仅是物理操作或生物操作的表述。它们呈现的是经过修正和由后果支配(以有效的推理方式)的自然操作。② 每一种艺术和工艺都运用了自然操作,但是经过了修正,它们符合所预期的目的,也就是将要产生的客观后果。

① 我这里是在解释《皮尔士文集》第 3 卷第 162—170 页和第 5 卷第 365—368 页中的材料。具有最高应用层次的指导性原则,构成了逻辑的题材。然而,这个极为重要的因素与下文的讨论并不相关,尽管在另一个场合,它有根本的重要性。
② 皮尔士反复地表达了他对经院实在论的同情,从而反对唯名论和概念论。在这么做的时候,他把共相解释为自然操作。他认为,另两个理论的缺点是没有注意到行动方式是自然的特征。当这个原则被当作操作的指导原则反复使用时,它们的后果变得越来越一致,也越来越连续;因此,存在的材料变得越来越合理。没有注意到后一点,是皮尔士反对詹姆斯的实用主义的主要原因,虽然他们两人都倡导通过后果来检验的方法。

我确信,皮尔士为有效的共相逻辑理论奠定了基础。作为操作的规则,指导性原则的任务是指导我们进行推理。它们完成这个任务的途径,是指出事物的哪些性质具有某个特殊种类的对象或事件出现的特征。在非批判的常识中,由于被区别的东西仅仅是经验的,推理是建立在事物的性质之上的,这些性质是由于逻辑上不相关的原因被选择的,例如强度、出现的频率、惬意等等。科学的定律或原则陈述了一些操作,通过它们的后果,我们可以确定什么性质是证据符号、什么不是。一个"经验的"定律陈述了一个一般的事实,即某组结合在一起的性质的反复出现。但是,它并不超出描述的范围;它是依情况而定的,它依赖于时空条件的累积,这里的条件意指环境状况。① 这样一种描述,不可能是穷尽的。但是,当我们建立是如此这般的特性与另一个如此这般的特性之间的关系时,可以引导实验观察,以决定为推理提供依据的条件(即一些特征性质)是否出现。②

再次援引上一篇文章在作论述时讲到的一个命题:职业赛跑者有肥厚的心脏,这个命题也许陈述了一个"通称事实",它得到每一个检验过的事例的证实。但是,如果猛烈的肌肉运动、用力的呼吸和过度的心脏运动之间的固有关系被建立了,如果我们可以进一步证明这些特性之间的关系是由物理-化学作用定律确定的模式,那么,这个通称事实赖以建立的依据就不只是环境条件的枚举。正如我们可以说,它变成合理性的,而不仅仅是经验的。由有关物理-化学定律规定的特性关系有着极大的应用范围,不只是赛跑者和他们的心脏。推理的领域被无穷地扩展了,每一个事例也更加精确。

III.

从上述内容中,我们得出如下结论:(1) 共相与个体的关系问题是逻辑问题,而不是本体论问题。虽然全称命题所定义的操作基于一些存在操作,但对存在操作作了修正,使它们适合成为证据因子,从而把它们带入推理的领域。某些操作的后果揭示的存在性质是有效的证据特征,我们面临的问题就是制定这样一些操作(形成这样一些概念、定义、定律)。基于这个任务的完成而得到的自然

109

110

----

① 见《皮尔士的性质理论》,第 253 页(本卷 95 页)。
② 因为从技术上说,这种推理犯了从肯定后件到肯定前件的错误,即使最大数量的不同操作收敛于某个共同点,所得出的也不过是关于某个物理定律或存在定律的概率,这与动力学定律或定义不同。

操作的表达,将自然操作引入一个独特的新语境,在这个语境①中,模仿、参与、内在的本体论归属等旧问题并不出现。

（2）同样地,可能与实际之间的关系问题采取了一种逻辑形式。根据描述,物理操作或者存在操作,例如风的吹动,船只的驾驶,是实际的。而建立了概念前件和概念后件的关系的命题表述,则有着独立于特定的具体事例的意义。它的可能应用有无穷的数量,有无穷的变体。由于摆脱了具体事例和可描述的事例的限制,于是产生了这样的概念:它独立于任何以及所有的应用,处于一个可能性领域,脱离了(除了偶然情况外)实际情况的羁绊。由于共相是根据可能应用来确定的,所以各个领域之间并不是分立的。

（3）共相是观念的。从观念的一词的本来意义上来说,它是如此,但它也在规范的或规定的意义上是观念的。说它是观念的,不仅指它是非物理的存在(因为它定义一种将被执行的操作),而且指它陈述了一些条件,存在的性质必须满足并遵循这些条件,才能在推理中被用作证据特征。正如已经指出的,日常经验推理的根据仅仅是依情况而定的证据、时空中出现或重复的偶然事件,因此它们是没有方向的,之所以有效是因为碰巧而非逻辑原则。如果明确了是黑的(黑性)与另一些特性之间有必然的联系,我们就要有一个规定:执行一些观察操作,确定黑色性质与另一些性质的结合是一个符号,从中可以推导出一只乌鸦的存在;唯其如此,方能如此。

（4）共相、定义、定律都是可以修改的。它们不仅仅在语言形式上是假言的(如果-那么命题),而且更重要的是,作为规定的操作,它们是**工作假说**②,因而根据它们产生的后果可以对它们进行修改。概念和原则的修改,是科学实践中常见的现象。它们只能根据它们所具有的指导功能建立起来,除此之外,我不知道上述事实如何能够与任何关于它们的本质的观念相协调。有某种永恒不变的共相存在,不论是存在还是实存——这个概念只是以一种笨拙的方式说,只要探索进行得足够长、足够仔细,某些原则将最终出现,不再需要被修正。有人说,共相本身已经是永恒的对象、本质等等,通过试验和纠错,我们将最终找到一个特殊的东西,它适用于特殊事例——这样的想法完全是多余的。因为,事实上,共

---

① 原文为"内容",疑为印刷错误,将 context 误为 content,根据上下文改正。——译者
② Working hypothesis,又译作业假说。——译者

相的形成与改造完全是基于它们在实际操作中产生的后果。在共相的表述过程中存在错误,对此唯一的解释是:事实上,我们在所有的生活事务中不断地做错误的事情,执行错误的操作;也就是说,我们行为的方式总是产生一些与预期不同的结果。科学进步的历史是工具、仪器等等以及操作技术的改进的故事,同时伴随着数学符号系统即表述方式的改进。

IV.

最后,我要简要地陈述这里提出的理论与传统的共相理论有什么关系。按照这个理论,唯实论是正确的。它坚持共相,坚持如下事实:共相以某种方式进入我们确定的已知和可知的存在物的过程。但是,由于没有依据推理性求知活动来认识共相的操作特性,唯实论认为它们是存在本身的静态形式。某些现代的逻辑实在论认为,它们是操作,即自然本身的不变的操作。但是,这种改进的观点仍然把逻辑共相仅仅当作自然操作的直接理解,当作它们的直接记录。因此,它不能说明自然操作在变成共相的过程中,或者在被用作推理性求知活动的指导性原则时经历的适应性修改,以及它们不断遭受的修正。此外,这个理论的基础是一个不能证实的假设:自然中存在一些严格而精确地说是永远不变的操作。自然中有一些可以依赖的、足够稳定的操作,这一点得到每一种艺术和科学的检验。但是,主张它们是绝对不变的观点没有得到证明,也是不可证明的,因为它是一个环境事实的问题。对此,我们必须满足于一定的概率度。

唯名论坚持符号①的必要性,因此是走在正确的道路之上的。因为,操作从存在物到如果-那么形式的转移,只有通过符号来完成。但是,唯名论常常忽略了它唯一重视的符号的操作基础和功能,结果,在大多数情况下,它忽略了它们的功能和前景指向。它把符号仅仅当作实践的便利和约定。这样一来,唯名论就否认了共相对于节制推理的必要性。它还有自相矛盾的缺点。因为,如果所有的存在物都是个体的和单个的,那么,单词也是这样。在这种情况下,它们不是符号;它们不能拥有指示多个不同殊相的代表性特性,它们更没有能力代表那些可在无穷多的可能情况下执行的操作。

近期,概念论可能是三个理论中最受青睐的理论了,但它是三个理论中最不

---

① 这里的符号(symbol)是指语言和运算符号,不同于前面讲的符号学的符号(sign)。——译者

一致的——并非因为共相不是概念的和观念的，而是因为它关于抽象和概念本质的理论是完全错误的。它利用了我们已经提到过的"在……里面"和"包含"的歧义性。这个事实表现在概念论对"共同"元素这个概念的使用方式上，它说"共同"元素是通过单纯地检查和比较单个事例提取出来的元素。如果它是共同的，那么，唯实论的立场就被承认了。如果"褐色性"只是对很多东西而言共同的褐色性质的一个名字，那么，褐色不仅仅是一个性质，而且由于它对所有不同的东西而言是共同的，所以它还是一个本质、特性或者共相。我在这里不论证我眼里的事实，即作为事物的性质，没有两个褐色具有完全相同的性质，这个桌子的褐色仅仅是这个桌子的褐色。在这里说下面的话就足够了：抽象在本质上是给什么是褐色下一个定义，并且像我前面论证的，这个定义涉及向一个不同于性质的层次转移——在这个具体事例中，它是一个关于振动、吸收和辐射的层次。对性质不论做多少直接的观察和比较，都不能获得所需的概念或定义。共同的、恒定的东西不只是单纯的性质，而是给性质赋予了一种逻辑功能，使它成为另一种东西的证据符号。这里的共同性不是某种可作比较和抽象的直接给予的东西，而是操作的产物，这些操作依赖于一个已经掌握的共相或概念。只有每个个体已经被确定为是一匹马之后，我们才可能从马中提取出"马性"这个共同的特性；而这种确定意味着，共相的操作性使用保证了某些性质成为某种事物的证据特征。概念论求助于"共同"的东西，但只有假定这个有争议的东西之后才能摆脱逻辑唯实论。

前一篇文章的结尾说，逻辑的题材问题——特别提到它是不是一种严格的数学——依赖如下问题的答案：在特性和特征之间，在通称命题和全称命题之间，是否存在一种必然的关系。本文试图表明存在这样一种内在关系，在推理中，特征和证据值的确定依赖全称命题的使用；而全称命题的构造和运用，又明确地指向它们在确定证据值的过程中所具有的操作功能。根据这个结论，逻辑只有建立了蕴涵和推理的相互关系，才能是一个融贯的、统一的理论。否则，推理要么被同化为蕴涵，把蕴涵当作推理有缺点的例证（在当前许多归纳学说中就是这样）；要么被完全排除在逻辑之外。另一条路子是只承认（逻辑实证主义就是如此）推理，把决定蕴涵关系的逻辑形式和数学形式仅仅当作处理经验推理的语言实践手段，这只是出于实践上的便利，而对经验推理毫无贡献。认识到推理和蕴涵相关联的特性，可以使我们摆脱这些片面的立场。

当今的一个宗教问题①

休斯（Hughes）博士对哲学讨论的问题的类型作了划分，很明显，他的划分 115
非常有用。我们记得，这种划分是分为历史问题、重构问题、分析问题、残留问题
和当今问题。② 我想补充的是：大多数哲学著作都是交叉的，尽管其重点常常放
在上述类型中的某一个上面。残留问题和重构问题的讨论，往往也关注当今的
问题；分析并不经常讨论当今不时兴的问题，甚至历史问题的讨论也至少间接地
参照当今的问题。然而，我认为，休斯博士不会觉得有必要否认这个陈述，无论
如何，它也不是我想讨论的要点。

我想说的话是由休斯博士对本人的著作作出的某些评论引起的，特别是他
对《一个共同的信仰》（A Common Faith）所作的一些评论。我要说的与那本书
无关，但是涉及他对当今真正的宗教问题作出的过度自信的陈述。他否认它是
关于超自然在宗教中的地位，他认为，超自然在宗教中的地位问题"只有神学专
家才可以讨论"。他说，当今的实际问题是：是否"人的生活精神或生活态度与他
在社会中的职能如此紧密地联系在一起，以至于那些掌控社会的人必须塑造人
的心灵"（第215页）。这个问题的一方是某些人，他们相信存在某种东西可以被
看作独立自主的精神文化或教育；"独立自主的"，是指这种教育"除了科学、工业
和政府问题以外，它有自身可定义的目标和方法"——尽管从前面的陈述看来，
它好像不能脱离社会的掌控。问题这一方的辩护者们认为，人的情感倾向的类 116

---

① 首次发表于《哲学杂志》，第33卷（1936年6月4日），第324—326页。
② 同上书，第212—217页。

型应该按照"伟大传统"中的指示被塑造，这些指示也许全部是一些惯例。根据休斯博士的观点，对这两种东西——独立自主性和特殊惯例，它们相敌对的态度构成了当今这个问题。

这个问题的产生是事实；我不会像休斯博士那样，对复杂的事实问题如此乐观，认为它通过证据就能被解决，而无需辩论或维护。我怀疑我们每一个人是否拥有使我们能肯定地发言的那种证据知识。然而，虽然我怀疑是否存在某种东西可以被称为当今唯一的宗教问题，虽然我认为一个人作出的选择只能代表那个人自己的兴趣，不能代表事情的总体状况，但我知道存在一个当今的问题，它是休斯博士指明的那种类型。然而，这个问题似乎是很小一撮"自由主义者"的问题，他们放弃了与超自然主义紧密关联的那些教条，他们想要为自己也为他人保留某些价值，他们从教会惯例中得出的价值。然而，说这是一个"全世界都在讨论的"问题，这一点很值得怀疑。

我的印象——除了谈印象，休斯博士和我都不可能做得更多——是他排除的东西，即超自然物的地位；对更多的人而言，正是当今的问题。人们现在说的、写的甚至做的，都有这个陈述的证据。罗马的天主教会以及新教的福音派教会都不能被排除在这幅图画之外。这些团体的"理想"或中心结构是超自然的、宇宙论的和历史的。另一方面，还有许多放弃了超自然物的人，他们正在考虑是不是必须相应地把宗教也放弃了。对很多人而言，这是一个真正的、极其重要的当今问题。

注意到休斯博士对"伟大传统"反复灌输的那些教规的重视，也就不能不注意到超自然物以某种形式处于这些教规的核心。休斯博士似乎除去了传统的本质，却保留了那些教规。并且还有一个当今的问题，他没有提到。至少在西方世界，这个伟大传统的专门教规就是基督教会的教规，是否唯有通过这些教规，人们才能够组织所需的"精神"生活并形成统一的想象和情感模式？休斯博士即使没有公开地假定，也默认事情就是这样。因此，他认定，那些不接受他关于这些专门教规的立场的人，就是在否认需要进行那种他以为必要的教育。

我并不怀疑传统对实现我们想要的组织是重要的。但是，对那些认为只有一个可行传统的论证，我深表怀疑。我们有很多现成的传统。我们有自成一体的文学、音乐、绘画以及一切高雅艺术的伟大传统，其中每一个中又有很多重要的传统。我们有民主的传统；我们有实验科学的传统，这个传统即使还没有完全建立,也早已不再处于萌芽期了。对于很多人而言,一个当今的问题是:除了那些历史上的宗教传统,他们是否就不能从这些传统中提取与教规相应的东西?而那些教规来源于不再被他们接受的传统,并且再也不能滋养他们的"心田"。考虑到现存各种各样丰富的传统,以为"对建筑、绘画、音乐、装饰、赞歌、祈祷者的姿势和形式、恰当的训诫方式等的态度"仅仅从单一的有限传统中就可以得出,这种想法有点狭隘。

我不情愿说,这就是与宗教态度和生活相关联的唯一的当今问题。但是,有足够的证据表明,这是一个极为重要的当今问题。

通称命题、种类和类[①]

在前一篇文章中，我请大家注意密尔陈述的一个事实：由于抽象词项有时候是单称的，有时候是通称的，我们最好把它们放入一个"单独的类"中。我论证说，这个单独的类是全称的如果–那么命题，当抽象词项有逻辑意义时，它们是这些命题的内容。我说，逻辑理论之所以产生混淆，是由于这类命题没有明确、一致地区分于通称命题，即种类命题，也就是那些述及种类的命题，后者在语言上由普通名词而不是抽象名词来指示。我又说，"现代逻辑著作充满了通称（一般）和共相之间的混淆，尽管大家都在名义上认识到了所有一词是歧义的"。[②] 我在这里打算阐明后一陈述，由此使我们认识到两种都冠以通称之名的命题在逻辑形式上的区别[③]。

斯特宾(L. S. Stebbing)小姐以学者类为例来介绍类的本质。她说："学者是所有博学的个体，即一个个体集合，它与其他个体集合的不同之处在于这个集合

中的每一个个体都拥有博学这种属性。"[④]。她说，由一个属性或属性的结合确定的集合，构成了一个类。后来，我们读到，"通称命题是关于个体对象可能拥有

---

① 首次发表于《哲学杂志》，第 33 卷(1936 年 12 月 3 日)，第 673—680 页。

② 《哲学杂志》，第 33 卷，第 258 页(本卷第 101 页)。现在这篇文章进一步发展了前面两篇文章《特征和特性：种类和类》、《什么是共相》中提出的某些逻辑原则。这两篇文章分别发表在《哲学杂志》，第 33 卷(1936 年)，第 253—261 页以及第 281—288 页(本卷第 95—104、105—114 页)。

③ 我把斯特宾在《现代逻辑导论》(*A Modern Introduction to Logic*)中，特别是第九章中，关于"类和命题"的观点当作当今立场的代表，并使用她的陈述。这是因为，正在讨论的问题被处理得很清楚明了。

④ 《哲学杂志》，第 33 卷，第 140 页。原文没有强调式。作此介绍的理由，在这个讨论的结尾处。

的属性的";"每一个属性决定了一个类,即由拥有相应属性的对象组成的类"。①我引用这些话,并不是为了反对它们。相反,斯特宾女士清楚地提出了一个重要的事实,通称命题与属性之间的关系直接相关,与拥有这些属性的对象间接相关。此外,原文进而指出一边的 A、E 命题与另一边的 I、O 命题之间的逻辑区别。如果我们"理解是一个 S 和是一个 P 是什么意思",我们就能理解前一种命题。"因此,对这两种命题一个方便的解释是:它们并不蕴涵 S 的存在"。② 另一方面,I 命题和 O 命题的确蕴涵(说到或设定)存在。

当然,这些陈述没有什么好反对的。但是,人们预计从中得出的推断是:通称命题与如果-那么命题之间有基本的逻辑区别,前者是关于属性的,确定了一个拥有这些属性的对象的种类,而后者并不"蕴涵"对象的存在。我们自然地预期,这里断定了前者必然具有 I、O 形式,后者仅仅具有 A、E 形式。但是,斯特宾并没有划出这两种类型的通称命题之间的分界。从她的陈述中似乎也可以推断,她本该区分"类"概念与一个逻辑概念,"类"是由第一种类型的命题确定的,而这个逻辑概念表达的是:不论某物是什么,它都是由如果-那么类型的 A、E 全称命题确定的。③

然而,那里并没有得出这些结论。这两种命题都被当作通称命题,这两种形 *120* 式的命题确定的东西不加分别地都叫做一个类。在我们能够说清楚的程度上,这种等同的根据如下:通称命题直接与属性相关,它指涉可能拥有这些属性的全部对象,而不是其中任何某个对象。这个严谨的观念逐渐地转变为下述观念:这种命题并不内在地指涉存在。这个结论还得到另一个(不可否认的)事实的支持:就某些通称命题来说,例如,关于马人、海蛇等的通称命题,实际上没有任何存在物能够由它们来指涉。

1. 关于第一点。"尽管我们肯定不能认识每一个个体的人,但我们可以断言'所有的人终有一死'。"这是一个正确的说法。我们也可以说,"没有一个实际

---

① 《哲学杂志》,第 33 卷,第 144、142 页。强调是我加的。
② 《哲学杂志》,第 33 卷,第 143 页。虽然引文说到"方便",但在下一页中,她说,A、E 命题是如果-那么类型的,这种命题并不蕴涵存在。
③ 由于词语"通称的"(general)与种类的(generic)相联系,而它们又与种类(kinds)相联系,我提议用"种类"一词指示由第一类通称命题确定的东西,用"类"一词指示由全称命题确定的东西,全称命题不把对象当作存在。但是,重要的不是用词,而是认识到逻辑形式上的这种区别,以及对这种区别的某种语言表达的需要。

的人进入这个断言,因为不论任何某个人是已知的还是未知的,这个断言都是真的",因为"一个性质或者特征是抽象地考虑的,是从它可以指涉的某个个体或一些个体抽象出来的"。①

这里不存在一个谬误吗?我们当然可以正确地说,如果这个命题是有效的,它的有效性与任何已知的人无关。但是,如果我们把实际的和已知的当作等价词,那么就可以这样来理解:不指涉某个指定的人,相当于不指涉任何存在的对象。前面的引文说,一个命题成为通称命题,就在于它无区别和同等地指涉具有有关属性的每一个对象。一方面并非专门指涉一个集合的一个元素而不是这个集合中的其他对象,另一方面不指涉任何对象,这两者是一回事吗?作者同其他当代逻辑作者一样,清楚地意识到"所有"一词的歧义性。"所有的人终有一死",这个语句可以这样解释:是人和是终有一死之间存在一种关系。在这种情况下,它是一个如果-那么命题,就没有任何存在指涉;它表达了抽象特性之间的关系。它也可以这样解释:拥有人的属性的对象构成的集合,它的每一个元素有将死或将遭受死亡的性质。后一个命题有存在指涉,尽管"所有"一词出现,但它在逻辑上是一个 I 命题。这个谬误也可以陈述如下:②从任何已知的人的存在,抽象出一个关于特征或属性的命题,这是一回事;作出一个关于这种抽象本身的命题,是另外一回事。只有混淆这两种意义的抽象,才会得出上面的结论。词项"任何一个"和"所有"一样,具有歧义性。它的意思可能是每一个、也可能是任何由如果-那么类型的全称命题确定的东西,与存在无关。

2. 有人认为,撇开通称命题的两种形式之间的区别不谈,通称命题没有存在指涉,这个观念得到了空类的确证。如果举"印度教皇"作为空类的例子,就可以有一个正确的陈述:"到现在为止"这个类中没有元素。时间从句指明"不存在印度教皇"这个命题指涉存在;或者说,在是教皇和是印度人之间不存在一种逻辑不相容性,使我们可以断言 E 命题"如果是一个教皇,那么就不是一个印度人"和"如果是一个印度人,那么就不是一个教皇"。命题"不存在海蛇"也是如此。这个命题的意思是:没有一个这一种类的生物被观察到过;这个命题有存在

---

① 所有的引文来自《哲学杂志》,第 33 卷,第 142 页。强调是我加的。

② 如果发现某个人没有死,比如麦基洗德或以利亚(《圣经》里的人物——译者),这里并没有什么逻辑矛盾。这个事实将要求我们修改命题"所有的人都终有一死";我们本来就该说,"除了某些特定的个人,所有的人终有一死"。但是,如果-那么命题断定的是抽象特性之间的必然关系。

指涉,尽管它是否定的存在指涉。但是,说它们存在没有逻辑矛盾,可以这么说,事情只不过是,没有一个海蛇被发现是存在的;如果一个海蛇存在,那么它有相当大的概率已经被观察到,尽管不是绝对的概率(如果允许用语上的矛盾)。关于有爵位的清道工这个"空类",事情比这种人存在更奇怪。在关于圆的方的命题中,我们可以发现另一类空类的一个例子。这里,在抽象特性"方"和"圆"之间存在着逻辑上的矛盾。同样地,只有在证明 π 不是任何有理代数方程的根之后,从逻辑上说,长久以来试图"割圆为方"的努力才结束了。因此,来自空类命题的论证不能支持以下结论:通称命题本身没有存在指涉,因为这一点只对于通称命题的一种形式("全称命题")才成立。

122

这里讨论的混淆更加重要,因为斯特宾小姐大费周折地指出,关于个体属于一个"类"(我的用语是"种类")的"元素关系"的命题,在逻辑形式上不同于断言一个类包含在另一个类中的命题。她反复地指出,断定"苏格拉底是一个雅典人"的命题与命题"雅典人是希腊人"相比,它们的形式不同。她还指出,没有认识到并标明这种形式上的区别,是以前逻辑理论中混淆和错误的根源。① 因为第一种形式的命题是关于一个单称对象的,而关于种类关系的命题有意地回避了这个限定。然而,尽管承认了这种逻辑形式和逻辑效力的区别,但在处理单称命题时,好像通过替代或插入,它不仅可以从种类命题中得出,而且可以从假言全称命题中得出。逻辑理论混淆的这个方面,由于抽象符号的使用而加深了——这表明,这些符号的出现并不能使它免于系统的错误。她说:"我们可以通过命题函项'x̄是人'来表达'人'。如果对'x̄是人'中的 x 而言,我们用一个是人的个体的名字来替换它,那么就有一个表达了真命题的语句。"② 例如,我们用苏格拉底来替换"x̄是人"中的 x。这个过程看起来是简单而又直接的,但我们有什么根据来断定苏格拉底或任何一个特定的人是人呢? 事实上,它并不能从命题函项中推导出来;从逻辑上说,我们在"类-元素关系"的命题和通称命题之间作出的有效区别禁止这种推导。无论在何处,人们都承认命题函项既不为"真"也不为"假";它要求我们观察存在的对象,以确定如下事实:某个对象存在,并且它拥有"人"这个属性。在全称命题中发现的存在指涉的缺乏,对于命题函项来

---

① 见《哲学杂志》,第 33 卷,第 29、40、43、60、173 页,以及第 461 页。
② 同上书,第 142 页。

说更没问题。然而，如果是通称命题，即关于种类之间的关系的命题，那么，替换问题的立足点是有些不同的。如果断定"所有的人都终有一死"，并且我们可以确定苏格拉底存在并且他是一个人，那么，我们可以得出结论说他终有一死，即他将死或者已经死了。但即使在这种情况下，这个命题也不仅仅是一个可作小前提替换的命题。它仍然要求有独立的观察操作，以确定苏格拉底的存在以及他的特征。这些观察是受种类命题引导的。但是，观察的结果检验这种种类概括的有效性。理论上，苏格拉底可能具有一些特征属性使他被识别为一个人，而同时又没有垂死的特征，即使反对这种可能性的事实证据非常充分。换句话说，单个的事例可能要求我们修改种类概括，这就如同一些支持命题"这是黑的并且是一只天鹅"的观察推翻了种类概括"所有天鹅都是白的"。如果我们断定的一个全称命题说抽象特性"人性"（或"动物性"）和"终有一死性"之间有某种必然的关系，这样并且只有这样，才能得出结论说苏格拉底（必然地）将会死或者已经死了。单称命题对种类命题的逻辑反作用，一劳永逸地解决了插入或替换的概念。

值得一提的是，斯特宾小姐明确地认识到，像一个[1]这样的单词的逻辑意义自身并不能确定它在其中出现的那个语句的命题效力。[2] 因此，语句"一个英国诗人被刺杀了"必定指涉某一个人，而"一个诗人是有灵感的"最自然的解释是，它断言了抽象特性是诗人和是有灵感的有某种关系，因此，它为区分自封的诗人和"真正的"诗人提供了一个标准。现在人们全都承认，"这"[3]也有类似的歧义性。当我们说"这条河"或"这座山"时，通常是指单个的熟悉对象；当我们说这个原子时，要么是指作为整体的一个种类的事物，要么是指某些特性，它们定义了是原子。对这些歧义性的系统认识，也促使我们认识到两种不同逻辑形式的通称命题。

对逻辑理论中存在的混淆，我们再举另一个例子。斯特宾说，"一个通称命题是一个蕴涵式命题"。[4] 这个陈述对于如果-那么式或全称式的通称命题，无疑是成立的。如果命题"所有有智慧的人都是值得相信的人"意指"智慧"和"值得信任性"这两个（抽象）特性有某种必然联系，那么，它蕴涵着其他一些含有智

---

① 英文词为不定冠词 a 和 an。——译者
② 《哲学杂志》，第 33 卷，第 79 页。
③ 英文词为定冠词 the。——译者
④ 《哲学杂志》，第 33 卷，第 44 页。

慧和值得信任性这两个词的如果-那么命题。如果这个命题是事实的种类概括,它的意思是说,迄今的观察发现是有智慧的单个存在物,也被认为是值得信任的;那么,我们很难看出这个命题有什么样的蕴涵。对那些指称与存在有关的命题,我们可以进行推理,但推理是建立在事实证据的基础上的,而不是命题的纯蕴涵效力。根据 I 命题"某些德国人是诗人",我们可以从已知的人是德国诗人这个事实,推断出一些除了他是德国人以外的特点或特征,即所有描述了诗人这个种类的属性。然而,他是一个德国诗人这个事实并不蕴涵其他命题,除非我们对"蕴涵"做过于松散的解释,使它等价于推理的可能性——在这种情况下,蕴涵的概念并不包含逻辑必然性。把措词搁到一边,必然演绎地得出的结论不同于概率性的结论,因为后者最终依赖观察到的证据资料。不论词语"推理"和"蕴涵"如何使用,这种区别都是存在的。如果我们从事实推理;那么,与假言命题相比,其条件和关系必定有一种不同的形式,不论这两种形式如何被命名。

在同样的语境中,斯特宾举出的一个通称命题的例子是"所有的正方形都是矩形"。"它断定的是两种属性或特征之间的一种联系。对这些特征的考虑是脱离那些拥有这些特征的具体事物的。"①我不再重复已经说过的关于抽象、"脱离具体事物的考虑"这两个概念的歧义性。我要做的是把这些陈述与如下学说联系起来:这些命题断言"一个类被完全地(或部分地)包含在(或排除在)另一个类中(之外)"。如果把这个命题理解为断定了一个具有界定正方形的那些属性的对象也具有界定矩形的那些属性,那么就没有例外。正方形的事物是矩形的事物。但是,如果在这个意义上理解它,根据这些命题是 I 形式这个(正确)的立场,它最终还是一个关于可观察的存在物的命题。不管事实上是否存在具有相关性质的对象,我指出它的形式不同于断定(抽象)特性"正方形"和"矩形"之间存在必然关系的全称命题,因为后者是一个数学命题,而不是关于对象的命题。

这一点与包含(或排除)的本质之间的关联如下:一个外延较小的种类和一个外延较大的种类之间的关系,显然是包围这个概念恰好适用的一种关系。这种关系由于是由属性确定的事物之间的关系,物理包围的概念足以使它恰当地充分符号化,就像我们熟知的事例:一个圆完全处于另一个直径更大的圆中。对于正方性和圆性也可以这么说吗? 或者,包含的逻辑意义在后一种情况下是完

---

① 《哲学杂志》,第 33 卷,第 43—44 页。

全不同的吗？说矩形"包含"正方形，仅仅是指数学上关于前者的命题蕴涵一个关于后者的确定命题吗？如果它被用来排除三角性或圆性，"排除"在这里是不是意指逻辑不相容性呢？在逻辑上，我们对矩形性可能作出的断言禁止用于三角性，不过，就是平面的这个特性来说，它们都有共同的蕴涵。① 矩形性概念比正方性概念更广。但是，包含的宽广度的大小，在这里指的是关于它的命题有更宽广的蕴涵域。如果我们用符号图形来表示这种情况，括号或大括号图式远比圆圈图式合适。

126　　在先前的一篇文章中，我引用密尔的话来阐明包含有两种意义。他说，劳动这个观念包含或包括与出力做事相伴随的不愉快感觉这个观念。② 如果接受这个关于劳动的定义，那么，愉快的工作是劳动这个命题就被排除了；这就是说，它被定义排除了。那么，是一个概念或定义的必要成分，就大大地不同于一个较小的事物集合是一个较大的存在物集合的存在的部分。这一点也关系到当前"类"一词的歧义用法，这个词项被不加区分地用来指示两种类型的"通称"题材——其中一种有存在指涉，而另一种没有。

最后，我简要地说一说可能提出的反对意见。有人可能会说，我的论证有时依赖于没有根据地给"对象"赋予一种狭隘的意义，即存在的意义。回答是简单的。我承认，这个词更广义的使用是恰当的；但是，我的论证强调，我们必须在逻辑理论中区分存在的对象与逻辑和数学对象。

---

① 我们有可能以某种方式画出一个实际的图形，如果测量工具的精确度达不到某种程度，我们就不能确定它是一个正方形还是一个矩形。如果确定了，那么，某些被蕴涵命题将从如下事实中推出：给定的图形是这个特性的实例。

② 《哲学杂志》，第33卷，第281页（本卷106页）。

世界最高知识法庭^①

今天,哈佛大学文理学部三百年庆典大会产生了一个提议,即建立"世界最高知识法庭"。这是一个科学智能组织,其目的是使文明世界使用历经若干世纪获得的智慧来正确地管制破坏性的世界力量。

这个想法源于哈佛大学校长詹姆斯·B·科南(James B. Conant)博士和全美科学家协会委员会之间的一次谈话。美联社的霍华德·布莱克斯利(Howard Blakeslee)是全美科学家协会委员会主席。

"我确信,这样一个建议将大受欢迎。"科南博士告诉委员会,他进一步断言,他所在一方感到极大的遗憾,除非建立这样一个最高团体,否则所有研究人类问题的诸多知识分支之间的这种理想合作很快就要结束了。"哈佛大学通过举行现在这个大会,表达了它对这类组织的看法。更多的建议将来自像你们这样的团体。"

相应地,委员会向出席会议的四位学者^②提交了一组问题,这四位学者代表了不同的国家和不同的知识分支。问题的实质内容如下:

1. 你认为,一个有组织的最高知识法庭致力于人性的智慧指导,一个像哈佛会议这样大规模地交换思想的团体能够建立起来吗?

2. 如果组建起来,这种自愿的、寻求并报告事实的会员组织对世界事

---

① 首次发表于《基督教科学箴言报》(*Christian Science Monitor*),1936 年 9 月 14 日,第 1—3 页。

② 这些学者是杜威、艾提尼·吉尔松(Étienne Gilson)、布劳内斯罗·马林诺夫斯基(Bronislaw Malinowski)和胡适。

务将产生有价值的影响吗？

　　3. 要达到这个令人向往的目的,我们该如何开始？

再教育

　　如你所知,我不是一个"实干家",要说我们如何开始采取实践步骤以达到一个科学的"智能组织",这不是一件容易的事。

　　我能想到的第一件事情是:从事科学的人应该对自己进行再教育。他应该了解他对更广泛的人类事务负有责任,他应该把科学方法应用到这些事务上去。

　　众所周知,很多从事科学的人不习惯把科学方法应用到自己的专业课题以外的问题上。当遇到人类关心的重要领域时,他们很可能保留和回归到易受影响的年幼时期所吸收的观念和信念。不管怎样,他们从来都不去批判地检查这些先入之见。

　　因此,我认为,从事科学的人对自身进行批判地再教育,是一个更务实的智能组织的必要前提条件。

　　当然,人们期望科学家在这个大方向上起带头作用。我可以说,英国科学家比我们这个国家的人对这个问题体会更深。例如,他们认真地思考如下问题:科学是不是仅仅被用来推动战争和极端民族主义？

　　上个世纪,英国哲学家约翰·斯图亚特·密尔写了一本关于逻辑的书。他实际上是要教育大家,科学思想应该被应用到实际的人类事务中去。他意识到存在着彼此间完全分离的两类人,一类是研究理论的人,一类是从事实际事务的人。

　　在我看来,我们也处在相同的情况之中。

　　实际上,我们仍然缺乏一种可以应用到实践领域或人类领域的足够普遍和广泛的科学方法。为了实现我们的目标,最重要、最显著的条件之一是发展科学过程的基本原则。现在被当作科学方法的,是亚里士多德的方法和抽象方法的

一个混合物。亚里士多德方法的宗旨并不是成为探索真理的逻辑。

　　我不知道成立一个"知识分子制宪大会"时机是否成熟。但是,我确信是为这样一个目的开展活动的时候了。

　　也许有一个极好的主意值得宣传:召开一个由最主要的科学家、作家和广义知识分子出席的预备会议,以了解我们的想法有哪些可能性。科学家、文坛领

袖、艺术家,还有你们这些新闻工作者们,将因此汇聚一堂。

年轻人必须从事这项事业。年长些的,包括我在内,必须全力合作。

当然,面对保守派的无端攻击,年轻人,像科学教授,的确比年长者更容易受到伤害。我们必须用智慧来做事,并采取措施来保护他们。

如果这次哈佛大学会议导向任何这样的实际步骤,它将完成某种迫在眉睫的任务。从当前的世界形势看,美国是开创这个科学智能组织的逻辑地点。

权威和社会变化[①]

过去的四个世纪表现出对权威日益增长的抵制,首先是反对它的表现形式,然后是反对它本身的原则。它的重要形式没有一个免受攻击。这种攻击首先瞄准了占主导地位的国家和教会制度。但是,教会和国家联合实施的控制已经渗入生活的每一方面,不论是信念还是行为方式。因此,对教会制度和政治制度的攻击,蔓延到科学和艺术上,蔓延到经济生活和家庭生活的标准和理想上。因为实践的攻击运动,像其他每个这种运动一样,必须在理智的基础上自卫。最好的防卫是攻击,因此,防卫慢慢变成系统的辩护。一种社会哲学发展起来了,它对任何权威统治提出了批评。

理论体系出产口令、号令和口号,供大众消费。通过不断重复,有一个口号取得了全面的社会政治观念的地位。在很多人看来,它似乎本身就是一种深刻的社会哲学的总纲。根据这个口号,一个重大的理智问题是两个不同领域的划界,一个是权威领域,另一个是自由领域;口号的另一半是把这种理论划界看作实践上的鲜明分界。这个口号有一个推论。权威"领域"的固有倾向是过度地扩展自身,蚕食自由"领域",从而广泛实施压迫、专制和今天所说的宰制。因此,个

人自由的观念和现实性必须拥有道路优先权;权威是它的敌人,社会权威和控制的每一种表现都总是受到热切地关注,并且几乎总是遭到有力的反抗。然而,由于自由的领域有它自己的界限,当"自由"开始堕落为"放纵"时,就需要恰当地召

---

① 首次发表于《学校与社会》,第 44 期(1936 年 10 月 10 日),第 457—466 页。此文原为杜威于 1936 年 9 月 4 日在哈佛大学文理学部三百周年庆典大会上的演讲。

唤权威的实施以重新建立平衡。

这个口号像大多数吸引大众的口号一样，它的流行和影响都归因于一个事实：它似乎为一个突出的问题提供了解决办法，而事实上，它回避了问题；由于迟迟不努力去寻找真正的解决办法，它有时暂时支持对垒势力的这一方，有时暂时支持另一方，于是两方都受到了损害。因为，即使这个口号按照其措辞的字面价值被接受了，上述两个领域的正确范围这个根本问题仍然没有确定，它们的分界和边界问题仍然处于不断的争论之中。

真正的问题是权威和自由之间的关系。有人认为，它们各有一些起作用的领域。当引入这种观念的时候，问题被掩盖了，它的答案也难以找到。事实上，权威代表社会组织的稳定性，个人通过权威得到指导和支持；而个人自由代表着有意图地引发变化的力量。我们需要持续关注的问题是两者紧密、有机的统一：权威和自由、稳定和变化。如果按照分隔而不是统一来解决问题的观念去行动，我们的努力就会受到误导和阻碍。这种错误的、误导人的观念被广泛地采纳，是导致现在世界混乱状态的一个强大的因素。

这个口号把人类生活和行为的整个领域分割成自由和权威，其真正意义不仅存在于理论陈述中，而且存在于近几个世纪的历史事件之间的关系中。作为一个纯粹的理论口号，它宣称它具有内在的有效性和普遍的适用性，在我看来，这是荒谬的。但是，如果把这个口号看作一个历史时期的记录，情况就不同了。于是，这个口号就成为近几个世纪西方文明独特危机的象征，成为一个伟大的历史斗争的代表。这个口号有双重特性，一方面，它欢呼那些控制人们的思想和行为的制度的衰落；另一方面，它标志着新的社会力量和理智力量的兴起。陈旧的传统和既定的社会组织抵制人类生活和社会中新生力量的出现，把它们当作是危险的，甚至是不共戴天的敌人，这个敌人跳出来争夺它们迄今为止独享的权力和特权。这个口号没有提出应对和解决这个历史斗争的办法，而仅仅对这个冲突的本质作了理论重复。正如我说过的，作为理解和行动的指导，这个口号是荒谬的。但是作为历史事件的一个象征，它很有启发性。

不幸的是，当这种斗争一开始进行时，新生的力量就倾向于按照它们自己的评价来对待既定的制度，即把既定制度当作权威原则的必然表达。这个新运动发现当时的制度是压迫性的，就奋起反对权威本身。它开始认为权威本来就外在于个体性，本来就敌视自由和社会变化，而这些社会变化是自由的公开表达和

132

使用要达到的目的。因此,新运动本该受到赞扬,因为它们打破了僵化的、呆板的制度,解放了潜伏的个人能力。但是,由于它们实际上否认任何体现权威和社会控制的东西能构成一个有机体的重要部分,造成了一种智力上的混乱,这是任何过渡时期都会出现的实践事实问题。更具体地说,像我在稍后即将阐明的,这个新运动没有认识到,那种给予它生命力的力量也是一种权威,这种力量就是有组织智力的力量。这就是我想要提出的命题。

　　首先,我认为,历史的考察表明,尽管个人主义哲学把权威和自由、稳定和变化错误地对立起来,但是它有根据认为,权威在组织制度上的体现是外在于活跃的新需求和新目的的,从而在事实上是压迫性的。那些由于拥有权威而行使权力的个人和阶级,对首创、发明、进取这些引起变革的求变、求新的品质充满敌意。如此行使的权力就成为更大的压迫、更大的阻碍,因为它不仅是身体上的,而且那些本质上属于权威原则的东西也施加在想象力、情感以及目的上。在深层次上,它不是社会组织与个人、权威与自由之间的冲突,而是在个人精神结构中两种因素之间的冲突,一种是保守的因素——这些因素的力量源自长期存在的、根深蒂固的习俗和传统的惯性,另一种是解放的、求变的、革新的因素,它是新与旧之间、维护旧价值的势力与创造人类交往的新信念和新方式的势力之间,为取得权威力量而进行的斗争。它也是个人组成的团体和阶级之间的斗争——一群人享有权力带来的好处,权威的权力增加了他们的权力;而另一群人觉得自己有资格享有权力,却被排除在外。我们必须对旧势力和新势力进行调整,从而和谐地处理由维护既定的东西产生的稳定性和由个人新需求和新努力产生的多变性——这种必要性是生活结构所固有的,或者说,是生活结构的一部分。在过去的几个世纪中,实现这种调整的必要性在人类文化舞台上以空前的规模显示出来。那种把历史的、相对的斗争转变成权威原则和自由原则之间固有不变的冲突的哲学,如果被接受并得到遵循,就会把权威当作纯粹的限制力量,使自由处于毫无引导的状态。在相当大的程度上,这些不适当的状况反映了我们当前的处境。

　　我们说这个斗争是属于个人的各种力量之间的斗争,为了个人利益,这些力量需要相互调和。这里,我要简短地说明这些话是什么意思。把个人的结构简单地等同于那些寻求变化、使人与人彼此区分开来的人性要素,这样做在心理学和历史学上都是愚蠢的。习惯的力量导致个人坚守既定的东西,这种力量确实是个人的精神结构的一部分。大体上，与渴求变化的欲望相比，它是人性中更强烈、更深刻的部分。当传统和社会习俗成为个人结构的有效成分时，它们势必成为支配他的信念和行动的权威。施加这种权威并行使这种权威的力量作为个人的一部分，是如此之重并且如此之深，以至于我们根本不会想到也不会感觉到它们是外在的、压迫性的。只要它们成了个人习以为常的信念和目的，就不会被当作与个人敌对的东西。它们给予个人支持和方向。它们自然地获得个人对它们的忠诚和专注。因此，对体现习俗和传统的权威制度的攻击，自然遭到个人的怨恨；对个人最深入最真实部分的攻击，招致刻骨的愤恨。

在人类迄今生活在地球上的几千年的大多数年月中，人类常常在较大程度上对事情是满意的。甚至对于在我们看来任意实施暴力的社会组织来说，这也是真的。在史前年代，对于任何自称具有悠久的传统和习俗权威的东西，人类都倾向赋予它们神圣的起源和法令的效力。更普遍的情况是，个人往往不是寻求变化而是惧怕变化。假设我们有理由把权威和自由、稳定和变化对立起来，那么，我们就要被迫得出如下结论：在人类历史的更多时期，个人更偏向于权威和稳定。

这种状况在理论上反映出来。从开始一直到近期，公认的学说是：权威是出于自然或出于自然之上的东西——超自然的东西。这两个学说都主张，权威的存在是由于宇宙和作为宇宙一部分的个人的固有结构。在哲学上，亚里士多德论述了权威出于自然这个观念。后来，斯多葛派以半唯心主义、半唯物主义的形式重新论述这个深层的观念，这种形式一直是——现在仍然是——使一些观念最牢固地扎根于大众心灵的手段。中世纪基督教哲学家再次继承亚里士多德的学说——但是做了一个重要的修正。他们说，我们必须在自然的超自然创作者和人类的救赎者那里寻求终极权威，因为只有在那里才有终极权威。这种权威的世俗代表、解释者和代理人，就是有着神圣诫律和建制的教会。

即使世俗王朝的产生挑战了教会至高无上的权力，这个基本的概念也没有受到怀疑，更不用说受到挑战了。世俗国家只不过宣称它的存在也是出于神授法权和权威，因此，它在今生的一切事务中拥有最高的权威，以别于来世的灵魂事务。即使民众政府兴旺发展起来，它们仍然以一种较弱的形式继续着旧的观点：上帝的声音现在成了人民的声音。

新科学声称自己跟随上帝思考上帝的思想，试图以此拓平充满荆棘的道路。新经济力量的产生转而对现存政治制度至高无上的权威构成威胁。但是，新经济力量也宣称它们有权利拥有最高权威,因为它们是自然律纯粹的、如实的表达——与之形成鲜明对照的是政治法令和制度与法律,只要后者不顺从经济力量的运行,就是不自然的、人为的。经济力量通过它们的代表、解释者和代理人——官方经济学家和企业家——要求享有神圣的最高特权来管制地球上所有的人类事务。经济学家、企业家和金融家是新生的自诩拥有古老的神授王权的人。

从这个简短的历史考查中得出的结论是——该领域的任何深入研究都将证实这个结论——把个人等同于使变异和变化自由发生的力量,在个人的结构中排斥习惯的、保守的力量,这种观点是新近出现的学说。概括地说,这种等同论是特殊的、具体的历史事件的表达。这些事件可以浓缩和概括。自然科学中的新方法和新结论伴随着它们在新工业生产方式和物品与服务的商业交换上的应用,发现自己受到制度性的教会和国家机构的监管和限制,而教会和国家是实际社会权力的拥有者,它们声称自己是人类事务所有领域中唯一合法的权威。在这种冲突中,新生力量进行自我维护和辩护,它们把权威这个概念限定为对它们的自由表达持敌对态度的教会权力和政治权力;它们声称,只有它们才代表和增进个人利益及其自由。演说开头提到的那个口号,即权威和自由是两个彼此分离、相互独立的领域,如果遇到问题,个人和自由应该具有优先性——这个口号是历史冲突的净产物。

最终结果是一种社会政治哲学。以任何形式出现的权威,只要不是个人由其私有能力得出的自觉需求、努力和满足而产生的和批准的,都会受到这种政治哲学的质疑——这种哲学在经济学中采取了自由放任的形式,在其他社会政治事务中采取个人主义的形式。这种哲学断言它自己是自由主义的统称。

在我看来,两个普遍的结论清楚地浮现了。第一,行使权威的机构权力,其先前的形式暴露出它对于以个人为载体的新生势力是外在的和压迫性的,因而是敌视一切重要的社会变化的。第二,这种新哲学如此急于谴责权威原则,以至于使个人丧失了一些必要的引导和支持,这些引导和支持对个人的基本自由和社会稳定性而言,都是普遍的和必不可少的。

结果是现在出现的混乱、冲突和不确定性。虽然这种新哲学谴责权威原则,主张必须把权威实施限定在维持政治秩序的最小需求上,它事实上树立了个人寻求个人收益的欲望和努力,使他们成为社会生活中的最高权威。因此,这种新哲学声称自己完全、忠诚地代表个人自由原则,实际上是在为一种新形式的集权活动作辩护——经济权力用温和的方式来说,这种新形式一贯而坚定地否认拥有较少的经济权力和特权的人可以得到有效的自由。虽然经济权力崛起之初,对抗和蔑视当时拥有权威的权力,引起了广泛的社会变化,但它现在反过来变成一种有组织的社会制度,抵制所有与它不一致的、不能促进和支持它的现有利益的进一步社会变化。

正是由于这些原因,我断言,真正的问题不是为权威和自由、稳定和变化分别划出独立的"领域",而是实现两者的相互贯通。我们需要一种权威,不是那种旧式的运行形式,而是要能指引和利用变化;我们需要一种个人自由,不是无限制的个人经济自由所产生和辩护的那种自由,而是普遍的、共有的自由,支撑和引导这种自由的是具有社会组织性的明智的控制。

如果我们认为过去的人类历史提供了决定性的证据,那么,它将表明:自由和权威联盟的问题是不能解决的,也没有被解决。我们有被组织起来的社会权威,它限制了个人中可变因素的表达,而有序的、有意的变化是从这些可变因素开始的。我们有一段时间拥有相对无局限的、不受抑制的个人主义,它的结果是变化大规模地迅速发生。政治类型的制度权威引起的压抑和淤塞后果被削弱了,但安全、合作、整齐有序的变化显然还没有出现。

在我看来,我们完全有可能认识到个人主义运动的必要性及其社会后果的重要性;同时又看到,就它过去的运行方式来说,它已经走上了得到和可得到社会辩护的道路。我们有可能不仅认识到它发挥了有价值的历史作用,而且认识到它对人类可变倾向的价值——那些把人与人彼此区分开并表现为独创、发明和斗志的东西——所作的实践和理论断言,是所有未来社会秩序应该包含的一个永久成分——我是说,我们有可能既认识到个人主义运动所有值得赞美的特点和产物,又坚信这个开展到现在的运动有一个重大的缺陷,这就是把权威原则当作它的绝对的对立面。

几乎不需要什么论证就可以证明,过去,制度形式体现权威,它们敌视变化。那些努力改变权威权力采用的形式的人,被指责为异教徒,被指责为社会秩序的破坏分子。也许回想这些就已经足够了。并且,我几乎不用再说,今天那些作出同样努力的人也遭到同样的谴责。特别需要注意的一点是:尽管拥有权力,尽管迫害异教徒和激进分子,实际上没有一个制度能成功地阻止重大变化的发生。

制度由抵制变化而成功地完成的,不过是压制社会的力量,直到它们最终不可避免地爆发为重大的变化,通常这种变化都是暴力的、灾难性的。

我们也无须通过论证来证明,个人主义运动在一段时期伴随着巨大的、迅猛的变化,一个一个地看,这些变化多数为社会带来了正面的利益。事实如此清晰地为自己辩护,我们根本无须论证。新个人主义运动和社会变化之间的紧密联系在这个运动的标语中可以看到:首创、发明、进取。这些词语都代表了个人构成中的求变因素;它们意味着偏离业已形成的东西;它们是一些符号,指示着创新的源泉。正由于它们是这样一些符号,所以能如此有效地成为标语,成为激发个人努力并行动的信号。的确,这个运动与变化的联系是如此紧密,以至于产生了对变化的赞美,称其为确实无疑的必然过程。这标志着它产生的影响已经达到了鼎盛时期。但是我不揣冒昧地说,过去,权威原则的表现方式正是在其最强烈的主张上失败了,即它未能阻止变化,至少未能引导变化;同样,历史地看和从总体上看,个人主义运动也未能——以任何确定的方式——确保可以公共度量的个人自由,即使对它暂时的拥有者而言也是如此。个人主义运动倾向于把行使自由等同于没有任何有组织的控制,这样,它事实上是把自由仅仅等同于经济权力的实际拥有。它不是把自由带给那些缺乏物质财富的人,而是强迫他们屈服于物质生产和分配机构的所有者。

现在,观察者眼前展现出来的世界图景显然是如此普遍的不稳定、不安全,以及日益加剧的冲突——既有国家之间也有国家之内的冲突——以至于我不能想象任何人会否认实现自由和权威的某种有机结合是值得向往的事情。然而,我们有多大的可能建立一种在实践上体现这种结合的社会系统,这是很值得怀疑的。我们有理由强烈主张,即使我们承认迄今为止提出的观点的实质有效性,这个问题也会出现。事实上,我们甚至有理由强烈主张,正是因为我此前的论证的有效性得到认可,或者说在它得到认可的程度上,这个摆在我们面前的问题是一个调控性、决定性的问题。

厚重的历史证据确实强有力地反对这种可能性的实现。就有组织的权威这个观念而言,地球上人类集体生活的悲哀在于它显示出人类亟须某种权威;而它的日益加深的悲剧,是由于那些声称能满足这种需要的制度一而再、再而三地出卖它。另一方面,个人主义的自由原则所采取的迄今为止有影响力的形式也不尽如人意,在不和谐也不安全的当代图景中,不止一个事实表明了这一点。最重要的是,权威原则以最极端、最原始的形式再次出现——独裁的兴起。

似乎为了验证自然憎恶虚空这个古老的观念,有人可能会争辩说,经济上有竞争力的个人主义不受社会约束,产生了一种道德和社会虚空,凭借独裁将填补这个虚空。很多国家迫切需要集体的、有组织的引导和支持,以至于个人自由的观点被抛弃了,它成了一个不是受赞扬而是受鄙视的观点。经济个人主义的自由体制遭到左、右两种独裁的攻击。而在那些没有明目张胆地实行独裁的国家,自由和个人主义概念似乎正在丧失魔力;通过社会援助机制,安全、纪律、秩序和团结取而代之,并正在获得魔力。产生独裁要求的实际具体条件在不同的国家各不相同。但是,这种现象却是如此普遍,它需要一种普遍的解释。最明显的现象是:为获取私人利益建立的、不受公认的集体权威控制的、个人首创和进取的体制,其政体实际上已经破产,处于垂死的状态。

那么,过去和现在没有提供依据,使我们期待用老套路来实现权威和自由、稳定和变化之间的调和。在某些人看来,能获得某种解决办法的想法,似乎是不切实际的,是乌托邦式的。但是,所有想法中最不切实际的是一个广泛流行的信念,即我们通过使用或重新发掘过去尝试过的制度手段,可以获得持久稳定的权威;同样荒诞的是如下信念:在争夺物资和经济权力的冷酷斗争中,个人之间相互竞争可以保障个人确实的自由。在我看来,这个问题可以被缩小为如下问题:在人类关系这个大领域中,还有未尝试过的办法可以利用从而有可能获得成功吗?

提出这个问题的时候,我意识到一种印象几乎是不可避免的。我说过,人类迫切需要某种集体权威,它指导个人之间的相互关系,给予个人那种源自团结感的支持;我说过的话看起来像是某种借口,以图恢复通过外在制度手段产生并得以保持的某种社会控制。如果这样看待我的问题,那么,对于个人自由原则与经济事务的私人首创和进取之间发生的联盟,我的批评必然看起来像是通过集体计划经济来实现社会控制的论证——当然,在措词上有某些变化。然而,这个论证事实上在这两个方向上都用力了。它指出,集体计划经济方向的运动可以治疗我们现在患上的恶疾,但最终它将重走过去组织权威权力所走的老路,除非我们大规模系统地使用某种迄今未试验过的方法,给生活带来想要的并值得向往的有机联合。否则,我们将最终发现:我们是在另一个平面上重复着社会组织和个人自由之间的绞斗,在一个原则和另一个原则之间摇摆,这本是过去相当显著的特征。

在人类社会关系的宽广领域中,至今还未大规模试验过的方法来使用有组织的智能。我们在科学这个较窄的领域里,已经有大量可靠的证据可以说明它多方面的好处和价值。

在有限的范围内,科学方法的成长和应用体现的集体智能已经成为权威性的了。在我们关于自然结构的信念领域,以及我们对物理事件的理解上,它是权威性的。在相当大的程度上,同样的陈述适用于关于历史人物和历史事件的信念——特别是那些离现在足够遥远的人和事。当我们转向实践方面时,我们看到,同样的方法是控制和引导我们主动地处理物质事物和物理能源最重要的方法。培根预言,知识就是控制力量。在相当大的程度上,培根的预言在这个特殊的、范围较小的领域里实现了。当然,我们不能说,即使是在有限的物理领域,运用那些构成科学的方法,理智已经完全获得了无可置疑的控制信念的权利和权威。但是,有组织的智能取得了惊人的进展。如果我们考虑到它运行的时日尚短,考虑到它前进的道路上存在着强大的敌人——惯性、根深蒂固的传统和习惯,所有这一切,都牢固地采取了制度生活的形式,这种形式在历史的长河里熠熠生辉,环绕着激发想象的魅力,单独地或簇拥着共同地佩戴着闪闪发光的、由人们最珍爱的材料打造的桂冠。

以"科学与宗教的冲突"的名义进行的斗争,只要你愿意,也可以说是以"神学和科学的冲突"的名义进行的斗争,本质上是各种行使社会权威的主张之间的冲突。它不仅仅是两套理论信念之间的冲突,而且是两大社会力量阵营之间的冲突——这两个阵营中,一个是古老的,它拥有可以毫不犹豫地使用的制度力量;另一个是新生的,它对抗着庞大的对手,竭力求得认可。

对于集体权威和自由的关系问题,极为关键且意义深远的一点是智能的进步——这个科学进步的简短故事就是例证——展示了两者有机的、有效的联合。科学开辟的道路是释放个人中变化、发明、革新和创造的元素,而不是压制它们。就像绘画或音乐的历史一样,现代科学前进的步伐是由个人迈出的,只要他们发现传统和习俗阻碍了他们反思、观察和建构的能力,他们就摆脱传统和习俗的束缚。

尽管科学的发展依赖于探索者个人自由的独创、发明和进取,但科学的权威还是产生于合作地组织起来的集体活动,并以此为基础。即使个人提出的科学观念暂时极大地偏离公认的信念,但他们使用的方法是公共的、开放的;这种方法只有导致在同一个领域奋斗的所有人员的信念一致和统一时,它才是成功的。每一个科学探索者,甚至在他最大地偏离了现行观念的时候,他所依赖的也是公共拥有的方法和结论,而不是私有的东西,即使有时候,这些方法和结论最初都是私人发明的产物。科学探索者作出的贡献是得到集体检验和发展的,其中得到合作验证的部分就成为共有的智力财富。

开动脑筋去想象一个科学探索者采取企业商人的标准,我们就可以毫不费力地认识到,科学领域里自由的个人目标和行为不同于现行个人主义经济事务中的目标和行为。我们设想,某个科学工作者说他的结论是科学的,他这么说是因为那个结论是他的私人追求和奋斗的产物,出于寻求他的私人利益。单是这样一个荒谬的想法,就生动地揭示了个人自由在两个人类活动的领域所表现出来的鸿沟般的差异。这个想法以典型的形式鲜明生动地展现了这样一种个人自由,它一方面受到集体的机构权威的支持,另一方面通过自身的运行来改变并发展它所依赖的权威。

科学展示的合作智能的运行,是把自由和权威统一起来的作业模型。这个论题并不轻视如下事实:这种方法迄今为止,还只是在一个有限的、技术性较强的领域里起作用。相反,它强调了这个事实。在社会生活和社会制度中,在人与人的关系这个广泛的、基本的领域中,如果智能方法已经得到大面积的运用,那么现在就不需要我们来做论证了。它的有限的使用范围和它在人类关系上的可能应用范围——政治的、经济的、道德的——之间的对比,是显著的、令人沮丧的。正是这种对比,明确了这个仍然有待于解决的重大问题。

这个问题的考虑,如果不注重工商业中现代个人主义运动发展的事实,就是不恰当的。个人主义学派的所有断言和推理,有一个掩盖的前提。个人是孤立的个人,把追求自己的利益放在第一位,迄今产生的所有的有利变化都归功于个人的活动。但事实上,整个现代工业的发展都是科学的技术应用的成果。总的来说,近几个世纪的经济变化依赖于自然科学的进步。物品生产和分配所涉及的每一个过程都依赖于一些结果的利用,这些结果是由数学、物理和化学中有机的、集体的智能方法产生的。直截了当地说,现有体制的辩护者们把某些进步当作维持这个体制的理由,这些进步仅仅归因于个人的首创精神和进取心,这是完全错误的。个人主义的首创精神和进取心把集体合作智能的成果据为己有,似乎这些成果是它们单方面获得的。但是,没有组织起来的智能的帮助和支持,它们将是无能为力的——即使在那些显示最强大的社会力量的活动中,也是如此。

　　总而言之,这个运动以自由主义自居、宣称它的努力目标是确保和维护个人自由。这个运动的一大缺陷是:没有认识到变化的真正的、最终的根源过去是、现在是科学体现的团体智能。我已经说过,这个原则在两个方向上都用力了。只要目前在有组织的社会控制和计划经济方向上所作出的努力忽视了科学智能的作用;只要这些努力依赖主要靠暴力来达到的外在的制度变化,并从中寻求支持,那么,这些努力就是重蹈依赖外在权威的覆辙,而外在权威的方法在过去总是被打破。曾经有一个时期,由于需要安全,需要团结一致的意识和感觉,人们屈服于这种权威。但是,如果历史表明了什么,那么,它表明个人的求变因素不可能永远被压抑,不可能完全被根除。在现代,个人主义运动表达的个人自由原则深深地植根于人类的构成。不论用多少武力来镇压,它体现的真理永远不会死亡。这个运动的悲剧,在于它误解了这个自由原则的来源,把这个自由原则放错了位置。但是,为了确保安全和获得团结,企图用外在权威来根除和消灭这个原则,这种做法最终注定是失败的,不管它暂时取得了怎样的胜利。

　　有组织的智能控制,是通过释放个人能力和才干来发挥作用的。要将这种智能从目前的有限领域扩展到人与人的关系这个更大的领域,前进的道路上面临着巨大的障碍。这一点,我们没有必要详细论述。这个人类想要而亟须的任务有多大的可能来完成,过去的历史似乎偏向于那些持怀疑态度或悲观态度的人。我并不是预言说,这种扩展将会有效地实现。但是我的确认为,权威和自由、稳定和变化的关系问题如果能得到解决,就将以这种方式来解决。其他方法的失败和现在令人绝望的情形,都将激励一些人尽全力来实现这种扩展。他们知道,在试验之前就认定成功不可能,这实际上是宣判人类将永远在权威权力和紊乱的个人自由之间作徒劳的、毁灭性的摇摆,而我们有足够的理由把历史上的大多数痛苦和失败归因于这种摇摆。他们知道,摆在人类面前的,是历史的缓慢进程和无止尽的时间延伸。他们并不期望,在完成人类下决心努力完成的最困难的任务的过程中,有任何快速的胜利。然而,他们满怀信心,不论他们的努力得到的直接成果是多么微小,他们自己的试验就是科学智能方法的第一原理的例证。因为他们通过实验方法向事件注入一个博大而厚重的观念,正是在试验过程中,这些实验方法使科学智能方法和观念得到修正、变得成熟。由于诸如此类的原因,状态之绝望反倒激发持久的、勇敢的努力。

怀特海的哲学[①]

怀特海（Whitehead）先生的哲学是如此的广博，以至于引起人们从各种不同的观点对它进行讨论。我们可以考虑他做过精彩论述的诸多专门话题中的一个，也可以选择讨论他的基本方法。由于后一点是基本的，它在我看来体现了他对哲学的永久的贡献，我将只限于讨论它。

怀特海先生说，哲学的任务是形成"描述性的经验概括"。在这一点上，经验主义者应该毫无保留地认同。描述性的经验概括是任何明智的经验主义的目标。在这个关节点上达成一致更加重要，因为怀特海先生并不害怕使用"当下经验"一词。尽管他把哲学的方法称为理性主义的方法，但这种措辞并不使经验主义者止步不前。因为在历史上被称为理性主义（经验主义与之大相径庭）的学派并不关心描述性的概括，它最终关心的是先验的一般性，而经验的事情本身可以从中衍生出来。这种立场与怀特海先生的立场之间的对比格外突出，他强调直接存在的实际实体。"这些实际实体，"他说，"是组成世界的最终实在的事物。在实际实体之后再无其他。它们是一切东西的唯一的理由"。以下事实进一步突出了这种分歧：怀特海认为，每一个实在情况都存在一个直指的要素，它只能用手去指，即用"这个、这里、现在、那个、那里、那时"一类语词指称的要素；这些要素不能从更普遍的东西中得出，它们实际上形成了主要概括之一的题材，即实

① 首次发表于《哲学评论》，第 46 卷（1937 年 3 月），第 170—177 页。此文是杜威在美国哲学协会东部分会 1936 年 12 月 29 日召开的怀特海哲学专题讨论会上宣读的。

146

147

在的情况本身。①

然而,怀特海先生对哲学的定义是以缩略的形式给出的。他接着说,描述性的概括必须能够形成"一个一致的、合逻辑的、必然的一般观念系统,我们的经验的每一个元素都可以由这个系统来解释。这里,'解释'意指每个元素都是一个普遍格式的具体实例。"②这段话的用语所表达的观点距离刚才提出的概念稍远一点,而接近于传统理性主义。如果它的意思是说哲学家们应该尽可能符合逻辑,努力呈现一致的、甚至"必然的"发现;如果这里的必然性是指人们达到的概括性经验描述中严密的相互关系的必然性,没有遗漏也没有多余的东西,那么,经验主义者无需持异议。然而,这个陈述还可能有另一种解释,我将稍后讨论。

我首先想详述怀特海先生的"经验"概念的全部外延。人们通常认为,这个词的应用范围仅限于人的经验或有意识的经验。怀特海思想的一个根本因素就是否定这种限定。人类经验的每一特征都出现在自然界。反过来,凡是自然界出现的都出现在人类经验中。因此,我们在自然界中发现的东西越多,就有越多的智力去分析、描述、理解人类经验。我们是不能通过直接观察人类经验来确定它的成分的,这只有用经验到的自然界来解释它才能做到。

人类经验元素与自然元素完全对应的例证,是怀特海的每一个最终概括。我现在列举五个对应来作说明。(1)变化是有意识经验的一个显著特征,因此,后者被相当过分地称为纯粹的流变。宇宙中每一个现实的实体都处于过程中;在某种意义上,它就是过程。(2)没有两个有意识经验彼此是完全一样的,创造性和新奇性是自然的特征。(3)保留——最广义的记忆——和预期是有意识经验的标志,自然也在延续。每一件事情都联系着另一些事情,并在它的后继者中客观地永存着。(4)每一个有意识经验都有一个焦点,它是一个确定视野的中心。这个原则在自然中也有例证。(5)每一个有意识经验都完全是意识流中的一个单位脉冲。自然的连续性包含流动着的流体的原子性和个别性。

我并不是想说,怀特海通过直接建立这样一个一对一的相似性集合得出了那些概括(刚才列举的是它们的实例)。但是,除非我完全读错了,他的方法和系统中确实有这些对应,并且这些对应是根本的。如他自己所说:"任何拒绝把人

---

① 《过程和实在》(*Process and Reality*),第 27、37 页。
② 同上书,第 4 页;《观念的历险》(*Adventures of Ideas*),第 285 页。

类经验置于自然之外的学说，一定会在经验描述中发现一些因素，它们也是不那么专业化的自然事件描述的一部分……要么，我们承认二元论，至少把它当作一个暂时的学说；要么，我们应该指出一些相同的元素，它们把人类经验和自然科学联系起来。"①

我现在转向这种对应的另一个方面：把自然科学的结果用作解释人类经验的手段。他对主-客关系的处理，是一个值得注意的例子。在他的论述中，我们很清楚地看到，他否定二分的学说并不是一个专门的认识论学说，而是贯穿着他的整个宇宙论。这种主-客关系出现在人类经验和知识中，因为它就是自然的根本特征。哲学把这种关系当作根本。怀特海同意这一点。但是，哲学也把这种关系看作认识者与被认识者的关系。关于这一点，他根本不同意。在每一个实际的事情中都有这种关系；每一件事情都是它自己的主体，同时对"引发"它、使它在过程中出现的东西来说，它又是客体（对象）。这两个事物之间的相互作用"是组成个体事物的原料，而个体事物又构成了唯一的宇宙实在"。对于经验和知识理论，这种主-客关系的观点包含着革命性后果。

为了阐明这些后果，我选择讨论他的哲学与观念论［唯心论］②-实在论问题之间的关系。简单地说，当主-客关系仅限于知识领域并且把主体放在首位时，观念论产生了。当客体放在首位时，实在论产生了。但是，如果每一件实际的事实都是"二极的"（使用怀特海先生自己的表达），情况就大为不同。只有从存在的现实总体中抽象出来的东西，才能使用"实在的"、"观念的"这样的词语。当我们谈论物理和心理、好像存在非此即彼的对象时，只要我们知道我们在干什么，其实是在以一种过于专业的方式沿袭某些历史路径；在那些路径上，一系列连续的实际事件变成了持续的专门对象。这些路径并不限于［上述］两类对象的构成。一些路径指向的对象叫做电子；一些指向天文学系统；一些指向植物或动物；一些指向有意识的人类。这些对象的区别是它们的起源和遗传承袭的历史路径上的区别；它们之间并不具有固定的、不可逾越的鸿沟（我略去关于这些对象的社会或共同体的互补原理）。

我再举一个例子来加以说明，引用怀特海先生的原话而不加评论。"大脑是

---

① 《观念的历险》，第 237 页。
② idealism 有两种译法，一种是唯心论，另一种是观念论。——译者

身体的继续,身体是自然界的其他部分的继续。人类经验是一种包含了整个自然自我生成的活动,它局限于身体内一个专有区域的视野,但不一定与大脑中的某个部分有固定不变的对应关系。"①仅再多举一个运用物理科学的发现来分析人类经验的例子。如果一个人不熟悉现代物理学中的场论,没有想象的勇气把这些理论应用到人类经验的描述性概括上,我不知道他如何可能达到怀特海得出的那些关于人类经验的结论。我举简单定位的谬误作为一个专门的例子。

150　　　我再重申一遍,我挑选了一些节点来阐明怀特海的方法。在我看来,这种方法是他独创的,是他对哲学的不朽贡献,不论现在还是将来。我很乐意沿着这条道路继续下去,并且指出:这种方法如果得到广泛采用,其结果必将使哲学远离那些把哲学带入死胡同的岔道,使哲学摆脱现在阻碍着它的诸多局限。但是,我必须回到他的思想的另一方面,这方面似乎意味着,他的方法的理解和运用要在细节上有巨大的发展,从而融入传统的理性主义。我说的是"似乎",因为这个问题是我提出的。简要地说,问题是:它的发展和应用是把根本性的着重点放在实验观察(自然科学的方法)上,还是按照历史上理性主义的说法,把数学方法放在首位? 我希望"首位"一词引起注意。这个场合非常不适合模棱两可的说法。这两个方向并不是相互对立的。数学在物理科学中有其既定的位置。但是,我不知道这两者如何能够对等,"对等"是指恰好在同一水平上。我认为,必须有一个处于领导地位,而另一个跟随其后。

　　　如果我对这件事情的理解是正确的,我可以说,数理逻辑学家是这样工作的:他发现存在着一个确定的数学学科群,这个学科群是历史的存在,迄今为止影响着一切历史事件的偶然性也影响着这些学科。因此,与逻辑结构的要求相比,这些科学有某种特设的东西。逻辑学家因此有双重任务要完成。他必须把每一个学科化归为最小数量的独立定义和公设,这些定义和公设对于实现这个学科题材的逻辑组织是充分而必要的。他还必须建立各个数学分支的各种定义和公设之间一致的、必然的关系。前面引用过的扩展的哲学定义中,有些话表明怀特海意在要求我们在哲学研究中采纳这样一种数学模型和模式。在这个基础上,哲学家就会为自己树立如下目标:在直接经验中发现一些元素,这些元素可151　以表述为简明的独立定义和公设系统,这些独立定义和公设演绎地编织在一起,

---

① 《观念的历险》,第 290 页。

就会产生一个一致的、必然的系统,在其中,"每一个元素都是一个普遍图式的一个具体例示"。在这种情况下,不仅哲学家才必须合逻辑地工作。自然和直接经验的图式自身就是一个逻辑系统——如果我们的才智揭示其本来面貌的话。

然而,我所说的怀特海的基本方法可以有另外一种建构。就经验-自然和描述性概括而言,还有另一种方法:我称之为自然科学的方法,而不是数学科学的方法。因为在自然科学中,数学虽然是必须的,但从属于实验观察探索的结果。为了简便起见,我将把这种截然不同的方法称作"发生-功能的",尽管我知道"发生"一词特别容易遭受严重的误解。[①] 在我看来,建立在数学模型上的概括必然是形态学的、静态的;它们表达了一种无起源的结构,其中的成分是演绎地编织在一起的。以另一模型为基础,概括的题材差异性起源于经验-自然题材的研究;在进一步控制和排列其素材和过程的时候,它们起着分工的作用和功能。

就方法而言,我可以找到的"发生"方法的唯一的对立面是"直觉"方法。可以说,经过概括的差异性是业已形成的,在分析发生之后,我们只是通过一种最终的理性知觉来看待和认识它们。当然,"功能"的对立面是"结构"。各种概括,当它们以某种方式正确地放在一起时,再现了某个固定结构的不同部分;它们就像形态学中的器官一样,这时候,我们把这些器官看作从功能活动的细分中抽象出来的东西。于是,我们又回到了这样一个问题:哪个方面是首位的、主导的,哪个是辅助的?

152

对这个问题的恰当考虑,要求我们考虑怀特海的每一个最终普遍性或范畴,它们至少有七个。[②] 时间不允许我们作这样的考虑。我将仅仅考虑"永恒对象"的设定。"例现"(ingression)一词常常用来表示永恒对象与现实实体的关系,这一事实非常有力地指向数学模型。因为例现意味着永恒对象有一个独立的、现成的存在,而后者由直接的直觉来保证。在整个系统中,上帝的概念似乎表明这是一种恰当的解释,因为根据这个前提,确实必须有某个原则起选择作用,以确定哪些永恒对象在任一直接事件中例现出来。另一种观点是自然、特性或共相的出现(egression),这是对直接事件进行概括的必然结果,而进一步的运动及其

---

① 出现这种误解,是由于把发生概念当作一种心理层次上的概念。(在这里)它的意义是一种客观意义,意指天文系统以及动物的起源与发展都是属于发生学的。

② 在《观念的历险》中,这些范畴经过适当的修改,是与柏拉图的图式相联系的。见第 188、203、240、354 页。

后果的定向需要有这样的概括。按照另一个前提,智能行使的这种职能要由上帝来承担。

按照发生-功能的观点,这类对象(它们是"永恒的",意指非时空的存在)的出现,是由于存在有问题的情境。它们最初作为建议出现,然后以操作的方式应用到实际的存在上。当它们成功地解决了有问题的情境(组织相冲突的元素)后,它们的假设性质就被部分或大部分剥离了,于是成为常规的行为方法。

基于怀特海扩充的经验概念,自然中也有某种对应的东西。自然中存在一些不确定的情况。由于它们的不确定本质,随后的过程是难以决定的、尝试性的。它"引发"的活动是新生的。如果变成习惯性,它最终作为自然的常规确定地出现,把剧烈的冲突元素调和起来,而这些冲突元素源于自然情况的不确定性。当人们遵守这种建立常规的进步活动模式时,它就成为自然法则的题材。

我并不是肯定地断言,这种解释经验的基本概念的方式和经验的概括性描述之间的关系是必然的。毫无疑问,在我看来,这是一个真正的备用选项。我很明显地偏爱它,就像我说过的那样,我提出它是为了提出一个问题并在时间许可的范围内澄清它。① 从反面来说,怀特海的著作并无任何章节试图把最终的概括置于分析-发生推导的图式下;没有迹象表明,他采用了我所说的数学模式。从正面说,有上帝、和谐、数学关系、自然法则等高度复杂的中间环节,这是把永恒对象与直接事件交织起来所需要的。我认为,怀特海先生的著作读起来有些困难,这并不是由于他关于经验的基本概念;相反,只要哲学的想象力在一定程度上摆脱了哲学的传统及其语言,他的经验概念在我看来是极为清晰而富有成效的。在我看来,困难产生于诸元素的交织所需要的那些中间环节,我们之所以要求有这种交织,仅仅是因为初始独立性的假定。如果它们的出现是为了在功能上达到经验自身设立的目标,就没有这样的要求了。

由于怀特海的哲学对于我们所有人的哲学思考的未来充满潜力,我提出了基本方法的问题,而不限于做一项更加轻松的工作,即从诸多启发性的观点中挑选一个加以专门评论。由于哲学的潮流正奔腾前进,它当前完全有可能对我所

---

① 如果有时间讨论直接性质(由于它们的一个因果条件,通常被称为感觉性质),两种解释的选择问题将会更加清楚。怀特海把直接性质看作永恒对象,按照另一个理论,正是直接性质使实际事件具有独有的单一性。因此,没有它们,就没有了现实实体。

说的数学模型产生重要的影响。在我看来,怀特海对完整的自然主义作出的永久贡献需要另一种解释。毫无疑问,对怀特海先生的思想作数学解释,那是嘲讽,因为这种解释意味着静态而非过程才是首位的。按照这种解释,过程仅限于直接的事情及其向自然的固定性回归的从属反应,就像在原初上帝(Primordial God)那里发生的变化一样。于是,我们呼吁大家选择他的思想发展的另一个方向,这实质上是吁请我们承认:现实的事情就其充分的现实性来说,具有无限的丰富性。

向席勒致敬[①]

　　对席勒的生平作一些介绍,这是符合本次会议目的的。我无法提供任何值得叫做回忆录的东西,但是在这个场合,对他在英国和我们国家所做的工作表示明确的谢意是合适的——他解开了亚里士多德逻辑学为科学方法套上的紧身衣。席勒先生的工作其实没有过多地反对最初的亚里士多德逻辑学,他更多是反对后来把它简化成纯形式主义图式的做法,因此,他的热烈论战也就指向每一种试图把形式与质料分离开来的做法。一方面,他不断地呼吁这种分离使逻辑无用,因为它阻碍了逻辑在实际问题上的应用;另一方面,他尖锐地指出,形式逻辑学家们总是陷入自我矛盾,因为他们不得不谈到他们专业领域之外的事情。

　　席勒的第一篇值得注意的逻辑论文表明,他对现代学术运动极为敏感。公理是假定,是判定和要求,而不是自明的真理或必然的第一真理。他写了那篇文章以后,这种观念几乎成了老生常谈。席勒最初提交文章时,它在专业哲学家中获得的认可极为稀少。我并不试图把他的逻辑思考的主要思路全部说出来;但是,我必须提及两个原则,它们几乎出现在他的逻辑著作的每一页,即内容原则和目的原则。

　　他深信,纯形式是毫无意义的;形式总是题材的形式。内容原则从根本上

---

① 这是杜威于 1937 年 11 月 28 日在纽约社会研究新学院(The New School for Social Research)召开的席勒纪念会上的发言。原文为打字稿"杜威论席勒",不是杜威打的字,收藏于洛杉矶:加利福尼亚大学图书馆专藏部,席勒藏品。

说,就是从这个信念引申出来的。他从反面批评说,纯形式逻辑是不一致的,因为它用真-假来定义判断和命题,而"真"、"假"离开了题材就没有意义。它的正面表达是相关性的重要性。当然,这两个方面有着必然的联系。席勒写道:"最流行的逻辑学说的核心,仍然在于断然否定相关性和与之有关的所有观念。"

相关性原则是与目的原则联系在一起的。因为相关性涉及选择、区分,而选择必须有根据。相关的题材之所以相关,是因为它与支配着求知的目的相关;为了该目的,人们进行观察、实验和推理。我认为,有两个主要的考虑使席勒受到詹姆斯的吸引。一个是詹姆斯摆脱了惯例的束缚,在詹姆斯著书立说的时代,那些惯例束缚着哲学——今天,我们很难理解詹姆斯解放的程度,除非我们回到过去,在某种程度上融入当时的主流风气中。另一个更明确的哲学动力是詹姆斯强调:目的和实践结果对于确定所有的思想活动来说都是重点。

席勒更喜欢把他的总体哲学称作人道主义而非实用主义,我想,这可以由如下事实说明:他参与了名为个人观念论(personal idealism)的早期运动。那个时候,主流哲学几乎就是某种唯心论。个人观念倾向于接受精神和心理第一性的学说,但是它反对用当时甚为流行的理性主义腔调来解释心理。在它看来,理性主义的观念论与机械唯物论一样,严重地破坏真正的道德价值。席勒在《应用逻辑》(*Logic for Use*)的前言中说,他用唯意志论来取代人本主义,是"为了更鲜明地反对旧逻辑"。

在有更多否定、更多批判的著作《形式逻辑》(*Formal Logic*)的前言中,席勒说,他希望这本书能够是"暂时性地、成功地打消了它自身存在的需要"。一方面,它在什么程度上被取代,事实上是他的著作成功的尺度;另一方面,它以什么方式被取代,大概是衡量他没能达到预想目的的尺度。由于在牛津当过逻辑教师,席勒敏锐地感觉到逻辑在课程表中仍然是一门文学课,因此"逻辑学家被免除了获取科学知识的光荣职责"。对于逻辑理论的现状,很难再作出那样的评论了。另一方面,我们今天的总体性标志是强烈反对早期的唯心主义和主观主义。我想,席勒长久地挣扎说明了如下事实:尽管逻辑已经发生了很大的变化,却没有按照他希望的方向前行。

的确,实际的变化使人们很容易、太容易低估席勒所作的重要工作。他是最早主张逻辑和实际科学工作密切联系的人物之一。他是主张意义具有中心地位以及意义先于真理概念的先驱。他强调内容、相关性和目的,今天和当时一样需要这样。我们可能不同意他对这些范畴作出的以心理学为主的解释。但是,那些不同意他的人极大地受惠于他,我很荣幸能在这个集会上提出这些不恰当的话。本次集会的目的,是宣示那些表达了自由智力的求知方法。我愿意把他当作自由智力的一个代表。

教师和大众^①

谁是工人？教师是工人吗？工人有把他们联合起来的共同纽带吗？这些纽带可以由行动表达吗？这是今天晚上我想与你们一起花些时间探讨的一些问题。

谁是工人？我来回答这个问题：所有参与生产活动的人都是工人。我们习惯于把某一类罪犯称为"二楼工人"^②，这个称呼显然有些滑稽。我们说一个人"工作"，另一个人从他那里取得某些东西。并不是每做一件事都是工作，即使它为做事的人提供了某些报酬。仅当做事情产生对其他人有价值的东西，不仅在特殊情况下有价值，而且当那种事情一般能够服务于人时，它才是工作。那些以他人的工作为生却不回报的人，是某种类型的寄生虫。以利息、股息或租金为生的人，只要不做别的事情，就是寄生虫。社会的某一阶层获得荣誉、尊敬和赞赏，如果是因为这个阶层的成员解除了劳动的必要性，那么就有某种东西在理智上和道德上以及经济上都是颠倒的。不相信这一点，就等于相信那些减少社会真正财富的人而不是增加社会财富的人，是最高等级的。每个人都在理论上同意这个陈述，但事实上，这个国家重视富人仅仅因为他们是富人。这说明我们的实践并不符合我们的理论信念。

教师是工人吗？这里已经有了回答这个问题的基础。他们参与生产活动了

---

① 首次发表于《当代重要演讲 1》(*Vital Speech of the Day 1*)，1935 年 1 月 28 日，第 278—279 页。该文来自 1935 年 1 月 16 日通过纽约市无线新闻电台(WEVD)广播的一个演讲，是 NBC"空中大学"(University of the Air)系列的一部分。
② 在美式英语中，"二楼工人"(second-story workers)指爬窗户进楼盗窃的人。——译者

吗？只有那些制造出物质产品的人才是生产者吗？

　　医生维护共同体的健康，他们当然是某种基本共同体利益的生产者。教师的任务是为共同体生产更高级的智能，公立学校制度的目的是让尽可能多的人拥有这种智能。技能，即在许多职业上聪明有效地行动的能力，是一个社会达到的文明程度的标志和标准。教师的任务是生产有助于现代生活所需的多种技能。如果教师达到了职业标准，那么，他们就帮助了人品的产生；我希望我无需对人品的社会价值多说什么。

　　教师是生产者，是工人吗？如果智能、技能和人品是社会产品，这个问题自身就有了答案。真正重要的是，我们要看到物质产品的生产最终如何依赖理智产品和道德产品的生产。我的意思并不是说，物质生产仅仅在数量上依赖这些东西，尽管这是真的；而是说，物质生产的质量也依赖于道德生产和智能生产。同样正确甚至最终更重要的是，物质产品的分配和消费也依赖于主流的智能和道德水平。我无需提醒你们：在这个国家，我们拥有一切必需的手段来生产足够多的物质产品；而且，虽然为了追求利润而常有低劣的产品，但我们拥有所有自然的和技术的资源来生产足够多的高质量产品。然而，不用我说，你们都知道，数百万人没有工作，没有安全，也没有机会；既没有机会生产，也没有机会享受产品。最终，这种状态可以归结为智能、技能和人品的生产不够。

　　为什么我要说这些（应该是）众所周知的事情呢？这是因为，它们与我提出的第三个问题有关。教师与工人、与某种特殊商品的制造者一样，与其他工人之间有密切的、必然的联系吗？如果有，这些联系如何在行动中生效？

　　某些事实表明，这些问题的答案要在如下事实中寻找：学校和教师，总的说教育，是我们称作大萧条的巨大工业混乱和经济混乱的主要受害者之一；薪水或工资缩减几乎是普遍现象；大量学校被关闭；班级被扩大，降低了教师的工作质量；专门为残障儿童办的幼儿园和班级被砍掉了；对于生产社会需要的智能和技能必不可少的课程被取消了。结果是，失业人口的数量增加了，经济复苏所必需的大众消费能力收缩了。但是，连同这些后果一起，还有更大的伤害。生产工作作为教师的特殊任务受到了极大的损害，而发生这种损害的时候，正是社会最需要它的智能、技能和人品的时候。

　　原因是众所周知的。部分原因是大多数人无力缴纳税费，再加上一些人有能力缴纳税费却想摆脱他们眼里的负担。换句话说，它一方面是由于大萧条，另一方面是由于操控权归少数人阶级所拥有,他们代表着社会和国家中的寄生阶层,以租金、利息和股息为生。如果必须有某种切中要害的东西来证明教师是工人,与农民、工厂雇员、职员、工程师一样是工人,那么,这种证明已经提供了。给一个群体制造困难的原因,也给另一个群体制造了困难。教师与手工工人、白领工人和农民乘坐的是同一条船。影响后者生产能力的东西,也影响了教师进行工作的能力。同样地,不管什么措施,如果提高一个群体的安全和机会,它对另一个群体也如此。不管就制造麻烦的原因来说,还是就改善状况、阻止困难复发的补救措施来说,教师在各个领域都必然和工人联系在一起。

教师在认识到这个事实方面显得十分迟钝。他们觉得他们的工作性质使他们处于一个特殊的位置,与那些靠双手劳动的人不一样。尽管他们的大多数学生来自那些依靠双手在农场、商店、工厂工作的人,他们对后者的主要经济利益和政治利益采取冷漠的态度。我不需要深入讲述这种态度如此普遍的原因。然而,它的一个方面与我的主题有明确的联系。我说过,教师的任务是生产品格、智能和技能产品。我也说过,现在的情况显示和证明我们的社会缺乏这些产品。也许有人会问,这个事实不是也证明大量的教师不能完成自己的任务吗?

对这个问题的坦率回答是:是的。但是,这个问题和这个答案都不是失败的原因。其原因要追溯到有经济特权的人、权力大的阶级,他们过度地控制着立法和行政。教师的职位、晋升和任职安全,在很大程度上依赖于他们顺从这个阶级的欲望和计划。即使现在,拥有独立思想、愿意在学校公正讨论社会问题和经济问题的教师,都可能被解雇;而且有一个由富人资助的运动,它给这个共同体中所有愿意建立更高的经济智能标准的人都贴上了标签(布尔什维克、激进分子、破坏分子)。

这个事实给我带来了最后一个问题的答案。如果教师是工人,由共同的纽带与所有其他工人联系在一起,那么,他们应该采取什么行动?答案是简短而丰富的。他们和他们的朋友结成联盟以反对共同的敌人,即特权阶级,并且通过联盟来发展那些实现民主社会秩序所必需的人品、技能和智能。我本来可以拿美国教师联合会章程的序言做我的讲稿。序言的部分如下:"我们相信教师是最具有生产力的工人之一,学校和人民的最高利益要求在教师和社会中其他工人之间建立密切的联系和有效的合作——民主的未来将依靠他们。"

联合就是力量。如果没有联合的力量和联合起来的成果,同一文件中指出的奴役、不民主行政、固守传统、漠视共同体的需要等状态都将继续存在。它们在多大程度上继续存在，教师就必然在同样的程度上无法完成社会托付给他们的特殊生产任务。

定向之需要[①]

对那些毕生致力于教育事业的人来说,对现行教育制度横加攻击并不令人
喜悦。但是,在我们生活的时代,不论是对于进步,还是对于学校已经存在的许
多好东西得到利用,有辨别力的批评都是必要条件。受批评的主要不是老师,而
是他们的工作所从属的制度。我很乐意相信,这个国家从来没有这么多的教师
像现在这样在工作上训练有素,并迫切地希望提高自身的职业水平。但是,这个
制度体系使他们心无专属、头脑混乱,也使他们的工作茫然无绪。我将说到的,
正是这些东西。

说这个制度是一个制度,只是出于礼貌。事实上,它更像是一块拼接板,它
的诸多板块没有形成一个型式。它是由新旧不同的板块拼接而成的,其中一些
是过去留下的、未经改造的板块,一些是由于新条件而引入的东西。这个陈述同
样适用于教学内容、教学方式、教育体系的社会控制以及它的行政管理。结果,
新课程的引入,将教学计划分裂为互不相关的条块并拥挤不堪。科目太多,课程
太多,结果就是混乱。

为了挽救这种局面,有人要求回到过去严谨而狭窄的课程体系。但是,讨论
这种做法如何值得向往是没用的,因为它是不切实际的。现代世界的各种力量
摆在面前,它们继续影响着学校。一个工业化的科技社会的需求是不容忽视的。

---

① 首次发表于《论坛》(*Forum*),第 93 期(1935 年 6 月),第 333—335 页。作为与泰勒·德纳特
(Tyler Dennett)名为"教育和我们的社会:一场辩论"的第一部分;第二部分是德纳特的文章,见
本卷附录 2。

即使是在我们国家,旧式教育也是延续和模仿专为特选少数人阶级设计的教育。在近一代人的时间里,中学和大学的数量增加了六倍甚至更多。这种快速增长在任何一个国家历史中,都是空前的。它的学员出自这样一些人,他们没有背景、没有传统、没有旧制度要去迎合的阶级需要。为了应对这些人的需要,新的科目和课程被引入了。但是,这种引入是零碎的,没有统一目标的,并且旧科目不加任何修改而与新科目共存。只有那些有强烈的天生倾向的学生,才能就他们自己的能力或他们将在其中生活的这个世界提出清晰的想法。学校是漂荡的水流,而不是一个体系。

在这些得到充分支持的学校中,训练和教学方法在大约一代人的时间里实现了变革,大多数有了好转——尽管在这个国家的大部分地区,乡村学校仍然处在一种令大众汗颜的境况之中。与过去相比,我们对个人的构成有了更多的认知,对个人的需求更加适应。但是,在我们的大城市,学生们不人道地聚集在一起,各个班级里都是过度拥挤的学生。这种变化对整体教学精神的影响,远大于它对学生们的实际影响。大部分教学方法仍然是机械的——常常更甚于诸多旧式的小乡村学校。最糟糕的是,即使一些学校并不把学生当作有智慧的机器人,但他们个人特质的激发更多是偶然的,而不是有导向的。

现在,很多刚从学校毕业的学生发现自己处于一种可悲的、前途渺茫的状态中,没有职业,也没有职业前景。这当然不是教师的过错。如此多的中学和大学在读的男女学生发现自己因为没有可靠的未来而痛苦和迷茫,这也不是教师的过错。如此多的青年没有两条智慧之腿让自己站立起来,没有立足点来看世界,没有看清经济和社会衰落原因的洞察力,没有办法给自己确定方向,这些都是制度的过错。没有工作是最坏的事情。当这些年轻人面对未来生活觉得手足无措,并且在智力、道德、职业上感到困惑时,罪恶就会增长。

我并不是说,青年在学校所受的教育使他们能够理解那些连有经验的成年人也感到困惑的问题。我的意思是说,如果教育是真正的教育,就应该培养年轻人,使他们对他们所处的世界、世界前进的方向,以及他们在其中扮演的角色,有统一的认识。学校应该给予他们智力和道德的钥匙,去开启当代世界的大门。但是,为追求所谓的文化目标、职业目标以及学科目标(这些目标相互冲突)而开设杂乱的课程,所用的方法一部分诉诸个人能力,一部分机械地训练他们的头脑和行动。这样做的结果,使年轻人完全不足以面对现在摆在他们面前的情景。

在另一些国家,经济不稳定,加上对社会力量和社会运动缺乏洞察力,使得年轻人成为法西斯主义最自愿最狂热的追随者。如果同样的事情没有在这里发生,我们应该感到庆幸。

我刚说的话是概括性的。但是,任何一个对我们的学校有深入了解的人都可以把它变得具体,想想学生仍然把大量时间和精力用在纯粹的信息积累和机械的技能掌握上吧。此外,先背诵而后差不多忘记的那些课文,并不是按照特定的原则来筛选的;许多课文被选择,仅仅是因为过去讲授过。几乎没有人尝试彻底检查整个结构,把眼光放在筛选和组织上,从而使学生认识到他们学习的内容与现代世界的联系。

至于方法,现在每个人首先需要的是思考的能力,还有理解问题、把事实与问题联系起来以及使用和欣赏观念等能力。如果一个从学校出来的男孩或女孩拥有这种能力,其他一切都可以另行获取。他将在智力和道德上认识自己。但是,个人的思考能力被淹没在大量必须"学习"的东西中了。结果,我们的国民中很多人离开学校时没有能力进行批判的辨别,完全受社会宣传的摆布,全凭当时谁的声音最大最热闹,从一个计划和方案漂移到另一个。很多摆脱了这种倾向的人发现,他们不得不重新开始自我教育。就此而论,我可以说,我们现在的制度为继续教育导向提供的机会太少了。对那些已经离开学校的人进行继续教育,很早以前就应该成为公共教育的首要权益,这样说并不是对当前的"成人教育"努力的蔑视。

在现行学校系统的社会控制与学校的教学工作之间,几乎不存在真正的联系。事实上,现行的联系对学校的真正教育工作是有害的。从整个国家来看,现在的学校董事会是这个共同体的一个特殊阶级或群体的代表,而不是共同体利益的代表。他们把自己比作私人雇主,而把教员看作他们雇用的男人和女人。

这种情况在学校的行政组织中反映出来。一方面,行政官员和任课老师之间很少有真正的合作,前者编制教学科目,准备教学大纲并制定教学方法;后者接受命令,依他们执行命令的程度,他们的职业创造力被钝化了,他们自己的工作变得程式化、机械化了。另一方面,行政人员的工作过度地顺从学校董事会占主导地位的经济阶级的欲望,而学校董事会又是社会控制力的行使者。

现在应该很清楚,为什么我不去全面地指责教师。学校的缺点是社会混乱、无序在学校的反映。它映照出社会的无计划性和漂移性。但是,这面镜子不是被动的，它用来永久地维护使它得以产生的社会和经济条件。我并不是说教师和行政人员在这种情况下是无能为力的。现在最有意义的事情，莫过于勇敢而明智的教育者所作的断言：在改造社会秩序的过程中，学校承担着明确的责任份额。这个主张不论对于教育进步还是对于社会，都是必要的。但是，它遭遇到报纸，特别是赫斯特报社（Hearst press）的诽谤战。它也遭到了法律的镇压。参与这些运动的人，应该对制造更大的社会混乱承担重大的责任。最广义的社会事务包括政治和经济事务。当此之时，智能在社会事务中就是命令，居然还有一些人试图减少现存的社会智能的数量。只要我手上还有直接的权力，"身死之后，由它洪水滔天吧"就是他们真正的行动原则，如同它是波旁家族任何一位国王的原则一样。

教育和新社会理想①

在 1936 年即将开设的关于教育和新社会理想的课程中,我想特别关注什么是新社会理想和为什么它们是必要的这两个问题。

我最想强调的一点是:那些要求进行教育改革的社会理想根本不是新的,本来也不是。160 年前,同样的理想启发了《独立宣言》,现在只不过用了新措辞。新措辞是需要的,因为这个时代发生了巨大的社会变化。但是,这些理想本身是民主、自由和平等的理想,它们激励我们的祖先在他们开拓的这片土地上,建立一种政府和一种政治制度;在他们看来,那是这个地球政治史上最新、最革命的政府和制度。

不是新东西。我们断言,我们的教育体系的运转所必须的那些理想本身不是新的;只有相对于实现那些理想所需要的方法和手段来说,才是新的。你只要听听任何一个反动分子的演讲,或者读一读任何一份反动报纸的社论,看看他们怎么谈论"美国传统",你就会看到,虽然很多人仍然自诩为美国人,但是在他们的心里,真正的美国传统变得极其模糊和扭曲了。

在最初真实的传统里,自由的理想适用于每一个人,适用于一切行业的每一个人。今天,自由联盟②和它所代表的所有利益群体不遗余力地提出的反动解

---

① 首次发表于《当代重要演讲 2》(1936 年 2 月 24 日),第 327—328 页。该文来自 1936 年 1 月 14 日通过纽约无线电台 WEVD 广播的一个演讲,是 NBC"空中大学"系列的一部分。

② 自由联盟(The American Liberty League)是保守的民主党人于 1934 年建立的、反对罗斯福新政的一个政治组织,只活跃了两年。罗斯福于 1936 年再次当选总统以后,它的活动大量减少,1940 年解散。——译者

释,把自由理想的实现限定到有特权的少数人身上,即那些在经济地位上有特权的少数人。它把自由的表现限定到唯一的一种表达渠道:在一个经济力量的控制权集中在少数人手里的社会里赚钱的能力。

平等理想中也存在着类似的滥用。最初,真实的美国传统赖以建立的观念是:保证所有人机会平等,建立一些基本的条件,使每一个人都能够发挥自己最大的潜能。这个高尚的理想被歪曲成这样的概念:由于法律在名义上对所有人都一样,所以平等已经存在了;稍微用一点常识就会看到,当巨大的经济不平等成为既定规则时,实际的机会平等是不可能的。

对新社会秩序的要求,事实上是要建立一些经济政治条件,使以前的民主观念得以实现,即以个人发展为目的的所有人的自由和机会平等。

为了使以前的美国社会理想成为实际而不仅仅流于文字,为了不再因为占主导地位的少数人阶级的利益而被任意摆布,我们需要建立新的社会秩序,其原因大写在当代社会的脸面上。

1776 年,只有几百万人散居在大西洋沿岸。如今,一亿两千五百多万人绵延在这个大陆上。150 年以前,大量的土地尚未有人居住、未被占有和使用,这个事实意味着大量自然资源还未被占用。而如今,这些道路已经关闭。单是这个事实就足以表明,我们必须使用新的社会政治手段,从而实现机会平等的理想。我们要么承认这个理想只是一个梦想,只在拥有空闲土地的情况下才有意义;要么采取措施,提供一些有效的途径,替代空闲土地提供的机会。

此外,那时人们散居在不同的地区,仅仅通过公共马车彼此联系;不同地区之间的商业往来比较罕见,也很缓慢。如今,在我们生活的国家里,即使距离最远的区域,也通过电报、电话、无线电、飞机联系在一起,蒸汽和电力使我们克服了交通和商业上的自然障碍。州治权利和地方自治观念在隔离时期是恰当的,然而,现在却被用来阻止国家行政机构在现行条件下为公共利益采取的行动。我们发现,地方法庭对联邦立法置之不顾,其理由是那些立法事务只涉及几个州——他们很清楚,那几个州不可能采取有效的行动;同时,他们对各州的立法也置之不理,原因是它侵犯了联邦政府的权力。由此,他们创造出法律上的无人管辖区,在那里,与自由和平等相对立的掠夺者利益完全处于支配地位。

最后要说的是,自由和平等的理想是在农业社会中提出的。詹姆斯·瓦特(James Watt)把蒸汽原理应用到机器上的时间,比《独立宣言》的写作时间早了不到十年。大概 60 年之后,我们国家开始有了铁路;大概 70 年之后,即使在华盛顿和巴尔的摩之间这么短的距离,也有了电报线。在过去的一个半世纪中,机器的发明和应用更是数不胜数,它们带来的社会变化比以前人类在地球上生活的几千年还要多。劳动组织、收入分配、劳动条件的私人控制,以及大规模的失业和无保障等问题,都由于农业社会向工业社会的快速转变而大量产生。我们经历了一个匮乏的时代。试图进入一个潜在富足的时代;然而,在这中间的过渡阶段,各种人类问题越演越烈,不必要的痛苦与日俱增。

一些人反对使用集体型的新工业手段和政治手段来实现最初的美国理想,实际上,他们是在对抗不受个人情感影响的巨大力量。长远看来,这些力量最终将使他们的所作所为化为乌有。但是,他们的所作所为可能会延缓政治秩序和工业秩序的建立,从而推迟美国社会理想的实现。在拖延的时间中,他们将制造混乱,增加不必要的痛苦,浪费生命,嘲弄自由和平等的民主理想。

正是在这一点上,实现我们传统的美国理想所必需的现行社会秩序的变化与教 170 育工作之间的联系变得显而易见。立法和行政是改变社会秩序直接和明显的手段。但是,大多数人思想的改变,思维习惯的改变,信念、欲望和目的、希望和恐惧的改变,都是政治手段行之有效的先决条件。这些必需的初步变化,是通过教育来完成的。

除非学校可以自由地产生这些信念和目的的改变,除非管理学校的那些人、行政人员和教师对真正的美国理想有充分的了解,除非他们能识别伪装这些理想的虚假形式,除非他们察觉到现在的一些经济障碍和政治障碍在阻止我们实现最初的自由和平等的民主理想,否则,那些一定会发生的变化将伴随着暴力的最大化,充满腥风血雨。除了用强迫来实现进步,我们还可以通过教育来影响行为背后的观念和欲望。妨碍后者的每一样东西都纵容了前者。激发暴力变革的是反动派而不是革命者,这是一个相当老套的说法。人们能否集体地从过去的集体经验中获取知识,就像单个地从过去的个人经验中获取知识那样,这还有待于证明。现在,既不忘记又不记住也不学习的波旁主义(Bourbonism)是显而易见的。然而,不管人们关于我们的政治经济需要的私人信念是什么,那些寄希望于和平进化而不是暴力和血腥革命的人,必将实现真正自由的教育制度在社会和平发展中占有的核心地位。他们将竭尽全力击败敌人,尽管这些敌人目前很强大、很活跃,从而建立在求知、教学、学习方面都很自由的学校。它们在智能和道德上都是自由的,是我们引以为傲的真正自由的学校。

周年纪念致词[①]

像现在这样的周年纪念给我们提供了机会，以回顾过去、展望美好的未来。这是我们作为教育者对我们的事业进行盘点的时机。商人每年或每季度都会盘点自己的物品。我们可以仿效他们的行为，问问自己在过去的 50 年里做了什么，如何为将来作出最好的打算。商品是什么，哪些处于流通之中？它们去向何处？它们有什么用途？它们一旦售出，是否刺激了更大的消费需求呢？它们激发了对更多教育的欲求，还是减少了？哪些库存的商品是否闲置在货架上，或者通过特价销售并需要广告的大肆宣传以说服犹豫不决的消费者，才能卖给他们？当我们面对将来时，应该在哪些材料和方法上减少损失？将来可能有哪些需求，满足这种需求应该投资于哪些商品？我们提供的东西如何与社会需求相关联？

这些问题要求一个过分商业主义和物质主义的比较。我并不建议教育者参与所谓的"向大众销售"，并努力克服销售的困难。教师的职业不是商业性的。然而，在库存盘点这个观念里，也许有某些东西值得借鉴。因为教育事业的基本假定是学校可以提供某些有价值的东西，而这些价值又有真正的社会需求，这种172需求可能被唤醒，成为一种有意识的需要。这些价值就是各种技能、知识体系，它们是滋养心灵的食粮；它们塑造愿望，激发热烈持久的目标；它们培养思考、求知、判断的能力和意愿。如果我们无须设法衣以蔽体，那么，我们应该为心灵穿

[①] 这是杜威于 1936 年 4 月 26 日在安阿伯市召开的密歇根教师俱乐部 50 周年纪念会上的致辞。首次发表于《密歇根教师俱乐部杂志》(*Journal of the Michigan Schoolmaster's Club*)，第 38 期 (1936 年 7 月 25 日)，第 5—13 页。

衣,用衣物覆盖它,使它免受伤害,使它以美丽而不是丑陋的姿态出现。

当我们回顾往昔的岁月时,一个事实引人注目。公众开始大量需要学校提供的东西,特别是高中、学院、大学以及职业学校。我不打算讲具体的统计数字,据说这些学校的人数增加了很多,大概增加了十倍之多——也就是说,这个比例远远超过了人口增长的速度。如果我们接受当前美国的数量标准,当我们回顾过去时,非常有理由为我们现在庆贺。但是,数量上的巨大变化,也意味着教学质量和教学方法上的巨大变革。因为50年前,我们接触的年轻人的数量相对而言,只是全部年轻人的一小部分,特别是在高级学校,这意味着我们的教育终究只是指向一个相当有限的群体。由于高中招生人数越来越多,大学预科生作为一个群体出现了。如果你愿意,可以这样说,对于这个社会阶层,以前的教育已经不再适应了,不再有什么吸引力了。过去半个世纪的教育动荡,正在进行持续的、远远没有结束的重建工作,在很大程度上是一些有意无意的努力,试图应对公立教育大量增长的局面。

50多年以前,当我还在中学的时候,基本上存在两种学习路线或课程——一种是所谓的经典课程,是大学的预备课程;另一种有时被称作英语课程,不过我们最好否定地描述它,因为它不是大学预备课程。理智上更认真一些的学生都学习经典课程,不管将来读不读大学。另一种课程对其他的同学而言,是一种包罗万象的东西。我无需浪费你们的时间来告诉你们情况是如何改变的,直到在较大的城市里,高中课程几乎包括了所有可以设想的科目,并以每一种可能的方式组合起来。尽管人们对大学的入学标准支配着高中的工作颇有怨言,常常很强烈地表示愤怒,但只要我们看一看过去50年的记录,就能知道大学在很大程度上作出了反应;它们使行政条件更加多样,从而使可以提供多种科目的可能组合更有弹性。过去,学校教育实际上一分为二:一面是围绕着三个R①,对大众进行实用的技能教育;另一面是高中、预科和大学教育,其教学内容是为少数人选择的传统科目。这样的时代正在离去,尽管还没有完全离去。

因此,关于高级学校人数的巨大增长,我提出的观点不是就事论事。我要说的是它对学校课程和教学方法的变革产生的影响,还有它产生的尚未解决的问题。艾兹拉·康奈尔(Ezra Cornell)表示,他想要办一所大学,在那里,任何人可

---

① 即阅读、写作和算术(reading,writing,arithemetic),其英文单词都是以R开头的。——译者

以学习任何东西。在教学条件较好的大学和高中里，这种愿望的实现近似于描述当下的状况。由此产生的问题表现在：某些圈子越来越激烈地攻击我们的现行体系，认为它过于拥挤，没有统一的目标，并由此产生杂乱的问题。这种攻击反映在一些理论和实践动向上，这些动向限定教育，至少是大专院校的教育，使它成为明确地有选择的教育。教育领域的海外访问者几乎都会告诉我们，这样使大众接受高级教育的做法犯了多么严重的错误。虽然这些批评和建议与我们国家的传统格格不入，但我想它们产生了正面的、越来越多的反响。不论这种反响的本性如何，不管受欢迎还是不受欢迎，那些批评和建议都提出了一个我们必须面对的问题。

在我看来，对于这个问题，有三种可供选择的解决办法。我们可以继续走过去大体上走过的道路，这种策略，我可以直率地称之为"即兴策略"。它是在出现特殊状况和突发事件时随意作出的直接的、因而基本上无组织的反应。我们还可以采纳和扩展另一种策略，它是有选择的限制；或者，我们可以仔细地重新思考整个教育哲学，重新组织教育实践，以此来应对大众教育已经成为事实时所出现的情况。我并不打算论证第三种办法，我仅仅想说，一方面，在高中和大学里，至少是州立大学里，应用限定选择策略遇到的困难在实践上是难以克服的；另一方面，局限于选择特定群体的策略实际上是对民主传统的抛弃。

然而，我认为，继续采用我称作即兴和随流的策略是不可取的，从长远看来，实际上也是不可行的。我不打算详细论述我为什么觉得它不可取；毫无疑问，我使用的词语表明了理由。即兴和随流——这些名字在某些人看来，也许是未经证明的比喻。我们要讨论的是实践可行性的问题。我们暂且不谈教育问题，现在社会规划的问题很大程度上还在空中——我可以再加一点，"在空中"一说有两个意思。在我看来，我们国家现在面临的问题是：社会计划是否可能？如果可能，如何规划，目的是什么？从理智上说，它至少是处在我们现在使用的一些政治标语背后的问题，这些政治标语包括个人主义和集体主义、自由和社会福利。它贯穿和联结我们国家现在面临的大多数社会经济问题和政治问题。在我看来（我在这里仅仅是陈述我的个人信念，并不是为它作论证），即兴和随流的教育状况，完全类似于过去半个世纪引发我们社会生活和国民生活的状况。在这两种状况中，都出现了大量新的、前所未有的情况，很多新生力量开始起作用了。在学校和共同体生活中，我们对新情况的处理依靠的是抓住什么算什么的原则。

我们尽最大努力把它们变成临时账户,没有来自往年的充分准备,也没有花时间把问题想清楚。正如一个非常聪明的公共事务评论家最近所说的,我们思想胆怯,行为鲁莽。

有两种原因迫使我们考虑作规划或是随流——一个是负面的,一个是正面的。负面的原因是我们称作大萧条的经济衰落的出现。这种局势在一个无偏执的人看来,是一个危机,而不仅仅是以往萧条情况的再次出现。正面的原因是科学方法的产生。这种方法在特殊的领域获得了巨大的成功,它使我们处理物质和能量的方法发生了彻底的变革。这个事实产生了如下问题:这种在物质生产和分配领域行之有效的规划和求知方法,是否也能在人类关系领域应用呢?这个问题相当严重和紧迫,因为很明显,大规模的工业混乱是由于科学方法和技术在一个生活领域得到应用,而在另一个领域没有得到相应的应用。

经济生活中的停工状态,是一个停下来进行思考的机会。普遍无保障的生活,影响了学校和教育事业,也影响了社会生活的其他方面。它产生的问题,是我们如何在教育以及其他领域中获得更大程度的保障。我想,我们可以很安全地说,在这个国家的公共教育领域,一个时代正在落幕,另一个时代正在拉开帷幕。我们为教育场地、教学大楼、教学设施提供了极好的供应,尽管还不够充分;在行政管理方面,我们也做了很多工作。我们现在面临的问题是:它究竟是什么?它有什么用途?我们应当怎样对待它?经过灌输,美国人民对公共教育高度信任。这种信念会悲惨地落空吗?直到最近,我才听到纽约市的市长①对一群教育工作者说,几年前,在高中或大学毕业班面前发表一个看起来合适的演说,是相对比较容易的。而现在,他说,不敢面对他们,即使面对他们,也不知道该说些什么。

到教育领域里我们想看的地方去看一看,看看期刊,看看学校全体教职工会议,我们发现,我们处于一个前所未有的质疑和寻找的时期。没有一个原则,没有一个学科,没有一种方法,可以不受影响。从幼儿园到大学,我们都听到这个问题:我们所做的是正确的事情吗?我们如何做得更好?我们为婴儿建立了托儿所,为年龄较大的人设立了成人教育。我们没有理由抱怨说,教育工作者沉湎在对过去完成的工作的骄傲自满之中。对于进步教育这个观念,到处都有大量

---

① 时任纽约市长为拉瓜迪亚·菲奥雷拉(La Guadia, Fiorella H)。——译者

的人作出响应，虽然那些适用这个名称的人本该最先指出它的目标和方法，但这些到目前为止还不清楚、不连贯。

重新思考整个公共教育问题的条件已经成熟了。首要的先决条件是我们把这个问题当作一个整体来看，而不是支离破碎地看待它。把它看作一个整体的问题而非多个问题，遭遇的困难似乎是巨大的、难以克服的。然而，现在的情形表明，真正的实践困难产生于我们没有把它当作一个整体来看待。在教育事业的不同分支和不同方面，孤立地解决特殊问题总会碰到一些顽固的事实，这些事实表明，它们之间是相互关联、相互依赖的。实行进步教育的学校，如果它们所发现的东西不能在各个学校普遍实行，其最好的努力也注定是徒劳的。职业学院（professional schools）①依赖本科部所做的事情；本科部依赖于中等教育的成果；后者的工作又必然依赖于初级教育中发生的事情。成人教育的一个重大问题是：它的主要任务是不是试图修复常规教育体系的缺陷，或者是不是依靠并扩大以前教育受到的鼓舞——以前的学校教育所唤起的愿望？继续教育学校和其他补充教育机构也是如此。

我们可以反过来看。我们不从上往下地看待教育体系，而从较低等学校的工作往高等学校的方向看。除了目标和努力的连续性以外，前期做的工作没有效果。它总是被后来的工作忽视，或清洗掉。对很多儿童和青少年而言，学校生活是一次又一次停下来而后重新开始。历史的记录就是开始和停止，仅仅是为了开始和停止更多的东西。弄出一系列机械的书面计划，列出从幼儿园到各个年级再到高中的课程，这样并不能解决问题。问题不是把算术、地理、历史等药方分配到各个年级。个人在生活中获得连续的智能和道德动力，才是问题。在我们把教育理解为一个整体的过程之前，这个问题是不可能解决的。

像这样的话还可以说很多，但是不能解决任何问题。它仅仅提出问题：我们到哪里去寻找把教育过程统一起来的结合力？仅仅就文字而言，答案不过是陈词滥调——一些司空见惯的话，以及教育中的自明真理。教育过程的统一性，在于它与校园围墙之外的共同体和社会生活的关系。不论用信息、技能还是用学科或能力来定义教育，教育的定义从来没有不依赖于一个假定：在学校学得的东西将在校外起作用并产生成果。即使最僧侣式的、最出世的教育也依赖丁某个

---

① 指大学里以应用学科为主的学院，如商学院、法学院、建筑学院、牙医学院等。——译者

普遍的概念和理想,它总体地断定什么东西对人类最有价值。简言之,这条原则是陈词滥调,因为它作为一种语词形式,总体上可应用到每件事情上,但它本身不能应用到任何具体的事情上。为了获得具体的应用,它需要某些与教育相关的概念,比如社会是什么、社会可能并且应该是什么。当这些问题产生的时候,我们发现自己并非处在自明真理的领域内,而是处于一片充满争议的危险土地之上。

在社会中发生的所有严重的冲突和斗争,都产生于人们对社会是什么和应该是什么持有不同的概念,不管是表达出来的还是隐含的。同样的话,适合于科学和宗教在实践方面的冲突、资本和劳动的冲突,以及不同群体和阶级为获得社会秩序中更安全的地位和更大的权力和自由而进行的斗争。它适合于政治党派之间的冲突,尽管这通常更多是言辞的冲突而不是事实上的冲突。"教育哲学"这个名字代表着寻求统一的教育方法和目标,实际上,它是社会理想和制度理论的一个分支,理想通过制度来实现。

假如我所说的这些意味着教育工作者应该拥有某种固定的法典,可以直接并自动地应用到所有教育问题上,那么,一方面是在社会中运行的各种力量和利益,另一方面是教育与社会相联系形成一个过程统一体,这两方面之间的对立就不可能构成矛盾。但是,我说的意思不过是:教育的各个不同部分和分支应该有统一的方向,或者应该有一个观念告诉我们教育追求什么、针对什么,用来指导各种教育活动。我可以解释一下我这么说是什么意思。在教育体系之内,存在着两种对立的理想之间的冲突,一个理想是在掌握某种有用技能的过程中累积信息,另一个是发展思考能力、判断能力。当可以获得的知识领域相当有限,并处于人类罗盘仪的范围之内时,这两个目标中的第一个建立起来了。但是,由于知识的累积和获得在美国人生活中所占的分量增加了,它在学校中的影响也大大地增加了。学校开始让学生以他们的长辈累积财产和物质商品的方式积累知识。求知的能力、权衡证据的能力、判断的能力作为检查和反思的结果,是从另一个来源得出的目标;并且,由于它的实施要求对信息的掌握,它并不使信息的积累成为目标本身。

在这两个目标之间存在一种冲突,几乎贯穿我们整个教育体系,这在我看来是不可否认的。历史地看,累积的目的更为古老,更为根深蒂固。智能的发展,不论在社会总体上还是总的说来,都是一个近期才有的目标。至少,学校混乱情形的部分原因是:我们没有始终如一地追求其中的一个目标。例如,在高中,代数可能是一个对发展抽象思维能力极为有用的工具,也可能被看作一个有用的实践工具。但是,必须指明的是:仅仅介绍少数基本的代数概念,不可能实现这种价值;我们很难说明这门学科为什么要有两年的课程,其依据全在于一门具体学科的掌握需要通过积累来进行。在我看来,代数如此,大多数教学科目也是如此。

在学校以及社会中,在行动方法的问题上,我们又有竞争与合作的人性倾向之间的动力冲突。不论在社会中还是在学校中,我们都试图采取两种倾向多少有点不太一致的混合。在这两个领域,我们还把物质成功和社会有用性都当作追求的目标。在我们的理论讨论中,我们强调合作和服务。在实践上,我们更依赖竞争的观念,更依赖在世界中取得成功的观念,除非是我搞错了。与此类似的内在冲突还有很多,我提到的只是其中的一个。在理论上,现代教育的主要观念是把学习看作经验的后果、参与行动的后果。在实践上,我们也许更依赖被动吸收既定的资料。

我提出的观点是:在教育中创造一个与社会相联系的统一目标,这并不意味着教育工作者需要一个关于社会应该是什么样子的蓝图,然后按照这个蓝图来教学。他们需要的是一种运动方向感。我援引的案例是为了说明:在学校和社会中,在新旧理想、信念和实践中,存在一系列的冲突。混乱、不连贯以及缺乏确定的统一目标,都是由于这种新旧力量之间的冲突。对社会和制度生活的形成,我们有可能过度夸大学校的直接影响和责任,不管是较初级的学校还是较高级的学校。青年必将在决定未来社会方向上起积极作用。就学校对青年的智力和道德态度形成产生的影响来说,我们不可能夸大它们的责任。虽然学校没有责任解决社会冲突,也没有责任为混乱和不安全找到出路;但是,它们在很大程度上要为青年的智能和品格负责,他们要走出学校去面对我们这个时代的问题:战争、不安全、物质主义目标盛行、腐败行为等等。

要达到目标和精神的统一性,贯穿从托儿所到大学教育的各个阶段,贯穿现在为数众多、支离破碎的各个不同学科分支,我们要做的第一件事是意识到新旧之间的冲突——不是一个抽象的观念,而是具体的观念。我在这里不打算说教师和行政人员为什么要克服阻碍,与新运动和新力量结盟。我仅仅指出,如果他们这么做了,他们将在社会和学校已经呈现的趋势中找到强大的同盟者。如果我仅限于盘点过去半个世纪在学校中获得了动力的新趋势,那么,本可以赞扬更多一点,批评更少一点。在我看来,与单纯的被动性和吸收知识相反,这些趋势增加了对主动性、实验以及参与的关注。新运动正是这样一些事物,它们指向一个统一的努力方向,把整个教育体系重组为一个一致的有效整体。这些原则是我们的同盟者,不论就课程、方法、纪律还是就行政管理来说,学校中的每一样东西,只要阻碍这些力量取得胜利,它就是获得所需的统一性的敌人。

在进行重建的过程中,我们最需要的是智能、热情和勇气。重建已经开始,但四处散布着过去留下的变形的残余。我们已经摆脱了大量老旧的自满情绪。我们还需要做很多事情,然后才能摆脱妥协精神,摆脱那种情愿走最小阻力路线和屈服于最强的直接压力的态度。这就是我把过去 50 年发生的事情与将来应该做的事情相联系总结出来的教训。我们已经进行了重大的变革。如果我们拿现在的情形与 50 年前的情形一点一点、一件事一件事地进行比较,甚至可能认为教育革命已经发生了。当我们从整体上比较过去和现在时,我们发现,随着一些社会力量逐渐变得强势、变得重要,与之相应的科目、方法、课程以及学校类型纷至沓来,由于毫无保留地接受旧式的目标和步骤而产生的统一性丧失了许多。为了继续走下去,我们首先需要的是对这些新生力量的意义有更清晰的理解,并有勇敢的意志使之取得全线胜利。没有这样的理解,我们将继续处于迷惘状态。没有勇敢的意志,一旦看到一些强大的利益势力随时准备击败教育过程,从而使学校变成实现他们特殊目的的从属工具,我们就会沮丧;不论是否知道,我们都将在尚未开始为教育的统一性而战斗时就从战场上撤退了。

民主对教育的挑战[①]

　　一百年前,霍拉斯·曼(Horace Mann)开始担任马萨诸塞教育委员会秘书,从此开始了他毕生从事的真正使徒式的工作。今天,我们庆祝他担任这项工作一百周年。与其他人相比,我们应该把今天的公共教育体系更多地归功于他。

　　任何读过霍拉斯·曼著作的人都知道,他是进步教育的守护神。这不仅仅因为他关于应该如何对待儿童的观点(在他那个时代相当前卫),而且首先因为他预言免费公共教育对民主生活方式的产生和维护而言,是绝对必要的。民主生活方式,像他用他那个时代的语言所说的那样,是"共和主义的自治制度"。

　　在他任职若干年后的一次雄辩的演讲中,他强调,他完全相信人们自治的能力;然而他也知道,它仅仅是一种能力,而不是与生俱来的天赋。只有所有的人都得到公共教育,这种能力才能变成现实。

　　"教育,"他说,"是我们唯一的政治保险;在这个方舟之外,是滔天洪水。"他又说,"公立学校是人类最伟大的发明。其他社会组织是治疗性、补救性的,而它是预防性的,是一剂解药"。

　　就他为之付出艰辛的制度而言——即公共学校制,它由公共税收支持,对所有儿童开放,包括教师培训学校等——霍拉斯·曼的梦想,尽管没有完全实现,但在过去的一百年里却实现到一个惊人的程度。不过,霍拉斯·曼致力于寻求解决方案的那个问题仍然存在。现在,我们拥有的制度在很大程度上是他努力

---

① 首次发表在《进步教育》(*Progressive Education*),第 14 期(1937 年 2 月),第 79—85 页。此文来自杜威于 1936 年 11 月 13 日在纽约召开的进步教育协会东部各州区域会议上演说的笔录。

建立的。但是，这种制度如何为民主社会的需要服务，为民主生活方式服务，这个问题仍然存在，也许以更为紧迫、更为困难的方式存在。学校是政治实现民主安全的手段，对此，我们当然不能满足于我们取得的成就。

在一次公共演说中，霍拉斯·曼问道：儿童在学校中受教育，仅仅为他们自己和他们的私人利益，还是为了等他们成人后去承担重大的社会责任和义务？我们今天也完全可以问同样的问题。

在我看来，我们关于民主所犯的最大错误是把它设想为某种固定的东西，有固定的概念，有固定的外在表现。

民主的概念、民主的意义必须不断地重新探讨，必须不断发现，然后再发现、重造和重组；那些体现民主的政治制度、经济制度和社会制度必须加以改造和重组，以顺应人类在发展新需求以及为满足这些需求发展新资源的过程中产生的变化。

没有一种生活方式是静止不变的，也没有一种生活方式能静止不变；它要么进步，要么倒退，而倒退之路的尽头是死亡。民主作为一种生活方式，也不能静止不变。如果它想生存下去，就必须前进，顺应已有的变化和即将来临的变化。如果它不前进，如果它想静止不变，它就已经踏上了后退之路，最终将走向灭亡。

事实上，民主为了生存必须变化和前进，我想，民主对教育提出了挑战。一百年前，生活条件较为简单，社会群体由邻居或小型群落构成，改变现代社会的大多数发明还未产生——至少，它们对生活模式还未产生重大的影响——提出 *183* 如下观点并非完全不合理：个人天生有某种民主欲望；有了这种天生的倾向和趋势，教育就要使他们在民主社会中承担起生活的义务和责任。在今天复杂的条件下，这种观点是错误的。未来的一代只有在学校中学会理解正在发挥作用的多种社会力量，了解它们前进的方向和交叉方向，理解它们产生的后果，理解各种社会力量用智能来理解和掌握而产生的后果——只有学校提供这种理解，我们才可以肯定地说，学校在迎接民主对它们提出的挑战。

我们的学校完成这些事情了吗？在什么程度上，它们还没有完成这些事情？除非它们完成了这些事情，否则，这个方舟在洪水中不是一个安全的方舟。它被外部力量的洪水席卷，在现代生活之潮的每一股水流中变化、移动，毫无目的地打转。正如民主为了生存必须运动并且向前运动一样，民主社会中的学校也不能静止不变，不能满足于当前取得的成就而自鸣得意。学校必须承担课程、教学方法以及行政管理的重组活动,包括一些考虑教师和学生彼此间关系,以及他们与社会生活间关系的较大组织活动。如果不能这么做,学校就无法为民主指出其力量的明智方向,而民主若要继续存在就需要这种方向。

仅当学校为社会力量的运动和方向、社会需求以及用以满足它们的资源提供一种理解时,它才能迎接民主的挑战。我使用词语"理解"而不是知识,这是因为,很不幸,知识在很多人看来意味着"信息"。信息是关于事物的知识,任何数量的"关于事物的信息"都不能确保从中产生出理解——明智行为的源泉。关于事物的知识是静态的。任何数量的信息,即使熟练地传达,也不能保证明智的心灵态度将会形成。的确,心灵将形成什么态度,在很大程度上是一个机会问题,主要与校外影响以及个人的条件、环境、社会接触、社会交往和压力有关。

我的意思不是说,我们没有知识没有信息就能有理解;而是说,就像我刚说的那样,知识的获得和积累并不保证能够形成那些生产明智行动的态度。

我记得,若干年前我在中国的时候,有人告诉我那里的第一次选举非常诚实。在第二次选举之前,布赖斯(Bryce)的《美利坚联邦》(*American Commonwealth*)被翻译成中文。中国获得了关于首领和机关、坦慕尼厅(Tammany Hall)①,以及其他此类机构如何运行的信息。这种知识在某些政治家中引起了一种态度,但不是明智的态度,也不是对社会有帮助的态度。

知识、信息以及理解之间的关系不是一个复杂的问题,也不是一个哲学问题。一个个人可能对一辆汽车的结构了如指掌,可能可以说出这台机器的所有部件,并说出它们有什么功能。但是,他并不理解这台机器,除非他知道它是如何运转的,也知道如何使它运转;并且如果它不能正常运转的话,他知道该做什么来使它正常运转。你可以在任何领域参考这个例子。

理解一定要涉及事物如何运转,如何去做事情。理解从本质上说,是与行动有关的;同样地,信息从其本质上说,是与行动无关的,或者仅仅由于偶然因素与之相联系。

近些年来,我们听到了大量的说法,有人提出把学校与生活隔离开来,有人说到克服或缩小这种隔离的方法。我要强调的是:隔离学校,就是把知识与行动隔离开来。因为社会生活,不论它在其他方面的意义是什么,总是由正在进行的

---

① 该厅在纽约,系美国民主党的俱乐部。——译者

活动和产生一定后果的活动组成的。

于是，我想问一下：我们学校的课程、教学方法和行政管理把知识、信息和技巧与事物运行的方式联系起来，在多大的程度上以社会的方式做这些事情以及可能如何做？因为教育只有在知识和社会行动的联系中，才能产生对现在的社会力量、运动、问题和需求的理解，这种理解对民主的继续存在是必须的。

举个例子来说，考虑教育中较新的两个倾向，它们似乎支持这个观点：知识 *185* 和社会行动之间的隔离正在被打破。第一个倾向是社会学科在美国学校中占有越来越重要的地位。

当然，社会学科与学校讲授的许多其他学科相比，似乎与社会生活之间有更为密切的联系，相应地，如果越来越多地把它们引进课程体系中，越来越重视它们，那么，这应该是学校迎接民主挑战的一种方式。

但是，关键的问题是：包含经济学、政治学、历史学、社会学等内容的社会知识课的材料在何种程度上仅仅作为现代社会的信息来传授，在何种程度上与已经做的事、需要做的事、如何做事联系来传授。如果第一种倾向是普遍的，我很容易想象，越来越多的社会学科引入早已负荷过重的课程中，于是我们就不能实现课程引入的预想目标——在所有公民品格的范围内（现在存在的复杂范围，包括政治范围，也包括其他很多）发展更明智的公民品格。

我可以就某个科目来讲解这个观点。我们认为，该科目旨在专门训练政治上的公民品格——公民知识课。我认为，社会知识的这个方面存在着相当大的危险：它将淹没在混杂的社会学科的大洪水中。当这个科目首次引入的时候，我认为，有大量的证据表明，我们相信信息确实有不可思议的魔力。如果学生学习联邦宪法和州立宪法，学习所有官员的名字和职责，学习政府机构的其他方面，他们便具备了做一个好公民的条件。他们很多人——我担心，是我们很多人——学习了这些事实以后走出校园步入成人生活，很容易成为老练的政客和政治机器的猎物，比如成为政治曲解的受害者，比如我们从报上读到的那些曲解。

有少量的知识和信息是我们在学校里获得的，但是它们没有与实际联系起来；我担心，即使在今天，它们与政府实际上如何运行、政党如何形成和经营、什 *186* 么是政治机器、什么赋予政治机器和首脑权力，仍然没有太多的联系。事实上，如果学校使学生不仅获知关于政府结构形式的和根本的知识，而且使其理解所在社区的政府如何通过赐给特殊的好处,以及如何与工业权势做交易来运行,那么,这在某些城市可能是相当危险的。但是,对于明智选举和明智立法而言,如果没有这样一个基本的准备,我们怎么能说我们正在为某种民主自治做准备呢?

在名为《远离理性》(*The Retreat From Reason*)的演讲①中,兰斯劳特·霍格本(Lancelot Hogben)说:"你只要自问一下怎样才能在某个固定水平上增加、减少或者维持一个社会的人口数量,你就会发现,你需要知道一大堆各种各样的东西。如果你决定问自己人口如何增长这个更一般的问题,你就不会想到这些。"

人口问题当然是关于社会福利的一个重要问题。但是,其中涉及的原则可以被应用到整个政治领域。如果在我们的学校中,某个班的学生问道:"我们应该做些什么,才能在我们的国家、地方社会和民族中形成真正的民主政府呢?"我想,毫无疑问,我们必须对大量的事物做调查研究;并且通过研究问题所获得的知识,将更多于我们把民主政府当作一个事实而不去追问它实际如何运行或将如何运行所获得的知识。

科学作为课程体系的一个领域,尽管其发展不像社会学科那么新近,也是近些年才发展起来的。自然科学曾经不得不挣扎着在学校体系中寻找一块立足之地。它们必须在那里寻找一个地方,以对抗老式的经典、数学和文学课程给它们带来的巨大阻力。

当然,在现代生活中,自然科学与早期沿袭下来的诸多课程相比,与实际生活和实际人类关系有更为密切的联系。我们可以毫不过分地说,科学通过它在发明和技术中的应用,成为现代社会中产生社会变化和塑造人类关系的最强大的力量。我们一点也不夸张地说,在过去 150 年中,它引起人类联系起来的条件发生了彻底的变革;而且,由于科学,在机器时代转向动力时代的过渡中,更大的社会变化正在酝酿之中。

把学校与生活隔离开来,还是把它们联系起来?它们联系起来将产生对社会力量的某种理解,单是这种理解,将使学生明智地参与民主的维护和发展。在这件事情上,我自问道:"假设人们因科学而掌握的资源用于总体的民主社会福利,科学的教学在多大程度上与科学实际的和可能的社会后果相联系?"我知道,

① 兰斯劳特·霍格本(Lancelot Hogben),《远离理性》(*The Retreat from Reason*),瓦茨,伦敦,1936 年。

巨大的改进正在进行。但是,我担心科学在很大程度上还是被当作孤立的科目来讲授。还有很多人认为,"纯"科学这种奇妙的东西如果与社会实践相联系,就会遭到污染,包括很多科学家也这么认为。但是,如果没有这种联系,学生们对现在塑造人类社会的力量和可能重塑人类社会的力量,必定只能获得很少的明智的理解。

我并不认为自己热衷于在共产主义和法西斯主义之间作选择的问题。我认为,对这个话题关注太多,将会给人们这样的印象:我们迟早必须作出这样一个选择。据我看来,维护民主的希望存在于:利用科学给我们提供的巨大资源去开创一个时代,它不仅仅是一个物资丰富、物质保障的时代,而且是一个文化的机会平等的时代——每一个个人都有机会发展自己的全部能力。

我们的学校要把科学与理解力联系起来,即理解现在塑造社会的那些力量,理解有组织的理智即科学的资源如何运用到有组织的社会行动上,否则,民主的前景是不安全的。有组织智能的资源正在当代社会发挥作用,但它是在不利于维持民主的社会经济条件下起作用的。假设在一代人的时间里,心理学和自然科学与理解力系统而有机地联系在一起,人们不仅理解社会是如何运行的,而且理解它如何能够得到明智的指导,那么,我将不担心民主的未来。

也许有人认为我忽略了如下事实:毕竟,学校不仅在知识的掌握上而且在技能的掌握上花了大量的时间。在充满竞争力、物欲横流的社会中,我认为,学校如此重视知识和技能的获得是不足为奇的。然而,有人可能会说,向着这种或那种形式的职业教育(包括专业性的)方向的运动是过去40年里教育最显著的特征,它比其他任何一样东西都更好地产生了这样一个统一的方向。

这种对职业教育或专业教育的重视,与越来越重视社会学科和科学一样,看来可能与如下观点相矛盾:我们的学校与现代生活相隔离。

但问题是:整个职业教育运动与社会生活的哪个方面和哪个阶段有着最紧密的联系呢? 今天,它显然是被当作一种辅助手段,帮助年轻人找到工作,赚钱以维持生计。它可能使学生在技术方面有了充分的准备,但它使毕业生几乎不理解这些工业或职业在当今社会生活中的地位,也不理解这些职业和专业能做些什么来使民主成为一个活的、不断成长的东西。

居然有一些叫做"劳动学校"的单独的学校,用来培养现代社会劳工斗争的领导人,并且这些极少量的单独学校必须付出极大的努力才能维持下去。这些话在我看来,是对我们教育体系一个可悲的评论。在一个真正民主的教育体系中,在一个真正民主的社会中,劳动的历史、劳动的意义、劳动的可能性应该是整个教育体制的重要组成部分,事实看来不是如此吗?或者转到事情的另一方面,除了几个显著的例外,医学专业成心抵制医疗的社会化,反对公共卫生设施成为公共财富,我们如何说明这样的事实呢?律师接受过专业教育,并且可能接受过完整的职业教育,他们似乎在任何时候都是这个共同体中最反动的政治社会主张的提倡者;我们又该如何说明这个事实呢?

这些问题,即使我们不能找到答案,至少也值得一问。它们似乎表明,朝着工业的、职业的、技术的、专业的教育方向产生的运动,在很大程度上并没有导致人们去理解现在的社会力量,以及需要是什么,或者应该如何做事情以确保日益成长的民主生活。

在已经提到的那个演讲中,霍格本说:"国务活动家和文人接受的训练,使他们对塑造社会的技术力量毫无预见。科学家和技术人员接受的教育,使他们对自己的行动引起的社会后果漠不关心。"这些说法极为有力。它们表明,在我们的教育体系中存在一个很大的裂口。活跃于公共事务的人缺少远见,因为他们完全不理解实际上影响社会的科学技术力量。另一方面,普通的科学家和技术人员的教育,使他们对自身的行动引发的社会后果无动于衷。于是,没有任何人有责任去考察现在可以用来改善社会的知识资源。

我现在提出的问题是:教育者是不是有责任认识到,学校的教育使每一个走出学校的人都能评估可以用来改善社会的知识?

今天,欧洲国家的代议制政府之所以声名狼藉,部分原因是人们感觉到,政治家们可以在讲话的时候滔滔不绝,可以在书写的时候优雅细致,可以在论证的时候雄辩有力,但是在遇到危机时刻和不得不采取行动的时候却软弱无力。如果我们能使我们国家的政治和政治家免受非难,使政治家们不再是只会高谈阔论、面对不得不处理的社会问题时却手足无措的人,那么,牺牲一点纯粹知识的纯粹性,在这里或那里让它与行动相联系从而受点污染,这是值得的。

教育,如果它是真正的教育,必须倾向塑造人们的态度。各种态度将在明智的社会行为中表现出来,而塑造态度与填鸭式教育完全不同,就像持有明智目标完全不同于在空中漫无目的地乱开几枪以期望傻鸟撞上枪口。

在漫无目的的教育和灌输式、填鸭式教育之间,还有一种教育方式。这种教育方式把教学材料和获得知识的方法与对事情如何做和可能如何做的意识联系起来,而不是把个人浸泡在某种最终的哲学中,不管这种哲学来自墨索里尼、希特勒还是其他什么人,使他们能够理解现存的条件,从而在社会的理解中得出明智行动的态度。

当今,在人类生活的具体关系——政治的、经济的、文化的、家庭的关系——的整个范围内,我不知道民主的细节是什么。我轻易作出这个谦卑的表白,是因为我猜想没有人能知道它的细节是什么。但是,我肯定,这个问题是当今最需要教育工作者们严肃关注的问题。

民主实际上是什么意思呢?在当今复杂的生活中,它的结果是什么呢?如果我们能回答这个问题,那么下一个问题将是:我们应该给学校工作指出什么方向,以在整个范围内促进民主生活方式的丰富性和充实性呢?在我看来,这些问题的合作研究是进步教育当下最突出的任务。

《杜威学校》：导论[①]

191   后面的篇章中包含的内容对实验学校已经描述得很充分了,包括它的起源、目的和方法,我已经不必再添加什么了。然而,本书报道了学校的理论和目的,在理智上给学校以关注,我应该表达自己的感激之情。由于作者和学校有长期的联系,所以她们掌握了第一手资料;并且由于她们参与了学校的重要工作,所以对学校的基本观点、发展以及运行的详细情况都能发表权威性的看法。家长、老师和学生在不同寻常的程度上相互合作,这是从学校开办以来最显著的特征。非常可喜的是:事实证明,这种合作精神继续存在着。

    我的这种喜悦远远不只是私人的喜悦。这本书有历史意义和价值,因为它记录了这个国家在实验学校和进步学校方向上作出的早期努力。但是,这种历史意义不是其全部价值。教育运动还在继续,远远还未达到其目标;尚未解决的问题,还有很多。我认为,这本书在这里作出了很大的贡献。它不仅具有历史意义,也具有当下意义。有一个观点由于它与当前情况之间的关系,特别值得一提。个人自由和集体福利之间的关系问题,在今天是一个紧迫的、敏锐的问题,

192 也许比以往任何时候更是如此。同时获得这两种价值而不牺牲任何一种,很可能是今后很多年里文明的主要问题。学校有责任帮忙找到解决问题的办法,它们的主要任务是创立一种社会生活和组织方式,使这两者都得以保全。在行政

---

① 首次发表于凯瑟琳·坎普·梅休(Katherine Camp Mayhew)和安娜·坎普·爱德华兹(Anna Camp Edwards),《杜威学校:芝加哥大学的实验学校,1896—1903》(*The Dewey School：The Laborotary School of the University of Chicago*,1896—1903),纽约:D·阿普尔顿-世纪公司,1936 年,第 xv—xvi 页。

管理、题材挑选、学习方法、教学和纪律中,发现学校如何成为一个合作的共同体,同时发展个人的能力以满足他们自身的需要,这种愿望使本书报道的这个学校朝气蓬勃。我可以肯定,这本书的当今价值不仅仅是它对学校这一方面的描述。但是,这个问题的重要性使我大胆地相信:它在现在这个时刻是应时而生的。

《杜威学校》：陈述^①

　　　　［出自第 1 章，"通史"］

　　由于人类智能与行能需要和机会相联系而发展的观念,学校活动的核心在于业务,而不是通常叫做"学习"的东西。如果学习是指求知及其在收集和保留信息方面产生的结果,那么,学习就是从追求某种持续的或连贯的业务活动生长出来的枝叶。由于人类智能和知识的发展是一个合作事务,并且最广义的文化就是集体的创造,业务就要作出选择,使从事业务的人与生活发展的基本需要联系起来,并要求有合作、分工,以及通过相互交流和记录不断进行智力交换。如果没有个人与他人的紧密联系,没有彼此间不断地自由交换经验,个人和社会的整合是不可能的。所以,只有学校本身是一个小型的合作社会,教育才可以使年轻人为将来的社会生活做好准备。因此,要使这些业务实现我们想要的那种合作,首要因素是学校把自身建设成一种社会生活的形式。

　　阅读、写作和计数的主要技巧要从活动的需要和结果产生出来。此外,由于基本业务涉及它们与材料和自然力之间的关系,正如生活过程的联合涉及社会发明、社会组织、人类关系的建立一样,为了使个人发展获得保障和进步,知识要从人们与连续活动中固有的事物和能量的主动接触中产生出来。举个例子来

---

① 首次发表于凯瑟琳·坎普·梅休和安娜·坎普·爱德华兹,《杜威学校:芝加哥大学的实验学校,1896—1903》,纽约:D·阿普尔顿-世纪公司,1936 年,第 5—7、361—362、365—367、370—372、414—415、417、431—432 页。这些论述都包含在《杜威学校》的正文中。每一个都标有脚注"约翰·杜威为作者撰写"。

说,历史是人类发明和融合过程的加深和扩展。性格的发展,通常所说的纪律的训练,在很大程度上是共有的共同体生活的产物,在这种生活中,教师是引导者和领路人。因此,教育过程的基本层次产生于如下观念:青少年天生的需要、天生的好奇心、主动做事的爱好、结交的欲望和彼此交换的欲望,为知识、理解力和行为的教育成长提供了内在的杠杆。

这些原则对于过去实行的教育实验的意义,最好是根据实际学校生活的描述来说明。这所学校的主导目标并不是当前进步教育的目标。它的目标是发现和应用那些真正有教育意义的、支配一切人类发展的原则,它所运用的方法使人类在技能、理解力和交往生活中集体地前进。

这个基本原则必然要求我们与传统学校中熟知的目标、方法和材料决裂。它要求我们背离如下观念:大体上,教育的恰当素材和方法已经是众所周知的了,我们仅仅需要发展它,使它更完善,使它得以扩展。它意味着,我们需要不断地进行实验,从而发现在哪些条件下教育性的发展发生了。它还意味着,我们需要更多地关注个人和儿童当前的生活条件,更多地关注现代社会,而不是像学校中流行的那样,把主要注意力都投放在过去取得的成就上。它也意味着,我们用积极主动的工作、娱乐态度和求知态度来代替传统学校中占主流的现成知识和娱乐技巧的强加和被动吸收的过程。与传统学校的特征相比,它为原创、发现、理智自由的独立交流提供了多得多的机会。

因此,实验室学校这个名字〔最初是埃拉·弗拉格·扬(Ella Flagg Young)的建议〕是理解这所学校工作的一把钥匙。"实验室"一词表明它是一个场所,用于活动、工作,连续进行一项业务;在教育中,这项业务必须包含所有基本的人类价值。实验室也意味着指导性的观念和引导性的假说,它们的应用导致新的理解。它也需要工作者,他们不是历史的奴隶,却熟知科学和艺术曾经取得的成就,拥有人类合作努力产生的最好的技能。像每一项人类事业一样,实验学校还远远没有达到它的理想,还远远没有把它的主导观念投入到成功的使用中。但是,要对这些理想和观念的具体作用做一个统一的、融洽的解释,就必须在一定程度上知道这些理想和观念是什么(第5—7页)。

〔出自第17章,"培养交流和表达技能的实验活动"〕

我们可以公正地说,与其他方面相比,学校频繁地在这一方面遭遇失败。然

195

而,这种失败可以被看作一个证据,它证明在这个方向上获得某种成就的难度与其重要性成正比。如果艺术成就以及对相应的满意形式的意识成为与其他日常活动相分离的东西,那么,就量的方面而言,更高的外部审美完善是比较容易获得的。但是,这种表面的、可见的、审美上的优势对应着如下事实:其他占据了学生更多时间和精力的活动和课程,使个人成就失去了情感和想象的品质,使表达力无法实现。它们的直接价值和审美价值正是来自这种表达力。因此,与那些隔离审美经验并把它们限定在专门训练上的方法相比,任何努力把艺术因素引入到典型的学校经验中的教育方法,都似乎更容易在实现理想方面遭遇失败。但是,偶然出现的罕见成功将更加令人印象深刻,因为其更完全的融合给我们留下更多的转向的印象[第361—362页]。

[出自第18章, "教师和学校组织"]

学校计划的原则并不旨在成为确定的规则,规定在学校里要做什么。这些原则指出学校前进的大体方向……作为这样那样一些条件的结果,如教师员工、设备或建筑的变化,这些"原则"构成一种工作假说,而不是确定的计划或安排。原则的应用掌握在教师们手中,这种应用实际上等价于教师对它们的发展和修改。教师不仅可以自由地调整这些原则以使它们适用实际条件,而且要承担很大的责任。在避免执行强硬而又草率的计划和遵守方法上的发号施令方面,教师个人并没有预先获得或通过批评性的监督得到足够的帮助。可能存在一些条件,对教师更为公平,对这项实验的成功更为有利。但是,如果我们不得不重新试验一遍,那么,我相信,所有相关的人宁愿在这个方向上犯错误,也不愿照搬死板的教学大纲,不愿在教学和训练中使用事先拟定的精确方法。虽然丢失了其他的什么,却获得了生机和不断的成长。

这些评论不是要把先锋教育事业中不可避免地发生的错误和缺陷推到教师头上。它们是为了消除原则的正式表达可能在其他情况下造成的印象,即事先固定下来的教学模式的印象。在实验学校比在其他地方更难避免极端,一个极端是产生不断的即兴行为,破坏了连续性,最终破坏了能力的稳定发展;另一个极端依赖目标和达到目标的方法确定地呈现出来,并预期教师们遵循它们。

把这些考虑与最初陈述的学校原则联系起来的环节,是由教师们自己相互合作而构想出来的,并大量使用了试错法。主任们提出了总体建议,当然还有学校的精神,强调学习和主动工作之间的联系,几乎自动控制式地判断什么计划是合适的、什么不是。但是,在这些限定内,具体材料和处理材料的方法的发展完全掌握在教师的手中。因为,每一条工作路线,特别是在学校达到一个合适的规模之后,都会有一个领导人为其负主要的责任。但是,她与其他教师合作,落实那条路线的具体细节;她也与其他路线的领导者合作,以确保互相协调。

当需要定期召开会议以达到统一时,学校作为一个整体的运行自动地保证了不同部门的工作协同,而一个不清楚起作用的活动原则的学校则不会这样。目标和措施之间较大的差异很快会在儿童态度的分裂中体现出来,从而导致修改。很难用文字表达的是:学校精神和学校生活能够在多大程度上通过自身的发展运动去控制不同的个人工作,从而在整体上形成程度适当的统一性。当然,统一性远远达不到百分之百。但是,经验表明,对分散的、离心的行为进行检查,要比预先制定好的严格计划更为有效,当然还要依靠严密的监管。此类检查之一是每周召开的教师会议,在会议上,教师们按照总计划仔细地检查前一周的工作,并汇报在执行总计划过程中遇到的困难。随后是修改和调整。这些会议讨论是一个重要的手段,把目标和题材的概要性叙述转换成确定的形式。通过会议讨论,具有一定天赋能力的教师,即使没有多少经验,几乎也能不自觉地获得对自己独立和独创能力的信心,同时学会合作,就像一个共同计划的参与者一样〔第365—367页〕。

那些参与讨论的家长和老师们很快就会发现,这些会议有一种趋势,就是在个体儿童的怪癖和困难上花费太多的时间和精力。从理论上说,人们认为,与个体儿童报告相联系的是一些原则,这些原则涉及题材的调整以适应儿童的需要,还有儿童在日常的社会生活中进行的相互之间的合作调整。事实上,年轻一点 的、经验少些的教师,他们作为副手,通常看不到这种联系;在讨论一些他们无需面对的儿童的个人方面时,很容易表现得不耐烦。经验表明,"原则"过于理所当然地被认为是所有教师都已经理解了的;在后几年里,增加了会议的数量以专门讨论潜在的原则和目标。假若早些年多开一些这样的会议,后来的结果必定有所改善。在早先的若干年里,教学部的全体员工、毕业生助理,以及学校的常任教师,每周都与主任见面,结合理论原则来讨论学校的报告,并相应地修改将来的计划。

一种不那么正规的检查在教师们每天的午餐期间或放学后相互之间的接触

中进行,他们谈论工作,学习辨别一些关节点;在这些关节点上,同一小组的不同教师相互强化,或者不能达到一致。也许,最生动、最不正式的影响是在儿童从一个老师转到另一个老师手里时产生的。他们在新班级中的态度和反应,几乎绝对正确地标示着他们在先前班级所受到的遭遇和所接受的学习条件的质量。随后的交谈使我们知道那些表现出来的态度形成的原因,由于它揭示出哪些工作做过了、哪些还未做,它将导致所需的修改,甚至导致某个决定使某种工作在一个不同的基础上重新开始……

合作社会组织不仅适用学校的教学主体,也适用学生。当然,除非它首先在前者那里生效,否则就不能适用后者。我们用教师之间的联合和交流来替代所谓的监视、教学督察和技术训练。尽管内部和外部条件导致这条原则有这样那样的缺陷和错误,但经验和反思都使我相信:它在学校组织和管理中是根本的原则。它无可替代,并且具有放大总监、校长或主任的权威的倾向,这既导致学校不能成功地在合作的教师社会组织的基础上做好工作,也是学校工作失败的结果。后一种方法,使我们不必用通常的办法来评判教师并给他们定级别。在真正合作的条件下,一个人是不是有灵活性和成长的能力,很快会变得十分明显。不具有这种能力的人将被淘汰,因为这证明了他们不"属于"该组织。

然而,在经验和观点的交流中,合作必须有显著的智力质量。我们早期的很多失败都是由于它太"注重实效"了,太强调当下的重要性了,而缺少足够的智力内容。随着学校日益扩大,明确的分科组织越来越多,各种规划的详细讨论也越来越多。1901 年,埃拉·F·扬被任命为总监,艾丽斯·C·杜威(Alice C. Dewey)[1]被任命为校长,这种倾向进一步增加了。她们的个性和方法使她们引入了更多的智力组织,却没有妨碍个体教师的自由……用"分科的"这个词来形容学校里的组织是不适宜的,它意味不同工作形式的划分彼此分离,而那些工作形式本来应该是融合的。但是,经验使我相信,如果没有某种只能用分科教学来形容的东西,那么,教师和学生都不可能全面发展。不过,我更愿意提到一些活动路线,它们由一些拥有特殊才能、兴趣和技能的人执行。教师之间合作理智关系的缺乏,导致现在一些人相信小孩子必须由一个教师来教授所有东西,也导致分科教学与旧式教学的完全分离。

---

[1] 艾丽斯·C·杜威是约翰·杜威的妻子。——译者

小学教师应该有同样的权力、同样的自由(以及同样的金钱报偿,这种报偿现在已经进入大学;它也进入高中,不过数额要小些)。人员挑选的依据是他们响应教育局势需要的能力和进行社会、智力合作的能力,发展构想和组织题材和方法的能力。小学教师在某种程度上和年长学生的教师一样,有同样的权利和能力来挑选和组织恰当的题材,发明和使用他们自己的方法。在此之前,我们的"高等"教育不是真正的高等教育。回想学校实践和结果中的很多事情,我真希望情况是另一个样子。我们的经验证明,可以有某种补救措施,即智力自由和理智合作的结合将发展一种精神;它受到大学教师的珍视,但人们有时错误地以为这种精神要由他们来垄断[第 370—372 页]。

[出自第 20 章,"原则和实践的评估"]

相比之下,一个有意义的活动是对一个观念作定义,使之指引那种活动以新的方式表达出来。这样一种活动是自我的真正表现,也是自我的发展。观念无疑就是智力经验。观念首先引导活动,然后为活动提供意义。关于观念的全部假说是:正是在这个活动过程中,观念产生并得到澄清和定义(发展)。这种意义或观念的发展进而导致新的表达和构造。这个过程构成了人类的成长,这种成长不仅仅是生理的发展[第 414—415 页]。

贯穿在一个正在发生的过程中的自我,是由感觉或情感来识别的。处于一个目标(有意义的目标)中的自我就是志趣。全神贯注,专心致志,全部投入,就是志趣或情感。当事情和行动合拍时,反应是强烈和完全的。这种质的强度可以由成年人通过分析而分离出来,称为情感。对儿童而言,它是经验的直接性质。就像在错误的艺术和审美教学中常常发生的那样,它被当作一种不相关的东西,从而被扼杀或冰冻了[第 417 页]。

我们学校的规划试图使科学精神和社会材料保持生动的联系,其重点放在发明和智力的力量上,这些力量产生了人类文化中所有有重要意义的进步。当然,形象生动和个性等因素就吸收学生的注意力来说,总是有价值的。但是,这些因素只有用来引导心灵,使其致力于求知、发现社会进步的基本方法,才具有永久的价值。一些进步学校特别重视浪漫生动的课堂,而以牺牲因果因素为代价,这种倾向是可悲的。

当我们把重点放在对人生行为具有永久意义的那些因素上时,历史就在其教育视野中被保留下来了。此外,学生们学会寻找每个社会情况中的有效力量,并学会赏识观察和审慎求知的方法在社会生活中所起的作用。他们认识到,科学方法不是纯粹的技术,不是某种离社会生活很远、与社会生活相分离的东西,而是工具性的,使我们取得受社会控制的发展。随着他们的学习一年一年地进行下去,归入科学类的课程和那些归入社会和历史类的课程保持着生动的统一性;这样,每一类都深化了另一类的意义,而不是像常常发生的那样,把心灵拉向了两个不同的方向。有人可能严肃地提出疑问:进步学校如果不能比过去更认真地对待科学方法的重要性,那能否达到它们的目标呢? 毫无疑问,只有把科学方法置于中心位置,把它当作社会改进的关键,教育的社会指导和熏陶的问题才会找到真正的答案[第 431—432 页]。

《杜威学校》：附录 2①

芝加哥实验的理论

教育理论和它在实践上实行之间的鸿沟通常如此之宽,以至于我们自然地202对纯理论原则每一次单独出现的价值产生怀疑。而且,时间过去三十年之久,产生了一种危险:记忆中的事情将变得很理想,这样的陈述有很多成分是后来经验的结论,而不忠于原来的设想。现在的例子避免了后一种危险,因为关于这项教育试验的基本假说的论述是从实验早期的文献中得出的。② 这个理论激发了学校的工作并在某些方向意外地超过预期,无论这所学校在接近这个理论的实现方面是成功还是失败,按这个理论的原貌来阐述它是有价值的。它将有助于读者解释学校的实际工作报告,使它具有并非完全徒有其表的连续性,因为连续性确实是获得了;它将有助于评估其实践的成功与失败,无论成败的原因是什么,无论这个理论本身有哪些东西具有持久的价值,它都能够启发别人从事新的、甚至更令人满意的教育工作。③

---

① 首次发表于凯瑟琳·坎普·梅休和安娜·坎普·爱德华兹,《杜威学校:芝加哥大学的实验学校,1896—1903》,纽约:D·阿普尔顿-世纪公司,1936 年,第 463—477 页。
② 《作为一门大学学科的教育学》,载于《芝加哥大学学报》,第 1 卷(1896 年 9 月),第 353—355、361—363 页。1895 年秋有私下印刷的小册子《杜威早期著作》,第 5 卷,第 281—289 页)。
③ 这个试验得到一个特别的大学专家组的支持。这个事实在很大程度上解释了它何以在小学教学题材方面大胆地进入很多新领域,并取得了启发性的结果。见迈克尔森(A. A. Michelson)的学生对 X 组试验的适应,另见约翰·M·库尔特(John M. Coulter)后来出版的《植物关系》(*Plant Relations*)中的资料。

阐明这所学校存在的哲学，有一个特殊的理由。刚开始时，芝加哥大学哲学系、心理学系和教育系合并，由独一的主任领导。由于那个领导在哲学和心理学方面都受过训练，这所学校最初的工作观念与一些哲学和心理学观念有明确的关系。这些观念不论好坏，与教育经验或先例相比，更多地导致了这所学校的建立。所以，如果不坦率地阐述基本理论，对学校实际工作的论述就会是令人误解的。觉得作者所持有的知识和行为的哲学应该由经验上的实践应用来检验，这种感觉对学校工作产生了极大的影响。此外，它是这种哲学的一个结果。教育学系（教育系最初是这么被称呼的）的授课和课堂教学应该有一个学校来补充和检验，这既在理智上是必要的，在实践上也是合适的。而这个学校与理论之间的关系，从宽泛意义上说，应该与物理、化学、生理学等学科的实验室和这些学科的大学教学之间的关系一样。几个系的合并为此提供了机会。

读一读名为《作为一门大学学科的教育学》的论文（1896 年 9 月），将会看到，这所学校意在成为一所实验学校，而不是实践学校，也不是（从它的目标来看）现在所说的"进步"学校。它的目标是检验某些用于工作假说的观念。这些观念是从哲学和心理学中得出的，也许有些人宁愿说它们是心理学的哲学解释。基础性的知识理论强调思想发展的问题部分，这些问题产生于主动情况；也强调由行动检验思想的必要性，如果思想要成为知识，就必须经过这样的检验。一个关于知识的综合理论，只能在教育过程中得到有效的检验。也有人认为，学校散

漫的、分散的、孤立的学习状态提供了一个不同寻常的局面，其中可以产生一种具体的知识统一理论，而不仅仅限于头脑中或纸上。

在"组织规划"（该文件于 1895 年冬天由私人印刷）这个标题之下，文章对哲学理论与教育的主要关系作了纲领性的论述。对这个文件的导向性观点作一个概括，可以进一步扩展这个附录前一章里的论述。最重要的观念是教育的问题，这实质上是个人特点与社会目标和价值达成和谐的问题。教育是一个艰难的过程，它要求使用当时可得到的所有的道德和智力资源；这是因为，达到人的性格即心理构成因素与社会环境的需要和机会之间的有效协同，是一件极端困难的事情。现在，这个问题尤其困难，因为在影响着今天社会生活的传统、信念、习俗和制度中存在着冲突。无论如何，它是一个不断更新的问题，每一代人都不得不重新为自己解决这个问题；由于个人的心理组成不同，在某种程度上，每个教师面对每个学生时都得重新处理这个问题。

与上一代相比，个人与社会因素协同或平衡的原则在今天也许更为流行。那时，最广为流行的原则是个人所有能力——情感的、智力的、道德的能力——的协调发展。它没有有意识地断言这种发展离开社会条件和目的能够完成，但也没有有意识地陈述社会价值的重要性。并且，今天，特别是在进步学校里，人们通常在很大程度上强调个人的本能和天分，认为它们可以通过纯粹的心理分析来发现，从而基本忽略了它们与社会目的的协同。而且，在学校里，人们常常热衷于个人在经济上成功的学说，似乎那是社会生活唯一有意义的方面。另一方面，人们乐于鼓吹"社会适应"的学说，好像"社会的"仅仅意味着个人与那时恰好存在的特定社会安排的预定氛围相适应。

205

在这种学校理论中，为了达到人们向往的协同，第一个因素是以共同体生活的形式来建校。这种理论认为，只有学校自身成为一个小型的合作社会，教育才能使青少年为将来的社会生活做好准备。如果没有个人在经常的、自由的经验交换中形成与其他人的密切联系，如果没有个人在与他人共享的过程中获得快乐和成长，那么，个人与社会的融合是不可能的。

这个观念要求我们彻底背弃如下概念：学校仅仅是一个学习课程并掌握某种技能的场所。这个观念把学校里的课程和学习与学校外丰富而有意义的社会环境中受到的教育结合起来。它不仅影响了学习和上课的方法，也影响了儿童的群体组织。这种安排取代了以往的"分级"法。我们认为，需要分等级的是教学题材，而不是学生；对学生而言，重要的考虑是他们应该依据最容易达到有效交流和共享的原则相互结交。自然，它也影响了学习题材的选择。例如，年幼一些的儿童在进校时参加一些活动，以延续他们在自己家庭里熟悉的那种社会生活。随着儿童的成长，连接家庭生活与邻居以及更大社团的纽带生成了。这些纽带把学生带入过去时光与当下世界，即进入历史、也进入更复杂的现行社会活动形式。

因此，我们的目标不是使个人"适应"社会制度。这里，"适应"意指做好准备去符合现在的社会安排和条件。后者不够稳定，也不够好，不能证明这个办法的恰当性。我们的目标是深化和扩大社会联系、社会交往和合作共事的范围，从而使学校学员做好准备，使他们将来的社会关系富有价值和成效。

我们要注意，教育的社会方面要放在首位。这个事实与这所学校建立以来人们得到的主要印象和塞满来访者头脑的印象相反。在一些进步学校起主要作

206

用的观念是：进步学校的创办是为了给个人完全的自由，它们是并且必须是"以儿童为中心的"，从而忽略、至少是轻视社会关系和责任。而这所学校是"以共同体为中心的"，不管这个意图实现了多少。我们认为，心灵发展的过程本质上是一个社会过程、一个参与的过程；传统心理学受到批判的依据是，它把心灵的成长仅仅当作个人与物理环境交往的产物。并且，正如刚才陈述的那样，我们的目标是个人与他人合作地融合的生活能力。

有人认为，这所学校致力于个人自由，并提倡不受约束的个人主义。这种看法当然有确切的理由。比较表面的原因是：多数访问者的头脑里装有常规学校的形象，在常规学校中占优势的是被动和安静，而他们看到的是一所积极和主动无处不在的学校。无意之中，这类访问者把教育中的"社会"因素等同于服从教师个性、服从课文必须背诵的观念。他们看到了一些非常不同的东西，于是认为那是不受控制的自由的放纵。一个更基本的理由是：在进行这个实验的时候，几乎没有什么先前的经验或知识。我们在一块相对而言未开垦的土地上耕作。我们不得不通过实验来发现我们需要练习什么样的个人倾向、能力和需要，通过练习来达到可喜的社会结果，形成那些引起亲身的、自愿的兴趣的社会价值。毫无疑问，特别是在早期几年，学校过于看重"个人主义的"方面，这个结果产生于如下事实：为了获得我们可以赖以行动的一些素材，允许过多的行动自由，而不是施加过多的限制。

在抛弃以上压下的传统方法的过程中，教师要想立刻找到合适的合作活动的领导方法，并不是一件容易的事情。关于青少年正常的活动和兴趣，我们现在已经知道很多，而当时并不知道。洞察和理解的方法已经达到这样的程度，即当时实验所要求的不受控制的大量行动现在已经不需要了。然而，仍然真实的情况是：某些学校在无方向的个人行动上走了极端，而在更多的学校里，人为的条件阻碍了人们对儿童的实际了解，人们在虚构的基础上做虚构的事情，真正的成长变得困难。激发一种面向社会的眼界和热情，不同于强行施加的顺从社会的一些东西；要了解这种区别，我们的学校仍然有很多东西要学习。

早期文献的读者将会看到，教师首先是把这所学校当作共同体生活的一种形式，接下来是制订教学题材的体系，即"学习课程"的材料。作为这所大学的一个单位，它既有机会、也有责任在这个方向上作出贡献。习俗和惯例向我们大多数人隐藏了传统学习课程极度贫乏的智力，隐藏了它缺乏智力组织的状况。在很大程度上,它仍然由大量互不相关的科目组成,这些科目又由一定程度上相互独立的内容构成。一个有经验的成年人也许可以提供联系,有序地从彼此之间的逻辑关系看待那些不同的科目和课程。在小学生看来,它们可能是稀奇古怪的神秘东西,出于某种未知的原因在学校存在,也仅仅在学校存在。

因此,关于"素材",迫在眉睫的问题是从青少年直接的、当下的经验中找到某些东西。它们是树根,由此生长出未来岁月里更精致、技术更强、更有组织的知识。这个问题的解答是相当困难的。我们过去没有找到,现在也还没有找到,我们将永远找不到完全的解答。但是无论如何,我们要努力弄清它提出的问题和困难。有两种简单的做法:一种是沿袭传统的学习和课程安排;另一种是允许经验和行动的自由流动,这虽然具有直接的和感性的吸引力,却不能产生任何具体的结果。由于人的生活在时间中进行,它应该是一个成长的过程,否则,人生也就没有教育。它们忽略了连续性,把学生仅仅当作一连串的横截面。它们忘记了,"不干涉"做法与另一种做法一样,有很多成年人强加的东西;因为采用了不干涉的做法,成年人就任由青少年受偶然的社会联系和刺激的摆布,放弃了他们的指导责任。不同于刚才提到的两种做法的第三种做法是发现某些东西,它们是真正的个人经验;但它们将导向未来,导向更宽广、更受控制的兴趣和目的的领域。这就是这所学校致力于解决的题材问题。

这项工作也包括搜寻那些真实可靠的、有智力价值的事实和原则,与之相对的是传统课程体系中起主要作用的木头和锯屑一样的原料。我们拥有的知识可能远离青少年的经验,缺乏真正的成年人知识的实质和要旨。大量的教学材料与受教育者的经验无关,同时表现出经过训练的判断力和精确广博的知识受到蔑视。在我们国家的早期,这些教学材料的缺点在很大程度上由于青少年的校外生活而得到改正。城市的增加和批量生产,使很多人与这些补偿性资源隔绝了;同时,科学和历史知识也大量增加了。由于小学并没有发生相应的变化,这就需要编制教学材料。这些材料既与青少年的鲜活经验相关,又与现代最好的信息及理解方面重要的、值得信赖的东西相联系。

自从芝加哥的这个学校开发一种新型的题材以来,三十多年过去了。这三十多年见证了学习内容上的巨大改进。学习内容不再像原来那样了无生气了,也不再像原来那样冷僻古怪了。然而,它们仍然显示出现代知识增长的一个结果,即单纯的数量的倍增,导致知识的拥堵和肤浅。课程"丰富性"的提高,通常是通过进一步引入不相关的独立科目,或者把原来留待高中学习的课题,硬塞到下面各"年级"中。或者,沿着相反的方向,以课外学习的名义引入一些脱节的短期学习任务,这些学习内容有情感刺激,却不能发展成新领域和新原则,也不能发展为成熟的组织。

题材要恰当。这个观念的一个本质部分是:学习内容的吸收,不是作为单纯的信息,而是作为当前的需要和目标的有机部分,因而是社会性的。把这条原则转换成具体的材料后,它实际上意味着:从成年人的立场来看,学习进程的轴心是文明的发展;而从学生的立场来看,它是生活和思想的一场运动,由他们自己富有戏剧性、充满想象力地重演。"文明的发展"一词表明有某种大志向、大统一的目标,而不仅仅指向实际使用的材料。由于一些社会生活形式对持久的文化作出了永恒的贡献,这类模式被挑选出来,从简单开始,由简入繁。特别要关注必须克服的困难和有效的趋动力,包括新发明和物理资源,也包括新的制度调整。

与这个核心原则相对应的细节,要在实验的过程中去发现。但是,这里包含一些解释性的评论,尤其是那些基于最频繁地提出的责难和容易引发的误解的评论。也许,这些责难和误解中一个最根本的观念是:材料仅仅是"历史的",在这里,"历史"的意指以前的、过去的、遥远的,也即我们使用的材料过于远离儿童当前的环境。我不会在这里停下来,对历史的教育价值作辩护。关键的要点是:说材料是历史的,这是从成年人的立场来看,而不是从儿童的立场来看的;在人们达到一定的成熟程度之前,心理上的遥远与物理上的遥远之间并无多大的关系。这就是说,在物理上接近儿童的某些事物的存在和某些过程的发生,并不保证它们也接近儿童的需要、兴趣或经验;而某些地形和年代上遥远的东西,可能是在情感和智力上构成儿童兴趣和眼光的重要成分。每当人们重视玩耍对少年儿童的重要性的时候——更不用说称赞童话故事和其他靠不住的事情,这个事实至少得到了人们口头上的承认。

因此,像原始生活、希伯来生活、早期美国移民等词语,只不过是一些标签而已。它们自身没有任何意义。它们也许意指久远的材料,不属于现在的经验范围,外在于现在的兴趣和需要。但是,它们可以意指对现在经验中依然活跃的那些因素的知觉,那些因素正在寻求扩展和出口并需要澄清。社会生活的某个方面——成年人冠之以"历史"的名称——使那些因素成为有选择、有序排列、不断成长的经验的焦点。

在很多人看来，"想象"一词的味道几乎全是文学的。这个词的使用与学习者的心理联系在一起，并被当作根本的东西。它意指利用一些在物理和感觉上不存在的意义和价值，对现有经验进行扩展。在求知和探索的冲动由于不适宜的条件压力而减缓之前，心灵总是奋力突破身体感官的局限。想象就是指这种经验的扩展和加深发生的过程。这种想象自然会有向外的、活跃的显现；它不是纯文学性的，它在自身的扩展式发展中使用物理材料，也使用言词。成年人眼里遥远的、历史的题材，可能为儿童当下经验里这种不断超出视野和内在深化的活动提供了智力手段。

从人类文化发展中抽取题材，用来扩大儿童的内在经验，这种方法从表面上看类似于"复述"论。实际上，这里并没有采纳成长中的人的经验重复人类进化各阶段这种观点。相反，我们一开始就观察儿童现有的经验，以及他的需要、兴趣等，然后经过选择，以概括的、理想的形式留意文化生活的某个方面，寻找可以培育和滋养这些需要的材料，以期提高儿童的理解力和增强他们掌握自己现在的生活和环境的能力。此外，我们总是试图保证运动的节拍，先从儿童已经熟悉的条件开始，经过某些在时间和空间上更为遥远的事情，然后转向现行的、更复杂的社会环境形式。①

此外，学校的整个进程都服从我们已经强调过的条件——对当前的共同体生活的需要，在这种生活中，学生，还有老师，应该在感情和实践上——或者说，用表现出来的行动——以及智力上共同参与。物理材料和建造构件、仪器、工具、排练戏剧、讲故事等资源被用于创造和发展直接的社会生活，并且对于年幼一些的儿童——或者说，在社会意识与呈现为时间顺序的历史意识联系起来之前，"历史的"材料从属于共同体或合作群体的维护，这是每个孩子都要参与的。②

与"文明的方式"的观念相联系，最可能产生的误解是我们看起来把科学和科学方法排除在画面之外。各个学校已经习惯于把社会题材与贴着科学标签的东西截然分开，后者于是变成技术性的，缺乏人文品质和吸引力。但与此同时，社

---

① 因此，学习当前的家庭生活，先于学习"原始"生活；学习芝加哥的环境，先于学习弗吉尼亚和马萨诸塞早期的殖民定居环境，等等。

② 从一开始就用"群体"这个名字来替代传统的词语"班级"一词。

会和历史题材变得遥远,变成文学,其价值在于成为逃避眼前困苦和艰辛的手段。

对于社会引导和陶冶在教育中的位置问题,唯一真正的解决方法极有可能在于把科学方法当作社会改善的关键,给予它核心的地位。

不仅在理论的陈述上,而且在学校的实际工作中,食物的预备、穿衣盖被,还有栖宿手段等,都是重要的作业。因此,要理解这种重要性,就要着眼于刚才提到的场景。从社会生活看,这些活动为人类的基本活动提供了一个相当长久的框架,也提供了一个具体的、确定的中心;从这个中心出发,可以达到文化的扩大和深化。从心理学看,它们为建造、操作、主动做事等所有冲动提供了练习和满足的机会。通过相应的分工与合作,他们自然地、几乎不可避免地融入群体生活之中,这种群体生活是直接出现的、有吸引力的、支配性的社会形式。

由此可见,实践和动作活动,比如针线、编织、烹饪、木工等等,它们之所以被重视,不是由于所谓的功利原因;不管学生未来生活涉及的是过程掌控还是有形物质产品和结果,其重要性都不是出于功利原因。[1]

相反,这些活动的理由是:一方面,它们符合一个心理假说,即行动(涉及情感、想象,还有运动等因素)是统一的个人发展事实;另一方面,它们提供了人类文化动态发展研究的自然途径,并且为儿童提供机会,使他们可以享受与同伴一起创造的乐趣。在这所学校的工作假说中,"事务"观念是考察人类发展的核心。学生自己动手做事是一种手段,用以确保把粗糙的、零星的冲动转变成一些活动;这些活动有足够长的时间跨度,从而要求预见、规划、回顾,这就需要更多的信息和对联结原理的洞察力。从道德方面说,同一种连续性要求耐心、毅力以及一丝不苟的精神——所有这些有助于真正训导的因素,不同于人为强加的训导。

1895 年,伊利诺伊州儿童研究协会派发出一张调查问卷,其中问道:"在你看来,哪些现在还不常用的教学原则、方法或手段应该被看作根本的和权威的,应该在学校工作中加以应用?"有一个回答,笔者并没有对它说的内容添加任何新东西,但是由于它的日期很早,由于它肯定是从理论应用到新学校实践的立场来写的,所以在这里引用如下。[2]

---

[1] 由于儿童主要来自职业家庭,这种功利几乎没有前景。

[2] 约翰·杜威:《伊利诺伊州儿童研究协会报告书》(*Transactions of the Illinois Society for Child-Stduy*),第 I 卷(1895 年 1 月),第 18—19 页(《杜威早期著作》,第 5 卷,第 204—206 页)。

在陈述下列原则时事先认定的是:没有什么结果是"预定的",即免受进一步调查、批评或修改;但是,对结果的陈述所需要的是足够确实,从而可以要求家长和教师把它当作工作假说来考虑。

(1) 在我看来,儿童研究协会可以阻止的一个基本错误,是从教师或家长的立场来对待孩子的习惯;也就是说,把孩子看作需要教育、发展、指点、逗乐的。我们将发现,这条特定原则的应用与下列正面陈述相联系:

(2) 根本原则是:儿童总有他自己的活动,这些活动是当前的、紧迫的,不需要"诱发"、"引出"、"发展"等等;不管家长还是教师,教育者的工作完全在于弄清和联结这些活动,从而为它们提供恰当的机会和条件。更具体地说:(a)感觉活动和动作活动总是联系在一起的;(b)观念活动通常是歪曲的、费解的,除非这种活动有一个动作对象并找到一个动作出口;(c)感觉运动和观念运动的协同,趋于以某种顺序达到成熟;(d)较大的、较粗糙的、较自由的协同,早于较精细的、较详尽的协同达到成熟;(e)所有常规活动都带有强烈的感情色彩——个性、特点、戏剧性的行为和道德及审美情景;(f)好奇心、兴趣和注意力总是自然地、不可避免地伴随着某种协同行为的成熟;(g)最后也是最根本的,即儿童是社会的存在。因此,在教育上采取下列方法:

① 阅读、写作、绘画和音乐应该被当作一些途径,经由这些途径,一个想法在它自己情感色彩的影响下找到它自己的表达。教师的工作是了解儿童在心里如何形成图景,并提供机会使这个图景按照动作释放的最小阻力自由地表达出来。从心理学看,阅读依赖于写作和绘画,需要持续的刺激和社会本能——交流的需要——朝向对象的激发。

② 数字的产生与建造活动中事物的测量相联系。因此,算术教学应该 这样做,而不是与对象形状或观察相联系。

③ 要把自然知识、地理以及历史当作儿童自身活动的扩展,比如,在学习地理事实的过程中,要让儿童看到这个事实进入并修正他自己的行动和关系,否则,从心理学上说,任何地理事实的学习都没有意义。

④ 要避免琐细的工作,不管它(a)是体力工作,如一些幼儿园练习绘画、写字所使用的方法,还是(b)智力工作,如一开始就做过多的分析,从局部而不是整体入手,离开目的和功能来呈现对象和观念。

⑤ 智力和道德训练要贯彻如下观念：对儿童和教师来说，学校是他们生活于其中的一个社会机构，而不是达到某个外在目标的手段。

　　对学校工作所依赖的哲学所作的上述概括，可以从后来撰写的著作中抽取一段话来做结语。不过，后来的著作是建立在早先的理论上的，早先的理论又是依据这所学校本身所获得的经验来阐发的。"所有的知识都来源于经验"，是一条老原理。在这种具体的情景下，它的特殊意义来自一个关于行动的观念：行动是经验的单位，充分展开的行动是动手和经历之间的连接；当这种连接得到认识时，就为行动提供了意义。

　　每一经验都涉及动手和尝试与随后经历的事情之间的联系。把主动做事的阶段与被动经历的阶段分离开的做法，破坏了经验的生动意义。思考是准确地、有意地建立所做的事情与其后果之间的联系。它不仅注意到它们有联系，而且注意到这种联系的细节。它以关系的形式厘清联系的环节。当我们希望确定某个已采取或将采取的行动的意义的时候，就有了思考的刺激。然后，我们预测结果。这意味着，事实上或在我们看来，这种状况就其本身来说是不完全的，从而也是不确定的。对结果的预判意味着一个建议性的或尝试性的解决办法。为了完善这个假说，我们必须仔细地检查现有的条件，发掘假说的含义——这个操作叫做"推理"。然后，建议性的解决办法——观念或理论——必须由行动来检验。如果它导致某些结果、某些确定的世界变化，接受它为有效的。否则，就要修改它，并做另一个试验。思考包括所有这些步骤——问题的意义、条件的观察、建议性结论的形成和合理的精炼，以及主动的实验检验。由于所有的思考都导致知识，知识的价值最终从属于它在思考中的用处。因为我们不是生活在一个固定的、完成了的世界中，而是生活在一个发展的世界中，只要我们的主要任务是前瞻，只要回顾——所有不同于思想的知识都是回顾——在牢固性、稳定性以及丰富性等方面有价值，它就有助于我们应对未来……从经验中学习，就是把前瞻与回顾联系起来，即把我们所做的事情与结果给予我们的快乐和痛苦联系起来。在这样的条件下，做事变成了一种尝试，变成了拿世界做试验，以期发现它是什么样子。这样，经历变成了教训——事物之间的联系的发现。

由此，我们可以得出教育学上十分重要的两个结论：(1)经验不是认知性的，它根本上是一件主动-被动的事情。但是(2)衡量一个经验的价值，在于发现这个经验所导致的各种关系或延续性。①

儿童或成年人——由于同样的原则在实验室和托儿所都成立——不只是通过做事来学习，而且是通过认识做事的结果与将来能做或不能做的事情之间的关系来学习；他做实验，他"自食其果"，他考虑那些结果。如果结果是好的，如果它们促进或开辟将活动继续下去的其他方式，这个行动就很有可能被重复；如果没有，这样一种行动方式就可能被修改或中止。不管它是哪一种，都在人的身上引起了变化，因为这种意义增加到他的经验中。他学得了某种东西，它应该——如果经验是在教育条件下获得的，它将会——为将来开启新联系，并因此建立新目标或目的，同时使他能利用更有效的手段。他的行为的后果揭示了他的目标的意义和特征，它们先前还是盲目的、冲动的；还揭示了他生活在其中的那个世界相互联系的事实和对象。在这种经验中，知识既延伸到自我，也延伸到世界；它变成了有用的东西，变成了欲求的对象。了解他的行为如何改变他周围的世界，他于是认识到自身能力的意义，认识到他的目标将事物考虑在内的方式。没有这样的学习过程，目标仍然是冲动的，或者仅仅是梦想。有了这种经验，就有了经验内的成长，这种成长与教育完全是一回事。

------

① 约翰·杜威，《民主与教育》，第 177—178 页和 164 页(《杜威中期著作》，乔·安·博伊兹顿编，卡本代尔：南伊利诺伊大学出版社，1980 年，第 9 卷，第 158、147 页)。

民主和教育管理^①

　　我在教育管理方面的经验是有限的。我不会斗胆向有丰富经验、长期从事学校行政的人谈论学校管理细节。但是，这个建议让我来讲的题目必定涉及学校行政与民主理想和方法之间的关系，也涉及教育和民主之间的关系这个大主题。对于这些关系，多年来，我进行了大量的思考。所建议的题目涉及这个大主题的一个特殊方面。因此，一开始，我将谈一谈民主的目标和方法这个大题目。关于这个题目，我要说的话很多必定是陈旧的、为大家熟悉的。但是，为了有一个基准来讨论这个题目，我们似乎有必要复述某些陈旧的观点。

　　首先，民主远远地多于一种特殊的政治形式，一种政府运转、制定法律并通过普选制和当选官员来实施政府行政的方法。它当然也包括这些东西。但是，它比这些东西更宽广、更深刻。

　　民主的政治和政府方面是实现广大的人类关系和人格发展领域中诸多目标的一种手段，是迄今找到的最好的手段。正如我们通常所说，它是一种生活方式、社会的和个人的生活方式，虽然我们可能并不完全了解这句话的内容。民主是一种生活方式，在我看来，这个主旨可以表达为每一个成熟的人都必须参与那

些支配着人类共同生活的价值的形成——不论从总体社会福利的立场看，还是从人作为个体的全面发展的立场看，这都是必要的。

　　普选、定期选举、那些拥有政治权力的人对选民的责任，以及民主政府的其他因素，都是我们已经找到的一些手段。这些手段有利于实现民主，使之成为真

---

① 该文是杜威首次在全美教育协会校长部大会上宣读，新奥尔良，1937 年 2 月 22 日。

正人类生活方式。这些手段并不是最终的目标和最终的价值。我们对它们的评判,要以它们对目标的贡献为依据。把手段提升为它们为之服务的目的,是一种偶像崇拜。民主的政治形式只不过是人类智慧在历史的某个特殊时期设计出的最好手段。但是,它们依赖于以下观念:任何个人或有限集体都做不到足够聪明或足够好,从而无需其他人的同意就可以统治他们;这个陈述的正面意义是,所有受社会制度影响的人都必须参与制度的制定和执行。一方面,每一个人都在一定的制度下生活,这些制度影响着他做什么、享有什么、成为什么人;另一方面,在民主制度下,每个人在制定制度时都享有发言权。这两个事实是同一个事实的被动和主动两个方面。

民主政治是通过相互磋商和志愿立约的方法取代少数人强迫多数人服从的方法来发展的。包含着固定的依附关系的社会安排是通过强制来维持的,强制不必是肉体的。仁慈的专制政治在短期内存在过。但是,也有某种强制,也许是经济的,却一定是心理的和道德的强制。没有参与权这个事实,是一种细微的压迫形式。它不给予个人机会来思考和决定什么对他们有利。另一些人被认为更聪明,并且无论如何有更多的权力,这些人为他们的问题作决定,也决定臣民以什么方法和手段享有对他们有利的东西。这种强制和压迫比公然的威胁和限制更微妙、更有效。当强制成为习惯并体现在社会制度中时,就似乎成为正常的和自然的事情。群众通常会变得察觉不到他们有权要求发展自身的能力。他们的经验受到过多的限制,以至于意识不到这种局限性。民主观念的一部分是:他们作为个人并不是唯一的受害者,而整个社会被剥夺了为之服务的潜在资源。芸芸众生之中,个人也许不是很聪明的。但是,在一件事情上,他们比其他任何人都聪明,那就是:鞋子夹脚的地方是他们遭受的痛苦。

民主的基础是对人性能力的信任,对人类智力的信任,对人类积聚的合作经验的信任。这并不是相信这些东西本身就已经完备了,而是相信:如果给它们展现的机会,它们就能成长起来,并能够不断地产生指导集体行动所需的知识和智慧。每一种专制和集权的社会行动都依赖这样一个信念:所需的智力局限于少数优越的人,他们由于固有的天赋,天生地具有控制他人行动的能力和权利;他们制定原则和规则,并指定那些原则和规则的实施方式。我们对这种观点可以说很多,否认这一点是愚蠢的。在人类历史的大部分时期,这个观点控制着社会群体中的人际关系。民主的信仰是人类历史上很晚很晚才出现的。即使在当前有民主的地方，人们的心灵和情感仍然渗透着上令下行的领导观念，这些观念是在人类历史遥远的早期发展起来的。民主政治制度在名义上建立起来之后，男人和女人在外在力量的控制下，在任意力量支配下产生的信念、看待生活的方式以及行动方式继续存在于家庭、教堂、商行和学校。经验表明，只要它们在那里继续存在，民主政治就不是牢靠的。

平等观念是民主信条的一个成分。然而，这不是相信自然禀赋的平等。那些宣示平等观念的人认为，他们发布的并不是一个心理学的学说，而是一个法律、政治的学说。所有个人都有权利受到法律和司法的平等对待。每一个生活在制度下的人都受到制度平等的影响，即使不是量上的平等，也是质上的平等。每一个人都有平等的权利表达他的判断，尽管他的判断与别人的判断构成一个集合的结果时，其判断的重要性在量上可能并不是平等的。简言之，每一个人都是平等的个人，都有权利拥有发展自身能力的平等机会，不管其能力范围是大还是小。而且，每个人都有自己的需要，这些需要对于他自己就像别人的需要对别人一样重要。自然的和心理上的不平等这一事实，更是通过法律来建立机会平等的理由，否则，前者就成为压迫天赋较差者的一种手段。

由于我们所说的智力在数量上的分配是不平等的，而民主信仰是足够宽广的，这样每一个人都可以作出一份贡献，只有当这份贡献进入所有人的贡献组成的最终智力总汇时，它的价值才可以得到估计。与此相反，每一个极权体制都认定，这种价值要由某个先定原则来评估，这个原则如果不是以家庭、出生、种族、肤色或占有的物质财富为依据，那么也是以一个人在既存社会格局中所占的地位和等级为依据。民主的平等信仰就是相信：每一个人都应该有机会来贡献他可能贡献的力量，而他的贡献的价值取决于在类似的贡献所组成的整体中的地位和功能——而不是根据任何先前的地位决定的。

至此，我联系民主生活方式中的个人经验，强调了智力释放的重要性。我有意这么做，因为我们在心里经常并自然地把民主与行动的自由联系起来，却忘了智力自由的重要性，智力自由是指引并保证行动自由所必须的。如果个人行动自由没有智力和切实的信念做后盾，它的表现几乎必定导致混淆和紊乱。民主的自由观念并不是每个人都有权利做他所想做的事，即使加上"只要他不妨碍他人同样的自由"这个限定。虽然这个观念并不总是或不经常用语言表达出来，但根本自由是心灵的自由，以及产生智力自由所必须的那个程度上的行动和经验的自由。《权利法案》中所保证的自由的方式都具有这种性质：信仰和思想的自由、表达意见的自由、讨论和举行会议的集会自由、作为沟通工具的新闻出版自由。之所以保证这些自由，是因为没有它们，个人就不能自由地发展，社会就剥夺了他们可能作出的贡献。

有人可能会问，这些事情与学校管理有什么关系呢？凡是事关多人参与共同行动的地方，都有某种政府、某种控制。有一种肤浅的观点认为，政府就在华盛顿，就在奥尔巴尼。家庭、商行、教堂以及每一个社会群体都有政府。总是存在一些规章制度，即使不出于立法，也出于习俗，它们决定个人在群体中如何彼此联系地活动着。

一个颇有争议的理论和实践问题是：一个民主政治的政府应该在多大程度上控制一定群体内的活动条件？例如，现在有些人认为，联邦政府和州政府给工业和金融团体独立行动的自由太多了；还有一些人认为，政府现在干涉得太多了。我无需讨论问题的这个方面，更不用说试图解决它了。但是必须指出：如果对从属的社会群体实行支配和行政的通行方法是不民主的，那么，不管是直接的还是间接的，或者两者兼而有之的，在公民的情感、思想和行为的习惯上必定产生一个令人不愉快的反作用。任何对有组织的社会利益进行控制的方式，必然对参与该群体活动的个人的倾向和品味、态度、兴趣、目标和欲望的形成起重要的作用。为了阐明这一点，我无需多说，只需要指出对现有的工业体系中雇主和雇员的道德、情感和智力方面产生的影响。这些影响具体是什么，我们知之甚少。但是我猜想，每一个思考这个主题的人都承认：在塑造个人倾向即形成品格和智力的过程中，人们每天醒着时的大部分时间从事各种活动的方式，以及个人参与事务管理以谋取生计和获得物质、社会保障的方式，不可能仅仅是一个极其重要的因素。

在广义和最终意义上说，所有的制度都是有教育作用的，它们在形成那些构成具体个性的态度、倾向、能力方面是起着一定作用的。这条原则在学校的应用方面有特殊的力量。因为家庭和学校的主要职责是直接影响态度和倾向的形成和成长，包括情感上、智力上以及道德上的态度和倾向。因此，这种教育过程主要以民主的方式还是非民主方式进行，这不仅对教育本身而言是一个极其重要的问题；而且就一个认可民主生活方式的社会而言，它对于所有社会活动和利益产生的最终效果，也是一个极其重要的问题。因此，关于民主理想和方法，如果我说过的话在主旨上有哪个地方接近真理,那么,它一定是这样:民主原则要求每一个教师应该有某种惯常的、有机的方式,通过这种方式,他可以直接地或通过民主选举出来的代表,参与到他所在学校的管理目标、方法和内容的形成过程中。我在三十多年前写道:"如果在美国存在一个公立学校体系,它有官方的或章程上的规定,要由那些实际从事教学工作的人来讨论和决定训导和教学方法问题、课程和教材等问题,那么,这个事实是我没有看到的。"今天,我不能这样说了。有些地方已经在民主方向上有了很大的进步。就像我在前一篇论文说到的,事实上,总有一些学校系统在实践上远远地好于来自上层的外在控制的理论;因为即使没有一种有权威的、有规则的方式去咨询和运用教学团队的智力和经验,行政官员用一种非正式的方式也达到了这个目的。我们希望民主方法的这种延伸不仅持续下去,而且能得以扩展。然而,极权的与民主的行政方法之间的争论仍然存在,并要求严肃地承认这一问题。

在我的印象里,直到现在,虽然在对待学生的民主方法上大有进步,但在对待任课教师的民主方法上却相对落后。无论如何,在前一件事情上已经进入一个有组织的、生气勃勃的运动阶段,而第二件事情仍然处于早期阶段。所有因紧跟时代而自豪的学校所运用的教学方法都重视和利用学生的生活经验,都力求个性化地对待学生。对青少年采用这种方法的理由,较之用它来对待教师的理由的确更强烈一些,因为教师比较成熟,有更多的经验。于是,下列问题就摆在面前了:有什么方式能够确保教师更有机地参与学校教育政策的制定呢?

就像我已经说过的,由于我只是想提出问题,而不是急急忙忙地提出解决问题的方式,所以可以到此为止了。但是,某些推论可以澄清这个问题的意义。对于那些被拒之门外的人,不参与将导致无兴趣和不关心。相应的结果就是缺乏有效责任心。于是,就会主动地,如果不是有意识地,就是无意识地产生了一种想法:"这不关我的事;这是长官的事儿;让那群当权的乔治们去尽职吧!"恰恰是在那些独裁政府当道的国家,公共精神最少,人们对公共事务最漠不关心,而对于个人事务则不同。我们可以期望有一种不同的心理学来激励教师吗?凡是权力少的地方,相应地,积极的责任感也是少的——叫我做什么我就做什么,只要做得够好,就可以避免受到别人公然的敌意的注视。对于大一点的事情,消极被动的精神就产生了。有时候,如果不在长官的眼皮底下,漠不关心变成了对职责的逃避;有时候,吹毛求疵、反抗的情绪就产生了。教师和上司之间就玩起游戏来,就像老式学校里教师和学生之间那样。其他一些教师,也许是无意地,把他们受到的随意对待转移给学生。

一个应该注意的论点是:教师们还没有准备好担当起参与学校管理的责任;与之相随的是:自然选择已经产生作用,已经把那些做了最好准备、善于肩负重任的人放到权威的地位上。不管这个论点有多少真理的成分,有一点依然是真实的:由于在制定政策时要有发言权,而在发表意见时要承担一定的责任,目前人们却还无力承担这种责任,这一点又在不让他们承担责任的条件下发展和加深起来。我以为,历来大大小小的独裁者,无不以他的臣民不适合参与政事为由,为自己的行为辩护。当然,我不会把管理人员比作政治独裁者。总地说来,学校的事情更多的是习惯和习俗问题,而不是蓄意的专制。但是,正如前面说过的,置身事外成为习惯,结果是人们减少了对所做的事情及其后果的责任感。这个民主论证意味着,要产生独创性的、建设性的能力,最好的办法是运用它。能力,还有兴趣,是通过使用和实践产生的。此外,以欠缺能力为根据的论证证明了很多事情。如果能力太小从而成为一个永久性的障碍,那么就不能指望教师们具有执行指示所必需的智力和技能了。发展青少年的性格并使他们具有良好的判断力,这个困难而棘手的任务需要所有可能的刺激和鼓励。当教师们通过参与制定指导思想而理解了他们所做的事情的时候,就不可能不把他们的工作做得更好。

任课教师与学生的接触是连续而直接的。相比之下,管理人员与学生的接触是间接的。在世界上,如果有哪项工作要求保存经验中好的东西从而成为进一步经验中的一个基本部分,那就是教学。我常常疑惑,在传统体系中有多大的浪费。即使成功的教师最好地获得了潜在的资本,仍然还有某些损失。它没有自由地传递给那些可能从中受益的教师。如果不去号召教师们以有效地影响学校总体政策的形式,交流他们成功的方法和成果,这种浪费不是大大增加了吗?如果要求教师们在课堂上讲授某些课程,而他们又不能理解其理由,那么,这种浪费就更大了。全部损失加到一起,我们就可以公平地评估说,民主方法的缺乏是教育浪费最大的原因。

现在这个话题是当前特别重要的话题之一。民主的基本信念和实践受到了前所未有的挑战。它们被粗暴地、系统地破坏了。关于民主是否能应对秩序和安全的迫切问题,到处都是批评和怀疑的浪潮。在那些名义上建立了政治民主的国家里,它遭到破坏的原因是复杂的。但是,我想,我们可以确定一件事。不管民主在哪里衰落,其本性是彻头彻尾的政治。在日常生活的行为中,民主还没有成为人们的血肉。民主形式局限于议会、选举以及党派之间的斗争。我想,正在发生的事情确凿地证明,除非民主的思维习惯和行动习惯成为人的构造的一部分,否则,政治民主是不牢靠的。它不能孤立地存在。在所有的社会关系中,它都必须由民主方法的出现来支撑。在这个重要方面,与工商业中的那些关系相比,教育制度中存在的关系是第二位的,甚至不与它们相比也是如此。

于是,我重提一个想法:这里讨论的特殊问题乃是更广更深的问题的一个方面。现在,在我们国家,我不能想到有什么事情比重新考虑整个民主问题及其含义更重要了。这样的重新思考和所应采取的行动都不可能是一天或一年就能完成的。民主观点本身要求思想和行动携手向前。如果我说的任何东西能在学校民主管理的领域里起到促进合作研究和实验方面的作用,尽管极其微小,我最大的愿望也就实现了。

教育，社会组织的基础[①]

我最近在读(或者重读)霍拉斯·曼的一些著作，还有很多人也在读。在民主制度下的教育和为民主事业进行的教育两个方面，他是美国最伟大的先知。我想，讲到今天给我指定的主题，先引述在他 1842 年 7 月 4 日发表的演讲是再合适不过的了。他这篇演讲的表达风格已经不再流行了。但是，促使他发表这篇演讲的那种完全义无反顾地投身于教育事业和人民自治的激情却永远不会过时。教育和人民自治其实是一个事业，不可分割。你们可以回想起某些在字里行间熠熠生辉的基本信念吗？

一方面是"他全心全意地、愉快地赞同"人有能力自治这一信念；他激情洋溢地断言，"人类天生地必然不具备自治能力的学说是最粗劣的亵渎，是最恶毒的异端邪说"。另一方面，这个演讲并不是惯例上宣扬国威的独立纪念日演说。先辈们自我牺牲、努力奋斗建立自由人民的自由政府，让人满怀感激；而他们的子孙们却腐败堕落地滥用这份礼物，他对此作了鲜明的对比。自始至终，他把共和式政府当作一种责任，而不是一种特权；他尖锐地，甚至严厉地，指出这种责任未能具体履行的证据。霍拉斯·曼由此得出的教益是：人有自治的能力，只有共有的、普遍的公共教育体系才能实现这种能力。

我们无需细究就能看到，在 40 年代早期，国家并没有处在一种快乐的状态，

[①] 首次发表于《为民主进行教育：一个专题讨论会》(*Education for Democracy：A Symposium*)，俄亥俄州黄溪：安提阿出版社，1937 年，第 37—54 页。这是杜威于 1936 年 10 月 16 日在安提阿学院举行的霍拉斯·曼百年纪念庆典开幕式上的一个演说。杜威和其他人的专题讨论会，见本卷第 567—580 页。

无论在道德上、经济上还是政治上。只要这种记录还保留着，历史学家就有可能构造这样一幅黑暗的图景：地方主义泛滥；蛊惑人心的行为肆虐猖獗；商业和政治腐败堕落；不能胜任选举，不能胜任立法；在关键时刻，大众的意愿极不稳定，人心涣散。用他的话来说，党派仇恨和诽谤四处风行；欺诈、双重投票、行贿受贿、伪证等在选举中屡见不鲜；商务关系中充斥着投机倒把、无赖作风；暴力行为到处蔓延；报纸不是努力启发和教育大众，而是推波助澜、火上浇油；各个州政府政策的改变频繁和极端，似乎月亮也可以让他们拿来做挡箭牌；国家在重大政策上的方针摇摆不定，以至于聪明的人作出的全部计划都是白费力气。在这个背景下，霍拉斯·曼强烈谴责美国未能建立全国免费教育体系，为此，他呼吁美国建立这样一个体系，并慷慨地支持这样一个体系。

我没有拿霍拉斯·曼的这个伟大演讲大做文章，没有把他那个时代的状况与现在的状况作一个直接的比照。地方主义最大的起因，即奴隶制，已经清除了；许多其他罪恶减弱了，虽然还远远没有消灭。多亏了霍拉斯·曼，他的贡献比其他任何人都大，这个国家现在已经存在一种免费公共教育的体系。

然而，根本的问题仍然存在。它只是表面上改变了，其核心和本质仍然是一样的。对于读写知识，我们没有也不可能与霍拉斯·曼有相同的信念。事实上，他从来没有让他的信念仅仅建立在书本知识上。他说，在学校里，"道德的原则应该大量地与科学原则融合在一起"。尽管他确实自始至终坚持知识和美德是学校必须树立和加强的两根孪生支柱，但是，今天我们不能像霍拉斯·曼那样简单地看待美德。由于知识自身的增长，传授什么知识这个问题变得极其复杂了。

是的，教育与国民生活的关系问题已经改变了它的表面形式。教育与政治行政相联系，但教育与社会组织的关系问题更广泛更深刻，甚至超过了教育与个人智力和道德能力的发展及训练之间的关系问题。今天，政治问题很明显，是人类交往这个更大的问题的一部分：在家庭、商店、仓库、工厂、艺术和科学中的交往。如今触动个人的道德问题更多地产生于社会生活组织的有力影响，而不是直接的个人接触。个人智力生活，他的观念和信念，也是如此。与道德和美德一样，它们总是着落在个人身上，以个人为中心。但是，它们从属于一些基本条件，这些条件是有组织的；而在霍拉斯·曼那个时代，没有这样的组织。

如果我说40年代一直到南北战争期间，人们的生活比现在更崇尚个人主义，这样会容易引起误解。举例阐述将更明白一些。曼的时代之后，才有电话和汽车；电报和铁路刚刚起步；使用蒸汽动力的工厂已经存在；某些城市已经相当工业化了。但是，大量的能源集中、资金集中还处于婴儿时期。国家整体上是农业国家，人们的生活主要还是邻里生活。这些事实，在某种程度上说明了曼所抱怨的地方主义泛滥和政策摆动。但是，自从曼发表演说、著述并身体力行以来，教育必须应对的条件发生了很大的变化，认识到这一点很重要。普遍的公共教育的必要性总的说来，是那个时候的要求；教育追求的目标基本上是一样的。但是，在具体内容上，必要性和目标都极大地改变了。

不断变化的条件，使人们更紧密地结合在一起。个人现在更依赖那些他们从未见过或从不认识的其他个人了；一切都更加依赖这类超出个人控制的社会运动——现在，这些运动的方向只能由有组织的集体努力来确定。然而，尽管社会生活条件总体上把个人更紧密地结合在一起了，但它们并没有产生思想和目的的统一。

当前存在的这种相互依赖性是灾难的源泉，也是福利的源泉。近年来的严重危机就是如此。数百万的工厂劳动者发现自己没有工作；数百万的农民生计艰难；数万个尚算富有的人发现，他们变得贫困了；在数量更少的豪富中，很多人发现自己的收入减少了。毫无疑问，个人的行动是这些结果的原因。但是，同样正确的是：这些行为之所以产生，仅仅由于它们是在某种社会关系的体系中进行的，而这些社会关系不是个人行为产生的有意图的结果。

霍拉斯·曼正确地主张，在共和政体中，好公民和全民教育之间有着密切的关系。这种联系仍然存在。但是，在此后的年月里，公民的意义变深变广了。与曼的时代一样，它仍然包括投票、为立法机关服务、坐在长椅上参加陪审团以及任职等个人权利和义务。但是，今天成为一个好公民，是一件远比曼写作并行动的时代复杂得多的事情。现在，政治问题与大量复杂的社会问题联系在一起，仅仅是孤立起来的政治知识和个人正直已经不够了。例如，如果把上一场政治运动中的条件与那时普遍存在的条件相比，我们必须承认，曼抱怨的很多罪恶已经减少了，尽管还没有彻底地消灭：行贿受贿、恐吓、多重投票，"党派领导人和党派机构在群众的视线里频繁现形——甚至不是局部和片断——却是对一切与这个问题相关的事实、真理和原则的歪曲而变色的形象"。但在同时，涉及的问题变得更为深远了；与曼那个时代相比，对我们彼此关联的整个体系有更持久和深刻的影响。

我希望,自己作出的结论是明白的。尽管曼为之勇敢奋斗的公共学校体系成功地扩展了,拨给教育的公共资金极大地增加了,教师的职业水平提高了,大众的文化水平提高了,但曼提出的基本问题,即他那个时代美国存在的基本问题,现在仍然存在。在相当大的程度上,他为之奋斗的手段和工具也已经实现了。现在的问题是:要认识到我们利用它们实现什么社会目标,我们如何确保它们完成所追求的目标。

我刚才所说都是为了引入我们现在要考虑的特定问题,也许这个引言有点长了。教育如何影响这些组成社会基本支配力量的习俗、习惯和关系?教育如何有助于保证民主的维持?这些问题关系到民主的现在和将来,但是它们只有在历史的语境里才能得到恰当的看待。尽管公共教育的传统角色是为公民义务做准备,我想,我们不会否认,在我们国家的早期,教育的要求产生广泛的回应,其主要原因之一是它与所谓"出人头地"的个人条件改善有密切的关系。尽管教育许下的诺言包括物质条件的改善,但以为教育仅仅局限于物质水平的提高,那完全是令人误解的夸张。可能有些人把进学校"接受教育"仅仅当作赚钱的一个手段,但他们只是少数例外。对大多数人而言,物质水平的提高是通向书籍和知识的途径;是为获得我们大致叫做文化的东西而向前迈出的一步;是通往诸多机会的道路的开端,而这些机会拒绝没有受过教育的人。通常,物质水平的提高意味着孩子们比父母有更好的生活机会。

确实,个人物质水平的提高是整个社会进步的必要条件。我们的前辈们所面临的问题,是征服一个大陆;获得可耕种的土地;开采森林和矿物以获得家庭物资和商业物资;建立交通和交流的工具;推进那条处于基本文明与蛮荒自然之间的边界线。不管个人在寻求个人进步的过程中是否有意地促进对自然的征服,他们的活动间接地为这个目标贡献了力量。就此而言,追求个人成功的奋斗和为文明奠基的斗争在新大陆上是相吻合的。

在这些情况下,很难看到大众教育如何采取不同于以往的做法。对社会最重要的习俗和习惯,恰恰产生于人们为获得个人改善的手段而进行的活动——这些手段同时有助于征服大陆这个社会任务。这些手段大部分集结在"读写知识"这个词语中:读、写、算的能力,也伴随着一些地理和自然史的知识。同时,那些已经富有的人可以使他们自己以及他们的子孙后代享有高等教育带来的好处,高等教育使他们更密切地接触旧世界①积累起来的文化。很多人甚至被关在初等教育的门外,而少数人几乎自动地占有高等教育带来的好处,但他们既不为促进大众小学提供思想,也没有贡献精力和金钱,这个事实激发了霍拉斯·曼正义的愤慨,也是他谴责富有阶层目光短浅、自私自利的主要原因——这个阶级自私地忽视多数人的福利,目光短浅地无视一个事实:它自己的物质和文化命运掌握在那些无知的、没有受过国民文化训练的人手中。

我反复说,情况已经改变了。我们有了曼为之辩护、为之奋斗的大众教育体系的框架。高等教育现在有很多种类;旧世界文化的输送,不再是它的确定目标。初等学校和高等学校之间的鸿沟已经不复存在。现在的教育问题是如何重建教育结构,以期发展适合于当前社会关系格局的习俗和习惯,包括个人之间复杂而广阔的相互依赖关系。在学校体系的精神、课程和方法上,以及在学校教师接受的教学准备上,都必须进行这种重构。

以前的个人主义的教育目标及其实现手段已经兴盛到头了。的确,旧的关系格局以及适合于它的习惯和习俗遗留给今天的,是罪恶的重担。一个向我们频频招手的疆域,曾经许下过在新领域取得成功的永久诺言。结果是对自然资源不计后果的浪费。旧世界省吃俭用的习惯,在无边无际、无穷无尽的自然面前曾经显得愚蠢。自从那个物理边界消失以来,这个国家面临着双重的问题,既要保护那些尚有的资源,又要更新因以前过于浪费而遭受破坏的资源。甚至必须发动一场政治战役,使人们认识到,保护土壤和水资源是迫在眉睫的问题。并且,这个问题和其他问题一样,仅靠政治行动是不能恰当解决的,不论现在还是曼那个时代,这都一样是真的。在这种政治行动的背后,还必须有广大民众对其中重大利害的明智理解,以及按照这个理解去行动的集体习惯。巩固这种理解和习惯的问题,远远不是一次战役就能解决的。的确,长远看来,任何一次运动的价值就是由此产生的教育——如果不是错误教育,我们就很幸运了。但是,这种教育至多是短期的,除非它被持续教育加强和扩展,而持续教育是学校——包括成人教育——必须提供的。

在我们早期的历史中,几乎没有什么调控工业行为的传统。我们的先辈们是移居者,却没有定居。先驱们在物理上和精神上都在迁移。发明、首创和进取

232

①指古代和中世纪所知道的世界,与新世界或新大陆相对而言。——译者

都有报偿。这就必然养成了冒险的习惯。机敏和勇敢得到滋养，但是同时也培养了投机精神。我认为，没有哪个国家的经济史像美国经济史这样以投机为显著的标志。在某些方面，它毫无疑问地加速了我们的经济增长。但是，它并不保证固定不变的增长，也不能保证社会习俗的稳定性。作为人，我们不满足于稳固，我们更加迫切地想得到更多；我们更急于行动，而不乐于反思我们的所作所为；我们想要抓取灵丹妙药和江湖膏药来治疗身体的和社会的疾病。投机精神与浪费精神一拍即合，它们一起培养了对生命本身粗鲁的漠视，鼓励人们采取犯罪手段。

在我们早先的年代，对纯粹个人品质的依赖是如此之多，对有组织的集体行动的依赖是如此之少，至少在地方社群以外是如此，以至于政府机构只起了微弱的正面作用。我们国家显著的特征是普遍地漠视政治活动，甚至轻蔑政治活动。我们倾向于认为，政治行政和个人自由是对立的双方，这个观点自然地产生于这个民族最初对遥远的压迫性政府进行的反抗斗争。结果，当国家形势要求统一行动而产生政治问题时，我们的人民手足无措。此外，干活和个人成功得到了报偿，这导致那些投身于政治生活的人把政治主要看作个人发达的手段。政治同任何其他活动一样，是一种商业，而不是一个公共事业。投身于政治，就是处于一个有利的交易位置。在任何具体的事例中，人们都没有机会去实现一个古老的教室标语：每个在美国出生的男孩，都有可能成为总统。但是，至少一个聪颖上进的男孩有机会成为地方政府首脑，并且通过任职——或者，更好的说法是：通过操纵官场机器——分享政治战利品。

我们国家早期生活的这些方面——浪费精神、投机精神、对法律的漠视——所产生的习惯现在仍然存在。我提到这些方面，不是要建议学校开设特别的课程来抵制它们。我们的学校已经太多太深地表现出这种特设的做法，它又一次表明，我们乐于采用江湖药方并在我们把事情想透彻之前就行动。我提到这些东西是为了说明教育体系现在肩负的任务，是创新态度、习惯和习俗，打破我们国家传统里根深蒂固的东西。如果我们不能彻底地修改教育结构中的精神、目标、教材和方法，就不可能完成这项任务。

然而，我想顺便谈到一个特殊的教育问题。很多学校因为需要更好地培训政治公民，开设了公民学课程；这门课程除了讲授的形式结构，几乎没有别的东西。这些课程没有现实精神。它们听任未来公民对政治生活中起作用的力量一无所知,并对这些力量如何运行一无所知。对于掌权者、国家机器以及他们获得权力手段,它们几乎没有说什么,或者说根本没有说什么,更不用说做什么了。它们听任将来的选民对国家生活中政治如何不可避免地与经济和金融势力交织在一起,无可救药地无知。如果我们的教育结构试图产生任何与实际生活相关的习惯,至少需要大力改变这一点。

至此,关于公共教育与民主生活方式的成功延续所必需的习俗和习惯之间的关系,我一直在讨论负面的问题。当转向有关社会组织的正面问题时,由于问题的广阔和复杂,我们在思想上麻痹了。教育者更容易认为,他们的工作和这些问题是截然分开的,所以我行我素而忽略困扰男男女女的社会问题。然而,采用这种做法,是对公共教育制度的不忠。因为社会的资源,不管是地方的,还是国家的,决定了学校可以做什么;并且,不管大家愿不愿意,社会的需求穿透学校的墙壁,影响着学校里所做的事情。唯一的问题是:学校最终意味着教师和行政人员是不是被动地等待和接受经济运动和其他社会力量强加给他们的东西呢? 或者说,他们是否认识到他们有正面的作用呢? 这个作用,就是为某些态度、目的和观念奠定基础,从而使民主社会积极地延续下去。

如果一个社会对自己没有把握,不知道它走向哪里,或者不知道它要走向哪里,那将会在教育体系中反映出其教育体系是飘忽的、不确定的。当社会潮流发生改变和转向时,教育体系也会在这种和那种特定压力下发生变化。在很大程度上,这就是过去 40 或 50 年美国发生的情况。为了应付特殊的社会需要,学习内容和课程倍增;校舍极度扩张;学校的人数,特别是中等教育和高等教育的人数,增加了许多倍。除了向职业教育流动的大体方向外,很难发现在这些已经发生的巨大变化中有运动和原则的统一性。

于是,如今的情况不是缺少教育机构,而是学校、图书馆、论坛、无线电的存在出现了问题。例如,正如我刚才说的,社会需要产生了工业和职业教育的运动,这个运动是在公共学校的大力扩张中唯一可以找到的统一做法,然而我们不能说这个运动建立在任何对经济趋势及其伴随后果的研究的基础之上。它是零碎的、特设的。1929 年爆发了危机,但这个危机早在南北战争时期和战前就一直在酝酿着,这证明存在着严重的经济紊乱和失控。如此大量的初等学校和高等学校的人力产品不能得到工作和职业(这正是他们接受教育要达到的目的),这个事实表明我们所建立的职业教育机制是不合适的。我们完全可以问:一种教育发展方式如果起不了什么作用，那么它还有什么用呢？有人回答说，它的崩溃是由一个突发事件导致的。如果产生这个突发事件的条件仍然在起作用，如果教育体系不采取任何行动修改那种产生这些条件的社会组织，这样的回答是不得要领的。

我提到这个具体事例，是把它看作现今主要教育问题的显著例证。只有两条道路可以选择。我们可以继续允许教育体系中发生的事情听凭无方向的社会变化的摆布，或者，我们必须思考如下假设并依之行动：公共教育有塑造某些思想和行为习惯的正面责任，这些思想和行为习惯转而决定社会行为的有组织的条件。如果我们没有深刻而勇敢的意志来思考美国实验和美国生活的真正意义，思考实现这种意义存在的障碍，思考其基本理想的连续推动所采取的手段，那么，我们就不能走第二条道路。我看不到有别的办法可以使教育在事实上而不仅仅在名义上成为社会组织的基础。

236 事情最终集中在我们面临的第二个问题上：为确保民主得到维护，教育可以做什么？不管怎么说，我们不得不问民主是什么。它仅仅是一种政府形式，还是一种生活方式？如果它是一种生活方式，这种生活方式是否包括人们的经济关系，是否包括工业的社会组织，是否包括雇主和雇工的问题，是否包括物质的保障？即使我们把民主概念限定为一种政府行为，在财富高度集中于某一边、经济无保障集中于另一边的情况下，一个民主政府在多大程度上是可能的？工业寡头和民主政治的政府相容吗？关于"美国生活方式"以及威胁它的势力，我们听说了很多。我们清楚地知道这种美国生活方式是什么，对它产生破坏性威胁的势力是什么吗？

这些问题关系到这个国家的每一个成员。如果公共教育确实有普遍归属于它的那种影响，哪怕是一点点儿，那么，教育者就应该高度关注这些问题。民主意味着什么？哪些经济的、工业的社会后果与民主生活方式是否相容？对此，教师团体应该有一致的、明确的、统一的观念。在形成这种观念之前，关于教育对于维护民主制度所起的作用，我们的讨论将更多是空谈而不是实务。

我很清楚地知道，各种各样的意见、偏见和党派观点影响着市民，也影响着教师。我知道，他们并没有形成一个界线明确的团体。我也知道，我提出的问题深入有关争议的核心，并且存在一种或多或少蓄意的、有组织的努力来阻止教育者思考这些问题——教师们的忠诚宣誓就是一个例子。尽管有这些事实，并且确实在很大程度上也正是因为有这些事实,我极力主张,作为一个职业团体,教师和管理者如果不反思这类问题,并努力达到相当统一的有关思想,那么,教育对民主生活方式的维护所作的贡献将仍然是随大流的、毫无方向的。

有人说,我们国家的民主严重地受到左派的或右派的潜在专制的威胁。我认为,这过于夸张。我认为,更大的危险是我们会一路走岔。但是,走岔路和随大流对民主生活方式的长久延续是致命的,即使它最终不会走向法西斯主义或共产主义。如果我们经历的这场危机导致我们国家再次投身于民主的目标和理想,那么,它衍生的所有痛苦和困难都是值得的。然而,如果这种再次奉献仅仅是情感上的而不是理智上的,那么,它将导致徒劳的情绪,而不是富有成果的行动。要做到明智,民主生活方式的观念必须不再是模糊的、笼统的,而必须转化为每一个人言行中细致的、具体的意义。理解民主的本质和意义,努力将这种理解贯穿人类联系的每一种模式,如家庭、商店、工业和金融机构等等,是我们这个时代公共教育的显著任务。我们要继续霍拉斯·曼的工作,一心一意地致力于完成这个任务。

什么是学习[①]

238　　为了发现课程、教学、学习等教育用语背后的现实,参考它们在校外生活中的意义将是有帮助的。那么,一个职业人士、商业人士或其他成年人如何学习,在他们看来,哪些条件最有利于学习呢?

　　职业意味着连贯的活动,它使人与材料、工具和其他人联系起来。为了成功,我们必须不断地进行观察、思考和搜寻新信息。学习是能力练习的产物,这些能力是满足操作活动的要求所必须的。想一想内科医生所必需的资质和他的实际活动,结果表明,他不仅忙碌着四肢,而且随时使用着他的才能;由于不断地使用,他的才能越来越高明,并且不断地扩充了信息。他的主要目标是把他的工作做得更好,但这必然伴随着学习,其他行动和经验的基本无意识的结果更是如此。对于在校学生,他正在学习的知识,或者应该学习的知识,实际上使他的注意力离开他的动作。

　　有人可能极力主张,儿童没有类似的业务,但他们有各种迫切的活动路线,即使没有相应的内容,也有相应的功能。这些活动不是统一的和有组织的,不过,事实上,大多数成年人也不止有一个活动轴心。然而,青少年必须找到他们要走的路,了解一个复杂的世界,为此,他们必须通过实验来得知自身的能力及
239　其用途。他们的活动不是随意的、零散的;他们各自的行为与很多轴线联系在一

---

① 首次发表于《变化社会中的教育适应》(*Educational Adaptions in a Changing Society*),为第 4 章《课程问题》(Curriculum Problem),马勒布(E. G. Malherbe)编,开普敦和约翰内斯堡:朱塔出版公司,1937 年,第 91—93 页。

起。人们要求幼儿做很多事情,这些事情在时间上形成一个有序的系列。没有什么操作是单个的、不连贯的行为。所有的操作,都要求个人行为按照某个序列连续地编结在一起、沿着某个给定的方向稳步前进来完成。在确定的能力或习惯出现之前,把冲动穿在一起的推动力源自内在的目标,尽管是无意识的。这和成人的行为一样。

每个人在幼儿时期的第一个三年要学习的东西,比以后任何一个三年要多得多。如果我们认识到这项任务的复杂性及其所面临的障碍,那么,我们就会看到,站立、行走、说话等成就比得上成年人奇迹般的成就。

对青少年这种自发学习的分析,显示了"主动需要"的出现。它们不是有意识的目的,却是有活力的推动力。需要不仅仅是消极的——等待着从外部得到满足的欠缺,也是积极的——实际地寻求能带来满足的材料。饥饿不仅仅是空无也是积极的不安定,看意味着渴求光或颜色,听意味着渴求声音,伸手去拿意味着渴求触摸。一个需要因此是一种需求,不断地寻求自身的满足,它只能通过外在的对象和力量才能得到满足。外在的刺激并不是最先出现的;向外的活动寻找这种刺激,并判定这个还是那个将会刺激后面的活动。如果一个成年人身边的事件与他当下的活动没有什么关系,他就会忽略那些事件。一个婴儿很难把注意力从动心的对象上转移开来,这种困难使他更加清晰地学到东西。

这样,对于学习,在时间和重要性上,首先都是某个方向上的内在压力,这种压力构成了现实的需要。幼儿能够如此之快地学习,是因为他的需要如此强烈并具有这样一种本性,以至于身边的事物自然而然、几乎不可避免地提供了满足的手段,并因此提供了持续向前或成长(即学习)的手段。成年人可能会感到奇怪,某个产生声音的过程的重复何以对幼儿充满了魅力,实际上,幼儿只不过是以这种方式学习事物的性质,以及他自身能力和行动的本性和意义,这是与他的内在渴求和需要相应的。

然后,对于学习,第二种需要是实现冲动的材料、对象或手段的存在。如果我们谨慎地保持最初的活动并有意识地思考条件因素(它们引发一系列必须掌握的、有等级序列的新行为阶段),那么,环境将带着我们走向某一点,也许是最小的点。然而,外部条件使幼儿活动有可能成功地进行。当内部压力引起的幼儿活动与外部条件发生接触时,幼儿就有了成长。

第三,对于婴儿,成功的标准是内在的而不是外在的。满足是个人的;不靠

240

论　文　　**185**

外来帮助而成功地站立或行走,会产生成就和胜利的快乐感觉。同一种进步的感觉是动力,它与需要相结合,使幼儿走向更加完善的外部行动。

另一方面,相比之下,学校教育忽视了内在需要的因素。这表现为外在的强制和权威,却对这种需要视而不见。然而,父母并不会让饥饿的婴儿自己给自己喂食。教师应该配合孩子的需要,使他能够尽可能最大限度地把事情做成并获得满足。

还有一个更常见的错误:人们以为,有一系列题材和技能摆放在孩子的面前,仅仅要求孩子自己去"学习",倘若孩子不能应付所提供的资料,那么,失败就归因于他自身的无能或任性,而不是由于教育者未能理解怎样来激励他。

学习说话并学习理解别人话语的自然过程,与读写教学的老式方法之间的比较是有益的。一些较好的现代学校取得了巨大的进步,一些聪明的、有独创性的教师把学习阅读的过程与获得说话能力的过程结合起来,他们找出一些场合并创造一些情景,让学生去发现一个需要并通过达成这个需要而获得满足。

即使在家里,行为的消极方面和失败也都容易受到强调,结果诱使孩子对新的行为模式产生恐惧。然而,如果让失败轻松地掠过并提供一种有一定难度的行动路线,使孩子取得进步并有正面的成就感,那么,他将获得更强的能力来建立自己内在的成就标准。外部成就的标准倾向强调失败,从而造成自信的缺乏;而对外部优秀成绩的强调会养成自负和骄傲,这也会妨碍发展。

对象对人的活动自然作出响应,对象的出现,导致智能和目的。旧式的课堂形式是人为的,它使偷懒的倾向得以发展,而偷懒的倾向同样通过运用各种与之相适应的材料来施展。同时,材料的类别必须适当,它们不能太多,以致分心或混乱;也不能阻止人们看到如下需要和要求的机会:需要新工具使活动更进一步,要求有建设性的想象力和手工技能来提供所需要的东西。

这意味着必须为孩子挑选和组织材料,而不是随意地提供材料;必须有多样性以应对不同的能力,工作计划的制订必须充分,以防止漫不经心、朝三暮四。小孩子并不会有意识地知道他想要什么,教育者必须仔细研究以判断其主要的、持久的需要,这些需要不同于转瞬即逝的念头。当我们直接对孩子进行询问时,他可能会回答说这是自己想要的。

在这些条件下,一个不可避免的结果就是学习。在学习者看来,它是一个产物,而不是一个有意识的目标;在教师看来,它是一个要依据确定的原则来实现的目标。在教学过程中,结果跟随着原因。不首先建立一些条件就试图获得结果,这种做法至多能获得偶然的成功,在最坏的情况下只能导致时间浪费、精力耗费、好奇心下降、堕落而软弱的习惯形成。

活动性质随着发展的成熟而变化。在早期的几年里,它主要是直接的;从外面看,在很大程度上是体力的。然而,它逐渐地变得间接了,由与他人的交往和观念、事实的交流所激发和丰富的想象力起了更大的作用。随后的几年里,通过人工符号而进行的反思活动起了更大的作用。但是,这三个元素在各个发展阶段都有,尽管其比例发生了变化。在不同的个人中,比率也会不同。教师必须认识到这个事实并相应地以它为引导。然而,过去学校所提供的东西主要适合那些喜欢走符号之路的学生,而不大适合想象力的表达或具体的教学,从而使个人的自然倾向遭受挫折,社会因不能产生卓越的人才而遭受损失。通常,个人只有在后来的生活中才能获得使他可能全心全意去学习的条件,很多人从来没有获得这些条件。

所以,良好平衡的课程体系意味着为所有个性因素提供适当的条件,如手工和外物建造能力、想象和情感倾向(以后将采取艺术表现形式),还有那些适合符号陈述和为高度抽象的智力追求开路的因素。真正的学习型学校是一个社团。在学校里,特殊的才能逐渐显露出来,并发生适合于未来事业的转变;同时,个人感到了快乐;由于个人学会了认识自身的能力并使用它,社会获得了丰富的、高尚的服务。

在活动中成长^①

243   我打算考虑儿童自然发展的三个主要阶段,从而表明:教育方法应该以儿童在任一给定阶段的基本需要为基础,以帮助他顺利地从一个阶段进入另一个阶段,从而使他没有外在的压力,不会泄气,不会让他完全独立的努力遭受困扰。

"阶段"在这里意指一连串向前的运动,就像多地旅行的阶段,尽管成长有更大的连续性。各个阶段在程度和侧重点上有所不同,每个阶段占主导地位的东西有所不同,但是教育方法的设计者不能让儿童遭受明显的跳跃,诸如曾经在幼儿园和小学之间发生的那样。现代的教育者更多地从幼儿园的角度来看待小学,以引导儿童从纯粹的玩耍逐渐过渡到更正式的学习,至少在美国是这样。类似地,斯坦利·霍尔(Stanley Hall)博士关于青春期的论著有时似乎隐含地说,青春期有革命性的变化。的确有一种变化——态度的变化,但是教育者应该对此进行调节,用某种方式向孩子解释,使它没有什么灾难性的东西。"我们应该使所有的过渡都尽可能地渐进与平缓,当然,这意味着我们不应该使儿童承受任何方法上的剧烈改变。"

这个三个阶段是:

(1) 不顾及结果的活动

在最早的几年中,活动本身就足够了。儿童完全投入他此时正在做的事情,
244   他顺其自然地获得结果,并不把结果与活动本身分离开来。

---

① 首次发表于《变化社会中的教育适应》,马勒布编,为第五章《新方法》的一部分,开普敦和约翰内斯堡:朱塔出版公司,1937 年,第 120—122 页。

例如,很小的孩子画水彩画。他们并不怎么关心他们画出的实际图片,甚至不把它看作一个完成了的结果,而是把它当作一个过程,表达某种在他们身上发生的东西。一个孩子会在圣诞卡上画一座房子,会把他的长袜装进房子里。他并不考虑实际东西的比例,而仅仅关心它们对他的重要性。一般来说,很多原始艺术是受艺术家们同样的专注行为支配的。

整个阶段叫做"玩耍"——为了活动本身而专心投入活动之中,这在很大程度上要归功于福禄贝尔(Fredrich Froebel)。他重新发现了通过玩耍进行教育的价值,人们原本以为,玩耍与生命无关,幼年是一种需要熬过去的罪恶。

福禄贝尔重新发现了童年生活的固有价值及其特殊的性质——印象。身体活动,诸如跳和跑,可能看上去主要是身体的,但是在儿童看来,它们也是充满想象的情感活动。如果对自己的行业不了解的教师把它们形式化了,它们当然也就失去了所有富有想象力的内容。

举一个误解活动本质的例子。我访问过一所学校:一个教师让他的班级唱两分钟的歌,然后读3分钟的书,然后做3分钟的体育运动,然后神气活现地对我说:"你看,我研究过你的文章。"

儿童自己并不以这种方式从一种工作转向另一种工作。正如帕克赫斯特(Parkhurst)女士所说,每一个孩子都有某种节奏,教师必须尽最大的努力避免扰乱那种节奏。孩子并不认为玩耍是消遣;它是有意义的活动,是他目前有能力达到的最高水平。

在这个阶段,儿童的自然要求和社会要求会发生巨变,教师应该怀疑老套的玩耍形式,怀疑任何单纯逗乐孩子开心的冲动。活动,如果有任何严肃的意义,就必须能激发儿童的感情,解放他们富有想象力的生活。

(2)通过结果来控制活动

245

通往第二个阶段的过渡是逐渐发生的。儿童开始能够更多地认识到活动的结果,从而试图指引活动(以前是自然产生的)以得到成功的结果。在他专心致志玩耍的过程中加入了目的,他的脸上呈现出他对自己所做的事情逐渐增加的热情。玩耍倾向发展为游戏,这需要观察到某些客观条件。

当孩子开始玩"捉迷藏"这类游戏并遵守游戏规则时,儿童的智力发展就有了进步的迹象。当他开始有结果感或目标感的时候,他就达到了"第二个阶段"。这是玩耍阶段自身的一个过渡。

通过这个过渡,他获得了工作(心理学意义上的工作)的能力。他的活动仍然表达了他自己做某件事的想法,但是要做成的事情开始支配他的活动。

教师应该认识到这种新因素,即他必须介入并提供帮助的时期即将来临。在水彩画中,对自由表达极感兴趣的儿童开始失去兴趣,甚至不理睬它,这可能是因为,他们在自己的作品中看到了粗糙和不足,正像其他人看到的那样。他们没有技术能力达到他们眼里的恰当的成就标准,所以就停止绘画了。这里没有什么逐渐过渡的阶段,也没有教师给孩子指出更好地实现目标的方式。

在那些为更自由的活动提供机会的学校,儿童在最初几年参与了重要的活动并取得了重大的成功,但是在六、七、八岁的几年里存在一种缺失、一种难以为继的失败。沮丧阻碍了活动的进行,这是由于教师没有认识到他们在前一阶段的真正任务是逐渐引入普通程序的方法。我们必须找出孩子真正想要获得的东西,以帮助他从玩耍过渡到工作。

(3)符号的使用

如果人要越过低等动物无理解的阶段,这是必须的。

人对符号感兴趣,并有能力使用它。人有意识的智力发展,与符号的使用息息相关。我们一直对早期教育中过度使用符号的做法有高度的反感,一直抗议少年儿童训练中过分的语言学因素。

然而,没有符号就没有智力的发展。我们的思想只有通过代表时空的符号,才能走向时空。

当小孩开始学说话的时候,就引入了符号的使用,但是我们预计,他开始学习阅读的时候才首次有意识地使用符号。越多的注意力用于阅读,符号的作用就越大。年级越高,符号因素的掌握就越重要,直到最后,像爱因斯坦这样的大科学家用符号进行思维。这直接关系到教育学,也就是说,在小孩能够理解某个符号的意义之前,不应该对他引入那个符号。

在第三阶段,不同的个人之间会有很大的不同,以至于在学校教育的后来阶段应有足够多的不同课程,使小孩能够只学习本质上适合他的东西。

有三种代表性的类型:艺术型、管理型、科学型。艺术型属于第一阶段,单纯的活动乐趣仍然存在,但他已经掌握了技术。管理型或行政型主要属于第二阶段,他对自己的活动结果很感兴趣。最后,科学型对符号感兴趣。这些类型并没有明确的区分;每个人都显然有并且需要所有三个阶段中的某些元素,但每个人都有某种主导的倾向。

清楚地认识到这三个阶段意义的教师，会防止方枘圆凿式的强迫。小孩的艺术能力必须得到更好的对待。音乐、舞蹈、素描、油画不应该仅仅面向少数人，如同"额外收费"再加收，然而也不应该把它们强加给所有的孩子。

我的建议是：在行动中成长要有连续性。教师的任务是观察并帮助它，要随时克制自己，不要强行干预。

自由[①]

247　　有句老话说:"自由的代价是永无休止的警觉。"这句话现在有特殊的意义。从压迫中获得解放是建立美利坚合众国的主导目标,自由与民主制度的观念如此紧密地联系在一起,以至于我们国家似乎把它看作理所当然的社会目标,并且人们理所当然地认为无需过多地考虑它,只需几句话就够了。但是,历史的教训是:随着人类关系每一个重大的变化,限制个人的生活因而阻碍自由的势力也随之而改变。因此,自由是一个永恒的目标,需要不断地奋斗和更新。它并不自动地使自身永存,除非它不断努力地战胜敌人,否则必将消失。

　　随着社会变得越来越复杂,破坏自由的势力越来越以精细的形式出现,它们的运行越来越阴狠。由于它们乍看起来似乎并不压制自由,所以也就越来越有效了。的确,初看起来,在运行的初期阶段,它们很可能大受欢迎,因为它们带有一些明显的优点——甚至可能有更大自由的前景。我们的先辈们为之奋斗的自由,主要是摆脱极其粗暴而明显的压迫形式,即由遥远的中央行使的政治权力的

248　　压迫。结果,我们就形成了这样的传统:自由的主要敌人是政府权力,自由的维护几乎等同于对每一次政治行动的扩展都怀有嫉恨的畏惧和反对。经过若干代人,我们才意识到:一个人民的政府,由人民主导的政府,应该是一个提供并保障

[①] 首次发表于美国教育协会(National Education Association)《社会经济目标对于教育的意义:美国社会经济目标委员会报告》(*Implications of Social-Economic Goals for Education:A Report of the Committee on Social-Economic Goals of America*),第9章(华盛顿哥伦比亚特区:美国教育协会,1937年),第99—105页。其第5章为《积极的、有弹性的个性》,由杜威、博伊德·博德(Boyd. H. Bode)、威廉·赫尔德·基尔帕特里克(William Heard Kilpatrick)著,见本卷第548—559页。

个人自由的、积极的、必需的机构,而个人既是统治者又是被统治者,不是压迫的工具。这个教导至今还远远未被完全学好。

美国人民赢得独立的那些条件,其直接后果在很大程度上把自由等同于政治自由,甚至在很大程度上以一种消极的方式考虑这些自由。它的正面表达,主要局限于选举权和选择公职人员、从而间接地参与公共政策形成的权利,以及自身被选为政府官员的可能。选票成了自由的光荣象征。每年 7 月 4 日的演讲魔幻般地唤来一道奇景:自由人鱼贯而去,走向投票点,去领取无价的自由礼物。然而,人们却忽视了公民是在哪些条件下行使选举权的,那些条件在很大程度上限制和控制着选举权。对于很多人,也许对于广大民众来说,这种权利削弱成完全流于形式的东西。腐败现象开始蔓延;首脑和由首脑在幕后操纵的宗派政治机器成长并繁荣起来。只有阅读过一百年前霍拉斯·曼的著作和演讲,理想化地看待共和国早期的那些人才注意到,他在多大程度上把当时普遍的恶劣政治条件看作他呼吁建立并扩大普通公立学校的大部分理由。他抱怨的很多罪恶减少了,尽管还没有被消灭。但是,现在的政治情形以及过去的历史都使我们相信:把自由仅仅等同于政治自由,最终甚至连政治自由都会失去。

在我们国家的早期历史中,居民的重要自由实际上处于非政治领域。无主的土地,稀少且散居的人口,大多数是农村的、一个有待于被征服的大陆等等,这些表明:每个人都有空间——不仅仅有物理的空间,而且有个人的精力和首创性得以施展的空间、开拓事业的空间,似乎每一个有活力有才智并勤奋地将其利用的人都有无限的机会。荒地边界在不断地召唤。虽然边界是指地理上的边界并要求物理运动,但边界不只是边界,它还指经济的和道德的边界。事实上,它宣告美国就是机会。它展现出这样的前景:每一个为成功而努力的人都将获得成功的回报。机会的自由比政治的自由更多地缔造了真正的"美国梦"。即使在条件改变以后,并且在彻底地改变以后,它仍然持续地印刻在"机会自由"这一美国特色的观念上。这种机会自由是所有人的自由,它不因社会地位、出生、家庭背景不同而受到阻碍;最后,至少在名义上,没有种族和性别的歧视。

但是,社会情形的确改变了,并且是彻底地改变了。无主的土地几乎消失了。召唤人们去开垦的地理荒地实际上不复存在了。人们的习惯改变了,从适合农业条件改变为适合机械化工业的要求。人口显著地城市化,不仅仅在地域上,而且在标准和品味上。大规模机器生产的工业越来越集中,并且这种集中越

249

来越多地处在集中化的金融的控制下。当机会平等所包含的自由在很大程度上是实际条件的表达时，它可以是理所当然的，而现在不再是这样。自由是需要运用所有可用的手段来奋力获取的东西。如果没有达到它，那么，独特的美国梦就变成一种记忆，美国式的、民主的自由理想最显著的特征便会遭受毁灭性的灾难。直到为机会平等而进行的自由之战获得胜利，自由的确就是社会的、经济的目标，美国教育体系必须尽其最大的努力来达到这个目标。

也许在某一时期，经济和社会条件使机会自由充分地接近实际的事实，以至于人们可以沾沾自喜地认为，这种自由是美国制度运行中固有的东西。即使如此，这些条件也只是过度地强调了机会的一个方面，即物质的、金钱的经济机会这一狭隘方面。大众衡量成功的尺度，主要是财产的占有、收入的扩充以及数量250的增加。在片面强调物质机会造成的条件的影响下，人们形成了这样一种观念：只要正式的法规平等地应用到所有的人，只要政府不对人们自然的行动自由进行所谓的干预，一切个人天生拥有了平等的自由。这种自由观念认为，每个人都有同等权利不受社会限制的束缚去从事商业活动和挣钱，只要他不违反成文法的条例。这种自由观念与政府是压迫的主要来源这个观念相吻合。这两个信念结合产生的结果是：把自由等同于自由放任的个人主义。查尔斯·A·比尔德（Charles A. Beard）引用约翰·R·康芒斯（John R. Commons）在《教育在美国民主中的独特作用》[①]中的话说，这种哲学把民主自由等同于"个人主义、自私、分工、商品交换、平等、流通、自由的各项机械原则，等同于上帝安排，它使个人没有互利的意图而能够互利"。特权阶级的代表把这些观念当作自由哲学的本质。他们对法庭、对大众的道德信念产生了巨大的、有时是最大的影响。这种自由观念越有影响力，对大多数个人实际自由的侵犯就越为迅速。

正是在这种条件（刚才作了大致的描述）下，自由成为一种需要奋斗获得的目标，而不是理所当然的事实。

正是在这种条件下，获取自由的问题越来越复杂、越来越微妙，几乎涉及生活的每一个方面。达到自由目标的问题现在呈现出许多方面，即使提一提这些方面也超出了本文的范围。这里仅通过举例来说明几点。

---

① 美国教育协会和校长部、教育政策委员会，《教育在美国民主中的独特作用》（*The Unique Function of Education in American Democracy*），华盛顿哥伦比亚特区：该委员会，1937 年，第 38 页。

经济的、个人主义的自由在全盛期，毫无疑问推动了发明、独创精神以及个人活力，促进了国家的工业发展，但也鼓励了一种不计后果的投机精神，给现在和将来的人们带来了沉重的负担。它助长了自然资源粗暴、过度地利用，似乎自然资源真的能够永不枯竭。公共领地要保护，贫瘠的土地要修复成肥沃的土地，要与洪水进行战斗，要遏制我们的民族遗产大部分变成沙漠的势头，这都是我们为过去沉溺于所谓的经济自由的放纵行为交付的罚金。没有自然资源的富足存贮，所有人的平等自由就无从谈起。只有那些已经拥有它的人，才能享受它。如果要获得真正的机会平等，我们传统的浪费和破坏政策不仅必须修改，而且需要逆转。

如果工作和收入不能在一个合理的程度上得以保障，那么就几乎没有真正自由的可能。上一次的大萧条使我们清楚地认识到这一教训，我无需作详细的论述。对于把自由等同于没有社会限制的个人主义，这里作一个令人痛苦的点评：数百万人失业了，积蓄也耗尽了，他们主要依靠非官方的施舍和公共救济为生。对自由的限制，不限于失业和无保障的直接牺牲者。商人中掀起了一股浪潮，反对公共救济施加的税务负担；这表明，他们也觉得他们的生产活动范围受到了限制。

然而，不幸的是，他们之中很少有人表现出倾向寻找造成这种情形的原因。他们通常满足于抱怨他们不喜欢的征兆。

工业的集中和中心化也给他们通往真正的思想和行动自由的列车带来了极大的危险。应该指出一些来自宰制（regimentation）的危险，其根源是过度的政治集中。但是，我们不应该忽视工业和资金的集中化造成的极其大量的宰制。托马斯·杰弗逊（Thomas Jefferson）颂扬农业政体以及独立的小生产者和店主，并预言工业化伴随的邪恶，而造成邪恶的一大理由是道德的理由。在早期政体下，个人也有机会要求亲自实施他的决策，这种行为伴随着满足感。在高度集中化的金融和工业政体下，大多数个人不过是附庸，他们势必成为一个巨大机器里的齿轮；而他们不理解这个巨大机器的运转，在它的管制下，他们没有职守，只有听天由命。如果普遍的自由要成为现实，就必须找到方法，使大多数个人比现在更好地参与工业过程的导向。对他们而言，仅仅获得更多的工业生产的物质产品和金钱产品，并不能保障他们的真正自由。

再举一例来说明现行条件限制个人自由的方式，使它成为一个有待于达到的目标，这就是狭隘民族主义的快速膨胀。这种限制推到了完全否认个人自由的极端,在独裁者统治的欧洲极权国家中就有这种极端形式。但是,如果以为对自由的束缚只限于这些国家,那就大错特错了。由于严重的民族主义,现在每一个国家都生活在过去战争施加的重负之下,也生活在未来战争威胁的笼罩之下。没有什么单一的力量像现代战争一样,对个人自由造成如此彻底的毁灭。不仅仅是个人生命和财产遭到战争带来的外在控制,他们的思想和表达能力也遭受同样的控制。战争是对整个人类施加的一种大规模的道德奴役。和平是获得自由这个目标必需的、紧迫的条件。

然而,美国生活中有一个领域,在那里,人们对政府行动的恐惧从来没有占优势。这就是教育领域。在这个领域中,建国之父们用几乎全体一致的声音宣称:政府,即使不是全国的,也是地方的和各州的政府,应该积极地、建设性地采取行动。这种声音在我们整个历史过程中得到了政治活动家和教育活动家的不断响应。这种声音在美国人民心里唤起了热烈的回应,其热烈度超过了任何其他号召产生的效果。毫无疑问,很多家长响应这个号召,因为他们觉得学校教育打开了物质机会和成功的大门,否则这扇门对他们的孩子是紧闭的。但是,这种号召和响应不仅仅是物质上的。美国教育信仰赖以建立的信念是:没有教育,自由和平等机会的理想就只是空洞的幻想;自由发展最可靠、最有效的保障就是教育。

这个事实给学校和办学的教育者们施加了重大的责任。学校为自由这个社会经济目标的实现做了什么?它们在哪些地方失败了?与危及自由的威胁进行斗争的过程中,他们可以并且应该做什么?仅仅这些问题的提出就使我们注意到自由的一个方面,这是在此前的讨论中没有触及的一个根本方面——智力自由。尽法律所能保证的限度,联邦宪法里的自由和权利法案(很不幸在所有的州立宪法中都没有)保证信仰自由、言论自由、出版自由、集会自由、诉讼自由。这些都是我所说的智力自由的一些方面,称之为道德自由也许更好一些。比起外在的行动自由,永远的警觉更是这些自由付出的代价。在有些领域,人们感到,思想和表达的自由可能侵犯既得的特权并扰乱现行秩序。在这些领域,自由的敌人是有组织的、坚决的。学校是这些自由最终停泊的港湾和依托。因为学校比任何其他单一机构更关注自由的求知、争论和表达的发展。

学校通过模范和训导来灌输对这些自由形式的珍贵品质的信念,甚至学校自身成为实践自由求知、自由实验、自由交流的生动模范,这都是不够的。这些东西的确应该培养。但是,学校也有责任保证那些离开学校的人知道哪些观念是值得思考和表达的,有责任勇于用这些观念来打破反动势力和保守分子的阻碍。从长远看来,一切公开露骨的或私下阴暗的检查制度的最大帮凶和思想与表达自由的最大敌人,很有可能不是那些由于这种自由对自身地位和财产可能构成影响而感到害怕的人,而是人们抱有的无关痛痒和毫不相干的观念,以及表达这些观念无效的、甚至腐朽的方式。

　　思想和表达的自由的确是必要的。但是,正是由于它们对社会的健康和进步是必要的,所以,更加必要的是:观念应该是真正的观念,而不是虚假的观念;它应该是探索、观察和实验、收集和权衡证据的结果。与其他单一的机构相比,学校更有任务和责任在这个方向上形成稳定前进的态度。循规蹈矩的教学,不民主的学校行政,也许是产生某类人最可靠的方式;他们欣然屈服于外部权威,不管这种权威是武力施加的,还是习俗和传统施加的,抑或是现存经济体系产生的各种社会压力施加的。如果自由智力的精神没有渗透学校的组织、管理、学习和方法,那就只能徒劳地期待学校培养出来的年轻人在面对社会问题和达到自由目标时积极进取地支持自由智力事业。

254

　　教育者在这方面有重要的责任。关于美国社会的经济目标,最初的简洁陈述中有这样的话:"教师应该越来越多地成为社群思想的领导者。"但是,教师不可能单独完成这个任务。同一段陈述进一步说,"为了这项任务,他们需要群体的团结以及公共舆论的支持,唤起人们认识自由这个方面的根本重要性"。重点在于大众有更大的经济自由,但这并不是最后的重点。它并不单独成立。最终,经济自由(它依赖于经济保障)是文化自由的一个手段。通过科学、艺术以及无限制的人类交流,人类精神获得全面的解放从而得以发展。学校是促进这种自由最卓越的潜在社会机构。

　　归根到底,自由是重要的,因为它是个人潜能得以实现的条件,也是社会进步的条件。没有光,人将毁灭。没有自由,光亮就会变得暗淡,黑暗开始笼罩。没有自由,古老的真理就变得陈腐破旧,从而不再是真理,仅仅是外在权威颁布的命令。没有自由,新真理的寻求,人性可以更安全正当行走的新路径的开辟就到了尽头。自由是对个人的解放,是社会朝着更加符合人性的、更高贵的方向前进的最终保障。束缚他人自由、特别是求知和交流自由的人所创造的条件,最终将危及他自己和他的后代的自由。永远的警觉是为维护和扩大自由付出的代价,学校应该是这种警觉永不停歇的看护人和创造者。

255

地租的社会化^①

256 　　地租的社会化意味着很多,而不仅仅是一个更公正更有效的税收制度,当然它仍然要以此为根据而得到赞许。这意味着根本机会的社会化。民主作为机会平等,我们谈论了很多;然后,我们采用了一个机会私有体制,而它则使我们的大话变成一个闹剧、一个悲剧。

　　地产是有房屋、仓库、商店和工厂建在上面的土地。它是农民耕作的土地,所有的食品、纺织品以及建造房屋所用的砖、木和石头都来源于它。但是,它也包括所有的矿井、矿物、铁和油,包括水力,也包括煤,它们都是电力的最终源泉。当我们谈论地方和国家社团创造的土地价值的社会化时,是在谈论所有生产力的最终源泉;这就是说,我们谈论的是一些机会、一些有用于社会的机会、一些能用以发展个人能力的机会,个人能力唯有通过创造活动才能得到发展。如果否定这种机会,一方面,我们会有闲人和寄生虫;另一方面,广大民众将依赖别人的意志来获得机会,他们将处于受别人奴役的地位,而后者获得了私人占有和享受的机会。

　　以试图改善现有条件的新政^②措施为例。你将发现,没有一条不是由于机会的私人垄断而变成妥协的、有偏见的,是啊,成为形同虚设的东西。贫民窟的
257 清理和巨大的住房项目是必要的。但是,除了在纸片上写下自己的名字以外,无

---

① 首次发表于《人民会堂公报》(*People's Lobby Bulletin*),第4卷(1935年1月),第1期。源自1934年12月15日人民会堂在华盛顿哥伦比亚特区宇宙俱乐部举行的午宴上,杜威通过国家无线电广播发表的演说。
② 指罗斯福总统的经济改革计划。——译者

所事事的土地所有者和垄断制度的其他受益者将占有社会创造的新价值。比如田纳西河流域管理局(T. V. A.)工程是新政中最有希望的项目。然而,它将要产生的新价值由那些垄断这块土地和机器(由这块土地上的物产制造出来)的人装进口袋。花费数十亿美元来救济数百万失业者,势在必行。但是,在现在的体制下,救济金将大部分由消费者和合法的生产者来支付,因而加重了大多数人的负担。为什么不找到问题的根源,通过土地的社会化给予失业者工作机会呢?为什么不通过社会创造的价值的社会占有来支付那些日益攀升的账单呢?

亨利·乔治(Henry George)正确地说,尽管自然机会、土地以及源于土地的矿物和能源的社会化并非灵丹妙药,但它是一个基础措施。然而,只要这个措施是孤立的,它就很难在必要的范围内得到实施。这个大会代表一个更大的社会纲领,作为一个更大的社会化纲领有机的、基本的部分,(乔治所说的)社会化的感召力是无可抗拒的。

自由主义的未来①

我将把自由主义社会哲学的一般原则应用到现存问题上,从而使它更具体一些。第一个应用是自由不断变化的内容问题。例如,我阅读了沃尔特·李普曼(Walter Lippmann)的《自由的方法》(*The Method of Freedom*),希望对现在这个主题有所启发。但是,我发现了有两样东西反映出它的传统局限。首先,它讨论的那种自由仅限于政府干预问题。其次,甚至这种讨论仅限于个人商业行为的自由。基于第一点得出的特殊结论,涉及拒绝自由放任的个人主义。到此为止,对传统自由主义的一种形式有修改。但是,它所提出的政策,即通过政府干预来纠正企业家的商业自由引起的不平衡,根本谈不上自由范围的扩展和自由意义的扩大。它所提倡的行动,想来只是以更大的社会保障的名义对自由进行限制。它没有涉及现在广大劳工受到的宰制和自由的缺失。它没有说到,自由更主要的方面关系到多数人参与某种文化,这种文化现在为社会所拥有却未被分配。可能有人会说,后面一点在他讨论的特定范围之外。但是,前面一点是不在范围之外的;对任何局限于经济方面的自由进行讨论,都离不开它。而且,当人们以抵制的态度考虑经济的社会规划时,它就出现了。但是,就对工人的关切来说,唯一需要处理的事情就是保障;它不是自由的先决条件,而是社会稳定的

必要条件。如果自由主义只能走这么远,那么,我担心自由主义会破产和毁灭。

具体的现代运动希望建立起来的另一接触点,是强调智力不仅在思想上而且在行动上成为社会变革的方法。现在,鉴于依赖大规模武力的使用来造成社

① 首次发表于《人民会堂公报》,第 4 卷(1935 年 2 月),第 1—2 期。

会变化的风气,自由主义者必然强调,实现变革的手段和方法至关重要。每一种绝对教条主义,不管以卡尔·马克思还是墨索里尼的名义来辩解,都把手段与目的分离开来。问题不在于作出这种分离是否明智,或者是否合乎道德,而在于不可能做到。所使用的手段的性质,决定了实际达到的后果的性质——目的唯一的意义是:它不是指抽象的东西。在这个关键时刻,也许社会自由主义理论能做的最有意义的事情就是坚持这一点。你可以建立一些目标,它们从本质上来说是你想要的,但是你实际获得的东西将依赖于你为了获得它们而使用的手段。关于为达到目的而使用的手段,最重要的事情是智力与武力之间的比例,武力代表着手段。纯粹的暴力,意味着使用武力时智力的成分极小。

宣扬在使用武力时采取智力行动,就是要最少地使用野蛮武力。与此不同,宣扬使用暴力的做法意味着无力使用智力,并吞下由此产生的苦果。在当前的条件下,如果智力和武力被当作对立的方法,那么,反动势力不垄断智力就很可能垄断武力。无论如何,对大规模武力的单纯依赖将达到这样的结果:最初预想的目的还是必须使用智力去一点一点地重新获得。

纯粹的武力或暴力总是很恐怖的,应该尽可能地避免它成为事实,而不是把它当作必要的手段和方法来培养和促进。自由主义并不与政策和行动上的智力激进主义相对立。与之相对立的是非智力的激进主义,非理智的激进主义将自杀式地产生纯粹的武力和战争,而武力和战争又是产生革命性社会变化的主要因素。如果有人认为智力方法轻而易举,以至于它象征着积极信念的软弱和勇气的缺乏,那么,我的回答是:让他试着去用用吧,依靠暴力寻找出路的做法才是渴望捷径和简单方法的表现。行动智力的敌人比纯粹武力的敌人更为强大,每一次诉诸武力的行为都使社会变化的敌人得到加强。不论从内部还是从外部都加强了:那些不愿意发生社会变化的人,以及那些倾心(不是心灵就是心脏)于社会变化的人。

国际合作还是国际混乱[①]

现代发明迫使同一个国家的居民们相互依赖,也迫使不同国家的人民相互依赖。有了与大规模生产相关联的铁路、汽船、电报和电话,这种相互依赖变得不可避免。在这个国家,我们有领土广大的好处,有大量的自然资源以及无与伦比的交流和交通体系。没有关税障碍、没有限额制度来阻止这个国家的一个地区因另一个地区的产品而受益。假定现在每个州都有权利对来自其他州的物品征收重税,假定美国 48 个州中的每一个都行使这种权利,并在与其他 47 个州进行农业产品和工业产品的交换中设置障碍,很明显,工业和铁路的巨大错乱将立刻产生。同样明显的是,不同州的公民们将很快开始怀疑、嫉妒、害怕某些州,因为他们认为老天更偏爱那些州。由此导致的敌对状态将撒下战争的种子。

但是,这种想象的美国各个州之间的状况正是欧洲各个国家之间的实际状况,很多欧洲国家还没有我们的政治单位大。它们之间不是合作,而是敌对;没有相互依赖的认识,而是不择手段地阻止世界大战之前存在的、为数不多的合作。近期有位作者注意到,这个或那个国家现在针对 14 种物品使用了限额体制。经济冲突取代了枪杆子之间的冲突;在这场新战争中,关税和配额成为深挖的堑壕。

坏结果以两种方式起作用。为了与其他国家竞争,现在的壁垒体系使竞争人为地变得更困难了,劳动标准在国内降低了。然后,其他国家发现,除非国内

---

① 首次发表于《人民会堂公报》,第 4 卷(1935 年 2 月),第 6—7 期。源自全球广播公司(World Wide Broadcasting Company)播出的一个广播演讲。

的工资降低并且劳动加速，否则，它们就处于不利的地位。它们的标准处于危险之中。我们使该隐的询问几乎无所不在："我是我兄弟的看守人吗？"我们把冷漠和敌对标榜为正面的美德，尽管我们知道，在国内的事务中，一个群体和部门的挫折意味着所有其他群体和部门的损失。

当一个国家在经济和财政上下滑的时候，即使它愿意，也不可能从其他国家购买很多东西。于是，那些国家也开始遭受损失。历史上第一次大萧条是全球性的。那些没有销路的国家关闭工厂，解雇工人。农民失去了他们的市场——国内的以及国外的。由于外国在农产品的输入上设置的限制，美国农民的糟糕状况变得更加糟糕了。于是，我们大部分人被剥夺了国内和国外市场的购买力。我们现在出口的谷物和谷物产品只有 20 年前的 40%。仅仅 10 年前，美国农民生产的猪肉和猪油大约有五分之一被送往国外。它现在缩小到微不足道的十六分之一。即使在 1930 年，生产出口农产品的土地占美国改良农作物土地的八分之一。外国市场的关闭将迫使更多的农民依赖联邦救济金，支出金额至少高达每年 5 亿美元。

然而，假定我们要求外国降低壁垒而我们依然高壁垒，这个要求是很荒谬的。合作是共同的；单方面的合作根本就不是合作。我们现在拥有的，只是合作受苦和相互加害。

有些人主张美国自给自足。就自然资源和工厂而言，我们可以比任何其他国家更接近于自给自足，除非它是苏联。但是，我们过去在这种自给自足方面作出的种种努力成了以下信念的依据：任何完全自给自足的努力，只会使我们更深地陷入萧条的泥沼。并且，有一些重要的产品，我们没有也不能生产出足够的数量，而切断通往其他国家的出口将几乎完全毁掉了它们。例如，我们生产出来的煤占世界总量的 75%，我们和法国一起生产的铁占世界铁产量的 75%。我们没有把它们留在地下，即使为我们自己保留这些东西的经济政策是好的而不是灾难的，我们也没有任何道德权利这么做。至于我们的进口，仅仅在农业领域，我们就从国外获取了大量的毛皮、糖、茶、咖啡，以及丝绸、大麻和其他纤维，还有木浆。并且我们必须记得，在很多情况下，这些原材料是国家工业和就业的基础。自给自足的观念为这个国家更大的垄断、贫穷、失业，以及更低的生活水平铺平了道路。

我们最近听说了很多关于国际军火交易的事情，还听说军备和军火工业方

263

面的国际组织为赢利甚至给它们潜在的战争敌人供货。在我们谴责军火制造者的时候，让我们回想一下，这些"死亡商人"是现在国际关系混乱无秩序的一个征兆。如果我们真的想结束这种繁荣的国际交易，就必须建立国家之间的合作，从而从根本上切断它们的根源。只要国家之间相互害怕，每一个国家都在别国看到了本国人民生活水平降低的危险，并且有好的理由，那么，政府就不难激发公民的战争情绪，不难说服一个贫穷的国家购买军备和军火，而"死亡商人"因此变得脑满肠肥。

迄今为止召开的每一个裁军会议，都以失败告终。无须先知，我们都可以看到它们将继续失败。除非在它们之前，全球各民族召开一个国际合作会议，废除现行的壁垒——除了关税和配额之外，现行壁垒至少有六个。

只要人民还徒劳地热衷于把爱国主义等同于孤立，不顾现存的相互依赖关系而试图独立，我们就不能指责我们的政府或任何其他政府没有制定新的政策。倒是我们这些人民应该首先建立真正的合作精神以及共同利益感，合作和共同利益感使世界各民族结合在一起，共同面对福利或灾祸——现在主要是灾祸。在国际事务中与在乡村和城市中一样，睦邻友好原则是基本的。由于大势所趋，这个原则不再仅仅是一个道德理想，它变成了一种经济必要性。我们不会为实践它自担危险，萧条、失业、生活水平降低的危险，以及屠戮数百万人、毁灭数十亿人财产的战争的危险。

税收是走向社会化的一步^①

过于热烈地鼓吹所有生产、分配和交换方式社会化的人，倾向谴责任何依靠税收、把它当作社会化计划一部分的做法。我相信，这是一个误解。

累积的利润寻求投资以获得更大的利润，这是美国财富和收入集中的基本原因，是产生生产和消费之间的不平衡以及随之发生的失业的一大因素。国税局长报告说，1933 年 46 人净收入超过 100 万美元，他们的总收入是 9901.5 万美元，其中只有 276.1 万美元来自工资和薪水。在各种扣除之后，这 46 个人的净收入是 8155.8 万美元，平均每个人超过了 175 万美元。显然，他们不能花这么多钱，除非他们使自己过度劳累从而找到花钱的办法。众所周知，所有这些高收入大部分来自财产的拥有或控制，利润的再投资对我们国家构成了成几何数级增长的威胁。

据估计，根据相对财富和收入，如果我们的个人所得税和公司所得税到达了英国的比率，那么，我们从这些资源中获得的收益将比现在提高四倍。这将至少是 40 亿美元——接近现在的联邦预算，不算所谓的紧急支出。

对高收入、地产、来自政府公债的收入、公司利润和盈余，以及土地价值征收严厉的税务，并不意味着通过税收对全国收入进行再分配是社会化的代替品，它反而是社会化经济一个固有的、极其重要的部分。

社会化经济的一个要素是恰当的教育、娱乐、医疗和文化规划。向得到这些服务的个人收取服务费，将是一种间接的税收方式，减少了群众的消费能力。我

---

① 首次发表于《人民会堂公报》，第 4 卷（1935 年 3 月），第 1—2 期。

们应该每年在这些项目上,在养老保险、失业保险以及类似的维护社会公正的措施上,比现在多花 40 亿美元,因为实行这个计划是完全社会化的国家引以为荣的事情之一。这个花费不能由工人来支付,而要由上面概述的税收制度来支付。"让我们干活并等待革命吧",这是绝望的劝告,甚至更糟。这是对美国提出的愚蠢的劝告。在美国,今后十年里,暴力的使用将几乎不可避免地导致暴力和武力倡导者的完全屈服。

还有一个方面值得考虑。如果不为所有者提供某些报偿,社会化就不能进行。由营业税和类似的消费税来付费的社会化,将挫败部分社会化目标。现在大约 40 亿美元的联邦预算,其中将近 19 亿是通过消费税获得的。如果联邦政府承担它在教育、娱乐、医疗、救济、照顾老年人方面的直接责任,年度预算有可能达到每年至少 50 亿或 60 亿美元。鉴于这个事实,修正我们的税收体制有极大的重要性。现在,联邦政府与此是相对立的。按照我们现在的贷款利率,1936年 6 月 30 日,财政年度结束的时候,联邦政府的长期债务可能至少有 360 亿美元。在不久的将来,舍弃公平税收而选择通货膨胀的做法将开始出现,而通货膨胀将使所有的工人和农业生产者遭受痛苦的损失。

在国会休会之前,写信给你们的美国参议员和众议院议员吧,主张建立在支付能力原则上的税收修正,就像民主党保证的那样,要求至少对土地价值征收少量的税收,因为土地所有者是联邦开支重大的受益人。

267　　要求废除将近 20 亿美元的消费税,消费税由于削减大众的购买力而妨碍了再就业。

如果工业经营者们聪明的话,他们就应该停止对联邦资金在救济和其他目的上的必要使用进行无人性的、徒劳的反对。他们应该比其他人更清醒地认识到,把债务堆积到消费者现在和将来的购买力上会有什么后果。他们应该衷心地支持如下要求,即筹集大部分所需资金的方法应该是减轻消费能力的沉重负担。

政府和儿童[①]

大萧条极度残酷地影响到儿童。它剥夺了他们上学的机会，并损害了他们 268
的健康。每天在教育上的花费比 1930 年少了 200 万美元。两千所农村学校关
闭了。平均起来，在全国范围内，学年缩短了一到两个月，尽管在此之前它比欧
洲国家平均少一到两个半月。教师被大量解聘。大萧条和童工的停用，使更多
的孩子进入高中。在美国，每四个教师中就有一个拿到的工资低于国家工业复
兴法规定的无技术产业工人的工资。幼儿园都关闭了。音乐、体育、艺术、家政
学以及公共医疗卫生服务都被砍掉了。

1930 年，胡佛总统估计美国有 600 万儿童营养不良。儿童局估计，全国五
分之一的儿童营养不良，住房条件恶劣，医疗保健不到位。官方调查表明，在
1929 年和 1932 年间，遭受收入损失的家庭生病率比收入没有下降的家庭高百
分之六十。纽约市低收入地区的儿童有三分之一被体检医生认为健康状况欠
佳，或者健康状况极差——只有四分之一良好。对每一个儿童来说，或者对国家
来说，在教育和健康方面的损失都是在后来的生活中不能弥补的。联邦政府必
须为教育、奖学金、食品以及保健提供救助并批准拨款，以保证未来公民的身心
健康。

---

① 首次发表于《美国教师》(*American Teacher*)，第 19 期(1935 年 3—6 月)，第 20 页。

我们的新闻不自由①

新闻自由问题呈现出一个完全不同的方面，它取决于我们理所当然地相信现行经济体系永久不变——其中会有小幅的改革——还是经济体系的运转由于极其紊乱和不公正而需要彻底的改变。如果采用前一种立场，你一定会满足于攻击结算平衡表。对于这个平衡表，你将指出威廉·伦道夫·赫斯特（William Randolf Hearst）所干的那种不负责任的新闻工作中存在的对自由的限制；登广告的人对刊载内容的限制；在自由的伪装下对隐私的侵犯；很多报纸胆大妄为地哗众取宠，等等，等等。但是，人们认为，这些事情并非固有的弊病。为了证明这些事情只是偶然发生的弊病，你将指出如下事实：有些"干净"的期刊同时也是成功的；纯粹党派性的报刊有了很大的衰落；很多报纸发表的全是对立党派的政治家们的演讲；有一些成功的报纸并没有明显地给新闻添油加醋；国外新闻远比战前做得更丰富更理智；存在一些自由主义的周刊和月刊；一个有明确立场的人可以在某些出版物上发表极端自由、极端激进的言论，等等，等等。

如果我们接受现在的经济秩序，把它当作不可避免的、持久的，我看不出这种"一方面……另一方面"的论证不能无限地继续下去的理由。对于两个方面，我们可以说的话很多，并且也说了。我们可以将压制、曲解和肆无忌惮的不负责任列成一个可怕的清单。我们也可以乐观地、相当公正地指出，美国新闻业有很多令人鼓舞的改进迹象。我并不认为这种论证路线可以取得什么进展，只不过对具体"弊病"的具体批评有助于报纸经营者在表态时更加小心谨慎——这当然

---

① 首次发表于《常识》(*Common Sense*)，第 4 卷(1935 年 11 月)，第 6—7 期。

是一件好事。

这个问题唯一的解决方法是考查现行经济体系如何影响着整个新闻体系，如何影响着新闻标准的判断、刊发材料的选择和消除、社论栏和新闻栏的消息处理。在这种思路下，问题不在于具体的弊病有多少，可以如何补救；而在于在现存经济制度下，任何大规模的真正的智力自由和社会责任在多大程度上是可能的。

于是，这个问题变成一个更大的问题的一个方面、一个极其重要的方面。这个更大的问题是：在我们现在的体制中，是否存在根本的思想和行动自由？出版者和编辑现在沉溺于赞美新闻自由，他们没有认识到，他们作为经济体制中的因子，自身就可能是新闻自由的主要敌人。他们对新闻自由的赞颂基于他们认定政府是令人畏惧的主要敌人，因此唱的是与自封的自由联盟的公开声明一样的调子。他们在自由的名义下，赞美企业主为了谋求私人利润以自己的方式进行企业活动的权力。根据人们看待这个制度的方式，报刊企业以自由放任体制中直率的个人主义的荣耀或耻辱的面貌出现。就算某些出版商（以及一些编辑，毕竟他们只是雇员）有强烈的公共责任感，在他们看来，他们为之负责的公众的本质是什么呢？就算他们干得最好，他们感觉应该为之负责的公共秩序和社会秩序是现存的经济体制。也正是这个体制，提供了新闻选择和组织的标准。

例如，在1929年经济崩溃之后，有一段时间，即使最好的报纸（现在意义上的好）也系统地掩盖失业人数持续增长这个事实。它们有很多是"凭良心"这么做的。萧条不是在很大程度上是"心理上的"吗？事实的公开不是仅仅助长并延长了萧条吗？一些都市报广泛刊发一个大型私人救济组织的行政首脑的如下断言：地方当权者正在照看那些需要救济的人。当他出现在一个参议院委员会的面前并被要求出示可以载入记录的证据时，他承认除了一些非正式的长途电话通话以外，他没有证据。没有一份报纸公布这个事实。当私人慈善的垮台变得太明显而无法掩盖、并且联邦政府出台救济拨款政策时，只要看一眼日报，即现行体制的宣传口舌，你就能注意到，它们热衷的主要是指出这些拨款必然造成的高税收对企业造成的影响。

正如维布伦（Veblen）说过的那样，一切事情本来就应该是这样的——只要把这种经济体制看作一个必须考虑的因素。报纸，即使作为新闻事务，面对失业及其起因，就要参与对现存体制的攻击。报刊企业是一种企业；做这种企业，是为了获得利润。这种企业的经营者们作为大企业的领导和心腹,要做的事情就是宣称企业谋取私人利润是提供社会和公共服务的最好方式,并从这个立场出发来选择和处理他们的特定商品。除此之外,为什么要指望他们做别的事情呢?

在我说过的话里,我描述了现有新闻出版业最好的可能情形。在全国大多数工业中心,有些报纸为一些特殊的工业利益集团所有并被它们蓄意操控,编辑的肉体和灵魂都属于工业厂家,编辑的职责是按照新闻对那些工业之间的利害关系来挑选和压制新闻。当伯利恒钢铁公司接受国会调查的时候,你会指望伯利恒报纸以及由钢铁工业这一分支公司控制的友邻报纸刊发美联社关于红利和军备的新闻稿吗? 即使有关事情有政府记录,它们会刊发吗? 沉溺于这种期望,是幼稚的。

272   这类事实揭示了新闻自由问题的另一个方面。新闻出版的经营者们后退一步,给公众提供其"想要"的东西,他们可以找出理由来证明一个命题:这就是公众想要的东西,这样,责任又返回到公众及其所想要的东西。那么,在现行经济体制下,公众想要的是什么呢? 尽管新闻出版界创造出这种需要,然后满足它,但新闻出版界大概真的是公众思想状态的一个公正反映。无可救药的幼稚之人和身居高位的辩护士(可能是一个大学校长)将用这个事实来诋毁公众;大众分子一个个太蠢笨,沉溺于琐碎性的事务和寻求粗俗的快乐中,因而更喜爱谋杀、爱巢、商业化体育之类的新闻,而不是真正的公众新闻。人们完全忽视现行经济体制的结果,它产生理智的冷漠和冷淡,创造消遣娱乐需求,只要有所回报,几乎还会喜爱犯罪。被能逃避则逃避这种观念腐蚀了的公众,很难割舍一份侥幸逃脱的报刊。

新闻自由的问题充分说明,当前社会走进了死胡同,无法完成它所需要的重建。如果认识不到现有的各种罪恶及其产生的原因,这个任务是很难以有序的、和平的方式来完成的。但是,滋生这些罪恶的体制结构却阻碍着人们充分而广泛地认识这些罪恶及其原因;它把公众的注意力转移到各种不相干的事情上。如果把无线电和新闻影片也包括在新闻出版中,那么,"第四权力"这个概念一点也不夸张。比起通过公认的政府渠道去行动的公民阶级,它以直接和细微的方式拥有更大的权力。现在攫取私人利润的企业经济体制权力的一个方面,就是新闻,就是新闻出版的权力。

集中的资本为了资本拥有者的利益进行生产和分配。有些人相信,资本自由服务于一切人的自由和机会平等这个目的。这些人将满足于当前的新闻自由。但是,其他人呢? 是否有人想象,在合作的经济体制下,受到所有人的利益的控制? 报刊,比如说赫斯特报刊,是否必须受到官方的检查? 在这样一种社会体制下,这种报刊将根本不可能吗? 当现有体制哪怕是微小的改革问题出现的时候,一些报刊和出版物发表了许多攻击言论;在这些攻击中,也许可以找到回答这个问题的线索。

需要——一种新政治[①]

　　我得到通知：今晚要讲几句话。我擅自对指定的标题作了一点微小的修改。我不知道我是否需要提到这个事实，因为你们大多数可能不知道要讲什么——我讲完的时候，你们可能还不完全确定。不管怎样，给我的主题是"建立一个新政党的需要"。

　　但是，我不是一个政治家；并且我认为，这里不是一个发表政治演讲的地方。同时，对于这个国家的每一个公民——男人、女人、儿童、尚未出生的婴儿——来说，没有什么东西比我们政治生活的前景更加重要。

　　在我们政治生活的某些方面，有时似乎碰到了堕落的底线，并且"吃到了苦果"，或者说，美国人民使自己吃到了苦果。这颗苦果来自我们与敲诈者、匪徒沆瀣一气，无视我们在理论上承认最值得尊重、最有价值的一切。

　　由于这个问题不仅对经济生活——商业生活——的建设有根本的重要性，而且对国家的道德生活的建设有根本的重要性，我想，我今天晚上要谈的，主要不是"建立新政党的需要"，而是一种"新政治"的"需要"、一种新的政治观念、一种新的政府观念，以及这个国家里政府与人民之间关系的一种新观念。随后，面对像你们这样理智的听众，我将留给你们去判断：我们所知的现有政党是否能够

---

① 首次发表于《世界同盟：所有信仰、民族和国家首席发言人演讲、咨文集》（*World Fellowship*：*Addresses and Messages by leading Spokesmen of All Faiths*，*Races*，*and Countries*），查尔斯·弗雷德里克·韦勒（Charles Frederick Weller）编辑，纽约：利夫莱特出版公司，1935 年，第 119—125 页。源自 1933 年 6 月 18 日至 10 月 29 日召开的世界信仰同盟（the World Fellowship of Faiths）第一届国际大会第 60 次会议，杜威于 1933 年 10 月 29 日在芝加哥人民教堂发表的演讲。

保证一种新政治秩序——一种新政治哲学——一种关于政府、政府争取国民福利或公共利益的活动与职能的新观念;如果没有一种新政治组织,即一个以实现这些新政治理想为目的的新政治联盟,这种新政治秩序能否达到?

在今天的国家生活中,人们一而再、再而三地作出一种对比——一种不幸的对比。一方面,我们有富足的粮食——甚至,出于某种理由,我们没有使用就销毁了;我们拥有全球闻名的或者任何国家都知晓的最先进、设备最精良的工业厂房;我们有极强的技术能力、极高的工程技巧、极大的物质资源。这是图景的一个方面:我们拥有能给所有居民带来体面、安定生活的一切资源。

图景的另一方面,你们已经知道并且非常清楚地知道了。至少还有一千万人口没有工作。这些失业者——他们大多数愿意工作,想要工作——不仅他们的家人——他们的妻子和孩子——一起遭受身体的痛苦,还遭受着可怕的意志消沉。当他们试图做一些事情、一些对其他人有用而对他们自己也有帮助的事情的时候,大萧条就来临了。于是,他们再也找不到机会了。在我看来,这是悲剧,与身体痛苦一样糟糕,与贫穷的所有常见后果一样糟糕;人们迫切地渴望找一点事情来做却又找不到。无须我详细描述,这就是图景的另一个方面。

现在,不是要侮辱你们的智力。我想告诉你们,有某种东西彻底地错了——在某处——一方面,我们有这些资源、这种设备和这种能力;另一方面,过去四年里,我们的国家一直处在这种状况下,而且每况愈下。但是,除了这个人们熟知的对比之外,还有另一个对比是你们大多数人不那么熟悉的。在这里,在你们的城市里,我深切地感觉到就像到了"世界博览会"一样,在很多情况下,我们惊讶地——几乎震惊地——看到这个国家知识的进步,科学、技术、发明的进步。

我不会停下来向你们列举这些奇迹。在这里,在这个房间里,仅仅这盏电灯就是一个例子,它来到几乎今晚每一个在座者的生活中。电话、汽车、交通和通讯工具、无线电都是我们的奇迹。所有这些东西来到了我们身边,它们大多数是在过去三十年里出现的,它们肯定全都不超出今晚出席的较为年长的人的年龄。这些都是技术应用,在它们背后,对自然隐藏的神秘力量的洞见取得了巨大的进步——我想,我们可以肯定地说,过去四十年里取得的进步比先前四千年里取得的进步都要大。

这是故事的一个方面。人类理智、人类智力这种巨大的、奇迹般的、无与伦比的进步,表现为理解自然和在发明中应用放射性、电和其他力量的发现,为人类提供潜在的服务。这幅图景的另一方面不仅仅是经济崩溃、金融崩溃,而且是与这些东西相伴随的人类品格的崩溃:受公众尊敬的、树立为青少年仿效典范的那些人,在相当大的程度上被证明是骗子、腐败者。我们的政府——不仅是我们的政府,还有世界上其他国家的政府——对摆在我们面前的这些最严重的问题似乎无能为力。

我不能花时间逐项检查我们政府的这种无能,并且,我再说一遍,不仅是我们的政府,还有世界上其他国家的政府。今天,每一个爱思考的人都看到了这种世界形势。十五年前,我们结束了为消灭战争而进行的战争。然而今天,到处都是关于即将爆发的一场新的、更致命的战争的预言。出于某种未知的原因,时间定在 1935 年。其实,六七年前即有记录,墨索里尼声言一场浩大的"新战争"将在 1935 年爆发。

很多预言没有实现。现在,我们都希望这个预言将步其后尘。但是,我们都知道世界情况是怎样的:每个国家都在把自己建设得更为强大,都包含越来越多的冷漠、猜疑、恐惧,即使对世界上其他国家没有实际的憎恨,但也不喜欢。还有,在国际上以及在国内,都有这些经济危机,它们席卷了世界上所有的国家,并且没有政治家显示出有任何能力来处理它们。

277　　在我看来,这个对比即使在某些方面不比另一个更悲惨,也比它更难以表达、更神秘。在生活的一个领域中,人类智力取得了如此惊人的进步,然而当它来到人类关系领域——不是我们与电力和无线电之间的关系,而是我们彼此间的关系——时,我们在诸多方面拥有的却是文明的坍塌,这是怎么回事呢?我不想把矛头指向另一个国家,因为在我们国家也有如此多的罪恶。但是,这里是指德国,它在科学上是世界上最先进的国家。我相信没有人会否认,长期以来,在科学研究和发现领域,德国从整体上来看都处于领先的地位。然而今天,在那个国家,不仅人类的善良,还有普通的体面和对人类生命的关切,都发生了怎样的崩溃!

世界上的其他国家都没有如此根深蒂固的分裂,但是,我们有这种分裂,我们的生活有这种两面性:在一个方面取得了巨大的进步;在另一方面却停滞下来,甚至倒退,有退回到野蛮状态的危险。再者,它有深层的原因,就像另一个分裂一样,一方面,我们的仓库过于拥挤,我们装备有机器的厂房闲置着;另一方面,数百万人处于匮乏、痛苦和灰心丧气的境地。

唉,这是一个要处理的大问题,我只能抛出(看一看我的时间快到了)一两点。在科学领域里,有两个显著的特征:第一是致力于我们所说的真理,致力于查清事物本来的样子,运用一切可用的资源,将人的智力投入到查清事物的活动中,投入到发现活动中;对人类理智的关注,使用可自由支配的所有资源以认识事物——以求知发现。第二是合作的精神。

唉,我们可能并不认为科学家惯于合作。但是,我想提醒你们:在科学中,任何人发现一个新事实或一个新真理的时候,他都不会说:"这是我的,我将保留它。如果其他人想要,我将让他们尽可能多地付费!"那个事实或那个真理会立即免费,并且自愿地交给整个科学界以及所有其他研究者和求知者。尽管可能存在竞争,但那是竞赛:看看谁唤醒了最多的真理和事实,谁给予其他人最多最慷慨的发现。这种大公无私的精神,运用所有可支配的资源作出别人可以使用的广泛贡献,是我们在科学领域拥有的东西。

278

另一方面,我们有一种工业秩序——更确切地说,一种经济秩序——与其说是工业,不如说是商业——买卖秩序,在那里,不是发现精神和天下为公,把知道的东西交给他人,而是权力竞争——为驾驭他人的权力而展开的竞争。不是使用机器(科学和工厂一样,使用许多工具和机器)来找到对一切人有用的东西并交给一切从中得利的人,而是努力获得土地的私人控制,支配我们所有食物和自然资源的来源;人们彼此斗争以获得权力,而权力是通过拥有机器获得的;人们为获得金钱、信贷展开竞争,没有了它们,现代生活就无法进行。这种竞争不是竞赛和竞技,而是为控制权力、支配物品而展开的残酷斗争。那些拥有物品的人,能够支配和主宰别人的生活。

一方面是这种向外的精神,这是我们的理智生活的特征,它导致所有的发现及其应用;另一方面是个人谋私的精神,群体或个体尽可能多地为自己获取利益,当他们控制了商品生产的方式并生产物品的时候,不是使物品尽可能地被他人使用,而是使其他人更难获得,或者说,使他人为获得物品而处于一种半隶属的状态。

我的朋友们,有人告诉我们——就是在芝加哥这里说的——在这个国家,我们在工业上取得的所有伟大的、非常伟大的进步——我们令人惊叹的交通工具和通讯工具——(我不用一一列出了,我已经简短地提到了其中一些),是竞争经济体制的产物。世界之前从来都没有进步得这么快,即使存在衰竭、不公正以及痛苦,我们也把所有这些归功于我们生活于其中的这个经济体制。

　　那么,现在,我知道只有一个词可以来形容:这不是真的。这些成就来源于我所说的从事科学的人,而不是来源于商人。如果你走出去,走到世界博览会上去看看那些了不起的发明,它们大部分来自谁呢?它们来源于生理学和医学领域像巴斯德和哈维这样的人。我们在电力和无线电领域的发现和发明——是操纵我们经济体制的商人们产生的这些东西吗?不,我再说一遍:它们是科学家发现和发明的,科学家们无私而诚实地工作,然后把他们的劳动成果交给他人享用。是法拉第、詹姆斯·克拉克·麦克斯韦、赫尔姆霍兹、伦琴以及其他这样的人,就像我所说的那样,他们用真诚和无私的辛劳发现了这些东西。我们现在的物质文明从根本上说,要归功于他们。

　　当你们听到或者读到有人把一切都归功于我们的经济体制时,我恳请你们提醒自己:现行经济体制通过其领导者所做的一切,大部分是利用这些科学家所科学发现的成果,然后不是为了公众的利益尽可能广泛地利用它们,而是把它们变成获取私利的手段。

　　在我看来,处在我们社会政治生活崩溃背后的正是这种分裂:尽管我们可以解决,科学家可以解决非常复杂的问题,如物质的结构、天上遥远星系的结构——而面对毗邻关系——毗邻的个人、群体、世界各国的相互关系,我们看起来是如此无望、如此无助!

　　这不是由于缺少基本的智力造成的,如果是这样,我们就不会在其他领域获得这些进步了;也不是由于个人缺乏友爱和同情心造成的。几乎所有我认识的人,作为个人,都是亲切、友好的。并且,我想你们都会赞同我的如下看法:一个一个地去看,你们认识的大多数人都不想成为残忍的人——不想冷酷无情;他们希望别人也能拥有各种他们已经拥有的,并希望自己的孩子拥有同样的机会和好处。

　　我认为,我们现在生活于其下的这个体制必定有某种根本的错误:我们有这种智力,有这种个人之间的友好和相互尊敬,然而却集体地、合乎制度地进行着战争,从国家之间的战场到个人、群体之间在工厂和市场进行的战争。正是由于这一点,我们需要的不是在这里或那里打个"补丁",而是某种根本的重新思考,即重新思考我们的社会政治关系,建立一种新的政府职能观念;它是为人民服务的工具,而不是谋取私利的手段和工具,就像权力竞争和为支配权力而竞争的体制之下的政府。

如果人们形成了习惯,用冲突的办法而不是竞赛和合作的办法来获取权力,那么,他们必定尽其所能去抓取政治权力。在我们的心底,我们知道这种情况在这个国家发生了,在其他国家也正在发生。商业和金融巨头们在你争我斗,由于他们的业务就是为支配权力而争夺,因此他们只要有可能就会伸手并取得对政府职能和机构的控制,而政府从本义和原则上说终究是一个简单的事物:它支配着我们在其下生活、娱乐、行动、交流、交往的条件。政府的职责是使人们一起行动和生活的条件变得顺畅,甚至变得公平和正义。如果有一种错误的、自私的、强硬的力量不断地使政府偏离其职责,那么其后果必定在生活中反映出来。

现在,我的朋友们,在当前局势下,很多东西令人灰心和悲观。但是,我情不自禁地相信,我们现在遭遇到深重的灾难和广泛的困难——事实上,我们都遭受到了,这可能是人们的思想和行为发生巨大改变的预兆;与我们现在的生活相比,这种巨变将为我们准备一种多得多的合作精神、多得多的人性关怀的社会秩序。我只能认为,我们接近了某个历史时期的尾声,这些困难和灾难是伴随这种秩序的垮台而产生的。由于我们认为人类不会就此屈服并放弃,旧秩序的垮台必定转而成为建立另一个社会秩序的预备阶段。在新社会秩序下,支配人类关系的原则将是我们在探索自然时已经遵循的原则:相信真理,相信实在,相信公众,并相信公众有权利共享人类获得的一切!

这种变化不可能仅仅依靠政治手段就能产生;但是,没有政府和政治的帮助,它不可能发生。我的朋友们,正是由于这个理由,我认为有必要建立一种新政治、关于政治的一种新道德观念、政府权力的一种新联合和组织,以利于促成相互交往和交流的一种新的、更合乎人性的、更公正的、更明智的秩序。

281

一个自由主义者谈自由主义[①]

282　　自由主义作为一种自觉的、进取的运动,兴起于英国。它是由两股潮流汇合而成的。其中一股潮流是人道主义和博爱之情,在 18 世纪晚期非常活跃。它有很多形式,现在仍然是一股强大的潮流。人道主义的表达是这样的:人是他的兄弟的守护者。世界之所以充满痛苦和邪恶,正是由于没有认识到这个事实。由于没有这种认识,政治制度和社会制度对广大儿童严酷和残忍的影响是令人发指的。

　　这种人道主义运动本身就表现为很多不同潮流的汇合。例如,其中有卢梭产生的巨大影响,卢梭是被遗忘的人和被遗忘的群众学说的真正作者。他对文学的影响,和他对政治的影响一样大。它促进了 18 世纪英国平民小说的产生,这种文学影响在 19 世纪狄更斯的小说中有生动的体现。

　　大多数 18 世纪的思想强调理性的重要性,反对理性重要性的观点独立于卢梭,却由于卢梭的影响而得到加强。即使没有论证也可以感觉到,理性专属于特选的少数人,群众则受感觉和本能的影响。世界的希望在于使同情本能自由地发挥,而不是逻辑和理性。

　　这种新态度表现为崇尚"多愁善感的人",这曾经是某个时期英国思想的突
283出特征。同一态度的另一表现是对"高贵的野蛮人"的兴趣。人们以完全虚幻的方式设想这种人是独立的,摆脱了常规和习俗的羁绊;除此以外,他还被理想化为本能的、情感的生物。

[①] 首次发表于《纽约时报杂志》(*New York Times Magzine*),1936 年 2 月 23 日,第 3—24 页。

最终加入进来形成人道主义思潮的另一个影响是宗教。在英国,激发这种思潮的是卫斯理公会派运动,这个教派特别关心"低等的"、被忽视的阶级。但是,它也影响了既定的教会。热情积极的传教士热衷于解救人们的灵魂,特别是那些低贱、贫穷的人们的灵魂。这种激情很快变成通过废除粗暴残忍的不平等来改善穷人处境的努力。

这场被宗教煽动起来的运动不断攻击奴隶制,攻击监狱虐待,攻击野蛮和机械地经营慈善事业的方法,并通过工厂法律攻击矿井和工厂中女工和童工的不人道处境。在所有这些运动中,新教福音派的激情是前进的动力。

加入自由主义形成的另一大思潮源于蒸汽在工业中的应用对制造业和贸易的刺激。这场运动的伟大精神领袖是亚当·斯密。他的理论在制造商和贸易商那里得到了加强,他们努力摆脱法律和习俗的束缚;那些法律和习俗限制了劳工的移动自由,使市场价格服从于法律规定的价格,妨碍了交换自由,特别是与外国市场交换的自由。

这一大堆的限制趋于把新工业扼杀在萌芽状态,它们沿袭农业封建制度并由于土地占有者的影响而保持着威力。由于束缚、压迫条件表现为法律,并由于法律是政府发出的控制人类行动的声音,于是政府被当作自由的大敌;人类工业服务于人类需要的满足,而对于人类工业的干预就成为主要的原因,这导致进步受到阻碍,利益和谐与和平不能成为主流。

有人主张,生产自由将成为激发人类进取最大的刺激,并自动地把人类能力引入这样的渠道;这些渠道由于给个人带来了最大的报酬,因而也对社会最为有利。交换自由将造成一种相互依赖,这种相互依赖自动造成利益的和谐。这个学说的否定方面是反对生产和交易中的政府行动,这个方面在自由放任原则中达到鼎盛:政府方面完全放手,生产者和交易者方面在增进自己的利益时有最大的活动自由。

这个历史概述不仅仅是历史。任何把自由主义看作一种社会政治运动的理解,都不能缺少这样的历史概述。因为尽管两股潮流汇合了,但它们从未融合过。

尽管人道主义运动在个人自愿奋斗上最活跃地表现出来,但它决不反对利用政府机构来完成它的改革。事实上,多数改革没有政府的干涉就不能实现,如废除奴隶买卖、监狱改革、消除使用女工和童工的恶习。

喊着社会公正的口号、向着所谓社会立法前进的整个运动就是从这个源头发端的,并且越来越多地求助于政府行动。因此,从一开始,自由主义就有一个内部的分裂。任何企图用两条源流之一来定义自由主义的做法,都受到另一源流支持者的坚决否定。

从历史上看,这种分裂在边沁那里有具体的体现,他是 19 世纪自由主义的主要代表之一。不论他知道与否,他的主导原则即最大多数人的最大幸福,来自博爱的、人道主义的运动。但是涉及如何实现这个目标,他站到了自由放任的自由主义队伍里,尽管有一些例外,比如公共医疗和公共教育。

他坚决支持采取政治行动来革除司法程序、法律制定、法律制定者选用办法等方面存在的弊端,但他认为,有待改正的弊端正是由于政府过去未能把自己限制在恰当范围内才产生的。他相信,一旦消除了政府的出格行为,个人独创和奋斗精神的自由发挥将提供可靠的进步道路,并产生最大多数人的最大幸福。

285　　我已经指出,自由主义的内部裂口从未愈合过。在欧洲大陆,所谓的自由党几乎全是大工业、银行业和商业的政治代表。在英国,自由主义忠于传统精神并在英国事务上高度妥协,成了两种源流的混杂,一会儿朝这边倾斜,一会儿向那边倾斜。

在美国,人们把自由主义主要等同于这样的观念,即用政府机构去补救不幸的阶级所遭受的痛苦。在进步运动中,它是"向前看";至少在名义上,它是公道政治(Square Deals)和新政背后的东西。它支持雇主责任法、规定劳动时间和劳动条件的法律、反血汗工厂的立法、公共救济和公共工程对私人慈善的补充、公共学校的大量拨款、对高收入和遗产征收高额分级税。总之,只要劳工和雇主发生冲突,它总是站在劳工一边。

它的哲学很少是清晰的。但是,就算它有一种哲学,这种哲学即:政府应该经常进行干涉,以利于富人和穷人、特权过多与特权过少的人达到处境平等。由于这个原因,另一派或自由放任派的自由主义者们经常攻击它,说它是浅红色的社会主义,是伪装的激进主义;现在最受青睐的指责是,它受了莫斯科的蛊惑,影响到世界每一个地方。

事实上,直到现在,自由主义在这个国家从来没有试图改变经济制度的基本状况;或者说,除了改善人民大众的生存状态以外,它没有多做什么。由于这个原因,激进分子比保守分子更强烈地攻击自由主义。在激进分子的嘴里,自由主义是一个应该受到蔑视和指责的词语。

尽管存在这种极端的冲突，自由主义的两派都声称它们致力于同一个最终的理想和目标。这两派的口号都是最大可能的个人自由。它们的区别在于：自由和个性在哪些领域最为重要，以什么方式来实现自由和个性。

只需读一读自由放任的自由主义的拥护者们的公开言论，你就可以看到，他们珍视的是经营商业的企业家的自由，并且他们几乎把这种自由当作所有自由的核心。

对于自由联盟的发言人，对于坚持直率的个人主义学说的前总统胡佛，任何干涉这种特殊自由的政府行动都是对自由本身的侵犯。他们重视的，主要是个人的强壮、独立、首创精神及活力；拥有这些品质的，是在现行金融资本主义经济体制下达到顶点的个人。这些人面临的指责是：他们把自由和直率的个人主义的意义等同于维护使他们兴旺发达的体制。

这一指责因下面的事实而更加有力：他们多半支持保护关税体制，而最初地道的自由放任自由主义者一些最强烈的攻击就是针对这种体制的。当工业处于困境时，"直率的个人主义"一词的作者利用政府通过复兴金融公司（Reconstruction Finance Corporation）来援助工业，就我所知，反对政府干涉的人对这个臭名昭著的政府干涉私人企业自由经营的案例没有提出抗议。

最卖力地鼓吹这种特殊自由的发言人，从来不抨击土地垄断。如果他们对亨利·乔治有丝毫的想法，那就是把他看成一个最具颠覆性、最危险的激进分子。正是他们自己建立了如此集中的金融和工业体系，以至于达到半垄断或彻底垄断的境地。

另一派自由主义者的矛头直指刚才提到的那些事情，他们断言，不顾社会后果、追求私人利润的工业体系，事实上对民众个人的真正自由产生了最不利的影响。

关于我所说的自由和个性的范围，他们的理解与那些自称自由捍卫者的人相比，更为宽广，更为丰富。他们认为，自由影响着人类生活的各个方面，是思想、表达、文化机会的自由。他们还认为，即使在经济领域，没有一定的保障就没有自由，而现行经济体制拒绝给予千千万万人这样的保障。

他们指出，工业、银行业、商业已经达到了一个阶段，其中没有任何东西是纯属私人的创造和进取。因为私人企业活动的结果以如此深入和持久的方式影响了如此多的人,以至于整个工商业浸染着公众利益。由于工商业有社会后果,社会自身必须通过逐渐增强的有组织的控制来寻求产生这些结果的工业和金融方面的原因。

因而,我本人并不怀疑,自由放任的自由主义的衰弱在很大程度上是它自身政策的结果。任何不能为大众提供基本保障的体系,都没有资格宣称它是为了个人自由和发展而组织起来的。任何人和任何运动,只要真正有志于这些目的,而不是为追求私人利益和权力打幌子,就必定在思想和行动上把重点放在达到这些目的的手段上。

目前,这些手段便是加强社会控制努力的集体主义。人道的自由主义若想拯救自己,就不应仅仅对付表面的症状,如不平等和压迫现象等,而更应该深入探究其背后的原因。自由主义若要在当前条件下延续,就必须变得激进,这就是说,不是使用社会力量去减缓现行体制的罪恶后果,而是使用社会力量改变这个体制。

然而,在很多人,包括声称拥护激进主义的人和仇视它的敌人看来,激进主义等同于改变现行体制的一种特殊方法。在他们看来,它意味着用暴力手段来改变现行体制。这种激进主义反对自由主义,自由主义也反对它。因为不论从历史上说,还是从本性上说,自由主义旨在用民主方法实现社会变革。

强迫人们自由的观念是一个老观念,但它在本质上与自由对立。自由不是从外面赠送的礼物,不管送礼者是老式的王朝仁政,还是新式的无产阶级专政或法西斯主义独裁。个人只有投身于赢得自由的事业,才能够拥有自由。这个事实,而不是某种特殊的政治机制,才是民主自由主义的本质。

288 　有人反对用民主的方法取得社会控制,这部分原因是由于大家完全没有耐心并渴望走捷径,殊不知,如果走捷径,其目标就会落空;还有部分原因是由于俄国革命,他们完全忘记了一个事实:整个俄国历史上从来没有任何民主传统,它的人民习惯于独裁统治,而独裁统治与西方国家的精神是格格不入的;另有部分原因是由于优势的经济权力,简称为富豪或"利益集团",它们夺取了民主立法和行政的机器。

对在特殊利益集团剥削条件下的民主的实施表示不满,是有道理的。但是,以为救治的办法是暴力和阶级之间的内战,那是自暴自弃。

如果采用暴力和内战的办法,那么,结果要么是法西斯主义,公开的、赤裸裸的法西斯主义；要么是相互斗争的两派同归于尽。民主的社会变革方法是缓慢的；不民主的东西冒充民主，给民主带来了许多严重的疾患，在这种情况下，民主是艰难的。但是，民主是自由主义的方法，它相信自由既是手段又是目的。只有通过个人自愿的合作，个性的发展才能是安稳和持久的。

自由主义的将来^①*

　　早期自由主义对个性和自由的强调,决定了今天对自由主义哲学讨论的焦点。早期自由主义产生于 18 世纪晚期和 19 世纪,本身是早期反抗寡头政府的自然结果,在 1688 年的"光荣革命"中达到了顶点。后者从根本上说,是纳税人要求摆脱政府的任意行动,与之相联系的是宗教中新教教会要求有信仰自由。在新自由主义这个明确的名称之下,个人行动自由的要求主要来自日益崛起的工业贸易阶级,矛头指向政府在法律、习惯法及司法行动(还有和政治国家相联系的其他制度)中对经济经营自由施加的限制。这两种自由主义都把政府行动和人们追求的自由置于彼此对立的位置上。这种看待自由的方式一直持续着;在这个国家里,殖民地的反抗和开拓者的处境加强了这种看法。

　　早期辉格党运动持有自然权利的观念,19 世纪哲学的自由主义又添加了自然法则的概念,这或多或少是由于它的主导经济利益。它认为,社会事务和物理事务一样,其中也存在着自然法则,这些自然法则在特性上是经济的法则。另一方面,政治法则是人为的,从而在此意义上是虚假的。因此,人们认为,政府对工业和交易上的干涉不仅是对固有的个人自由的违背,而且是对自然法则的违

　背——供求关系就是自然法则的一个例子。政府行动的恰当范围,不过是阻止和补救个人在行使自己的自由时,对他人类似的同等行动自由的侵犯。

---

① 首次发表于《学校与社会》,第 41 期(1935 年 1 月 19 日),第 73—77 页。1934 年 12 月 28 日,杜威在纽约大学召开的美国哲学协会东部分会第 24 届年会上的发言。

* 本文与第 200—201 页的文章题目相同,只是本文题目在 Future 前加了一个定冠词。凡带有定冠词的题目皆译为"自由主义的将来",以示区别。——译者

然而,自由创立和经营工商业的要求并不是早期自由主义的全部内容。在它的主要传播者的心里,也包含了同等强烈的精神自由的要求——思想自由以及思想表达的自由,如言论、写作、出版、集会的自由。早期对信仰自由的追求不仅扩大了,而且拓展了,因而也加深了。这种要求是 18 世纪理性启蒙的产物,是科学日益重要的产物。拿破仑被打败以后开始的反抗大潮,对秩序和纪律的要求,为鼓动思想及其表达的自由提供了大量的根据和机会。

早期自由主义哲学建立了英勇的功业。特别是在其发源地英国,它最终成功地清除了无数的暴行和限制。19 世纪社会改革的历史,几乎是自由主义社会思想的历史。因此,在强调它的缺点时,我并不是忘恩负义,因为认识这些缺点是必要的。只有这样,才能为现在和不久以后的将来明智地陈述自由主义哲学的要素。一个根本的缺点是它缺少历史相对性的知觉。这个缺点在它的个人观念中表现出来,它把个人看作某种既定的、自身完备的东西,它把自由看作个人拥有的现成东西,只需除去外部的限制就可以显示出来。早期自由主义的个人是一个牛顿式的原子,与其他个人之间只有外在的时空关系,只不过每一社会的原子都具备内在的自由。如果这些观点仅仅是实际运动的一个战斗口号,就不会有特别的危害。但是,它们形成了一种哲学的一部分,这种哲学断定关于个性和自由的特定观念是绝对的、永恒的真理,适合一切时间和一切地点。

这种绝对主义,这种忽视和否认时间相对性的看法,是早期自由主义如此轻易地堕落为伪自由主义的一大原因。为了节省时间,我将指明我说的这种伪自由主义是指什么,它是"自由联盟"和前总统胡佛代表的那种社会观念。我称之为伪自由主义,因为它使博大的观念和理想变得僵化和狭隘。即使说法相同,但奋力反抗压迫的少数人说出来是一个意思,而另一个团体说出来则是另一个意思。他们获得了权力,并进而利用那些曾经是解放武器的观念,把它们当作维护既得权力和财富的工具。一些观念曾经是产生社会变化的手段,如果用作阻止社会变化的工具,意义就不一样了。这个事实本身是历史相对性的一个例证,也是一个证据,表明早期自由主义关于他们的观念具有永恒不变的特性的断言是有害的。由于后一事实,一帮堕落的自由主义者主张自由放任学说,把它看作自然秩序本身的表达。结果是个性观念的退化,最后到了这样的地步:在那些为个性更广泛更全面的发展而奋斗的人看来,自由主义成了一个该受蔑视和指责的词语;而很多人不知道如何清除在工商业中使用没有社会限制的自由产生的罪恶,只有通过暴力产生变化。以为整个自由问题就是个人和政府两边对立的问题,这种历史倾向结出了苦涩的果实。它是专制政府的产儿,在政府成为民众政府并在理论上成为人民的仆人以后,继续影响着思维和行动。

我现在开始讨论,假设自由主义哲学继承的绝对论消除了,它将会是什么样子的。首先,这样一种自由主义知道,个人不是一个固定的、现成既有的东西。它是某种要去获得的东西,不是孤立地获得的,而是需要环境的帮助和支持,包括文化环境和物理环境——文化环境包括经济、法律、政治制度,还包括科学和艺术。自由主义知道,社会条件可能限制、歪曲、甚至阻止个性的发展。因此,它积极地关注社会制度的作用,因为社会制度对个人的成长有着正面或负面的影响,其目的在于使个人不仅在抽象理论上而且在事实上形成强健的人格。它不仅关心消除暴行和公然的压迫,而且关心积极改造那些有利的法律的、政治的、经济的制度。

292　　　其次,自由主义持有历史相对性的观点。它知道,个人和自由的内容随着时间而变化;它相信,无论对于个人从婴儿到成人的发展,还是对于社会的变化,都是如此。与绝对主义学说相对立的哲学是实验主义。历史相对性和实验主义之间的联系是本质的。时间意味着变化。相对于社会政策而言,个性的意义随着个人生活条件的变化而改变。早期自由主义是绝对化的,也是非历史的。它的背后潜藏着一种历史哲学,它认定历史与牛顿理论框架中的时间一样,仅仅意味着外部关系的变化,即只有量的变化而没有质的变化和内在变化。这一点也适用于任何主张社会历史变化不可避免——即受非历史的规律的支配——的理论(人们往往认为,马克思持有这种理论)。事实上,19世纪的历史主义和进化论是不彻底的学说。这些学说认定,历史的和发展的过程所服从的规律或公式是超越时间过程的。

自由主义对实验方法的认可包含这样的观点:个性和自由的观念是不断重构的,它与社会关系的变化有密切的关系。对此,我们只需要说一说早期自由主义得到论述以来生产和分配的变化,以及这些归因于科学和技术的转变对人们联系在一起的纽带产生的影响。实验方法是对这种观念和政策的历史变化的认识,因此,观念和政策可以与事实相协调,而不是相对立。其他观点都坚持一种严格的观念主义,都假定事实应该与概念相一致,而概念是独立于时间变化或历史变化形成的。

于是，彻底的社会自由主义有两个本质的东西，第一是对现行社会条件的运动作现实研究；第二是为处理这些条件而提出的、以政策形式出现的主导观念，有利于发展个性和自由。第一个要求是很明显的，我无须详细描述。第二个要求需要展开。实验方法不是瞎忙活，也不是这里做一点点、那里做一点点，以期望事情有所改善。就像在自然科学中那样，它意味着有一个融洽的观念体系，有一个理论来指导我们的所作所为。与一切绝对主义相反，它意味着，用作行动方法的观点和理论要由它们在实际社会条件下产生的后果来检验和不断修改。由于它们在本质上是操作性的，所以它们改变社会条件；而第一个要求，即政策建立在社会条件的现实研究的基础上，导致它们不断地重建。

最终得出的结论是：作为一种社会哲学的自由主义，和行动上的激进主义并没有原则上的对立；这里，激进主义意指采取的政策所产生的社会变化是激烈的，而非片段的。这里的问题完全在于，对变化条件的理智研究揭示了什么方法。是的，这些变化在上个世纪、在过去的四十年中是巨大的，在我看来，似乎激进的方法现在是必要的。但是，这里的论证所要求的只不过是认识到一个事实：自由主义本质上决不是一个牛奶加水般淡而无味的学说、一个信守妥协和小步"改革"的学说。值得注意的是，早期自由主义者在当时被看作是颠覆性的激进分子。

我说的这些话应该清楚地表明，政策形成和执行的方法问题是自由主义的核心。我们指出的方法是最大限度地依赖智力方法。这个事实决定了它与某些激进主义相对立，那些激进主义所依赖的达到想要的社会变化的方法主要是用暴力来推翻现行制度。真正的自由主义者强调的关键点是：所用的方法和随后产生的结果完全相同。有一个原则使他认识到，伪自由主义使用的手段仅仅使现状的罪恶继续存在并成倍增加；同一个原则也使他认识到，对纯属大众力量的依赖，把它当作社会变化的手段，决定了实际产生的结果。有一些学说（不管从墨索里尼还是从马克思出发）主张，由于某些结果是想要的，所以用武力来获得它们将产生这些结果，而不是别的。这些学说只不过是用绝对理论给智力施加限制的另一个例子。在多大程度上诉诸纯粹武力，实际后果就在多大程度上受损害，最初的设想目标事实上必须在后来由实验智力的方法来制定。

我不希望我说的这些话，被理解为刚才说到的那类激进分子对武力使用有任何垄断。情况恰恰相反。反动分子拥有武力，不仅拥有军队和警察，而且拥有新闻和学校。他们并不宣扬武力使用，唯一的理由是他们已经拥有了它，所以他们的策略是用理想主义的用语来掩盖它的存在——他们现在对个人独创和自由观念的使用就是一个显著的例子。

这些事实表明，纯粹武力依赖本质上是罪恶的。作用和反作用在物理上是相等的、方向相反的，并且凡武力①总是具有物理性质。一方对它的依赖，迟早总会引起另一方动用武力。如何明智地使用武力，整个问题太大，这里无法细说。我只能说，如果掌握在手中的武力如此的盲目和顽强，以至于用武力来抵制人们自由使用智力从而实现社会变化，那么，这种武力不仅鼓励那些看到需要社会变化的人依赖武力方法，而且为此作了最大限度的辩护。自由主义强调求知、交流和组织的自由，但并不认可无条件的和平主义，而是认可不懈地使用条件允许的一切智力方法——追求一切可能的东西。

最后，我想强调前面讨论中隐含的一个观点。自由的实践意义问题比政府与个人的关系问题更广泛，更不用说认可政府行动与个人自由在所有的条件下都各自处在独立领域这个怪异的学说了。政府是一个因素，并且是一个很重要的因素。但是，它的出现总是涉及其他事务。现在，其他事务就是经济和文化事务。至于第一点，把自由理解为工商业经营者的自由，忽视智力和体力劳动者所遭受的巨大宰制，是荒谬的。至于第二点，只有当人们有实际的机会去共享文明的文化资源时，才可能达到人类精神和个性的完全自由。任何经济事务都不是单纯经济的，它对文化自由的存在或缺失有深刻的影响。任何自由主义，如果没有把完全的文化自由当作最重要的，没有把它与真正的工业自由之间的关系看作一种生活方式，就是一种堕落的、虚妄的自由主义。

———————————

① 在英语中，物理上的力和政治上的武力是同一个词，即 force。——译者

民主是激进的[①]

对于要达到的社会目标,左派群体之间很少有什么分歧。至于实现这些目标和能够实现这些目标的手段,大家就有很大的分歧了。这种关于手段的分歧,是当今世界中民主的不幸。苏维埃俄国的统治宣称,随着新宪法的采用,他们在历史上第一次创立了一种民主。几乎在同一时间,戈培尔(Goebbels)宣称,德国纳粹社会主义是将来民主唯一可能的形式。那些相信这样表达民主的人,可能会有些晕厥的欢欣。这是民主在经历了一个被指责被嘲笑的时期之后的事情,民主现在获得了欢呼。

在德国之外,没有一个人会把德国是一个民主国家这个宣言当真,更不用说它是民主臻于完美的形式了。但是,对于世界上所谓的民主国家仅仅达到了"资产阶级的"民主这个断言,我有些话要说。"资产阶级的"民主是指权力最终落到了金融资本家的手中,不论政府怎么宣称说它属于全体人民并为全体人民服务。从历史的观点看,很明显,民主政府是随着权力从农业利益集团转移到工业和商业利益集团而产生的。

没有斗争,这种转移就不可能发生。在这种斗争中,新生产力的代表声明他们的事业是自由的事业,是自由选择和个人独创的事业。在欧洲大陆,自由经济的政治宣言使用了自由主义的名义,英国也一样,只是程度小一点。所谓的自由党,是那些为个人主义经济行动的最大化和社会控制的最小化而奋斗的人。他们这么做,是为了制造业和商业经营者的利益。如果这种宣言表达了自由主义

---

① 首次发表于《常识》,第 6 卷(1937 年 1 月),第 10—11 期。

的全部意义,那么,自由主义已经到期,试图复兴它是社会失策。

因为这个运动肯定不能实现自由和个性的目的,这些目的是它自己建立的目标,并且它以这些目标的名义宣称它正当地拥有政治上的至高权力。它代表的这个运动,给予少数人凌驾于多数人的生活和思想之上的权力。掌控大众获得生产工具以及劳动产品的条件,这种能力是压制自由的基本特征,是一切年龄的个性发展的障碍。随着主人的变更,群众也得到一些好处,否认这一点是愚蠢的。但是,美化这些好处,无视现行制度所伴随的残酷和不平等、宰制和压迫、公开和隐蔽的战争,是理智和道德上的伪善。当今金钱至上的竞争体制造成了人格扭曲和呆滞,这表明,在所有人都有个性和自由的意义上,声称现有社会体制是自由和个人主义体制,是一句谎言。

有人说,在历史上,民主是为了工商业阶级的利益而产生的;对于这个陈述,美国是一个突出的例外;不过,在联邦宪法的形成中,这个阶级的收获远远多于它应该得到的革命成果的公平份额。并且,由于这个群体掌握了经济权力,也越来越多地占有了政治权力。但是,即使在政治上,说这个国家仅仅是一个资本主义民主国家,这也显然是错的。目前,这个国家中的斗争不仅仅是一个新阶级对已建立的工业专制制度的抗议,不管这个阶级叫做无产阶级还是另有其名。这种斗争是这个国家持久的本土精神的表现,即反对与民主格格不入的毁灭性的武力侵占。

298　　　　这个国家从来都没有过欧洲那种"自由"政党,尽管在近期竞选活动中,共和党借用了后者的大部分口号。但是,这个党派的领导人攻击自由主义是一种红色危险。这表明,在美国,自由主义有另一种起源、安排和目标。从根本上说,它力图实现充分的、广泛的民主生活方式。试图挽救"自由的"这个词语,没有什么特别的意义。我们有充分的理由,不允许民主的方法和目标因自由主义受到的谴责而变得模糊。这种遮蔽的危险不是一个理论问题,而是一个紧迫的实践问题。

因为民主不仅仅意指一些目的,如个人保障及其人格发展的机会,现在甚至连独裁政权都宣称这些目的是他们的目的。它还意味着首要的重点是实现这些目标的手段。它决意采取的手段,是反抗压制的个人自愿活动;它们一致反对暴力;它们是明智组织的力量,反对由上面和外面施加的组织力量。民主的基本原则是:所有人的自由和个性的目的,只有通过与这些目的相应的手段才能实现。

不管自由主义在欧洲变成了什么样子,在我们国家,高举自由主义旗帜的价值在于它坚持信仰自由、求知自由、讨论自由、集会自由、教育自由;坚持用公共智力的方法来反对压制,即使这种压制宣称它的实施是为了所有个人的最终自由。有人主张,至少有必要暂时实行一个阶级的专政;有人断言,现行经济体制是每个人都拥有独创和机会自由的体制。这些信条和立场都存在着理智上的虚伪和道德上的矛盾。

自由民主方法与激进的社会目的相结合,并不存在矛盾。不仅没有矛盾,而且历史和人类本性都没有为如下假设提供任何理由:激进的社会目的可以通过自由民主方法以外的手段去获得。那些拥有权力的人不会交出权力,除非有更强的物理力量迫使他们这么做。这种观点也适用于独裁政治,它宣称为被压迫的大众服务,实际上却使用权力反对大众。民主的目的是一个激进的目的,因为它是一个任何时候在任何国家都还没有充分实现的目的。它是激进的,因为它要求现行的社会制度,经济的、法律的、文化的制度,发生巨大的变化。一种民主自由主义如果没有在思想和行动上认识到这些事情,就不知道民主自由主义的意义,也就不知道这种意义要求什么。

而且,最激进的主张就是把民主方法看作实现激进的社会变化的手段,没有什么比这更激进的了。依赖更强大的物质力量的做法是反动派的立场,这种说法不仅仅是一种语言上的说法,因为它是这个世界过去依赖的方法,并且这个世界为了永久存在,现在正武装起来了。很容易理解,为什么近距离接触当今体制产生的不平等和不幸的那些人,以及意识到我们现在有资源开创一个所有人都有机会和保障的社会体制的那些人,迫不及待地想要通过任何方法推翻现行体制。但是,民主的方法和民主的手段是一体的、不可分离的。民主信念作为一种欣欣向荣的、摧枯拉朽的、富有战斗激情的信念,它的复苏是我们虔诚地期望的结果。但是,改革运动顶多能赢得部分的胜利,除非它来源于我们对人类共同本性的信心,以及我们对以公共集体智慧为基础的自愿行动的力量的信心。

列夫·托洛茨基案调查

列夫·托洛茨基案美国辩护委员会目的声明①

作为这个委员会不太积极的成员之一,我想向我们实施这项伟大工作的执行委员会的成员,以及帮助我们成功完成工作的无名志愿者们,表达我的尊敬和钦佩。

我衷心地赞同诺维科(Novack)先生的想法:本案所涉及的问题将与德莱弗斯(Dreufus)案、萨科(Sacco)和范塞蒂(Vanzetti)②案所涉及的历史问题类似。

我不需要对这个目的声明的背景说很多。委员会的成员们不时地发布各种声明,其中一些在发布之前得到了委员会的赞同。但是就我所知,委员会从来没有发表过正式的声明。作出这样一个声明,除了委员会应该向公众公开发表这个明显的理由之外,还有两个理由。

其中一个理由,诺维科先生已经提到了——对委员会成员展开的声讨;但是,由于它们出于一些先入之见,所以虽然不幸,却并不严重。他们的误解是可以预期的事情。由于他们持有的党派信念,他们不会有另一种做法。

一个更严重的问题是:我感觉,相当多的人,并不属于任何党派,却对我们的目标提出了一些问题。我感觉他们很多人肯定应该与我们站在一起,如果他们理解这种形势并理解委员会实际代表什么,他们将与我们站在一起。我想,某种正式的目的声明应该在这方面对我们的帮助很大,并且将在另一个更重要的方

---

① 源自爱德华·A·罗斯(Edward A. Ross)文档打字稿的手抄本,威斯康星州历史学会,麦迪逊,共
  2 页。委员会会议上的讲话和陈述,社会研究新学院,纽约市,1937 年 3 月 1 日。美国委员会为辩
  护列夫·托洛茨基发表的声明,见本卷附录 4。
② 德莱弗斯案、萨科和范塞蒂案是著名的司法冤案。——译者

面大有帮助：那些负有责任的人不明真相而又要作出判断。他们有些人会倾向于说："你们这众、参两院真是见鬼了。"

另一个更重要的理由将在索洛（Solow）先生的发言中出现。如果这个委员会有任何积极的意义，那么，它的活动必须达到目标，即努力成立调查委员会。毫无疑问，对于成立调查委员会的准备工作不仅重要而且必须：我们首先应该获得大众舆论的支持，并说服那些该成为委员的人，使他们相信我们的目的是真诚的，调查委员会建议采取的办事计划是诚实、正直的，从而使委员会能有效地完成任务。

由于所有这些理由，在我看来，发出目的宣言是重要的。

为列夫·托洛茨基作辩护的美国委员会认为，社会的前进，人类进步的可能性，与社会真理的建立和传播是不可分割的；当真理被掩盖、受质疑的时候，让人们了解真理则格外必要。我们也主张，尽管我们的政见不同，但是，为各色政治难民提供避难所的古老权利应该得到普遍维护。我们还主张，任何一个被指控有罪的人都不应该被宣判为地球上的贱民，都应该有充分的、公平的机会对指控作出回答，为自己的清白作辩护。

我们这些在今天宣布以上原则的人，过去不止一次积极地为这些原则作辩护，援助许多受政治迫害的人去战斗。有人指责我们是政治运动的工具，指责我们妨碍了理所应当的惩罚。这些指责没有阻止我们为萨科和范塞蒂辩护，现在也不能阻止我们呼吁给汤姆·穆尼（Tom Mooney）①自由，给纳粹德国和法西斯意大利的政治因犯自由。

这个委员会本身并不关心托洛茨基的政治纲领；绝大多数委员不是托洛茨基分子。即使我们不认识托洛茨基，不知道他四十多年来反对的某些势力，但我们却恰恰被指责为那些势力的代理人。即使如此，我们过去建立的传统要求我们现在站在他和另一些人之间进行干预，那些人要在事实清楚的裁决之前就宣称他有罪，要处罚他，让历史蔑视他。

委员会并不断言托洛茨基是清白的或有罪的，但肯定他没有被证明有罪，甚至没有审判。而且，大批自由主义者和劳工团体和派别越来越怀疑对他的指责。

---

① 汤姆·穆尼（Tom Mooney，1882—1942），美国工人运动领袖，旧金山大罢工的领导人。——译者

鉴于这些考虑，我们将全力保护、维护、扩展为托洛茨基提供避难所的权利。此外，他自愿地提出以他的名誉和性命为担保，服从一个中立的调查委员会在调查他受到的那些指责之后作出的判决。这样的委员会是解决争端的一条务实的途径，由于这个争端，反对凶险的社会政治反动势力的各种力量的统一性受到威胁。鉴于以上事实，我们将全力成立这样一个委员会。

我们现在呼吁所有的自由组织和劳工组织表达会员们在这个问题上的观点，与我们合作，一道澄清现有的意见，以便调查委员会很快地成立起来，完成现在的局势要求的这个伟大的历史任务。

调查委员会首次陈述^①

306　　1936 年 8 月和 1937 年 1 月的莫斯科审判,对列夫·托洛茨基提出了指控。这个调查这些指控的预备委员会在墨西哥成立了,它既不是法庭,也不是陪审团。我们在这里既不是为托洛茨基辩护,也不是起诉他。我们在这里不是要宣布一个有罪或无罪的判决。我们作为一个调查团出现在这里。我们的职能是聆听托洛茨基先生向我们提供的证词,对他进行盘问,把我们调查的结果提交给全体委员,以便我们在这里获得的结果与其他调查团体获得的结果一起揭示客观事实,以此为基础对列夫·托洛茨基案作出判断。我们的唯一职能是尽最大的可能查明真相。

　　调查委员会由列夫·托洛茨基案美国辩护委员会发起。为了避免这两个团体在公众心里造成混淆,我认为,在这里对它们各自的职能作出界定是合适的。

　　在美国,当法院的公正性遭到质疑的时候,有公共精神的市民通常组织委员会来确保审判的公平。这种委员会传统上称为“辩护委员会”,其中含有被告人的名字。我举两个例子来说明这一点:列夫·托洛茨基案美国辩护委员会的许多成员,与汤姆·穆尼辩护委员会和萨科-范塞蒂辩护委员会这两个委员会进行

307　了合作。当然,担任这种委员会的成员,仅仅要求他相信被告有权利受到公平的审判。

　　眼前这个案子与我刚引用的案子在很重要的一点上有所不同。在这个案子

---

① 首次发表于《列夫·托洛茨基案》(*The Case of Leon Trotsky*),纽约:哈珀兄弟出版公司,1937 年,第 2—5 页。来源于 1937 年 4 月 10 日在墨西哥科瑶坎(Coyoacan)召开的首次会议的笔录。

中,不存在依法组成的、被告可以为自己申诉的法庭。在列夫·托洛茨基和他的儿子列夫·西道夫(Leon Sedov)缺席的情况下,苏联最高法院两次宣称他们有罪,而西道夫有罪或无罪取决于他父亲有罪或无罪。而且,托洛茨基反复请求苏联政府申请将他引渡回国,而引渡将自动地把他送上挪威或墨西哥法庭,但他的请求被置之不理。因此,他的辩护委员会职能的一部分,就是成立一个公正的团体,以听到他本人的申诉。

我们在这里开会,这个简单的事实证明在这个问题上世界的良知还不令人满意。在既没有托洛茨基先生出席也没有代理人出席的听证会上,苏联政府宣布了对他的指控。世界良知要求:在托洛茨基先生有充分的机会拿出他拥有的证据来回答那些指控之前,他不能最终被宣判有罪。定罪前的听证权利,在每一个文明国家都是基本的权利。我们现在重申它并不荒谬,因为有人努力阻止托洛茨基先生获得听证权,并且现在有人努力损害这个调查委员会的信用。

任何一个调查团体的公正性都可以通过一个并只有一个检验来判断:它处理问题的方式。调查委员会既不能也不希望免除这个检验。然而,在进行这个检验之前,我们呼吁每一个内心公正的人支持委员会,支持它努力为托洛茨基先生提供听证的机会。我们尤其呼吁新闻界,它肩负着重大的责任:充当这些听证会和公众之间的中间人,通过遵循谨慎客观的最高传统来保护我们的工作。

任何调查必须从事实开始,而事实就在苏联政府发布的官方纪录里。根据这些纪录,列夫·托洛茨基被指控多年以来犯有一系列反革命的罪行。他被指控煽动以刺杀共产党领导人和苏联政府领导人为目的的个人恐怖活动;组织和领导了许多工业破坏和工业"转移"的阴谋;破坏工厂和火车,导致大量生命的死亡;在苏联发动和促进帝国主义国家特务的间谍活动;参与了德国盖世太保的阴谋,并通过他的代理人参与了日本情报官的阴谋;串通纳粹德国和日本的官方代表,用尽一切办法帮助这两个国家发动可能针对并战胜苏联的战争,这些办法包括阻碍军事物资的运输和供给,毁坏军用运输列车等等。最终,他被指控与德国和日本达成协议,在他们策划的战争取得胜利以后把苏联的领土割让给这两个国家;设法批准德国除获得煤矿、森林等使用权外,还获得贸易特权。据控告说,这些反革命罪行的目标是在苏联恢复资本主义,使苏联反对派的领导人,包括托洛茨基自己,获得政治权力。

如果列夫·托洛茨基犯有他被指控的这些罪行,任何罪责都不过分。然而,正是由于这些控告极端严重,这就有了另一个理由:要保证被告有充分的权利,提供他拥有的一切证据来反驳那些指控。托洛茨基先生本人否认了这些控告,但这个事实本身不是委员会关心的问题;他没有听证的机会就被定罪,这才是委员会和整个世界的良知最关心的问题。

这项调查即将进行,其范围和内容是由给托洛斯基定罪的莫斯科审判提供的部分证词决定的。如果这些证词涉及那些当时出庭并得到听证的人是否有罪,我们不必关心;我们关心的是,查明涉及托洛茨基先生的那部分证词的真假。根据起诉人维辛斯基(Vyshinsky)先生所说,证词有两种:"首先,根据托洛茨基以往的活动,存在着一些历史联系证实他犯有指控的罪行。我们还考虑到被告的证词,这些证词本身也是非常重要的证据。"

根据这个明确的控告陈述,委员会不得不既要调查托洛茨基先生及其派别的过去活动,又要接受莫斯科审判中证人和被告提供的以事实材料为依据的证词。

面对这个任务异乎寻常的难度,委员会从来都没有抱有快速解决的幻想。它知道,很多重要证据是无法获得的,因为调查不可能像它在其他欧洲国家中那样也延伸到纳粹德国和苏联。它知道,这是一个长期的、曲折的办事过程,每一个阶段都因激烈的争论而受到干扰。但是,即使困难再大,我们感到自己不愿意也不能采取某些人的失败主义的立场,那些人事先宣称,任何试图弄清判决最终依赖的事实真相的做法注定要失败。

最后,不是代表委员会而是代表我自己说一句话。我希望选一个主席来组织这些初步调查,他应当经验丰富,能更好地承担这项将要执行的困难而复杂的任务。但是,我把毕生的精力都献给了教育事业,我把教育看作为社会利益而进行的公众启蒙。如果我最终接受我现在担任的这个责任重大的职务,那是因为我发现,不这么做将是对我的终身事业的背叛。

"真相即将揭开"

调查委员会的一个分会前往墨西哥城,就托洛茨基先生在莫斯科审判所受 310
的指控,听取了他的证词。作为分会的主席,我有幸向总委员会呈交如下报告:

向莫斯科审判中列夫·托洛茨基所受指控调查委员会提交的报告

您授权本分会前往墨西哥,听取莫斯科审判中被指控的列夫·托洛茨基的
证词,已经完成任务,现提交报告。

1. 职能——您的分会在墨西哥的角色既不是公诉人,也不是法官。我们既
不将托洛茨基先生视为辩护人,也不将其视为被告。托洛茨基先生也不如此看
待自己。当然,他如此看待自己是不可能的,因为在莫斯科审判中,他从未被起
诉——只是被定罪了。所以,我们在墨西哥只是作为一个调查机构,听取托洛茨
基先生的证词,证词所针对的是莫斯科审判中的被告供词对他的指控;接收他为
自己辩护所必须呈递的文件;并向总委员会汇报我们的裁定:基于这些证据,托
洛茨基先生一案是否有必要作进一步调查。

2. 范围——我们调查的范围和内容必然由莫斯科审判的过程所决定。据 311
公诉人维辛斯基先生宣称,证词包括两类:"首先,根据托洛茨基以往的活动,存
在着一些历史联系证实他犯有指控的罪行。我们还考虑到被告的证词,这些证
词本身也是非常重要的证据。"与被告的证词同样重要的是维辛斯基先生的总结

---

① 首次作为一个小册子发表(纽约:托洛茨基案美国辩护委员会,1937 年),共 15 页。源于 1937 年 5
月 9 日在纽约市麦加寺新闻发布会上的报告。

陈词,其中,他不仅作出控告,还篡改了俄国革命的历史,以及托洛茨基先生在其中的作用。为达到目的,他还改编了托洛茨基先生在革命之前与革命以来的文稿。此案的不公正,自然使得委员会不能无视简单的历史事实。

据此,我们的调查分为以下三类:

a）托洛茨基先生的生平,尤其是与莫斯科审判中被告的关系;

b）有关他所受到的决定性指控的事实材料;

c）他的理论与历史著作,这些著作与两次莫斯科审判中的指控、证词、供述和总结陈词的可信度相关。

3. 听证会——分委员会于 1937 年 4 月 10—17 日举行了 13 次听证会——前 12 次各 3 小时、最后一次 5 小时。

在墨西哥城举行公开听证会需要增加警力防卫。为了不为难墨西哥政府,我们在科瑶坎区迭戈·里维拉(Diego Rivera)家的大厅举行会议,这里也是托洛茨基先生的住所。这种安排将听众限制在 50 人左右,其中几乎一半是代表墨西哥和其他外国媒体的记者。

4. 证据——除了托洛茨基先生的口头证词之外,涉及的证据还包括以下材料:

a）旨在反驳莫斯科审判证词的文件,那些证词宣称他与被告有同谋活动。这些材料包括证人的宣誓口供,内容是在托洛茨基先生与霍尔兹曼(Holtzman)、贝尔曼-尤林(Berman-Yurin)、大卫(David)、罗姆(Romm)、皮达可夫(Pyatakov)有个人接触的那段时间,以及他的行为、活动和拜访者。文件还包括他在普林基波岛居住期间柏林友人写给他的信,信中建议他不要雇用奥伯格(Olberg)为秘书。它还包括其子列夫·西道夫的护照的复印件,说明西道夫不可能做过指控所说的事情:当时在哥本哈根向托洛茨基先生引见霍尔兹曼;并且,西道夫在哥本哈根逗留之后马上到巴黎与父母见面。文件还包括娜塔莉娅·西道夫-托洛茨基发给法国外交部部长赫里欧(Herriot)先生的电报,请求准予其子签证,还有法国外交部给其驻柏林大使馆关于批准签证的电文。其中还有一份奥斯陆机场长官的声明,在 1935 年 12 月期间没有任何外国飞机着陆,而这正是皮达可夫宣称飞抵的时间。

b）有关托洛茨基先生过去、现在对待莫斯科审判被告态度的文稿引文;还有关于诸如个人恐怖主义、法西斯主义、无产阶级革命、苏联、苏维埃官僚以及共产国际这些主题的引文。这些信件和文章的引文,揭示了十月革命之前与之后他与列宁关系的性质。还有一些列宁、斯大林、雷戴克(Radek)等人的著作片段,其中涉及列夫·托洛茨基在革命、内战以及之后的种种党派斗争中所起的作用。

c) 信件和其他文稿,它们表明了托洛茨基先生在流放期间与苏联国内同情者联系的方式和性质。

简要说来,这些就是提交给我们的书面证据的类型。托洛茨基先生还将他在墨西哥的档案交由我们自由处理,并且主动提出:任何时候都会应要求向委员会提供他在欧洲的档案所在地点,并允许委员会得到那些档案。自然地,在我们短暂的墨西哥之行期间,只能检查该材料很小的一部分。所以,我们授权一位居住在墨西哥城的成员奥托·鲁尔(Otto Ruehle)继续这项工作,并向委员会提供这类文件合格的副本或翻译,以表明这些文件存在;而且,根据他或其他委员的判断,这些文件对我们进一步的调查关系重大。您的欧洲分委员会将查看托洛茨基先生的欧洲档案。总之,托洛茨基先生的档案包括数以千计的文件。

5. 托洛茨基先生作为证人——即使在合法组成的法庭,这也是一条既定规 313 则;在考量其证言价值时,证人的举止也要给予考虑。在同样的原则指导下,我们汇报托洛茨基先生的态度和举止给我们的印象。贯穿听证会始终,他表现出与委员会的热忱合作,以确认其生活所有阶段和政治的、文学的活动之真相。他非常乐于且坦率地回答了所有的问题,不论由分委员会的法律顾问还是由分委员会的成员提出。

6. 比尔斯先生的情况——您的分委员会遗憾地向您汇报,在听证会结束之前,分委员会成员卡尔顿·比尔斯(Carleton Beals)先生辞职了。4月16日下午听证会即将结束的时候,比尔斯先生向托洛茨基先生提出了一个挑衅性的问题,该问题所依靠的可疑信息是分委员会无法核实或记录在案的。听证会之后,我们的法律顾问约翰·芬纳蒂(John Finerty)先生向分委员会指出:基于私人信息的问题是极不合适的,这样的问题在任何正常的庭审中都将足以导致无效审判;如果类似的问题再次出现,他将拒绝担任法律顾问。比尔斯先生随即愤怒地宣称,要么他自己、要么芬纳蒂先生必须离开分委员会。不过,他承诺参加当天晚上讨论该事宜的会议。但是,尽管我们等候他直至深夜,他却一直没有前来。第二天早上,比尔斯先生向我们递交了辞呈,其中质疑了委员会调查的严肃性。同时，他作了惊人的声明，宣称会议已经结束，尽管委员会的交叉盘问只进行了一半，且他自己也曾说"还有上百个问题"要问。之后，比尔斯先生向媒体作了一系列声明。这些声明被广泛地公开发表，其中他质疑了其他委员的正直，还对我们进行了虚假的指控。鉴于上述情况，我们认为，有必要向整个委员会提交下述事实：

a）从一开始，比尔斯先生就几乎完全脱离委员会。听证会开始后不久，他便搬离其旅馆，且拒绝告知我们其新地址。他与公开反对委员会的人一直保持着来往。与其他委员不同，他没有将全部注意力放在委员会的工作上。我们进行了种种努力以保证他的全力合作，但很明显，我们失败了。

b）比尔斯先生辞职之前，没有向分委员会其他成员说过他不满意我们中任何人的态度或听证会的活动。作为分委员会的成员，他有义务坦率诚实地在私下会谈中表达自己的不满，而不是未预先通知就突然向公众发布。他没有履行这项义务。

c）无论在听证会还是私下会谈中，没有任何委员对比尔斯先生对证人提出的任何问题表示过反对。即使促成比尔斯先生辞职的那个不正当的问题，也依然记录在案。

尽管我们对比尔斯先生的辞职表示遗憾，但这一情况并没有妨碍我们。委员会调查的是一个重大的历史性争论。一些有权势的人关注并致力于阻挠和破坏其工作。我们估计，这类事情以后还会更多。

7. 建议——您的分委员会提交其进展的逐字报告，连同提交上来的证据文件。这份报告使我们相信，托洛茨基先生一案有充分理由要求进一步调查。所以，我们建议委员会继续其工作并得出结论。

约翰·杜威，主席

奥托·鲁尔（Otto Ruehle）

本杰明·斯托尔伯格（Benjamin Stolberg）

苏珊娜·拉弗丽蒂（Suzanne La Follette），秘书

约翰·F·芬纳蒂（John F. Finerty），法律顾问，一致同意

附记

刚刚宣读的这份报告是预备委员会的初步报告。调查工作才刚刚开始。多

种调查方向已展现出来,需要等待所有可获得的真相暴露出来之后再继续探究。直到种种线索被彻底调查之后,最终的评判才能作出。(1)我们掌握的大量宣誓供词的来源需要检查。(2)托洛茨基大量的著作和讲演中的公开记录必须进一步检查,以弄清这些记录与他所受指控的关系;此外,已经开始的对其信函和档案的调查必须继续进行。(3)官方公布的莫斯科审判的报告必须比以往更详细地加以审视。

但是,正如我刚刚宣读的初步报告所言,分委员会毫不犹豫地确认,已得到的结果充分保证了继续调查的必要性。上述三个调查方向使委员会有充分理由继续此案的工作。

只有三件事实受到了严重的怀疑,但正如芬纳蒂先生刚才明确证明的,它们显示有独立的客观证据。托洛茨基长期的公开记录与他受到的指控形成强烈对比,在这些指控下,他被判定的罪名有:恐怖主义、暗杀、工业破坏、大宗交易破坏,向希特勒、纳粹德国、日本帝国出卖苏联。莫斯科审判的官方报告显示,关于每个关键点的交叉盘问都没有进行,同时还有很多漏洞和矛盾。

我们作出这样的声明并不是为了宣告本案终结,而只是为了给出理由以继续调查。我们没有要求您接受我们在任何一件事情上的意见。不仅我们的发现会公开发表,整个进程的逐字报告,连同全部文件的复印件和引文,也会公开发表。所有内心公正的人,都可以作出自己的评判。

既然预备委员会从未宣称自己是法官或陪审团,仅仅是调查机构,委员会的目的就是保证托洛茨基得到政治避难,并且举行他必须出席的听证会,并就他受到的指控进行听证。而在莫斯科,没有听证会就将他定罪了。我不禁要问:为什么有人如此不遗余力地长期阻止委员会的成立?在委员会成立后,为什么有如此强势的力量迫使其解散?为什么调查委员会的成立遭到如此强烈的反对?为什么那些最确信托洛茨基有罪的人不最先要求成立委员会?为什么在委员会成立之后还有人坚决甚至预先地竭力攻击其成员的正直,以此来损害其工作信誉?为什么那些确信托洛茨基有罪的人在受邀参加有权进行交叉盘问的会议时却拒绝出席呢?为什么从特洛亚诺夫斯基(Troyanovsky)大使以下,他们竭尽所能制造这样一种印象:听证会只是个闹剧?在美国,为一个未经听证而被判有罪的人举行听证会,怎么成了闹剧?

简而言之,为什么有人系统地、有组织地阻挠如今成功进行的调查?什么样的恐惧使这些人试图阻止调查,当他们失败后还竭尽所能诋毁它?他们惧怕什么呢?

今晚是我们讲话,却不应由我们来回答这些问题。这些问题应该由那些曾经和正在进行敌意的歪曲活动的人来回答。是他们而不是我们在文明世界面前受到审判,因为任何试图阻止自由调查的人都将自己置于被告席;是他们在只有一方出庭时就宣布结案。他们无礼地声明:只有相信托洛茨基有罪的人才是公正的,因未听到双方证词而拒绝评判的人就是不公正的。恐怕再也不可能有比这更赤裸裸地展示其胆大妄为的事情了。

有许多不隶属于任何党派的自由主义者支持辩护委员会和调查委员会。然而,另一些自由主义者至少对调查并不热心。他们采取的态度是:在任何情况下,苏联都是全世界唯一的工人共和国;他们在历史上成功地进行了建立社会主义社会的尝试。尽管他们自己并不是共产主义者,但他们希望在俄国进行的试验有一个公平的机会。他们不想使其进程更加艰难。我能够理解这种态度。这也是我曾经的和现在的态度。但是,使真正的自由主义者对调查托洛茨基有罪指控的真相漠不关心,甚至持反对的态度,还有其他原因。

在我看来,他们采取这种态度的原因是:他们相信托洛茨基的理论和政策是错误的;与之相反,苏联当权者是正确的。我说到的许多自由主义者在这个态度上是诚实的。所以,不像那些盲目的、怀恨的信徒不择手段地阻止真相被揭示出来,他们的态度值得我们考虑。然而,尽管这些人的意图是诚实的,他们却有着理智与道德上的混乱,这是自封的自由主义者的最大弱点。因为托洛茨基被判有罪,并不是基于他被指控在理论和政治上反对苏联政体。他获罪是基于一些明确的指控,其真假是客观事实问题。

列夫·托洛茨基反对苏联当权者的记录是公开的,也是无可置疑的。在相当长的一段时间里,他常常是现存政体公开的、愤怒的敌人,他宣称现存政体是背叛1917年革命的官僚体制。他在这一点上的态度,体现在上百篇文章、大量的书籍和小册子中。在这方面,他的立场正确与否对现在的争论无关紧要,因为他不是因此获罪的。他在缺席的情况下被定罪,是基于如下指控:密谋暗杀所有苏联共产党和政府的领导人;在一次预谋的战争之前和之中,与祖国敌人策划背叛祖国;将重要的领土、大量煤矿和森林的特许权、贸易特权转让给德国和日本,从而计划分裂苏联。据官方报告,他做这一切是为了破坏社会主义和复辟资本主义,为了他和追随者获得政治权力这个卑鄙的目的,因此他被定罪了。

这些就是列夫·托洛茨基受到的指控。这些就是他需要听证会的原因。这些就是调查委员会一直在调查并将追查到底的情况。

在旧金山的汤姆·穆尼案和波士顿的萨科-范塞蒂案中,我们习惯于听到反对者说,无论怎样,这些人都是危险的公害,所以不管他们是否有罪,最好把他们清除掉。我从未想到会活着看到,自封的自由主义者会诉诸类似的论证。我相信,至少呼吁一些自由主义者与其他上百的自由主义者一起,参加试图获得公平公正的真相的调查,还不算太晚。坚持认为托洛茨基有罪,是由于他那众所周知反对苏联当权者的立场,这既不公正也不公平。加之他的公开记录显示其坚定不移、始终如一地支持社会主义革命和社会主义苏联,这就更不公平了。当自封的自由主义者混淆了两类完全不同的事情的时候,显示了一种理智上的逃避,近似于理智上的欺骗。此外,这是对自由主义起源的背叛,因为自由主义意味着彻底、无畏地信奉调查的自由。

现在我想岔开我的讲稿,提一下最近一篇关于雷戴克-皮达可夫审判的文章,此文发表在《新共和》(*New Republic*)上,是它的一名编辑写的书评。关于雷戴克与皮达可夫的证词,马尔科姆·考利(Malcolm Cowley)说道:"在这些问题上,我认为,我们应该悬置判断";但他进而认可其他被告的罪名成立。然而,雷戴克自己在庭审中说,"其他所有被告的证据都依赖于我们的证词"(他和皮达可夫的证词)。这份声明发表在官方的报告中。这就是说,其他被告获罪依赖于这两个人的证词,而这两个人的证词恰恰是考利先生悬置判断的!

如果美国自由主义者能接受这种逻辑推理的话,那么,他们的智力水平下降到相当低的程度了。真的是智力水平低下吗? 我认为,不是。

我重申,调查委员会并不试图揭示"托洛茨基派"或其反对者在政治观点和政策上谁是谁非。它致力于揭露托洛茨基在莫斯科审判中获罪的那些具体指控的真相。这项工作是关于证据和客观事实的,不是衡量敌对理论的是非。要么列夫·托洛茨基密谋了大规模的暗杀、有系统地针对生命财产的破坏;破坏社会主义,与苏联政治经济上的敌人共谋,进行最卑鄙的叛国活动,因而是有罪的;要么他是无辜的。如果他是有罪的,再严厉的刑罚也不为过。如果他是无辜的,那就是对他进行蓄意的、系统的迫害和诽谤,当今苏联政府就难辞其咎。对于那些同情俄国建立社会主义国家努力的人,这二选一的选择是令人不快的。更简单

318

319

省事的办法就是避免作出选择。但是，不愿面对这不快，正是自由主义者长期以来的弱点。他们只有在事情进展顺利的时候，才乐于勇敢面对；在需要决心和行动的令人不快的局面出现时，却逃避责任。我无法相信，在面对这样的选择时，任何一个真正的自由主义者会认为，迫害和诽谤是建立一个持久的社会主义社会的可靠基础。

两周多前，当时在墨西哥的调查刚刚结束，分委员会还未作出报告，特洛亚诺夫斯基大使驾临华盛顿美国记者俱乐部。他告知记者：在墨西哥的听证会是"一场闹剧"，委员会的成员偏向托洛茨基，其唯一目的就在于"为他平反"。我要追问：如果大使认为听证会只是"闹剧"的话，那么，为什么对辩护委员会和调查委员会的成员施加如此大的压力，以迫使他们辞职呢？不过，也许更重要的是他试图继续干扰、误导公众的意见。他的做法是引用托洛茨基一份激烈反对斯大林政权的声明——在托洛茨基先生的公开声明中还有很多。我不惊讶特洛亚诺夫斯基大使试图遮盖这个问题。看上去，这是他官方工作的一部分。我惊讶的是自由主义者竟被如此故意放出的烟雾弹蒙蔽了双眼。

顺便提一句，同美国的共产党一起，特洛亚诺夫斯基大使也被邀请派一名代表参加墨西哥城的听证会。在讲话的结尾，他如是说："我希望所有人对当前情况都不要过于谨慎和过于怀疑。"既然他的讲演针对的"当前情况"就是托洛茨基先生的案子，那么，他实际上是怂恿美国公众轻率地相信他与莫斯科方面对该事件的描述。特洛亚诺夫斯基大使希望美国公众采取这样的态度，也就自然有这样的感想。这是他的奢望，甚至是唯一的希望。我惊讶于他如此明显地摊牌。因为我们虽然并不都来自密苏里州，但大多数美国公民距这个州的边界很近。当人类的体面、正义和历史的真理处于危急中时，他们想要获知真相。今晚我们在此声明：在获取和衡量证据时，我们将会像所有真理追求者和斗士有权期待和要求的那样，采取"谨慎和怀疑"的态度。

我们这些辩护委员会和调查委员会的成员从来没有认为，只有我们这些人才主张对真理的热爱先于对个人或和各派别的热爱。我们从来没有想象我们垄断了真理的追求。因此，我们感到确信无疑的是，随着调查的进行和更多真相的披露，无数的人将受鼓舞而积极加入追求真理的活动。我们致力于唯一一个目的：尽人力之所能去发现真理。献身正义与追随党派之间是有界线的，公正无偏与喜爱黑暗之间是有界线的，不管打着什么旗号，对黑暗的喜爱实际上都是反动的。

以正义和真理的名义，我们请求您的支持。我们有信心获得真相。正如左拉在德瑞福（Dreyfus）一案①中说道："真相即将揭开，没有什么能够阻挡。"

---

① 1894 年，服务于法国参谋部的德瑞福上尉被指控为德国从事间谍工作，随即受到侦讯并受审判。这引来长达 12 年之久的法国舆论与暴力斗争，支持与反对者的冲突成为国际注目的焦点。法国文学家及戏剧家左拉（Émile Zola）不顾军方串连媒体的迫害，发表了致法国总统的公开信《我控诉》。他在法庭上竭力为德瑞福辩护，引起社会广泛的声援行动，案件最后得到平反。——译者

调查结果摘要^①

　　审判的实施

　　无需外部证据，委员会发现：

　　1. 莫斯科审判使任何公正的人相信，它没有作查明真相的任何努力。

　　2. 虽然供认书应该给予最严肃的考虑，但由于这些供认书自身包含内在的不真实性，委员会相信它们并不代表真相，不管它们是用什么办法得到的。

　　指控

　　3. 基于所有证据，我们发现，托洛茨基从未通过西道夫或其他任何人给予斯米尔诺夫（Smirnov）任何恐怖主义的指示。

　　4. 基于所有证据，我们发现，托洛茨基从未通过西道夫或其他任何人给予德雷策（Dreitzer）任何恐怖主义的指示。

　　5. 基于所有证据，我们发现，霍尔兹曼从未作为斯米尔诺夫与西道夫策划恐怖主义的中间人。

　　6. 我们发现，霍尔兹曼从未在哥本哈根见过西道夫；他从未与西道夫一起去见托洛茨基；托洛茨基旅居哥本哈根期间，西道夫不在该市；霍尔兹曼从未在

---

① 这份《调查结果摘要》最初发表于《调查委员会关于莫斯科审判针对托洛茨基指控的最终报告的摘要：呈交于酒店中心——纽约，周日晚，1937 年 12 月 12 日》，纽约：托洛茨基案美国辩护委员会，1937 年，第 4 页。《调查结果摘要附记》最初发表于《纽约先驱论坛报》（*New York Herald Tribune*），第 2 版，以及《纽约时报》1937 年 12 月 13 日，第 16 版。

哥本哈根见过托洛茨基。

7. 我们发现，奥伯格从未携带托洛茨基或西道夫的恐怖主义指示前往俄国。

8. 我们发现，贝尔曼-尤林从未收到在哥本哈根的托洛茨基的恐怖主义指示，贝尔曼-尤林从未在哥本哈根见过托洛茨基。

9. 我们发现，大卫从未收到在哥本哈根的托洛茨基的恐怖主义指示，大卫从未在哥本哈根见过托洛茨基。

10. 我们发现，试图将莫赛·鲁耶（Moissei Lurye）、那森·鲁耶（Nathan Lurye）与所谓的托洛茨基阴谋联系起来，没有任何根据。

11. 我们发现，托洛茨基从未在布洛涅树林见过弗拉基米尔·罗姆（Vladimir Romm）；他从未通过罗姆向雷戴克（Radek）传递过任何信息。我们发现，托洛茨基或西道夫从未与弗拉基米尔·罗姆有任何接触。

12. 我们发现，皮达可夫没有在 1935 年 12 月飞往奥斯陆；他没有如指控所言，与托洛茨基见面；他没有收到过托洛茨基的任何指示。我们发现，皮达可夫在此关键点上的证词被推翻，从而使其整篇供词毫无价值。

13. 我们发现，被告皮达可夫证词被推翻，使证人布卡赛夫（Bukhartsev）的证词完全失效。

14. 我们发现，弗拉基米尔·罗姆与皮达可夫证词被推翻，使被告雷戴克的证词完全失效。

15. 我们发现，斯米尔诺夫、皮达可夫与雷戴克的供认书被推翻，使舍斯托夫（Shestov）与穆拉洛夫（Muralov）的供认书完全失效。

16. 我们确信，所宣称的托洛茨基向多名莫斯科审判被告传达所谓阴谋指示的信件根本不存在；涉及这些信件的证词，完全是捏造的。

17. 我们发现，在托洛茨基整个政治生涯中，他始终反对个人恐怖主义。委员会进一步认定，托洛茨基从未指示任何一名莫斯科审判中的被告或证人去暗杀其政敌。

18. 我们发现，托洛茨基从未指示任何一名莫斯科审判中的被告或证人参与破坏和分裂活动。相反，他始终拥护苏联建立社会主义工业与农业，但批评当局，指责其行动有害于俄国社会主义经济的建设。他不赞同将破坏作为反对任何政权的方法。

323

19. 我们发现,托洛茨基从未指示任何一名莫斯科审判中的被告或证人,与外国力量达成反苏联协定。相反,他始终是最坚定的苏联拥护者。他也是最明确的法西斯主义意识形态的反对者,但却被指控与代表法西斯主义的外国力量同谋。

20. 基于所有证据,我们发现,托洛茨基从未建议、谋划或试图在苏联重建资本主义。相反,他始终坚定地反对在苏联复辟资本主义,反对资本主义在其他任何地方的存在。

21. 我们发现,公诉人不切实际地歪曲了托洛茨基在十月革命之前、之中和之后的作用。

结论

22. 所以,我们发现,莫斯科审判是一场阴谋。

23. 所以,我们发现,托洛茨基与西道夫无罪。

约翰·杜威,主席

约翰·R·张伯伦(John R. Chamberlain)

阿尔弗雷德·罗斯默(Alfred Rosmer)

E·A·罗斯(E. A. Ross)

奥托·鲁尔

本杰明·斯托尔伯格

文德林·托马斯(Wendelin Thomas)

卡洛·特雷斯卡(Carlo Tresca)

F. 萨莫拉(F. Zamora)

苏珊娜·拉弗丽蒂,秘书

约翰·F.芬纳蒂,法律顾问,一致同意

纽约,1937 年 9 月 21 日

调查结果摘要附记

324　再怎么强调也不过分,尤其是随着新证据的累积,委员会的成员无一例外地震惊于整个莫斯科审判过程可耻之极的特征既站不住脚又恶毒。其他人,比如我的一位不愿意与我们同甘共苦的著名同事,也许仍然持有这样的立场:不可能

证明相反的结果，所以，从技术意义上说，不可能证明托洛茨基在这些异想天开的指控中是无罪的。然而，毫无疑问，我们可以证明阴谋的存在。我认为，委员会做到了这一点。

当然，这些发现有着令人深感不安的含义。这些含义并不是理智推断的结果，而是已经由审判之后紧接着发生的事件证明。苏联官员和公民由于恐怖主义、破坏和"托洛茨基主义"等罪名不断遭到逮捕和处决，这加深了数以千计的俄国革命的真正朋友的怀疑：当局企图将反对自己的政治立场等同于反苏联、反人民的犯罪活动。

更加令人震惊的是：全世界的共产党都在系统地使用恶意的"托洛茨基主义-恐怖主义-法西斯主义混合体"作为摧毁政敌的手段，甚至用作为大规模陷害与杀害进行辩护的手段。西班牙安德烈斯·宁（Andrés Nin）等人的案件就是如此。甚至在这个国家，共产党及其劳工和自由主义同情者已经使用这种不道德的手段去诋毁和迫害其反对者，结果是造成经济和政治进步力量的混乱和瓦解。这与法西斯主义的手段没什么两样，所以怎样强烈的谴责也不为过。

美国民众不能心安理得地无视人格和政治派系之间的冲突。这种冲突表明，一个具有世界范围影响力的、纪律严明的政治组织抛弃了作为文明根基的真理和正义原则。它表明，俄国革命理想主义的遗产令人震惊地堕落了。它表明 *325* 存在着一种危险。我们必须抛弃假象，毫不妥协地防止这种危险。

杜威博士说他愿意公开发表见解，预计随着关于莫斯科审判的新事实材料的出现，"委员会的每一项发现都将被完全证实"。他说，这些新证据现在还无法获得，可能会在将来从德国、俄国和法国得到。

"我如此坚信此事，以至于愿意以我的名誉担保，"杜威博士宣称。

莫斯科审判[①]

昨晚，关于去年 8 月、今年 1 月莫斯科审判中对列夫·托洛茨基指控一案，国际调查委员会公布了调查结果。在不懈工作的九个月里，它在墨西哥、纽约和巴黎举行了听证会。它收集了大量的宣誓书和笔录，检查了数以百计的信函和文件，同时对莫斯科审判中的证词作了完整的分析。作为其持续、彻底和公正的调查结果——因为其十名成员皆不是托洛茨基派，也与托洛茨基的理论或活动无任何关联——它认定托洛茨基及其儿子并未犯有指控的罪行，审判本身就是个阴谋。

委员会认定，公诉人没有进行任何努力去澄清事实，他的程序在每一点上都与他自己编写的俄国法律书的合法程序所定的规则相冲突。委员会发现，据称在哥本哈根、巴黎和奥斯陆(Oslo)三次与托洛茨基的交谈从未发生。这一发现由一大批公证过的证词所支持，证词的来源是在据称发生这些访问期间与托洛茨基有个人接触的人，其中许多是他的政敌。

我们已经发表了一份调查结果的摘要，随后还将发表一份近 400 页的册子《无罪》，并拿出我们的发现所依赖的全部证据。

有一个问题经常被提出来，即这有什么意义？对我们美国人来说，这有什么影响？我将回答这个问题。我想说，为什么莫斯科审判和我们的调查值得每个

---

① 出自杜威于 1937 年 12 月 13 日通过哥伦比亚广播系统发表的无线电演讲，这是一篇无标题的新闻稿，收于约瑟夫·拉特纳(Joseph Ratner)/约翰·杜威文集，卡本代尔：南伊利诺伊大学，莫里斯图书馆专藏部，共 6 页。

美国公民注意，尤其是那些自称为进步分子、自由人士以及对劳工问题感兴趣的人。

新闻栏目几乎每天都报道的莫斯科冤案和大清洗所展示的俄罗斯局势是一些活生生的事件，其后果关系到美国人民和我们的民主。我想告诉你们为什么。

从西班牙开始讲起。一年以前，西班牙人在自己的国度反抗法西斯，他们以为莫斯科审判与自己毫无关系。但是，共产党要求共和政府迫害西班牙的托洛茨基追随者。他们没有就止罢手。他们给一大批劳工运动人士和以某种方式拒绝共产主义的自由主义者扣上托洛茨基分子的帽子。他们要求惩罚所有被打上叛国者、法西斯同盟标签的人，不管是真是假。最主要的证据就是莫斯科审判的裁定，它认为托洛茨基和托洛茨基分子是法西斯政府的同谋——我们的调查已经彻底推翻了这项指控。这种要求使拥护共和政府的阵营陷入混乱，分裂了反法西斯同盟，削弱了它的力量。

也许你会说，西班牙是西班牙，美国是美国。但是，同样的手法正在此地重演，同样的问题正强加给我们。当被指控为托洛茨基分子、因而是自愿的或受迷惑的法西斯同盟的时候，委员会的成员还可以挺得住，这仅仅因为他们不计回报地拿出时间和精力来查明真相。但是，这种手法已经侵入了劳工队伍，并且正在分裂他们。前几天一名工会官员在明尼阿波利斯被谋杀了，而明尼阿波利斯无疑是美国的城市。共产主义者及其同情者已然要求我们相信，因为莫斯科法庭裁定托洛茨基犯有与希特勒和日本同谋的罪行，因此是亲近托洛茨基的明尼阿波利斯工人杀害了科科伦(Corcoran)。当与托洛茨基完全不相干的工会会员嘲笑这些指控时，他们立刻被宣布为托洛茨基派的走狗。这个新发生的事例表明，俄国的事情被用来分裂我国的劳工队伍。这不会是最后一次，还会有人一次又一次地要求美国劳工和进步团体依照莫斯科对托洛茨基和托洛茨基分子的指控来决定本地的事情。

这还涉及我们国家的战争与和平问题。苏联的同情者告诉我们，一旦苏联被法西斯国家攻击，我们就必须去解救她、为她而战，从而阻止法西斯主义在民主国家的蔓延。还记得为了世界民主，我们是如何卷入上一次战争的吧？那么，你就不会对这种有组织的宣传一笑置之。当今的法西斯国家对民主造成的威胁，更甚于德国独裁统治。20年前为反对德国独裁，我们战斗过。如果再次发生世界灾难，我们需要以民主的名义支持俄国。鉴于战争的危险和我们卷入战争的危险，谁能说关于苏联的真相对我们美国人毫无意义呢？

我们自己有严重的经济和社会问题要解决，这是我们的重担。为此，我们必须做些什么。我们为此做什么，以及我们如何去做，影响到整个国家的未来。有人宣扬俄国革命的方法是我们效仿的典范。如果这种方法的结果不是无产阶级专政，却是一小群人对包括工人在内的整个国家的专政；如果它通过打压一切个人的思想、言论和新闻自由来维护自己的权力；如果它以反对工人国家罪为借口来镇压一切政敌，那么，莫斯科审判和最近的大清洗所展现的令人震惊的苏联局势当然牵涉到每个相信民主方法的美国人。一个使用所有法西斯主义方法镇压反对派的国家，是不能被我们当作民主的榜样和反法西斯的榜样来追随的。

下一次，如果有谁对你说，我们必须在法西斯主义和共产主义之间作出选择，那么你就问他，希特勒的盖世太保与斯大林的格别乌（G. P. U.）之间有什么区别，凭什么民主人士要选择其中一个。

俄国局势与莫斯科对托洛茨基的指控同时提出了一个关于基本真理、正义和人性的问题——这当然与美国人的利益相关。之前，我不同意托洛茨基的观点和理论；现在也不同意，而且有可能的话，比以往更加反对。但是，十年前当我与其他美国人请求为萨科-范塞蒂举行公正的听证会时，我是彻底反对这两人的观点的，而首先考虑的是正义与人性的要求。今天，某些自由主义者允许所谓的政治便利凌驾于一些目的之上。如果我们不坚持将真理与正义置于首位，那么，自由主义运动注定是失败的。

现在我要读一份电报，这是列夫·托洛茨基在得知我们的调查后发来的。

"委员会宣判没有裁定任何人死罪或监禁。然而，我们无法想象还有更可怕的裁决。委员会对一个伟大国度的统治者宣称：'你们进行诬陷，就是为消灭政敌找借口。你们试图欺骗全世界的劳动者。你们不配从事你们信誓旦旦的事业。'委员会由持有不同政见的人组成，他们不可能追随我们的政治目标。但是，它的裁决具有不可估量的政治意义。谎言与拙劣的陷害污染了苏联内在的生命，全世界工人运动今日也遭受了沉重的打击。让那些苏联的官方朋友和假冒的激进分子去说这份裁决将会被反动派利用吧！这不是真的！在任何时间、任何地点，真理都不会为反动派服务。

并且，在任何时间、任何地点，进步都不基于谎言。这个委员会的确给了官僚主义沉重的一击，但是官僚主义已成为苏联进步的主要障碍。这个委员会旨在支持真理,也就是在支持全人类争取解放的斗争。委员会的工作及其成员的姓名从此将载入史册。"

在我的附记结尾,我向你们指出:劳工联合、我们国家的和平、民主观念和方法,以及鲜明的正义和真理,这些事业是与我们息息相关的。这些事业强烈要求每一个真正自由、进步的美国人关注莫斯科审判和我们的调查结果:莫斯科审判是为统治集团的利益而进行的恶毒的诬陷。

托洛茨基案调查的重要意义[①]

　　在九个月的持续工作期间,我们委员会在墨西哥、纽约和巴黎举行了听证会。委员会收集了大量的宣誓书和笔录,检查了数以百计的信函和文件,同时对莫斯科审判的证词作了完整的分析。经过长时间的、彻底和公正的调查——因为其十名成员皆不是托洛茨基派,也与托洛茨基的理论或活动无任何关联——委员会发现,托洛茨基及其儿子没有犯下指控的罪行。

　　委员会认定公诉人没有进行任何努力去澄清事实,他在每一点上的程序都与他自己编写的俄国法律书所列的合法程序的规则相冲突。委员会认定,据称在哥本哈根、巴黎与奥斯陆的三次对托洛茨基的访问从未发生。这项结果由一大批公证过的证词所支持,证词的来源是在据称发生这些访问期间与托洛茨基有个人接触的人,其中许多是他的政敌。

　　听证会的全部细节随后将被公开。在我们委员会 12 月份发表的报告中,我们发现,托洛茨基从未指示任何一名莫斯科审判中的被告或证人参与破坏活动或与外国力量达成反苏联的协定。基于所有证据,我们发现,托洛茨基从未建议、谋划或试图在苏联重建资本主义。很明显,在庭审中,公诉人不切实际地歪曲了托洛茨基在十月革命之前、之中和之后的作用。简而言之,报告证明,莫斯科审判是个骗局。随后我们还将发表一份近 400 页的册子《无罪》,拿出我们的发现所依赖的全部证据。

[①] 出自艾格尼丝·E·迈耶尔(Agnes E. Meyer)的采访录,首次发表于《华盛顿邮报》(*Washington Post*),1937 年 12 月 19 日,第 3—4 版。

这有什么意义？对我们美国人来说，这有什么影响？这是一个必须面对的问题。美国人民必须明白，为什么莫斯科审判和我们的调查值得每个美国公民注意，尤其是那些自称为进步分子、自由人士以及对劳工问题感兴趣的人。新闻栏目几乎每天报道的莫斯科冤案和大清洗所展示的俄罗斯局势是一些活生生的事件，其后果关系到美国人民和我们的民主。

如果一个坚定的共产主义者得出这样的结论：因为他不能再相信斯大林，所以他现在必须信赖托洛茨基，我不认为他这样会有任何长进。所有的美国激进分子和苏联同情者得到的重大教训是：他们必须回头重新思考整个问题，即实现社会变化的手段问题和真正民主的、达到社会进步的方法问题。

俄国实验决定性地证明了：当暴力用于推行经济和政治改革时，也必然要用武力方法维护掌权的新政府。这样的革命不可避免地是少数人进行的。他们只能通过两种方法的结合来维护自己的政治霸权：一方面是向多数人让步，比如级别工资等等，主要是基于这一点，托洛茨基断言，斯大林政权已经抛弃了马克思主义，如果不被工人推翻，就会走向国家资本主义；另一方面是镇压反对派，甚至是党内反对派，就如斯大林政体所做的，斯大林分子做这样的事情时没有别的方法可以选择。我确信，无产阶级专政已经导致并且一定导致对无产阶级及其政党的专政。

根据最初的理论，这种专政想来只是通往完全社会化道路上必须出现的恶。但是在实践上，事情没有也不能以那种方式发展。现在的苏联政府是如此坚固、如此牢不可破，只有通过暴力才能推翻。建立立宪政府的姿态只是突出了一个事实：苏联的民主只是个闹剧。 *332*

整个观念有一个罪恶的因素：结果是如此重要，以至于使用任何手段都有道理。这种观念如此根深蒂固地扎在共产主义者心里，以至于我们自己的激进分子也要借助它，并以此为根据为现在的暗杀活动开脱。然而，事实上，使用的手段决定了实际获得的结果。

正是这个手段的重要性，使我们必须坚持以民主手段达到民主目标的观点，以此来检视当前局势。俄国的失败再一次明确地证明：如果你采用不诚实的手段，就不得不陷入困境。

尽管苏联宣称以彻底的个人自由为目标，他们使用的手段却在各个方面破坏了思想、言论、出版自由和活动的自由，因为他们重新启用了沙皇时代使用的制度,在国内旅行时也要求通行证。

现在,他们的同情者说:"即使苏联有缺陷,我们也必须支持它(他们的做法是隐瞒真相),因为苏联是反法西斯的堡垒!"从军事的观点看,这种论点有些合理之处,但是即使从军事观点看,苏联处决了总司令和它的参谋部的许多将军,这严重地动摇了它的军事地位。

但是,不管怎样,如果苏联采取的方法越来越类似于希特勒主义者,那么,我们怎能依赖那些方法呢?法西斯主义的实质不会因为冠以别的名称就得以改变。如果希特勒为了维持自己的地位而越来越转向国家资本主义,我们可以预料,这两个国家会逐渐走到一起。与俄国结盟,是俾斯麦与德国总参谋部的传统政策。如果战争推迟几年,可以想象,俄国与德国会再次结盟。我们不得不面对这种可能性。

₃₃₃ 无论如何,结论(或者说教训,或者任何你想用的名称)就是:我们必须在自己的国家依靠自己的民主方法来解决自己的问题,无论是国内问题,还是国际问题。我们必须停止将苏联视为解决我们自己经济困难的榜样,停止将其视为维护民主、对抗法西斯的源头。

我们希望美国工人理解这些发展与其处境的关联,因为目前两个共产主义派别的斗争使我国的工人运动处于四分五裂的危险之中。然而,大多数人并不属于这两个派别中的任何一派,这才是我国前后一贯的劳工运动的重要因素。

众所周知,美国产业工会联合会在成立之初急于发展壮大,因而接受了许多成员,甚至启用了属于这两个共产主义派别的组织者。无疑,这种做法是基于这样的理论:他们的事情可以在以后解决。但是,正如现在的情况所示,他们给美国产业工会联合会的领导工作带来了极大的麻烦。

危险在于,共产主义团体所采取的策略已经渗入劳工队伍,并且正在试图分裂它。前几天,一名工会官员在明尼阿波利斯被谋杀了。同时,共产主义者及其同情者要求我们相信,因为莫斯科法庭裁定托洛茨基犯有与希特勒和日本同谋的罪行,所以明尼阿波利斯市与托洛茨基友好的工人暗杀了科科伦。当与托洛茨基无任何接触的工会会员嘲笑这些指控时,他们立刻被宣布为托派走狗。这是发生在俄国的事件被用于分裂我国工人阶级的活生生的例子。这不会是最后一次。尽管看起来很荒唐,但很有可能,有人会一次又一次要求美国工人和进步团体基于这些指控来决定本地问题,而这些指控是一群俄国人人为操控的,用以打击另一群俄国人。

这两个互斗派别的领导人应该认识到,他们为建立一个理论上完美的社会而进行的斗争正在损害劳工的事业,这个完美社会只存在于他们自己的脑海中;当真正付诸实践的时候,它就被建立它的人摧毁了。当劳工运动接受这两个共产主义派别时,不属于任何一派的广大劳工得到了非常糟糕的领导,这些领导人使用苏联实行的那种便宜行事的方法,即为达目的,不择手段。幸运的是,对于广大工会会员及其领袖来说,现在还不算太晚。他们可以面向实际并制定一些策略,使美国工会运动更加健全地发展,即使有所减速。

你知道,整个托洛茨基事件如果没有灾难性的结果,那才是荒诞无稽的。你想一想,托洛茨基,一个流亡者,身边最多有两三个秘书,一直受到警方监视,被驱赶着从一个国家跑到另一个国家,他竟然能够颠覆俄国。这种设想真是天方夜谭。

阿格尼斯·E·梅耶:"杜威博士,美国共产党说,您也间接支持了托洛茨基关于其政党领导人的言论,所以激起两派不和,不是吗?"

哦,当然,他们指控我们整个委员会都是托洛茨基分子。我们料到会发生这种事情,也可以忍受。不过,最好还是澄清这一点。

在庭审过程中,我问托洛茨基:有没有理由相信在其他国家发生一次比俄国更成功的无产阶级革命?当然,他的回答是含糊的。他宣称,这种革命会在一个文化和工业上比俄国先进的国家取得成功。就我个人而言,之前我不同意托洛茨基的观点和理论,现在也不同意,而且有可能的话,比以往更加反对。毫无疑问,托洛茨基比斯大林政权更加接近纯粹的马克思主义路线。他坚持在所有国家进行持续的革命或一系列无产阶级革命,这一主张就是一个充分的证明。在我看来——这种革命必然会摧毁它自己的目的——这意味着,如果采用托洛茨基路线,美国激进分子是从油锅跳入火堆。

而且,关于党的独裁统治的必要性问题,托洛茨基与列宁有争论,双方常常都很尖锐。尽管如此,托洛茨基1917年在俄国见到列宁后就完全改变了立场,他接受了列宁的主张,认为一党专政是必要的。如果托洛茨基还继续当权的话,他也许会试图在党内保持更多的民主。但是,当民主在党外完全受镇压的时候,党内民主是否还能维护,这是他从来没有遇到的问题。民主观念是严苛的主人。民主如果局限于一个小群体就会包含一个矛盾,最终必然导致民主败坏。即使党内民主,也是如此。

除了这一点之外,托洛茨基的马克思主义哲学充分保留着暴力革命和一个阶级专政的弊端,甚至范围更广。正是由于这个理由,我在前面说,共产主义者和他们的同情者转向托洛茨基,并不能解决苏联当前的混乱局面给他们提出的问题。

真相的揭露(关于苏联的局势),也使我的幻想痛苦地破灭了。我一直觉得俄国传统与我国是如此不同,以至于我们不能原样照搬。但我曾经相信,那个国家正在进行一项极重要的社会实验,我们和其他所谓资本主义国家都可以从中获益。我曾将苏联视作一个社会实验室,重要的实验将要进行。在大萧条之前,也是在许多文学青年转变信仰之前很久,确切地说,是在 1928 年,我去苏联访问时写了一系列文章,表达了我对那里所取得的教育和文化成就的赞赏态度,以至于我被宣告为赤色分子和布尔什维克。

我将时间花在对学校的研究上,研究为青年人做些什么和在群众中传播文化,没有研究经济情况。尽管学校里宣传活动过度盛行,但是年轻人充满希望的、当时还相对自由的态度真正打动了我。尽管我没有考察政治条件,但那时候我甚至不知道对于一个旅行者或游客而言,触及政治方法是多么不可能。

那是在第一个五年计划启动之前。在第一个五年计划的压力下,所有事情都加紧了。但我现在毫不怀疑,加强政治限制并最终建立恐怖统治的原因那时候就已经在起作用了。自然地,这影响了整个教育系统。宣传与管制显著地加强了。这样一来,现在连小学生也要穿制服了。教育自由的萌芽,当时确实存在于较好的学校之中,现在,据可靠报告,已遭到彻底破坏了。

我对俄罗斯人民的能力怀有极高的敬意。尽管现在看来一片黑暗,但我还是不能放弃这一信念。然而,在目前这种压制个性、歪曲事实和恐怖主义的状况下,如何能够发生转变,我连最隐约的想法都没有。一国之民如果对世界上甚至对本国正在发生的事情处于无知状态,并受着谎言的熏染,那就失去了进步的基本推动力。作为一名教育家,对我而言,这是俄罗斯状况的巨大悲剧。

我发现,同样令人沮丧的是:在我们国家,一些自命的自由主义者开始相信,出于便宜行事的理由,俄国状况的真相应该向我们的人民隐瞒。追求真理,而不是资产阶级的美德,才是全人类进步的主要动力。

社会前沿

教师和他的世界①

教师是应该超前还是落后于他们的时代呢？也许，一个倾向逻辑思考的人 339
会拒斥这个问题。他会指出存在着另一个选项——教师可以与其时代同步，既
不超前也不落后。人们也许会问，这个中间道路是不是教师最明智的选择呢？
这个观念看来似乎可信，但它有一个致命的缺陷。正如我在《社会前沿》（Social
Frontier）10 月号中指出的，我们的时代与它自身并不一致。它是各种对立倾向
的混杂。只要指出两三件熟悉的事情就够了。到处都可以听说匮乏的经济和富
余的经济。在我们所处的时代，这两种情况都存在且互相对抗。如果不是有富
余，银行里就不会充满金钱，工厂就不会闲置，棉花就不会被掩埋，牲畜就不会被
杀掉；但是，如果不是有匮乏，百万人就不会失业，两千万甚至更多的人就不会依
靠公共或私人的救济为生，学校就不会被关闭，班级的规模就不会扩大，有价值
的社会服务就不会减少。在我们所处的时代，私人目的与公共政策是互相对抗
的。这里的"私人"，可以用胡佛先生所谓的彻底的个人主义来说明。"公共"可
以用以下事实说明，胡佛先生担任总统期间，组织了复兴金融公司和其他公共事
业机构，以抵制经济衰退。他和那些赞同他强调私人创业与经营的人认为，政府
的职责是帮助国家恢复繁荣。这些出现在个人身上的矛盾是当今时代的普遍状
态。我再举一个更接近教师职业的例子来说明。我们的国家执行公共教育政 340
策。为推行该政策，我们在几乎不多于三十年的时间内，使高中和大学的学生数
量增加了五、六倍。另一方面，在这些机构中接受技能训练的年轻人发现，现在

---

① 首次发表于《社会前沿》，第 1 卷（1935 年 1 月），第 7 页，"约翰·杜威专栏"。

社会前沿 265

他们很大程度上没有机会使用这些技能。他们无法找到工作。这种状况与教师所处的时代看上去是一致或平衡的吗?

事情总体上是这样的:时代脱节了,教师无法逃避把时代纠正过来的责任,即使他们想逃避也不行。他们可以像哈姆雷特那样将其视作一个诅咒,也可以将其视作一个机会。但是,他们不能逃避责任。随大流是懦夫的选择。我不是试图告诉教师们应该在这个时代相互对抗的趋势中支持哪一种——尽管我对这个问题有自己的见解。我只是试图指出,冲突是存在的,而且事实上正在加强一方或另一方的力量。问题是:他们这些做法是盲目的、逃避的,还是理智的、勇敢的? 如果一个教师是保守的,并且希望为自己一方增加我认为是反动的力量,在我看来,他的做法最终只会加剧目前的混乱;但是,无论如何,让他有理智地这样做吧,他要先研究现状,并且在理智研究的基础上作出清醒的选择。对于自由分子和激进派,事情也是一样的。

就我的理解,《社会前沿》的存在,就是为了促进教师、家长和其他对教育有责任的人理智地理解我们时代的社会力量和运动,以及教育机构的职责。除非教师意识到一个社会目标,否则这项任务是不能完成的。我想,教师们已经被我如此长篇幅的一般性讨论弄得失去耐心了。不幸的是,教师习惯于要别人告诉他做什么,具体做什么。但是,理智决策与行动的首要条件是理解正在运行的力量,理解这些力量的方向和所指向的目标,难道不是这样吗? 如果你没有想清楚为什么做这件、那件和另一件具体的事情,没有想清楚做这些事情对于实际状况的影响和想要达到的目的,你的行为对你有什么益处呢? 一个教育家首先能做的最具体的事情,要具有普遍性。第一个需要是认识到我们处在一个什么样的世界中,查看世界上的各种力量;弄清楚各种争夺控制权的力量的对立;判断哪一种力量来自过去,其潜在力量已经由世界消耗殆尽,哪一种力量指向更好和更幸福的未来。如果一个教师在这些方面都打定了主意,那么,他就不难发现他需要做的具体事情,从而实施他作出的决定。大法官霍姆斯①曾经说过,理论是世界上最务实的东西。这句话对于社会理论尤其正确,而其中包括教育理论。

---

① 小奥利弗·温德尔·霍姆斯(Oliver Wendell Holmes, Jr., 1841—1935),美国著名法学家,美国最高法院大法官(1902—1932 年)。——译者

智力的关键作用①

《社会前沿》一月刊对于教化的讨论,应该澄清了教师的智力氛围。但是,在我看来,它所涉及的一个基本问题还没有得以澄清。关于这一点,我想说几句话,特别是它与现在的主题——报刊的职能——有密切联系。问题的关键在于方法。我们承认,正如编者所言,学校必须具有某种社会导向。我们承认,这种必要性"隐含在教育的本性中……在教师的人格中,在学生与学生之间、学生与老师之间的关系中,在行政组织与安排中,在校舍的建筑中"——同样也在所讲授的题材中。当我说"承认"的时候,我不是指因为论证而承认,而是作为事实状况来承认,一个无法逃避的事实。

我们同样承认,为了同样的理由,大范围地说,教师职业现在面临着两种社会导向的选择。这两种导向,一种着眼于过去,一种着眼于未来,但这只是部分情况。那种着眼于过去的导向,由局势使然,谋求小群体的利益,维护其高度特权,却牺牲大众的利益。那种着眼于未来的导向,与现在的科学、技术和工业力量一致,并且符合大众自由、安全和文化发展的利益。关于这些对立的利益人和利益集团之间的现实冲突,我认为编者所言都是真的。这样或那样,在这两种对立的社会导向及其所蕴涵的一切事情之间,教师群体和个人必须作出选择。

但是,我们承认的东西越多,方法问题就变得越紧要。方法远不仅仅是课堂教学的方法问题,它包括所有已提到的事项:房屋的建筑和设备、学校董事会的组成和控制、行政人员与课堂教师的关系、主流"纪律"和训练模式,以及背诵、课

---

① 首次发表于《社会前沿》,第 1 卷(1935 年 2 月),第 9—10 页,"约翰·杜威专栏"。

本和题材的运用。现在,这些事情的倾向大致说是朝向不民主的社会后果,并且几乎是自动地维护着少数人阶级的特权。

当我们面对与新社会导向相联系的方法问题时,智力的地位就成了中心问题。有人认为,以智力为教育核心,就表明对社会斗争持一种中立的、冷漠的、"纯理性的",甚至是机械的态度。我不同意这种想法。我们这些人相信,科学技术进步正在创造一种新的社会生活,正在制造特权与非特权之间的新型社会冲突,我们怎么会得出这样的信念呢? 我们是通过反复灌输得到,还是通过历史和现行力量与状况的智力研究得出这样的信念? 如果是后者,如果智力方法在我们这里起到了作用,那么,我们怎么能认为这种方法不会在我们的学生身上起作用,不会使他们产生热情和实践活力呢? 学校具有并且必须具有某种社会导向,这一认识提出了用什么方法实现新社会导向的问题,但并没有解决问题。如果不面向后者,整个教化的主旨仍然是模糊不清的。

我说过,这个问题与现在的主题——报刊的教育力量——相联系。这不奇怪,在基于商业赢利的经济秩序下,报刊自然也是基于牟利的商业活动。所以,作为这种秩序的一部分,报刊就要代表这种秩序从事广泛的、稳固的教化。真正令人惊奇的是,在这种情况下,对实际状况有如此之多的明智报告。报刊与真正的公共教育(对公众的教育,职业教育者能大有作为的教育)之间的关系问题是一个大话题,我无法用一页文字来讨论。我满足于提出两个多少是连带的、而且是重要的评论。第一个是教师出于职业自尊,不能屈从于歪曲和胁迫。赫斯特出版社(Hearst Press)对教育的攻击引起了有力的、勇敢的反击,这是一个健康的迹象。它与智力方法的联系是显而易见的。如果教师不站在为智力自由斗争的前线,智力自由的事业就几乎是无望的;而且,我们就会处在一个以法西斯主义和纳粹主义为名的恐吓、压迫、镇压横行的时代。

我的另一个评论大致是:学校现在的一个重要任务是培养免疫力,以对抗报纸电台的宣传影响。朱利安·赫胥黎(Julian Huxley)在《科学研究与社会需要》(*Scientific Research and Social Needs*)一书(这是每个教师应该读的一本书)中说:"教育的一个目标是教会人们抵制社会环境施加给他们的那些无意识的偏见。"报纸和电台是灌输大众偏见的两个最有力的途径。纳粹德国的战争宣传和局势证明,如果学校不创造出具有批判性辨别力的大众智力,那么将要出现的偏见和被煽动的情绪是无休止的。由学校提供的、对社会力量的明智理解,是我们的主要防护措施。我的意见是：对于现状和力量的明智理解，一定能够为一个新的总体社会导向提供支持。在学校获得这种增进理解的能力的过程中，会出现许多困难。努力完成这项任务与公共教育宣称的职能是直接同路的，它也要求关心新社会导向的教育工作者去执行一项艰巨的任务。

行政才能探讨[①]

345 在全国教育协会(N. E. A.)学校负责人分会最近举行的会议上,本国公立学校管理问题及其对解决方式的考虑成为适当的话题。没有必要强调这些问题复杂而困难的事实。这些问题至少表现为三个方面,每个方面进而由隐匿的、冲突的因素构成。

第一个问题可以叫做理智—职业问题。主管、校长、校监等等都从事着教育事业的领导工作。也许,强调"教育"这个词是多余的。但是,我这样做是为了表明,行政官的责任和职能的理智方面意味着什么。他或她不仅仅参与心灵和品格的发展,而且其参与的方式给他们施加了特殊的理智责任。确实,特别理智的领导方式具有的责任感,可能会采取挫败其自身目的的形式。它采取的形式可能是极其详细地列出全部课程计划,并颁布必须遵守的方法。即使这种想法没有达到这样的程度,教学人员也很少主动、合作地参与教育计划的构建。

第二,行政官对于人际关系问题负有特殊的责任。任何人,只要曾经为维护家庭生活的和谐有效的人际关系出过力,就可以想象,与庞大的教工队伍相关的
346 工作会出现怎样的困难。教职员有不同的脾气,受过不同训练,拥有不同的人生观。但是,与人际关系相关的问题只是行政官需要面对的问题的一部分。他必须保持与学校董事会成员的合作关系;与纳税人和政客打交道;应对具有不同的观点和理想的家长。而且,个人适应问题常常表现为自我冲突,这是因为,不同的群体有对立的要求。校长是教职员与公众之间的中介人。他被迫面对两边,

---

① 首次发表于《社会前沿》,第1卷(1935年3月),第9—10页,"约翰·杜威专栏"。

如果幸运的话，能逃过人格分裂的倾向。至少，有些行政官对一方是"外交官式的"、甚至是百依百顺的，但对另一方却是专断的、威风的。

第三，行政官由于其职责的性质，必须参与大量细节和日常工作。总会有这样的危险：行政官如此埋头于他这一方面的工作，而其他两个方面的活动则被湮没了。这种危险在庞大的系统中尤其严重。庞大系统几乎是自动地朝着孤立行政官的方向运行的。管理和其他细节是如此急迫，以至于远离了教育的智力和道德问题。冰冷的事务取代了人际关系，并且通常是机械的。这种倾向加剧了，因为商业标准和方法在社团中的强大势力影响了教育系统的成员，人们从工厂雇员为模本去看待教师。

我提到这些明显事实的原因是：在我看来，它们表明，行政官只有用一个综合的观念和计划将各种问题统一起来，才能有效地处理它们。如果他将它们分隔开来，试图分别解决，那么，他就会迷失。尤为重要的是，他关于本职工作中纯属教育方面的观念，与他关于行政管理的校内外社会关系的观念，必须统一起来。

行政官本职的不同方面事实上趋向于互相抵触，结果是各自的效果相互抵消。行政官避免这种偏差的唯一方式，是明确认识学校在地方和全国社会发展过程中的地位和职能。只有从一个明确的观点出发，并坚定勇敢地付诸实践，才能实现所需的整合。

整合的第一步是对基本问题作出清晰而明智的判定。学校的社会职能是长久地维护现状，还是参与现状的转变？前一个选择将使行政官成为随波逐流的人。他会使自己的工作顺从于学校董事会、与高额纳税人联合起来的政客和家长们施加的压力。如果他作出另一个选择，他的许多任务会很艰难，但只有这样，他才能够服务于教育事业。因为这个事业就是发展，其实是以学生成长为核心的发展，但即使在这种关系中，即使就此而言，也可以认为它是更大的社会发展的一部分。

第二步，在行政官将其本职的教育方面与他必然从属的人际和社会关系整合起来之后，与整合的程度相应，他将视学校本身为一个合作的社团。他的领导方式将是理智的激发和引导，采取人与人平等交换的方式，而不是凭借官方权威将教育目的与手段冷漠地强加于人。他将用心寻求一些方式，给予他人理智和道德责任，而不仅仅是给他们指定任务。

第三步,行政官把成人教育看作自己本职工作一个必要的组成部分,这不是指办成人班和成人讲堂——尽管这也是有益的——而是指:只有使公众理解创造性的青年教育的需要和可能性,教育才是极为有效的。他将认识到,公共教育本质上是对公众的教育:直接的公共教育是通过教师和在校学生;间接的公共教育是通过交流,与他人交流他自己的理想和标准,以自己和他的教职员的热情鼓舞他人,让智力与品格在社会变革中发挥作用。

联合起来，我们屹立不倒①

初看起来，教师没有充分组织起来的说法是荒谬的。特别是在一些大地方，多数教师可能觉得，他们过于有组织了：有年级协会，有课目协会，还有全市、全州和全国的大组织。如果还不充分，那就不是数量和种类上不充分。如果说缺少充分的组织，那是目标及其作用方面不充分。

一些现行协会旨在使教师聚集在一起，让他们互相认识，培养一种职业精神。确实，所有的协会都在某种程度上为这个目的服务。这个目的很好，没有人会否认。另一些协会是旨在为会员在所教课程的题材方面提供激励和引导，通过交流想法来改进教学方法。没有人质疑这种价值，只要这些组织实现了这种价值，并且合理地脱离了敷衍塞责和哗众取宠的习气，不被追求名望的人所利用。在关键时期，教师组织曾经为保护工资和职位稳定成功地向立法机构施加压力。在某些州，争取女教师同工同酬的运动是一个显著的例子。在个别事例中，教师组织揭露了不公平的、可耻的税额评估和征税方法，他们的工作影响了公共教育系统的改革，增加了收入。

然而，为这些目的成立的组织还没有覆盖到整个领域。我毫不怀疑各种协会的价值，它们致力于职业改进、提高教师在工资和职位保障方面的经济地位、防范政客利用学校为其友人谋取工作。但是，这些目标没有穷尽教师组织的职能。它们几乎没有触及教师与社会的关系。保证教师经济地位的组织已证明是不可或缺的。但是，如果他们开展运动时，与公务员、店员、工人和职员等工人群

① 首次发表于《社会前沿》，第 1 卷（1935 年 4 月），第 11—12 页，"约翰·杜威专栏"。

体孤立开来,这些运动就易于产生对教育事业不利的反应。任何人只要读过当前经济衰退期间报上刊登的教师组织起来努力阻止工资降低的来信,就会知道这是多么真实。当然,有人为教师的主张作辩护,但有更多的人因为教师牺牲其他工人和纳税人的利益来寻求特殊照顾而攻击教师。

我提到这个事实,不是为了认可这种攻击。我唤起对它的注意,是因为它显示了教师群体的孤立。一般而言,对于作为一个整体的国家而言,教师还没有充分组织起来以保护自身的经济地位。这种断言对于偏远地区和小城镇尤为正确。但是,一旦教师为保护其经济利益而组织起来,只要他们远离其他工人组织,他们就被谴责为自私的——且不谈他们的组织孤军奋战会取得什么效果。

我谈到教师组织的经济方面,不是为了只谈这件事本身,而是为了说明教师与社会和社会组织的关系这个大问题。有一个教师组织隶属于美国劳工联合会,这就是美国教师联合会,它有遍布全国的地方分会。但总体上说,教师们还是倾向于将自己视为一个特殊阶级。他们如果不是故意,也是在实际上,造成了自己作为脑力劳动者与其他体力劳动者的分裂。确实,我们总是会听到对这一立场的精心辩护。我建议讨论这一立场所牵涉的方方面面,这不仅关系到其他工人,也关系到教师职业的社会职能,还有教师能真正地履行教育职能的条件。

350   首先,脑力劳动者与其他劳动者的划分造成并维持了教师的孤立,这种孤立已经反映在学校的行政和教学机构中。在强大力量的支持下,学术和书本知识一直受过分重视。教师通常来自经济上更有利的社群,这一事实本身就存在着疏远的危险。公立学校系统中的大多数学生,则来自较为不利的阶级。起源于为少数人阶级服务的教育系统之所以长期存在,是因为教育者作为一个团体,远离最广大群众的要求。职业和工业教育已经有了很大的增长。但即使在这里,还是有将职业和工业教育与"文化"教育相分离的倾向,而我们的需要明显是建立一个同时为这两个目的服务的体系,采用同样的课程和同样的方法。由于大萧条,与当代青年最紧密相关的科目和课程减少了,以[读写算]"三会"为主要目标的老式教育遭到了反抗。这个事实根子在于教师职业的孤立。

教师可以通过研究经济学和社会学文献,阅读如实报道事实的报刊,了解到现行组织形态的缺陷和需要。一方面是以这种方式获得理解,另一方面是直接和生动地接触广大群众、产业工人的困难和愿望,从而产生理解和同情,两相比较,前者是冷漠而疏远的。与广大工人联合,教师和行政人员的经济学知识将会得到极大的促进。

第二,教师与工人的公开联合,将极大地增强教师群体的教育和经济地位。历史事实是:免费公立教育运动一个最有影响力的源头,就是本国工人的需求、那些在人们眼里从事非脑力劳动的工人的需要。每当一个学校系统陷入困境时,它总会从这个源头获得最强烈的支援。原因是明显的。富人阶级能够负担私立学校的开支;其中一些有势力的人,只有在收到税单的时候才会关心公立学校。广大工人必须依赖公立学校,否则就无学可上。这个事实在现在的危机中明显地表现出来,这个危机就是高额纳税人形成有组织的推动力,企图削减教育服务,降低工资,扩大班级规模,等等。考虑到如此多的教师倾向远离体力工人的斗争,工人对学校的忠诚即使不令人惊奇,也是令人感动的。

我引用一个显著的事例来说明。由于所谓的脑力劳动与其他劳动形式的划分,教师这一方缺乏力量来完成他们全部的教育工作。赫斯特一伙人发起了反对自由研究和教学的有组织运动,这场运动的声势并不在于他们用批判、诽谤和彻底的谎言,对那些受尊敬的人进行人身攻击。他们打击的敌人是在政治经济现实方面对公众进行的教育。他们担心高中和学院可能越来越成为最后的公共教育场所的一部分,于是把大学教师挑选出来加以攻击。教师迫切需要组织起来,去遏止这种日益增长的野蛮反攻和恐吓的浪潮。但是,由于"听天由命",相当多的教师是胆怯的。因此,以为这个组织很充分,这种想法是愚蠢的,除非这个组织与其他人形成更深更广的联合来支持自己,他们的共同志向是改造以个人利益和个人权力为目标的现行体制。我不喜欢"学术自由"这个词,它太有学术味了。但是,这个词所代表的现实是教育本身的责任。教育自由问题所采取的特定形式随时间而改变。但是,当前没有人会怀疑它的核心是社会的经济结构。

可以做什么呢?直接的回答是:如果当地有美国教师联合会,就参加;如果没有,就出力组建一个。对于这个步骤,常见的反驳是愚蠢的。这些反驳要么出于势利的考虑,要么出于惧怕报复,要么出自完全的误解——比如,教师联盟也许会响应号召,加入同情式的罢工。即使这些反驳拥有比其实际更大的力量——美国劳工联合会不允许有组织的劳工采取直接的政治行动,在我看来,这种做法是可反驳的——这也完全处于更大的现实的笼罩之下。但是,教师并不是唯一从事"脑力"事业的群体。我由衷地赞成海伍德·布鲁恩①关于教师与报业工会联合的提议。演员与作家正在组织起来，或者开始组织起来。教堂牧师尽管还没有为达到职业以外的广泛目的组织起来，但他们已经通过多种组织越来越公开地说出现有秩序的不公正。现在需要的是各种团体形成一个更加积极进取的联合。分裂了，我们将倒下。联合起来，我们才能屹立不倒，且屹立着做我们特殊的工作。

① 海伍德·布鲁恩（Heywood Broun，1888—1939），美国记者，美国报业工会创始人。——译者

乱世青年①

我承认，我不是非常理解当今的青年问题。这是我们要如何对待和帮助青年的问题，还是青年以后如何对待我们的问题？"我们"指的是指由那些行使权威——政治的、经济的、知识的、教育的权威——的人控制和管理的社会。然而，我认为，上述两个问题都有关系。因为很可能，我们在接下来的几年中对青年和为青年做的事情，将决定以后他们如何应对和处置他们所属的制度。我们都读过华盛顿教育局的一份声明，它说，自1929年起，1200万人达到了就业年龄；而据我们所掌握的数据判断，至少一半的人找不到稳定的工作（我们没有掌握用作准确判断的充分数据，这一事实本身就证明，我们生活在一个缺乏方向的、动荡的时代）。

如果读到这个事实的时候有点想象力，如果你考虑它蕴涵着什么，那么，这个事实是很有说服力的。它告诉我们，社会现在对青年做了什么。它充满了关于未来的危险的预言。而且，这还不是故事的全部。就在我坐下写这篇文章的时候，我收到了这个国家公立学校系统一位专科学校教师写来的一封信，他被解聘了，最近出现在服现役的青年之中。在信中，他说道：

> 在学生面前，我怀抱着思想真诚、崇尚科学、着眼社会的理想，对现代社会及其问题持批判态度，但总是在了解所有事实之前不作出判断。

---

① 首次发表于《社会前沿》，第1卷（1935年3月），第9—10页，"约翰·杜威专栏"。

他被开除了,评语是他"在破坏学校体系,败坏学生"。随着这个学年即将结束,另外两个同一个学校的教师因为相似的原因被拒绝续签工作合同。

如果我对这类事件的理解是正确的——这种事件在全国各地大量增加——这些表明,我们不只是拒绝给予这个国家二分之一的青年任何机会,让他们去做已准备好要做的工作;我们还有意地拒绝给予他们智力和道德上的引导,而这些引导是他们所需要的、也是未来社会所需要的。今天,只有那些无动于衷的人才会断言,"败坏"青年的说法公正而科学地呈现了当代生活事实。有人会认为,他们的地位和过有作为生活的机会之所以被败坏,是由于经济系统的崩溃和他们可能应征去参加一场他们没有做任何事去引发的战争。

这么多青年人由于现行经济体制决定的局面而没有机会获得工作,这真是太可怕了。同样可怕的是:这么多青年人没有机会在所谓的公共教育体系中找到造成这种悲惨局面的原因;而且在很大程度上,灌输给他们的观念是歪曲现实的谎言。迷茫与困惑已经足够普遍,不需要再给他们增加故意培养的盲目了。

当然,青年们处于这个状况的不同侧面。这里有需要立即处理的紧急事务。据报道,一个政府小组已经准备一份计划,为了青年的利益,使用一部分国会最近批准的救济和复兴基金。报纸报道,计划要求使用数百万元经费,保证把地方社区资源用于为 24 岁以下的待业青年提供文化和技术培训机会,以及娱乐和艺术机会。眼下的紧急事务必须处理,刚刚谈到的计划朝解决的方向迈出了一步。那些有足够才智设计出这些方案的人,大概也足够明智地认识到,他们解决的最多的是症状而非病因。他们应该努力从沉船中挽救个人。但是,何以需要紧急措施,他们完全没有触动造成这种局面的经济和道德力量。

在我看来,为现在的青年和未来的社会做一些具有永恒价值的事情,最好的方法是:采取措施来改变造成当前困境的社会根源。旧大陆的经验,特别是意大利和德国的经验表明,"青年运动"脱离社会结构的基本变革时,更容易走向反动,而不是走向可取的结果。青年因发现社会没有给予任何关照而绝望,他们可能去抓漂在水流上的稻草,只要那股水流能直接宣泄一些压抑的能量。我们可以预料,在这个国家,青年会越来越多地听到来自欧洲法西斯的美国同伙的召唤。朝这个方向迈出的第一步,就是压制学校的探究和讨论自由。对丁这个国家的青年问题,我能想到的唯一的答案(同时也是对于未来社会问题的答案)就是:争取他们全心全意地投入以理解现状为基础的、明智的社会改革计划中去。

走向国民教育体系[①]

从大不列颠以外的任何一个欧洲国家的观点看来，美国公共教育体系与其 356
说是体系，不如说是一片混乱。英国体系在欧洲大陆眼中甚至比本国更混乱，因
为英国公共教育是由宗教团体经手叠加在学校上的。希特勒上台前，德国还有
很多地区教育自主权；苏联实行了高度的自主，当然那是在无产阶级—共产主义
框架的限度之内的。但是，没有一个国家像我们国家这样有如此多的地方控制
和差异。

我们特有的差异性有着显而易见的历史原因。区域发展早于国家，地区发
展早于区域。拓荒者要么无学可上；要么在本地区建立学校，这种地区甚至常常
不是一个村庄，而是几个散布在广大区域的农庄。地区学校和小小的红色乡村
校舍就是答案。随着拓荒者向西迁移，到达荒地边界，同样的情形占主流；另外，
他们自然仿效自己熟悉的先辈的做法。

随后出现了某种程度的集中，由镇、县和州进行——但"某种"这个词表明，
集中是有限的。这种运动从未扩展到全国。华盛顿的"教育局"就表达和记录了
这一局限。我不想讨论将局级变成内阁部级这一具体问题，而想谈谈几个一般
原则。这几个原则在我看来，是真正的国民教育体系的基础。

首先，国民体系与国家主义体系之间有根本性的差别。我们必须面对的问 357
题是：我们是否能发展其中一个体系而不至于迟早演变成另外一个体系。我说
的国家主义体系，指的是由当权政府控制的学校体系，着眼于自己特定的民族国

---

① 首次发表于《社会前沿》，第 1 卷(1935 年 6 月)，第 9—10 页，"约翰·杜威专栏"。

家的福利和政府刻意维护的社会—经济体制。日本、意大利、苏联,以及现在德国的学校体系,比任何抽象描述都更好地定义了"国家主义"教育的意义。

不同于国家主义体系的国民体系并不容易定义。大致地说,国民教育体系对应着将一国人民集结起来的精神、气质、主流习惯和目标,这是说,他们确实集结起来,形成一个有效的生活统一体。这些说法都是很模糊的,但这种模糊性出于事情的本性。尽管很模糊,但它很容易与国家主义体系区分开来。后者是由政府强加并由政府维护的,尽管不一定与人民意志相对立。国民体系根植于人民。它由底层生长出来,而不是由上层强加的。虽然政府可以通过立法和行政进行干预,但它是跟随在更加自发、自愿的人民的努力追求之后产生的,而不是在这之前。

我们国家不存在国家主义教育体系,这个事实过于明显,无需论证。由于已经提到的历史条件,我们的国民体系还是部分的、有些散乱的。在每个领域都很明显的是:随着时间流逝,地区和区域利益趋于融合;同时,与整个国家关注的事情相比,地区界限已经失去了力量。教育体系也不能避免这种影响。经济方向的统一,使影响全国政策的观念和政策的统一性变得更加重要。然而,在这样一个幅员辽阔、历史短暂的国家,不同地区智力和道德上的统一不可避免地落后于经济统一。

一些确实有利的情况已经产生,抵消了我国地方的、分散的教育体系的缺陷。学校更接近地方社区;在许多情况下,地方责任感被激发起来了。由于一些因素的刺激,地方社区已经进行了一些教育实验;尽管实验之路并不平坦,但这是封闭的、集中的体系无法提供的。教师会议、仿效和以社会熏陶的方式进行的观念传播,得以起到别国教育部所起的作用。不允许用机械的整齐划一来排除健康的多样性。

然而,在今天这样一个发生重大变革的时代,必须以全体人民的利益为导向(除非我们想陷入更大的混乱),这是一个不可逃避的事实。但是,在我看来,一个严重的错误是以为有了这种紧迫的需要就解决了满足这种需要的方式。它只是提出了一个问题。在欧洲,集中的体系很容易转变为当权体制的行动机构,这是一个警告。再者,地区利益和嫉妒在这个国家很强大,一个由政府管理的国民体系还不可能形成,除非采取法西斯主义式的阶级压迫或某种更危险的宣传——或者两者都用。另一方面,正如我说过的,如果我们不想进入一个比我们现在更糟糕的局面,就必须建立强大的、统一的智力目标以支持某些政策,这些政策一定会引导我们走向社会化的、合作的民主。学校不能置身于这个任务之外。

这就是我们的两难困境。在我看来，最确定且最安全的出路是教师们自己主动地建立教育自主，而不是试图直接建立国民体系。这里的自主，当然不是指分离，而是指教师对学校教学科目和方法的决定权。这种权利，他们现在还根本没有。现在公共教育的状况是混乱和社会无责任感，其部分原因是公共教育在很大程度上由一些利益集团控制，它们所追求的主要目的是在教育领域以外的。如果教师能够进行自我教育并且教育公众，那么，真正的教育力量将会释放出来并发挥作用。这样，因此而产生的自由和动力将使学校在没有一个集中体系的情况下，发展出一个真正的国民教育体系——我是指这样一个体系，它的活力来自那些有助于创立共同目标的政策和方法，没有共同目标，这个国家就不能开展统一的运动。

我们急需的决不是那种灌输固定信念的教化。首先，这种目标根本不可能达到，除非首先驯化教师，使他们只有一套单一的信念。但是，除了法西斯的高压之外，哪怕是类似的情况也是不可能产生的。第二，任何由这种方法产生的全国统一性都不会有稳定和持久的根基。兰德尔（Randal）博士最近对教育中智力方法的运用作出了如下中肯的评论：

> 有人隐晦地说，因为智力不能达到最终真理，所以它得不出任何结论……关于"灌输"式教育毫无结果的讨论，是这种错觉的一个例证。如果你激励探索和进行教育，那就让学生自由地采取他想要的任何观点或结论！所以，必须"灌输"给他的是你已经决定的目标。似乎，探索从未发现任何东西，研究从未达到研究者不得不接受的结论……如果你发现的观念没有使别的观念处于劣势，探索是无意义的。

这些评论与我的主题关联的是：它们指明，我们需要专注并澄清教师进行自由的相互争论和交流的方法——这些方法与过去公共教育取得的进步相呼应。我不是说这就是国民教育发展的最后一步，而是说第一步。再者，专注和澄清包含了许多东西，比如剪除陋习的重复和大声叫嚷，沉浸于教育与社会导向的关系这个基本问题。如果可以做到，我认为，教师的自我教育过程也将教育大众，将带着我们走上平坦的道路，通往目前还很遥远的真正的国民教育。

359

自由与社会控制[①]

　　如今没有哪个词比"自由"更流行了。每一种力图有计划地控制经济力量的做法，都受到某个群体以自由之名发起的抵制和攻击。即使最轻微的观察也表明，属于这个群体的人出于显而易见的理由，热衷于维持经济现状；这就是说，维持他们已经拥有的习惯特权和法定权利。回顾历史全局，我们发现，自由的要求和求取自由的努力都来自那些希望改变制度结构的人。这种显著的差异，触发深入的思考。自由到底是什么意思？为什么在过去，自由的事业等同于努力改变法律和制度；而现在，某些群体竭尽所能要公众相信经济制度的改变是对自由的攻击呢？

　　首先，自由并不仅仅是一个观念、一个抽象的原则。它是一种权力，一种做具体事情的有效权力。并不存在一般的自由，或者说笼统的自由。如果一个人想知道在某个时间自由的条件，那么，他需要考察人们能够做什么、不能够做什么。一旦从有效行动的角度来审视这个问题，很明显，对自由的要求就是对权力的要求，或者是要求取得尚未获得的权力，或者是要求保持和扩大已经获得的权力。如果你把现行经济体制的经营者和受益者的所作所为看作维持他们已经拥有的权力的要求，那么，他们目前在自由方面的言行就清楚明白了。既然现行经济体制给予了他们这些权力，自由就不可避免地等同于该体制的长久延续。把现在关于自由的叫嚣翻译成他们争取维持已有权力的行为，事情就好理解了。

　　第二，有效权力的拥有总是关系到当时存在的权力的分配。一个物理的类

---

① 首次发表于《社会前沿》，第 2 卷（1935 年 11 月），第 41—42 页。

比,可以使我的意思更加明白。水向山下流,电流流动,都是由于位差(difference in potentials)。如果地面是水平的,那么水就会停滞。如果在平静的海上出现了剧烈的波浪,那是因为有另一种力量在作用,那就是风,而风是由不同地点的温度分布不均引起的。在物理上不存在这样的情况:一个事物的能量或有效力量的显示,不与另一些事物的能量显示相联系。不与另一些个人、群体或阶级的自由或有效权力相联系,也就不存在某个个人、群体或阶级的自由或有效权力这样的事情。

因此,一个特定群体要保持已有权力的要求,意味着其他个人或群体继续拥有的仅仅是他们已有的行动能力。在某一处要求增加权力,意味着要求改变权力分配,即要求在另一处减少权力。讨论或衡量某个个人或群体的自由,就不能不提出他人自由所受到的影响的问题,正如你要测量上游水流的能量,就不能不测量水位差。

第三,自由相对于现有行动权力的分配,这种相对性意味着不存在绝对的自由,同时必然意味着一个地方存在着自由,则另外一个地方存在着限制。无论何时,那个时间存在的自由制度总是同一时间存在的限制或控制制度。你能做什么,总是与别人能做什么和不能做什么相联系。

这三点都是一般性的。但是,它们不应被仅仅视为抽象概念而不予考虑。362因为这三点如果应用到观念上或者行动上,就意味着自由总是一个社会的问题,而不是个人的问题。因为任何个人实际上拥有的自由依赖于现有自由或权力的分配,而这种分配等同于实际的社会安排,即以特别重要的方式进行的法律、政治——和经济——安排,如今经济尤为突出。

现在回到一个事实,即历史上争取自由的伟大人类运动总是改变制度的运动,而不是原封不动地保留它。由以上论述可知,有一些运动曾经产生了行动权力分配的变化——思考和表达的权力也是一种行动权力——以图达到一个更平衡、更平等、更公平和更公正的人类自由的制度。

当前争取工业、货币和信用的社会控制的运动,只是这个无止境的人类斗争的一部分。现在试图用现行自由分配来定义自由的做法,就是企图维持现行的权力控制、社会限制和管制制度。我不能在此讨论这个制度的本质和后果。如果你满意这个制度,那么,你就去支持(比如说)自由联盟提出的自由概念吧,它代表现行的经济制度。但是,请你不要受愚弄,以为问题在于自由与限制和管制相对立。因为对立的一方是自由分配所依赖的一种社会力量控制体系,而另一方是另一种社会控制体系,它实现另一种自由分配。并且,那些力争用合作的经济体系取代现行体系的人也要记住:在力争建立社会限制和控制新体系的时候,他们也是在力争建立一种更公平、更公正的权力平衡,提高和增加广大个人的有效自由。请他们不要受蒙蔽,站在为支持社会控制而牺牲自由的立场上,因为他们想要的是一种不同于现状的社会控制方法、一种将增加人类自由的重要的方法。

以为我们现在没有社会控制,这种想法是荒谬的。麻烦的是,实行社会控制的是少数拥有经济权力的人,他们牺牲多数人的自由,以混乱的增加为代价,其顶点是战争的混乱;而那些占有者阶级的自由代表,却把这种战争混乱等同于真正的纪律。

自由主义的意义[①]

英语词汇史上有一个有趣的事实,"自由"这个词居然先用于教育,后来才用来表示慷慨大度。自由教育就是自由人的教育。自由学科是适合自由人钻研的学科,相对照的是用于训练工匠的学科。这意味着,实际上,文科(liberal arts)和自由教育限于那些拥有较高社会地位的人。它们属于那些区别于"下层社会"的绅士们。追溯这些观念对学校教育的影响,是一件有趣的事情。这些观念甚至影响了这个国家的学校教育。在这个国家,那些因为完全自由而骄傲的人自然接管了他们的主要学科,尤其在中等教育和高等教育中;而旧大陆认为,这些学科就是为绅士过上等人的生活做准备的。

然而,我现在的论点与此无关。在我们这里,自由[②]与公立学校的观念赖以形成的基础是:男女都真正自由的国家要求学校对一切人开放,并因而由公共税收支持。总体上说,在每个人都能接受学校教育这方面已经取得了可观的进步,不过,理论上提供的机会由于经济状况不佳而受到严重的限制。但是,我这里所关注的是自由主义的意义本身。

自从一百多年前"自由主义"这个词流行起来,它的意义经历了很多变化。这个词后来用于表示一种随着民主的兴起而生长和传播的新精神。它蕴涵着对 普通人(the common man)的新关注和一种新的意识:普通人,人类广大群众的代表,具有一些可能性,由于体制和政治条件的原因,这些可能性被压制,不允许发

---

① 首次发表于《社会前沿》,第 2 卷(1935 年 12 月),第 74—75 页,"约翰·杜威专栏"。
② free,也指免费的。——译者

展。在这个词的两种含义上,这种新精神都是自由的。它标志着一种宽宏的态度,对劣势的一方、对那些没有得到机会的人的同情。它是广泛兴起的人道主义博爱的一部分。它在另一个意义上也是自由的,即它的目标是扩大一些人的自由行动的范围,这些人长久以来不能参与公共事务,也没有机会因参与公共事务而获得好处。

然而,18世纪晚期和整个19世纪存在的条件,致使自由主义不久就有了一种有限制的、专门性质的意义。从事制造业和商业的人构成的阶级,最清楚地意识到他们所受到的限制,最积极地致力于消除限制和最有序地组织起来去进行反对限制的战斗。一方面,蒸汽在生产上的应用带来了商品生产和分配的革命,为人类能量和抱负开辟了新的途径,它比任何手工生产都更有效率地供应商品。另一方面,存在着在很大程度上形成于封建时代的大量的规章和习俗,它们妨碍和阻止了这些新能量的表达。而且,政治权力主要掌握在地主手里,他们代表着旧式农业社会的思想和行动习惯。

于是,工业阶级的自由主义采取政治和法律斗争的形式,以消除新经济活动的自由表现所受到的限制。那些限制和压迫力量体现在制度上,而制度不难与政府和国家等同起来。所以,有组织的自由主义的口号是:"请政府不要插手工业和商业。在这些领域,它的行动阻碍着具有最大社会价值的活动的发展。这些新工业活动以更低的价格、更大的数量提供人们所需要的产品,这是旧体系不曾做到、也不能做到的。这些新工业活动鼓励发明、激发进步。它们为一切创造、工艺和劳动提供报偿,从而提高活力和积极性。自由的商品交换将人民、国家以共同利益为纽带联系在一起,全人类充满和谐与和平的时代即将到来。"这就是他们的宣言。

由于这些断言是在特定时间和地点作出的,所以它们有自己的理由。能量的大爆发伴随着工业革命的开始,工业生产以外的许多创新行动也是如此。但是,随着这个新社会群体赢得权力,他们的学说僵化成一个教条:工业经营者有不受任何有组织的社会控制的自由。因为法律和政府在历史的转折时期曾经是人类能量解放的敌人,于是就宣告它们是人类自由的永远的敌人。放手不管的观念在特定情况下有着实践上的便利,却僵化为自由放任的"个人主义"的教条。这个新经济利益群体比以往的农业阶级更好地组织起来,极为有力地控制了社会力量。

因为占统治地位的经济阶级的利益具有一些反社会的后果，于是，经济与政治的完全分离（无政府的工商业）、孤立的个人主义、有组织社会导向的否定，便以永恒的真理面目出现了。同时，慷慨的同情精神这个早期自由主义的标志分裂了，它仅限于慈善活动；当它影响到立法和行政的时候，仅限于针对明显的社会弱势群体的补救性措施，丝毫没有触及产生这种症状的体制。在这个国家，甚至这些补救性措施也受到统治阶级的强烈反对；然而，弱势阶级其实是统治阶级最后的剩余财产，因为这些措施将使民众能够长久地忍受这个沿袭下来的体制。

一开始，运动的方向是人类能量表达的更大自由；一开始，提出自由主义是要给予每个人新的机会和权力，结果却变成了对大多数个人的社会压制。结果几乎是将个人的权力和自由等同于取得经济成功的能力——简单地说，等同于赚钱的能力。它没有成为加强和谐与人民相互依存的手段，它产生的结果证明它造成分裂：帝国主义和战争就是证据。

更多地给个人自由、释放个人潜能的观念和理想是自由精神的永久核心，它像以往一样合理。但是，工商业上升到统治地位，便在事实上给予少数人反社会的自由；把直率的个人主义等同于不受控制的商业活动，僵化了大众的思想和行动。同时，生产和分配能力极大地提高了，有可能进行大规模工厂生产和通过交通设施进行大规模分配，而这些事情的原因却被少数人牢牢地抓在手里用以谋取自己的利益。生产力释放的原因，是实验科学的兴起及其技术应用。机器制造和专业技术能力已达到这样一种程度，即大家都知道一个人人物质富足和物质保障的时代可能来临，这为人类文化之花盛开奠定了物质基础。

一些人掌握着由社会创造的权力，却为少数人的利益服务。因此，只有把生产和分配方式的控制权从他们手中夺过来，自由主义一直宣称的目标才能达到。这些目标仍然是有效的，但达到这些目标的手段要求彻底改造经济制度，以及依赖于那些经济制度的政治安排。由社会创造的力量和机构必须由社会来控制，从而增进一切个人的自由，联合起来进行一项伟大的事业，即建立能够表达和促进自由的生活。为此，这些变革是必要的。随后，我将再次讨论这种新自由主义与开篇提到的自由教育和自由学校的关系。

367

自由主义与平等[①]

有一派社会思想总是主张自由与平等是不相容的,因此自由主义不是可能的社会哲学。它的论证如下:如果自由是主导性的社会和政治目标,那么,自然的多样性和自然资质的不平等必然会产生社会的不平等。它这样论证:如果你充分发挥自然才能,就不能不产生文化、经济和政治地位的明显不平等,这是必然结果。另一方面,它进一步论证:如果以平等为目标,就必须对自由的实施进行重大的限制。据称,自由与平等的不相容是导致自由主义必将沉没的礁石。所以,将自由等同于自由放任的自由主义派自称是唯一可能的自由主义学说,并且容忍任何程度的实际的社会不平等,只要这是自然力量自由运行的结果。

最初的民主观念和理想将平等和自由看作并列的理想,在法国大革命的口号中,还加上"博爱"作为第三个并列的理想。因此,不论在历史上还是在实际上,实现民主理想的可能性取决于在社会实践和社会制度上实现由平等与自由结合的可能性。名义上的民主国家(那些没有公开走向独裁统治的国家)的民主现状证明,这是一个实践问题。明智的观察者不会否认,现在民主制度衰落的根源是那种以最大个人经济自由的名义来争取和维持的自由。

早期民主的政治自由主义原则是人生来自由平等。肤浅的批评家认为,人类在力量、能力或自然资质上生来不平等这一事实,不容置疑地否决了这个原则。然而,这个原则从未假定自然资质平等。它的含义如同一个熟悉的说法:在坟墓里,穷人与富翁、君主与农奴都是平等的。这是说,政治不平等是社会制度

---

① 首次发表于《社会前沿》,第 2 卷(1936 年 1 月),第 105—106 页,"约翰·杜威专栏"。

的产物；一个社会种姓、阶级或地位与另一个社会种姓、阶级或地位之间没有什么"自然"内在的差别；差别是法律和社会习俗的产物。同样的原则也适用于经济上的差异；如果一个人生来拥有财产而另一个人没有，这种差异是支配着财产继承和财产拥有的社会法律所导致的。翻译为具体行动的话语，这个原则的意思是：天然禀赋的不平等应该在法律和制度之下起作用，而法律和制度不应给那些较少天赋的人设置永久的障碍；在社会中出现的权力、成就和商品分配的不平等，应该与天然的不平等严格相称。在目前的社会安排中，个人的机会取决于个人的社会和家庭地位；人类关系的制度给某些阶级提供了机会，却损害了另一些阶级的利益。进步和自由的民主所面临的挑战可以用熟悉的战斗口号来表达：制度和法律应该使所有人获得平等和维护平等。

这个原则表达了对自动限制广大个人机会的现行制度的反抗。这种反抗和它体现的志向是民主自由主义的本质，在早期政治的和人道主义的宣言中表现出来。但是，由金融资本主义控制的机器工业的兴起，是一种没有考虑到的力量。它将行动自由给予了具有特殊的天赋和适应新经济图景的个人。首先，工业革命充分发扬了获取财富的能力和在进一步牟利过程中使用财富的能力。对这些特殊的获利能力的运用，导致权力被少数人垄断，控制着广大群众的机会并限制其实现自然能力的自由行动。

简言之，平等和自由互不相容的常见断言，乃是基于一个高度形式化和有限的自由概念。它完全无视《社会前沿》十月号中强调的事实。它忽视和排除了这样的事实：一个人的实际自由依赖于当时的制度安排授予他人的行动权力。它以完全抽象的方式理解自由。另一方面，民主理想把平等与自由统一起来，认识到实际的、具体的机会和行动自由依赖于政治和经济条件的平等。只有在这些条件下，个人才有事实上的自由，而不是某种抽象的形而上学的自由。民主的悲剧性崩溃的原因，是将自由等同于在经济领域、在资本金融制度下无节制的个人主义行动的最大化，这对于平等的实现是致命的，对于所有人自由的实现也是致命的。正是因为它破坏真正的机会平等，所以也破坏了大多数人的自由。

许多人认为，托马斯·杰弗逊（Thomas Jefferson）的社会哲学过时了，因为它看起来是基于当时的农业条件并设定了农业体制的长久存在。于是有人论证，工业上升到高于农业的地位，摧毁了杰弗逊式民主的基础。这是一个非常肤浅的观点。杰弗逊曾预言，如果农民在实际上无主土地的条件下所具有的独立和自由的特征没有保留下来,由工业主宰的经济和政治的兴起将会产生什么后果。他的预言实现了。他真正代表的并不是农耕主义本身,而是存在着开放的疆域时农业体制促成的那种自由和平等。例如,早期的杰弗逊主义者认为,国家信贷是国家财产,应由国家控制。他们强烈反对私有银行机构控制国家信贷。他们甚至反对通过私人债券获得战争经费,而主张战争期间应通过征收富人所得税来支付战争的费用。

我提到这个具体例子,仅仅是为便于讲解,并说明所谓的杰弗逊式民主已经远远地漂离最初的民主观念和政策。所谓直率的个人主义,是用现行经济-法律制度养成的不平等来定义个人自由。在直率的个人主义的影响下,名义上的民主漂离了真正的民主生活的观念。这种做法几乎是单一地强调那些能够取得金钱和物质收获的个人自然能力。因为以牺牲多数人的全面自由为代价,夸大少数人的经济自由,必然产生我们现存的物质主义及其给个人文化发展带来的损害。我重申,由制度建立和支持的金融资本主义产生并且必定产生不平等,而不平等不可避免地导致对真正自由的限制。

自由主义与公民自由[①]

政治独裁使臣民服从于政府权威的武断意志,随着自由主义理想取代以前的政治独裁,公民自由的观念逐步发展起来。对于说英语的人而言,传统观点而非历史事实是:公民自由的起源是与《英国大宪章》(*Magna Carta*)相联系的。公民自由明确形成于 1689 年英国议会通过的权利法案,这是在斯图亚特王室被流放、这个国家推翻了最后一个王朝政府之后发生的。在美国殖民地反抗英国时期,许多州的宪法都包含了与权利法案十分相似的条款。在对抗更激进的革命思想的时期,联邦宪法没有将这种条款包括在内,汉密尔顿[②]尤其反对写进这些条款。但是为了保证几个州的认可,1789 年在前十个修正条款中加入了公民权的宪法保障。然而,它们的内容几乎仅限于大不列颠已经变得普通的公民权。我们的宪法条款唯一的创新之处在于否定政府设立国教的权力,更加强调个人在选择宗教崇拜的形式方面有完全的自由。宪法保障个人公民权的要点是:出版的自由、和平集会和讨论的自由以及请愿的自由。

我对历史稍加回顾,是因为历史非常有助于说明现在公民权混乱的状况。从来没有一个一致的社会哲学用这个名字来讨论几种不同的权利。总地说来,

主流哲学来自对政府和有组织控制的恐惧,其理由是它们在本质上与个人自由对立。因此,信仰自由、崇拜方式的自由、言论自由(实际上意味着集会自由)和

---

① 首次发表于《社会前沿》,第 2 卷(1936 年 2 月),第 137—138 页,"约翰·杜威专栏"。

② 亚历山大·汉密尔顿(Alexander Hamilton 1757—1804),美国的开国元勋之一,也是宪法的起草人之一。他是财经专家、美国第一任财政部长。——译者

出版自由的一个理论基础就是自然权利理论，认为自然权利由个人所固有，它先于政治组织，且独立于政治权威。从这种观点看来，它们像是《独立宣言》中我们所熟悉的"生命、自由和追求幸福"的权利。它们代表了对于政治行动的固定的外在限制。

这个意思最明显地出现在权利法案修正案的最后两个条款中，这些条款明确地保留了几个州或普通人民的所有权力，宪法没有把这些权力授予联邦政府。农业调整法决议的大多数意见援引了宪法中的这些条款，并宣告农业调整法是违背宪法的。表面上看来，农业管理与言论自由权利之间没有什么密切的联系。但是，这样一个理论将两者联系在一起；该理论认为，在政治权力与个人自由之间有内在的冲突。

公民自由理论的内部冲突表现在两类用语之间的对照，一方面是"公民"这个词，另一方面是"自然的"、"政治的"这两个词。"公民"这个词是与公民身份观念直接相关的。据此，公民自由是以公民身份拥有的自由，既区别于人们认为个人在自然状态下拥有的权利，又区别于政治权利，比如选举权和担任公职的权利。据此，各种公民自由的依据是他们对于社会福利的贡献。

我说过，即使在我们这样名义上的民主国家，现在的公民自由也处于混乱和危险的状态，这是由关于公民自由的基础和目标两种对立观点的相互冲突引起的。随着社会关系变得更加复杂，维护社会秩序变得更加困难。实际上不可避免的是：无论理论上用什么名义，单纯的个人的主张被迫在实际上让位于社会的主张。个人主义和自由放任主义的公民自由概念（比如自由探讨和自由讨论）得到有力的支持，这在很大程度上说明宪法名义上保障的公民自由很容易在事实上受到侵犯，并由法庭轻松地搪塞过去。众所周知，当国家陷入战争时，公民自由就被抛到九霄云外去了。这个重要例证只不过指明了一个事实：当单纯的个人主张显得（或可以使其显得）与整体社会福利相冲突的时候，这些主张就受到轻视。

再者，公民自由决不是绝对的，或者说，在具体情形下，它的确切本质从来不是自明的。只有哲学无政府主义者才会认为，比如说，言论自由包含怂恿他人从事谋杀、纵火或抢劫的权利。所以，在具体事情上，法庭做什么解释，公民自由的意思就是什么。人人皆知，在一切具有普遍的政治或社会意义的事务上，法庭都受到社会压力和社会势力的影响；这些压力和势力既来自外部，也来自法官所属

374

的教育和政治机构。这些事实使建立在纯个人主义基础上的公民自由的主张受到冷遇，因为法官们认为，行使这样的自由会威胁到他们所重视的社会目标。霍姆斯和布兰德斯①之所以出名，不仅是因为他们坚定地维护公民自由，更多是因为事实上，他们进行辩护的根据是自由探讨和自由辩论对于公共福利的正常发展具有不可或缺的价值，而不是针对任何实际个人固有的福利。

自由放任派的自由主义在行为上有明显的矛盾。对此，任何公正地审视这种情形的人都不会感到惊讶。他们不断抗议政府对工商业自由的"干预"，但是对公然破坏公民自由的事例却几乎全体沉默——尽管他们满嘴的自由观念，信誓旦旦地拥护宪法。矛盾的原因是明显的。工商业利益群体过去是、现在仍然是占统治地位的社会政治势力。这些"自由主义者"代表着经济事务上的自由放任的自由主义，他们是顺应潮流的。另一方面，只有那些反对既定秩序的人在使用自由探讨和公开辩论的权利时才会遇到麻烦。在这种情况下，这些"自由主义者"对看上去像是经济管制的东西都激烈反对；却乐于容忍知识和道德的管制，理由是这对于维护"法律和秩序"是必要的。

真正相信人人享有平等的自由这个民主理想的人，都不会认为有必要从总体上为最大可能的知识自由作论证。他知道，进行探究和传播探究结论的思想自由是民主制度的中枢神经。因此，我没有沉湎于泛泛地赞颂公民自由，而是试图表明：公民自由现在处在不确定和危险的状态中，解救公民自由的第一步是坚持它们的社会基础和社会依据。

自第一次世界大战以来，尽管有所谓的宪法保障，但对公民自由的侵犯几乎在各个方向出现。这个事实为这个系列的前一篇文章确立的原则提供了例证。自由主义的唯一希望是在理论和实践上放弃这样的主张，即以为自由是独立于社会体制和安排以外的个人所具有的一些发展完备和现成的东西；并认识到，只有实行社会控制，特别是经济力量的社会控制，才能保障个人自由，包括公民自由。

---

① 路易斯·德莫比茨·布兰德斯(Louis Dembits Brandeis，1856—1941)，美国法官，曾任美国最高法院大法官(1916—1939 年)。——译者

学术自由的社会意义[①]

　　就学术的作为一个形容词而言，我不是特别喜欢"学术自由"这种用法。它代表着某种陌生的和技术性的东西。的确，这个词通常用作贬义词。但是，这个词所代表的真实的东西非常重要，远远超过了任何特定词语所能表达的东西。教育自由就是一个有问题的事情——我想要说的是处在危急关头。既然教育并不是在真空中行使的一项职能，而是由人类来实施的，因而教育自由具体来说就是指教师和学生的自由：学校作为教育行动者的自由。

　　教育自由的观念包含学生的自由，这比包含教师的自由甚至更重要；至少，在可能把两者区分开的情况下是这样。教师自由是学生自由学习的必要条件。

　　我在前面的一篇文章中谈到"免费学校"。美国人民在历史上追求免费学校的热情，大概超过了我们日常生活的其他任何目标。然而，在大众的心里和教育系统的运转中，"免费学校"的全部意义还远远未得到认识。免交学费，由公共税赋支持，这是所有人都免费入学的必要条件。免费学校的这个方面扩展到免费课本、免费图书馆，并且在一些公立学校中扩展到免费的牙科和医疗服务，以及给无力支付者的免费午餐——至少有了这些扩展，直到经济萧条使高额纳税人

限制这些服务。但是，说到底，这些自由的表现从属于教育自由。教育作为一种社会事业，旨在塑造品格与智力。学校系统内部对教育的道德与知识自由设置了大量的限制。学校经常受到种种传统的限制或阻挠，这些传统起源于与当前状况格格不入的条件。这些传统影响到教学内容、教学方式、纪律和学校的组织

[①]　首次发表于《社会前沿》，第 2 卷（1936 年 3 月），第 165—166 页，"约翰·杜威专栏"。

与行政。这些对于自由教育的限制的确十分严重，它成为各个时期的教育改革家所攻击的对象。但是，在这些繁重的限制之外，还有一个在当前显得格外危险的限制，那就是把师生的心灵、嘴巴和耳朵都封闭起来，凡是与代表政治经济现状的特权阶级的实践和信念不相符的东西，他们都想不到，说不出，也听不到。

教师的誓言问题是如此熟悉，我谈到它，只是为了便于解说。既然我们的宪法允许其自身的改变，即使是以笨拙和累赘的方法来改变，既然它授予人民（和州政府）所有那些未授予联邦政府的权利，既然授予人民的权利包含在情况变得不可容忍的情况下进行革命的权利——就像杰弗逊和林肯所指出的——教师在宣誓忠于宪法的时候，没有必要感到良心不安。但是，把教师挑选出来，成为一个必须宣誓的阶级，这就是一个严肃的社会问题了。因为这是一个总体动向的一方面，在一切与经济、政治条件和政策相关的事务上蓄意阻碍教育自由。

在以前发表在《社会前沿》上讨论自由问题各个方面的文章中，我已经指出，自由是一个社会问题，而不仅仅是单个私人的主张。我论证说，自由是"有效权力"的分配；最后，我论证说，争取自由的斗争具有重要的意义，因为它关系到在男女老少之间实现更加公正、更加平等和更加人道的关系。没有一个社会发展的方面比对学术自由的追求更重视自由的社会内容的实现。每个人，只要读过在这个国家早期争取普遍免费教育的斗争中宣读的请愿辞，就都会明白教育的重要性。只有通过教育，才能够培养出民主的胜利不可缺少的公民品质。今天，教师和学生的教学和学习自由对于真正自由地参与社会改造的智慧公民是绝对必要的。没有社会改造，民主就会死亡。现在的问题是：当事情像今天这样复杂和经济力量像今天这样集中时，民主是不是一种可能的社会形式？因为思想和言论自由是一切自由的根基，否定教育自由就是侵犯民主的罪行。由于学术自由本质上是一项社会事务，由于与学术自由密切相关的问题是这个国家的未来公民将用什么行动来塑造我们的政治与经济命运，所以，毫不奇怪，那些或口是心非或公然竭力限制学术自由的人，竟然竭力向公众表明学术自由只涉及教师个人，并把那些积极支持学术自由事业的人说成是一些心怀不满的个人，说他们想要有更大的自由来表达他们的个人观点。可以说，正是由于教育自由的社会重要性，有人就把它说成是仅仅影响个人教师的事情。这种说法没有什么自相矛盾之处。

不可否认，当前有格外多的青年人发现，他们在现实条件下缺少机会，他们合法的愿望和志向遇到重重障碍,因此他们转而相信社会变革不能通过民主方法而只有借助暴力。赫斯特出版社(不限于该社)苦心培养的一种观念是:这种(暴力)态度是教师在学术自由的幌子下传授颠覆思想的结果。凡是了解我们学校实际情况的人都会嘲笑这种观念。这种(暴力)态度产生于当前工业体制的限制与压制效果,轻视社会智力价值的教育系统也提供了助力。有人觉得,任何根本性的社会变革只有通过暴力才能实现,这种感觉源于缺乏对智力方法的信任;而这种信任的丧失在很大程度上是某种学校教育的结果,这种学校教育由于处于相对不自由的条件下,没能使年轻人明智地面对我们的政治经济的社会生活的实际。

379　　最终只有三种力量控制着社会——习惯、强制力或暴力、以智力为指导的行动。在完全正常的条件下,习惯或习俗具有最强的作用。当前这样的社会危机意味着这种力量大体上已经失效。于是,其他力量开始起更明显的作用。那些竭力阻挠旧秩序发生任何变化的反动派拥有权力,因而能够通过比较隐蔽的方式使用暴力:强制、恐吓和各种间接的压力。由于刻意拒绝学习,还有错误的教育,反动派对社会事务缺乏理解,于是不明智地阻扰变革。那些在旧秩序下受苦的人以诉诸直接暴力来反抗,这是他们所掌握的唯一手段。由于在教育过程中经受的智力压迫,除了暴力,他们对于实现社会变革的方法知之甚少。

　　简言之,学术自由的社会意义在于这样一个事实:没有探讨的自由,没有教师和学生探究社会中起作用的各种力量以及引导这些力量的方式的自由,就不可能创造出有序社会发展所必需的明智行动的习惯。如何培养好公民,在条件简单和完全稳定的时期是一回事,而在条件混乱、复杂、不稳定、阶级分化和相互斗争迫在眉睫的时候则是另一回事。每一种用来限制教育自由的力量,都给最终诉诸暴力来实现所需变革的做法增加了一份助力;每一种增进教育进程自由的力量都增加了一份动力,这就使我们用智力的、有序的方法来引导社会变革,走向更公正、更平等和更人道的目标。

亨利·林维尔的退休基金[①]

致《社会前沿》编辑：

380

1936 年 3 月 28 日星期六，这一天，亨利·理查德森·林维尔（Henry Richardson Linville）博士的好友及仰慕者在他 70 岁生日来临之际举办了一场答谢宴会。他们希望借此机会对这位过去 20 年致力于推动公共教育事业发展的领袖表达敬意，他为纽约市成千上万的教师以及几百万学生获得更好的学习和生活环境而持续不懈、勇敢和谦逊地奋斗着。

1916 年 3 月，林维尔博士任（纽约市）牙买加高级中学生物学教研室首任助理。他毫不畏惧当权者的报复，毅然组织教师工会，并积极为教育民主而奋斗。无论在战时还是在和平年代，林维尔博士都公开声援教师的权利，并在推动"卢斯克法案"（Lusk Laws）的废止工作中作出了比其他人更多的贡献；他在教师队伍中唤起了坚守学术自由和学术正直的决心；他鼓舞了很多犹豫不决的教师去坚守他们自己良心的教导。在他的努力下，教师们享受到更高的薪水和更加丰厚的退休金，得到改善的生存环境以及在行政事务和课程设置中的发言权；他还经常明确强调自己代表全体劳动者利益的一致性，不论体力劳动者还是脑力劳动者，不论在桌前、教室还是在工厂、磨坊劳动。现在，作为纽约教师同业公会的负责人，林维尔博士仍旧不懈地致力于争取更好的教育和社会公共福利。

1921 年，为了更好地将全部时间与精力用于改善教师和学生的命运，林维*381*尔博士毅然放弃了全部的个人利益并从学校系统中退休，因而放弃了保障和退

---

① 首次发表于《社会前沿》，第 2 卷（1936 年 4 月），第 230 页。

休金;而他不放弃的,是继续为更好的学校、更好的教师和师生的学习环境的彻底改变孜孜不倦的辛劳。

林维尔博士放弃了他的保障,是为了成千上万的教师能够实现他们的保障。请您奉献一份爱心,和大家一起建立一个殷实的林维尔退休基金。

请将支票寄至财务主管约翰·洛夫乔伊·艾略特博士

亨利·理查德森·林维尔庆贺委员会

纽约州纽约市第五大街 104 号

主席　约翰·杜威

阶级斗争与民主道路①

我对《社会前沿》发表的一些文章感到十分困惑，它们强烈要求教育者采取阶级概念作为其思想指南和行为动力。我不知道那个阶级概念是什么意思，它在思想和实践方面各自的内涵是什么。归结起来，这些论证看上去就等于如下说法：

> 现行社会秩序亟须彻底改造。所需的改造遭到了控制社会事务的当权阶级的反对，因为所要求的改造威胁到他们的财产、权力和威信。处在对立面的是工人，他们在现行社会秩序下遭受各种各样的苦难。通过根本的变革，他们将赢得保障、自由和机会。教师就是工人，和工人兄弟的阶级利益是一致的。此外，社会意识和社会良知使得他们与工人站在一起。在正在进行的斗争中，他们属于工人一边。

我之所以困惑，是因为我不明白，即使承认这些考虑是对的，它们与前面得出的结论——即阶级斗争概念将会给予教育者所需要的思想和行动的指导——有什么关系。事实上，在我看来，这个结论具有推不出（*non sequitur*）的性质。至少这看来是一个推不出的推理，除非它基于一个未表达的前提。这个前提说得明白些，相当于这样一个命题：认识到某些事实，即阶级斗争的事实，就足以为针对这些事实进行的思想和实践提供指导。我能够明白，只要承认那些经验事实

---

① 首次发表在《社会前沿》，第 2 卷（1936 年 5 月），第 241—242 页，"约翰·杜威专栏"。

是事实，那些事实确实构成了一个最严重的问题。我不明白的是：一个社会问题的描述如何与解决该问题的方法划等号，肯定不能等于用实验方法解决问题。我也无法明白，那些描述如何能够成为指导教育者行动的主导思想。知道经验事实是经验方法的一个前提；但是，如何面对和处理这些事实是另外一个问题。

当那些不需要实验观点的人强调阶级和阶级战争概念的重要性时，我并未感受到我说到的疑惑。例如，我没有感到马克思主义-列宁主义的共产党人的立场有我提到的缺口。[①] 他们的前提是：阶级斗争是并且永远是社会变革的根源；阶级斗争通过物质生产力的力量，决定了社会和文化制度的性质与兴衰；当前的斗争是资本主义的资产阶级与无产阶级之间的战争；这种正在进行的不可消弭的冲突，最终导致内战的爆发；斗争的结果将会是无产阶级专政，无产阶级专政是最后作为过渡到无阶级社会的手段。这种观点毫不含糊。它简单鲜明，因为它基于这样一个假设：阶级斗争自身决定了事件的进程及其结果，或者是自动决定的，或者是由足够多的人意识到阶级斗争并有了阶级觉悟。

如果这就是向教育者强调阶级概念重要性的人所持有的观点，那它就不会令我困惑。但是，《社会前沿》上谈论这一主题的那些文章看起来并非如此。我想谈两个重要的区别。其中一篇文章指出，每一个阶级概念都有主观因素。柴尔德斯(Childs)博士的文章恰当地陈述了这个观点，他说："一切阶级划分都是达到某个目的的手段。"[②]从当前正统马克思主义的观点来看，这一观点是彻底的异端邪说。因为按照后者，阶级概念是对存在的和将要存在的社会实在所作的严格实在论的理解。

下一个区别具有更加重要的意义，它涉及教育过程的性质。如果基本的事实都有了，如果这些事实本身就决定了教育政策的本性，那么，如果把基本的事实说成是阶级斗争的事实，由此可以推出，教育只不过是灌输——简言之，就是煽动和宣传。但是，有些人，至少是那些强调阶级概念重要性的人，似乎并没有得出这个结论。说阶级概念是教育进程的决定因素，如果意思不是说阶级概念对教育有着控制性的影响，以致教育成为一种特殊的连续灌输形式，那又是什么

① 布拉梅尔德(Brameld)博士在《社会前沿》1935 年 11 月的文章中，以一种较为温和的方式提出过这种观点。

② 参见《社会前沿》(1936 年 4 月)，约翰·劳伦斯·柴尔德斯，《教师能否置身于阶级斗争之外？》。

意思呢？如果是这样，教育自由的呼吁成了什么？教育自由的呼吁仅仅是自由灌输某一社会观点的呼吁，这就在逻辑上蕴涵没有表达其他观点的自由，是这样吗？

假设你接受柴尔德斯博士一句问话所隐含的立场，意思也许会变得更加清晰。他问道："很有可能，他们（形形色色的利益群体）会融合为大阶级，并且美国社会最终将分为两派，一派支持彻底改造而另一派反对，难道不是这样吗？"如果一个人相信这种情况很有可能发生，那么会怎样？是否教育者自身需要推进和强化这种分营对垒？对于如何进行彻底的社会改造这个问题，教育者将会采取什么态度呢？在影响转变方式的态度与信念的形成过程中，教育是否起作用呢？将问题推向极致，教育者的任务是什么？因为接受了阶级概念而强化阶级划分和阶级斗争的意识吗？还是帮助人们确定某种社会意识，使我们尽可能地用教育的手段而非暴力来完成变革？在这件事情上，只要教育可以说点什么，不管影响是大还是小，那么，我们要有哪几个"阶级"呢？被剥削阶级意识到他们是被剥削的群体，继而努力取得物质的乃至政治的权力，从而成为统治阶级，这是否足够达到我们需要的社会变革的目标呢？有些人相信暴力革命就是解决方案，相信接下来实行一个阶级的专政是实现变革的最好的或唯一的方式。从这些人的观点来看，这（阶级意识）完全有可能是足够的，而其他一切都可能阻碍改造的到来。但是，我很难想象会有教育者接受这种观点，除非他事先已经完全丧失了对教育的信心。

我希望这些问题的意义是清晰的。对于教育者的工作而言，接受阶级概念意味着什么？我只能认为，那些倡导阶级概念的人，之所以采取他们所拥有的关于教育在社会变革中的地位的信念，是由于他们接受了一种社会观点，而不是一个特殊阶级的观点。如果真是这样，那么，他们就应该从这个更广泛更丰富的观点出发来从事教育工作。接受这个观点，并不意味着对当前秩序的不公正和不平等及其后果——贫穷和无保障，抑或对这些罪恶给一切社会群体的文化带来的灾难，采取不闻不问的态度。但是，毫无疑问，那些相信学校教育在实现社会变革中拥有一席之地的人，比其他人负有更大的责任。他们要考虑实现变革的手段和教育手段在全部手段中的特殊地位。除非教育者把当前马克思主义者关于手段的观点当作唯一的必然的东西予以接受，我只能说我读到那些话时感到困惑是由于作者的混乱。人们呼吁教育者应当认识到当前存在着社会不公正、压迫和无序,他们却把这种呼吁转变成这样一种观念:这种认识本身足以决定教育的政策和方法。我要重申的是:这种认识构成了教育问题的一个重要部分,但它并没有提供解决问题的方案。

　　至少对于美国人而言,接受某种社会的而非单个阶级的观点,意味着接受民主观念,将民主观念看作教育行动的参照系和指导思想的源泉。我最乐意将自己和劳普(Raup)博士在《社会前沿》1936 年一月号上的文章采取的关于这一问题的立场联系起来。教育者是积极参与社会变革还是袖手旁观,这个问题与他们的参与是否应该由阶级概念来指导,完全是两码事。在我看来,明白这个区别是清晰地思考整个事情的起点。没有必要担心真诚接受民主观念和标准会导致冷漠和自满——不过,这不包括那些理智上不诚实的人,他们在任何情况下都会找借口。民主的参照系能够指导批判反思和教育思想,也能激发行动的力量。

　　按照我的理解,阶级取向概念的含混性产生于两者的混淆,一者是倾向某个阶级的取向,如工人阶级;另一者是由某个阶级的利益来决定取向。你的同情心以及你在必要时所作的努力,完全可以向着工人而反对剥削阶级。但是,你的价值框架和支配性的观念框架却有可能源于你对广泛社会利益的意识。就我所读到的那些文章而言,这种更广泛的意识实际上指的是它们的启发精神。那些作者主张,教师应该认识到他们也是工人,教师的职责和履行职责的成功与工人从事的斗争联系在一起。我并不反对这一观点,也不主张教师应该"中立"——这无论如何是不可能的。我们可能在争取社会重组的过程中保证警觉和主动,又能认识到需要进行的重组是社会的重组,认识到我们必须按照社会的利益而不是某个阶级的利益进行重组。因为我有理由相信,那些作者已经认识到,在实行重组的过程中,教育的而非暴力的手段和方法应该发挥尽可能大的作用;所以我有些担心,他们可能从某个阶级的观点而不是从我们的民主传统和方法出发来发出他们的呼吁。

霍拉斯·曼在今天[①]

纪念霍拉斯·曼的活动现在开始了,这无疑揭示了一些问题。曼的生平中有两个生动的指导性原则,即相信人民自由治理的能力,并坚定地相信实现这种潜能的唯一途径是普遍的免费公立教育体系。任何将曼不懈奋斗的岁月里私人或公共事态理想化的人,只需要读一读他所说的那些幻想破灭的事情就会改变初衷。曼充分认识到政府行为、选举进程以及商业腐败中暴露的多种罪恶,他看到这些罪恶在他身边日益增多,于是他检查了自己对共和制度的信仰。很多人害怕人民,畏惧人民的行动,这种恐惧甚至体现在我们的联邦宪法中。曼看到,这些政治思想家预言的危险在他的眼前实现了。但是,他并未加入到鼓吹限制民选政府的行列,而是以那些事实为根据,热忱地呼吁并积极地投身到普遍的免费教育事业中去。他在理智上认识到并在情感上感觉到,低级腐败的政治生活与每况愈下的公立教育有着直接的联系。

在民主制度和公立教育事业方面,今天的情况怎么样呢? 在前一领域,曼大加谴责的那些罪恶有所减轻但并未消除。这在很大程度上要感谢他的英雄式的努力,现在有了一个公立学校体系,其外部结构差不多实现了他的热切愿望。然而,他致力于解决的问题仍然摆在我们面前。而且,我们面临的问题比他遇到的问题更加困难和危险。它的外在形式变了,但实质并没有改变。我们再也不能依靠那种激发了曼的简单的文笔功夫。他所思考的,主要是政治行动和维护共和制政府。我们被迫用民主的生活方式来思考,政治只是它的一个方面,尽管相

---

① 首次发表在《社会前沿》,第 3 卷(1936 年 11 月),第 41—42 页。

当重要。当我说他关心读写知识时，决不是说他对学校功能的理解仅仅局限于知识的工具或知识的获取。他不断书写的文句是：知识和德性是维护自由制度不可或缺的两大支柱。但是，自他的时代以来，道德或德性的意义越来越复杂。人品的正直与以往一样重要，但正直的范围和具体应用加宽了；它现在以深远而复杂的方式与一些事务和争议交织在一起，而这些事务和争议是曼时代几乎不存在的。

他生活在农业仍占主导地位的时代。当然，那时候，蒸汽机已经出现，也出现了一些工业化的地区。但是，国民生活主要还限于小镇和农场；铁路发展还处于起步阶段；电力的使用也仅仅限于电报。大工业生产及其所需的资本集中还是未来的事情。有人富裕，有人贫穷，但这样的分化并没有构成今天存在的工业和政治生活组织的分裂。拥有财富并不像今天这样，代表着对他人工作和事业的控制。生活相对来说，是地方和乡邻往来和联系的事情。

如果我说生活因此主要是个人主义的，而今天并不是这样，这种说法容易引起误解。生活仍然是并且永远是以个人为中心的。但是，个人思想和行动的内容、关系、问题及福祸，现在都与集体的有组织行动牢固地联系在一起了；而在曼任教和工作的时代，这种有组织的行动才初露端倪。司空见惯的是，工业与技术的发展创造出一种广泛而复杂的相互联系，而这是 100 年或 75 年前个人从未面对过的。只需提到我们正在经历的那些危机，就足以表明个人的生活如何受到条件的影响；这些条件不是出于个人有意识地选择，而是作为独立个人也无法有意识地驾驭的。曼可以理所当然地接受政治制度的意义；他的问题是培养个人的知识与品格，用以维护这些制度。我们现在所关心的是民主的生活方式与工业、金融、家庭和教育的关系——与一切最广泛的个人联系和交往的关系，从中认清民主生活方式的含义。甚至政府在民主制度中的恰当作用，也成为一个显著的问题。

一个政党的代表一次又一次地告诉我们：眼前这一运动的宗旨是维护美国式的生活方式。实际上，另一些政党的代表告诉我们：现在与蓄奴时代一样，一个宣称民主的国家不能容忍一半自由一半奴役。问题在于：美国式的生活方式是什么？在这个问题上，我们出现了分歧。在曼的时代，民主和共和自治的意义看来是明确的，问题在于如何维护它们。而现在，我们却拿不准这些事情究竟是指什么。促进对后一问题的有效判定是今天教育事业的任务，正如在曼的时代，对那个更简单的问题的判定依赖免费学校体系的制度。问题在于：我们该如何对待已经建立起来的结构？它的目标与美国式的生活方式有什么联系？这一目标的实现需要通过何种手段、何种课程、何种行政模式以及何种教学方法来完成？公立教育的指导思想应该是什么？

我并不是说，恰当结构的制度问题当时已经全部解决。事实正好相反。但我们主要的问题是与民主生活方式联系起来，弄清学校的主要任务是什么，以及通过什么手段来完成这项任务。教育同我们的国民生活和制度的关系仍旧是个问题。但是，它已经发生改变。我们需要重新考虑整个问题。我们必须弄清楚：学校在多大程度上仍然适应着那些已经过时的事态，必须经过什么样的重构才能应对当前的问题？这样的重构将会影响教什么，如何教，每天的学校生活该如何过？如果学校要承担当前的责任，教师需要做什么准备？

这个任务十分艰巨。在某种意义上，它是教育者关切的事，也是每个有志于建立真正民主生活方式的公民关切的事。但是在另一种意义上，它是教育者特别关切的事。因为他们的责任是教育，如果他们不能教育自己懂得其所作所为的影响以及社会作用，他们就不能胜任教育工作。如果今年对于霍拉斯·曼功绩的特别关注能够引起教育者群体认真地关注学校系统与民主生活的关系，就像曼当年所做的那样，那的确是一件不错的事。如果我们只满足于为他歌功颂德，而没有运用他在思想与行动方面的满腔热情来解决他所致力解决的、以当前的形式表现出来的问题，那么，我们就是背弃他的人。我们只有以那种热情致力于他奉献终身的事业，对他的纪念才是真诚的。

390

教育中的合理性①

391   我在最近几周偶然读到的两本书都是在今年出版的，一本书是英国人撰写的，另一本书的作者是美国人。这两本书表面上看起来格外相似，实际上有着根本的区别。这两本书分别是兰斯劳特·霍格本的《远离理性》和罗伯特·梅纳德·哈钦斯（Robert Maynard Hutchins）校长的《美国高等教育》（*The Higher learning in America*）。这两本书都很简短，一本 82 页，另一本 119 页。这两本书的内容都曾在公开讲演中出现过。这两本书都联系当代条件讨论基本的教育问题，深深地忧虑教育现状和当代生活。这两本书都关心理性和理解在教育和生活中的作用。霍格本教授深切地感触当代社会逐步地丧失智力的特征。哈钦斯校长则说："美国当前面临的最急需进行的重要工作就是在合理的基础上建立高等教育，其次是让我们的民众理解它。"这两本书都值得教育者关注和研究。

        关于引起我们当前弊病的原因，两本书不是在文字上，就是在精神上，尚存在着一定程度的一致性，除此之外，几乎没有什么相似性了。这两本书之间的深刻差异，导致它们得出不同的结论；而这个差异，在于两个人对于他们都叫做理性的东西的本性有着不同的理解。哈钦斯先生追寻柏拉图、亚里士多德和阿奎
392 那，以求发现理性的本性及其运作模式；霍格本先生则希望从经验科学的活动中寻求其真实的本性。对于哈钦斯先生而言，科学大体上代表的彻底的经验主义

---

① 首次发表于《社会前沿》，第 3 卷（1936 年 12 月），第 71—73 页。杜威在这一问题上的另一篇文章，见本卷第 397—401 页。哈钦斯对这些文章的回应，见本卷附录 3。杜威对哈钦斯的回答，见本卷第 402—407 页。

是现代生活的最大祸根；而对于霍格本先生而言，哈钦斯先生以为真正最终定义了合理性的那些概念与方法是蒙昧无知和彻底反动的，它们在经济理论和其他社会"科学"分支中的残存导致后者与当前文化的根本问题毫无理智关联。的确，这些学科比毫无关联和毫无作用更糟。它们实际上是可怕的，因为它们使社会智力和活动离开真正的社会问题，离开所有能够解决那些问题的方法。

根本的分歧反映在作者对教育和社会文化每一方面的处理上，不论是就它们自身还是它们的相互联系而言。我从中选取三个方面给予特别考察：人性的构成、理论与行动的关系、"理性"的运行方式和发展。

哈钦斯校长十分肯定地认为，人性的要素是固定不变的。它们"不论何时何地都是一样的"。教育的一项重要任务就是"抽取出我们共有的人性元素"，"真理永远不会改变"。因而，略去细节不谈，"如果教育得到正确的理解，那么在任何时间、地点，在任何政治、社会和经济条件下，教育的核心都是相同的"。霍格本先生同样强调人性中的共同元素。但是，这些元素就是需要，因此首要考虑的几个问题是："人是同一个物种、同一个动物门的成员，由同样的物质构成，人的共同需要当前是否已经得到满足；满足那些需要的资源有哪些，这些资源使用了多少。"而且，有关需要是日益增长而不是固定的；例如，对食物、保护和生育的需求，抽象地说总是相同的；但是，具体地说，随着科学、技术和社会制度的变化，那些需要和满足需要的手段在内容上总是跟着发生变化的。

这一差异紧密而直接地关联着理论与社会实践的关系。哈钦斯校长强烈地感觉到，职业教育论的侵入是当前教育所面临的最大灾难。只要"职业"（教育）的意思是"我们通常理解的，即帮助我们获得谋生的手段，而不考虑所选职业的社会用途"，霍格本先生想必会赞同他的观点。但是，一般而言，现行教育脱离个人金钱收入提高之外的社会用途，这正是他批评现行教育的主要根据。一方面，将知识提升为某种极其"纯洁"的东西，即使与人类需要和可用于满足需要的资源相接触，也不会受玷污；另一方面是学会满足另一些个人需要的卖淫行为，那些个人需要归因于存在着竞争的、贪婪的、金钱至上的经济社会制度和理想——如果这些东西也可以叫做理想的话。他把这两种知识置于同样的层次。他以赞成的口气引用培根的名言："真正的、合法的科学目的是赋予生活以新的能力和发明"；还有波义耳的话："除非有用否则不是知识"，以及托马斯·赫胥黎的话："生活的伟大目标不是知识而是行动。"

393

这一立场的教育含义与哈钦斯校长的结论形成了鲜明的对照，这个结论是从他关于知识和行动的本性及其相互关系的观念合逻辑地推导出来的。对他而言，通过通识的、"自由的"教育与职业的、技术的教育完全分离来提纯和改造高等教育，是必需的。学生在自由的学院里以纯粹理论的方式学到基本的知识原理，因而学会"正确的思考"；接下来再学习一些课程，单纯地为从事某一类实践活动做准备。[①] 而且即使是后期课程，它们与"经验"的联系要尽可能少一些，而让将来的实践生活提供经验因素。亚里士多德和圣·托马斯已经指明，这些经验因素仅仅是经验的、非理性的，只不过其中一部分可以从理性知识的永恒的第一原理演绎地推导出来。

394霍格本先生本人是一位著名的科学家，也是一位人本主义者，这是一个遭到大量滥用的词，这里所用的是我能够给予它的唯一的意义。如果我引用他的话表明他对于知识和求知的价值抱有低级的观念，那么，我就留下了一个完全错误的印象。恰恰相反，如果在学校里学到的事实与观念紧密地联系着基本的社会需求和可用来共同满足那些需要的资源，联系着人们认识当前阻碍资源使用的那些力量，那么，知识的本性和有利于（而不是有害于）社会的行为之间有着紧密联系的观念就蕴涵着这样的结论：学生们应该以更重要的方式获得更多的知识，并且对于真理的意义有更加深刻和持久的理解。对他而言，获得知识的方法在自然科学中有最好的例证，而最坏的表现则是当前所谓的社会科学使用的方法。因而，他呼吁更多科学的教学要采取完全不同于当前的教学方式；他呼吁必须用更多的科学来教育那些将要直接或间接地控制政治生活的人；他呼吁在人类历史和科学进步历程的教学之间有更紧密的联系。尽管他没有讨论真理问题，但我认为他会赞同"无论何地，真理都是一样的"，不过他很可能谨慎地谈论真理本身（the truth）。但是，正因为真理如此重要，所以获得真理的方法就成为教育和生活的头等大事。

而对于哈钦斯校长，事情恰恰相反，真理只需要教和学。这样或那样，它存在着，并且存在某种叫做智慧的东西可以随时把握它。真理本身体现在"永恒的

----

① 完全的分离表现在下面一类段落中："我承认，在某些领域，年轻男女在得到允许从事某些独立的职业实践之前，大概有必要接受某些实践训练。因为根据定义，这样的训练不是理智的；又因为根据定义，大学是理智的，因此，这种针对专门工作的专门训练不可能成为大学工作的一部分。"

学问"中，它们不同于前进的学问。正如柏拉图、亚里士多德和圣·托马斯等大师所说的，永恒和变化是尖锐对立的。具有永恒内容的永恒学问是些什么？毫无疑问，它们是三艺：语法、修辞和逻辑。它们构成了中世纪大学的基础知识。那时候，知识是有条理的，大学还是大学——不过，历史学家可能会说它们大多数只是职业学校。后来出现了古典学，尽管不一定是用原著的语言来教学，还有数学；而"数学课程主要使用欧几里德采用的演示方式"——这一说法有点稀奇，395因为现在很多逻辑学家认为欧几里得的演示有很多逻辑缺陷；同时，我认为，专职科学家会同意这样的说法：在所有的数学分支里，欧几里德演示对于他们的探索最不重要。就科学来说，"亚里士多德的物理学处理自然界中的运动和变化，是自然科学和医学的根本所在"。与这些永恒的学问相比，现在叫做"科学精神"的东西就在于不分青红皂白地收集事实，并指望取得最好的成就。整个教育大厦的基础和基石是形而上学，虽然没有给予任何标本，但看来是一个已经确立的永恒真理的体系。它所关注的，总是"本质上最高的事物、第一原则和最初的原因"。

不要因此而推论哈钦斯校长将全部的经验学科排除在外。可以在一定程度上引入历史的或当前的信息，这取决于"这些数据展示或验证原理，或是有时有助于原理的阐发"。但是，所有其他学科的探索，包括自然科学和社会科学，都处于"真理层级"之下的"低级层次"。这些经验学科要遵循古代或中世纪的经典逻辑，"从第一原理进展到有助于理解第一原理的任何新近观察"。①

这两本书提出的两种对立观点提出了一些明显与教育相关的问题，我将在下一篇文章中讨论其中几个问题。在这篇文章里，我非常简要地阐述一个问题。两位作者认为当前的教育是无序的和混乱的，我同意这一点。我们朝什么方向来寻求秩序和明晰性，这也是今天的教育和教育者所面临的最为重要的问题。396教师和行政人员并不乐于追问知识的本性是什么，知识的本性不同于人们要知道的题材；也不乐于追问用什么方法才能真正获得知识，获得知识的方法不同于

---

① 霍格本先生关于这些方法的观点可以从以下引文中得到了解。从上下文看，它谈的是从"理性的"第一原理演绎出来的经济学："我们只能得出这样的结论，我们在大学里学习的经济学就是机器时代的占星术；它像象棋一样提供精神慰藉，对于象棋，赢棋完全取决于知道走棋的最初定义、将军和王车易位的过程等等……在科学中，最终的裁判不是最初陈述的不证自明，也不是无懈可击的逻辑外表。一条科学定律体现为一个做事的配方，其最终检验处在行动领域。"

人们当作知识的事实和观念的教学方法。这两本书加在一起，特别清晰地从两个方面提出了这个问题。教育者必须面对这一问题，并就这两本书提出的对立观点作出自己的明智选择。在此之前，我看没有希望在学校的学习和方法的重新组织方面取得统一的进步。

哈钦斯校长改造高等教育的建议[①]

哈钦斯校长的书[②]包含两个部分,其中一部分是对于这个国家当前教育困境的批判性讨论,尤其谈到学院和大学;另一部分是关于彻底改革教育的计划,这部分可以再分。它首先对通识或自由教育的意义进行分析,接着将得出的结论应用到当前学院和大学教育的重构上。他对于当前状况的批评是十分尖锐的。"美国高等教育最惊人的事实是困扰着它的混乱。"文科学院有些是高中,有些是大学;有些是普通的,有些是专门的。大学的构成有培养硕士和博士的研究生教育和一批专业学院。大学的情况并没有更好些。大学不仅是非智慧的,而且是反智慧的。

接下来是对"不统一、不协调和混乱"等病症的诊断。从根本上说,这些病症源于大学太急于迎合美国公众的直接需要。公众受爱财思想所驱动,而高等教育对任何给学院或大学出钱的允诺都予以回应,不管那些钱财是来自捐赠、学费还是州立法机关。结果是这些学府成了公共服务站;公共的意见和情感并没有特定的大潮,只有一些交错的水流,而需要开展的服务就随着公众兴致和趣味的每一次变化而转移。爱财导致需要大量的学生,大量学生的存在使得培养更加不加区分,以迎合未加选择的各色群体的要求。

我们急于迎合直接的并且经常是短暂的公共需要,其征兆表现为大众的民

397

398

---

① 首次发表于《社会前沿》,第 3 卷(1937 年 1 月),第 103—104 页,"约翰·杜威专栏"。哈钦斯对本文和前文的回应,见本卷附录 3。杜威对哈钦斯的再回答,见本卷第 402—407 页。
② 哈钦斯:《美国的高等教育》,纽黑文:耶鲁大学出版社,1936 年。

主概念对高等教育的影响。民主概念十分含混,却促使人们相信:每一个人都应该享有获得高等教育的平等机会,每一个人都应该拥有他碰巧希望得到的那种教育。哈钦斯校长反对这种观点,他认为,公共教育责任的恰当终点是本科教育的第二个学年末;在此之后,教育只应该给予那些表现出特殊才能的人(顺便说一句,作者将当前大学董事会控制的、堕落的高等学校体系归因于错误的大众民主概念)。

我们教育无序的第三个主要原因,是错误的进步观念。人们以为所有的事情都会变得更好,未来也会变得更好。那么,为何不和过去决裂呢? 事实上,已经取得的进步主要是物质和技术的进步,信息,越来越多的数据成为需求;高等教育陷入经验主义的沼泽,理智被淹没。有些奇怪的是,哈钦斯先生认为,自然科学是这种经验主义的原因和反映。

有人可能敢于对这些弊端及其根源作这样的总结:过度地务实,那种最直接地务实。因此,救治的药方是将高等教育从这种务实中解放出来,并致力于为了理智本身而培养理智。

很多读者会赞同我的意见,我认为,哈钦斯先生敏锐地指出了伴随我们当前教育模式的无目的性而出现的各种弊端,他们也会同他一道渴望高等教育机构成为"创造性思想的中心"。他们的同感是如此强烈,以至于有可能忽视他的救治药方,即他关于理智或理性的本性的概念。这一概念表现出两个鲜明的特点。

399 第一个特点,正如我在《社会前沿》12 月号的文章中指出的,是相信存在着固定的、永恒的权威原则,它们是不可怀疑的真理。"要取得真正的统一性,唯一的途径是这样一个层次上的真理:它们告诉我们什么是根本的、什么是附属的。"这一层次必定已经存在,否则,它无法告诉我们什么。另一个特点没有被明确讲出来。但是,我们无需细究字里行间,就可以看到,他开出的药方基于这样一种信念,即由于弊端之源是屈服于不断变化的公共情绪的水流,所以救治的药方就是高等教育最大可能地远离当前的社会生活。这一想法明显地表现在理智与实践、理智与"经验"之间长久存在的分离上。

我不打算停下来询问:这种分离状态如果确定下来,是否有助于创造性的理智活动? 虽然这个话题很诱人。我满足于指出——姑且承认当前很多弊病源于教育机构屈服于直接的社会压力——这些事实还可以有与教育政策相关的另一种解释。远离(生活)的政策从根本上等同于一句流行的美国口号:"安全第一。"

而从另一方面来看,前面陈述了我们热爱钱财的恶劣后果,这些事实似乎应该促使那些致力于为真理而追求真理的学府关注经济制度,这些制度产生了这种压倒一切的热爱;应该关注经济制度在教育机构的倾向之外的事情上产生的社会后果;还应该关注可以用来改变这种状态的手段。这种关注的后果大概是取消捐款。但是,对于一个看起来全力追求真理的机构,完全取消捐款的政策不管多么安全,似乎很难说是一条出路。我只作了一个举例说明。我希望它可以指明一条能广泛运用的原则。逃避当前的弊端是不够的,当代社会趋势可能要求有比逃避更多的东西。它可能要求对于长久的社会需要和社会潜力进行研究。哈钦斯校长的讨论值得注意,他完全没有谈到这种可选用的教育重构的方法。在社会重构中,高等教育起着一份作用。可以设想,没有社会重构,教育重构就不可能完成。

有一些迹象表明,如果把这项救治计划的另一部分称为"独裁主义的",哈钦400斯先生不会乐意。但是,任何计划,如果基于终极第一原则,其他低级原则都属于从属的层次,那么,把这些原则叫做"真理",就无法逃脱独裁主义。我无意暗示这位作者对法西斯主义有任何同情。但是,对于应该采取的恰当措施,他的想法基本上类似于不信任自由,并进而求助于某种固定的权威,这种权威如今正在世界上横行。每一句对永恒不变的第一真理的断言都隐含着:在这个冲突的世界上,必须有某种人类的权威来决定这些真理是什么,如何传授这些真理。这个问题很容易被忽视。亚里士多德和圣·托马斯被选为有能力发布第一真理的人,对此无疑可以说很多。但是,正是强大的教会组织的权威,保证他们得到了广泛承认。另一些人可能更偏向于把黑格尔或者卡尔·马克思甚至是墨索里尼当作第一真理的先知;也有一些人偏向于选择法西斯主义。就我所见,哈钦斯校长完全回避了一个问题:谁来决定最高级别的固定真理呢?

鉴于我们的作者强调逻辑课,这就让我们很恰当地提出一个问题:如果学校在管理上已经认定根本真理和真理层次是已知的,那么,教育机构在多大的程度上能成为创造性思想的中心呢? 我们假定,单纯学习事先存在的真理,学生将变成平庸的学生,更不用说能够进行独立的创造性思维。这个假定要做大量的逻辑研究。哈钦斯校长把科学贬低为单纯经验的东西,这也许足以说明他完全接受形式学科的学说。但是(除了他自己所受教育有某些可能的局限之外),这很难说明他的教育计划完全忽略自然科学的位置,只不过他感觉到,也许是下意识地感觉到，承认科学的态度与事先规定的第一真理的整体格局大相冲突。这样，如果给予科学重要的地位，对他提出的教育计划就是致命的打击。然而，想一想科学的兴起已经引起旧逻辑的革命，而且，在追求真理的事业上，科学现在提供了最好的探究模式，除我之外还会有人得出这样的结论：哈钦斯校长的改革政策是背离一切具有现代性和当代性因素的事物，这种政策根本就不是可以救治他生动描绘的那些弊端的理智之路。

哈钦斯校长不断地援引柏拉图、亚里士多德和圣·托马斯做靠山，这就急切需要一种与已有解释完全不同的解释。他们的功绩之所以重要，恰恰在于他们并不背离当时的科学和社会事务。恰恰相反，他们都表现出一种真实而深刻的努力，试图以有组织的形式发现和呈现他们所处历史时期的科学和制度的意义。从中得出的真正的结论是：当前高等教育的任务是针对我们当前混乱和无序的条件作出类似的努力。自从这些人完成他们的任务以来，科学在逻辑方法和结果上都发生了巨大的变化。我们生活在一个完全不同的社会环境里。令人惊讶的是，居然有人以为，回到这些作者的观点和方法，就是要在当前情况下做他们在古希腊和中世纪所做的事情。对于高等教育屈从于直接和短暂的压力，治疗方法不是修道院式的隐居。高等教育只有像柏拉图、亚里士多德和圣·托马斯以各自方式示范的那样，紧紧把握当代科学与社会事务，才能焕发出理智的勃勃生机。

"美国的高等教育"①

　　哈钦斯校长的《美国的高等教育》对我而言,是一本意义重大的著作。我之 402
所以这样认为,原因在于,除了对于当前这个国家教育的混乱状况的生动呈现之
外,它提出了一个基本问题——这个问题通常没有被明确地提出来,而它对于教
育哲学又是如此基本,因此需要陈述和讨论。我衷心地欢迎这本书,因为我认
为,提出这一问题,会有助于澄清教育讨论。就我对这本书的理解,这个问题就
是从权威在知识问题上的作用来理解知识和智力的内在本性是什么。我认为,
哈钦斯校长所持的观点是:存在一种理性或理智的能力或职能(这些词语的意思
就是哲学史上的重要人物所理解的那样),它能够把握那些第一位的、终极的真
理;它们是所有低级知识形式的尺度和标准,低级知识就是那些关于经验事物的
知识,包括关于物理世界和实践事务的知识。我觉得,他的观点是:只有基于这
些真理确定的等级秩序,才能从当前的无序中产生出秩序来——"一种真理的等
级",它"向我们显示什么是根本性的,什么是从属的"。

　　说得委婉一些,思想史上著名人物的支持充分证明,这是一个受到高度尊敬
的观点。我想象,从理论上说,有一些没有在教育实践中奉行这种观点的教育者
仍然持有这种观点。我认为,哈钦斯校长清楚而坚定地接受和倡导这一观点,然 403
后,他的著作集中讨论的问题是经验、实践事务和经验科学方法在真正的知识构
成中的地位,接下来是它们在高等教育课程组织中的地位。我认为,他的讨论澄

---

① 首次发表于《社会前沿》,第 3 卷(1937 年 3 月),第 167—169 页。哈钦斯对这些文章的回应,见本
　卷附录 3。

清这一问题的方式,是使那些不接受这个经典传统理论的人有责任陈述一个另一种可选择的观念;基于这一观念,他们考虑如何走出当前的教育混乱。我说到一种可选观念,但是我认为,最终只有一种,即在确定知识的问题上,经验、实验方法以及(知识)与实践融合具有首要的地位,而经典传统所说的理性和理智只具有辅助作用。在这种精神指导下,我写了两篇文章,并得到了哈钦斯校长的耐心答复。

然而,很不幸的是,我觉得哈钦斯校长并未讨论我想到的主要问题,虽然他很明显地认为我的文章与他的立场无关,但我在他的答复中找不到任何迹象表明他否定我指认他所持的立场,或者他打算为那一立场作辩护。他的回答在我看来,采取了法庭辩论术的方法。他从他自己的著作、别人的文章以及我的文章中摘取了许多引文。但是,出于我即将陈述的理由,这些引文都是无的放矢的。

(1) 我先举个例子来说明上面那句话是什么意思。哈钦斯先生引用了我的一个陈述:"援引柏拉图、亚里士多德和阿奎那。"他的回答是列出另外 11 个他以赞成的态度引用的作者的名字。确实,他在书中引用了上述 11 位作者的话,但是他引用的段落多数与知识问题无关,而正是针对知识问题,我说哈钦斯先生援引上述三位权威。我当然不是在以任何方式反映哈钦斯先生的阅读范围或他通过适当引用来支持自己关于一些枝节问题的观点(其中很多是我同意的)的能力。[①] 除了纯粹的修辞之外,他引用那些关于枝节问题的话语,这个事实对我的文章及其相关回答有什么关系呢?

(2) 针对知识和高等教育,哈钦斯先生对于经验、自然科学以及(知识)与实践的联系采取了轻视性的观点。对此,我作了陈述,而那些取自亚里士多德、圣·托马斯和他自己的引文承认了感觉与经验的必要性,这就反驳了我的陈述。当然,上述两位哲学家承认在物理学和道德事务中存在的低级知识中感觉和经验的必要性。然而,正是因为后两种知识都与感觉和经验相联系,它们在等级上低于纯理性的终极第一原理和真理的知识,这种知识与感觉和经验毫无关系。由于所引段落完全符合我指认哈钦斯先生所持的立场,这些段落的引用怎么能

---

① 然而,摘自纽曼(Newman)和休厄尔(Whewell)的引文,肯定属于亚里士多德主义传统,因而支持了我说哈钦斯先生援引那几位列名的哲学家做靠山时所表达的意思。此外,列举康德引文是说明他赞成以先天原则作道德基础的必要性。

够成为恰当回击我的说法的一个因素呢？哈钦斯先生引用自己的书，申明他自己推崇"数据的积累、事实的收集和经验科学的进展"，重视自然科学与医学和工学的联系。这些引文与前一批引文属于同一范畴。当然，基于我指认他持有的知识学说，这些事情在其指定的位置上是必要的。我提出的问题，是它们同纯理性的和"形而上学的"知识相比所处的次要的、低级的地位问题。

哈钦斯校长在他的书①中（我认为是以赞赏的态度）引用了一个理智美德系统，与亚里士多德和阿奎那的各级知识的等级层次相对应。这里有三种思辨美德：(a)直观知识的美德；(b)科学证明的美德（证明总是纯理性的，意指在亚里士多德和圣·托马斯那里，它排除经验和实践考虑）；(c)关于"本性上是最高的事物、第一原则和第一原因"的直观理性的美德——形而上学的美德。在另一方面，他增加了两种实践理智的美德，与之相关的是制造与做事，它们属于较低的层次——那些事物是多变的，处于"经验"的而非"理性"的领域。我以为哈钦斯先生赞成这个观点，在这里，如果我没有完全误解他的文本，那么，他与低等知识相联系来断定感觉、经验和自然科学的重要性的那些引文，证明我指认他持有那种观点的说法是正确的，而不是与我的说法相对立。

（3）哈钦斯先生从我的文章里引用了一段话，在这段话里，我指认他主张终极第一真理是固定的和永恒的。他回应说，他的书并未将这两个词用到原则和真理上。这个陈述是正确的。但是，柏拉图、亚里士多德和圣·托马斯认为它们是固定的、永恒的。如果哈钦斯先生在这方面并没有追随他们，那么，他引用他们关于知识和第一真理的话就是无的放矢了。还有，它们的固定性和永恒性与哈钦斯先生从自己的书中引用的一段话是完全一致的，在那段话里，他谈到需要做研究，还谈到"原则的阐发、提炼和精炼"中的经验材料。当然，亚里士多德和圣·托马斯都认为，就人类来说，由于不同于神，如果事先没有经验和思考，永恒不变的第一真理的理性直观就不会发生。但是，一旦人类达到了那种真理，经验和思想的脚手架就将被拆除，它们由于内在的纯粹性而被认为是不变的和永恒的。哈钦斯校长的回答中，没有任何迹象表明他不接受这种观点——然而也没有迹象表明他接受。我提出的问题，是在真理建构中经验方法与理性直观各自的地位问题。我只能再次表示我的遗憾：哈钦斯先生认为，这个问题不适合讨

————————————

① 《美国的高等教育》，第 63 页。

论。这一问题涉及在教育中重视自然科学的最终根据,因此无疑是根本性的问题。他从自己的书中引用的那段话的大意是:我们的国家必须把进步的希望寄托在包含科学和技术进步的教育之上,但这段话并未决定他在这个问题上的观点。因为他加上了"在理性的指导下"。如果他的意思是必须明智地推进,没有人能够反对。但是考虑到他的文本的其他段落,"在理性的指导下"这一措辞很自然可以作这样的解释,即理性独立于经验和自然科学的方法,被给予更高的地位,而后者被给予较低的级别。

（4）哈钦斯校长问我,是不是在说"不应该有什么形而上学学科",是不是"一所拥有哲学学科的大学"会"比一所没有哲学学科的大学更加专断一些"? 我的回答,一部分取决于形而上学和哲学学科是什么意思,一部分取决于哲学是否等于形而上学。这里,形而上学是指由超越经验的理性来寻求终极第一原则,这些原则一旦被发现,就提供了为其他真理排序的标准,并把那些真理安放在等级体系中适当的低级位置上。作为在哲学系中工作了45年的一员,我很自然地认为,每所大学都应该有一个哲学系。我确实不知道何种档次的大学没有哲学系。哈钦斯先生赋予高等教育改革中"形而上学学科"的地位和作用以第一位的重要性,但是,很难相信他赋予某种明明白白已经存在东西以第一位的重要性。于是,正如已经明确蕴涵的,如果形而上学学科意指完全脱离其他院系而独立存在的一个学科,它试图发现终极的第一真理,其他院系必须采纳这些真理,作为它们自己的恰当知识组织的条件,那么,我不相信有这样一门学科。我深信,在这个基础上组织起来的大学必定比其他不是这样组建的大学更加专断。① 我认为,下述段落表达了哈钦斯先生对于形而上学的理解:

> 正是借了形而上学的光,研究人与人的社会科学和研究人与自然的自然科学才得以成形并相互照耀。在形而上学中,我们寻求存在的事物的原因。它是最高的科学、第一科学,因为是第一科学所以也是普遍的科学。它把存在作为存在来考虑,既考虑存在是什么,也考虑作为存在而属于存在的属性。高等教育的目标是智慧。智慧是关于原则和原因的知识。形而上学

---

① 这个陈述并不是说某些这样建构起来的机构没有任何优点,就如高等研究院几乎完全是物理学与数学学科。我同哈钦斯校长一样,所谈的是大学重新组织的总体计划。

探讨最高的原则和原因,因而形而上学是最高的智慧。①

　　这个陈述蕴涵着有一个真理层次的等级体系,物理知识和社会知识从属于第一真理,获得和保证第一真理的方法不同于并且高于自然科学和社会科学的方法。如果不是这样,那么就是我没有读懂英语的能力。正是由于哈钦斯校长抱有这个学说,我才说他"援引"柏拉图、亚里士多德和圣·托马斯做靠山;并且,如果那些第一位的、最高的真理本身不是固定的和永恒的,不管我们获取它们的过程多么短暂,那么,普通逻辑足以表明它们无法行使归属给它们的权威性的支配职能。如果不是这样,它们就处于它们想要控制的实验和假说同样的层次。

　　哈钦斯校长回答的口气和实质会使人认为,归根结底,他没有提出或者打算提出任何根本性的问题。如果我对待他的书太过认真的话,我必须请求他原谅我。

---

① 《美国的高等教育》,第97—98页。

教育与社会变革[①]

　　关于我的主题的某些方面没有什么新的内容可说。最近人们不断关注的一个事实是,社会处在变革之中,而学校看起来落后了。人们呼吁将学校教育与那些引起社会变革的力量更紧密地联系起来,与那些变革产生的需要更紧密地联系起来。对这种声音,我们都很熟悉。在过去的一些年,关于教育的讨论中大概没有一个问题比学校与社会生活的融合问题更受到重视。对这些一般性的问题,我除了重复那些老话之外,没有更多的话可说。

　　然而,联系到社会变化的力量,关于学校能够做些什么以及如何去做,还很少有一致的意见。一些人断言,学校必须尽可能多地反映已经发生的社会变革。其中一些人走得很远,使得学校工作实际上寄生于社会。另一些人认为,学校应该在指导社会变革上发挥积极的作用,并且参与新社会秩序的建构。然而,即使后一类人,也有着态度上的明显差异,一些人认为学校应该通过灌输来承担这一指导性的角色,另一些人则反对这样做。即使出现比实际存在更多的思想统一性,也还有一个实践问题,即如何克服制度惯性,以求在事实上实现一个得到共识的计划。

　　因此,没有必要找理由说要进一步讨论教育与社会变革的关系。这样,我就
尽我所能,指出一些进入这个问题的因素;还有一些理由,它们证明学校在产生社会变化的过程中的确具有作用——一个重大的作用。

　　目前情况的一个内在的因素是学校确实跟随并反映实际存在的社会"秩序"。我作这个陈述,并不是表达一种勉强的承认,也不是为了论证学校不应该

---

① 首次发表于《社会前沿》,第 3 卷(1937 年 5 月),第 235—238 页。

这么做。我只是在陈述一个条件因素,这个陈述支持这样的结论:学校确实应该加入决定未来社会秩序的活动;因此,问题不是学校是否应该参与未来社会的创建(因为学校无论如何也要参与),而是学校应该盲目和不负责任地参与,还是应该用最大的胆识和责任参与。

导致我作这一陈述的根据如下:学校所反映的现存社会状态不是固定不变的。那种固定不变的想法是一种自我强加的幻觉。社会条件不仅在变化中,而且这种变化向着不同的方向,巨大的差异产生社会混乱和冲突。没有哪种单一的、明晰的模式能够涵盖各种起作用的社会条件和力量,并以统一的方式将它们集结成一体。一些相当受尊敬的权威人士陈述说,影响人与人的相互关系的社会条件在过去150年间发生的变化,比以往所有时期加在一起的变化还要大,并且这个变化过程仍在继续。这种陈述只不过是历史的事实,而不是要从中得出理论上的结论。引用这样的陈述,是轻而易举的事。只有特别无知或理智幼稚的人,才会以为这些变化都朝着一个融贯的社会目标。保守派悲叹老式的、陈旧的价值和真理岌岌可危,反动派努力阻挡变革大潮的到来,如果需要反面的证据,这些都是充分的证据。

当然,学校已经反映了社会发生的变化。一个世纪前,霍拉斯·曼等人努力构建了公立的、免费的公共教育体系,这主要反映了殖民地进行争取政治独立和建立共和制度的战争之后的社会条件。如果我们看一看那时发生的下列变化,即(1)那些新建的学校;(2)那些引进课堂的新课程;(3)那时出现的教学内容的转换;以及(4)在那些过渡年月发生的教学和培养方法的变化,那么,这一突出事例的证据力量将得到详细的确认。那种认为教育体制是固定不变的看法过于荒谬,不值得一提;教育体系过去并且现在仍然处于变动的状态。

我们有可能论证那时发生的许多变化是值得追求的,也有可能提出有效的理由来指责各种变化。这一事实与主要问题毫无瓜葛。这是因为,在这些方面提出的论证越强,就有越多的证据表明教育体系处于无序和混乱状态,就更加证明学校对那些本身处于混乱和冲突状态的社会条件作出了反应。

有些人主张,学校不应该试图指导社会变化。由于学校跟随着一个接一个的社会变化的轨迹,这些人是否乐意承认实际存在的混乱呢?他们当然不会,虽然他们的立场逻辑地要求他们这样做。他们大多是现行教育状况的严厉批评者。他们总是反对有现代之名的知识和有进步之名的方法。他们愿意回归旧式知识和苛刻的"训练"方法。这种态度意味着什么？这表明其倡导者实际上采取了这样的立场:学校能够做一些事情,积极和建设性地影响社会条件,难道不是这样吗？因为他们实际上主张,学校应该区别对待向它施压的各种社会力量;学校不应该全盘接受那些社会力量,教育要向着某个方向进行选择和组织。这一观点的拥护者几乎不会相信,选择和组织的后果出不了学校的大门。他们必定预期(教育)迟早要对校外生活的结构和运动产生秩序调整和医治病症的影响。他们否认教育有直接的社会效果,这时,他们的所作所为是在表达他们反对某些社会变化实际上采取的方向,是在表达他们选择要教育投靠另一些社会力量,以

图在各种力量的较量中尽可能夺取胜利。因为他们是社会保守派,所以也是教育保守派,反之亦然。

为了使思想和行动更清楚,他们应该这样想。如果这些教育保守派更多地意识到他们的立场包含些什么,并且更加坦诚地陈述那些含义,那么,他们就会努力指明真正的问题。问题不是学校会不会影响未来社会生活的进程,而是学校应该朝什么方向去影响和如何去影响。无论如何,学校都将以这种或那种方式影响社会生活。但是,学校能够以不同的方式、向着不同的目的来施加这种影响。重要的问题是要意识到这些不同的方式和目的,以便作出一种明智的选择。如果人们作出相互对立的选择,进一步的冲突至少会使人们理解利害得失之所在,而不是处于一片黑暗之中。

有三种可能的选择方向。教育者可以采取使当前的混乱继续并可能增加混乱的行动。这将是放任自流的结果,而在当前条件下,放任自流最终也是一种选择。他们可以选择使旧秩序发生变化的比较新的科学、技术和文化的力量;可以估计这些新力量的运动方向,如果这些新力量自由发挥将会产生某些结果;看一看可以做些什么,使学校成为他们的盟友。教育者也可以成为明智的保守派,竭力使学校成为维护旧秩序一成不变、抵抗新力量冲击的一种力量。

如果选择第二种方案——我当然相信应该这样选择——问题就不同于单单加快正在发生的变化的速度。问题将是培养洞察力和理解力,使走出学校的年轻人能够参与势在必行的建设和组织的伟大工作,给他们装备那些使他们的洞察力和理解力实际发挥作用的行动态度和习惯。

对于理智保守主义,可以说很多。至于长久维持动荡的、不确定的、混乱的社会生活条件和教育,我不知道能够说些什么。然而,最容易的事情就是不进行

根本的思考并让事情放任自流。基于其他任何不同于放任自流——它至少是一个政策,尽管是一个很盲目的政策——的政策,每一个特殊的事项和问题,不管是学习内容的选择和组织问题,还是教学方法问题、学校建筑和设备问题、学校行政问题,都是一个包罗万象而基本问题的一个特殊侧面:学校将选取什么样的社会力量(经济的、政治的、宗教的、文化的力量)的运动来支配其目标和方法,学校将与什么社会力量结盟?

412

如果不从这个角度来讨论教育问题,就只会加剧现有的混乱。脱离这个背景,离开这个视点看问题,教育问题只能得到临时解决并且一眨眼就成为未解决的问题。上述建议并不意味着学校要投身于政治经济的竞技场,并且同某个党派站在一边。我不是在谈论党派,而是在谈论社会力量及其运动。尽管作出支持这个或那个党派的绝对声明,但现存党派或派系完全有可能本身就遭受着现存的混乱和冲突,因此,控制各派政策的理解、观念和态度需要重新教育和重新定向。我知道,有些人认为我的话语的含义指向克制和无功;他们否认最初所持的观点。但是,当教育者采取这种立场时,我感到吃惊,因为这表明他们对自己的职业失却信任。这种立场认定,教育作为教育没有或者近乎没有什么可以贡献;理解力和倾向的形成并没有什么价值;只有直接而公开的行动才有价值,不论教育对行动是否有所修改,同样可以有价值。

在离开主题的这个方面之前,我想重提一个观念的乌托邦本性。这个观念认为,学校可以是完全中立的。这个观念确立了一个无法达到的目标。只要按这个目标来行动,它就有确定的社会后果;但是,我说过,这个后果就是由于不明智的冲突而长久地延续混乱和增加盲目性。而且,在实践上,这种行动的重心偏向反动派一边。也许,在中立的名义之下,加强反动倾向最有效的方式在于,让下一代对他们的生活条件和他们要面临的问题毫无所知。这个后果更加显著,因为它是细微而间接的;因为教师和受教育者都没有意识到他们在做什么和(社会)对他们做了什么。只有坦率地承认一个基本问题,才能产生相应的清晰度。

413

这个基本问题是:学校生活和工作的社会重心应该落在哪里? 与这样重心相对应的教育政策应该是什么?

至此,我谈到一些人从保守派观点出发,宣扬教育完全无能的学说。但是,老话说,"政治把密友变成陌生人"。另有一些人主张,学校是完全无能为力的;学校必须反映占统治地位的政治经济制度,所以必须彻头彻尾地支持这种制度。

这一结论所依赖的信念是：一定社会的组织结构是由特定的经济阶级实行的控制所决定的，因而，学校同所有其他社会机构一样，必然是统治阶级的附属工具。这种观点忠实地接受了"学校只能够反映既存的社会秩序"这样的学说。结果就得出这样的结论：为学校操心完全是浪费时间与精力。对于这一理论的支持者而言，在任何重要方面改革教育的唯一方式，首先就是要推翻现存的社会阶级秩序，将权力移交给另一个阶级。接下来，教育领域所需要的改革就会自动地到来，并且将是真正而彻底的。

这一观点有助于让人们注意到正在讨论的一般问题中的另外一个因素。我在此不想讨论这一社会思想派别的基本前提，即由单一的、牢固统一的阶级来控制社会组织的学说；这种控制是如此的全面和广泛，以至于只有通过另一个统一阶级的暴力革命行动才能推翻。然而，从前面的陈述可以看出，我认为现存状况是如此复杂，各种趋势相互冲突、相互交错的特征是如此明显。于是，这一前提所表现的是对实际情况的极端夸张，甚至几乎就是一幅漫画。我还是认为，任何对当前状况所作的总体刻划都必须基于各种新旧力量的冲突——文化的、宗教的、科学的、哲学的、经济的和政治的力量。

但是，为了便于论证，假设我们承认一场社会革命正在进行，并且以暴力行动实现权力转移达到顶点。于是，那种认为学校在当前状况下完全无能为力的想法会产生灾难性的后果。按照那个理论，学校竭尽全力塑造一种精神、一种与当前阶级-资本主义体制（class-capitalist system）相符合的信念、欲求和目的。很明显，如果确实如此，那么，任何发动起来的革命都将是糟糕的妥协，甚至受到破坏。它随身携带着反革命的种子、有生命力的种子。除了教条主义的绝对主义，没有什么根据让人们相信，彻底的经济变化本身会产生它的持久胜利所必需的心理的、道德的和文化的变化。这里讨论的思想学派在实践上承认了这个事实，其学说有一部分断定，直到在旧体制的外壳下新的经济体制发展到成熟，旧体制除了外在政治权力之外一切都已经消亡，真正的革命才有可能发生。他们所忽略的是：如果不伴随着信念习惯、欲求和目标的广泛变化，新体制是不可能走向成熟的。

在我看来，一种不切实际的想法是：学校可以是产生理智和道德变化的主要机构，这些变化是创造新社会秩序所必需的态度、思想倾向和目的的变化。任何这样的观点都忽视了学校之外各种强大力量在起作用，它们塑造了人们的心灵和性格。它忽视了学校教育事实上只是众多教育机构中的一种，充其量不过在某些方面是一个很小的教育力量。然而,尽管学校不是一个充分的条件,但是,维护一个真正变化了的社会秩序要求有理解力和(思想)倾向,而学校是形成理解力和(思想)倾向的必要条件。如果社会变化的促成者和受影响者的态度没有介入社会变化之中并成为它的根,那么任何社会变化都只是表面的。说到底,任何社会变化如果没有心理的和道德的基础,就只是巧合。因为这样的变化由瞬息万变的潮流所支配。那些认为学校无能为力的人所表达的意思至多是:只有当某个足够牢固的政府使学校承担起沿一个方向一心一意进行灌输的任务时,教育才会呈现出系统灌输的形式。

我们的讨论已经到了这样一点,有必要说几句关于灌输的话了。这个词并 415 不是没有含混性。字典上的定义之一,是把它当作"讲授"的同义词。为了有一个可以考虑的确定的点,我把灌输的意义理解为:系统地使用一切可能的手段,迫使学生在思想上接受一套特定的政治和经济观点,并排除其他一切观点。这个意思由"训导"一词表示,"训导"最初的意思是"脚跟脚地踏入"。这个意思过于表现为身体的动作,不适合在本来的意义上使用。但是,这里也包含了"踏入"的意思,有时确实包括了身体手段。我在后面讨论这个观点,只是要作这样的陈述:首先,这样理解的训导是与教育很不相同的东西,因为按我的理解,教育包含学生主动参与获得结论和形成态度的过程。我想说,即使像乘法表这种确定无疑的事情,如果是按照教育的方式而不是像动物训练那样教学,那就必须有受教育者的主动参与、兴趣、思考和理解。

那些灌输论的支持者坚守这个理论,一部分基于这样一个事实,即学校里进行着大量的思想灌输,尤其在打爱国主义旗帜的狭隘的民族主义方面和占统治地位的经济体制方面。很不幸的是,这些事实就是事实。但是,这些事实并不证明正确的做法是固守灌输的方法并把目标颠倒过来。

一个更强的论证是:教育如果没有某个参照点,就必定毫无目的和缺乏统一的方向。必须承认参照点的必要性。这个国家有这样一个统一的参照点,它叫作民主。我从不断言,作为一种生活方式,民主的意义是完全确定的,因而没有任何分歧。当我们离开华丽的笼统言论而转向具体的细节时,就会看到极大的差异。我当然也不是说,我们实际形成的政治制度,我们的政党、立法机关、法律和法院构成了一个模型,在上面可以建立一个明确的民主观念。但是有一种传统和观念,它们与我们制度中许多不民主的东西形成鲜明的对照。这个观念和 416

理想至少包含个人自愿参与作出决策和执行决策的必要性——只要这种参与同灌输相反就行。有人认为，由于现在民主的体现少得可怜，我们只有扫除现在留下的一切才能最终产生真正的民主。对这种想法，我本人抱有深深的怀疑。

而积极的看法认为，民主理想具有人性的意义，它为我们提供了一个参照点。不论就总体社会还是它对教育的意义而言，这个参照架构都还没有填满。我并不是在隐含地说，它是如此清晰和确定，我们可以查看它，就像一个旅行者可以查看地图并弄清楚每个时刻该往哪里走。我要表达的观点是：与社会变化的方向相联系的教育问题，完全等同于弄清民主在全部具体应用领域的意义问题，这些具体应用有经济的、国内的、国际的、宗教的、文化的，以及政治的领域。

在我们弄清楚民主的具体意义之前——像其他一切具体事情一样，这是指它在个人或集体的生活行动上的应用——我只能指望这个问题成为我们考虑的主题，此外便不能指望更多的东西。困难，至少一个大的困难，在于我们将民主当作现成的东西；我们以这样的方式思考和行动，似乎我们的先辈们已经一劳永逸地建立了民主。我们忘记了民主必须由每一代人，在每一年和每一天，在所有社会形式和制度下的人与人的生活关系中不断更新。忘记了这一点，我们就会使我们的经济和政治制度与民主失之交臂；我们甚至在创建一所学校的时候，忘记了它应该是培育民主的长久的摇篮。

我得出的结论是：至少在一件事情上，民主观念并不暗淡，不管我们距离将其变为现实还有多远。我们的公立学校体系是以一切人机会平等的名义建立起来的，不论出身、经济地位、种族、信仰或肤色，人人机会平等。学校不能单凭它自己创造或体现这一观念，但是它至少可以培养出能够用心灵理解这一观念的具体含义的个人，他们发自内心地珍视它并准备用行动为它战斗。

417　　民主同样意味着基于智力的自愿选择，这种智力是与他人进行自由交往和交流的结果。它意味着一种生活方式，在这种生活方式中，生活的法则是相互的、自由的磋商规则而不是强迫，相互合作而不是野蛮的竞争；它意味着一种社会秩序，在这种社会秩序下，一切走向友谊、审美和知识的力量都会受到珍视，从而使每一个人成为他唯一能够成为的人。这些事情至少提供了一个出发点，由此出发去充实作为参照点的民主观念和目标。如果足够多的教育者鼓足勇气、全心全意地致力于寻找民主观念和目标向我们提出的具体问题的答案，我相信，学校和社会变化方向的关系就不再是一个问题，而是成为一个促进行动的答案。

书　　评

实用主义的创始人[①]

《皮尔士文集》(*Collected Papers of Charles Sanders Peirce*)

第 5 卷:《实用主义与原实用主义》(*Pragmatism and Pragmaticism*)

查尔斯·哈特肖恩和保尔·韦斯(Charles Hartshorne and Paul Weiss)编

剑桥:哈佛大学出版社,1934 年

这套收集皮尔士已发表、尚未发表的著作的丛书还没有完成,眼前这一卷的主题通常和他的名字相联系,即实用主义。然而,它清楚地显示了细心的学者已经知道的事情:皮尔士自己的实用主义,即原初的实用主义,只有作为他的总体哲学框架的一部分,再与他的关系逻辑联系起来,才能够得到理解。它很可能是整个文集系列中读者最多的一卷。其中有些部分并不容易理解,然而,所有哲学家都有必要读一读;而对于所有文人雅士,如果要了解这个国家产生的最独创的哲学心灵关于根本问题的思想,这并不是一本可读可不读的书。那些没有耐心通过各个部分的相互联系理解他对实用主义论述的哲学家们,在离开那些最有价值的观念与其他部分相互联系的情况下,至少也能从这卷书中获得那些观念。例如,就我所知,这本书里有对常识知觉本性的最有独创、最透彻的分析,所有自然科学都始于并必须回归这种知觉。必须承认,在挖掘他的实用主义的基础时,它就会出现。但是,皮尔士如此彻底地奠定了他的基础;它们非常稳固,无论在上面建立起什么样的理论结构。

前面的两百页包括 1903 年发表的一系列演讲,与 1905 年起在《一元论者》(*Monist*)上发表的论文(也收入本卷)一起,构成了对他的原实用主义哲学

421

---

① 首次发表于《新共和》,第 81 期(1935 年 1 月 30 日),第 338—339 页。

(pragmaticist philosophy)——他最后用这个名称,是为了与詹姆斯的实用主义
和席勒的人本主义区别开来——最为成熟的表述。詹姆斯称这些演讲是"为照
亮幽深的黑暗而释放出来的耀眼的光芒"。如果在印刷出版后,这道光芒更加明
亮、更加持久,那不完全是因为印刷稿所具有的优点:你只要愿意就可以来回反
复地阅读,相比之下,单凭耳朵来理解关于不熟悉问题的严密论证,那是很困难
的。也因为科学和哲学领域的许多思想运动,使皮尔士的观念离我们更近了。
与30年前相比,他的思想更接近今天的心灵。有一件事情给所有的听众都造成
困难:在开头陈述了实用主义及其立场的困难之后,他公然离开这个主题去进行
另外三四个演讲,只是在快要结束时才回来。另一个困难是他一再讨论规范科
学、审美和道德价值——由于没有把整个论证呈现出来,这些讨论看起来无关主
题。但是,印刷出来后就出现了一个明确的结构,只是有微小的不相关,这主要
是个性的原因。

　　如果受过哲学训练的听众难以理解皮尔士自己在七次演讲(有一次演讲似
乎遗失了)中的论述,那就很难指望一篇书评短文对皮尔士建立学说的基石作出
清楚的阐述。然而,我们值得再次引用他关于实用主义原则的陈述。词语、命
题、论证或严格推理的意义,观念和观念系列的意义,在于后果或它们所导致的
实践效果。比如说,前提的意义在于它的结论,这个学说如果得到阐明,对于逻
辑理论就是一次革命,而这个学说的含义还没有找到进入系统地重新陈述逻辑
理论的途径。如果有人认为这个缺点没有多少实践后果,那就让他记住:逻辑只
不过陈述人们在获得信念之前进行思考时所做的事情。记住皮尔士极力主张的
方法是对用来达到科学信念的方法的表述,而到目前为止,这一方法还很少应用
到产生了多数社会和道德信念的思想活动上。我相信,如果从整体掌握科学实
验方法的意义并应用到传统逻辑的重新陈述上,这将是一项重要的成就;随着岁
月的流逝,它的重要性将越来越明显。

　　然而,编纂者在简短的编者按中恰当而清楚地把读者的注意力引向一个根
本点,如果不参考这个根本点,对实用主义原则的陈述就是不完整的。皮尔士最
清楚地认识到,如果不以真实的自然连续性为基础,他的原则所设定的关系——
观念或判断与后果之间的关系——就不能持续存在。他带着理智的谨慎,特别
用心地阐述这个连续性观念的含义。我所说的对基础的挖掘,主要是以这一点
为中心的。最终的结果也许可以这样来表达:他的连续性概念导致他完全拒绝

把他的原则所提到后果或实践效果看作许许多多相互独立的特殊事项。相反，它们是普遍性不断增加的习惯的建立，是他所说的"具体的合理性"（concrete reasonableness）——这种合理性不仅包括推理，而且包括行动方式，因而是具体的——的建立。这种具体的合理性有着不断拓宽的范围和不断加深的意义丰富性。他反复强调审美价值，强调逻辑归根到底是道德的一个分支，这种态度就是从这个源头流泻出来的。

我至此限于评论本卷第一组论文，而没有触及其中出现的大量的"闪光"点。这里我提一点：皮尔士说，经验通过一系列惊讶来教导我们。正是通过我们的预期与实际发生的事情之间的冲突，我们学到一些东西。甚至在科学实验中，我们从仅仅证实先前假说的实验中学不到任何东西。真正重要的，是显露新事实带来的惊讶。而且，这种惊讶元素表明，自我与世界之间存在着相互作用，所以否证了一切主观唯心论。对哲学家有教益的另一点——尽管预料它有教益的人是有勇气的——是他坚持认为，虽然知觉判断是由我们不能最终控制或批判的过程施加给我们的，但是不能在逻辑上证明它们是首要的逻辑原则，因此它们在理智上的确实性不如它们导致的结论。要概括皮尔士实用主义的实践意义，最好是引用一句话；此外，我不知道有更好的办法。这句话出现在他的系列演讲快要结束的时候："每一概念的多个元素都通过知觉大门进入逻辑思想，在有目的行动的大门处找到出口。凡在这两扇大门处不能出示通行证的，都会因未经授权而遭理性逮捕。"当思考按照可能行动进行时，就是真正的思考。这个概念现在也许比皮尔士写作的时代更容易让人理解。我们应该通过行动概念进行思考，但是，要认识累积的连续性在那种行动概念中的意义，还有很长的一段路要走。在结束这篇关于皮尔士的短文之前，我情不自禁地要表示感谢：所有读者都应当感激编辑们所付出的辛勤努力，他们的差事几乎是吃力不讨好的；不过，他们的辛劳加强了皮尔士努力追求的具体合理性。

固有一死的启示[①]

《永生之幻觉》(*The Illusion of Immortality*)

柯利斯·拉蒙特(Corliss Lamont)著

纽约:G·P·普特南出版公司,1935 年

425 本书的标题虽然与内容相符合,但标题并不充分显示出书的广度和深度。它非常完整,资料丰富,讨论了有关死后继续个人生活问题的诸多方面,从历史的、科学的、社会的和哲学的角度全面考察了相关论证。虽然其结论是:永生的信念是一种幻觉,并且基本上是一种有害的幻觉;但是,人类生活中有许多与论证无关的事情,创造了人们对个人永生的渴望,并产生了这种幻觉。对于这些事情,本书充满了强烈的意识,也可以说是同情的意识。这一事实与作者对主题文献的掌握一起,使这本书反过来摆脱了神学争论产生的憎恨(*odium theologicum*),这在宗教争议上采取否定立场的著作中并不常见。

第一章讨论了这个问题的重要性。许多人和许多与历史上的宗教联合的运动使永生比上帝的存在更为重要,并且之所以确实认为上帝存在很重要,主要是由于把上帝看作个人继续生存的保证。而且,死亡这个坚固的事实易于使永生问题在人类思想中处于首要位置。通过反对这一思想态度,作者在本书的不同地方强调了固有一死的重要性——生物学的、心理学的和社会的。他的立场在最后几页中有一个概括:“最好是既要不相信永生,又要相信固有一死。”对问题作了陈述之后,拉蒙特博士讨论了身体与灵魂的关系问题。他把这个问题与来426世生命联系起来,以我所知道的最高清晰性揭示了宗教的内在矛盾——一方面倾向于坚持“身体的复活”,另一方面又将身体的重要性最小化,要不然就把身体

---

① 首次发表于《新共和》,第 82 期(1935 年 4 月 24 日),第 318 页。

与灵魂完全分离开来。拉蒙特博士还用了一章来讨论死后生活得以进行的环境。他毫不费力地表明，天堂的观念取决于拥有那些观念的文化，他作了一个切中本书要旨的重要评论："宗教自由主义或现代主义者所做的事情是从自然世界抽象出某些价值和活动，并将它们移植到一个超自然的世界。"在另一方面，他揭示了永生论证的不一致性，这个论证的基础是改正今生弊病的需要，以及没有永生今生便徒劳无益和毫无意义，同时却又从固有一死的状态得出一切价值，把它们赋予来世。

作者总结了生物学、心理学和医学所提供的不相信永生的科学根据。这样，他就站在时下的讨论令人们熟知的立场；但是，在总结时，他极其清晰地陈述了已经谈到的一点，即不论把天堂和地狱里的人身看作非物质的，还是与物质相联系的，都存在着困难——这个困难影响着地狱和天堂本身的性质。我只想到一个没有谈到的想法。我想，可以这样论证，时下的永生信念、信仰在很大程度上不是初始的，而是从幼年直至整个一生灌输的一个观念的产物。这个观念说，人受赏赐进天堂，受处罚则入地狱。如果确实是这样，对旧赏罚理论的相信度下降，天堂和地狱的模糊和晦暗就日益增加。这两点合在一起，必定导致来世生活信念的重要性减弱。剩下的篇幅只允许我再谈谈这本书许多要点中的一点，那就是他对这个信念的社会方面的论述。有人说，如果没有个人永生，此生便失去了所有的伦理意义和基础。作者指出了这个立场有一个致命的向后踢脚的成分，这时他有坚实的根据；而且，他阐明，用另一个世界的实践关注取代这个世界的积极利益会带来道德上和社会上有害的后果，这也有着坚实的依据。我相信，由于人们相信永生更甚于历史上宗教中的其他一切因素，"宗教是人类的鸦片"这个说法是很有道理的。拉蒙特博士的正面立场可概括为如下陈述："在我看来，没有哪个单一的观念，诸如永生的观念，是至关重要的；最重要的是有一个博大的、融汇的人生哲学，一种将个人置于（个人）与社会和自然的明确关系之中的人生哲学。"

这本书展现出坦率、学识广博和对永生问题诸多方面及影响的正面把握。这使它值得所有善于思考的人认真关注，尤其是那些与自由宗教思想相联系的人。

427

柏格森论本能[①]

《道德与宗教的两个起源》(*The Two Sources of Morality and Religion*)

亨利·柏格森(Henri Bergson)著

阿什利·奥德雷(R. Ashley Audra)和克劳德斯利·布里尔顿(Cloudesley Brereton)合译

纽约:亨利·霍尔特出版公司,1935 年

428 　　在这本书中,柏格森先生回到他在《创造进化论》(*Creative Evolution*)中与生物学和哲学相联系建立的生命的冲动这一主题上。在本书中,这个概念被用来解释道德和宗教现象。柏格森先生区分了生命推动力的两种极端表现——本能与智力,对于了解这个区分的读者,书名说到的"两个起源"已经指明了这个意思。但是,柏格森先生在讲述一个主题时习惯于完全沉浸在所有的相关文献中,因而,他对两类道德与两类宗教的解释远非预先形成的观念的机械应用。

　　他在本书中(尽管不是在第一章)概述了他将生命视为运动力量的概念。对这个基本概念的简要陈述,是眼前这本书的最佳导论。生命在本质上是一种简单的整体活动,不断前进着走向新形式。它的运作为我们提供了理解生命、心灵与社会的钥匙,也是我们能掌握的唯一钥匙。生命的运作既顺从又对抗顽固的物质——尽管不是渐进地,但最终可以追溯至生命过去的创造行动的遗迹。这个物质阻碍那个最初创造它的力量进行新的创造性历险。它在功能上是保守的,如同生命冲动是激进的。

　　生命运动有两种方法对待它所面对的物质:一种是本能的方式,另一种是智

---

① 首次发表于《新共和》,第 83 期(1935 年 6 月 26 日),第 200—201 页。

力的方式。进化，生命行动的记录，并不是单向的过程。在昆虫群体里，生命实际上用尽了本能的方法。在脊椎动物尤其是人的身上，进化的力量得到了释放，主要是在智力的方向上。但是，本能的影子仍然保留下来，它能够成为直觉，直接渗透生命运动自身。智力通过发明和使用工具来构造素材，这些工具为人所做的就像有机结构为昆虫所做的一样。而且，在昆虫中，生命冲动的社会方面提高到了个体完全从属于群体的地位。另一方面，智力通过创造和发明——也就是说，通过把个人从社会构成的组织中解放出来——发挥作用。

因此，从现行社会组织——社会组织之于人，就如社会本能的作用之于蜜蜂和蚂蚁——的观点来看，在某些方面，智力有着使社会面临解体的威胁。而且，它的运用是危险的。它带来预见，预见导致不安，不安转而带来对生命依恋的放松——这种放松对个人和社会都是有害的。宗教的根源之一是对这种分解社会和具有潜在危险的个人智力行动的抗议，这是来自生命深处的抗议。为了自己长久存在，尤其是在社会表现上，反抗者创造出神话、经验的鬼魂。作者用来自死亡观念的特殊事例加以讲解——死亡观念是动物没有的。智力觉察到它的不可逃避性。针对智力造成的不安定和"放松"，生命的自动反应是不顾死亡的存在而建立生命永续的理论。如果我们推广这一主题，就达到了柏格森先生所阐明的论点："宗教是自然针对智力的分解力量作出的防卫性反应。"

但是，以这种方式产生的宗教决定了一种宗教类型。还有另外一种"根源"，一种更高类型的产生方式是在生命冲动的直觉本身之中，一些个体具有这种直觉能力。这样的直觉是神秘经验的特征，宗教创始人与革新的先知们的一切言行都建立在这种神秘经验之上。因为这些人洞察生命的直接进程这个终极的实在，所以他们的经验是真实的，就如另一些（对社会有用的）宗教类型的话语是神秘的。

柏格森先生在这番推理之后提出了一个有趣的历史说明，即源于希腊的所有神秘主义的缺陷都可追溯到冥想与行动的对立，因为真正神秘主义的冥想在本质上是积极活力的根源。印度神秘主义的缺陷在于它伴随着悲观主义，于是它以涅槃为目的；而真正的神秘主义，正如基督教神秘主义所表达的，流入"行动、创造、爱"。生命冲动的社会方面，如果摆脱种种妨碍，就是爱；爱与生命的最终同一就是上帝的意义。爱在摆脱妨碍后，便不再纠结于保留制度形式；与此同时，它也不伴随着理智所具有的解体的危险，因为爱是一种创造性和建设性的力量。然而,神秘主义必须使用通行的语言和意义,因而很快就呈现为一种削弱的和混杂的形态。

我没有足够的篇幅谈论这个主导性观念在道德上的运用,只能谈谈柏格森先生还认识到有两种模式,即封闭和开放,前者是社会压力与顺从,它与昆虫本能的作用相对应,但不完全等同;后者是自由个人的道德,自由个人进入到本能和智力之下的生命之流。顺便提一句,在讨论这个问题的过程中,对于义务的来源是理性的这一概念,柏格森先生提出了公正而成功的批评,并阐明社会压力创造了义务之后心灵如何为它寻求理性的支持。

要恰当地评价柏格森先生的解释的优点,就必须考虑他的基本哲学,但这里不可能这样做。不过,我设想,普通读者,甚至是有学养的读者,将不难理解这个哲学基础。他们将深受触动,触动他们的,有行文的审美魅力,时间并未减弱它的光彩;有弥漫于论述中自由与释放的气氛,如果他们聪明,还有对许多问题的附带讨论,如关于神话、魔法和灵魂的人类学材料。即使你觉得它的哲学基础中431 没有什么严谨的东西,也可以从柏格森对这些问题清晰而详实的讨论中学到很多。

现在提出一个简短的批评意见。我应该说,在柏格森先生的体系中,本能起着如此多方面的作用,以至于引起怀疑。没有困难,就没有吸引力。有一种本能,它创造了昆虫的社会组织,某种与这种本能紧密相联的东西创造了封闭的道德。这种本能对人的理智作防卫性的反应,然而又能转化成神秘主义和哲学的直觉。现在,直觉及其显示是受逻辑的检查;实际上,直觉在本性上与智力和逻辑相对立。当柏格森先生的行文的直接魅力逐渐衰退时,读者不得不问自己:一个按定义不受他物控制的器官,是不是一个可靠的向导? 对神秘主义宗教和开放道德的叙述里固有的反戒律倾向,原教旨主义者无疑将会提出抗议。另一些与原教旨主义者毫无共同点的人将会疑惑:如此沉重的负担如果没有抛给"直觉",他们是否必须满足于在智力的单独帮助下步履艰难地前行?

作者和公众都要祝贺这本翻译著作的文学技巧。谁要是读过柏格森先生的原著,或者听过他的演讲,将很难意识到本书是一本译著。你似乎可以捕捉到柏格森的重音和韵律变换。

自然与人性[①]

《哲学与现代科学概念》(*Philosophy and the Concepts of Modern Science*)

奥利弗·L·瑞泽(Oliver L. Reiser)著

纽约:麦克米兰出版公司,1935 年

瑞泽博士这本书雄心勃勃地要努力完成一项亟需的任务;或者用更符合他 *432*
实际使用的措辞来说,要为那项亟需的任务得以完成奠定基础。这项任务是现
代文明所提出的,而不是瑞泽博士创造的。这样说并不过分。这项任务是要把
多个领域的科学方法、一般理论和特定结论协调起来,尤其是要联系到当前人类
生活的冲突和问题,而当前人类生活存在着大量各种各样的方法、行动、利益和
价值路线。考虑科学的公设、方法和一般结论,在科学领域内实现一个统一的综
合,这个问题属于一个有限的哲学分支:宇宙论或自然哲学。既要实现这种统
一,又要进一步把它的结论与人类文化生活所特有的目的、理想和价值协调起
来,这个问题属于更广义的哲学。

在瑞泽博士的书名《哲学与现代科学概念》中,哲学就是这种广义的哲学,而
现代科学概念则表明它旨在根据一些狭窄的问题与更大的和终极的问题的关系
来处理那些较狭窄的问题。瑞泽博士指出,根本的科学概念(如物理和数学概
念)上存在的混乱,与现代社会和道德生活所特有的目的和价值方面的混乱,存
在着极为相似的地方。前一种混乱产生于近来自然科学的发现,尤其是相对论
与量子学说的发现;同样,社会和道德生活中的主要混乱,可以追溯到科学通过 *433*
发明和技术对社会活动、旧制度和传统习俗产生的冲击。"我们的政治经济体系

[①] 首次发表于《新人本主义者》(*New Humanist*),第 8 期(1935 年秋),第 153—157 页。

存在危机,与之平行的是科学结构需要进行理论重构"。因此,"社会关系和科学理论的基础都有重新调整的必要,我们有可能把这种必要性看作同一个统一现象的两个方面"。当然,我们也有可能认为,那仅仅是巧合。但是,瑞泽博士确实有权把前一观念作为假设予以采纳,并引申出结论,看它把我们引向何处。在我看来,他通过此举提供了一种认识,即在人类目前的处境下,广义哲学能够是和应该是什么。

这个问题当然异常复杂,它不仅涉及科学结构与人类制度和事务之间的关系,而且涉及每个领域内部的关系。它促使瑞泽博士广泛涉猎和处理大量的问题,其中每个问题在目前都极有争议。在那些具有高度"实证主义"精神的人看来,这一事实以及一个思想家因此而面临的危险无疑构成了充分的理由,足以指责整个计划。尽管如此,我个人认为,当前哲学的急切需要是那些学识丰富的哲学家在自己的领域里运用想象,只要这种想象是受控制的,即这种想象必须基于充分熟知各个科学领域——数学、自然科学和社会科学领域——里有能力的研究者获得的原则和结论。对思辨横加指责,那只不过是赶时髦。当然,也有大量的思辨活动毫无节制,应该受到谴责。但是,现在众人皆知的是:没有假说,科学自身就不能进行,思辨也许不过是具有非凡的综合性的假设。确实,现在许多牢固树立的假设就源自一些大胆的猜测。如果它们一直只是猜测,那么,对思辨加以谴责就是有理由的。但是,如果它们引导研究,包括观察、实验,还有理论概念,那么,它们就使人类心灵摆脱了习俗的枷锁——这些枷锁在理论和实践事务上都是非常坚固的。因此,思辨导致它们自身处于不断的修正之中,直到它们取得正统假说甚至定律的地位。但是,后者会变成习俗的俘虏,于是又要求有新的思辨冒险。牛顿科学正在经历的革命就是一个很好的例证。

瑞泽博士的计划要求他有丰富的材料,这在他的书中得到了展现。他走进物理学领域,尤其把相对论和量子理论联系起来,走进生物学、心理学和社会科学。在有些领域,他走进非常小的细节,例如物理学的光学理论和生理-心理学的视觉理论。可以公正地说,关于其中许多问题,瑞泽博士熟知科学家撰写的相关文献,这在专业哲学家中并不多见。

瑞泽博士从事的这项事业要求运用某些"指导原则"。瑞泽博士特别依赖的原则有:一般哲学中的现象学;物理学中的场论;从物理学到生物学和社会科学的相对性概念;以心理学中的格式塔和物理学中的场论为范例的、作为优先因素的整体概念;不同于单纯重新分布的新事物突现的观念,还有动力学定律与统计定律在种类上的区分。以上列举并未包括一切,我将谈谈最后一点,以便更详细地介绍瑞泽博士的观点。

动力学定律的范例是"最小作用"原理,包括能量学第一定律。这些定律适用于严格因果律起作用的领域、存在真正的机械系统和可逆过程的领域、微观过程或可以实际或潜在地观测的领域。统计定律的范例是热力学第二定律,它们涉及概率的或偶然的事情;不可逆过程;得到的关于微观现象的结论呈现为平均值。后者含有现象学立场,就像它们展现出来的那样,它们把事情当作整体,在这里"当作"既适用评价也适用描述。另一方面,动力学定律是分析达到元素层次的结果,在背景上是原子论的。动力学定律适用于个体的运动,统计定律适用于聚合体。他依照爱丁顿的做法,把它们分别叫做第一类和第二类定律。这一学说与突现的发展有直接的联系。当第一类实体按可观察的(现象学的)模式来排列时,就展现出一些特性,这些特性实现了尚未组织起来的各元素的潜在性。现在,个体的行为就是它们处于其中的场的函数,发生的变化就是转换;它们有目的论的一面,而非位置、距离等外部关系的机械变化。这种单向方向构成了前者的不可逆性:生命现象作为整体,是有目的的;即使作为构成成分的原子或分子结构的行为,也可以是机械的和可逆的。

我的印象是:如果瑞泽博士更严格地限于阐述这个一般原则及其例证,他的著作会更加贯通,而不会多次离开主题去谈一些相当可疑的事情。例如,他就不会有心将宗教解释成一种趋光性,这给别人一种贬义上的巧妙思辨的印象。我认为,另一个局限在于某种折中主义,他用这种折中主义把爱丁顿、吉恩斯、柏格森、怀特海等人的学说结合起来,而没有尝试对这些学说背后的事实作第一手的综合。与这种倾向相联系的可能是一种趋向:将某些传统哲学学说,如唯物主义和唯心主义,当作标准化和固定的东西。我认为,这一倾向及其危险特别明显地表现在他对逻辑同一性原则的处理上。在那里,他是从以下假定入手的:同一性只有一种公认的意义,在这种意义上,同一性既是自然法则,也是思想法则。这样,就可以说原则和事实之间有矛盾。例如,科学的物理学概念说某些现象既是离散的又是连续的,而事实是在"进化的宇宙"中,事物进入新的相互作用时会获得新的性质。这些事实与逻辑同一性的特定形而上学解释不一致,于是这一点被用来驳斥这个逻辑原则本身。毫无疑问,这本书在受到应有的关注时,批评者也会指出其他的局限性。但是,这些局限并不否定本文开头对本书的价值所说的话,它是试图以生动的方式处理当前给哲学提出的基本问题的一个范例;这些局限也不妨碍此书所具有的不同寻常的启发意义。

436　　《新人本主义者》的读者们会对瑞泽博士关于人本主义的论述特别感兴趣。关于一般宗教,作者主张,它在本质上既不是恩赐,也不是诅咒。宗教的价值取决于它如何发挥作用。具体而言,这一陈述意味着宗教的价值相对于它影响行为的方式——一般而言,即道德。从这一角度来看,宗教中超自然的因素是一种债务,不是一种资产。它将道德的基础和目的置于实际的行为事实之外。以来源于外面的启示为基础,它必须"在时间上'回顾'过去的信念模式,并在空间上'向上'仰望其理想的超验来源"。这些态度损害和阻碍从道德方面对社会问题进行明智的讨论。这一危害在急速的社会变化时期显得尤为严重,问题之所以出现,是由于变化产生的困难无法按适合过去文化传统的原则来满意地解决。当人们断言这些原则是超自然的和不可改变的时候,裂口就扩大了。在具体讲解时,他指向一些宗教教派在各种社会和经济问题上的极端保守主义。还可以补充一点,这种保守主义与他们对超自然因素的信奉成正比。现在,一些极为明显的例外是"自由主义"教派具有的特征,在这些教派中,超自然因素极大地被削弱了。

　　从更主要的特征来看,人本主义与一切关于人在自然中的位置的哲学理论有明确的联系。到目前为止,兴趣的核心主要是自然。在自然这个场境之中,人性出现了;人与自然的关系主要是作为自然的学生,他在自然中的位置是由自然的原因产生的。人本主义的倾向是颠倒这个视点——考虑人类一旦出现以后,如何能够修正和将会修正自然在未来采取的进程。按照瑞泽博士惬意的说法,人可能成为宇宙教室里的教师,他在教室里先是学习,然后学会服从自然法则。我认为,作者思想的恰当转述可以是这样的说法:人本主义的精神与每一种自由放任主义学说正好相反,而不仅仅反对打着这一招牌的"技术经济理论"。此书
437　结尾非常恰当地谈到人本主义与现代社会问题的关系,还提出了明确而具体的建议:在家庭、教育、经济和国际关系等领域里,人本主义的社会目标应该是什么。很多读者读完后放下本书会心存感激之情,感谢它对基本问题的叙述全面而生动;感谢它既提供了丰富的例证材料,又有不断提出的建议。

评宾汉姆的《叛乱的美国》①

阿尔弗雷德·M·宾汉姆(Alfred M. Bingham)著

纽约:哈珀兄弟出版公司,1935年

继图书、报纸中出现大量历史、探讨和批判专论之后,目前的危机呼之欲出。438
对于我们的社会状况,我本来以为不可能有真正原创的、第一手的诊断和预言,
但宾汉姆先生在他的《叛乱的美国:中产阶级的反叛》(*Insurgent America:
Revolt of the Middle-Class*)一书中表明,这是可能的。

宾汉姆先生相信,对每一个明智而确实了解情况的人而言,有两大原则是显
而易见的。一个原则是资本主义经济正在瓦解,尽管这栋大楼还能够支撑一段
时间,但过去存在的资本主义已经在走向衰亡。另一个前提是,应用在技术上的
科学的发展是资本主义瓦解的原因,正是科学的发展包含了新社会的潜在性;在
这个新社会中,一切人的经济安全和富足将使一切人生活富足成为可能,不仅是
物质上的富足,而且是文化上的富足。

他并不认为这种可能性的实现有任何保证。对他而言,能不能实现是一个
社会工程问题,正如成功竖起一座横跨哈德逊河的大桥是一个物理工程问题。
在这两种情况下,工程学都是一个科学方法的使用问题。使用必要的科学方法
的第一步是在那种情况下观察事实,弄清楚事实究竟是什么;这种观察要尽人所
能地摆脱先入之见的影响。在我看来,正是对当前社会情况的现实主义的分析,
构成了宾汉姆先生这本书的独创性;也是它推陈出新的来源,摆脱了陈腐无趣的
口号和过时的政治原型与陈词滥调。

本书开头第一段就弹出了主旋律:"就在我们看到上帝许诺的土地的时候,

---

① 首次发表于《常识》,第4期(1935年12月),第23页。

我们曾大力吹嘘的科学方法几乎令我们大失所望。"讨论继而推进到对马克思主义的分析上，因为在社会经济学领域，马克思主义的分析"与任何其他分析相比，都更好地运用了科学方法"。但是，"所有十九世纪的科学在过去二、三代人的时间里已经完全转变了，与此不同的是，马克思主义从伟大天才的创作之日起，在本质上没有发生过改变"。随后，本书第一部分致力于分析劳工（即马克思主义所说的无产阶级）在社会转变工程中的地位。其结果，对马克思主义的主张极其不利。他提出的是一个实践的论点。诚然，假若马克思主义对工人阶级和阶级觉悟的强调实际上是实现重构的必要手段，那么，我们就有理由将阶级划分和阶级斗争视为社会工程的基础。但是，宾汉姆先生很清楚地阐明——除了教条的马克思主义者以外——这如何与怎样不可能。

我认为，宾汉姆先生可以为他的分析基础提出这样的主张：与官方马克思主义者的态度相比，这才是更加真实的马克思主义。对于马克思学说中毫无疑问的科学因素，他看到"生产力的关系"的作用是决定一定时期的社会结构。马克思的分析和革命理论符合 19 世纪中期欧洲的生产力状况，但从来不完全符合美国的状况。然而，正如宾汉姆先生所表明的，过去 85 年来生产力状况的发展极大地改变了西欧的形势，以至于他关于革命性转变的战略战术越来越不适用——并且是基于马克思主义的根本基础。官方马克思主义没有考虑到生产力性质的这一变化，所以没能向前发展，尽管马克思主义的理论核心是正确的。

从阶级观点看，自从马克思的时代以来，生产力的变化已经导致中产阶级重要性的上升，这是马克思并未预料到的。所以，本书接着讨论了中产阶级实际的和潜在的作用。可以有把握地预料，宾汉姆的这部分讨论将给他招来甚至比他对马克思主义的分析更多的指责。但是，一些有识之士应该承认，马克思主义的真理能够遵循现实主义的分析，摆脱固定、独断的先入之见的约束。我在此只是指出，作者在马克思主义的基础上阐明阶级观念如何与阶级觉悟的观念紧密地结合在一起，这就使该问题在本质上成为一个大众心理学的问题。当他断言中产阶级是一个"无阶级"的阶级的时候，他是在说：一个庞大的、不断增多的社会群体并没有觉悟到它是一个阶级。

在陈述了中产阶级的重要性之后，宾汉姆先生并没有在这个基础上得出任何乐观的预测。相反，他在第三部分表明，法西斯主义的发展本质上是一个中产阶级运动，尽管被拥有资本的资产阶级所利用。他并未忽视美国的社会和政治将变得越来越法西斯主义的前景。他得出的结论是:美国社会转变工程师的战略战术导向必须是确保中产阶级(与工人阶级一起)运动朝着这个方向迈进,并远离法西斯主义。所以,第四部分具体讨论了"一个美国计划"。如果利益群体哗众取宠的宣传、变化无常的新政策和官方马克思主义者武断的宣言与指责没有完全迷惑我们的公民同胞的政治意识,那么,这种对现行社会力量与趋势所作的全新而现实主义的分析应当产生深远而持久的影响。

詹姆斯父子[1]

《威廉·詹姆斯的思想和性格》(*The Thought and Character of William James*)

拉尔夫·巴顿·佩里(Ralph Barton Perry)著

第一卷:《传承和生涯》(*Inheritance and Vocation*)

第二卷:《哲学和心理学》(*Philosophy and Psychology*)

波士顿:利特尔-布朗出版公司,1935 年

441　　有一些传记似乎迫不得已要吹捧它们的主角,而有一些传记则把它们的主角的声誉贬低一番。我们很愉快地发现,一个像詹姆斯这样的人,他的生平完全值得写一写——没有人认为写他的生平需要采取其中一种思路。还有,一些传记考虑到它们的主角所处的环境而对主角有所折损,而另一些传记则相反。佩里在前言中指出,詹姆斯的人生和思想与环境交融一体,因此没有必要作出删减或分隔。如果佩里先生因选择这个主角而感到格外的快乐,那么,真实的事情是威廉·詹姆斯也很幸运,他找到了这样一位传记作者,极为成功地让詹姆斯为自己说话并且让自己成为自己。一个令人难忘的人物出现了。

　　由于他的人生与他的思想和性格如此一致,这几个方面又与丰富而多变的欧美环境如此合拍;又由于詹姆斯生动的个性在友情中无拘无束地表达出来(包括大本大本的书信),这样描绘出来的詹姆斯的家庭、朋友、熟人、通信者的图画是迄今美国黄金时代最好的画卷。你也许要问一个有点伤感的问题:呈现在我们眼前的詹姆斯家居住的美国纽约和波士顿-剑桥地区,是否真的存在这样一些群体,或者是否真的存在了许多年?

————————

[1] 首次发表于《新共和》,第 86 期(1936 年 2 月 12 日),第 24—25 页。

可以预期,这个家庭将会出现在环境"场域"的一切学术和道德交织的核心和焦点处。然而,这个家庭的社会联系极为密切和活跃,只有像眼前这本书做这样完全的记录时才能充分地展现出来。老亨利·詹姆斯所表现的精力旺盛的个性,是佩里先生的妙笔生花之作。我们不应该说他几乎使他的孩子们黯然失色。真实的情况是:我们有一群明星,没有老父亲的存在,就没有如今在天空闪闪发光的星系。

威廉·詹姆斯志趣的发展,他那无可比拟的自由而丰富的家庭教育,他那海外旅行和居住的经历,以及他的画家事业的尝试,他的志趣向医学、生理学、心理学和哲学的转移,这一切都是用大师的手法来描述的。同样高明的描写,还有他的引领时代的心理学和哲学思想的发展,编者添加了充分的评论来澄清暗点。编者对一切相关材料的掌握得心应手,足以将细节联结成一个整体。在许多方面,这些材料突显和完善了已经描绘出来的图画,即由他已出版的书信、他的兄弟亨利·詹姆斯的回忆录、他的心理学和哲学著作所描绘出来的图画。相比之下,最具新意的是对他的父亲及其影响所作的描述,即使对于学识广博的读者也是如此。而且,书里含有人际交往记录和思想观念等大量宝贵的资料,以至于这里无法作出恰当的评论。这一事实,使作者特别注重威廉·詹姆斯与其父亲的学术和道德的联系。

实际上,如果我用整篇的篇幅来摘录一些关于他父亲的洋洋洒洒的大量文字,那么,这样一个节选本将有助于解释威廉·詹姆斯的文体风格。在倾听父亲的谈话度过的岁月里,詹姆斯受到的"文学"和文风的教育是无可比拟的。这里仅举几例。书中写道:卡莱尔(Carlyle)"那根干瘪的香肠冒着气泡,油污四溅";詹姆斯开心地想象,他看见霍桑(Hawthorne)在宴会上堕落成一头喋喋不休的狮子,跪在地上"问他的天父,为什么猫头鹰不能一直是猫头鹰,为什么猫头鹰不能变得同金丝雀一样大小";书中还写了他对英语特点的总结。由于篇幅太长,这里不宜引用(参看第一卷,第 123—124 页)。还有,他对爱默生令他不喜欢的那一面的叙述(参看第一卷,第 96—97 页)。

然而,父亲对儿子说话风格的影响只是深层影响的外部表现。我想,这种深层影响是威廉·詹姆斯所有深刻的哲学见解的核心所在——不过,威廉·詹姆斯的论述与他父亲的斯维登堡-傅立叶主义(Swedenborgian-Fourierism)之间还是有明显的差距的,这些差别也许可以由一个典型的事实来说明:在父亲的心中,系统神学是万事万物的关键,而儿子却对"宗教经验的多样性"(在实践上,只要它是真的经验,就具有同等的重要性)津津乐道,但在实践上对神学并无兴趣。

我发现,老亨利·詹姆斯写于1873年的一封信显示了儿子与父亲在思想上的连续性,哪怕这只是有些模糊地感觉到的类比。他说他惭愧,因为他比别人更深切地感受到他的家人所受的痛苦。在多数人看来,这种感受似乎是一种彻底的伤感主义,或者说是一种佩克斯力夫(Pecksniff)似的矫情。但是,他的兄弟则完全没有这种性格特点。他接着说,通过他的孩子的病痛经历,他产生了这样的愿望:"祈求他的孩子的命运同人类命运一样得到改善。"他渴望"个人与普遍的人类利益相融通"。我想,我们可以认为,这些话表达了他的核心思想。这里以严肃的方式表达的观念,在别处有一种具有幽默特征的表达。他说,拥挤的剑桥电车是人间所能找到的最接近天国的事物。

当然,在这个重要的观点上,儿子与父亲有着表面的矛盾。父亲感到自己有充分的理由说,只有通过人类统一性观念才能达到个人;而儿子对人类的关切和尊重,来自他深切地感受到构成人类的个人具有基本的实在性。但我认为,这个矛盾是表面的,至多是形式的和辩证的。儿子从父亲停止的地方出发。他不需要父亲得到有关个人价值的结论所使用的思想手段。他从这个结论开始,把它看作一个事实;当其他一切事情受到怀疑时,这个事实仍然是最确实的。

这个基本的个人观念支撑着詹姆斯所有的思想。他的多元论、非决定论和不屈不挠地反对绝对、反对教条主义的态度,都来源于这个基本观念。这个说法并不新鲜,我想没有人会怀疑它。除了这个事实之外,我眼前的这两本书还告诉我们:这个观念多么强烈而深刻地烙上了他父亲的个性和思想的印迹。

威廉·詹姆斯始终如一,真诚而深刻地体会到个人具有终极的本性和价值。如果不理解这一点,詹姆斯的哲学就始终是一部没有打开的书。在一些后期著述中,詹姆斯说道,他的论文"愿意相信",其实应该叫做"有权相信"——在有些情况下,即当人们有分歧而客观的证据不足以下结论时,这种权利就存在着。在我看来,"有权相信"的说法表达了詹姆斯的想法:个人具有不可废除的价值和表达自己信念的权利。

詹姆斯的许多说法在表面上似乎可以解释为对别人的观念纯粹采取妥协的态度(即使不是曲意附和)。但是,我有把握地说,那些说法的根源在于同样的想法:个人拥有最终的权利成为他自己并拥有他自己的思想——只要他是真诚的。

如果他有时说得有些过头，那是因为，他倾向于推想别人也同样真诚，这种真诚正是他自己标志性的信念。事实上，他总是说："如果我不认定别人有权拥有自己的信念，我如何断定我拥有同样的权利？"

此时此刻，我想讲一段个人回忆。我记得詹姆斯满腔热情地回应席勒的一篇文章。在该文中，席勒提出了一种思想，他认为"绝对"这个东西也许是万事万物趋于达到的顶峰。詹姆斯说：我自己没有这么高的热情。他又说："哎，我不需要一个绝对来做开端，也不需要它做终点。但是，许多人没有这种或那种绝对就活不下去。"这段话表明，那种使詹姆斯遭受指责的特点完全可以从他的生活和性格中去掉。詹姆斯对于精雕细琢的思想伪装和矫饰有着敏锐而深邃的洞察力，同时他达到了他父亲看作终极目标的那种思想纯真，这就是他对别人的权利的感受。

445

我似乎有点远离了这两本书，在名义上，这才是我的主题：在某种意义上，我有点偏题。但是，这两本长达1600多页的著作记载了一个人在一个变化多彩的时代的完整而丰富的生涯。这对于我们多数人只是一个梦想。这是多数普通的传记做不到的。只要记得父子俩的精神的连续性，任何读这两本书的人都会清楚地看到许多在别处看不到的东西。在培养孩子的性格和信念、调教孩子的行为方面，老爷爷"阿尔巴尼的威廉"是坚定不移的。父亲老亨利感到自己是完全离经叛道的。他写道："结果，你不加考虑就缩短了天真无邪的孩童岁月，于是你降低了他将来成为大丈夫的机会。"这种负面描写的正面陈述是："自由就在于拥有不可转让的权利按未被收买的内心感悟去形成信念，按照自己未被践踏的理解去行动。"我想，只要明白这些话语的意义，任何人都会更好地理解威廉的哲学论述。他将会更好地理解他的忧虑和动摇（他的身体不像他的父亲那样强健和自信），将会体会到他富于同情而且（回想起来）过于紧张地对待某些著述的心态（在那些著述中，一些他提出来的想法又回到他面前），将会发现他姐姐的一句话背后有着比健康状况不佳更多的东西。他的姐姐说，他是"一滴水银，因为坚持而不能坚持什么"。对于别人想法中看起来真实的东西，他既易激动又很有教养。这种心态是不利于系统化的逻辑连贯性的。但是，除非我大错特错，这种心态使他的著作具有持久的活力，这是不同于那些以逻辑一致性为主旨的哲学著作的。詹姆斯似乎不怎么下结论，这是由于他与生活本身合———生活的多面性。

桑塔亚那的小说[①]

《最后的清教徒：一本传记小说》(*The last Puritan：A Memoir in the Form of a Novel*)

乔治·桑塔亚那(George Santayana)著

纽约：查尔斯·斯克里布纳之子出版公司，1936 年

446　　桑塔亚那先生把他的书叫做"一本小说体传记"；出版商则说，"这是一本小说，必定会成为最伟大的美国小说之一"。虽然大家不必在这两种说法中作出选择，但我更喜欢出版商的说法。虽然这部书撰写了经过深刻反思而过滤的人生经历(也许只有这一点配得上传记这个名称)，但是完全摆脱了通常的传记充满回忆的格式：令人惊讶的自由风格。若非如此，正如桑塔亚那先生在后记中说到的，有人会说，他是一位诗人；对于诗人，"人生经历的全部宝藏只不过是物质冲击产生的自发的虚构"。出版商在我刚才引用的话后面又加上一句，说这部小说"是一幅无与伦比的活图画，描绘了从 90 年代到大战结束我们的文明图景"。这样的话在我看来是不真实的，不真实到了背叛这部想象力作品的精神的程度。书里的背景画面特别少。也许，牛津是一幅背景画，是那些出场人物的舞台布景。

　　这个故事是喜剧与悲剧的结合，喜剧是人物的喜剧——而不是性格的喜剧；悲剧是"精神的悲剧，它不满足于理解而向往控制"，这是桑塔亚那先生在前言里说的话。悲剧更深刻，因为这是一个精神要控制自己而不是要控制事件或别人的故事。对于故事中的这位"最后的清教徒"，如作者所说，清教主义达到了"它的逻辑终点"。这是一位天生的清教徒，而不是环境或训练的产物。奥利弗·阿

---

① 首次发表于《哥伦比亚评论》(*Columbia Review*)，第 17 期(1936 年 5—6 月)，第 49—51 页。

尔登(Oliver Alden)不同于许多新英格兰清教徒,他的骚动的良心并不是一个不断折磨别人而又受到折磨的良心的产物。"从这个孩子呼吸第一口空气的时候起,它就是这个孩子的灵魂"。他的父亲的最大愿望是在道德上塑造他,而对于母亲,他只是一个继承人,他的存在只是为了给家庭的名声增加一丝光彩。而对于浪漫的德国监护人(很难把她叫做保姆),他就是一个西格弗里德(Siegfried),而不是约翰·阿尔登的后代。奥利弗·阿尔登本质上是道德的化身,与一切纯洁的意志一样,他的纯洁的意志固守着道德之善。因此,他"克制"了一切自然的冲动,不仅摒弃一切他深情钟爱的事物,而且摒弃他自己。他是加尔文主义的化身,那种脱离了幻觉和迷信的加尔文主义。

但是,我在强调悲剧根源时,似乎忘记了我一开头说的话。这本书是一个故事、一本小说。许多读者会把它当作一个故事来读。这个故事有时由于人物冲突而真正跌宕起伏,有时只有凭借它一贯的细致观察才能摆脱剧情的影响。故事中有各种各样的人物,但大多数是活的。主角即使没有因为他忠于自己的内在禀赋而受到确实的敬仰,也是一个受到适度尊重的形象。除此之外,其他人物都被写成心怀恶意的人。对此,法语词 malin(阴险)似乎更贴切一些。父亲的单亲兄弟的突出之处就是有着不纯洁的清教徒所具有的令人恐怖的清晰,表现为"鄙薄地算计着迷信、节省和报复"。奥利弗的母亲的形象有时近似于一幅漫画,但这幅漫画似乎是以道米尔式的精确绘制出来的,极好地体现了她的个性。对于那些在这个故事中寻找哲学的人,那位英国水手是奥利弗最喜欢的人,一个天生强健的人有他的特点和缺点。书中多处留有弗洛伊德的痕迹。作者把奥利弗对这个自然人的喜爱写得有声有色,如果不是他的意志压制了他的欲望,他本可以成为那样的人。那位德国小姐的画像比其他人物更多地涂上了幽默的色彩,但这幅画像也表现出对艺术家特有个性的真诚尊重。最简单而又最复杂——不过并不繁杂——的人物是奥利弗的表弟,他也爱他。如果他对道德意志的忠诚不是如此坚定不移,他也许会妒忌他。如果那位英国水手是一个较低层的自然人,法尼(Vanny)就是一个给每一运动和冲动都涂上艺术色彩的自然人。他的母亲本来可以成为一位大歌唱家,他的父亲是一位业余美学家。他把善和恶同等地混合起来,但对两者都不动心。他是一位有着内在教养的异教徒。奥利弗向一位英国女郎求过婚而毫无结果,因为他的责任感比任何自然的性冲动更强烈。这位英国女郎也许有太多的禀赋没有充分实现,但她生活着。奥利弗以前向一位美国女人求过婚，但也徒劳无功。在那位美国女人做作的、自以为是的"唯心主义"中，有着令人惧怕的精确。这个女人比叔叔和母亲更令人讨厌，因为他们毕竟还有一些人的本色，没有完全把自己弄成一副矫揉造作的样子，只要还是人就不会是那个样子。她美丽动人，把一喜一忧都设计得完美无缺。

我一直在写人物，但是我说过，这本书从某个方面看也是一部喜剧，那里有故事有巧合。布置舞台背景的技巧高超绝伦。第一，他的祖辈和年轻的他生活在波士顿，这是一个新英格兰小城。波士顿的生活终结于一次海上航行，在那次航行中，他遇到一位退役的英国海军军官，于是他比任何时候都接近于通过超脱自己而认识自己。第二，在中学与大学之间有一段英国插曲。在英国伊顿，他遇到了法尼，他的父亲自愿地结束了隐居生活；然后，他回到了新英格兰，先到威廉斯顿，后到哈佛。第一段写得非常简略，只是对他的体育运动写得细一些；他从中学开始体育运动，而出于责任感，到大学还维持着。在哈佛的一段比其他部分都更像是传记，然而还不是传记——至少不是通常那种传记（书中描写那时在哈佛任哲学教师的桑塔亚那先生警告法尼不要听他的课，因为那样危险更大：法尼已经很有修养了，听他的课会变得更有修养）。最后是回到英国，中间有一段插曲是在纽约，他遇到了美丽而又令人讨厌的表妹。他受到表妹的异性吸引而又遭到拒绝，然而他却把表妹的性感向崇高提升，把她的性格理想化。最后，当美国积极参战后，他当了兵。战争的每一阶段都使他的本性深受挫败，即使他那运动员的体魄也对战争无可奈何。停战后，他死于一次交通事故。这个事件是故事的道德结尾，也是它的肉体结束。奥利弗真正地摒弃了他自己。他这个人相信，行善的意志无需超自然的帮助也能支配世界。这次事故就是自然对他的报复。

不用说，桑塔亚那先生用完美的形式表达了他自己。但是，我要说，这本书超过了他的其他著作。在其他著作中，每一个语句的根本形式都不同于美文，有时是严谨的，而内容却是温和和流溢的。本书的结构坚实，与材料联结成一体。毫无疑问，这种解释要在尾声的话语中找到；在那里，作者用书中人物的嘴说出来："在这本书中，观点成为劝说，所说的话虽然没有宣称是真理，却更加真实。"桑塔亚那先生正如他本人所说，是一位诗人。也许我错了，但这本书表明，他特有的艺术敏感性是对人物的敏感。因此，与他写观念之诗相比，在这本小说中，他的诗人天赋得到了更加自由的发挥。

乔治·米德的著作[①]

《心灵、自我和社会》(*Mind, Self and Society*)，乔治·米德(George
H. Mead)著，查尔斯·W·莫里斯(Charles W. Morris)编
芝加哥：芝加哥大学出版社，1934 年

《19 世纪思想运动》(*Movement of Thought in the Nineteenth
Century*)，乔治·米德著，梅里特·H·摩尔(Merritt H. Moore)编
芝加哥：芝加哥大学出版社，1936 年

乔治·米德在活着和任教的时候，在美国哲学教师中占有独特的位置。他 　450
有著述发表，但是很少；而那些少量的著述比较分散，甚至几乎是零散的。然而，
他对熟人和教过的学生的思想影响是极其深刻的，几乎是革命性的。而且，他的
著作是独特的，但有些方面是矛盾的。与他已经发表的著作相比，他的心灵有着
非凡的高度统一性和系统性。他努力进行综合的材料涉及的领域之宽广，令人
惊讶。它们从物理学与生物学技能，延伸到人生、历史、政治、经济和文化现象。
他比我能想到的任何人都更多地感到现有的哲学不能满足时代的要求，那些哲
学都没在这两个看起来相对立的事物之间建立公正的关系——公正就是不允许
一个吞并另一个，而是让各方以自己的方式表达自己。

因此，他给自己提出的问题（无意的而不是有意的）是所有的思想家面临的
最难的问题。他深深地了解科学的新观念和新方法，以及社会生活的新运动，因
此他无法走捷径去固守迄今已提出来的任何一种哲学。于是，他放弃了相对容
易的途径，即通过进一步发展某个已经建立的观点来获得认识。但是，他也不沉 　451
湎于创新和首创的热情。相反，他本人把那些无疑由他自己创立的观念归功于
给予他启发的学者。他是原创性的人，因为对于多数哲学家没有意识到的深层

---

① 首次发表于《新共和》，第 87 期(1936 年 7 月 22 日)，第 329—330 页。

问题,他具有非凡的敏感性。这种敏感性使他进入新的领域,在那里,由于没有既定的公式,没有已经用过而为人们所熟悉的词汇,表达起来非常困难。他那渊博的学识增加了而不是减少了难度。情有可原的无知,总是成为处事简单的推动力。他任教的时代,是一个科学革命的时代、一个社会大变迁的时代。米德对这些变化极其敏锐,因此对这些变化的性质了然于胸。这使他不会把这些变化机械地套进原有的概念框架里,不论那些概念多么流行、多么有影响。

米德的著作由他以前的学生和同事们编辑,现在出版了。他强调改造的概念具有核心的重要性,那是在自然、在人类组织、在思想中不断发生的事情。不理解这一点,就不可能读懂他的任何一本书。这种思想首先是在出版的《心灵、自我和社会》中提出来的,它代表了米德关于任何重要的当代哲学家都必须面对的一个基本问题的想法:一方面是相对确定的秩序,它们有齐一性、规律、普遍等名称;另一方面是无休止地出现个体性、新颖性和不可预见性。这两个方面如何能够以连贯的方式统一起来呢?对于米德,连续性、重造、改造的观念不仅仅是一个抽象的观念,而是直接的、活生生的感受。这样一个观念为他提供一条联结线索,由此可以解释 19 世纪思想运动所呈现的多样性和差异性。

在某种意义上,他使用的这个概念把他与进化和发展的概念紧密地联系起来了,后者也许是他在《19 世纪思想运动》一书中讲述的那个时代最有特色的贡献。但是,他把进化过程规定为自然与人(作为有意识的那部分自然)的连续改造,人用连续的改造来解决普遍与个别、规则与创新的关系问题。在这个意义上,这个规定是他对哲学最突出的贡献。我认为,米德对这个问题两个方面的敏锐洞察——不仅是总体的,而且是有大量细节的——解释了他的心灵的系统性与他对外言行的非系统性之间的表面矛盾。他不懈地致力于自己思想的改造性的发展。

在这里,对于《19 世纪的思想运动》讨论的多个课题,即使是作一个单纯的概述,也是不可能的。摩尔先生为这部书撰写的导言,为读者理解它提供了出色的指导。然而,在这里,我要提请大家注意三个基本要点,它们与我刚才说过的话相联系。其一是阐明 19 世纪思想与欧洲整体思想传统的连续性,不仅包括文艺复兴思想和 17 世纪思想,而且包括中世纪神学家的思想。第一章清晰地论述了自然可知这一科学公设与以前的神学概念的连续性。没有这种连续性,以下事实就莫明其妙:浪漫哲学家强调个人意识,这就使我们能够理解先前的宗教观念,即自然只是人类灵魂上演戏剧的舞台。同时还有一幅清晰的图画:改造的力量把人们对教会机构权威的依赖,转变为人们在知识领域对人类理性权威的依赖和在政治领域对世俗群体的依赖。其次,整个讨论自始至终展现了科学变化与社会制度和哲学变化之间持久的关联——这两个方面通常是分隔在各自的包厢里的。

第三点是米德的建设性哲学的主要原创性贡献。他承认那些导致现代哲学产生太多的主观主义的事实,但并不想把那些事实解释掉,而是阐明这些事实要由单个机体与世界的积极联系起来说明,而不是用"意识"来说明。同时,他说明了自我的社会本性对于形成一个共有普遍观点的可能性具有的重要意义。最后一章"19世纪的个体性"最有仔细研究的价值。要说出版这本书的理由,仅仅最后一章就绰绰有余。我不知道,有哪一部著作在寓意深远上能够与之匹敌。

453

从前面的论述中,读者可以推断:第二部著作同第一部著作一样,并不是米德亲手完成的,而是对他在芝加哥大学讲演的速记稿进行编辑的结果。正如编者在前言里所说的,不能保证这个文本准确地陈述了米德本人的观点,如果他自己来定稿,结果可能不同。从这个方面看,这本书无疑是有缺陷的;但也有弥补之处,演讲录比学究式的正式出版物更有利于议论和评述。米德兴趣广泛,学识渊博,每一页都要用建议、比较、评论来加以丰富,这也是无法用更严谨的方式来处理的。这是一种有着深刻的原创性、引导别人进行创新思考的哲学思想。我们会对这种思想的虔诚怀有无限的感激之情,由于这种思想的虔诚,米德传授给学生的思想和知识成为大众可以获得的财富。很难找到一部著作像这两本书一样,展现了对科学方法和人类价值不变的尊重,而且把它们融合在一起却没有任何辩解,没有损伤某一方,也没有任何矫情。

宗教、科学和哲学[①]

《宗教和科学》(*Religion and Science*)

伯特兰·罗素(Bertrand Russell)著

纽约:亨利·霍尔特出版公司,1935 年

454　　伯特兰·罗素先生在他的重要著作的一开头就说:"科学和宗教是社会生活的两个方面。"就宗教来说,我想很少有人会怀疑这个陈述。但是,就科学来说,这个陈述常常被忽视。当前在人们的眼里,科学似乎是一种单纯的智力追求,与社会力量和制度的联系最多是偶然的和外在的。然而,罗素先生的主题是 16 世纪以来科学与宗教的冲突,如果不充分注意到罗素先生在篇头所说的话,就不能理解这个主题。因为两者的冲突最终是关于形成和支配信念的权威问题的两种对立观点的冲突,而相关的信念影响着人生的每一方面,从身体健康到道德态度。

　　对权威的需要,是人的恒久的需要。因为这就是对原则的需要,这些原则必须足够稳定而又富有弹性,用以指导变动不常的生活过程。自由主义者往往削弱原则,他们无端地假定不论什么形式、什么形态的权威都是大敌。在作这个假定的时候,他们直接攻击的对象是那些坚持外在的、教条的权威(不论是教会的权威,还是政治的权威,或是两者的混合)的必要性的人。最近几个世纪的深层问题是:科学方法(用实验寻求智慧的方法)能够提供权威,而先前人们是在僵硬的教条中寻找权威的。科学与宗教之间的冲突,是这个冲突的一个方面。

455　　其实,人类的历史主要是人类盲目地奋力寻求生活行动的权威指导的历史。这是一次又一次人类以为他们找到了权威所在的地方的故事。之所以说是盲目

---

① 首次发表于《南方评论》(*Southern Review*),第 2 期(1936 年夏),第 53—62 页。

的，是因为人们并不知道他们要寻求的是什么，于是抓住历史的偶然事件和社会条件在暂时控制的条件下所提供的东西。因此，这个历史是反复的失望和万花筒般的变换。在科学方法兴起之前，万般变化之中一件不变的事情是权威的地位被放置在耐心的、累积性的理智求知活动之外，处于某种机构之内。人们以为，最后的原则和规则就是从那里放射出来的。在最初阶段，从事求知和实验的人并不知道他们所做的事情有多么重要的意义。他们的动力主要是急迫的好奇心和不堪忍受他们周围的无知和混乱。但是，由于他们的努力带来了权威地位的最终变化，因此，从 17 世纪以来每一个领域发生的斗争来看，没有任何理由对这一事实感到惊讶不解。也许值得惊奇的主要原因是：这种斗争不是更加艰巨，而是依赖科学赢得了如此多的胜利。

如果不是由于所谈的问题极具深度和广度，罗素先生对天文学、生物学、医学、心理学和道德中冲突的描写会是令人郁闷的。因为那主要是一些愚蠢的言行的记录，从当前的知识看似乎难以置信；这样的事情反复出现，斗争从一个领域转到另一个领域，人们却没有从过去的失败中吸取教训。如果把这个记录看作人类知识从动物以情绪和蛮力占主导状态开始的上升发展，那么，这个故事是令人振奋而不是沉闷的。倘若罗素先生的统一论述不是这样一个主题，那会真的令人沮丧。正如他在开头几页所说，"新宗教在俄国和德国的兴起，装备了科学提供的新传教手段，再次将此置于受怀疑的地位，就如同科学时代的初期一样"。也正如他在将要结尾处所说："在我们的时代，思想自由所受到的威胁比 1660 年以来任何时候都大；但现在的威胁不是来自基督教会，而是来自政府。由于当代存在着混乱和无政府状态的危险，政府接替了从前属于教会权威的神圣地位。"而且，"新的宗教取代了基督教的地位，却重复着基督教所犯过的错误"。

这种状态是罗素先生的著作所提出来的尖锐问题。这正是我提出来要考虑的问题。罗素先生的著作的详细内容，每个人都可以阅读。他的表达的清晰和巧妙让二流作家自愧不如，但在这本书中，他在这方面又几乎超过了他自己在其他方面的著作。事实材料自由地取自安德鲁·D·怀特（Andrew D. White）的杰作《科学与基督教神学战争史》（*History of the Warfare of Science with Theology in Christendom*）和莱基（Lecky）的同样不朽的《欧洲理性主义的历史》（*History of Rationalism in Europe*）。然而，这些材料经过浓缩而且措辞凌厉。冲突的每个方面都清晰地呈现出来。这里不必复述或解释。但是按我的判断，

456

他提出的问题是当今世界所面临的最严重的问题。一切迹象表明,在未来数年,这个问题将变得更加紧迫,涉及更多的领域。

在我看来,这个问题是双重的。在武力的支持下,对自由的实验求知方法的信仰突然衰退,教条的权威死灰复燃,这是什么原因?另一个问题是:接受科学方法,把它看作指导人类行动的信念的权威——不是名义上接受,而是在实际行动中接受——人类将从中获得什么?这两个问题指向不同的道路。但是,我不清楚我该如何说科学为我们做了什么,除非我们首先弄清楚为什么科学在不久前取得全面胜利之后就衰落了,甚至崩溃了。为什么在取得巨大的技术成功的时期之后,科学的地位变得如此低下,在世界许多地方如此不安全?我想,答案逃不出两种选择之一。或者说,求知的方法衰退到只具有相对的重要性,因为与习惯、情绪、一些人追求权力和臣服的冲动相比,它只是人性中比较弱势的部分;或者说,当前科学权威的衰落具有特殊的原因。

科学的衰落可以在前文一句话所表达的事实中找到历史原因,在那里,我提到科学在技术上的成功。罗素先生正好区分了科学的气质与科学的技术,前者是"谨慎的、尝试的、逐步的;它并不妄想它知道全部真理,甚至不妄想它的最好的知识是完全真的。它知道任何学说或早或迟都需要修改,而必要的修改要求有研究的自由和讨论的自由"。它从观察事实开始,而不是从固定的普遍真理开始,再从中演绎地推导出特殊的真理来。它通过许多个别事件的实验观察来达到一般规则,而在达到一般规则后就将它们用作工作假说,而不是用作永恒不变的真理。在时间进程中,不同的假说由于得到观察事实的充分证实而成为理论,这些理论集聚起来形成更加广泛的概括。但是,神学,从最原始的形式到最精致的体系,都是从一般原则开始的,这些原则一部分出自"纯粹理性",一部分出自终极神性权威的启示。而科学的概括则是结论,这些结论随着研究的进展是可以不断修改的。"知识已不再是宇宙的心理反映,而变成了操纵物质的实践工具。"

科学的技术不同于科学的气质,它注重的是操纵物质的方法。它是具体技术的来源,例如把电应用到日常生活。它关注的是直接的实践结果——这里,实践一词有着特定的、技术的涵义——如发电站、广播、照明、电话和汽车点火装置等等。"实践专家运用科学的技术,政府和大公司则进而利用实践专家,获得了与科学家完全不同的气质——这种气质充满了无限权力意识、傲慢自大的确实性,甚至操纵人事的快乐。"

在我看来,这些事实是不可否认的。它们表明,科学的气质、理智实验的方法,即使在它取得技术胜利的时候,在它取代以前关于天空、人体、动植物的起源和生长的信念的时候,也只是取得了微小的进步。科学的功能在于修正我们关于千差万别的事物的信念,取代早期由情绪幻觉产生的信念,这些信念由于历史的偶然事件而被写成文字并进入信条的结构之中。那时候,如果个人的灵魂要生存,就必须接受那些信条。科学也通过它的技术应用导致了工业和商业的革命,在细节上影响了日常活动、休闲活动、国民经济和生活条件。但是,对科学胜利的历史考察表明,除了相对较小的职业科学家群体之外,它的胜利仅仅限于这些专门的领域。

458

换句话说,"科学"仍然是一群名叫科学家的人所做的事情,是他们在实验室、天文台和一些专门研究的地方所做的事情。它还远远不是心灵的气质,即人类个人和集体用心灵来对待他们遇到的问题。它离这个目标太远,连人类活动倾向的表面也没有碰到,只是在地表上划了几道印子。科学的声誉主要不是来自人们普遍采纳它的心灵的气质,而是来自它的物质主义应用。对于人类大众,科学气质的内在唯心主义淹没在物质力量的应用和享受之中,淹没在物质的舒适之中,这些都是它的技术应用的产物。

这个结果在很大程度上是可以解释的。从历史的观点看,科学是一位新出场的人物。科学还是一个婴儿,他要同地球上生养了千万年的成年人作斗争。再则,它来到人间,大部分人几乎处在饿死的边缘;它由于有着释放权力和安逸的前景而吸引了他们。

只有从这个背景所形成的视点来看,科学技术的物质方面的迅速发展才能得到理解。科学使发明成为可能,当人们开始享受发明的成果时,被阻塞的胃口、被压抑的欲望就活跃起来。发明的新力量与人们以前无力满足自身需求的状况,形成直接的对比。社会在整体上(不是这里或那里少数几个人)表现出暴发户的状态。无疑,多数个人并没有大量地分享这块希望土地上的牛奶和蜂蜜。但是,没有多少人能够抵制科学由于其技术应用而具有的诱惑力。

459

然而,前文所言都是事情的否定面。肯定面是新科学的技术资源本质上被俘虏的状态:首先是被金融资本控制的工业俘虏,然后被政治国家主义俘虏。罗素先生说到,新宗教威胁着科学的气质,它的自由的、暂时的、实验的方法,它用工作假设替换永恒不变的真理的倾向。这种威胁只不过是科学取得技术和物质胜利时期一直存在的那些力量的最高表现。新的思维和行动方式爆发式的绽放,总是惊世骇俗。在危急的后果强加于我们头上之前,我们总是不知道我们在做什么。但是,我们可以肯定,虽然新形式的产生有些突然,但它们一直在地下积蓄着力量。

这里不宜专门讨论国家主义和经济资本主义。但是,谈一谈已经引用的罗素先生一句话中的一个词肯定是恰当的。这个词就是"当前混乱和无政府状态的危险"。这种危险,一方面产生于我们的经济体系无控制的运行,另一方面产生于我们的政治国家主义。这是真正的危险,因为这是经济力量与政治力量联合的必然产物。无政府状态和混乱的危险不仅仅是一种威胁,而且是一个眼前的事实。这种危险是一种迫切的新需要,即权威原则的宣示。由于科学并不打算满足这种需要,所以我们求助于老式的外在教条权威。之所以说老式,是因为它的路径大多符合既有的历史先例。它的表现形式是新的而且是可怕的。因为它掌握了科学的一切技术资源。混乱的危险起因于战争,那是政治国家主义的结果;应对这种危险的办法,是动用科学资源去准备更大的战争。经济失衡和保障丧失产生了无政府状态和混乱的危险,这要由专制来应付;专制为了这个或那个阶级的利益,控制了工业生活的全过程。这两种手段都依赖于科学催生的技术的使用。它们都依赖于剥削,用科学产生的技术手段以及用情感和想象来剥削。这个结果为罗素提供了依据,他把这些运动叫做新宗教。它们具有既定的教条、僵化的格式和仪式、核心的制度权威,以及信与不信的区分,还有对不接受真理信仰的异教徒的迫害。

在我看来,这种状态使科学的社会地位和社会作用问题变得极为重要和紧迫。我们处在危险之中。人们能够想到的,我们在这个国家在这里能够想到的,唯一的出路是动员一种教条和制度来反对另一种教条和制度,于是发动一场新型的宗教战争。我的意思不是说,在这个国家,这个问题必然采取法西斯主义和共产主义专制势力之间的直接冲突的形式。但是,我们面临着无政府状态和混乱状态。如果采用耐心的实验的理智方法来应对这种局面,每一次失败都意味着一种更强烈的欲求,即用某种外在的、教条的权威在混乱中建立表面的秩序。倾向于发动战争并把战争叫做和平,这种事情自塔西陀(Tacitus)以来就时有发生。它只是采取了新的形式。在我们当中,已经有一些"知识分子"的群体在鼓吹外在极权主义学说,并乐于成为这场运动的官方哲学家。

这个问题既关系到哲学,也关系到科学。在这一点上,虽然有些犹豫,但我也被迫与罗素先生分道扬镳。罗素先生的论述中肯定具有哲学意义的那些部分,是关于灵魂和身体、宇宙目的、科学和伦理学的那些章节。我的异议并不涉及他所达到的关于传统宗教观念的结论,而是关于讨论过程中提出的一些哲学观念。本文没有给我足够的时间和篇幅让我进入知觉哲学,那是他在前两章、关于价值的那一章和最后一章谈到的。如果我认为与罗素先生深刻而恰当论述的主题没有关系,我是不会去谈的。

问题的要害从总体上说是知觉和经验的"私人性"问题,还有价值的"主观性"问题,这两个问题之间有着密切的联系。罗素先生相信"看"、知觉一般来说是私人事件,"每个人的经验是他自己私有的"。两个人不可能看到、记得或经验到完全相同的事物;由于自然科学就在于从知觉和记忆出发进行推理,因此,"细加考察就会发现,物理学的素材与心理学的素材具有同样的私人性"。他进而又说,心理学的素材可以具有物理学素材所具有的那种"准公共性"。罗素先生的理由是:当我们说我们感知一个对象时,例如太阳,对象只是一个遥远的原因,我们的知觉依赖于中间媒质,也依赖于某些身体过程,特别是大脑过程。我不明白这与知觉的"私人性"或与知觉的"内心"特性有什么关系。这个论证似乎要表明,知觉是一个发生在客观世界中的复杂的客观事件,经过多种条件的相互作用。这是一个比我们所说的太阳照耀更复杂的事件。这只是在没有质疑传统二元论心理学的前提下继续往前走,除了条件因素的复杂性之外,我看不出有什么特别的地方。而且,正是以这种复杂性为根据,我们有能力进行某种推理,推断不同的事物,"太阳"、"媒质"、"神经系统"对于知觉的产生都起了作用。至于经验之所以是私人的,是因为两个人不可能有完全相同的经验这个论证。我想,同一物理事物不可能完全重复这一点也是真的。但是,除非我们事先把事件的个别性定义为私人性(这是纯粹的语词游戏),我看不出存在的多样性如何能够证明存在的私人性。

我说过,如果与科学的社会功能问题没有直接关系,我不会作这些评论。这一方面要辩解科学在决定信念(这些信念把人聚集在一起从事联合行动)上的权威性;另一方面是科学的方法和结论具有内在的私人性,要把这两个方面统一起来是困难的,似乎在逻辑上是不可能的。如果后一学说得到实质性的支持,我们就应该接受,不管它有什么不幸的社会后果。但是,它并不有效却又被接受了,这就加强了这样一种想法:在私人观点冲突时,我们必须求助于外在的权威和力量,以取得公有秩序。在与道德相关的价值问题上,这里涉及的问题表现得更加明显。

按照罗素先生的说法,"伦理学并不包含陈述,不管是真陈述还是假陈述,而只包含一些属于一般类型的欲望"。因此,关于好与坏的分歧与趣味的差异具有同样的性质。说某个事物好或具有正面的价值,这等于说"我喜欢它",就如同在另一个场所,我说我喜欢牡蛎;说它坏,并不是在作一个客观的陈述,而是一个关于某人的个人主观态度的陈述。我并不怀疑,人们提出的一些伦理学理论事实上就是一些私人或团体好恶的精致的"理性化";我并不怀疑,一种欲望就是我们意识到某物是价值的一个条件,可能也是任何事物是价值的因果条件之一。但是,即使从这一立场出发,要达到好等于喜爱的学说也还有很长一段路。因为喜爱和欲望是自然事件。它们有条件,但它们不等于那些因果条件,肯定不等于其中一个单独的条件。罗素先生说:"通过明智、幸福、无畏来培养人们慷慨大度的欲望,人们的行动会比现在更加符合总体的人类幸福。"这样的话语中,无疑有着深刻的真理。但是,我怀疑这个陈述是否与欲望和价值完全"主观性"的学说相一致,或者是否罗素先生同少数人一样,碰巧喜欢"慷慨大度的欲望"更甚于别的欲望。因为这个论证假定了欲望具有客观的条件和客观的后果。

在同一段落中,罗素先生说,人们所需要的那种欲望并不是由伦理学理论产生的,这一点是真实的。然而,我们可以从理论上设想,应该有这样一种伦理学的理论,它以科学的和客观的方式关注这些因果条件,以及这种或那种欲望的具体后果。这样做,有着巨大的实践困难。现在还只是一个微小的开端。但是,只要我们把这件事情做下去,随着它的成熟,就会建立起一门技术来处理人性,就像我们用技术来处理物性一样。这些技术不在于从外部进行操纵,因为这些技术的实现需要有自愿的合作反应。这样一门科学和技术由于还没有产生,因而并不引人注目。我相信,循着这条思路走下去,我们将会看清科学气质相对微弱的影响,而科学技术由于提供了物质力量、舒适和安逸而有着巨大的影响力。常常有人说,自然科学远远地走在了人文科学的前面。就人类的欲望和目的来说,可与物理知识匹敌的关于手段与结果的知识是唯一的道路,从而使社会知识达到物理知识和力量已经达到的水平。

威廉·詹姆斯的哲学[①]

《威廉·詹姆斯的思想和性格》

拉尔夫·巴顿·佩里著

第一卷:《传承和生涯》

第二卷:《哲学和心理学》

波士顿:利特尔-布朗出版公司,1935 年

　　阅读威廉·詹姆斯的活动和交往的记录,我得到的印象是:就多面性来说,他是美国历史上出现的最重要的学界人物。在某些专门方面超过他的人是有的,例如在政治思想的深度和广泛上有杰弗逊(Jefferson),在纯思想火焰的连贯性和专注性上有爱默生(Emerson)。但是,在与重大问题的联系上,詹姆斯几乎是最独特的。那些丰富而有条理的记录,归功于佩里教授精密而有才智的技巧[②]。思考这些记录的时候,我能想到的是关于人类兴趣的一个未表达的方面。没有迹象表明,历史的视野受到关注。但这个事实似乎具有正面的意义——不是表明他对人生的理解不充分,而是表明他对人生、对没有年代痕迹的人生有着丰富的理解。也许可以说,他是一个地道的当代人,现在是而不是过去是。因为他的当代性不是由于关心那些过眼烟云的偶然事件,而是由于关心人类发现自己遭遇的普天之下、古往今来都存在的问题和困境。

　　如果直接从一个非凡天才辈出的家庭的描述这一观点来看威廉·詹姆斯的故事,这个故事是极为精彩的。佩里博士做得很好,在第一卷用了五分之一的篇幅来描写他的父亲老亨利·詹姆斯。评论者大概可以用整个篇幅来评论这个杰

[①] 首次发表于《南方评论》,第 2 期(1937 冬),第 447—461 页。

[②] 副标题——"未发表通信和笔记和已发表著作一起所揭示的哲学"——值得完整引用。

出的男人和他同样杰出的思想和交往。如果把家学渊源放在一边,不了解父亲,不了解父亲如何蔑视当时因循守旧的思想习惯,就很难形成一幅关于威廉·詹姆斯的天才的正确图画,以及他的明晰而生动形象的表达和无拘无束的原创性思想。我愿意停下来先说一说家庭环境,詹姆斯的才能就是在这个环境中生长发芽的。有人以为,天才很难相处。但是,把这个家庭团结起来的自发的爱心不仅彻底驳斥了这种说法,而且为美满的家庭生活作了一幅令人振奋的图画。家庭每个成员对其他成员的人格尊重,无疑是形成个人观念的一个重要因素。我们将会看到,这个观念是威廉·詹姆斯哲学的一个根本的东西。

威廉·詹姆斯和他的作家弟弟小亨利·詹姆斯之间的互敬互爱,贯穿这两本书的始终。书中偶尔也谈到其他孩子,每个孩子都远远超过了资质平庸的水平。詹姆斯的妹妹艾丽丝对他的评论,比在他本人的那些专页上能够找到的评论更加透彻和生动。"在回答我关于他在乔科卢街(Chocorua)的房子的问题时,他对自己和环境的表达是完美的。'哦,那是你见过的最令人开心的房子;它有十四扇门,都朝外开。'他的脑袋并不只有十四个,这也许有点不幸。"她说,他"能够将生命和魅力交给苦役去消磨",她的话准确地表达了每一个亲身经历过他的不屈不挠的旺盛志趣的人都有的感受。尽管多次遭受身体的和心理的病痛折磨,他却始终生气勃勃。小说家弟弟对哥哥充满爱意的钦佩。虽然他不懂哲学,也没有理解哲学的专业能力,但他还是抓住了詹姆斯哲学的精神。在收到《实用主义》一书后,他热忱地写道,它的作者创造了一种"关切的、可吸收的、可参照的"哲学,比以往任何人都使哲学更有趣、更鲜活。

佩里著作的第二部分题为"教育与职业",以颇受欢迎的写法取代了通常可能出现的传记体形式。佩里主要通过詹姆斯写出和收到的书信来展开故事,他只是为了使故事连贯,才加上一些必要的解释性评论。如同家庭关系一样,这里的故事也有某种独特的意义。威廉·詹姆斯所受的,不是通常意义的那种学校教育。但是,他亲历了多种多样不平凡的交流场合,大多数交流"有效",这不同于常见的学校课程。他的父亲强烈地反对他的父亲的父亲对加尔文主义的热情,表达了他要按自己的道德形象来教育自己孩子的愿望。他写作的腔调几乎就是卢梭式的,"童年对未来成长的重大价值,就在于它处在天真无知的自然情感和爱心的宝库里……我可以肯定地说,我的早期的道德意识的发展,无论怎么说,都是对我的自然纯真的致命的伤害,这种纯真对于人的精神品格的自由演化是必不可少的"。于是,他以那个时代少有的方式放手让孩子们去发展,放弃了用固定的模子铸造孩子的信念和性格的做法。乍看起来,这种放任的做法似乎与他的个人信念的非凡深度相冲突。实际上,这是他的慈爱的标志。他用这种慈爱来践行他最深处的信念:精神品格自由演化的必要性。如果不了解父亲对于自己的人性信仰的忠诚,不了解父亲的人性信仰摆脱了习俗的歪曲和墨守成规的麻痹,就不可能理解这种家教的表面随意性,以及它实际产生的丰富的成就。

有一次比较乐观的时候,他写道:"我对人类的唯一希望是,人将会不断地前进,走向完全服从他们的自然本能,致使我们那些市民的和宗教的老而无用的尺子变成废物,从而抛弃它的宝座,为科学家留下自然的海滩。"——这并非说服从自然本能是我们所追求的目的,而是说那是达到目的的必要条件。实际的或实践的结果,最后由女儿艾丽丝的评论作了总结。"我们心怀无限感激之情,我们杰出的父母剥去了一切糟糕的迷信,觉得他们有责任不让那些干瘪的外壳填塞我们的心灵——让我们的心灵像白板一样去接受个人经验印上的痕迹。因此,我们没有浪费精力去用耙子清除垃圾的烦恼。"

詹姆斯短时地、实验性地做过画家,在他的教育过程中,这并不是一个不重 467 要的因素。还有一个事实,他放弃了艺术家职业而决意做科学家和哲学家,而亨利纯粹由于性情的缘故决意做一个文学家。对此,佩里先生作了许多别致的评论中最别致的评论。关于亨利,他说:

> 经验提供的形状或景色,对于他有着与心灵共鸣的、神秘的秩序和节奏。它们是他感悟的单元,他把它们收藏起来,有一天再将它们变成文学。威廉有着同样的激情,虽然执著,但对于他那总是一个从属的动机。他自己专有的更深邃的激情是寻找景色背后的原因,或者超越景色去寻找支配它们的目的……威廉有着画家的眼光。他有一种才能,也许是任何人都比不上的才能,能够抓住有意识生命的闪现的瞬间和流动的序列……但是沉浸在这种兴趣中又极度地抵制,这种抵制采取了两种形式——或者行动或者解释。

亨利说道:"他(威廉)对事物'奇妙的'、不可计算的效果有着根深蒂固的兴趣。凡是不能这样称呼的事情——凡是止于纯知识而与别的事物全无关系的事情——对于他来说,显然都没有效果。"这种带有偏向而总体上喜爱怪异的、进取的广泛兴趣包含一种实验的态度,并不适宜画家职业,至少是不适合 60 年代初期的画家职业。

他为什么抛弃了油画,除了油画没有拴住他的心之外,似乎没有其他清楚的解释。他感到自己至多只能做一个平庸的画家。我认为,这种感觉传达了一个事实:那种艺术没有吸引住他。也似乎没有明确的迹象表明他最初得到了来自科学的"召唤",这是宗教人士喜欢使用的一个词。他从少年时期起就喜欢化学和电学方面的实验,而当天平的一端向艺术下沉的时候,另一端则向科学升起。他的家教,还有他的气质引导他尝试性地寻求一种事业,却没有事先固定他从事一个特定的事业。他从艺术转向化学,从化学转向医学,再转向生理学和生理心理学,再转向心理学,转向哲学,然后转向"形而上学"色彩越来越浓的哲学。这是一个不断寻求自我发现的心灵和人格的记录。虽然外在的身体条件在决定他的选择时起了一定的作用,例如他的背脊有病,这使他不可能长期从事实验室工作;但我还是认为,两件事情之间有着密切的联系,一件事情是他历经艰难曲折而不懈地寻找他自己和他的潜力;另一件事情是他对一个未完成的、仍在发展的世界有深切的感受,这种感受影响了他所有的哲学思考。

无论情况怎样,他历经多种兴趣和追求的道路无疑丰富了他的知识储备,使他的资源不断积累,防止过早定格,而过早定格也许是多数职业哲学家的病根。最重要的是,他的个人交往和联系的范围得到了扩展。我想,仅仅把他的思想伴侣和那些与他有过积极交流的人物的名字列出来,也需要一个印刷页面的空间。这种广泛结交才俊的状况表明,他有着交友的天才。偶尔读到这两本厚书的这一处或那一处的读者,可能会疑惑那些并不特别重要的书信是不是引用得太多了。但是,我有把握说,只要连续地读下去,就会得出这样的结论:没有一处是可以省略的。就如画一幅人像,要画很多笔,有很多细节,这样才能够画出一个精美的人像。我们应该深深地感谢佩里先生,他用高超的技巧和高度的耐心完成了这一任务。受惠者远远超出了心理学界和哲学界的圈子。威廉·詹姆斯的思想友人的范围是如此之广,他出门去接见他们的热忱是如此之炽烈,结果这本书成了一幅不可替代的画卷,描绘了一个世纪最后几十年美国文化发展的最重要的方面。

因此,对哲学家威廉·詹姆斯的描写,是不能与威廉·詹姆斯这个人的成长分离开来的;影响这种成长的,有家庭关系,有他的非正式而又生动的教育,有他与许多专业和许多人的联系。阅读这两本书,给我印象最为深刻的就是这个事实。在我看来,威廉·詹姆斯之所以构成美国哲学思想史一个难忘的转折点,恰恰是因为他在做职业哲学家之前总是一个人。他谈到自己时说:"我最初学习医学是想成为一名生理学家,但是天命让我漂泊到心理学和哲学。我从来没有受过哲学教育。我第一次听到的心理学课就是我自己第一次讲授的。"人们很容易夸大"漂泊"这个因素。由于天命而发生的漂泊是内部的冲力,而不是随着外在的随水流飘浮。但是,詹姆斯内心的斗争,他迟迟不承认自己是一名真正的哲学思想家,以及他对美国哲学转向的最后的决定性的影响。这一切在我看来都与一个事实相联系:他从来没有受过学院式的、职业化的哲学教育。

当然,我的意思不是说,只要缺乏这样的教育,就保证在哲学上有独立性和原创性,或者甚至成为一个重要的因素。情况恰恰相反。自学的哲学"天才"往往显示出缺乏平衡能力和大视野,显示出虚夸原创性的自负,他们笨拙地重复这种或那种最熟悉的哲学思想。毫无疑问,詹姆斯有时也有这样的缺陷,即缺乏正式的哲学教育所传授的技巧。但是,他的天赋、他的家庭环境、他的广泛结交,加上他自学所受到的教育,使他欠缺技巧的影响甚微。思想传统的束缚在平凡的教师手里会固化为没有生命的陈规,他却摆脱了这种束缚。这与他能够敏锐地抓住哲学问题是有关系的,而且在我看来,有极大的关系。正如我已经提到的,对于他来说,哲学问题首先是个人力量和生命力的问题;既然这些问题不是第二手学来的事物所能掩盖的,它们就保留着鲜活性和直接性。这是詹姆斯哲学两个突出的因素,如此突出,以至于他几乎成为所有哲学家中最独特的人物。这样说,并不意味着不尊重专门的技巧。如果我们要维持和推进原创力,就必须采用高超的技术资源。但是,思想活动的工具有可能取代了思想,这种危险总是存在的。而像詹姆斯所得到的那种真实的经验是可以信赖的,它可以产生自己的相关技巧。

因此,我感到,有理由把我所作的关于威廉·詹姆斯的环境和职业的评论纳入他的哲学这个总题目之下。詹姆斯的哲学著作本身有着它异常明亮的光芒。但是,他的书信和未出版的笔记则带领我们走到那些印刷文字的背后;它带领我们同那些生成着的经验面对面,那种经验才是写出来的文字的发源地。我不知

469

470

道还有别的事例像这样，整个思想起源和发展可以获得的记录带领我们完全走到景色的背后，深入到生机勃勃的个人经验之中；最后用文字表达出来的学说，就是从这种经验产生出来的。由于佩里先生使人们可以读到这些记录，得到指引并感谢佩里先生的人不限于专门做哲学的人，所有对美国思想生活的历史感兴趣的人，所有关注原创力背后的神秘条件的人，都可以共享这份资源。

有一个问题似乎处在詹姆斯经验的极深之处，并决定了他的哲学结构（甚至产生了一些看来很古怪的特征）。在讨论这个问题之前，我想引用詹姆斯在不同场合所说的一些关于哲学和哲学教学的话。在给霍布豪斯（Hobhouse）的信中，詹姆斯议论说：每个哲学家都有一个动机，就是摧毁背景中的某个怪物。在我看来，这句话是一个深刻的真理。哲学争论之所以徒劳无功，主要根源之一就是没有认识到一个哲学家所感觉到的压力是什么，以及他要清除什么。詹姆斯又接着说，他的怪物就是干瘪（dessication）。在这个地方，我想引用下面一段话，这是詹姆斯写给斯顿夫（Stumpf）的书信中关于冯特（Wundt）的议论。

471 无疑，你必须承认，由于这个世界上必须有教授，冯特是这类人物中最值得赞扬、最值得尊敬的——一个教授，一个人。他的责任就是知道一切，并就与他的专业（fach）相关的一切事情发表自己的意见。关于每一个可能的课题，他都说了话。"这里，我必须有一个意见。有几个可能的意见呢？三个？四个？对了，就是四个。"于是，他给自己的意见作了一个完全的分类。他的记性很好，他很少忘记那些意见。

我只能认为，相比之下，这段话显示了很多关于詹姆斯本人的目的和方法的事情，包括他最受批评的事情——例如人们发现他有表达的不一致性，因为在讲述一个课题时，他忘记了自己在另一个场合讲过的话。詹姆斯的笔友、英国思想家霍吉森（Shadworth Hodgson）非常温和地表达了詹姆斯的这个特点，他写道，詹姆斯"使我们看到了事情的真实性，关于存在争议的问题和疑问的真实常识"。瓦德（James Ward）在一篇总体上持赞美态度的书评中抱怨说，詹姆斯缺少对心理学问题的系统论述。詹姆斯回答说，他承认他太不系统了，但他又说，"在这件事情上，我是有意让自己这么不系统的。这是因为，对于那种心理学文献中甚嚣尘上的、以语词定义和状态描述的方式出现的精确性的虚假吹嘘，我心里充满了强烈的反感"。这段话表达了他的深刻信念,说明他为什么有时倒向另一边。这也肯定有助于说明,为什么他后来对柏格森全面批判逻辑和概念构造的做法采取过度的反应。然而,詹姆斯的早期同辈批评他缺乏对逻辑形式的充分尊重,这些受批评的方面事实上表现了他具有更高超的思想良知。他极其敏锐地意识到,超出事实本身的指向之外强加统一性和体系是非常危险的。

他在接受一个解剖学教职(没有以哲学为业)时——因为即使在那个时候,他也非常清楚地意识到他的主要兴趣是哲学问题或一般问题——提出的理由反映了他这种思想良知。他说,虽然事实上他对哲学问题的兴趣最深,但他退却了,没有以哲学教师为职业,因为他就是这样的人,需要有某种稳固的实在去依靠,而"职业哲学家信誓旦旦地公开保证他在这些(根本)问题上决不会有丝毫的怀疑,但他每一天都准备好对前一天的信仰基础提出批判的质疑"。我以为,许多占据着哲学教职的人,出于教学技巧的缘故,采取了这种不断重新怀疑的形式。但是,我想,很难找到这样的事例:哲学家随时准备真诚地怀疑和质问的责任感是如此强烈,导致他对自己持续承担这个责任的耐力产生了怀疑,从而妨碍他选择哲学家的职业。詹姆斯有着极其严肃的思想责任感——也许由于他偶尔在词语的表达上漫不经心,他的早期批评者不愿意承认他有这种责任感。在我看来,要找出比这更好的证据是不可能的。

472

几年之后,虽然仍然在讲授心理学,但关于哲学和哲学的教育应该如何,他讲出了金玉良言。"哲学研习意味着这样的习惯:总是去寻求替代选项,不把常理看作必然正确,使常规再次流动起来,想象一种陌生的心灵状态……学生从老师那里学到的学说没有多大的意义,除非他们从中抓住了关于心灵的活的哲学态度,用独立的、个人的眼光看待生活的素材,并锐意在它们之中建立起和谐的联系。"虽然人们通常认为詹姆斯反对统一的、系统的原则,但是他表达了他自己人生的一个主导论题。他说,如果没有"大哲学家所具有的个人的、统一的、融汇一切的观点",就不可能成为一名大哲学家。他所反对的是那种单纯词辩的、非个人的统一观点,在这种观点中,各个部分是用机械的逻辑外在地连接在一起的,而不是用情感的、意志的信念融合在一起的。后来,当他的哲学变得比较成熟时,在谈到罗伊斯(Royce)的《世界和个体》(*World and Individual*)一书时,他说:"主体对于他并不真正重要,那只是一个虚设。"如果你想到,与多数哲学教师相比,他真正敬慕罗伊斯的天赋,那么,你就会看到一条鸿沟,一边是詹姆斯关于真正的哲学是什么的看法，另一边是人们常走的学院哲学的路子。

473 　　大量引用这些枝节性评论的理由是：它们通过对比，传达了詹姆斯哲学思想生机勃勃的个人根源。我不知道现在的思想家中还有谁像他的哲学这样如此少地来自词辩和传统，总的说来自第二手材料，如此多地来自他深切地体验到的困境；这一点就其本身来说，具有道德性。对于他来说，建立一种有活力的哲学的需要，就是解决他作为一个有生命的存在所遇到的重大问题的需要。佩里先生正确地强调了詹姆斯给哲学思考的动机所赋予的重要意义。我断定，佩里先生想将詹姆斯的论文《理性的情感》(The Sentiment of Rationality)与《理性、活动和信仰》(Rotionality，Activity and Faith)合并在一起(再加上现在可以读到的詹姆斯本人写的注释)，用作对詹姆斯哲学的一个自然的导论。我希望这样说没有对佩里先生不公。从理论方面说，需要满足清晰性和统一性的要求。这两项要求是如此不同，以至于将思想消磨殆尽。因为清晰性是朝着差异与杂多的方向行走的，而片面强调统一性所导致的简单性则是似是而非的。但是，即使统一性和清晰性这个合并起来的要求得到了满足，我们也还只是站在一种恰当的哲学体系的门槛上。人的实践需要有感情方面的，也有意志方面的，这些都必须得到满足。詹姆斯深深地感受到后一种需要的迫切性，正是这一点，把他与他那个时代的人区别开来；也正是这一点，说明他为什么在早期遭遇到不理解甚至轻蔑的拒绝，而在后期则显示出极大的启示的力量。

　　早在 1869 年，詹姆斯写过一封信；那一年，他获得了医学博士学位，那时自然科学对他的影响正处于高峰期。在这封信中，我们可以看到他的哲学思想形成的核心线索。他先说到，曾经有一个时期，关于自然和人类命运的观念是聚合在一起的；然后他说，随着它们的后来发展，"自然知识与个人命运知识或宗教变得如此分化，以至于成为死对头"。

474 　　这句话可以解释为通常认识到的科学与宗教的冲突，因为自然知识显然是科学的名称。但是，这样的解释没有抓住要害。把宗教等同于"关于个人命运的知识"，感到科学的结果是淹没、否定个人的重要性和现实的个人身上所发生的事情，这才是关键所在。这在正反两个方面都是非常重要的。詹姆斯早年的环境和教育，使他不可能以任何历史宗教的方式来看待宗教，甚至不可能按最纯粹的、升华到最高程度的基督教来看待宗教。他有许多关于宗教的著作，但几乎没有一个字谈到任何具体的基督教学说，或者它的某个著名的创始人。谈到教会

信条和实践的时候,他的措辞是格外反感的。下面就是他说话时的腔调:

> 我在自然科学方面的训练,使我完全无法同情地对待教会的宇宙。我不可能相信同一个上帝既创造了自然,又因为神甫比凡人更直接地描述了他而感到荣耀,或者在教会的用语或音调中听到甜蜜的声音,或者在执事、副主教、主教职位这样的等级划分中闻到了香味。他不会是这样一副一本正经的嘴脸。

有人说,新教的本质是上帝与个人灵魂的直接关系。以这个想法为基础,可以说,詹姆斯把新教精神推进到了顶点,在那里,任何与基督教的直接联系都成为没有意义的了。他感兴趣的"个人命运知识"是普遍的。就个人与宇宙的关系来说,所有的个人在他看来都是相似的。因此,像《宗教经验的多样性》(*Varieties of Religious Experience*)这种专门的宗教论述只不过是他的总体哲学的一部分,离开了后者就不可能得到正确的评价。从表面上看,他在这本书中选择了一些非常极端的事例,以至于他本人也说那些事例是病态的。但是,他的事例选择所依赖的信念是:这些事例突显了现实的个人与宇宙关系的一般特征, 475 因此研究这些事例是最好的途径。他的根源性的想法是:在宗教经验中,本质性的个人——可以称之为灵魂——处在与宇宙交流的一个层次。与有意识的、有理性的观察和思想所能达到的层次相比,宗教经验的层次更本源,同时更基本,在某种意义上更直接。结果是"一种经验,在这种经验中,理智、意志和情感,我们所有的意识和我们所有的潜意识,像一种化合物一样融合在一起"。因此,每一种真正的宗教经验都是这样一个东西,由于缺少更好的名字,我们称之为神秘。在这种经验中,"我们的本性中不那么清晰明白而比较深刻的部分突显出来,以反对比较肤浅而喋喋不休的那个部分想去压制它的企图"。詹姆斯完全明白,这种关于宗教起源的本质上非理性的、本能的概念,不能用来反驳宗教的有效性和功利性。他本人有意给这个想法作另一种更可取的解释。他选择了这种解释,一部分根源于他对生命本能的重要性有着性情上的感受,其根据在于,生命本能比理性的思想能更有效地代表生命过程;而一部分则出于他的哲学学说:直接经验总是比它们之上的观念构造更加基本。我应该说,深层的想法是:个人毕竟必须与他所处的宇宙有某种生命联系,这种联系归根到底只有两种,或者是压制个人，或者是支持和激励个人。从道德上看，为了行动的目的，我们有责任选择后一种态度，即使这一选择的有效性缺少理性的证明。由于没有强有力的证据证明这个信念无效，我们可以假定宇宙中有某种东西滋养着我们的理想追求并且积极地支持着它们的实现，我们可以无畏地选择按照这个假定来生活和行动下去。

我详细地讲述了詹姆斯对宗教的关心，以及他对宗教本性的理解，这正是因为后者与人们通常所说的宗教差别太大了。整个事情的要害在于个人与宇宙的真实关系，这正是哲学的最后问题。詹姆斯强烈地反对一切形式的一元论，不论是唯心主义的一元论，还是唯物主义的一元论；他同一切绝对主义作斗争，不论是形而上学的、伦理的、还是政治的；他主张多元论和非决定论——他的一切决定性的哲学论题都产生于他对个人价值异常敏锐的个人感受；与此结合在一起的，还有他同样高度敏锐的发现。自然科学的发现（对此，他有着忠实的追求）似乎敌视以下想法的理性辩护：在普遍的事物格式中，个人有着特殊的辩护价值。他长期专注于他的同事罗伊斯的哲学，这一点在我们眼前的这两本书中有着生动的描写。这种专注反映了他讨厌那种企图依据一元论唯心主义把价值赋予个人的做法。他曾经写道："把世界说成单一体，崇拜和憎恶都是同样片面又同样合法的反应。"把世界看作多元的，好和坏才有意义；由于这个差别，选择、忠诚、崇敬也就有了意义。詹姆斯的多元论主要的同仁戴维森（Davidson）和霍维森（Howison）企图为现实个人的首要性和终极性找到严格的理性证明，但是，他同样是不信服的。在他看来，这两个人的观点，一方面是抽象的词辩，另一方面是基于缺乏足够的经验自然科学知识，或者对这种知识缺乏足够的尊重（或者两者都是）。在他看来，出路就是采取一定信仰的行动，信仰的意思就是一个人把某种学说当作真的，并决心按照它生活下去，直到有证据证明它是错误的。同时，在我们本能的情感生活中，在以亲知的知识形式出现的直接经验中，信仰的行动获得了一定程度的理性支持。

詹姆斯这种基本的哲学态度可以在他的人生经历中找到根源，特别是他自己经历的生命危机。1870年，由于健康状态恶劣，他感到极端的压抑。他发现，唯一的出路就是采取果敢行动的态度。这种态度所包含的哲学含义，奇特地预示了他的后期哲学最基本的观念。他在日记中问道："一个有充分知识的人能够促使自己真心地感应宇宙总过程，从而赞同它的细节中固有的邪恶吗？……如果这样,乐观主义便是可能的。"但是,个人独特的兴趣和感应在他看来十分重要,以至于它们拒绝被"总过程的感受"吞没。在这种情况下所产生的态度必定是敌视宇宙结构,最终唯一的结果就是悲观主义。然而,在两个极端之间还有一个可选项。"如果他的理智有可能依赖一个分裂的宇宙这个想法,同时又有足够的意志力面对面地看着宇宙的死亡,连眼都不眨一下,那么,他就可以过道德主义的生活。"这句话隐含着"分裂的"(多元的)宇宙与自决选择和行动的态度之间内在的联系,这一点后来在詹姆斯的思想中得到了强化。后来他看到,某些意志的和情感的态度是没有表达却充满活力的前提,它们处在乐观主义的一元论和悲观主义的二元论的深处,将自我及其兴趣与宇宙整体置于尖锐的对立之中。

詹姆斯在危机期间写的日记和写给密友的书信所表现出来的强烈感受并没有随着岁月消失。我们面前这两本书巧妙而充分地描写了詹姆斯的发展历程,如果我没有完全搞错的话,那么我可以说,这里面所包含的问题意识从根本上说是他的全部哲学的源泉。他感受到作为自然知识的科学与作为个人命运知识的宗教相冲突,其根源就在这里。这不仅是他的多元论和非决定论的根源,而且是他的一些更专门的学说的根源:有权相信的学说和他的实用主义理论的一部分,前者主张个人有权利在行动时、在缺乏客观证据的情况下采取一种真诚信念,后者强调意义和有效性的最终检验和标准是结果而不是起点。

这两本书的第六部分即最后一部分,叫做"终极哲学体系"。詹姆斯的形而上学学说的研究者会发觉,这些内容特别有帮助,尤其是关于纯粹经验的意义。如果我不再多谈它们,那不仅仅因为篇幅的限制,而且因为我相信,前面对詹姆斯活生生的气质和活力经验的论述对理解他的更技术性的学说具有根本的作用。这两者的联系变得越来越微弱和间接,但决没有消失。个人经验的真诚和 *478* 深度为詹姆斯提供了开启哲学问题真正意义的钥匙,它们也依然是他的学说的基础。在我看来,即使我们学习他的思想的更技术性的方面,他的经验也仍然是持久的资源。当他试图展开他的表达的时候,他遭遇到了局限性,这是每一个独立的思想家都会遇到的。思想越是具有原创性,就越会遭到语言的背叛;因为能够用来表达原创思想的唯一的语言,事实上就是它所攻击的学说所使用的语言。因此,研究者应该牢牢抓住詹姆斯哲学的活力源泉和根子,这一点具有双重的重要性。

查尔斯·桑德斯·皮尔士[①]

《皮尔士文集》,第 6 卷

查尔斯·哈特肖恩和保尔·韦斯编

剑桥:哈佛大学出版社,1931—1935 年

479　　　　很久了,查尔斯·桑德斯·皮尔士的著作正在从沉睡中醒来;确实,我们有
理由相信这个过程才刚刚开始,可以预期它的影响在将来会迅速增长。他长期
不受关注的一个理由,是他走在了时代的前面。"舆论"(climate of opinion)一说
是不利于接受他的思想的。思想和道德土壤还没有准备好。由于先入为主的偏
见,这块土壤一直很贫瘠;然而,一直有人在整理和耕耘,终于出现了可以接受和
供养种子的地块,以前种子在那是不能生长的。

　　但这还不是皮尔士被忽视的唯一理由。必须承认,在播种思想的种子时,他
扔出了许多石头,有时是鹅卵石,有时是大石块。他把对科学发展方向及其结果
的预想与他的异想天开混在一起,那不仅在当时看来是异想天开,而且有一堆理
由认为,那永远是异想天开。他的著作中,有许多漫不经心和随心所欲的东西。
那些著作奇异地混杂着异常勤奋的工作成果、彻底的系统思想和他几乎无力将
所有已经开始的思想进行到底的特点。有人会说,他把训练有素的心灵与举止
乖张的个性结合起来了。这种结合非同寻常。结果,他的著作不仅表现出思想
家在开拓新领域时必定会遇到的困难,而且表现出令人困惑的矛盾或许多没有
480　　走出多远的起点。还有,几乎没有哪个课题,他没有碰过。我只能谈几个主要观
点,其他一切都不得不撇开不管。

　　结果,皮尔士将永远是哲学家的哲学家。他的思想只有通过别人的转达和

[①] 首次发表于《新共和》,第 89 期(1937 年 2 月 3 日),第 415—416 页。

翻译,才能为大众所接受。这一事实更加不合情理,因为皮尔士比现代任何哲学家都更坚决地主张,哲学应该从常识世界开始,它的结论和应用终端也应该是常识世界。然而,他把自己的观点与高难度的技术路线结合起来,这还不限于高难度的技术表达式。如果他不能够随手得到已有的表达式,他就专门生造——他对经院思想以及对康德的令人惊讶的知识常常使他这样做。

我想,对他关于常识及其与哲学的关系的概念作一些阐述,将是对他的思想的最好的介绍。他看待常识(Common Sense)的方式,不同于苏格兰学派(它就是以此为名的)。人们广泛地认为,常识就是一堆意见,是我们在生活过程中所处的世界的本性施加给我们的观念。皮尔士认为,常识主要不是由这些东西构成的。人们可以在理论上怀疑它们,但是只要他们生活着,就必须按照它们来行动。因此,他认为他叫做本能的东西最重要,那不是一些知识形式,而是一些行动方式,知识从中生长出来。

我想起一段话,他说:"导致食物消化的本能和导致生育的本能必定从一开始就包含着一些倾向:一方面真正地思考物理,另一方面真正地思考心理。"由于人要生存,就必须在实践上一定程度地适应现实的世界条件,包括物理条件和社会条件。所以,人的观念必定在一定程度上自然地适应世界和社会。然而,哲学必须是批判的常识主义,这是皮尔士的用语,其中"批判的"一词极为重要。非批判的常识一方面太模糊,不能够成为新条件下可依靠的行动指导;另一方面太僵化,不允许进行自由的求知——求知总是从怀疑开始的。他说,理性的第一规则是不要阻碍求知。无批判的常识常常是对求知的极大阻碍。

虽然皮尔士与许多哲学家一样,主张哲学在某种意义上探讨普遍(共相),但 *481* 他对普遍的理解与多数哲学家不同。常识本质上是经验的事情,但并不像以前多数经验主义者所说的那样是感觉的事情。他有一段话把常识描述为人的处境施加给他的观念和信念——这句话可以这样解释:人为了在行动中满足他的处境给他提出的急迫需求而必须把持有的观念和信念构成常识。由此可见,构成哲学的普遍、共同题材的,是"每个人在睁眼睛的时候都能够观察到的东西"。虽然皮尔士首先是一个科学家,有着一颗他所说的实验室心灵而不是"空谈的心灵";但是,他毫不同情那些主张将哲学建立在科学结论之上的人。相反,按照他的说法,每一门科学都要依赖事先认定一些最重要的原则。由于他拒不认为这些原则是一个公理和自明真理的体系,所以对常识的批判考察就成为唯一的方法,通过这种方法把科学原则组织起来。

但是,我们不能由此推断说,因为哲学的材料来自每个人都能够作出的观察,所以这些观察是很容易做的。我不知道还有谁说过比他更深刻的话:"要看准时时刻刻呈现出来的经验的元素,是一件极其困难的事情……我们不得不求助于身边的设备,以便我们能够看到面对面地注视着我们的目光,这种目光一旦被注意到,就几乎毫不退缩地逼视着我们。"因此,非批判的常识是一件非常混乱的事情。看清经验成分的困难,使我们相信我们看清了;而事实上,我们透过哲学概念的镜片看到的,是教育和传统挑选出来的东西。

除了他的逻辑学著作之外,这些印刷出来的著作主要阐述他所想出的在每个人的每一经验中发现的元素。即使他的逻辑学著作,在他看来也不是单独的问题,而是与共同经验相联系的,甚至最形式的问题也是如此。其中一个元素是所有的事物中都存在的、还没有实现的潜在性,过去没有实现,在一个有限的将来时间也可能不会实现。于是,就有新奇的、意外的东西不断涌现。在詹姆斯之前,以每个人都具有的经验为依据,他提出了开放宇宙的学说。

第二个主要元素,他叫做现实性。这里的"现实性"一词表达的是它最字面、最朴实的意义。一般和特殊两个方面的存在"证明"都在于这样一个事实:我们被迫作出反应,而受到我们的反应作用的事物又进而对我们产生反应。这是我们经验中非理智的、非理性的元素。它不能得到解释,更不用说消解。它就那么存在着;我们不能离开它,因为我们必须接受它。它甚至不能依它本身被描述;它只能被经验到,并用指示词这个、那个、现在、这里和颜色、声音的名字等来向别人(如果他们经历同样朴实的相互作用)指示出来。我们的感觉不是知识,也不是知识的来源,它们只是存在着。

假若经验中没有别的元素,那么,思想和知识就是不可能的。但是有第三个元素,因为每一经验都包含一个预期元素、一个事实预测的元素。每一朴实的反应都有预期的后果,这是经验的一部分。这个元素构成连续性的形态;它是理性的元素,使反思成为可能,这是知识的基础,知识总是表达普遍性。求知的任务就是发展这个预示未来的元素,这个元素就包含在其他方面最愚蠢的经验中。对经验中的事物与其他事物的连续性理解,使随后的行动更加明智,这种行动又进而创造了更大的连续性和合理性。科学表现在那些将事物更加紧密地联系起来的活动中。因此,科学是一种道德事务。因为道德的基本原则就是将个人等同于所有这样的思想和行动方式:这些思想和行动使现有的连续性成为更完善的连续性。这种态度是一个极点,与之对立的另一个极点是:个人只是服从连续性中已经想到和做到的东西。在皮尔士生活的时代,进化观念在一代人的心灵中至高无上。他把进化观念应用到每一个地方。但是,对于皮尔士,不论在自然领域、科学领域,还是在社会领域,进化的意思是向着相互联系的方向、向着他所说的连续性连续地成长。由于求知的结论只有被经历了同样的实验求知的其他个人同样经验到才是有效的,因此所有的知识都包含着共同体的存在。"社会原则是内在地根植在逻辑中的"——离开了社会原则,就没有逻辑。假若真的存在"顽固到底的个人主义者",那么,他既不会有语言、思想,也不会有知识。我还要顺便说到,皮尔士不仅使所有的逻辑都成为关系逻辑,而且他的逻辑学著作赋予符号和记号根本的重要性。

皮尔士坚持行动方式或倾向不断增长的连续性或普遍性,这一点把他的实用主义与詹姆斯的实用主义区别开来。就强调结果并把行动元素纳入一切知识之中来说,后者把他的实用主义归属给皮尔士的做法是正确的。除了这两个因素之外,他们之间有两个基本差别。就"实用主义"这个词表达行动和实践这个本来意义来说,皮尔士的实用主义多得多。对于詹姆斯,为了保证行动,某些行动是必要的;行动是一个必要手段。对于皮尔士,合理行动的习惯,一般的行动方式,就是知识的目的。知识的结果是普遍的东西,这一事实表现了另一个差别。知识倾向于产生行动方式,这些行动方式比起行动产生的任何结果都重要得多。

皮尔士哲学的另一个主要方面是他所说的概率主义,他以此来反对形形色色的无误论。他断定,每一个科学命题都只是概率性的,不管它多么精确,不管达到它的推理多么严密。这一断言预示了科学自身的发展被迫达到的结论(基本上违背了科学家的意志)。即使两个事物加两个事物等于四个事物这一命题,也不是在所有具体事例中都完全确实。按照实用主义的总立场,概率主义学说的意义在于由接受实用主义得出的总体态度和行动方式,这些态度同别的态度一样,归根结底是道德态度。它们排除所有的教条主义,所有的自命不凡,所有求助于权威和终极第一真理的做法;它们维护着怀疑精神的生命活力,那是不断更新求知活动的不竭之源——求知是行动,而不是推论式的怀疑。科学不在于一堆结论而在于不断更新的求知活动,它决不宣称或允许终点,而是走向不断更新的学习活动。科学就是求知的方法,其辩护就是:如果一直坚持下去,它就是自我改正的并趋向于越来越接近的信念和观念的共识。由于科学是学习的方法,不是一堆固定的真理,所以是人类的希望。

从实用主义的观点看,或者依据在行动中普遍接受这个观念而产生的效果看,这个观念在某些方面是一切可能观念中最革命的观念。它的革命性要远远超过以下做法,即依据一个固定的学说来规定未来社会关系,虽然这个学说在现有的条件下是革命性的。在当前的实践中,这个观念还远远没有被接受,几乎在每一个角落——在"革命的"政治、经济学说的倡导者中,在那些经受了以前保守的教会思想的清洗而生存下来的人士中——人们都认为,它所导致的几乎是完全的不确定和混乱,而不是指导进步的共识与和谐。不安全感和恐惧感使人们固守某种社会真理体系,以为那是科学上牢固树立起来的东西。关于到底什么是权威的固定真理可以指导社会行动,不同的真理体系存在着极大的冲突。这种冲突是混乱和纷争的主要原因,而混乱和纷争是当前国内和国际社会生活的突出特征。

写到结尾处,我不能全篇都讲皮尔士对活的哲学的潜在贡献,还应当表达对哈特肖恩博士和韦斯博士的热忱谢意,是他们把皮尔士零散的文稿编辑起来;感谢哈佛大学使他们的辛劳有了收获,使结果得以出版。

这样还是那样[①]

《教育与阶级斗争：自由主义教育者的社会改造纲领的批判考察》
(*Education and the Class Struggle：A Critical Examination of the Liberal Educator's Program for Social Reconstruction*)

扎尔曼·斯莱辛格(Zalmen Slesinger)著

纽约：考维奇·弗里德出版公司，1937 年

斯莱辛格先生的书，从严格的、甚至有些超正统的马克思主义的观点来考察一个教育家小组关于教育与社会变革关系的思想。关于需要进行哪些社会变革，特别是政治经济制度的变革，这个小组与斯莱辛格先生在许多方面是一致的。双方都走向更大的有组织的社会控制和经济集体主义方向。他们之间的差别，在于实现激进的社会变革的方法。受到批判的教育家小组强调民主过程值得追求，其中公共教育是一个重要的因素。斯莱辛格先生在每一点上，都强调社会阶级结构、阶级斗争、通过暴力革命实现权力转移。

斯莱辛格先生的论述是客观而有新意的，摆脱了个人性格的因素。在前几章，他很好地概述了"自由主义教育家"对现行社会制度的批评，以及他们关于新社会秩序的建议。然后，他用他们的建议与马克思主义的共产主义者的建议作对比，强调阶级冲突是实现重大社会变革唯一可依赖的动力。在论述美国社会阶级结构的三章中，他搜集了许多值得注意的事实，不论你是否像作者那样对那些事实作排他的经济和阶级解释。作为一个小问题，我想说，我认为，斯莱辛格先生没有充分重视一个事实：那几个人作为教育家所写的书是写给教育家看的，力图唤起教师关注当前社会形势的严峻性和由此产生的学校责任。因此，他误

485

486

---

① 首次发表于《国家》(Nation)，第 144 期(1937 年 4 月 10 日)，第 412—413 页。

以为他们为教育家提出的纲领，包含了实行激进社会变革的全部方法。由此，不能推定自由主义教育家没有认识到通过组织实现社会变革的重要性，因为他们是在向教师说话，他们强调那些与教师工作有最直接联系的因素。

然而，要害是民主过程与阶级冲突过程的对比。斯莱辛格先生著作的严格性和完整性是值得注意的，他提出了一个绝对的"这样还是那样"（either-or）的立场。除了个人与个人之间，他没有留下任何选择的余地，经济阶级被置于完全对立的状态。他没有为社会互动和群体之间的相互影响留下任何地盘，结果产生了严重的不一致性。他认为，教育群体严重地夸大了教育的潜在力量。然后，他又说："在现代社会生活中，知识分子起着最大的战略作用。他们手握让我们的复杂世界运转起来的钥匙。"我想，受他批判的那个群体的多数人都会认为，这是一种关于教育者力量的极其浪漫的观点。还有，他主张我们的整体社会就是一个经济的阶级结构，其文化也是由阶级结构决定的，政府完全是占统治地位的资产阶级的工具。然后，他又说："工人阶级的悲剧是内斗和分裂。不够团结和统一是它当前最大的弱点。"然后，他进而拿出一些事实来说明：按照严格的马克思主义，阶级意识是阶级概念不可分割的一部分，在这个意义上，美国社会应该是阶级结构型的，而事实上它并不是。

我认为，这本书是值得注意的，它除积累了每一个自由主义者都应该认真考虑的大量事实以外，还提出了一种"要么这样，要么那样"的社会哲学。用这种眼光来阅读，有可能引导那些还没有认定某种社会绝对主义的读者重新考虑这样的可能性：依靠民主过程来实现根本的社会变革。

艺术的题材[①]

《表现与形式：表现艺术的美学价值研究》(*Representation and Form：A Study of Aesthetic Values in Representational Art*)

沃尔特·阿贝尔(Walter Abell)著

纽约：查尔斯·斯克里布纳之子出版公司，1936 年

阿贝尔教授的书讨论绘画题材的地位和功能，特别谈到题材与构图形式之间的关系问题。阿贝尔教授采取了他所说的中间路线，这种观点认为，最高级的艺术是形式和表现可能的最完全的融合。他承认，他提出这种观点得益于巴恩斯(Barnes)博士和里德(Reid)博士的著作。然而，不幸的是，由于看来不恰当的创新焦虑，他没有正确地叙述巴恩斯博士在其新经典《绘画艺术》(*Art in Painting*)中提出的关于构图形式的理论。他说，他提出的观点"首次使这个立场的完全的逻辑陈述成为可能"。除了用语不同，我无法找出他的立场与巴恩斯博士的立场之间有任何区别。

他引用了后者的陈述，"对一幅画的相关评判涉及这样的能力：抽去题材的影响力，仅仅考虑构图因素的恰当性和品质，它们构成了构图形式"。他由此推断说，巴恩斯博士倾向于贬低题材的价值；但是，从《绘画艺术》中可以找出一大堆段落表达相反的意思。事实上，巴恩斯博士甚至清楚地指出，抽象绘画的价值最终也来自它的题材。在前面引用的那句话前面，巴恩斯博士明确地否定"题材的价值与构图价值在任何绝对的意义上是可以分离的"。前面那句话的完整引用确实无疑地表明，巴恩斯博士是在谈论绘画批评家和欣赏者的教育，是在谈论这样一个事实，即欣赏者要通过长期的教育，才能够从运用构图手段表达题材的

487

488

---

① 首次发表于《新共和》，第 90 期(1937 年 4 月 21 日)，第 355 页。

角度来看一幅画。书中有大量类似的误解，作者的话表明了这一点，他说："巴恩斯博士支持的观点是，题材在艺术中可以有合法的地位。"

阿贝尔教授认为，他的特殊的贡献是第一次为正确的观点提供了逻辑基础，这个特殊贡献就是"联想因素"的概念。奇怪的是，我找不到这些因素与巴恩斯博士所说的"被转移的价值"有任何区别，然而，按照阿贝尔教授的说法，巴恩斯博士引入这个概念时，"把问题搞得更加复杂了"。阿贝尔教授所做的事情，就是说明这些"联想因素"所采取的构图手段具有美学价值。

整个绘画美学领域现在所处的状态是：不应该无缘无故地引入不需要的混乱。阿贝尔教授认为，形式与表现内容的关系这个题目，在理论上和当代实践上都很重要。关于它们的关系，他提出了一个清晰而连贯的概念，并有数百幅绘画的分析作支持。清晰的部分以这个概念为支持并使用这个概念，要不然就提出拒斥或修改它的理由。阿贝尔教授的书含有足够多的启发性材料。因此，他本来可以公开地走前一条路线，因为本书的实质性内容是巴恩斯博士的观念的一个表达。

这本书含有许多重要艺术作品的图解，复制得格外有效，还有哈佛的波布（Pope）教授所写的导言。绘画艺术学者将它与巴恩斯博士更厚的书结合起来阅读，将会受益匪浅。

真空中的自由主义
——沃尔特·李普曼社会哲学批判①

《良好社会的原则研究》(*An Inquiry into the Principles of the Good Society*)

沃尔特·李普曼(Walter Lippmann)著

波士顿:利特尔-布朗出版公司,1937年

李普曼先生的《良好社会》(*The Good Society*)问世的时候,自由主义运动正489遭到保守派和革命派两支队伍的炮击。而且,自由主义运动在最关键的时候产生了分裂,而它的未来发展在很大程度上依赖于它的团结。因此,试图在观念和实践上澄清自由主义的真实意义的任何事情都极为重要。然而,李普曼先生的书给我的印象是:虽然对自由放任主义和自由同盟的学说作了批评,但它的净效果是鼓励并在实践上支持了反动派:不是因为在一些具体问题上,他没有说需要说的话;而是因为,他的自由主义的图画是用唯心主义的乌托邦画出来的。每一个确立目标的社会思想体系,如果不说明实现那些目标要采取的手段,实际上就是支持现状。

李普曼先生关于自由社会的本性的观念(后面将作简要描述),是建立在极其抽象的简化上的。按照他的说法,我们必须在他描述的那种自由主义和"官僚机构的行政需要"所支配的社会之间作出选择。他毫不费力地阐明,在当前条件下,后一种选择易于导致极权主义国家,现在的俄国和法西斯主义都是如此。他把每一种社会主义和集体主义都等同于国家社会主义或政府社会主义,因此等490同于官僚机构对群体和个人活动自上而下的控制。对于一个不时显示出对社会

---

① 首次发表于《常识》,第6期(1937年12月),第9—11页。

思想的历史有广泛知识的作者，这是非常奇怪的。由于他只设定了两种可能的选择，所以他很容易就获得了他的证明（关于他所讲的那样一种真正自由的社会）。不过，他也让自己的论证陷入了令人惊讶的矛盾，这一点我在后面会指出。

一个自由社会，即他看到的良好社会，是一个受法律支配的社会。法律界定和规定了个人所具有的同等的、相互的权利和义务。李普曼先生与许多善意的人一样，强烈主张法治而不是人治。我做梦也毫不怀疑，每个人都现实地拥有自由的相互权利和义务的社会是一个理想的社会。在我看来，至此，李普曼先生表达了一切真正的自由主义的最终目标和理想。不过，他批评了那种企图通过自上而下的高压官僚系统的手段来达到这个目标的做法。他的批评表达了真正自由主义的社会哲学的一个老调子，而在当前时代，这个老调子要有新的着重点。但是，李普曼先生的全部论证所依赖的假定是：习惯的或惯常的法律体系是达到这个目的唯一的手段。

李普曼先生陈述了法律的和律师的人类关系观念，他的陈述比我所知道的任何律师的陈述都好。不幸的是，关于法律的人类关系概念的陈述越清晰越系统，就越是清楚地表明，要达到自由社会的目的，法律体系必须在社会真空中运行。因为它没有考虑社会力量，特别是经济力量，这些力量通过政治行动，决定了在一定时间和地点现实存在的权利和义务的法律体系。

我不是说李普曼先生忽视了经济力量的作用，相反，他的观点实际上是建立在他的工业革命的哲学上的。从某种观点看，可以认为他是一个极端的经济决定论者。劳动分工和交换的必要性，由日益增加的个人和群体之间的分工产生的"市场"的必要性，是工业革命的核心所在，结果是"世界范围内的经济相互依赖——这是有记录的历史中最有革命性的经验"。由于分工，所有社会问题中最大的问题是"存款投资到哪里，干什么样的工作，消费什么样的产品"。

现在，我们回到李普曼先生抽象的思想简化上来。我们不得不作出选择，或者由高压的国家权力来掌握这些事情，或者由自由主义的原则："市场必须维护和完善，成为分工的首要调节者。"我既不怀疑自由社会是同等的相互权利和义务的社会，也不怀疑对于消费者自由、开放的市场是自由社会的经济市场。但是，当李普曼先生说到"完美的市场"时，他说的是一个理想、一个乌托邦真空，离开了这个理想得以实现的社会手段和社会环境。正如他认定习惯法是实现理想的相互权利与义务体系的恰当手段一样，他也认定，现有的市场体系经过一定的改革,包含了"完美"市场的产生所需要的一切潜在因素。社会主义者提出:如果不对经济体制进行彻底的变革(这是一种只有通过彻底的政治、法律变革才实现的变革),自由的消费者市场是否能够实现? 他完全忽略了这个问题。

李普曼先生在名义上把相互依赖的观念与分工结合起来了。在批评自由放任主义时,他用了很大的篇幅来讨论严重失衡的问题,失衡产生的原因是企图维护工业革命引入分工必要性之前所获得的实践和人类关系。他提议,需要进行许多改革来纠正这些失衡——可疑的是,这些改革与新政的理论(即使不是实践)很相似,而他曾批评说新政是一种渐进的集体主义,说它与革命集体主义的共同的彻底错误是自上而下的高压官僚机构的控制。他发现,这些失衡的最终根源是这样一个事实:老一代自由主义者的"思想错误"阻碍了科学运动。

他没有注意到这种"思想错误"的原因,没有注意到所谓的思想错误只是一些利益和力量的反映,而这些利益和力量又是为了私人利润而建立和维护的经济体制的自然结果。这一事实表明,他似乎是在真空中进行思考的。我认为,任何像李普曼先生读了那么多书的读者,都不会写一部社会、经济的书而不谈到当前的经济体系,这是一个利润体系。然而,我们必须赞扬李普曼先生做了这件不可能的事情。他唯一谈到利润的地方是:利润投资是由市场需要决定的,而不是由工业经营者的算计决定的。如果分工和相互依赖主要是由经济利润体系控制的,那么,真正开放、自由的市场是不可能的。这一立场没有被他提到,甚至没有辩论一下。因此,他遗漏了社会思想的一个本质核心,即只有推翻利润经济体系,他设立的生产和交换自由才有可能实现。

在这里,有必要谈一谈工业革命所产生的分工和相互依赖之间的关系。我说过,李普曼先生认识到相互依赖的现象,但只是把它看作分工的产物。这种相互依赖发展到现在,到了应该成为支配分工的因素的时候。这一立场也许对,也许错——我个人认为是对的——但社会主义哲学没有任何一处提到这个基本观念,更不用说讨论。更简单的做法是把社会主义等同于高压官僚机构对经济活动的外在控制,等同于这样的信念,即"拥有高压工具的政府必须指令人民如何生活,从而指导文明进程"。

我说他的理论思考处在真空之中。这个真空的一个特征是:李普曼先生不断地说到个人的相互权利和义务,但是,当他说到作为分工产物的相互依赖时,他说的主要是群体;说到个人时,主要是说个人的活动受到所属群体的制约。他

根据现有的习惯法来设计理想社会,在这里提交到法庭的案例的确关系到现实

个人的关系。我认为,由于这个理由,虽然他确实强调分工,但对于相互依赖的
重视只不过是名义上的。

我们不能说李普曼先生对极权"社会主义"的批评击中了一个草人。不幸的
是,苏联今天的状况,还有我们自己的国家的某些发展,表明事情不是这样的。
然而,抽象的简化使李普曼先生完全忽视了自由社会主义的两个主要论点。

否定的论断是:私人利润经济体系是一个不可克服的障碍,它使我们无法实
现真正开放市场的制度和与此相应的法律制度,即同等的相互权利和义务。他
也忽视了这个立场的正面推断,即激进的政治行动是必要的——这是一种可行
选项,一方面不同于维护当前的混乱和不公正的做法,另一方面不同于直接的革
命行动——这种政治行动指向人的相互关系的根本变化,从而使现在强制性的
分工成为自由的分工。由于李普曼先生忽视了相互权利和义务得以实现的这样
一个社会条件,所以他把社会主义简单地看作在他的想象力习惯的现行经济体
制中,官僚机构在高压权力的支持下不断干涉人的活动。

正如批评者所说,如果没有体制的彻底变革,李普曼先生的那种自由主义就
近似于通过不断诉讼来进行治理的主张。

值得注意的是,当李普曼先生屈尊考虑相互权利和义务的理想和自由市场
得以实现的手段时,他放弃了把政府等同于高压官僚机构活动的做法,转而依靠
一个非常不同的政府行动概念:一个与社会自由主义只有程度区别的概念。他
公开承认,财产权利和财产制度是法律的构造,公司是法律创造出来的;承认契
约是法律工具;承认"我们纳入私人事务这个总名称之下的一切事情都是法律发

展的产物,并且只是由于法律才能存在"。他反对公司活动的泛滥,而把这种泛
滥归咎于"商人,他们获得了多数的合法特权,这些特权是立法机构和法庭不经
意地授予他们的"。

"不经意"也许是李普曼先生在整个讨论过程中使用的最有启发性的单词。
这个词是不能略过的,它是维护真空的手段,回避了他所反对的那些发展是不是
现有经济体系固有结果这个问题,而这些发展又得到了政治体系的批准。

他承认现有体系依赖于根本的政治结构和过程,在这一点上,他走得很远,
以至于认为商业公司与从属的公共机构之间的差别并不明显,因为它们都是由
政府建立的,而且那些公共机构"是为了承担共同体的一些集体事务而设立的"。

如果作透彻的思考，这种承认的态度导致对基本自由原则的接受，而不同于集权的集体主义。

这些矛盾不是偶然的。如果李普曼先生既要获得一个批判现行社会制度的根据，又要有一定的手段来达到他的社会理想，那么，一定会存在矛盾。

在某种意义上，在最后一节，李普曼先生放弃了他的立场。在这里，他求助于比习惯法和普通法"更高的的法律"。他认为，更高的法律与人的创造性活动相结合，必然推动解放和对自由的肯定。假若他从这一点开始，探讨何种法律和经济体制将会释放和指导创造性活动；假若他根据现行经济和法律体制刺激、阻碍和干扰人的创造性活动的效果来分析它们，他会写出一本非常不同的书。事实上，他的"更高法律"的概念是一个有点模糊的形而上学概念。"更高法律"来自一个"直觉"。"它呼唤用非物质力量约束物质力量，因此呼唤一个过度艰难的任务，即用人的高级本性战胜他的低级本性"。它的实质是一种"精神本质"。

我也相信有比任何成文法都更高的法律，前者应该是后者的工具。这种"更高"的法律是关于人的联结、关系和相互依赖的最高法律，高于那些促进和支持纯个人赢利活动的欲望、活动和制度。如何把这种至高无上的道德转换成具体的经济和法律用语，这一问题是政治学的最终问题。 *495*

但是，其条件在于人在现实的相互关系中的实际活动，而不在于"直觉"或人性划分中的"精神"部分。就"精神"一词可理解的意义而言，任何可以正当地叫做"精神"的东西都是文化和文明不断进步的结果，而不是根源。经济、法律和政治制度或者推动或者阻碍和扰乱个人借以获得教养的人际关系。把个人与他在其中生活、活动和存在的社会环境分离开来，就直接走上了真空中的社会心理学之路。

在结尾的时候，还必须说，社会自由主义可以从李普曼先生著作的一个方面学到东西。它隐含地提出了一个问题，虽然它没有提出解答；或者说，它表达了事件本身提出的一个问题。我感到，我完全赞成李普曼先生对极权国家的谴责，这是达到我们所希求的、也值得希求的社会目的的一种方法。实质上，我赞成他断言苏联和法西斯国家的政治体制正在融合为某种近于相同的东西。在这样的关口，社会自由主义必须比以往更加清楚它所要使用的手段。它必须确定那种手段实际上并不是出于某种教条的哲学，必须确定那种手段将会达到所追求的目的。这种手段与自由人的自由社会这一目的相容。在我看来，对这种手段确定的、系统的探讨，在思想和实践上都是当代真正的自由主义的中心问题。

评斯本德的《从自由主义向前走》[①]

《从自由主义向前走》(Forward from Liberalism)

斯蒂芬·斯本德(Stephen Spender)著

纽约：兰登书屋，1937 年

496 　　读斯本德的书是一件乐事，那些像我一样不接受斯本德先生得出的具体结论的人也应该有这种快乐。斯本德先生是一位艺术家，读者感到的是审美的满足。但是，这种享受远远超过了阅读那些动人而活泼的英语所得到的享受。斯本德先生会"从自由主义往前走"。然而，他毫不犹豫地称自己为自由主义者，并说他因为保持了这种自由主义精神而成为一个共产主义者。他从自由主义出发往前走，这种自由主义是 19 世纪的政治自由主义和按政治机制来设想的民主。特别是在英国——就自由党的起源、传统和政策来说——他把特殊的意义赋予这个词，是有道理的。无疑，按这种形式，它是"新兴的工业阶级的产物"；而主要感兴趣的自由是制造和交易的自由——为了利润。对平等的兴趣是最初的自由主义信条的一部分。但是，一大堆官方自由主义的政策把平等挤出了门外，对"自由"的兴趣遮蔽了它——刚才所描述的那种自由。结果，甚至那些获得了经济自由的人，一点也没有取得像人类精神自由、艺术自由、科学自由和个人发展的自由这样的事情，而广大民众甚至没有取得一点表面上相似的东西。

　　斯本德先生承认，早期自由主义的大人物的特点是唯心主义，为了他们为之献身的事业，他们愿意牺牲单纯的个人利益。现在，官方政治自由主义已经"像是一块死肉了"。但是，"自由欧洲还活在人们心里，他们有艺术家、科学工作者、

497 个人主义者，以及那些为了许多人更大的幸福而愿意真正牺牲自己幸福的善意

---

① 首次发表于《常识》，第 6 期（1937 年 5 月），第 25—26 页。

的人,还有那些在共产主义和社会主义旗帜下进行政治斗争的人"。今天,脱离政治行动的艺术和科学个人主义者是"生病的灵魂"。如果他想要恢复灵魂的健康,那么必须认识到他的疾病是脱离社会的结果;而他脱离社会,是社会不正义的结果。因此,"他必须参与改变物质条件的活动"。离开那种支配着官方自由主义的政治学,他呼吁一种政治学思想,使政治学成为这样一种"努力吸收整个人类积累起来的知识宝藏;使最大数量的人获得这些知识,从而使它成为一个更好的社会的广泛传播的基础"。为此,"不仅必须有政治民主,还必须有经济和文化民主,民主的人'按能力付出并按需求获取'"。

按照斯本德先生的说法,一个没有阶级的社会就等于共产主义,而这又等于真正自由主义的精神应用到现在和将来的生活条件上。一些人,也许许多人,称自己是自由主义者。如果他们以这种方式来看待共产主义,他们也会是共产主义者。但是,早期真正的自由主义者没有预料到,他们的自由主义实际上被兴起的工商业群体所利用。看看当今世界掌权的共产主义者及其在国外的党派追随者最典型的活动,人们就不得不疑惑:斯本德先生的唯心主义是否也迷惑于一种幻觉,这种幻觉与唯心主义的自由主义者的幻觉有相似的性质。

唯心主义看目的,现实主义看手段。斯本德先生说:"作为目的,文明比达到它的手段更重要。"唯心主义一个长期的危险是使目的过于优先于手段,以至于人们相信将要现实地达到的目的是独立于达到它的手段的。无疑,斯本德先生并没有把当前共产主义使用的许多手段理想化。他的态度肯定是批判性的。他也不是没有意识到现实的结果依赖所采用的手段。他呼吁艺术家和知识分子加入共产主义事业的理由之一,是"在很大程度上,无阶级社会的本性是由为之奋斗的人的本性决定的"。

一方面,由于向无阶级社会的过渡是困难的,所以他强烈要求我们接受短期独裁的必要性,"但我们要尽力使过渡期尽可能短而进步"。另一方面,他强烈反对辩证唯物主义的教条,根据即那就是一个教条,因此是静止的、束缚性的。然而,这个学说是无产阶级短期独裁的学说赖以建立的基础。斯本德先生声情并茂地陈述说,教条主义导致怀疑和仇恨,"仇恨,不论是阶级仇恨、民族仇恨,还是教义仇恨,都不是真理,而是政策的工具、权利意志的玩具"。斯本德先生看到,他所支持的那种共产主义,肯定会为相信它的人引来共产党员的批判。有一段话,他写得太随意,不必过多强调;在那里,他甚至把斯大林派和托洛茨基派说成

498

一个派别。

我想，我们不难看到斯本德先生持有这种立场的缘故是什么。他是一个真正的唯心主义者，有着豪爽的精神。他意识到，艺术家和知识分子对这场伟大的人类斗争漠不关心，这是毫无成效和致命的。他把艺术和科学看作自由社会中促进和获得共同利益的主要资源和工具。他找不到别的出路，只有转向共产主义者；而他意识到共产主义者的方法中，有些东西是他的内心所反对的。我认为，这是现存民主状态软弱无力的标志。"最牢固的正统不能代替人格的正直。从外面施加的词语顺从只会鼓励心怀怨恨和野心。"没有人提出过比这更严厉的对官方共产主义的批评。然而，我想，由于看不到别的出路，于是他就怀有这样的想法：这些事情会随着时间逐渐消退，尤其是当足够多的艺术家、科学家和"知识分子"参与这场运动的时候。我个人从这部真诚而鼓舞的著作中得出的结论是：在这个国家，除非经济和文化民主得到有组织的肯定，否则，这里的自由主义者会发现他们处于被迫在法西斯主义和官办共产主义之间作出选择的地位。而且，我们也许没有很多时间来作这种肯定。

杂　记

《雷诺阿的艺术》序言^①

本书涵盖雷诺阿（Renoir）艺术创作和所有艺术的理解和鉴赏的学术研究必 *501*
须使用的方法。作者对这两个主题的论述，既没有留下什么需要我去增加，也不
包含应该由我去改变的任何东西。

然而，巴恩斯基金会（The Barnes Foundation）是一个教育机构。这本书与
前面出版的那些书一样，是教育活动的结果。本书的方法和材料不仅与美术教
育，而且与广义的教育，都有着密切的联系。虽然对于聪明的本书读者来说，这
一含义是非常明显的，但还是有理由给予强调。不论怎样，为了回报受邀作序的
荣誉，我将谈一谈本书和巴恩斯基金会的教育方面。

多年来，我一直持有一个观点：经验是自我与其环境某个方面的相互作用。
有目的的明智行动是手段，它使这种相互作用有意义。在这样的行动过程中，对
象获得意义并且自我认识到它自己的力量，因为它通过对环境明智的控制，指引
和强化了它的能力。因此，有目的的行动是一切真正的教育活动的目标。它是
达到这个目标和再造其内容的手段：这种活动必然会成长和不断成长。当婴儿
第一次做出有目的地适应环境的动作时，这种活动就开始了；当他做那些事情
时，他获得一些态度和习惯，这使他能够扩大他的目的，并发现和使用取得更大
目的的手段和方法。在这个明智生活的过程中，并不存在固有的界限。它应该 *502*

---

① 首次发表于阿尔伯特·孔布斯·巴恩斯（Albert Coombs Barnes）和维奥利特·梅齐亚（Violette
de Mazia），《雷诺阿的艺术》（*The Art of Renoir*），纽约：明顿-鲍尔奇出版公司，1935 年，第 vii—
x 页。

从生延续到死。连续成长的停滞，意味着早衰和死亡。

在精神生活的过程中，在自我与世界有方向的相互作用中，行动（狭义的行动）、情感和理解都参与进来。自我对周围事物和事件明智的适应，使这些功能达到平衡。于是，思想变成知识和见解；情感变成兴趣；运动反应变成对我们周围的事物和性质，以及对于人类有关潜力的掌控。成长过程的停滞，实际上就是精神生活和教育的停滞。这些敌人是强大的。不幸的是，主导着职业教育单位、学校和所谓教育机构的实践，使这些敌人更加强大。

每一种片面强调惯例和机械习惯的做法，都是这样的敌人。最初，由于没有任何目的或意义，还没有被调校为有效行动模式的冲动成为主宰。问题是，这样一些冲动要获得明智的定向。但是，学校——以效率的名义，又受到当前社会环境中极为强烈的机械力量的压迫——用僵化而无思想的习惯的形成代替了明智的定向。通过这样一些不恰当的手段，知识的获取被转变成积聚单纯的信息；背诵不是判断力的助力，而是被转变成它的替代者。事实和原理是分开来"学习"的，而在明智的生活中，它们如此紧密地相互联系在一起，以至于成为掌握意义和提升价值的能动力量。于是，束缚性的顺从取代了无止境的发现之旅。情感如果与事物的意义和有目的的行动相联系，就是把自我与变化的世界配合起来的兴趣，现在却让它漫无目的地漂流。没有得到安全的固定，它们消散成白日的梦魇，飘荡在自我与世界之间。成长、明智生活、教育所面临的这一切破损和停滞，是今天教育机构传统教学方式的特征。

503　　　这些话是为眼前这本书作序。它运用的方法避免了刚才提到的乱象，鉴赏和理解艺术的现行方式中弥漫着这种乱象。除了绘画和其他艺术形式（这里，乱象也是经常出现的）既定的生产和理解过程之外，传统教学机构的作用深深地影响了一切经验方式中的态度。我不知道有哪一种关于科学方法与明智生活的关系的陈述——真正的科学——比得上本书第一章前几页所作的陈述。然而，在我们的教学机构中，科学材料的教学常常很少考虑到科学是观察和解释观察的方法，因此，一点也不奇怪，在人类经验的其他方面，特别是在艺术中，科学方法还很少得到承认。我们无须惊讶，在艺术教学中，有一种树大根深的观念：在任何客观地建立起来的学问和理解中，高雅艺术与智力方法——即科学方法——是对立的两极。与其他领域相比，在艺术经验领域里，把心灵（能动地观察和反思）与情感分离开来的习惯更加根深蒂固。在这个领域中，这种恶习最为突出。

教育本质上是知觉的训练，但这种教育却被抛弃了。情感是私人的，判断也是私人的，因为它们不是建立在对事物及其相互关系的清醒的知觉上的。私人的情感和判断，出现在自我和可感知的世界之间的地带。

教师主要从事"事实"的教学，还是努力激发通常叫做"鉴赏力"的东西，这并没有多大的差别。前者主要是艺术家的生平、派系的历史、处理材料的技术——不论主题是绘画还是文学。但是，事实是某种关于事物的东西；事实的使用，代替了对事物的直接知觉。鉴赏变成了努力激发情感的事情。一切真正的知觉都含有情感。但是，只有当情感反应指向客观地感知到的成分和事物——不论一幅画、一首诗、一首乐曲，还是一个所谓的科学对象——本身中发现的越来越多的关系时，它们才是鉴赏的一个因素。

教师如果有天赋的想象力，就能对艺术品作诗一般的描绘并让学生着迷。504这个过程有一些价值因素，这是关于艺术品干瘪的事实堆积所缺少的。但是，教师的想象力飞翔有他自己的经验背景做依据，而学生没有这样的依靠，就会让想象沿着自己的欲望和感受的路线行走，而最终还是远远没有能力将自己的情感指向事物本身。结果，他对增进自己的艺术知觉的可能兴趣转变成追寻幻想的兴趣。如果教师的方法引导学生看到他原来没有看到的事物的特征和关系，那么，教师和学生就会在思想和情绪上都进入掌握局面的状态。然后，客观观察的习惯就会形成，这种习惯也会在以后的观察活动中起作用。这样获得的信息不是死物的收藏，而是成为能动的资源。经验直接得到丰富。对于绵延的经验，成长的能力得到了扩张和引导。

学会正确地看待事物，是一件困难的事。它要求整个人身的主动性。学会感知，要求整个人身与周围事物的相互作用。不论看一幅图、画一幅画，还是打高尔夫球、建一座新式桥梁、读济慈的诗，都是这样的。

我的教育思想受到批判，批判者说我不恰当地强调智力和使用在科学中有最佳例证的思想方法，但一个事实使我得到深深的满足，即使这种满足带点忧伤和讽刺的味道。这个事实就是：就我所知，我所说的关于教育的话，在艺术教育机构中得到了最彻底的表现。审美领域的教育居然最早做了这件明显而简单的事情，我不知道这是不是令人惊讶。但是，我知道，几乎每一周，肯定不超过一个月，我都会收到信件，有时是老师写的，有时是学生写的。他们问，为什么教育理论与教育实践之间存在着这样一条鸿沟；实际上，他们没问，为什么师生们希望做创造性工作——经验、智力和兴趣中的创造性工作，却受到如此多的阻碍和干扰。于是，我写了这样一个关于教育理论的简短概述。因为巴恩斯基金会的这本书是一个恰当的范例，展现了这个理论在实践上意味着什么。与一个致力于生活教育的教育机构相联系，这是一种荣誉，也是一种奖赏。

505

《七十乘以七》序言^①

　　小说家们使我们认识到意识之流,那种内部生活触摸着外部世界,却根本不⁵⁰⁶
能与之融为一体或反映它。心理学家和精神病学家使自由联想、冲突、象征、妄
想、分裂人格等词汇流行起来。小说家和心理学家都做了一些事情来探讨人们
意识到的最后一个神秘领域——时间或记忆,个人同一性的线索和个人责任的
轴线。本书的外形风格织成其外衣的词句,是由极其现代的材料构成的,交融联
结成一个完全不可遗忘的整体。

　　但是,书中讲述的故事的材料来源比最精致的诊所记录的任何复杂情节都
要深刻得多。它演奏着戏剧的节拍,远远超出了意识流小说的能力。它讲述了
一个灵魂与自己斗争、为自己斗争并重新获得自己的故事。艺术家的本能也许
抓住了这个斗争故事最后的景色——每个国家都可以炫耀的最野蛮的刑罚制
度;与之相联系的,是个人现在的人格在核心处已经完全脱离了他的过去。用小
说自己的话来说:"生活的每一秒都蒸发成混沌——雾一样的预感、睡梦、妄想、
幻景。"通常的意识流文体的小说,很少超出这种表面的游戏。因为在意识自身
中并没有找到意识的统一性和连续性,构成意识的是随大流的水流与我们叫做
"自我"的那个核心的联系;而这个核心从来没有出现在意识中,仅仅出现在万花
筒般的表面上。离开了与这个持续的自我的联系,意识流只不过是破碎的残骸⁵⁰⁷
和散落的废弃物,再也不能成为连续的统一体;剩下的只是一团团鬼火般的雾

---

① 首次发表于卡尔·克里斯琴·詹森(Carl Christian Jensen),《七十乘以七》(*Seventy Times
Seven),波士顿:洛思罗普-李-谢泼德出版公司,1935 年,第 vii—x 页。

气,企图把自己编连成一个整体。当那些飘荡的意识与那个深层的人格联结起来时,就出现了作者所说的"认同的碎片"。

意识流小说很少展现这种联结,而试图把它们呈现出来的挣扎形成这里所记录的触目惊心的剧情。每一次个人的道德危机,即使是那些人们叫做"正常人"的个人,都标志着个人为了维护其本色的存在统一性而对抗分割和分裂的斗争。我们在这些文字中遇到一个被鞭打的灵魂的故事,故事的最后意义是:它以波澜起伏的形式,呈现了所有不屈服、不随波逐流的人共同的故事。维护自我的完整,最终是全部的生命斗争。于是,那些表面看来过度夸张的情景和情节,其实是用放大镜在极不平常的情境下看到的共有的奋争事例。

"杜克"动荡不宁的意识的直接背景得到了生动的描绘,如同杜克本人的飘荡和睡梦一样。他的同伴们几乎是惊醒过来的。铁链串锁囚犯的画面,令每一个读者终身难忘。污秽和出卖、友谊和慷慨、贪欲和粗野、奴颜婢膝和追逐权力直接而裸露地摆在面前,剥光了一切遮掩和修饰。这是由于他们所处的那种异乎寻常的生活条件。我不记得有任何文学作品比这里讲述的洪水和逃生的情节更有威力。贯穿整个故事的始终,人类既反抗又屈从的宿命以最优异的艺术手段显示出来。

然而,更遥远的祖辈和个人史环境以这样一种方式表现出来,以至于它甚至比德克萨斯战俘营和同狱战俘的直接背景更有意义。比照这种黑暗,还有那个偶尔突出最后又复归的灵魂,直接发生的事情只有与过去联系起来才有意义。它们引发妄想和野蛮的妄语,一串串对祖先和个人历史的回忆。奴役、性和圣经故事纠结地混合在一起,然后有节律地重复出现。死去的祖先的故事与杜克自己从孩童到战争经历的人生道路,不可分离地缠绕在一起。在几段非常明确的故事描写中,杜克在与脑医生谈话时讨论了他父母双方的祖先——我想让读者自己去认识那些祖先——并且说:"你瞧,医生,我几乎没有机会。"

然而,当故事完全展开之后,最后的秘密仍然保守着。这个秘密一定不会因为不可透入的自我的每一次显露而被揭开。

我想,故事的结尾接近于提供钥匙,就如同故事的其他章节一样。就我来说,我不能用这把钥匙来打开这个秘密;即使我能,也希望自己可以仿效讲了这个故事的艺术家,因而有所保留。我不谋求阐明这个故事的寓意,这样会贬低这个故事。如同每一件本色的艺术品,关于这个故事,整个故事而不是其他

508

东西就是它的寓意。我也不会搜索或查遍词典去寻找一些形容词来形容这部作品。唯一合适的话是：读了它：读者的想象力和同情心将会得到独特的延伸。

《苏联的教育》序言[①]

这个教育展览的九个分区呈现了苏联教育工作的广大视野。它们表现出多个不同工作区域有条不紊的安排。学前教育、工厂技术教育、大众普及教育、保健教育、个人教育和公共教育并不是相互独立、没有中心的区域,而是一个有计划的教育体系的一部分,有一个共同的目标。

这样一个统一的体系表明,那里有着过度的中央集权和官僚机构的膨胀。但是,在苏联,有一些强大的力量与这些不容怀疑的危险相抗衡。那里有年轻人的热忱、激情和自律的习惯。还有加盟体制,允许加盟的社会主义国家有极大的自治权——例如,乌克兰展区就是见证。然后,还有各个少数民族的文化自治。

这个展览有一个方面,我想应该特别受到注意。如果工业要成为过去的农业那个样子——一种生活方式而不是机器奴役,那么,每一个工厂本身就应该成为一个教育机构。它必须致力于培养追求社会目的的人,他们能学到知识,并拥有比机械技术更多的东西。

[①] 首次发表于《苏联的教育》(*Education in Soviet Uniion*),威廉·阿兰·内尔森编(William Allan Neilson)。美国苏联研究所(American Russian Institute for Cultural Relations with The Soviet Union)主办了展览,于 1935 年 1 月 16 日至 2 月 22 日在纽约市美国自然史博物馆举行(纽约:美国苏联研究所,1935 年),第 3 页。

《成长：琼尼和吉米研究》导言①

后面的报告如此完整，我没有必要尝试作一个概述。然而，关于产生了本书 510
的那些发现的研究方法——一种随着研究的进程而演化的方法，我可以说几句。
这种方法的本性，可以通过与另外两种方法的对比来说明。那两种方法，我分别
叫做序列法（inventory）和"整个儿童"的方法。如果在描述那两种方法的时候，
我归属给它们一种其实际使用并不具有的僵化性，应该理解我做这样的刻划是
为了通过对比来澄清当前这种研究所依赖的方法。

近年来有许多谨慎地进行的研究，它们确定了儿童获得各种技能的先后年
龄，如抓握、伸手、坐、直立、身体平衡、行走等等。通过有控制的实验室试验，这
些总体行为形式的连续记录已经得到扩展并且更加精致。结果，"规范"建立起
来了，某个儿童相比之下的发展状态在许多能力方面可以对照规范来测量。科
学上更重要的事实是：大量的行为方式出现的时间顺序已经确定。在我将要简
要叙述的限度内，这个结果使我们有理由把达到的结论看作发展研究。由于建
立了规范的条目以有规则的时间序列一个跟着一个，因此有理由认为，前面获得
的能力以某种方式制约着后面能力的出现。

然而，稍加注意就会看到，这种方法（这就是我所说的"序列法"）达到的结论 511
确立了发展过程中的［能力］获得顺序。这些结论没有揭示发展过程，或者没有

---

① 首次发表于迈特尔·拜兰·麦克洛（Myrtle Byram McGraw），《成长：琼尼和吉米研究》（*Growth*：
A Study of Jonny and Jimmy），纽约：D·阿普尔顿-世纪公司，1935 年，第 ix—xiii 页。

告诉我们这个过程是如何发生的。就发展过程来说,它们使成长[①]发生的方式问题更加细致精确。儿童先会爬,然后才会走;先会坐起来,然后才会站立,这是常识问题。我刚才提到的那些研究,使这种常识得到极大的扩展和精细化;从而发现,相关结果是由何种变化过程导致的这个问题得到了规定。序列法为我们提供了一个关于成长横切面的详细格式。它本身没有揭示从一个阶段到下一阶段的过渡是如何发生的。它把里程碑标示出来,但没有指示道路。本书所报告的研究,正是处理了后一个问题。可以说,它纵向而不是横向地考虑发展。为讲解起见,这里谈一谈书中的研究所处理的一种行为模式:在某个阶段,一个儿童学会了走路,但"抬脚"运动几乎一出生就表现出来了。发展过程研究仔细追踪了这些运动与其他行为形式和环境条件的相互作用;由于这种相互作用,这些运动最终演变为可以叫做"行走"的行为。

与自然科学中的"场"概念、生物学中的"有机体"概念、心理学中的格式塔概念相联系,对变化的单纯分析研究所达到的结论后来越来越令人不满。关于儿童发展,这种不满表现为研究"整个儿童"这一要求;这就是说,要求按照整体的和独有的个体性来研究个人,而不是把它分割成一些独立的要素,然后拿每一部分来与一个"规范"作对比,这个规范只不过是通过比较而发现大量其他儿童所共有的东西。与整个个人联系起来处理人的每一个方面,而不是把它当作独立的要素,这种志向是值得赞扬的。但是,这只是把我们拉回如何实现这种志向的方法问题。

我们似乎处于两难困境之中。任何像人类机体及其行为这样复杂的东西,即使是在儿童期,毕竟只能一点一点地研究,一次研究一个方面。有机体概念作为一个方向性原则,是有价值的。但是,就它本身来说,它既没有揭示什么,也没有解决什么;它只是陈述了一个问题,而没有解决它。而且,正如一些当前研究的结果所显示的,这里存在着一种危险,即把有机体概念上升为一种固定的先入之见,让它去决定一切观察,就如同僵化地固守整体即为各独立部分的简单相加这个观念一样。实际的实验观察似乎表明,在某些方面存在着从部分到整体的

---

① 按传统的用法,"成长"一词指质量和大小的变化;但现在已经非常清楚,时空变化只是同一过程的某些不可分离的方面。因此,有充分的理由可交换地使用成长和发展,而届时具体指示哪个方面,留给语境去澄清。

成长,也存在着整体内个体化和专门化的增加。

　　毕竟,整个儿童的研究只能在这样或那样的条件下,在这个时间或那个时间里,关注这种活动或那种活动。因此,那些立志研究整个儿童的人们最后会面对大量各类数据。没有哪一类数据本身显示了它与别的数据的联系,从而构成整个个人。那些以获得对整个有机体的理解为目的的人认为,出路必定是这些相互独立的各类数据之间的相互关系。但是,变化产生发展,除非我们已经知道那些变化发生的方式,我们有什么把握说这样建立起来的相互关系不只是外在的?而且,即使像儿童有机体这样一个复杂的事物,也有太多的变量。以整个儿童为参照的恰当的相互关系问题会过于复杂而不可解。

　　因此(这主要是由于本书的研究结果),在我看来,很清楚的是:由于发现了那些标示现实发展特征的原则,内部与外部的区别只是一条基线,而没有任何正确的保证。这样一条基线的设立,是本书研究的独有特征。其基本想法是:所有的发展都是有机体与环境条件相互作用的问题;后者包括一个有机结构及与之发生相互作用的其他有机过程,还有一个具体行为所包含的身体外条件。更具体地说,这项研究尝试性地建立了以下发展过程原则:(1)关于各种行为形式(受我们的有机结构制约),不存在一个均一的或同质的年龄段。就某些活动来说,刚出生的婴儿与老人一样老;就另一些活动来说,婴儿就真的是婴儿。仅仅是这个事实,就使不同行为模式的逐次研究成为必要。不过,与环境相互作用的原则保证观察者不至于把他所研究的特定模式不恰当地孤立起来。(2)从这个原则可以得出,在一定时期,某种具体的行为模式趋向于占主导地位——即成为总体发展过程中的领跑者。这项研究的标志性特征,就是在早期分散活动状态中,探察主导成长形式的工作极为细心。例如,比较从最初的抬脚动作开始的运动轨迹,伸手取物与莫罗反射(Moro reflex)的联系。(3)每一主导行为模式的早期阶段都以动作过度或夸张为标志。儿童不能做得太久或太多——顺便说一说,这个事实有助于说明重复与习惯形成之间的关系。(4)当另一种行为模式变成主导时有一个干扰期,即使一种已经经历了夸张阶段而变得相对完善的活动也是如此。这个阶段的特点是:在执行那种已经达到相对成熟状态的行动时犹豫不决,而且看起来像是在退步。(5)那些以前已经成熟的行为模式逐渐协调和融入这种新的主导行为模式,后者也协调和融入前者。这样一些阶段联结在一起,构成总体行为的喷发,包括智力行为。这是在儿童——和成年人——的成长过程中共同观察到的情况。①

由于前面各章建立的具体实验数据的价值，因而最后一章详细建立的这样一些一般成长原则是有意义的；它们是研究的产物，而不是事先确定的观念。具体的材料以及从中导出的结论表明，这里所报告的研究主要不是琼尼和吉米研究，而是两人最初两年的生活过程所显示的发展原则的研究。作者不应该断言这些原则对发展过程作了完美的说明，或者它们不需要由更多的研究来检验。②但是，这里建立的几个原则本身已经指明：为了使发展过程的图景更加完全，还要进一步进行哪些细致的研究，从而填补缺口并完善细节。但是，如果它们站得住，那么，对于我所说的整个儿童研究的基线，至多是一个确定的和稳妥的开端。作者相信，总体发展过程到处都是一样的，不论是细胞、植物，还是观念、文化。这一信念既提供了一个审查已经达到的结果的办法，也为直接研究过的领域之外的探讨提供了刺激。在已经做过的发展观察的过程中，更多的儿童发展问题自然而然摆到了面前。由于这些问题直接产生于成长研究并且与它有着内在的联系，把"整个儿童"作为一个个人而不只是同质类的一个样品来理解的理想，似乎很有可能通过走这些路线而达到最大的近似。这优于进行大量的独立研究，指望它们得出的数据将来会自行产生恰当的相互联系。眼前的研究所代表的真正的发生论方法有一个极大的优点，即每一项已经取得的结果都揭示了发展过程一些更加专门的阶段和方面；而缺少这样一个参照系，具体的研究就是在没有对变化过程恰当控制和理解的情况下设想出来的。但是，那些研究必须切合这种控制和理解并对之作出贡献。

---

① 值得注意的是：这些发现意外地说明，相比之下，良形反射（well-formed reflex）与发展过程关系不大；条件反射不同于发展；不仅以前的痛苦经验的联想，而且更复杂活动的出现，都会暂时阻碍某些已经获得的活动技能的发展。
② 然而，在深入研究琼尼和吉米的同时，对另外68位儿童的观察从他们出生起就开始了，还有对另外一对双胞胎的研究。在很大的程度上，这些原则受到了这些研究的检验。

《论证与公共讨论》序言①

515

在给本书所作的论证新研究写几句话的时候,为了强调起见,我只能重复作者在前言中所说的话。一件根本的事情是对有关问题的深入的个人意识。辩论的训练常常忽略了这个事实;结果,单纯的辩论与论证混淆起来了——在我看来,这种混淆是古希腊哲学家所说的诡辩术的核心,因为人们对辩论的理解是与赢得一场争论联系在一起的。相反,论证是推理,而且论证的原则就是推理的原则。多年来,我抱有这样一种想法,即真正的反思性思考始于一个问题的提出,第一件事情就是要明确问题是什么、为什么这是一个问题。因此,我自然对每一种加强这个原则的教育工作都抱有同感。

论证是推理,但它是一起推理;它是一个合作寻求的过程。民主理想的保障,依赖于使用联合的、统一的真诚努力的方法来认识社会政治问题的本性及其原因。就我所知,把语言的使用与社会和民主目的联系起来,这种英语用法教学的目的最有价值,而且最有可能唤起有效的兴趣。我欢迎本书,它向这个方向走出了明智的一步。

---

① 首次发表于安吉罗·M·佩勒格林尼(Anglo M. Pellegrini)和布伦兹·斯特灵(Brents Stirling),《论证和公共讨论》(*Argumentation and Public Discussion*),波士顿:D·C·赫斯出版公司,1936年,第iii页。

《学校中的自治和政治学》导言^①

本书搜集了美国自治委员会主席韦灵(他于 1904 年组织这个委员会,当时叫做"学校公民委员会")自 1903 年起写于不同时间、关于自治和相关主题的一些论文。

由于韦灵先生及其友人自 1900 年以来所做的奠基性工作和不懈的努力,如今在多数美国学校里,人们认识到,学生自治是男女生日常生活中一个极其重要的部分。

---

① 这是一篇没有发表的导言,写于 1936 年 7 月 20 日,收于查理德·沃德·格林尼·韦灵(Richard Ward Greene Welling),《学校中的自治与政治学》(*Self Government and Politics in School*)。它是波士顿公立图书馆一本装订成册的文集。

《展望，1937》导言[①]

我们现在比以往任何时候都更加需要在恰当知识的基础上，进行建设性的思考。不论对于国内问题还是国际问题，这个需要都是紧迫的。"我们所属的世界正在进行教育和灾祸的赛跑"，这句话的真理性与日俱增地明显起来。在国际事务中，人们曾有一个幻觉，以为美国可以孤悬于世外，不论别国发生什么事情都可以走自己的路。世界大战终结了这个幻觉。在我下笔的时候，世界战争的危险迫在眉睫。有人认为，战争和直接的政治较量可以是我们与别国进行合作的最佳方式，这种观念有着增强的危险。为了世界秩序与和平的事业，我们必须采取一些措施，以别的方式同别国合作。对此，我们迫切需要清晰的思考。

我们无需细究就可以发现本国国内问题的严重性。政治家乐于煽动舆论，他们追求的是某个党派的利益，他们的方法对于清晰的、建设性的思想和政策是致命的伤害。这些问题极其复杂，以牺牲明智的见解和行动纲领为代价去唤起情感的做法，要相对容易一些。拥有正确的知识和严谨的观念不够，还必须有行动的组织把这些观念付诸实施。

L. I. D.（工业民主联盟）通过演讲、讨论以及其他方式，正在进行艰巨的开拓性工作，以推进知识、建设性思想和组织。它是致力于铸造真正有准备的公民精神的主要力量之一。在工业民主联盟第六年度的演讲讨论中，各方人士基于他们的长期研究和权威知识，对各自的课题发表了直率而有洞见的观点。向大众推介这些观点，是个人的满足和荣耀。

---

① 首次发表于哈里·W·莱德勒（Harry W. Laidler）:《展望：讨论和行动纲要，1937》(*Looking Forward: Outlines for Discussion and Action*, 1937)，纽约：工业民主联盟，1936 年，第 2 页。

《展望，1938》导言①

每一份报纸每天都在说，我们处在社会、经济巨变的时代。更聪明的则告诉我们，没有人知道我们要走向哪里，也不能肯定那些被看作在领导变革的人是否清晰地知道他们要走向哪里，或者他们是不是朝三暮四。只有一件事情是肯定的，即如果不在广大民众中普及经济理解，那么，计划制订得再好也不能得到成功的实施。有一种可悲的危险：没有计划或坏计划都将统治今天，除非在财政、金融、工业、贸易等问题上广开言路。在这些事情上，成人教育不是奢侈品，更不是赶时髦。这是民主所必须的，只要它想赢得它正在进行的这场战争。德国希特勒主义的发展证明，政治上不开化的群体很可能被现代宣传手段所愚弄。

这是工业民主联盟执行其推广美国公民教育战略的第七个年头。它的标准很高，而那些讲演维护了这些标准。它提供讨论的材料，将这个前程未卜的时代里每个美国公民的生活摆到了眼前。参加这样的讨论并回答提出的问题，对于每个美国公民都是必要的。

---

① 首次发表于莱德勒：《展望，1938》(*Looking Forward*，1938)，纽约：工业民主联盟，1937 年，第 3 页。

装饰艺术博物馆的教育功能①

每个周年纪念会都有回顾和展望,回顾过去,展望未来。库珀联合会装饰艺 520
术博物馆四十周年馆庆与过去的联系格外丰富多彩。这些联系是个人的。彼
得·库珀(Peter Cooper)是一位伟大的纽约市公民。他的人格和活动给公民形
式赋予了新的意义,那是一种珍贵的记忆和持久的激励。休易特家族(Hewitt
family)许多成员的艺术兴趣、品位和慷慨,都融进了这座博物馆。这个家庭成
员的欧洲旅行和交往在这座博物馆里的展示,有法国装饰大师们的装饰作品系
列、纺织品和陶器,有来自西班牙的巴蒂亚物品,有独特的法国建筑绘画收藏,有
皮安卡斯特里家族的意大利素描,等等。还有一些记忆,来自博物馆和库珀联合
会学校对纽约市乃至全国工业艺术的发展作出的巨大贡献。曾几何时,当建国
初期手工艺传统正在消失的时候,当这个国家金钱的积累比知识和品位的积累
更加迅速的时候,这座博物馆和联合会的几所学校就成了由服务于工业从而服
务于本国艺术的中心。博物馆对纽约市的贡献,比它的居民所知道的更多。

像眼前这样的周年庆典,也是用将来的眼光审查当前的一次机会。近期美
国文化最惊人的特征之一,就是各种各样的博物馆迅速增长,有艺术、商业、工 521
业,也有自然史、人类学、古代史。人们普遍认识到,它们同公共图书馆一样,在
大众教育中占据着必要的位置。对它们的教育功能的认识,保持着与它们的物
质扩张同步发展的速度。一个以教育目的为导向的博物馆必须解决的问题,完

---

① 首次发表于《库珀联合会装饰艺术博物馆编年记事 1》(*Chronicle of the Museum for the Arts of Decoration of Cooper Union 1*),1937 年 4 月,第 93—99 页。

全不同于另一类博物馆,后者主要是为了搜集奇异的、有趣的、可能也很美丽的物品,或者主要是为了收藏历史纪念品。

库珀联合会博物馆一直是一个教育机构。但是,社会生活条件的变化,包括工业艺术的方法和目标的变化,提出了新的教育问题。如果不精心组织以适应新条件下的服务工作,即使像库珀联合会博物馆收藏的这样大量而丰富的藏品,也会随着时间的流逝而成为古代的和历史的东西。许多有关问题具有极高的技术难度,只有那些受过专门训练的博物馆管理专家才能够处理好。这座博物馆是很幸运的,它不仅有一批训练有素的馆员,而且明了当代条件和博物馆工作与这些条件之间的关系。

这个问题有一些方面也许可以由普通人表达出来,而不必作不恰当的推测。其中一个很重要的方面,也许是公众对艺术的态度的变化。艺术再也不像过去那样,仅仅是美术馆的绘画收藏和富人墙壁上的画作。在我看来,当前最有意义的一个现象,是认识到艺术深入人类生活的每一点上;物质财富和安逸归根到底是一种贫穷,除非艺术赋予它们生命力。这种态度变化的一个必然成分是:长期以来把所谓高雅艺术与应用艺术或工业艺术分隔开来的壁垒被打破了。只要艺术仅限于沿袭已久的所谓高雅艺术,艺术就不可能成为个人或民族生活中的有生力量。只有进入人民群众的家居建筑、家具和用具、墙壁和挂饰、地板、桌子和椅子、吃饭的盘子和炊具,艺术才能深入到他们的生活之中。每一种日常用品都有形状和颜色,凡是有形状和颜色的地方,艺术都有机会。不仅仅是机会,出于对享受丰富的生活和享用周围物品的兴趣,艺术成为一种需求。

我们现在清楚地知道,经济落后的人,甚至原始的人,制造他们使用的工具和用具,把它们做得赏心悦目,不论是武器、篮子,还是毛毯、盘子。如果从国外进口而来,它们找到了一个温暖的家,即使是在高雅艺术博物馆。艺术史学者还知道,我们所说的高雅艺术繁荣的时候,也是那些手工艺人的"低级"艺术昌盛的时候。后者提供了前者生长的土壤,它们培育了大众品味。这样,绘画、建筑和雕塑才能得到鉴赏。我从参观库珀联合会装饰艺术博物馆得到的最强的印象之一,就是艺术的统一性。我似乎感到,撰写一部恰当的(例如)关于文艺复兴以来几个世纪的绘画史,不能离开那个时代的纺织和陶瓷艺术、五金和木工艺术。

日常用品生产条件发生的巨大变化,当然是机器生产的发展,尤其是大批量生产。令我们敬仰的原始人的物品,是手工生产的。不论在东方人中,还是在较

522

简单的西方人中,机器生产的第一个后果是艺术的堕落和大众品味的下降。有一个时期,我们遭遇到丑陋物品的泛滥,它们是为了提供廉价的日常用品而制造出来的。最糟糕的是,在这个时期,当我们的眼和手习惯了接受这些物品的时候,当我们的标准由于它们无意识的教育作用而形成的时候,我们并没有意识到我们在受难。无须说,巨大的变化正在继续。制造商正在懂得,经营有方与创造令人满意的颜色和形状设计并不冲突。艺术水平更高的产品也具有教育价值,在时间进程中,公众的感觉和判断逐渐改变了。

正是这种形势,给关注应用艺术的博物馆提出了它们必须解决的新问题。曾几何时,它们的主要功能是提供各种艺术品作为复制的模型,以求达到机械复制的目的。现在,这个时代已经过去了。人们越来越认识到,现在设计者的问题是要根据机器的能力局限构造一些设计(这种构造不一定意味着牺牲艺术质量),而不是提供一些机器运转必须屈从的设计。对于那种与实际社会条件没有有机联系的艺术品的生产,这种形势几乎有着革命的可能性。但是,在博物馆馆藏艺术品用作教育目的这个方面,它也涉及几乎具有革命性的变化。 *523*

然而,最大的错误是以为这些历史的产物已经失去了用途,人们只能听任它们处于历史纪念品的状态。与传统脱节,总是导致艺术的损失。在机器生产物品、用具、用品的早期,其罪恶之一是它标志着脱离传统。机械地复制旧装饰,把它强加给机器产品,这样加强而不是减轻了它的坏作用。这样一来,公众的品位一度几乎完全丧失了对装饰的意义的理解,因为他们得到的是外在多余的东西。

另一方面,传统的延续并不意味着重复过去。我不知道如何用言语来陈述那意味着什么,因为这是传统延续者的教育和经验问题。不论哪条路线或是在哪个领域,艺术家和设计师的问题很大一部分在于把历史传统的浸染与个人创造性地修改其具体内容的能力统一起来。达到这个目标的方式是不可以用语言表达的,因为这是艺术家和设计师自己的工作,别人不能告诉他该怎样做。如果别人可以告诉他,那么,他的工作就会是机械的,而不是创新的或首创的。然而,博物馆和与之相联系的学校的巨大功能之一,是帮助艺术家和设计师完成在成长和发展过程中维护某种伟大传统的任务。一方面,它们使他能够浸染传统的物品材料;另一方面,它们使他认识当代的需要和机会,从而帮助他完成这一任务。 *524*

受到传统材料的浸润,并不仅仅产生于观看过去生产的物品,或者单纯复制它们。使物品在本性上成为艺术品的因素,不是它们的具体表现手法,也不是它们所运用的特定的形式和图样；后者是历史运动的产物，现在已经掏干榨空了。它们不适应批量的机器生产，与当前的生活也没有任何活的联系。但是，就学习观看的学生和帮助他们观看的博物馆而言，这些考虑并不重要。就如一幅画，支配各个部分和各部分之关系的构图设计使它成为一件绘画艺术品，一块织锦、一片瓷砖、一把椅子也是如此。设计是一件重要的事情。设计是组合问题，是将各个部分形成一个整体的组合关系问题。为艺术而学习观看，就是学会明察设计组织，不论被看的对象是一座雕像、一幅图画，还是一条挂毯、一只罐子、一卷墙纸。

在库珀联合会博物馆的丰富藏品的组织上，我认为有一件事情特别重要，这就是根据设计共同体而不是根据历史时期来安排不同的物品。纯粹以历史和文物为目的，按照出产时间和地点来安排展品是有价值的。但是，一件物品因为设计而具有审美形式，故而以学习品鉴设计为目的，把一把椅子、一条毛毯、一件陶器、一件铁器列成一组也许更有效果。出产时间和地点的差异，常常使共同的设计风格更加令人耳目一新。博物馆能够为那些有志成为设计师的人提供的最大服务，是让他们能够知道实际的设计是什么；不是可以写在书里的提要或规则，而是具体地体现在由不同材料制成、有不同地方技法的不同物品中。在这个方面，历史上的"小技"艺术的大作品的汇展，对于一所实践技工学校所从事的工作有着不可估量的裨益。

当前的生产条件要求重新组织展品，因而那些学习搞设计的人也要求重新组织展品；要完成这项任务，既不简单，也不容易。例如，这要求对物品进行清点、列表、标注，以便展品的调整能够顺利地进行而不至于产生混乱或损失。展品必须能够做可调整的重新分组，以便具体的问题出现时及时解决。有些博物馆可以把物品放在确定的位置上，并长期留在那里。教育博物馆必须把展品放在它们在一定时间、相对于其他物品需要放置的地方，以满足当时出现的教育需要。博物馆的展品越丰富，执行其教育功能就越难。而且，刚才所说的问题只是库珀联合会装饰艺术博物馆必须解决的许多组织和重新组织问题中的一个。四十年来，董事、职员、友人以竭诚奉献、自我牺牲的精神，维护着博物馆的运行。在结束我对四十周年馆庆的微薄贡献之前，我还要表达一个希望，即希望有更好的办法使它能够满足现在和将来的需要。它得到的帮助，将会结出远远超出摸得着、看得见的果实。与过去相比，这座博物馆在将来会是一股更大的力量，推动无数个人生活的艺术潜力的丰富发展，包括许多也许永远不会知道这座博物馆存在的人。

他们如何投票：2[①]

我想投票选诺曼·托马斯(Norman Thomas)当总统。没有组织起真正的第　*526*
三大党，是一件令人失望的事情，尤其是鉴于这样一个事实：所谓的联合党
(Union Party)是一个有着通货膨胀论和半法西斯主义因素的联合。我感到，对
保守的共和主义的忧虑，将导致许多不信仰民主党的人投罗斯福的票；但是，不
论谁当选，我不相信这两个老党派的政策会有很大的实际差别。我认为，共和党
正在虚假的幌子下进行一场战争。

[①] 首次发表于《新共和》，第 88 期(1936 年 10 月 7 日)，第 249 页。这是对"今年全国大选，你投谁一
票"这个问题的回答。

援助西班牙政府①

527　　《基督教世纪》编辑：

　　先生：您的社论《远离西班牙！》需要回应，因为它反映了我们广泛遭遇的一个观点。我能请您赏赐几页版面作出回答吗？

　　这篇社论主张美国完全孤立于西班牙战争之外，根据是任何别的做法都将有卷入战争的危险，但它完全忽视了一个事实：美国没有提供任何援助，没有这种使我们陷入后来战争的借款和义务承诺。当前的局势提出的全部要求，就是与获得承认的西班牙政府维持正常的商业关系。这可以使该政府在这里买到它急需的东西，并完全拒绝叛军任何这样的权利。这是国际法，是历史上美国的政策。这样的政策，不会把我们拖入战争。

　　该社论将提供医疗和物质援助给政府军，与帮助征召士兵加入国际军团区分开来。任何这样的区分，都是很难做出的。西班牙民主美国朋友不会帮助招募军队参战，因为它有一些成员不赞成这种帮助。但是，我们可以指出，征募的根据与其他援助形式的根据是完全相同的——不同的援助方式都可以帮助西班牙政府打败叛军，在它们之间不可能作出有说服力的区分，你也许喜欢这一种援助形式，他可能喜欢另一种援助形式。你决定个人参与这场斗争，或者帮助他人参与斗争，这是个人的良心问题。

528　　该社论提出了征募士兵可能不合法这样一个观点。不论法律是什么，这个问题以前从来没有被提出来。举几个例子，爱尔兰战争、我们自己的军队进入世

---

① 首次发表于《基督教世纪》(*Christian Century*)，第54期(1937年3月3日)，第292页。

界大战之前的拉法耶特飞行队(Lafayette Escadrille)、意大利的埃塞俄比亚远征军中的美国侨民，都是自由征募的。法律上的异议，也许出自反政府力量支持者的压力。

该社论轻视民主与法西斯的对立问题，然而，十分清楚的是：如果一个国家的人民不能在民选政府的领导下和平前进，民主作为一种社会进步力量就终结了。对照进步方法与法西斯对每一种和平变革方法的破坏之间的斗争，自由主义者与和平主义者别无选择，他们只有一条出路。在法西斯国家和民主国家之间，当前任何国际战争都必定是敌对的资本主义之间的斗争。像西班牙战争这样的内战，可以是保卫和维护民主方法、遏制法西斯主义的手段。这场斗争产生的政府有多少民主，这样的胡思乱想是无聊的。大量的证据表明，这样组成的西班牙使符合民众利益的专政变得不可能。

毫无疑问，美国必须远离任何欧洲战争。但是，阻止这种可能性的最好方式，是通过维护民主的进步方法来阻止法西斯国家的侵略。西班牙是这场斗争的国际考验点。显然，所有关心这场斗争的美国人都可以不计其他，却有义务支持政府允许与得到承认的西班牙政府进行正常商业往来的政策。当然，私人援助应该是不受限制的。

青年是关键[①]

在我看来，要为退休问题的解答提供客观依据，某个组织应该对不同制度的规则进行比较。

由于缺少这样的科学信息，我只能陈述我个人的选择。按照我的意见，70岁大概是最合适的退休年龄。只要教师受到专门的邀请，一年一年继续任教的通道畅开着就行。行政官员是例外情况的最佳判官。他们可以决定有关机构的最大利益，也可以判断让一个老人继续任职是否妨碍年轻人的提升。

在我看来，退休规则的最佳理由是给年轻人提供他们以别的方式得不到的机会。此外，这种规则也有利于清除一些朽木。

我个人认为，把界线划在 65 岁上，使退休年龄过早。在这里，也许应该注意哥伦比亚大学没有严格的退休规则，许多 70 岁或更老的人还在那里教书。

---

① 首次发表于《纽约时报》，1937 年 3 月 7 日，栏目 2，第 6 页。这是对"大学教师的最佳退休年龄是多少"这个问题的回答。

纠正一个学界错误[①]

先生：您的读者将有兴趣知道，一个委员会已经组织起来筹集资金，以资助克劳斯(Arthur J. Kraus)教授起诉纽约市立学院违反合约的案件。这个案件现在还没有得到纽约法院的判决。克劳斯博士案现在由一个有能力、有经验的律师处理，他对这个案件给予了高度的关注。筹资委员会的成员有加利福尼亚大学伯克利分校的布洛杜尔(Arthur B. Brodeur)教授、华盛顿弗里曼(James. E. Freeman)主教、《教士》(Churchman)杂志编辑施普勒(Buy Emery Shipler)博士、《公益》(Commonweal)杂志的舒斯特(George N. Shuster)先生等。

《新共和》的读者会记得，4 年前，克劳斯博士在市立学院当局的手里受到了最不公正的对待。那时，在他进行绝食斗争抗议波兰大学迫害学生之后，他被解除了教职。而心理脆弱(mental imcompetence)这个指责，是高度可疑的。在绝食抗议期间，克劳斯博士的课堂由另一些教授接替，而他绝食抗议行动的英雄主义和勇气得到了他的市立学院上司的赞扬。他的上司邀请他在绝食抗议之后重返岗位。然而，在回到课堂几天之后，克劳斯博士被劝诱去接受精神病检查，而学院当局用检查结果来为解雇他的做法进行辩解。而另一些著名的精神病学家，包括雷德洛(Robert W. Laidlaw)博士、布朗宁(William Browning)博士、罗森海克(Charles Rosenheck)博士，都证实他的精神和心理状况是健康的。

我们的目的是帮助克劳斯博士获得法庭对所有与他被解职相关的事实作全面、公正的审查，从而帮助他清除市立学院毫无根据地强加给他的心理脆弱的污

[①] 首次发表于《新共和》，第 90 期(1937 年 3 月 31 日)，第 242 页。

点。我们估计，做这件事情需要 3000 美元。我们呼吁，所有相信正义和公平的人尽可能慷慨、积极地给予捐助。捐款请直接寄送纽约市百老汇——四街莱斯特公寓楼（Lester Studio Building）本委员会财务秘书约翰森（Edward C. Johnson）先生。

约翰·杜威

于纽约市

民主的未来[①]

不容否认,在欧洲的大片土地上,政治民主正在衰落。衰落的原因过于复532杂,这里我没法讨论。我感到,一个突出的理由是:在那些民主已经消失的国家,民主没有社会根基。在这些国家,民主过于纯粹地等同于政治选举和议会政治,以至于没有牢固的立足点。

我不相信集权政府优于民主。我主张相反的观点。集权政府看起来更优越的唯一时期,是战争和内部经济危机造成的异常状态。把这种病态条件用作一个政府优越性的标准,我认为是一个最大的根本错误。

安全和自由权是否与个人不相容,这个问题依赖于"安全"和"自由"这两个词的定义。作为通用名词,它们似乎太模糊、太多义,无法进行明智的考虑。如果"安全"意指经济安全,那么,它肯定与现代高度工业化国家发展起来的、不受干涉的自由不相容。如果自由与合理的平等程度相结合,并且安全意指文化、道德安全,还有物质安全,那么,我认为,只有自由才是与安全相容的。

[①] 首次发表于《新共和》,第 90 期(1937 年 4 月 28 日),第 351 页。这是杜威在一次研讨会上的发言。

致接受辞^①

我不仅深受感动，而且因为您大度的言辞而不胜惶恐。但是，我为您所使用的措辞而最真诚地感谢您，而且我感谢您使用了两次——您说到，我是教育工作队伍中的一员。我做了一辈子的执业教师。我不仅接受，而且满怀感激之情地接受这项荣誉，接受对我也许做过的事情的大度慷慨承认。这是一个象征、一个标志，标志着我的教师职业得到认同，标志着广大教师为了这个职业而并肩战斗。为了这个职业，我们全都奉献一生。按我的判断，这是全人类最高贵的职业。然而，这一高贵职业给予我们的应该是一种责任感，而不是自鸣得意。这个职业之高贵，也要求我们全体认同这项伟大的事业，要求全体教育者具有团结一致、把这项事业推向前进的意识。在我看来，这一职业比另一些职业对于人的未来有着更大的意义，不论那些职业多么必要，与这种长效的、更超脱的教育工作相比，也许在行动和效力上更直接、更有形、更明显，有时更出彩。

再次感谢您，感谢您代表这个组织给予我这项令我感动的荣誉。我将珍视这项荣誉。与全世界所有其他组织的承认相比，我更愿意得到教师的承认。再次感谢您授予我这个标志着教育工作互相认同和并肩作战的荣耀。

---

① 1937 年 2 月 22 日星期一晚上，在位于路易斯安那州新奥尔良市的美国教育协会校长部年会上，杜威被授予校长部终身名誉会员证书。为此，杜威致接受辞。本文首次发表于《美国教育协会校长部大会正式报告》(*Official Report of the Convention of the Department of Superintendence of the National Education Association*)，华盛顿哥伦比亚特区：美国学校行政人员协会，1937 年，第 48 页。

533

534

展望：自由社会的自由教师①

杜威和华生（Goodwin Watson）著

　　这本书的开篇和结尾一样，都是教师和美国梦想。美国梦想不是过去的一 535
个黄金时代，而是不远的将来可以达到的更好的生活。在这个国家诞生的第一
天，国父们就预想为人民建立民主、自由、平等和更好的生活条件。对未来的期
望应该超出过去发生的一切，它带领雄心勃勃的人、追求财富的人、心地善良的
人、敢于冒险的人来到这片国土。为了增进人们对更多的机会、更多的平等、更
文明的公民的希望，公立学校出现在我们的国民生活之中。一队队四轮有篷马
车跨过西部大草原，走向实现生活梦想的新土地。工业的兴起滋养了另一些希
望：少数人对大量财富的希望，每个人对提高生活水平的希望。希望也许与希望
相冲突，但所有的希望中都有学校。学校推进了技术。对于个人，学校是楼梯，
孩子们沿着它从穿劳动服的工作爬上白领的位置，也许最后会获得独立的财富。

　　美国梦想还在眺望着未来，但这是从已经取得的实质性进步着眼的。不是
每一个受到良好教育的人都获得了机会，但越来越多的孩子能够上学，时间也越
来越长。不是每一个公民都被许可参与同他们相关的政府事务，但自从共和国
建立的时期起，就开展了极其广泛的政治选举。社会凝聚问题要求高能力，但是 536
民主保证它能产生许多好的领导人，由此产生的伟大的领导人却很少。所有人
的工作权利还没有取得，但社会显示出它越来越多地趋于承担责任去提供基本

---

① 首次发表于威廉·赫德·基尔帕特里克（William Heard Kilpatrick）主编，《教师与社会》（*The Teacher and Society*），第 13 章。杜威学会年鉴首卷，纽约：D·阿普尔顿-世纪公司，1937 年，第 330—345 页。

机会。现在的资源使我们有可能获得的富足还没有出现,但工业的进步不仅为少数人而且为群众提供了更多的产品和更多的服务,而价格却更低。各个社区还没有建立合作计划,尽可能提升所有居民的生活水平,但各社区通常提供了硬面道路、饮用水、污水处理、保健服务、图书馆、公园、操场、体育馆、节庆、聚会厅、公共汽车、设施完善的学校。

紧迫的斗争

虽然国家资源、技术进步和社会理想都鼓励人们对未来抱有高希望,但还有另一些因素使这种进步的速度不一定能够持续。前面各章已经描述了其中一些经济的、政治的障碍。今天,各种相互矛盾的趋势,一方面显示出向实现美国梦快步前进的前景,另一方面有着长期遏制这个梦想的威胁。我们几乎是站在富足的门槛边上,但却在试验着人为的萧条。我们比以往任何时候教育着更多的公民,使他们能够参与民主管理过程;但是,一些有影响的势力却甚至乐于放弃政治民主,以便阻止民主扩展到工业和金融领域。美国人在看一些极权国家的时候,高度赞扬本国有更多的自由,尽管如此,违背公民自由权和侵犯教育自由的事情似乎在增加。在前面的章节中,我们看到,教学方法、教师态度、社团活动、学校管理、教师组织等可以在推进民主理想、对抗法西斯主义威胁方面起作用。但是,没有胜利的保证。我们记得,15 年前只有一个法西斯政府,而今天有10 个甚至更多。① 但是,最近十来年,在法国、比利时、波兰、罗马尼亚、南斯拉夫、爱沙尼亚、拉脱维亚、立陶宛,甚至在英格兰,法西斯运动的力量增强了。难道在这个星球上,只有我们会逃过这一劫? 教师必须深入地、满怀激情地参与这一伟大的历史选择。

将来几年的特点将是斗争。这要求我们用斗争去发现目前关于人类资源、自然资源、机械资源浪费的基本事实。这要求我们用斗争去传授关于未实现的人类潜力和可能的富裕生活的事实。这要求我们用斗争去保障我们思考这些事实的意义时必须拥有的自由。当教师按照这些基本的事实和意义来行动时,最艰苦的斗争就到来了。过去的历史表明,当统治者感到他们的权力和特权正在

---

① 意大利、德国、奥地利、匈牙利、葡萄牙、希腊、保加利亚、巴西、巴拉圭、玻利维亚、秘鲁、日本(?)、土耳其(?)、阿尔巴尼亚(?)、智利(?)、古巴(?)、西班牙(?)。

消退时,常常企图用暴力来阻止这个过程(不管这个过程是快还是慢)并重建他们的统治。如果一些教师选择这个职业是因为他们想象这个职业使他们平安地远离这种权力战争的动乱,那么,他们大概会发现,未来十几年或数十年是令人极其沮丧的。如果教育沿着本书所开辟的路线前进,那么,就像在政府问题上一样,工业界非民主统治的权力就会衰退。自由教育与法西斯主义不相容。教育有可能成为一个大战场,在这个战场上,一场剧烈而危险的权力斗争开展起来。

对于那些参与这场急迫斗争的教师,如果我们把想象力转向战争硝烟升起的那个时期,这将既是一个指引,也是一个激励。让我们设想,教育力量、合作劳动和广大民众不仅成功地维护了民主,而且扩大了民主。我们预期会出现什么样的社会,需要什么样的教师?

全面教育

民主理想要求,通过合作交往、相互理解和形成共识,一切人——不论出身、财富、信仰、种族如何——的个性都得到最大可能的发展。这个理想还要求,所有的制度、习俗和社会生活安排都服务于这个目的,这就是说,它们必须是教育性的。

虽然这是一个理想,但它不是某种从外部注入的东西;任何真正的理想都有赖于对现实存在的意义的认识。但是,这个理想挑选和支持这种现实的意义,把它当作未来行动的指南;它使意义摆脱那些伴随现实出现的杂质;它设想意义以统一的方式脱离冲突和分歧。

在现有的人类关系中存在一种不可回避的教育力量,虽然经常遭到歪曲和压制。政府、法律、立法、行政都在教育。甚至当前征集民意的政治竞选运动虽然充满了托词和虚伪,却也有助于产生民意。由法律表达、由政府维护和发展的社会秩序,也如同柏拉图在很久以前所说的,是一种教育力量——抑或是恶性教育力量。家庭更加确定是一个教育机构,对孩子和父母都是如此。公共交流手段——出版、广播、剧院——是强有力的教育和影响工具。在企业,个人至少必须学习有关业务知识。在材料和流程上,存在着与科学和社会目的相关的巨大的教育可能性。任何职业实践都设定了对服务社会目的的方式的相应理解,虽然当前这方面的工作是偶尔的和随意的,这是因为,它从属于其他更外在的目的。敬业也许是形成实践习惯和思想习惯的主要手段。职业——教士、法律、医

疗——不仅要求执业者受教育,而且要求他们帮助其主顾形成态度和理解。科
学研究者处于连续的相互教育过程中,如同使用科学方法和结果的工程师一样;
只要科学人性化,它也教育民众。艺术家、画家、音乐家、建筑师、作家是巨大的
教育力量,但是在当前,在现行的社会秩序中,他们还远远没有处于一个有机的
位置。

　　因此,真正的民主体制下的教育功能观念不是从外部输入的一种幻想。但
是,在现行条件下,这种教育功能的表现受到阻碍和歪曲。在我们预想的自由社
会中,它的功能应该释放出来并占据主导地位。只有在一个合作社会中所有机
构和关系都服务于个性的发展时,民主才是有效的。

　　在当今社会,多数人的终身事业并不是有保障的、愉快的、渴望教育的。这
也许是一个最深的缺陷。在将来的民主中,物品将主要不是取得私人利润的手
段,因为它们服务于促进生活丰富的目的。不仅产品对于使用者的价值,而且生
产过程本身,都将根据它们对人类福利的贡献来评价。

　　工程师和经济学家为我们提供了保证:工作时间再也不必如此繁重,从而使
我们有时间理解和品味自己所做的事情。自动机械可以做这些单调而繁重的工
作。这样,就每一种工作来说,我们有足够的时间向有兴趣的儿童作演示,并在
谨慎的监视下教导那些需要发展熟练技能的青年。有人对未来社会图景的描写
是这样的:一天三、四个小时的工作,剩余的时间用于休闲。我们这本书考虑的
是工作经验的品质变化,而不单是工作钟点的减少。假如工作能够成为民主社
会生活更加有效的部分,假如工作能够丰富工作者的个性并服务于相互满足的
社会关系过程,那么,对工作时间缩短的要求就远远不会那么强烈。

　　在未来的自由社会中,有一些现有的职业障碍预计会被打破。工厂和机关
将承担某些学校职能。当一切职业、岗位、人类关系的教育功能都得到实现的时
候,教师就再也不会垄断教育,或者人们不再认为教师要垄断教育。如果杂志、
报纸、广播、戏剧、电影主要不是为投资者和官员挣钱,而是坦率地、直接地和毫
无保留地服务人类福利,那么,这些机构将成为极为可喜的教育机构。当所有的
休养和保健服务摆脱了商业主义并仅仅为增进人类生活而进行运转时,多数"健
康教育"和"有益休闲的教育"将会由学校课程转变成社群生活的正常活动。如
果公共问题常常由地方社区论坛来讨论,有青年人广泛的民主参与,那么,公民
教育将由于这些参与会商的做法而得到良好的共享。

539

540

教师的专门工作

如果所有的机构和社会关系都有意识地为个性发展作贡献,那么对教师这个专门职业的需求会越来越少,乃至最后根本不需要吗?我们相信,教师这种特殊的职业会继续起作用。分工是一切有组织生活的特征。现在,功能分配太多地照搬工厂模式。与各种工作划分相关的安排现在大多是专门的、外在的划分,是从上而下进行的,并不出自有意识的观念,没有考虑那些专门职业从业者的情感;分隔意味着这种划分导致机械的、枯燥无味的活动。

就个人成长的方向来说,教师和父母一起与个人有着最密切的关系。教师的分工,应该是其他职业对个人发展的可能贡献的中介或解释者。他并不独占教育功能,也没有传授知识和制定法律的特权。关于世界和个人本性的科学发现,必须与成长中的儿童的需要联系起来。但是,科学本身并不总是完全适合这项任务。政治活动、法律和行政、艺术和工业同样需要有中介,从而把它们与学习者的成长经验联系起来。有时候,日常生活过程中的事件适合于促进和引导儿童个性的成长。然而,我们常常需要教师用他的专长来改进社会事件和机构的教育影响。

教室也仍将是为自由社会服务的场所,在那里,经验可以得到有益的组织和分析。儿童和成年人有时候需要暂且抛开繁忙的杂务,停下来想一想他们的作为。有时,教室可以成为实验室;在那里,可以试验在广大而复杂的事务世界还不能付诸实施的生活道路。在这样的情况下,教室是社会生活的试管。

无论如何,教师和教室都不是别人或别的机构的教育活动的替代品。明察社会秩序的各种功能之间的关系,这种责任不能让教师单独地承担。那些以社会职能为主的人,也应该在许多战线上承担协调与融合的责任。让学校成为唯一的甚至主要的对社会活动的批判进行反思的场所,那是行不通的。研究和实验不仅是学校的正当职能,而且所有关心有用产品和服务的机构都有这个职能。

在即将到来的更民主、更充分社会化的社会中,显然有两种教育。一种教育是社区许多不同职能的一个重要方面。在医生的值班室、博物馆、报社、农场、森林、轮船、公共汽车、艺术创作室、工厂、商店、政府办公室、市民音乐会、戏院、公共讨论会,在数以千计的其他生活事务中,都可以把这种教育做好。社区本身不再只是为财政收入而竞争的斗争中心,它能够成为合作和教育的中心。一切从

541

事研究、发明、生产、分配、咨询、治疗、建造、娱乐、管理等活动的机构都有新增的功能，即帮助每一个有关的人和社区所有的青年去理解它们的工作怎样做和为什么这样做。按我们现行的经济观念，它们是没有时间做这些分外的事情的。然而，不难证明，教育功能远远不是干扰或分散精力，而是极大地改进其他专门工作的方式。重视劳动的意义，钻研所运用的技术，似乎是不断改进有关行业及其社会服务的一条希望之路。机敏的年轻人在资深教师的引导下提出的问题和批评，对于每一个机构的逐年改进，是不可忽略的贡献。

然而，不论众多社会机构承担了多少教育工作，还是需要有第二种教育。这就是必须有一些人特别关心在个性发展过程中如何将各种各样的教育经验统合起来。职业教师像父母一样，使个体儿童处在关注的中心，以便知道各种机构的教育工作是否适合儿童的需要。教师将是儿童发展的学习者、个体儿童的友好向导、和谐群体活动的组织者，还是一个思考社会秩序对个性成长影响的"通才"。即使学校没有我们现在提供的那些做样子的设施，他也有可能把教学做得很好；但是，这要求他对人的理解达到今天很少达到的专家水平。

终身教育

教师所关心的是适应、解释、引导、统合。没有理由将教师服务限定到某些年龄段，例如6—16岁的学生。最近10年对儿童在生命最初5年学习的研究表明，在这个早期阶段，恰当的经验指导具有极大的好处。有些调整如果在这个学龄前阶段没有做到，即使以后可以做到也极为困难。遗憾的是，我们现在的经济体系对所有为消费者服务的形式都采取了限量限产的做法，这就使幼托学校不能扩展到还没有享受这种利益的数百万儿童身上。一旦走向富足的障碍被清除，就会需要大量的教师服务于1400万6岁以下的儿童。这些教师可以上门服务，可以陪同郊游、做游戏、上画室、去诊所。我们认为，他们不一定像常规幼儿园或幼托学校那样，从早晨9点到下午3点操办一间教室。他们无疑将设计更好的新方式，引导儿童获得当代社会提供的经验。

心理卫生学的发展表明，在恰当的时间给予一点点教导，对于少年儿童学会适应有利条件和不利条件，以及希望和恐惧、失败和成功，有着极大的价值。但是，没有证据表明，对这种教导的需要在青春期就停止了。由于缺少适当的信息、洞察力和经验，成年人的调适问题同样可能造成麻烦。成年人生活的错误，对个人、对社会造成的损害可能同儿童一样大。有组织社会的复杂功能和每一种活动内部模式的不断变化,产生了连续学习的需要。没有任何人能够达到这样一点:他学完了一切对个人、对社会有价值的知识。十几岁的男生女生在选择职业时需要指导。同样真实的是,成年人要跟上他的事业的发展,在许多情况下要改变他的职业,也需要指导。青春咨询师认识到,正在成熟的性冲动有着教育可能性和加以引导的责任,但是在婚后生活的中后期出现的复杂问题如果没有得到明智的解决,也可能引起极大的紧张和痛苦。在成熟前的年月里,明智地调整到适应膨胀的精力和不断增加的机会,这是需要专家的教育指导的。但是,年过 50 岁之后,明智地适应衰退的精力和变化的机会也需要教育指导。许多人可以证实,儿童或青年的冲突不像成年人失去所爱的人那样,动摇了他们的生活基础和瓦解了他们的整个生活安排。因此,只要生活在这个地球上,就需要指导。每一个生命都还要面临一个问题,即适应越来越近的、不可逃避的死亡阴影;对于最后取得高贵的死亡,很少有人受过足够良好的教育。然而,成人教育并不完全集中在这些生活中的高峰大事上,也要同样关心如何更好地利用普通的日常机会。

544

优质教育的高标准

要成为在儿童或成年人的个性成长过程中的经验的中介,教师本人必须受到特别良好的教育。仅仅理解一个年龄段是不够的,因为对人生每一时期的理解都必须依据该个体以前的经验,每一决定都必须依据它在以后生活中的后果来作出。仅仅理解一个领域是不够的,因为如本章所述,未来的教师要透视整个宽广的经验架构。自由社会的教师是不间断的课程建设者,运用社群生活的材料和形式,并把这一切与被彻底理解的学习者群体的发展需要联系起来。

这个近乎超人的任务,难免令人望而生畏。今天的普通公立学校教师的普通准备,是多么可悲地不充分!他们很少有能力认识到日常经验在学生个人生活中的意义。由于他掌握的有关人类事务的知识极为有限,他所讲授的每一点几乎都是黑夜里打枪——碰运气,也许有好处,也许有坏处,或者一般来说,对学习者没有多大的作用。在群体活动的组织上,教师也是按老经验办事。有的教师像伟大的乐队指挥一样,用高超的技艺统管忙碌的课堂活动或课外活动,由此产生的和谐是一种奇妙的经验。但是,这样的教师很少,我们也不大知道如何能够把他们训练成这样。今天，没有几个教师熟悉多个领域的事情，如艺术、科学、哲学、职业、娱乐、社会机构等等，而课程内容来自这些领域。从现在的种种局限性到饱学之士，通过多种生命潜力的组合给青年和成年人提供智力指导，这是一个巨大的飞跃。在霍拉斯·曼的时代，对于图书、机器、艺术品、保健、体育、国际事务等领域，教师一般具有同今天的高中毕业生差不多的知识，这一点并不像表面那样令人惊讶。幸运的是，更好的社会不仅需要而且能够提供更好的教师。随着生活本身变得有更多的教育内容，教师要多做几年的专门准备，这样会有越来越好的基础。由更好的社会机构和教师教育出来的学生，也能成为教师。他们将使社会和教育超出他们本人所接受的教育水平。新社会的教师不是在现行舞台上盛开的花朵，而是年复一年向更恰当、更贴切、更平衡、更综合的生活理解前进的产物。这一代人所进行的斗争，为维护和扩大民主而进行的斗争，在很大的程度上使教师不可能以老式学院文化的象牙塔方式进入这个行业。

教师的解放

　　未来自由社会的教师可以超出今天的一般教师，部分因为明天的教师在从事本职工作时不会遭遇这么多的障碍。今天的教师担心经济负担，忧心一旦与校监意见不合即遭解聘，如套上枷锁一般讲授那些远离儿童和社群的直接需求的课程，被迫参与日常的行政事务，如开会、打分、分级、考试、报告等等。这些事情不仅毫无关系，而且实际上损害了最好的教育关系。以为在不远将来的某一天，所有这样的烦恼都会消失，是一种乌托邦的想法。但是，重大改进的可能性依赖于我们的经济和社会组织的重构。当我们的经济组织可以消费现在的生产设施生产的产品时，似乎有可能使社会中没有人担心是否有足够的食物、足够的衣服、稍微宽敞一点的房子。每一个在这个世界上做了他那一份工作的人，都可以得到生活必需品和一定程度的安逸和享受。我们有理由期望，当工业以独裁或工头暴政的方式经营、每个人都以屈从上司的方式行动的日子一去不复返的时候，当民主的、人与人关系中的合作原则成为矿山、工厂、商店和机关的主要特征的时候，第6章所说的，按照私有企业的模式建立起来的官员-教师关系将会改变。随着各个社群更多地意识到每一种活动和机构能够为其工作者可喜的人格发展作出贡献，国民就越来越不能容忍那些干扰、限制、羞辱教师和培养伪善的做法。

因此，我们可以期待一个教师在其中高度安全并真正自由的社会。我们可以希望社会将鼓励他们用创新的精神来解决本职问题。我们预见行政管理工作将会提升自由而明智的个性，而不是依赖于规则、规定、官方手续和禁令。在这些条件下，教育将成为今天少见的高级艺术。教师个人及其组织可以建立职业工作的标准并按这些标准工作，而不受外在焦虑、有限经济资源、民众对学校功能和工作的误解等因素的牵制。

连续成长

以为在将来的理想状态下所有的问题都会解决，指望旧社会太旧而新社会就会突然出现，这种想法并不是本书所依赖的基础。自由社会要由现在的实践创造——或者挫败。我们对明天的可能教育作了描述，但并不想要教师们空怀晴天之心，而是抱有这样的希望：这幅图画可以用作评价今日活动的标准。我们今天所做的事情，如修改课程、研究心理学、备课、教育教师、与家长群体谈话、通过教师组织的一项决定等等，都将带着我们走近或远离我们为自由社会的自由教师所预想的实践。作为公民，教师在支持或不支持这些努力维护和扩大民主的运动方面所做的事情，也将是对更好的社会因而更好的教育的实现所作的贡献，甚至比通常的课堂实践作出更多的贡献。然而，如果教师清楚地认识民主的胜利所产生的那种教育，那么，他们在当代社会斗争中将起到更理智、更有热情的作用。

当一个社会进入到用民主、合作的方法进行社会-经济规划的时候，这个社会并没有解决它的问题；但是，在比今天更大的程度上，它为教师和公民的创造行动提供了必要的社会机制。因此，这些变化过程将更趋于理智，更有可能最终产生显著的改进。我们的民主理想要求，这个社会的人民尽可能理解和求取这些发展。因此，教师的工作仍然是、永远是前线。教师必须总是在生活的生成点上对待生活。过去和现在都只是原料，学生和教师必须从中创造出将来。教育仍然是社会前线的探险活动，在那里，每一代新人都在推动着它走向不断成长的美国梦想。

积极的、有弹性的个性[①]

杜威、博伊德·博德和威廉·赫尔德·基尔帕特里克著

用美国社会-经济目标委员会的话来说:"分享我们的文化资源应该提升个人品格,他们是积极的而不是被动的和惰性的;他们的动机是明智选择的目的,而不是没有方向的内部冲动或随意的外部压力;他们不是既定的和固定的,而是有弹性地重新适应社会变化和自己先前行动的后果;他们表现他们的个人差异,但以合作的和对社会有益的方式这样做,而不是以自我为中心的或自私的。"

这一陈述无疑会得到广泛的接受。然而,它并不构成对这个问题完整的讨论,也没有这样的意图,其主要目的是建立进一步研究的舞台。一些问题马上就自己冒出来了:我们用什么标准来决定何种目标是"明智选择的",或者挑选出"有弹性地重新适应社会变化和自己先前行动的后果"的人,或者"以合作的和对社会有益的方式"行动的人?

正当我们试图建立实际的和确定的标准时,显著的冲突开始出现。这些冲突留下的血迹和伤痕布满史书。有史以来,既得利益者通过制定和维护一些使他们躲避批判的标准来为他们的特权作辩护。在政治领域有神授权利原则,在宗教里有神圣启示原则,在工商业领域有私有财产制度。这些既得利益者做梦也不会去否认目的必须是明智地选择的,教育必须追求安全的弹性或者重新适应社会变化和为共同目的而合作的倾向。但是,他们会坚持认为,这些悦耳的理

[①] 首次发表于美国教育协会,《社会经济目标对于教育的意义:美国社会经济目标委员会报告》,第5章(华盛顿:美国教育协会,1937年);第9章《自由》由杜威撰写,见本卷247—255页。

想必须用刚才提到的那些基本的保护性原则来解释。他们会争辩说,否则,我们的目的就不是明智地选择的;有弹性的重新适应,只是以委婉的方式表达了想要打烂我们文化中一切重要价值的倾向。

如果不想把积极的、有弹性的个性的概念贬低到令人讨厌的水母层次,某种标准或指导性原则显然是必要的。然而,对于许多人,这种必要性的含义是:整个问题只不过是在不同的冷酷无情中作选择的问题。我们可以用"被统治者的共识"来替代"神授权利",用"自然之光"来替代启示,用共产主义来替代私有财产——但是,这种变更看来只是从一种教条主义转向另一种教条主义。这种变更可以打着民主的旗号,但并不改变它们的本质特点。这些变更都倾向于把个性发展限定在一个事先规定好的模子或框子里;然后,这个框子又成为依据,用来判定积极的、有弹性的人格品质是否达到。

幸运的是,积极的、有弹性的个性这个概念可以从另一个角度来看。我们可以不用事先确定的生活方式来解释积极的、有弹性的个性这个概念的意义,而是把这个关系颠倒过来,使生活方式依赖于连续发展之个性的变化的需求。在过去,这样一个办法的优点也许还没有显现出来。大略地说,在一个相对静态的社会秩序下,不存在变化的需求。有理由预期,基本态度和理想可以受用终身。在这样的环境下,有可能事先确定一些态度和理想,它们能最好地满足个性发展的需求;因此,教育只需要培养那些态度和理想,它们使个人能够适应既定的秩序而只有最小的磨擦。不论怎么说,这样的观点看起来非常有道理。然而,我们当前的问题并不具有这种得心应手的简单性。变化的速度如此之快,需要进行不断的调整。我们要么牺牲"个性发展"的理想,以维护旧的秩序;要么承认积极的、有弹性的个性,要求社会组织有相应的弹性。

这里的紧迫问题是:文明的不断变化出现的问题是否要用事先确定的态度和信念来处理,抑或教育的首要任务应该是为信念的连续重建或相应的制度重建做准备。取前一种选择,"积极的、有弹性的个性"、"民主"等用语只不过是一个幌子,在这个幌子的背后,青年的灵魂和心灵按照偏见、习俗或既得利益者的需要来塑造。取后一种选择,同样的用语表达了一个明确而重大的问题。"积极的、有弹性的个性"将成为最高的标准、理想和目标,我们期待和企盼下一代依照它来形成自己的信念和实践,是这样吗? 如果我们想要维持我们传统的连续性,如果我们要理解那些几乎在全球每个国家都在积蓄力量的、与民主为敌的势力所带来的危险,那么,重新考虑民主的意义就是一个急迫的需要。

于是,第一个任务就是要更广泛地探讨这个问题的含义。有人争辩说,民主本身带有它自己特有的进步标准。这一论点牵涉到什么呢?每一代都必须根据新经验和新发现来形成自己的信念和实践。这个命题也许不难得到广泛的口头赞成。当人们发现了新真理的时候,这些新真理必须予以考虑。大概没有人会为这样一个陈述进行争吵。然而,虽然民主拒绝一切"永恒的顶峰",但是,当民主在真理的本性和理智在人类生活中的作用方面带有深远的含义时,这种可爱的共识就会受到威胁。

551　　　出于本文要达到的目的,这里有可能指出这些含义的本性而不过多地陷入可怕的认识论争议的泥潭。拒绝一切僵化标准的态度,来自科学的启迪。它越来越引以自豪的是它的方法,这是它鲜明的突出成就。我们都熟知这样一句科学格言:结果必须建立在观察、预测和实验之上。这个格言的精细化似乎支持了这样一个结论:在科学领域里,真理概念就是指一种经验的组织。天文学家告诉我们,地球围绕太阳运转。这时,他们满足于将他们的论断建立在这样一个事实上:大量的经验,如季节变化、日食等等,编织成一个内在地令人满意的组织,这又进而"说明"了新事实并为预测开辟了道路。真理的检验是在实验过程之内生成的,而不是从外部施加的。就现代科学来说,这样的外在标准并不需要。地球是否"真正"围绕太阳旋转的问题,就是这个概念或假说是否实际上具有这种组织功能的问题。科学对"真理"没有其他要求,这个观点正在迅速地获得依据。彼岸"实在"的摹本在被动地等待被记录下来,这样的事情是不存在的。科学概念只不过是保障[经验]组织的手段或工具,它们的恰当性检验是它们使我们能够取得的组织成就。

当我们的注意力仅限于科学方法时,整个真理问题还纯粹是学术问题。我们没有明确的理由说,具有科学能力的科学家要为此伤脑筋。一些方法设计出来保证他得到他所寻求的问题答案,他的任务就是运用那些方法解决他的问题。关于真理的本性,如果有些不这样做就会失业的人要对科学家的做法的解释进行争论,科学家是不置可否的。科学家的成果就是那些成果本身。玫瑰可以换个名字,却仍然散发出同样的香味。

然而,一旦我们将这个问题转化为实践问题,如教育问题,这种学术上的冷静就会受到动摇。如上所论,如果真理就在于某种经验的组织过程,那么,我们的教育重点显然应该放在过程上,而不是结论上。这远远不只是一个学术推导问题,而是一个战斗性的命题。而且,它引导我们进入另一些具有实践意义的问题。例如,这种重新组织的程度或特点是怎样的?

我们现在回到天文学这个具体的事例上来。地球围绕太阳旋转这个科学结论涉及经验事实的大量重新解释。即使如此,也还有不同的地方可以停下来,这取决于我们心里的目标;这一事实,对于教育具有极其重大的意义。如果我们的目的只不过是确立这个假说的真理性,那么,当科学证明的要求达到之后,重新解释的过程就可以停止了。换一种说法,我们关于地球与太阳的关系的教学目的也许不过是传达天文学的成就,这时,仅仅考虑天文学建立其结论的证据就足够了。这样一个目的无疑是非常重要的。但是,如果我们到此为止,那么,我们就留下了把柄。有人会批评说,我们更加关心的是顺从主流的信念和思想模式,而不那么关心积极的、有弹性的个性的有关要求。

手上这一个案例为这种差别提供了事例说明。对于哥白尼时代的人,重新解释地球与太阳的关系有着远远超出科学领域的含义。在走向"整个可见宇宙属于自然律的领域"这个结论的过程中,新观点走出了一大步。因此,对于到那个时代一直受信奉的神学,对于人与物质环境的关系,有着重要的影响。确实,这一知识进步意味着人不得不放弃他在这个物质宇宙中的优先地位。人并不是整个事物格局中的核心,他必须满足于第五大行星上不起眼的居民这样一个地位。然而,就人格来说,这一损失得到了大量的补偿。自然秩序和连续性观念大大地加强了;这就是说,人为了实现他们的目的,学会越来越多地依赖自然过程的控制。哥白尼引入的新视点,与我们的西方文明从童年向成熟转变牢固地联系在一起。它鼓励机智应变和自我依靠,还激发了创造新价值的想象力。可以这样认为,过去几个世纪的惊人记录,具体地说明了积极的有弹性的个性在总体或"全局"方面是什么意思。

应该注意,由科学所发动的能量的释放,既是我们的思想和精神气象的总体变化趋势的结果,也是原因,这是我们现时代的特征。"哥白尼革命"要求与旧宇宙学决裂和改变对自然和科学研究的态度。如果个性要有丰富的发展,就必须改变旧模式。回顾历史,这个结论是非常明确的。也许不那么明确的是:为了积极的、有弹性的个性(在民主的意义上理解)的发展,我们可以继续应用这个基本原则。这条解决教育问题的思路依赖于一个论题,即在保障个性发展的每一个教育过程中,哥白尼理论所代表的状况将会一次又一次地重复。个性的发展如果要取得丰富的成果,就要求对个人经验的基本模式做大规模的重构。需要连续重构的一个重大理由是:历史上的变化不论多么广泛,决不会适合当前生活的要求。因此,如果积极的、有弹性的个性成为主导理想,那么,重构过去有过的调整这一任务就会为今天的教育创造具体的任务和义务。

从现在的观点看,哥白尼学说的主要意义来自它与以前的物质宇宙观念的关系。以前那些观念必须给予考虑。那时的主流观点,也许还要加上一些围绕着日出日落、季节变化等现象编织起来的神话。这些材料传达了一种越来越真实的感觉:我们的祖先生活在一个非常不同的世界,而接受哥白尼理论有着重要的含义。但这也是一个机会,使我们能够发现,我们还没有清楚地看到这些含义的全部深度和广度。自然律的领域大大地增加了,但即使如此,它仍然只是自然主义的宽大框架内的一个特殊区域。自然与超自然之间的关系所涉及的问题还没有解决,而只是推后了。因此,当新情况出现时,战斗还要重新开打。当新情况出现时,如果看不到这个事实,弹性自然受到影响。旧模式趋于阻碍个性的扩张,而这种个性的扩张所以可能,是由于看到了新的风景和新的机会。如果我们的教育方法不带领学生进入风景的背后,那么,他们就有可能有意识或无意识地成为两个非常不同的世界的居民。他们既是超自然主义的,又是自然主义的;他们相信有一个外在的主宰在支配和控制他们的世界,同时也相信他们的世界是完全按照自然律运行的。

知识和推理

知识的增长,并不等于证明了人是有理性的动物;这也许仅仅意味着,他有独特的才能去相信对立的东西。这种便利的信念方式如果不是由于经验而多少成为平常的事情,就几乎是不可信的。它似乎在每一个方向都起作用。今天,普通人相信经济个体主义,也相信集体主义;他相信权威道德,也相信后果道德;他相信惯常的爱国主义,也相信更宽广的国际主义原则和四海之内皆兄弟。总体说,同样的说明适合所有这样的事例。我们的文化遗产积累了大量的因素,它们在几个世纪中积聚起来。新价值和新观点常常取代别的价值和观点,但有限度。它们只是为了给自己找一块容身之地,才觉得取代是必要的。这是一种条块划分的趋向。结果,互不相容的信念和态度和平共处,通过了一切理解力的考验。

这一事实,无疑是积极的、有弹性的个性所需要的新见解和创造力发展的一大障碍。当前,正是在这一点上,教育面临着最大的机会。

如果我们的目标仅仅是弹性,那么,我们应该下结论说,普通人在我们这里没有什么要学习的。就弹性来说,他的日常教育并没有让他有多大的欲求。每一种社会生活都赋予他特技般的灵巧。在社会宁静时期,这种状况养成了一种表面的、令人误会的调适感。在压力和紧张较强的时期,它产生迷茫。那些背后有着强大的社会评判标准支撑的信念,会阻碍任何方向上的行动。例如在当前,年轻人教育机会的增加似乎同时伴随着挫折感。事情根本不是没有工作让他们去做,而是教育没有为他们提供思想资源,使他们可以在一个分离的世界中找到方向。面对朴素的唯心主义,他们太老于世故;而面对独立思想,他们又太受缚于传统模式。结果是精神的垮塌。现在的情况是:与其他国家相比较,很难想象这个国家会出现青年运动。另一方面,似乎不难相信,青年一代中的许多失调都可以追溯到这个更深的根源。

对于这种情况,教育可以提供救治。它可以通过信念和行动的有效重组来准备能量的释放。这种重组必须集中在我们的文明的某些领域,它们受到特殊的压力和张力的影响,这就是说,在那些领域里,当我们需要行动时,我们的基本态度、信念、理想相互冲突。目前,最大的冲突是在经济和工业领域;但是,另一些失调的节点也不应忽视,如个人行为、宗教、政府。我们的教育方法必须深入到这些基本的差异上,它们深藏在我们的文明和我们的个人生活之中。如果不这样,积极的、有弹性的个性就必定是一句空话。如果经验重构延伸到这些领域,并且真正的社会品格作为一个理想能够实现,那么,与此相应,经验的意义就会大大地增加,新的模式开始出现,成为实际的行动指导。

也许现在有理由简要地指明,这个总体观点如何有助于教学重点的明确变化,即使还没有作出严肃的尝试去大幅度地背离传统题材和传统的学校生活组织方式。当我们考虑社会科学的时候,会较多地关注以冲突为核心的集体行动,它们涉及背离习惯和传统时所必须的重新调整。这些冲突具有可判明的原因,包括旧体制的声誉、新权利的肯定,还有至少隐含地坚持新条件伴随着的新义务。在自然科学中,常常存在相似的冲突背景和调整,但有着不同的着重点。在科学方法方面,对理智的依赖和实验的态度是我们得到的典型范例;在内容方面,我们获得了一种宇宙观,它不仅与传统崇敬的超自然主义不相容,而且鼓励人成为他自己命运的主宰;在科学的实践应用方面,我们看到,人对自然力量控制能力的增加如何改变了人类关系的范围和性质。在生命科学中,除了关于人的起源和道德价值的解释有独特的、有争议的含义以外,这一切都重复发生了。文学和艺术把高级品味赋予相互冲突的信念和志向,从而作出了不可缺少的贡献。简单地说,这个广大领域里的一切教育材料都可以用来服务于一个共同的目标。这些材料一方面可以用于创造信念和态度的艰苦的重新解释或重构的需要,从而维护一种融合而自洽的总体眼界或生活方式;另一方面,也建立一种为实现这个重构任务而承担个人责任的志向。

教育中立与孤立

然而,必须承认,前面所讲的应用方式只告诉我们一部分内容。至此,主要强调了我们必须认识到经验要适合科学方法的模式,并以我们的文化遗产内部所固有的基本冲突和差异为根据。但是,教育义务并不停留在这一点上。如果在生活经验的土壤里不能生长出重新解释来,那么,重新解释就必定是口头上的和冰冷的唯理智论的。对我们学校远离生活的批评,就与这个事实有关。如果事先认定年轻人在其中成长的社会生活由沿袭下来的模式来支配,那么,我们很难指望从书上读到的东西能够大幅度地修改这样产生的态度。如果要达到真正的重构,那么,学校就必须超越日常生活,提供那些增加社会敏感性的经验、一种真正的实验态度,还有对我们所处世界的科学观念的洞察力。学校本身必须加以改造,形成一种生活方式,民主意义上的积极的、有弹性的个性由此得以逐步实现;这种生活方式,必须在最早的儿童时期就开始实行。

显然,在这样组织起来的学校里,以共有兴趣为基础的、有弹性的个性一开始就隐含在其中了。当困难出现的时候,学校鼓励学生按这个标准来寻求调整。在一切活动中,学校都要致力于形成思想和行动互动发展的局面,以此来促进这种理想的实现。学校基本的参与观念与它的个性理想观念是紧密地联系在一起的。随着它越来越成熟,它的基本参与观念就会变得清晰并得到扩展。为了更加的清晰和得到扩展,在有机会的时候,学校要采取措施使青少年与成年人一道参与旨在促进共同利益的事务。然而,如果这个目的令人满意地达到了,那么,所有这种参与成年人事务的活动——不论以直接行动的方式参与,还是通过想象与情感的方式参与——必须指向一种向前进步的发现,即发现处于当前社会生活背后的差异和矛盾。

一眼就可以看清什么是共同利益。敌对理论之间存在着冲突,对于这种冲突,学校远远不是中立的。它以特定的共同利益观念为基础组织起来,这就已经站在某种立场上了。按照这个观念,不断扩展的参与是进步的最高标准和丰富生活的最大保证。这个观念无疑与许多传统思想相冲突。例如,重视反权威的思考和重视伦理标准的相对性,构成一大挑战。然而,这种重视肯定要体现在学校的组织上。这意味着,这种学校有意识地注重某些态度的培养。这是必须毫不含糊地承认的。

然而,还要指出,这种特定的学校必须接受某些它自己特有的限定。如果我们强调经验的重组或重构,那么,我们不得不考虑,必须被重组的经验具有不同的种类,与它们所代表的不同社会阶层相对应。由于学生拥有的经验背景呈现出某些变异,如果人们获得的重组显示出相似的变异,我们不必过于诧异。例如,一个自鸣得意的资本家的儿子,与一个好斗的劳工领袖的儿子或胆小怕事的办事员的儿子相比,可能是非常不同的人。虽然学校组织和举措建立在某种关于共同利益的观念上,但是,我们不能自以为是地认为,学生在这种教育环境中获得的共同利益观念只是学校模式的摹本。如果存在着真正的思想自由,那么,我们必须为背离做准备。事实上,如果具有这种前期差异和环境差异的人们达到了一些关于工业和经济政策的相同结论,那么,这就为怀疑留下了余地。这些结论也许并不是教育体制的表现,而是对经验作显著的重新解释的结果。

如上所述,无论如何,民主的学校应该始终有意识地关注某种结果。例如,如果民主学校的学生不能产生对共同利益的正面的兴趣,不能有同样的兴趣努力发掘这种利益的恰当内容,那将是很不幸的事情。如同前面的全部论述所蕴涵的,如果学生不能产生越来越多的兴趣去建立一种可辩护的、广博的生命哲学,那同样是不幸的。如果这种生命哲学和这种对共同利益的关切仅仅停留在观念上,处于无聊和徒劳的状态,因为与现实的生活处境没有联系而不能产生与洞察力相适应的行为,那也是一种不幸。有些人倾向于主张,积极的学校规划必须分毫不差地灌输事先选定的结论。本文所说的话与此相矛盾,并有意反对这种主张。在追求上文所建立的目标以及进步性的经验重构这个更广的目标时,民主的学校拥有并追求一个积极的、明确的计划,这个计划引导和指引每一个阶段和步骤;但是,这种计划与灌输事先确立的结论的想法是截然相反的。

这个思想结论需要强调。一个民主的教育体制不能细致到规定结论的地步。它最终必须依靠对智力的信赖。在一些情况下，这种信赖也许令人失望。对于一些人，恳请他们信赖自己的智力的做法，无疑会遭到拒绝。对于另一些人，运用智力的尝试也许会产生严重的不安，甚至惊恐；这些人也许会得出这样的结论：离开更高权威的智力，并不适合于设计可接受的行为原则这一任务。还有一些人也许指望去建立一些绝对的东西，如种族优越性或天性，用以辩护不民主的行为方式。如果我们可以事先假定诚挚和真实，那么，这些人都必须被赋予充分的思想自由。否则，我们关于信赖智力的声明就会化为纯粹的哄骗。在环境提供了社会激励的情况下，一个真正民主的教育体制必须满足于鼓励思想的精专和真诚，而不为可能达到的结论承担责任。它抱有这样的信念：在这样的条件下依靠智力的做法，从总体上说，将越来越多地证明自己正确。这就是说，它在真正民主的社会秩序中将产生有弹性的个性。

报　　告

评卡伦的《实用主义对社会科学意味着什么》①

在听了如此严谨优美的论文之后，我感到非常窘迫，我必须把我的分散观点 563
集中起来。我可以从阿斯科利（Ascoli）博士提出的第一点开始评论，他说，卡伦博士的建议是政治思想家和社会思想家一直在提出的建议。一点也不错，也就是说，他们的做法或他们说出来的做法就是建立某些必然规律和第一真理。如果他们认识到，他们是在以社会行动计划和策略的形式来表达自己的愿望，并以组织可获得的事实材料为手段，那么，他们本该是实用主义者。但是，如果他们认为并且让其他人认为，他们在做一些不同的事情，在制定关于宇宙结构的普遍规律，包括必然规律和第一真理，至少是第一真理、必然方向、概念结构——嗯，这是因为他们在为自己作解释，他们让全世界以为他们在做某些事情，而实际上在做另一些完全不同的事情。这似乎就需要卡伦博士出场了。

除此以外，我只能作一些零星的评论以强调他说过的话。在对某个情况作回应时，他说到柏拉图。我认为，他的做法实质上是每一个社会研究者实际所做的事情。他是在对某个实际情况作出回应。我是指，如果他不是只做无用的事情，而是在做有意义的事情。现在，我想，每个人都会认识到，在自然科学中存在着"气氛"这样的东西，它是一种气候，控制着一定时间正在进行的那类工作。现在，物理学中最有意义、最重要的工作，显然与电的发现和电的各种表现形式的 564

---

① 1936 年 12 月 9 日，杜威在纽约市社会研究新学院对霍拉斯·迈耶·卡伦（Horace Meyer Kallen）的《实用主义对社会科学意味着什么》（What Pragmatism Means for the Social Sciences）发表评论。本文是该评论速记的笔录。

复杂性相关。因此,我们有正、负电子的研究以及一切相关的东西。对此,我所知不多。但是,它之所以成为重要的核心,是因为有某种气氛或气候把那类问题呈现出来。现在,即使从社会意义上说,这种气氛是社会的而非最宽泛的,但它至少是既合作又竞争的工作者的气氛。

现在,我们来看社会科学,它的影响更广更深——我的意思是说,它影响了更多的人,它比其他社会气氛更直接地产生影响——它更为重要。并且几位先生想要一个纲领。唔,当然,这个纲领的一个元素是认识到如下事实:你正在处理眼前的社会局势。如果你回顾历史,你不是回到一些过去的、死亡的、消逝的事情,而是回到某些条件,它们一方面促成了当前的形势,另一方面有助于你找到处理眼前局势的手段。

现在,如果我谈论这个病症,不知道是否侵犯了卡伦博士的回答。智力当然不是病症,也不是防治病症的药方。但是,疾病渴求药方。人们认为,这个药方是科学方法,因此,广而言之,它渴求智力,更具体地说,它渴求社会智力。如果你不喜欢这种病症——可以说这种无序——那么,这个事情中就有某种东西,这个局势中就有某种困难,它引发理智的反应。柏拉图的情况是这样,从那以后,每一个杰出的或重要的社会思想家也是这样。现在,实用主义观点中的另一个因素是:我们认识到真正的问题,不是研究者给自己提出的问题。真正的问题是研究者的处境给他提出的问题,只要他是明智的,他就试图根据这个处境来寻找解决问题的出路。然而,这个问题,或者说这个方针,有人拿来与所谓的医士类比。这些医士有治疗社会疾病的万灵药,在任何时间、任何地点,对于任何疾病都是有效的。他们建立起来的整个概念的、逻辑的结构,不论从哪个观点来看,都是一个固定真理和固定标准的体系——哦,它就像要每个人都去穿标准化的鞋子,不管他们的脚是否一样大小,不管他们是否有断脚掌、长了鸡眼或其他什么;并且,他们坚持认为,只要每个人都穿上这种式样的鞋子,他的困苦就结束了。

现在,我们更直接地回到主题——真正的社会问题是社会存在的问题,它们不是社会科学家编造出来让自己忙上忙下的东西。我们要认识到,社会研究所关心的是实际局势中出现的问题。我不知道有没有社会科学这样的东西。用智力或科学方法来处理问题的事情是有的,在我看来,这更加重要。至于历史是不是科学,社会学、经济学或政治学是不是或能否是科学,就不太重要了。但是,我们可以用受欢迎的科学方法来处理这些问题。科学家表明,这些问题随时在发生变化!

现在,我的下一个评论只是一种加强:尽管实用主义现在是反理智的,但绝对不是反智力的。从亚里士多德及其继承者的时代开始,唯理智论就变成了一种技术的东西,它意指某种自足的东西,某种独立的、完备的、远离不断变化的经验世界的东西;并且,反唯理智论的实用主义首先是反对世界上存在这样的东西,然后是反对因假定存在这样的东西而产生的恶劣后果。也许有人产生了一点用语上的偏见,甚至反对理性和合理性等词语,因为这个词用于那种看起来独立的、孤立的、自足的东西,那是首先采纳的第一真理及严格蕴涵式的体系。事实可以归属在这个体系下面。如果事实与之不符,那么,这些事实就大大的不对了。

现在,假设我们讨论合理性而不是理性。什么是合理性? 你看见一个人在做某件不合理的事情。你的意思是什么? 你的意思是说他的目标和他使用的手段不匹配吗? 它们不协调吗? 要么是他确立了一些目标,却没有获得实现这些目标的手段;要么是他使用这些手段的方式不能达到他追求的结果。或者,从另一方面说,这里有他可以用作手段的条件,他却没有把它们用作手段。因此,他没有形成一个他可以用手段来达到的目标,他没有获得与克服障碍和困难相联系的资源。现在,如果你认为这就定义了那个意义,如果你认为这种合理性定义了理性的意义,那么,这些实用主义者就是掺杂的理性主义者。但是,只有当你接受了这个定义,才是这样。

566

座谈会：今天的教育①

567　　**亨德森校长**：霍拉斯·曼研讨会的议程是围绕"教育在民主中的职能"这个总话题安排的，这是最后一次会议。教育是增进民主的手段，这个观念是曼的所有成就的动力，看来也是这次讨论的合适的话题。这个研讨会的各次会议都是以这个核心主题的不同方面为基础的。

　　第一次会议讨论的问题是谁应该受教育、民主制下的教育计划应该包括什么内容。第二次会议致力于探讨教育及其与我们的社会组织之间的关系、教育与我们对其他国家的理解之间的关系。第三次会议讨论个人进步和整个社会进步。今天下午的讨论会只是为了进一步扩展已经宣读的那些论文的内容。

　　各位发言人都赞同某些观点。他们全都相信，今天的教育任务要比霍拉斯·曼的时代大得多；民主是我国社会组织的最好方式。所有发言人总体上是乐观的。他们都表示，教育已经为我们做了很多，它将有一个光明的前景。

　　我选择的第一个问题显示了霍拉斯·曼以来教育的变化。我们都还记得那个时候，教育就意味着三个 R："读"(reading)、"写"(writing)、"算"(arithmetic)。

568　　康普顿博士，你在今天上午发言时用了一个更大的定义。你说，教育是人格的自

---

① 座谈小组的成员是：杜威、亨德森（Algo D. Henderson）、康普顿（Karl T. Compton）、摩根（Joy Elmer Morgan）、凯特林（Charles F. Kettering）、里兹（Morris E. Leeds）、吉尔伯莱斯（Lillian H. Gibreth）、艾利斯（A. Caswell Ellis）、考瑞（Homer C. Corry）、史密斯（Payson Smith）。本文首次发表于《为民主进行的教育：一个专题讨论会》（*Educating for Democracy：A Symposium*），俄亥俄州黄溪：安提阿出版社，1937 年，第 133—146 页。杜威向讨论会提交的论文，见本卷第 226—237 页。

由、有序发展。你是不是离三个 R 太远了？

康普顿博士：在我看来，三个 R 首先是工具和训练。工具和训练是教育的第一要务，但是它们并不能达到教育的整个目标。

在我看来，在我国小学和中学的教学方案中，训练记忆力的课程过多。这当然是必要的。但是，发展儿童的观察能力和推理能力也是必要的。由于这个原因，在教育方案中早点引入一些科学内容，在我看来是相当重要的。科学不是死记硬背，而是实际观察和归纳推理。

亨德森校长：你认为科学教学应该从什么时候开始？

康普顿博士：大概是正式教育的第一年或头几年。不过，这个课程的教学技术还没有得到很好的发展。我想起一个进步教育的教师，他有一个美妙的体系，这个体系取决于有一个学生要提出一个问题："为什么水向下流？"但是，六个星期过去了，没有一个孩子提出这个问题，计划因此搁浅了。

摩根先生：在小学里，你如何完成发展人格的任务？你将怎样对待儿童？

康普顿博士：我先说哪些事情是我不会去做的。我不会严格管制儿童。我会试图以他们的兴趣为基础，沿着他们的兴趣路线鼓励和发展他们。

亨德森校长：凯特林先生，我曾经听说，你给受过教育的人下了一个很好的定义。你说，一个受过教育的人是知道如何在正确的时间做正确的事情的人。

凯特林先生：是的，我认为，一个受过教育的人是这样的人：在一定条件下，当他必须作决定的时候，他作出最好的决定。 569

从我自己的经验来看，我对我们现在的教育体系以及讲授事实的方式毫无异议。不过有一点，我们没有告诉孩子们：我们的知识是多么的贫瘠。我们应该告诉他们：我们教给他们的是我们得到的最好知识，但我们的知识实在是少得可怜。我知道没有一个教育者愿意承认这一点。结果，这些青少年把他们在学校里学到的东西看得太认真了。他们知道了所有该知道的东西，因此，他们不会试着去做实验了。

我曾经对两个男孩进行过一些研究。他们受过很高级的教育，因此我给他们一个问题让他们去解决。这个问题与"为什么水向下流"一样，是一个基本问题。我让他们用一年的时间来探讨这个问题。那年末，他们跑来对我说："我们在学校里得到的关于这个问题的材料都是废话！"我说："实验成功了！"

里兹先生：在他们多大年纪的时候，你给他们讲怀疑论呢？

凯特林先生: 我不是给他们讲怀疑论。世界只是未完成的世界。教育应该帮助人们建造这个箱子,而不是把盖子盖上。

人类的本性是喜欢进入围墙之内,进入城堡之内,也许这是古老的战斗本能。现在,我认为,我们在精神上还是喜欢做同样的事情。我们忘记了城堡外面还有比里面更多的疆土。但是,如果你锁上了实验室的门,就把外面的世界关在了门外,只有少数像我这样目光短浅的人才会待在里面。

亨德森校长: 吉尔伯莱斯女士,我想问一下,谁来确立教育的目标呢?

吉尔伯莱斯女士: 今天我们发现原来的目标是如此的不恰当,所以我不敢斗胆谈论设立任何最终的目标;但是,当人民有明显的需要时,也许我们可以设立教育目标去满足人民的需要。也许教育可以设立一系列前进的目标,激发所有人对每一个目标的可能兴趣,然后勇敢地满足这种兴趣,并承认对这些目标之外的事情是无知的。

570

埃利斯博士: 一个明确的教育目标也许是发展开放的心态,教人们知道世界尚未完成,证据尚未全部收集。

康普顿博士: 有趣的是,学生们一旦到达知识的边界,便表现出最强烈的反应。他们立刻受到激发。也许,我们可以做的最有效的教学工作就在于此。

亨德森校长: 一个例证是,那个男孩在十几岁的时候就发现了冥王星。

凯特林先生: 你知道他为什么发现了它,不是吗? 他正在寻找它!

亨德森校长: 当学生们探究某种新东西时,他们最为兴奋。已知和未知边界上的一个问题,比一年的单纯讯息累积更有价值。

埃利斯博士: 那我们为什么不更多地从事这种教学? 当然,这由于它可能是危险的。曾几何时,在自然科学中提出一个新观点可能使你被烧死在火刑柱上。今天,讨论自然科学确已无妨;但是,在经济学、政治学中,并且某种程度上在文学中,如果涉及社会或宗教观念,真诚的好奇心仍然会遭扼杀。

如果大学之外的群众能学会尊重这些领域中的自由权利和开放心态,我们将走得更远。我们不想培养出头脑中满是疑问、别无他物的大学生。但是,只要我们仅仅传授那些想起来完全安全的、符合传统的东西,就不会培养出思想非常开放的学生。

亨德森校长: 你谈到了学术自由的话题。

埃利斯博士: 学术自由遭到了相当沉重的打击,不仅在俄罗斯、德国和意大利,甚至在美国这里。

亨德森校长:你是作为一个教育者在发言。在这个讲台上,有几个人不属于任何学术机构,他们将对学术自由的问题作何感想呢?

考瑞先生:我并不把学术殿堂中的自由设想成一个与其他地方的自由不一样的东西。在我看来,文明和个人生活最根本的元素也许是自由。人类精神无限多样,决不应该遭受限制和抑制。当然,自由必须常常由责任和恰当目的来调和。我认为,在学术殿堂和在其他地方一样,自由有时被滥用。

然而,我觉得,对学术殿堂之内的活动的质疑,大部分产生于我们这些外行中某些人的思想局限。我们之中,某人可能是律师,另一位可能是工程师;由于无暇同知识和观念的进步保持同步,我们倾向于质疑那些与我们观点不一致的人。我们对学术同胞不宽容,本质上与其他领域的不宽容是一样的。

亨德森校长:早在 75 年以前,我们就已经有科学研究的自由了。为什么我们还担心政治研究和社会研究不自由呢?

考瑞先生:政治和宗教受到我们无法动摇的传统和情感的阻碍,我们受到我们自己固守历史的影响。

此外,科学研究的自由更有可能因为物理和化学是精确科学,然而,比如,在社会科学领域很难获得事实。

埃利斯博士:也许,自然科学的历史给我们希望。当我还是小男孩的时候,在我们生活的社区中有大量的疟疾。某些人认为,疟疾是由于薄暮时分来自沼泽地的瘴气造成的;其他人认为,它是由于季节末吃不新鲜的西瓜产生的。一些人远离沼泽,另一些人拒绝吃西瓜,由此产生了热烈的辩论和激烈的争吵。当然,今天我们知道疟疾是由蚊子传染产生的,不再为之辩论,也不再为之大动肝火。我想,在我们对社会科学进行一百年科学研究以后,在这个领域中关于原因和结果的知识将和我们如今在自然科学中的知识一样多,从而停止某些争吵。

亨德森校长:我想问一个关于我们教师的资质问题。有些证据表明,今天一些进入教师行业的人,在大学时属于智力和成就中下的群体。史密斯先生,对于某些人所说的较为平庸的群体,我们应该在多大的程度上给予绝对的自由呢?

史密斯博士:我不喜欢这个问题的含义,它意指教师在当今世界只是平庸的群体。在每个群体中都有平庸的人。并且,即使像很多人认为的那样,我们的教师是平庸的,但我仍然要说,他们有能力行使学术自由的权利。

就教师传授知识来说，并没有所谓的绝对自由。我认为，我们并没有绝对的言论自由或出版自由：任何熟悉编辑部工作的人都完全清楚这个事实。我们教育者争取的，不过是摆脱外部强加给教育职业的人为检查和禁令。只要人们知道如何使用大脑，他们就用权利施展他们的大脑，这种普通的权利也应该赋予教师。

从长远来说，我愿意依赖平庸的人。否则，怎么办呢？主席先生，我疑心，把权力单单托付给聪明人，并不比托付给平庸的人或任何其他人更安全。当然，教师应该改善他们的教学资质，但是，我们无须为给予他们使用大脑的权利而困扰。真正的困难是：在教师职业中，人们并不鼓励他们使用自己的大脑。

杜威博士：我可以说一件事情吗？我多年以来的经验表明，学生们并不像外界想象的那样，是稚嫩的幼苗。学生也许不是课本的好学生，但他们是教师的好学生。他们能估量教师们。他们能迅速感知宣传和外部施加的压力。为什么家长会认为学生在教室里与在家里会有不同呢，我不是很能理解。

吉尔伯莱斯女士：我可以代表家长说几句吗？家长一般不担心孩子服从某些观念，而担心这些观念得到过多的权威支持。

亨德森校长：这个讨论很自然地引向一个由来已久的问题，我想对杜威博士提出来。你谈到与社会导向相联系的学校责任。达根（Duggan）博士的论文强调一个原则：对于一切社会形式，都要坚持思想开放的、批判的研究。另一个经常表达的观点是：学校应限于把文化遗产传授给年轻一代。这三个观点相一致吗？

杜威博士：这个问题已经有部分答案了。"过去文化遗产的传授"是一个琅琅上口的词语。没有什么听起来比它更动人的了。事实上，在旧体制下，对于民众，"过去的文化遗产"被归结为一些工具课程，即三个 R。他们从来都没有接触到文化遗产。只有一点点文化遗产，甚至直到高中才有。

正是传授的过程，表明康普顿博士说到的过度的记忆力训练。我们也应该考虑一下凯特林先生的主张，即对过去的过分强调，容易产生封闭的、教条的心灵。这种过分的强调倾向于使我们相信，所有的信息已在手上，所有的证据都已经知道。过去是一个奇妙的东西，最奇妙的是：它是一个工具，帮助我们处理现在的问题。作为教育者，我们的问题是挑选过去文化遗产中有意义的部分，它可以帮助我们解释今天的经验。

而且,我们要不断强调现在和将来,否则,就没有什么指导我们从过去挑选出最重要的东西,用于现在的教学和应用。

亨德森校长:我们一些当代作者觉得,教育系统应该致力于发展一种更好的社会秩序。我们是否应该向青少年灌输这种新社会秩序呢?

吉尔布莱斯女士:也许家庭,而非学校,是做这样几项试验的好地方。在我看来,在家庭和小型群体关系中,我们可以作出一些调整,以此来改变、也许甚至是回答我们面临的世界事务的巨大问题。我觉得,在我们不断寻求更大模式的过程中,忽视了太多的实践教育机会。

史密斯博士:我想问一下,使教师和学生肩负新社会秩序的理想主义是不是一个错误? 新秩序理论家们恰巧持有一些特殊的理论,要求教师讲授这些理论,这是不是一个错误?

考瑞先生:我的感觉与史密斯博士有几分相似。在我看来,社会进步是一个进化的、自发的过程,而不是某种可以提前规划的东西。

以家庭为例。明智的家长是否应该力求为孩子将来的事业和职业选择进行规划? 对此,我表示怀疑。社会也是如此。自由的实质是:个人以及个人的总和可以自由地选择与他们的特定需要相符合的那种生活。

政府行政也是如此。行政的多少是随着我们的需要而波动的。今天与杰斐逊时代相比,需要更多的政府行政,因为社会更加复杂了。因此,我认为,在向学生灌输新社会秩序的时候,我们最应该维护的是自由的、不受限制的进步的权利。对个人和社会都是如此。灌输不就意味着否认社会有这种自由发展的权利吗?

亨德森校长:据某些批评者说,我们在过去一直都对学生进行灌输——灌输对个人成功的崇拜,灌输常常导致战争的民族主义,灌输物质主义。杜威博士谈到更重视社会道德。他相信灌输这些道德吗?

杜威博士:我认为,新社会秩序的灌输既不是我们想要的,也是不可能的。这个世界上最聪明的人也不知道新秩序将是什么样子。迎接新秩序的最好方式是关注现在。

然而,我认为,学校犯有灌输大量坏东西的罪过——灌输民族主义,却被误称为爱国主义。每个人都应该有公共精神,但"爱国主义"的灌输带给我们的是狭隘的、恶劣的民族主义和党派纷争。

正是这种灌输,有时导致一些人想要灌输另一些东西。但是,作为一种方法,灌输总是要考虑未来,考虑我们即将拥有的伟大的、光荣的东西。与其凭空冥想将来是什么样子,不如认识实际条件,了解以某种方式行动将产生什么社会后果。

如果学校可以逐步接近自由地研究实际的条件,那么,我想,我们有理由相信社会运动将会更加明智。当问题出现时,我们将更容易作出判断,我们所处的位置使我们能够一天一天创建未来。

不管怎么说,将来肯定是不同的。我们只是希望我们可以获得最大的智力,以帮助我们修正和引导这些变化过程。

亨德森校长:根据康普顿博士的说法,我们有可能预料将来等待着我们的是什么。我相信,你说过社会变化是循环的。我们可以预言这些周期吗?

康普顿博士:我认为预言这些周期是不可能的,然而在它们发生之后,我们可以分析。举个例子来说,1930 年,我去波士顿的时候,应邀参加了一个由商人、银行家和经济学家组成的团体。这些人长年绘制周期表。我们拿到了一张图表,在该图表上作出我们的预测。我知道,事情不会顺利地发展——我们已经有过一次战争,我们害怕与俄国和日本竞争——所以在图表上,我为接下来的12 个月画了一条向下的曲线。

他们每个人都以某个理论为指导,绘制的曲线与理论相符合。结果,那一年末,人们发现我没有理论,却作出了最好的预言。那时,我很困惑。

不过,我决心下一年要拥有一个理论。于是,我每个月投掷五次硬币——正面,上升百分之一;反面,下降百分之一。我描出我的点,使得我的同事们知道我有了一个理论。很走运,我再次作出了最好的预言!

我认为,在这些周期发生的时候,我们可以做很多事情来减轻它们的影响,但是没有人有足够的知识使他制订一个彻底消除影响的体系。当然,作为个人,我们采取火灾或人寿保险之类的措施,以此消除个人祸福的巨大波动。将来,我们可以及时做失业保险,以应付商业周期带来的某些社会后果。我想,我们可以努力走向稳定,尽管我们不得不缓慢前进。然而,我并不认为消除所有的周期就是好的,因为这种周期性的起伏有很多刺激作用,例如清除"朽木"。

亨德森校长:在这些周期循环之中,有席卷全国的感情主义的浪潮。达根博士在他的文章中,似乎相当肯定地相信面临另一次战争的威胁,我们不会如此轻易地成为宣传的受害者。我自己是有点悲观的。我觉得，通过宣传激发人们的情绪如此容易，我们很容易成为牺牲品。

史密斯博士：我已经看见了美国退伍军人协会和美国革命女儿会①的联合影响。我认为，战争将会来临。

吉尔伯莱斯女士：聪明的办法是对宣传的意义有一个更一般的理解，你不认为是这样吗？上次我们甚至不知道那就是宣传。相对而言，今天在销售中听到时，我们认出那是宣传。这次我们可能准备得好一点。你认为，这是可能的吗？

史密斯博士：我认为，对于已经不再存在的事情，有可能分析宣传与教育之间的区别。不过我想，面临现在的情况，对此做真正的科学研究是很难的。

埃利斯博士：我可以讲个故事吗？曾经有一个英国人非常爱猫。他在房屋和院子里养了许多只猫，之后，他买下了靠近英国海岸的一个小岛，并把他的猫大批运到了那里。

这个人认为，他的猫用四只脚走路是给猫丢脸的事儿，所以他耐心地教它们用后腿走路。冬天，他返回英国。但是，当他来年夏天回到他的小岛上时，他发现，所有的猫们又都用四条腿走路了，而没有按照他的训练用后腿走路。我想，你认为我们人类也是这样的。压力一旦卸去了，我们又用四条腿走路了。

史密斯博士：我们业已指出，进化可以是向上的，也可以是向下的。人是唯一可以选择向上走还是向下走的动物。知道我们可以选择，这是令人愉悦的。我相信，我们人类最终将坚持用后腿走路。

亨德森校长：由于今天我们有了免费的普遍教育，也有了更多的贪污和腐败。有些人就说教育是有害的。这话是错的吗，艾利斯博士？

埃利斯博士：首先，我们今天比过去有了更多的贪污和腐败，这是因为我们有了更多的东西可以窃取，有了更多的场所可以窃取。现在的机会是极多的。然而，对那些在纽约贪污最严重的时候进行调查的人惊讶地发现，它仅仅占总数的百分之二。事实上，只有很少的一部分人犯错。只不过我们在报上读到的时候，觉得像是有很多人犯错。

另外，我们的人民，只有近一半的人曾经进过中学，上过大学的不到百分之

---

① 美国革命女儿会(The Daughters of the Revolution)，由美国独立战争参加者的女性后代组成的团体。——译者

十。在世界大战期间,所有入伍的新兵都接受了一个天资测试,挑选最聪明和最机敏的人培训成军官。这些测试不是完美的,但是从整体来看,结果是相当不错的。根据这些测试,天生智力处于前六分之一的人当中,只有八分之一是受过大学教育的。八分之七最优秀的头脑从未知道大学是什么样的。我们仅仅培训了最优秀头脑的八分之一,但是由此说教育失败了,这是很不公平的。

即使考虑我们在大学里培养的那些人,也只是完成了他们的部分教育。如果你在一个人22岁的时候才开始教育他,你不可能恰如其分地对他进行教育。一个人并不是在22岁的时候"心明眼亮"了。在生命的每十年当中,都有新的思想兴趣和能力出现。除非我们的教育贯穿整个生命,否则,我们无法知道教育的结果是什么。你们看,我是一所成人高校毕业的。

578　　其次,在我们达到霍拉斯·曼的目标——通过教育完善民主——之前,我们必须进行新式的政府和公民教育。例如,关于那些与劳工或家庭相关的原则和问题,一个十七八岁的年轻人能知道什么呢?作为中学生,他对这些事情很少有或没有兴趣。除非他到了35或40岁,才有足够的背景来学习这些知识。

亨德森校长:艾利斯博士另外提出了一些问题。自霍拉斯·曼的时代起,除学校以外,另一些教育工具也发展起来:广播、都市报、电影、公告牌。我们如何在教育上把这些新机构与我们在做的事情联系起来?我们如何控制它们?

史密斯博士:我认为,即使认定其中一些机构能够用于教育,但是把它们制度化,还是有某种危险。有弹性,也许比制度上的条条框框更为有效。

亨德森校长:霍拉斯·曼不是使学校成了公共控制下的机构吗?

史密斯博士:霍拉斯·曼也大力强调另一些有助于心灵、身体和精神发展的机构。他不是一个狭隘的教育家,即他不想使教育机构包揽一切。至少,我眼下认为,公立学校进行广播教育实验要好得多,而不是以教育为目的把整个广播系统制度化。也许,尽管有点公告的味道,但我们正在得到较好的广播节目。假若处在华盛顿 XYZ[外交]使团的控制下,就不会有这么好的节目了。

考瑞先生:今天,民主的重要问题之一是:例如,广播可以用来煽动全国民众的情绪,在成熟的判断形成之前挑起行动。因此,这类设施可能会使我们更容易卷入战争或轻率的国家行动。

579　　**史密斯博士:**由于这个原因,政府应该慢慢地走向对公众信息媒体的绝对控制。

康普顿博士:有一些新闻传播新机构由于自身面临公众舆论的压力,已经有了最有力的控制,难道不是这样吗? 广播不是在相当大的程度上由人民的要求来控制的吗? 比如,广播比杂志更多地受到公众的审查。我同意史密斯博士的说法,与任何正式的审查机构相比,这是更安全的审查形式。

亨德森校长:现在快到结束本次讨论的时候了。作为一个总结,我想问杜威博士一个问题:"教育把我们带向何方?"我来读一段从他的文中摘取的引文:"教育体系现在肩负的任务是创新态度、习惯和习俗,打破我们国家传统里根深蒂固的东西。如果我们不能彻底地修改我们教育结构中的精神、目标、教材和方法,就不可能完成这项任务。"杜威博士,在这样一种修改中,您设想什么是可能的或大有可能的?

杜威博士:校长先生,你问了一个我公开回避的问题。我觉得,教育面临的直接问题是使教育者和公众注意我们提出的事实。我国的学校在很大程度上是霍拉斯·曼和其他先驱努力的结果,他们建立了免费公共教育体系的结构。大概在 1890 年就开始了快速发展的时期,在这期间,这个体系通过新增过程不断扩大。由于这个、那个、另一个都纳入我们的计划中,结果我们让我们的教育结构塞得满满的,五花八门的途径太多。我自然只能认为,更加统一的教育方向是有可能的。

引导教育走向维护我们所说的民主社会制度的道路,这是一个巨大的任务,只能通过合作来完成。不过,我想提出一两条建议。

首先,我认为,我们的教师培训机构——包括大学里的教育学院——具有战略地位。我们的教师培养工作需要改变一下方式,要比过去更强调教育与社会组织之间的关系。此外,心理学和教学技术有了很大的发展,这是一件好事。但是,到目前为止,我们只是把这些技术用于标准化课程的教学:拼写、历史、算术。我认为,我们正在进入一个时代,在这个时代,我们必须更关注我们使用专门技术的目的,必须面对我们的教学内容变化的可能性。

我的第二个建议是:我们生活在一个科学的时代,75 年以前,人们力主学校里科学更多一些,但若是他们来到现在,我想他们将会失望。我们还没学会如何使科学成为它该成为的教育工具。

我对康普顿博士的说法很感兴趣,他说,科学的教学很难过早开始。我想,创立各年级的教学方法是很重要的。我们必须建立科学的态度——永葆好奇心,把它导向富有成效的渠道。我们需要的是这样一种教育:从很早就开始创建求知精神、愿意权衡证据的精神、实验精神——简言之,科学的精神。我们也要更关心科学精神在社会科学中的应用,并在学校中强调科学的社会方面。

亨德森校长:这次研讨会就要结束了,我比任何人都感到遗憾。我代表所有人衷心地感谢发言者,他们使我们获益匪浅。

我很抱歉,我们的客人将要离开我们了。我希望,他们不久再次光临安提阿。

附　　录

1.

神秘自然主义和宗教人本主义^①

伯纳德·E·米兰德著

神秘自然主义扎根于如下认识：人类是地球的孩子，是自然秩序的真正产物，因 *583*此与自然本身的生命非常相似。^② 尽管 A·尤斯塔斯·海东（A. Eustace Haydon）更愿意别人把他归入宗教人本主义者，但在下面摘自《时代的寻求》(*The Quest of the Ages*)的一段话中，他用最富表达力的语言陈述了神秘自然主义的这个基础：

> 人自身是自然秩序的一个方面，是漫长宇宙发展的结果——地球的一个孩子，在与环境不断的相互作用中，身心得到塑造和锻炼。人类已经如此地适应他们所属的自然，以至于人可以恰当地宣称自己是最有能力的生命形式，不仅仅在这颗行星上生存下来，而且是这颗行星的主宰者。他与自然力已经达到了充分的和谐，所以感到安全。他就是这颗行星本身，他拥有意识和明智的自我导向的 *584*能力……人与孕育他并养育人类童年的自然是如此协调，以至于他拥有的最精

---

① 首次发表于《新人本主义者》，第 8 期（1935 年 4—5 月），第 72—74 页。杜威对这篇文章的评论，见本卷第 84—85 页。

② 米兰德先生在提交这篇文章的时候，要求将下面这段说明作为序言发表。"布德蒂·巴库斯（Burdette Backus）先生在《新人本主义者》2—3 月刊中，对我的书《现代人的崇拜》(*Modern Man's Worship*)作了慷慨的评论，这促使我提交函寄的文章《神秘自然主义和宗教人本主义》，因为我相信，它突出了宗教人本主义与我在我的书中试图清楚表明的立场之间的某些重要区别。我承认，用巴库斯先生富有表现力的措辞来说，我是'人本主义者的亲兄弟'，就像每个彻底的自然主义者一样（不过毫无疑问，我们在气质上不同）；但是，这仅仅意味着我们有一个共同之处，即我们依靠同样的科学源泉寻求关于我们自身、世界及自然生命的知识。总之，我们共同接受科学观点，并以此为基础构建我们的宗教哲学。我们先前的忠诚，使我们联合在一起；但是，我们不同的路径，毫无疑问，是气质上的不同决定的。这使我们分道扬镳——当然，不是作为敌人，而是作为寻找各自宝藏的探索者。"

细的情感经验扎根于无意识的过去。自然之爱不是理性的事务,而是对人与万事万物的统一性更深刻、更感性的认识。伟大地球母亲生养的生命模式有许多方面;对于我们与所有这些方面的关系,现代的理解可以添加到神秘的一体性感觉之中。但是,简单的反应更加久远——春天的欢愉,月夜柔和的宁静,黎明时每日一新的喜悦,对萦绕心头的山河景色的挚爱,日薄西山的美景,或雨后阳光照耀下原野的清新嫩绿。在星星闪耀的苍穹之下,在宏伟壮丽的自然力量面前,人类感到敬畏的颤栗;但是,瀑布对他吟唱,在他自己的自然本性中,蓬勃生长的万物呼应着不可抑制的生命脉动。这些鉴赏力通过社会传递,但它们是悠久经验的遗产,是一代代人搏得好生活的经验和因为取得成就而感到快乐的记录。神秘自然主义的根就在这里。

人类生活的这种自然基础在神秘自然主义中是如此的基本,它也是宗教人本主义的根本信条之一。它们都认识到,人为地球所生,它们观点的不同产生于各自对这一认识的反应。宗教人本主义者由此颂扬人,这个"行星达到意识",并把他的想法推广到整个自然界。因此,他倾向于否认超出人类以外的其他方面的重要性。另一方面,神秘自然主义者受到鼓舞,从而以新的热诚转向人类生命的这些自然源泉。如有可能,试图发现事实上是什么在支撑并促进人类及其蛮荒的近亲。

神秘自然主义者批评宗教人本主义者对人类的颂扬,他们相信,从长远看来,这种奉承将导致人类精神的衰落,它将引发人类狂妄、自满的情绪,最终是自我的膨胀。然而,这正是宗教人本主义者志在克服的人类缺点。没有人比宗教人本主义者更热烈地谈论要促进生命共享,以及一些扩大的态度和习惯,用以在人类之中增强这种生活性质。他殚精竭虑、倾注宗教热诚去追求的目标是人类的公共福利,由此,历久弥珍的美好生活梦想可以变成现实的和有效的。但是,神秘自然主义者提出的问题是:通过宗教人本主义者选择的人类膨胀的道路,这个目标就能在一块常绿的沙漠之洲上实现吗? 因为这里的动机,像所有公社实验的动机一样,基于单纯的群体内的社会团结,比如原始氏族、犹太人的神权政体、美国的民族主义、法西斯或极权主义国家等等。这种动机植根于一种排他的心理,这种心理即使没有摧毁,也最终损伤了生命在它的限度内竭力追求的扩展性质。有人说,宗教人本主义的社会梦想超越了上述群体的宗派主义界限,这种说法仅仅从一定程度上改善了人本主义者的处境。的确,比较之下,它比这些群体更有包容性;但在内心深处,它仍然是排他的。它助长以人类为中心的存在秩序。并且,这种人类中心论高调的一个渐进的、有机的结果是使人类转向自己,使他退到一种颠倒的状态;他的机体组织,将使他越来越走向排他的、向内的结局。

神秘自然主义者认为,对于持续扩大的生活习惯,宗教的客观维度在心理上是基本的。他认为,崇拜深刻地表达了对支撑人的存在之源的颂扬和感激,这种崇拜促使人或崇拜者形成一种深深的有机反应习惯,这种习惯制约着人类有机体追求扩展的社会生活。

此外,神秘自然主义者发现了一种精神化的动机,即属于浩瀚的宇宙之村,在那里,许多生命形式寻求着充实。不论他能否完全施展他的博大的胸怀并维持自己的生存,都不妨碍他朝这个方向尽力前行。人能在多大程度上与其他蛮荒亲邻合作生活,我们对此确实知之甚少,因为贯穿人的整个历史,他的生活格局一直是排斥甚至敌视其他生命层次的。这里没有种族经验可以指导我们;不过,我们随处都有独特的经验,显示出人类和其他生物的全新心理关系的可能性。但是,神秘自然主义者并不在这一点上臆想任何浪漫主义。他所关心的,主要是这种视点对人类眼界及其生活方式的心理影响。

神秘自然主义者也批评宗教人本主义赞扬人类的做法背后隐藏的假设。这里,人本主义者立场的背后是某种自给自足的吹嘘。人类靠自己达到现在的状态。让他摆脱那些阻碍他前进的概念吧,看看他能获得什么!请求解放人类心灵的话说起来好听;但是,以为人是或可以是他的命运的唯一决定者,这种假设是狂妄的吹嘘。在这里,不论是人本主义者,还是神秘自然主义者,都不能提出可靠的证据或论证来证明他们的论点。因为这是一个仍然有问题的领域,要等待科学和哲学进一步明察人与环绕他的地球过程的相互作用的特性。但是,这件事情的逻辑有利于神秘自然主义。因为最少量的研究也能表明,人类凭借宇宙中很多相关的活动得以生存,他对这些活动只有微小的控制,甚至没有控制。人的大量生活是凭意志力进行的;但是也有很多生活,也许是人的生存中更基本的功能,完全是在非意志的活动层面上进行的。这种非意志层面(它只不过是以另一种方式说人类有机体的功能超出有意识的努力和控制)扩展到他的身体有机组织之外有多远,现在还没有答案。但是,我们认为,时空中所有的对象都有行为主义的特性。我们认为,身体、心灵、人格等一切人类范畴都是一些便利符号,代表着相互联系的行为的复杂组织。如果我们的想法是对的,那么,我们面临着一个非常合理的假设:给个人或自我划出的界线仅仅是表面上的。这些自我仅仅是一些强化的中心,是大范围的、错综复杂的活动的聚集点。把自我与非自我划分开来的那些界线,只不过是行为的聚集点强化成为可见的有机体时产生的阴影效果。

有了这样一幅自我图画之后,任何宗教哲学若是把人当作似乎独立于这些环境因素的东西,那么,它就由于自己的任意选择性而破坏了完整性。人类是扎根于地球的,并且永远是这样。因此,人上升到意识,上升到因自觉的努力而可能产生的文化状态。这个故事是一个扩展的描述,它超出了纯粹的人类历史,达到广袤的非人类实在的运行。它们迄今为止还完全处在人的记录之外。这种说法是以一种曲折的方式表明,围绕着人类世界的宇宙是一幅积极活动的图景,以基本的方式影响着人的生活,甚至塑造着人的命运。

如果充分接受这个假定,那么,轻视客观实在的宗教人本主义者过度简化了他的问题。他可能为实践行动暂时净化了空气;但是,他不是在阐明关于人及其精神寻求的重要哲学问题。神秘自然主义承担着修正人本主义视点的任务。

2.

教育不能领路[①]

泰勒·德纳特著

我非常乐意承认杜威教授的某些观点,然而却不同意他对我们的教育体系的广泛指责。 588

首先,让我们按功能来划分教育体系的各个不同部分,从而澄清问题。小学和中学之间,当然存在着对象、方法以及题材内容上的区别。在中学和大学之间甚至存在一种更广泛的区别,而职业技术学校的独特目的本身就使它们有区别。除了各机构的性质由它们必须使用的材料来决定以外,我不知道有哪些批评可以同等地适用于所有这些教育机构。

换句话说,任何区域的教育体系是该地区文明的一种反映。纳税人和家长通常没有明确的区分,但是,如果哪里允许有一所学校或大学居高临下地对待支持它的人民,那是很奇怪的事情。在我们庞大的市政机构中,学校体系常常只比它们所属的市政府稍微好一点点儿。州立大学比州立法机构要好些,只是由于昔日聪明的政治家们把条款写进宪章和法律,从而使那些在大街上煽风点火的政客们不能完全控制这些伟大的机构。资本主义、宗派主义或无产阶级处处把他们的手伸向学校或大学;不过更常见的是,崇高目标遭到阻碍或败坏是由于纯粹的愚昧和偏执。一心想做政治家的人,为选举和再次选举奔波,他一会儿慷慨激昂地呵斥政府持有公司和高比率的 589
罪恶;一会儿又呵斥某个可怜的老师,说他不忠于美国宪法,胆敢对政府拥有的比率作客观研究。通常,政治家对一件事的了解与另一件事一样,少得可怜。然而他知道,豪言壮语是获得选票的一个好的途径,因此他大放厥词。杜威教授希望看到教育

[①] 首次发表于《论坛》,第93期(1935年6月),第335—337页。这是与杜威的一场名为"教育和我们的社会:一场辩论"的辩论的第二部分;第一部分是杜威提供的,见本卷第162—166页。

体系将用思考代替空谈，我完全同意。对此，应该怎么做呢？

　　小学主要致力于习得某些技能。从一个固定的字母组合中提取一个观念甚至最简单概念的能力，是一种技能；并不因为它如此平常，就不那么神奇。一个更伟大的成就是把一个观念转变成纸上几行字的组合。在孩子一年年升级的时候，我们看到他学会了这些技能，也必定由此看到其思想过程的发展。如果我们一方面淘汰学校里所有呆滞的、缺乏想象力的、没文化的教师，另一方面把所有愚蠢的家长与他们的孩子分开，那么，我们有可能在八年级培养出更明智的市民；但是，这样做也会有所损失。即使在最有利的条件下，各个年级的教育目标也受到如下简单事实的限制：思想的品质与心灵的成熟度密切相关。教育只能陪伴着"成长"的过程，不能引导它。

　　我们可以对中学期待得更多，尽管在正常的四年中学教育结束的时候，我们不可能期待智力成熟。而一个人若是智力尚未成熟，就不可能有理由指望他有良好的公民素质。即使一年以后，一个大学新生在班级选举中作出一个正确的选择，这也更多地是一个偶然而非良好的判断力的结果。中学生和大学新生都还未准备好成为公民，法律也承认这个事实；并且全世界最好的中学和最好的大学没有什么好办法来加速这个成才的过程，它还有几年的历程。

　　我不敢假装自己对中学的教育状况了如指掌，然而我的印象是：它的特征就是杜威教授所描述的那种混乱。或许，太多的中学力图承担或被要求承担的目标太多了。使学生为大学做好准备，是一种任务；使他准备好参加工作，做个好市民，则是另一种完全不同的任务。然而，我可以为备受委屈的中学说句话：从这些学校毕业并进入大学的学生们与大学预科学校毕业的那些学生们相比，更多的人拿 A 和 B，更少的人拿 D 和 E。他们的学习成绩更好或许是因为他们在大学里学习更加努力，没那么容易受引诱参加各种活动，不那么想成为校园里的"大人物"；但是，不管对此作出何种解释，中学毕业生的大学成绩肯定是令人鼓舞的。

　　我们希望，每一个男生、女生在中学毕业时都能抵制大吹大擂和大肆宣扬。也许可以比现在做得更多，在中学里培养批判精神；然而要完成这个目标，我们必须顶住家长和愤怒的纳税人的抗议。但是，即使这一点可以做到，其结果也还是不能达到杜威教授所说的"思考"的目标。思考过程应该保留给少数人，这似乎是节省创新力的一部分。显然，没有那么多的思想者行走在大街小巷，甚至大学教师中也没有那么多。在一所大学里，实际上是百分之二十五的教学人员为整个单位做真实的、真正的、纯正的思考，如果不是这样，那就很稀奇了。教育的独特性是，它似乎与思考没有很密切的关系。一些人受过教育，一些人善于思考，这两个范畴当然不能等同。它们至多有些重叠。很难说有任何新的或旧的教学方法能够较大地修改这个事实。在美国历史上,没有受过教育但能思考的人比比皆是;过去的两年里,哥伦比亚特区四处行走着显然不会思考的智囊人士。

我可以更肯定地谈论大学教育。可以批评的地方很多。人文科学学位的价值在变化,就像黄金证书一样。它不比站在背后的机构更有价值。有些大学比另一些大学好一点儿。有些大学曾经在交通困难、宗派主义横行的时候服务于崇高的目标,现在却不顾一切地为生存奋斗。另一些机构出现了,它们有稳定的税收支持或来自富有基金的收入。

活力四射的学院和大学有丰富多彩的方法,甚至丰富多彩的目标。这种多样性 591 是一个极有希望的标志。大量实验正在进行。过去 50 年,最显著的两个教育事件还没有得到充分的认识。约翰·霍普金大学建立了,研讨班引进美国,这两个事件赋予美国高等教育一个新特征,这种特征从大学流传到学院。普林斯顿的伟大实验同等重要。那一次,伍德罗·威尔逊(Woodrow Wilson)首次引进了 50 名新"教学辅导员",震动了教育界。在美国启动的这两种新教学方法,随后得到精炼、修改、发扬,甚至融合,直到它们开始在教育战线灌溉这片土地。这些方法激发实验并引发思考。它们是教育界的兴奋剂。它们为批判意识的成长提供了最有利的条件,而批判意识从古至今是每一个既得利益集团——不论是资产阶级,还是无产阶级——最惧怕并首先力图消灭的。

现代大学教育的结果看起来可能是相当令人失望的,但是我们必须记住:迄今这些结果历时还不够久远,不足以作出评价。它们还不足以使我们脱离 15 或 20 年前欧洲和其他区域某些无意义的政治纷争。但是,在下一代,学院或受过高等教育的人会不会轻易地受到触动,这是大可怀疑的事。现在学院显然处在一个遭受小规模迫害的时期,但这是一个有益的征兆。它说明,在大学校园常青藤覆盖的塔楼里,某种思考正在进行。普通人不仅不愿意思考,而且不信任思考过程,他们很容易被煽动起来迫害思考者。这是充满希望的日子。我们恨不得希望大萧条持续的时间长一点,长到足以消灭这样的概念:可以安全地强迫不做思考的人接受某种单一的思想模式。今天,美国自由最有希望的堡垒是美国的大学。

3.

语法、修辞和杜威先生[①]

罗伯特·梅纳德·哈钦斯著

592　　　杜威先生最近在《社会前沿》发表了两篇文章[②]，许多内容是针对我的书《美国的高等教育》。《社会前沿》的编辑邀请我对杜威先生作个回答。我不能在任何真正意义上作出回答，因为杜威先生陈述我的立场的方式，使我开始怀疑我的写作能力；他陈述他自己的立场的方式，使我开始怀疑我的阅读能力。

杜威先生说，(1)我援引柏拉图、亚里士多德以及阿奎那做靠山；(2)我是反科学的；(3)我主张脱离(现实的)世界；(4)我是极权主义者。

(1)"哈钦斯先生援引柏拉图、亚里士多德以及阿奎那做靠山……"

(a) 哈钦斯先生也援引利文斯顿(R. W. Livingstone)爵士，第 25 页；威尔金森(C. H. Wilkinson)院长，第 54 页；纽曼(Newman)，第 63 页；肖瑞(Shorey)，第 64 页；休厄尔，第 73 页；洛克，第 76 页；巴特勒(Nicholas Murray Butler)，第 80 页；德·托克维尔，第 90 页；汉德(Hand)法官，第 92 页；康德，第 99 页；以及列宁，第 105 页等等。

(b) 假若我不是在更早的一本书里已经这么做了，我也会援引杜威先生。在《不友好的声音》(*No Friendly Voice*)，第 39 页，我说："刘易斯(C. L. Lewis)先生写道：'杜威教授似乎把科学中的抽象主义看作一个缺点——有时是必要的——但总是令人遗憾的。'杜威先生回答：'我恐怕我有时写出的话给别人造成了这种印象。因此，

---

① 首次发表于《社会前沿》，第 3 卷(1937 年 2 月)，第 137—139 页。本文章所回应的杜威的两篇文章，见本卷第 391—396，397—401 页。杜威对哈钦斯的回答，见本卷第 402—407 页。

② 杜威教授的两篇文章分别出现在《社会前沿》的 12 月刊和 1 月刊，这里是哈钦斯校长对杜威两文的回应。哈钦斯校长的文章包括标题，是按他提交的文稿付印的。

我很高兴我有机会说明,这不是我的实际立场。抽象是思想的核心;只通过概念、关系项、抽象等思想中介,才能控制和丰富具体经验,此外没有别的途径⋯⋯我也愿意赞同刘易斯先生的说法:现在社会科学所需要的正是这种抽象,以此把它们笨重的大象装进车厢,在另一些抽象达到的铁轨上前进。在我看来,使人遗憾的是,在人类事务领域,很多研究者倾向于过度敬畏物理科学的抽象,因此不能发展适合他们自己题材的概念或抽象。'"

593

(c) 1936 年 11 月 13 日,杜威先生在进步教育协会发表演讲。据《纽约先驱论坛报》报道,杜威先生在这次演讲中说:"甚至社会知识课也遭受着资料崇拜的长久影响,这种崇拜至今仍然束缚着学校。"假若杜威先生更早一点发表这次演讲,我也会援引杜威先生的话。

(d) 杜威先生发表在《社会前沿》上的两篇文章中的第二篇提到柏拉图、亚里士多德、阿奎那以及他们的工作,并认为它们是有意义的、真诚的、深刻的等等。他说:"高等教育只有像柏拉图、亚里士多德和圣·托马斯以各自方式所示范的那样,紧紧把握当代科学与社会事务,才能焕发出理智的勃勃生机。"

如果我们要在我们的时代进行柏拉图、亚里士多德以及阿奎那在他们的时代所进行的工作,我们不是应该了解他们做了什么以及他们如何做的吗?对这些作者的意义,我的立场正是杜威先生的立场(我的理解)。他们所做的是:为理解当代世界,重新研究他们继承的理智传统,改写它,使它重新充满活力。我们也应该做同样的事情。

(2)"哈钦斯校长把科学贬低为单纯经验的东西⋯⋯他的教育计划完全忽略自然科学的位置⋯⋯"

(a) 在《美国高等教育》第四章中,我提出自然科学院系是大学的三分之一。

(b) 第三章提出西方世界一些伟大的著作是普通教育的基础,其中至少三分之一是自然科学著作。第三章把数学和逻辑这两门学科放在普通教育的核心位置,它们对理解自然科学非常重要,并且与自然科学密切相关。

(c) 第二章批评了工程院系,因为它们与自然科学各系甚是疏远。我还对一些新成立的医学院表示祝贺,因为它们与自然科学各系联系密切。

594

(d) "我景仰和相信数据的积累、事实的收集以及经验科学的进步,在这方面,我不亚于任何人,"第 89 页。

(e) 在我看来,第 89—94 页清楚地表明,我反驳的不是实际的自然科学,而是对自然科学的一种误解,以为它只是数据的收集。

（3）"〔哈钦斯先生开出的〕救治的药方就是高等教育最大可能地远离当前社会生活。这一想法明显地表现在理智与实践、理智与'经验'之间长久设立的分离。……在社会重构中，高等教育起着一份作用。可以设想，没有社会重构，教育重构就不可能完成。"

（a）"当然，我同意，任何普通教育计划都必须教育学生学会明智的行动。"《美国高等教育》，第 67 页。

（b）"当然，我知道，离开了事实、离开了经验，思考就不可能进行。"同上，第 89—90 页。

（c）"我们可以为马克思主义者作这样的陈述：他们至少认识到，凡是思辨领域的进步都会有实践后果，凡是实践领域的变化都需要作思辨分析。"同上，第 104—105 页。

（d）"如果在这个国家里，我们能保证有一所真正的大学，并有一个普通教育规划使大学的工作有所依托，那么，也许我们的文明的特性会慢慢改变。也许，我们可以放下爱金钱之心，我们可以获得一个更健全的民主概念，我们甚至可以理解教育的目的。也许，我们可以放弃关于进步和功利的错误想法，我们最终会更喜爱有条有理的组织，而不是把混乱误当作自由。正是因为这些事情，教育才是重要的。真正的进步应该以理性为引导，包括科学和技术的进步。我们国家必须把希望寄托在教育上，希望有真正的进步，这种进步包含了科学技术的发展，却以理性为指导；希望有真正的繁荣，包含物质产品的繁荣，却也不忽视灵魂的富有；希望有真正的自由，真正的自由只能存在于社会中，存在于合理有序的社会中。"同上，第 118—119 页。

（e）我提出（同上，第四章）大学的三分之一是社会科学院系。杜威先生认为它应该学习什么呢？

（f）我建议（同上，第三章），在普通教育中，需要学习的书籍至少有三分之一是社会科学和历史书籍。关于当代问题的讨论，当然是关于这些书籍的讨论不可或缺的一个部分。

（g）如果我是亚里士多德和阿奎那的追随者，我在杜威先生的眼里一定是一个相当可怜的家伙："由于缺乏经验，我们综合地看待既定事实的能力削弱了。因此，那些与自然及其现象亲密接触的人，越来越有能力提出一些原则作为理论的基础，由此得到宽广而融洽的发展；而那些致力于抽象讨论的人不注重事实，太容易根据少量观察就作出教条的论断。"亚里士多德，《生灭论》（*De Generatione et Corruptione*），I，2，316a，5—11。

"实践事务中的真理是通过生活事实认识的。"亚里士多德,《伦理学》(*Ethics*),1179a。

"自然科学知识的终点必须是感觉,这样,我们才能以感觉显示出来的方式对自然事物作出判断……在自然问题上忽略感觉的人陷入错误。"阿奎那,《波埃修〈三位一体〉注》(*De Trinitate Boetii*)Q. 6,Art. 2。

"由于人类理智是以事物为尺度的,所以,人的概念不是因理性自身而为真,而是因为它与事物的一致,因为一个观念是真是假要根据它是否符合实在。"阿奎那,《神学大全》(*Summa Theologica*),第二篇,第一部分,Q. 93,Art. 1,答复3。

(4)"[哈钦斯先生认为]固定的、永恒的权威原则是不可怀疑的真理……但是,任何计划如果基于终极第一原则,其他低级原则都属于从属的层次,那么,把这些原则叫做"真理",就无法逃脱独裁主义。我无意暗示这位作者对法西斯主义有任何同情。但是,……他的想法基本上类似于不信任自由,并进而求助于某种固定的权威,这种权威目前正在世界上横行。每一句对永恒不变的第一真理的断言都隐含着,在这个冲突的世界上,必须有某种人类的权威来决定这些真理是什么,如何传授这些真理。这个问题很容易被忽视。" 596

(a)"固定的"和"永恒的"是杜威先生的用语;我在书中并没有把它们用到任何原则或真理上。

(b)书中没有任何地方表示原则不能受质疑。相反,"研究,即原则的阐发、细化和精炼,加上经验材料的收集和使用来辅助这些过程,是大学里最高级的活动之一,也是所有大学教授都应该从事的活动。"《美国高等教育》,第90页。

(c)"这里我并不是在为任何具体的神学或形而上学体系作论证。我是在主张,我们总是有意或无意地试图得到某个神学或形而上学体系。我认为,如果我们明确地认识到需要这样一个体系并试图尽可能获得一个最合理的体系,那么,我们应该选择一个更好的体系。事实上,我们今天是靠杂乱的、偶然的、多变的神学或形而上学碎片来过日子的,我们依附着这些碎片,因为我们必须依附点什么。"同上,第105页。

(d)今天,教员决定课程。这些人间的权威将会继续这样做。

(e)杜威先生是在说大学不应该有形而上学学科吗?如果是,那是因为不存在形而上学或形而上学家这回事吗?如果一所大学有哲学学科,与没有哲学学科、只讲授和学习自然科学和社会科学的大学相比,它是更专制一些还是相反?

(f)杜威先生机敏地暗示,我是一名法西斯主义者,即使我没有这个意图,结果却是如此(他更加机敏地评论说,他不是在做这样的暗示)。他的说法表明,我提倡的教育改革是值得追求的。在我假想的大学里，一位为校友写稿的毕业生当会知道，这类言论只是修辞，也只会当修辞对待。事实上，法西斯主义没有哲学的结果。法西斯主义之所以有可能，是由于在直接实践事务的压力下，分析活动毫无条理，理智传统和理智训练分崩离析。

597　　在《哲学的改造》第 24 页，杜威先生说，"普通的坦率要求我们指出，这种关于哲学起源的说法声称以系统的方式处理绝对存在，却是出于恶意的预谋。在我看来，与任何竭力进行逻辑反驳的做法相比，这种生成式的思想方法能更有效地瓦解这种构造哲学理论的路线。"

　　我提倡的教育也许有一个后果，那就是：一位接受这种教育观念的哲学家愿意考虑论证。他不会以为他必须迎合读者的偏见。

　　杜威先生表示，我的部分观点只能是不良教育的结果。我禁不住想问：会不会是由于他认为他仍然在同 19 世纪的德国哲学作斗争，所以才持有某些观点。

4.
列夫·托洛茨基案美国辩护委员会声明①

在过去一周里,我们中有很多人接到朋友打来的电话、上门访问并收到信件,都 598
力劝我们退出列夫·托洛茨基案美国辩护委员会。他们施加给我们的压力,不管意
图多么诚挚,动机多么无私,却深深地误解了我们接受列夫·托洛茨基案美国辩护委
员会成员角色的理由。因此,我们认为有必要把这些理由彻底地公之于众。

在这个事情上,我们与列夫·托洛茨基的政治观点毫无瓜葛;我们也没有兴趣预
判那些针对他的指控的真假问题。我们唯一关心的是保证他在舆论法庭面前,在本
国的法律之下,享有那些最基本的人权。依照悠久的自由传统,这些人权是所有的人
在相似的情况下都享有的。假若斯大林也处在这种岌岌可危的境地,在他被判有罪
或无罪之前,我们也一样愿意捍卫他的听证权。有关根本问题之重要,远远超出托洛
茨基案中的具体事项。这是因为,如果他面向世界申诉的权利被剥夺了,那么所有其
他人的权利都处在危险之中。过去,我们很多美国人用了大量的时间、精力和手段来
捍卫共产党人的权利,不管他们是否有罪,就是为了使他们得到法律的公正。他们最
不应该拒绝别人享有这些权利,他们自己也要求有这些权利。当然,没有一个正直的
自由主义者能够不同我们站在一起。

在我们看来,在俄罗斯,那些使托洛茨基身面临灭顶之灾的事态发展如此令人震 599
惊,对自由世界的常识带来了如此大的动乱,所以我们认为,为了托洛茨基的利益,也
同样是为了俄国政府的利益,这个事情的每个方面都应该接受一个由无可指摘的权
威杰出人士组成的公正委员会的调查。这个调查应该尽可能地科学,尽可能地公开。

---

① 源自爱德华·A·罗斯文档打字稿,威斯康星州历史学会,麦迪逊,共1页;部分内容首次发表在
《纽约时报》,1937年2月17日,第4页。

托洛茨基已经表示有意接受这样一种调查,并呈递他拥有的一切证据。我们怀着最大的公平之心相信,这一心愿不能遭到拒绝。因此,我们期待这样一个委员会组织起来,邀请所有有正义感的人不分党派和宗派一起合作,帮助这样一个委员会变成现实,并促进它的工作。

约翰·杜威

霍拉斯·M·卡伦

注释

601下面的注释按照现行版本的页码和行数进行编排,注明了那些查不到标准来源的文献和事项。

126.1—2　earlier article, ... Mill] 这篇"先前的文章"是指《什么是共相》(本卷第105—114 页)。杜威在其中引用了密尔《政治经济原理》(1848),引文出自《牛津英语词典》的词条"包含",第 5 卷,第 159 页 2.84—2.87。

271.3—8　official head ... conversations,] 1931 年 8 月 19 日,赫伯特·胡佛总统任命美国电话电报公司总裁沃尔特·S·吉福德(Walter S. Gifford)领导成立失业救济总统组织。这个组织叫做"吉福德委员会",反映了胡佛反对将联邦资金用于失业救济计划。1931 年 12 月 28 日到 1932 年 1 月9 日期间,参议院制造业委员会的一个分委员会听取关于两项参议院议案(S. 174 和 S. 262)的陈词,这两项议案本来是要提供联邦救济资金的。在该委员会面前,吉福德为胡佛的政策作了辩护。1 月 8 日,吉福德作证说,关于地方救济拨款适当性的信息是基于他与各州吉福德委员会代表的电话交谈。

276.31—32　Mussolini ... the year 1935 年] 贝尼托·墨索里尼曾在 1927 年和1928 年提到,一场即将来临的危机将于 1935 年到 1940 年间在欧洲发生。墨索里尼关于该危机性质的含糊说法,以及他所表示的增加意大利军事力量的意图,可以解释为近于露骨的威胁。

1927 年 3 月,墨索里尼在意大利国会众议院发言。在概述他的军备目标之后,他说:"1935 年到 1940 年期间,我们将到达欧洲历史的重要关头,我们将让世界听到我们的声音,我们将看到我们的权利最终得到承认。"(《墨索里尼陈述意大利强国计划演说全文》,《纽约时报》,1927 年 3 月 29 日,第 13 版)。一年之后,墨索里尼在意大利国会参议院发言,缓和了他的言论。提到他在前一年的声明,他说:"事实上,在我提到的两个日期之间,一些条件即将成熟,将使欧洲国家之间的关系进入一个重要的新阶段。我真诚地希望,将来产生的具体问题也许可以由各国政府和平解决。"(《看意大利独裁者在变》,《纽约时报》,1928 年 6 月 10 日,第 3 版)。

303.9　　Mr. Novack] 乔治·诺维科(Geoge Novack)积极参与社会主义事业,他是列夫·托洛茨基案美国辩护委员会的秘书。在杜威发言之前,他发表了执行委员会报告(会议记录,1937 年 3 月 1 日委员会会议,爱德华·A·罗斯文集,威斯康星州历史学会,麦迪逊)。

304.7—8　Mr. Solow] 赫伯特·索洛(Herbert Solow)是托洛茨基案调查中与杜威一起工作的新闻记者,他按委员会成立采取的步骤进行了报道(会议记录,罗斯文集)。

315.13　　Mr. Finerty ... proved.] 约翰·弗雷德里克·芬纳蒂(John Frederick Finerty)是调查委员会的法律顾问。1937 年 3 月 9 日,他在群众大会上说:"分析了莫斯科审判记录的几个部分,并把它们刻画为受到'严重质疑'。"(《指责托洛茨基案调查遭到干涉》,《纽约时报》,1937 年 3 月 10 日,第 2 版)

321.14　　Smirnov] 伊万·尼克提基·斯米尔诺夫(Ivan Nikitich Smirnov),1936 年 8 月,季诺维也夫-加米涅夫莫斯科审判中的被告,被判有罪,1936 年被处死。

321.14　　Sedov] 列夫·西道夫·托洛茨基,列夫·托洛茨基的儿子,被指控有罪,并被宣布有罪,但是在 1936 年 8 月和 1937 年 1 月的审判中并未受审。1938 年,他在巴黎死于中毒,也有可能死于阑尾切除手术的术后并发症。

321.17　　Dreitzer] 伊菲姆·亚历山德洛维奇·德雷策(Ephim Alexandrovich Dreitzer),1936 年 8 月审判中的被告,被判有罪,1936 年被处死。

321.19　　Holtzman] 爱德华·索罗漠诺维奇·霍尔兹曼(Edouard Solomonovich

Holtzman）,1936 年 8 月审判中的被告,被判有罪,1936 年被处死。

322.3　Olberg］　瓦伦汀·帕夫洛维奇·奥伯格（Valentine Pavlovich Olberg）,
1936 年 8 月审判中的被告,被判有罪,1936 年被处死。

322.5　Berman-Yurin］　科农·鲍里索维奇·贝尔曼-尤林（Konon Borisovich Berman-Yurin）,1936 年 8 月审判中的被告,被判有罪,1936 年被处死。

322.8　David］　弗里茨·大卫（Fritz David）,1936 年 8 月审判中的被告,被判有罪,1937 年被处死。

322.11—12　Moissel Lurye］　莫塞·伊里奇·鲁耶（Moissei Ilyich Lurye）,1936 年 8 月审判中的被告,被判有罪,1936 年被处死。

322.12　Nathan Lurye］　那森·拉萨瑞维奇·鲁耶（Nathan Lazarevich Lurye）, *603*
1936 年 8 月审判中的被告,被判有罪,1936 年被处死。

322.13　Vladimir Romm］　1937 年 1 月,皮埃塔科夫-雷戴克莫斯科审判中的证人。

322.15　Radek］　卡尔·本加多维奇·雷戴克（Karl Berngardovich Radek）,1937 年 1 月审判中的被告,被判有罪,1939 年死于监狱。

322.17　Pyatakov］　尤里·列奥多维奇·皮达可夫（Yuri Leonidovich Pyatakov）,1937 年 1 月审判中的被告,被判有罪,1937 年被处死。

322.24　Bukhartsev］　迪米崔·帕夫洛维奇·布卡塞夫（Dmitri Pavlovich Bukhartsev）,1937 年 1 月审判中的证人。

322.30　Shestov］　阿列克谢·亚历山德洛维奇·舍斯托夫（Alexei Alexandrovich Shestov）,1937 年 1 月审判中的被告,被判有罪,1937 年被处死。

322.30　Muralov］　尼古拉·伊万诺维奇·穆拉洛夫（Nikolai Ivanovich Muralov）,1937 年 1 月审判中的被告,被判有罪,1937 年被处死。

323.20　the Prosecutor］　安德烈·Y·维辛斯基（Andrei Y. Vyshinsky）,1936 年 8 月和 1937 年 1 月审判中的公诉人。

324.6—8　distinguished colleague . . . impossible to prove a negative,］　1937 年 3 月 19 日,查理斯·A·比尔德（Charles A. Beard）写信给乔治·诺维科,谢绝调查委员会的加入邀请。在解释理由的时候,他说道:"第三,在这个案例中,即使不是完全不可能,也是几乎不可能证明一个否定的结论,即托洛茨基先生没有参与他被控告的阴谋。"（约翰·杜威文集,特别收藏,莫里斯图书馆,卡本代尔:南伊利诺伊大学）。比尔德于 3 月 22 日就调查委员会的事给杜威写过信(列夫·托洛茨基流亡文档,霍顿图书馆,哈佛大学)。另见《查理斯·A·比尔德教授的观点》,载《列夫·托洛茨基案》(哈珀兄弟出版公司,1937年),第464—467页。

哈佛大学朗德尔法律教授托马斯·里德·鲍威尔(Thomas Read Powell)也写信给杜威,他认为,"建立一个否定指控的结论是非常困难的事情"(1937年3月8日,托马斯·里德·鲍威尔文集,哈佛法学院图书馆,手稿部)。虽然鲍威尔和比尔德一样,谢绝了杜威于3月7日请他加入委员会的邀请,但他主动提出协助杜威。他说:"我一有空就仔细阅读材料,阅读之后,无论我有什么想法都私底下给您写信。"(杜威致鲍威尔,1937年3月17日;鲍威尔致杜威,1937年3月18日,鲍威尔文集)

324.27 　　Andrés Nin〕　1937年春天,列夫·托洛茨基的前任秘书安德烈斯·宁担任马克思主义统一工人党(POUM)的领袖,POUM是以西班牙加泰隆尼亚为中心的革命党。POUM反对共产国际的战略和意识形态,是斯大林和西班牙共产党攻击的敌人。尽管POUM被指控为托洛茨基分子,但POUM曾公开与托洛茨基和他的第四国际断绝关系,托洛茨基也反过来批评它参与地方政府。

　　在苏联的支持下,西班牙共产党人竭力对POUM及其领导人进行镇压。1937年6月16日,他们以宁与弗朗西斯科·佛朗哥勾结的虚假罪名逮捕了他,并关闭了POUM在巴塞罗那的总部。尽管随后发生的事情的细节众说纷纭,但是宁似乎被押到马德里附近的一个拘禁所受审讯,随后遭到暗杀。《纽约时报》8月8日首次报道宁的死讯。

327.33 　　assassinated Conrcoran.〕　帕特里克·J·科科伦(Patrick J. Corcoran)是明尼阿波利斯运输工人联合理事会的财务主管,以及北部中心区驾驶员理事会(运输工人理事会在城市和地方的盟友)的主席。他于1937年11月18日遭枪击身亡。美国共产党机关报《劳工日报》发表了几篇文章,表示托洛茨基的追随者与科科伦被暗杀案有所牵连。

328.31 　　G. P. U〕　国家政治保卫局(Gosudarstvennoe politicheskoe upravlenie)——事实上是苏维埃秘密警察。

329.4 　　telegram received from Trotsky〕　1937年12月11日,杜威发电报给托洛茨基:"美联社坚持认为,世界新闻社有权在星期一发表你对调查结果的评论(句号)广播系统希望你作出声明但要求要简短(句号)请不要公布只属于我们的电报,我将在星期一晚上通过广播宣读"(托洛茨基流放文档,经哈佛大学霍顿图书馆许可)。

352.3—4　motion of Heywood Rroun … Newspaper Guild〕　布鲁恩(Heywood Broun)是著名的报纸专栏作家,是美国报业协会的首任主席。美国报业协会是一个工会,为保护报纸编辑部职员的利益而成立。1935 年 2 月 23 日到 28 日,在亚特兰大市召开的美国教育协会校长部第 65 届年会期间,布鲁恩主张那些"塑造公众舆论的人"成立一个组织。他不光指教师和报业人士,还指作家、剧作家、编剧家、广播人员以及牧师。这个组织的主要目的是保护其成员自由言论的权利。

391.9—11　that great experiment … "preceptor guys."〕　1902 年 10 月 21 日,伍德罗·威尔逊被选为普林斯顿大学校长没多久,他提议在普林斯顿建立辅 605 导员体系,主要针对人文学科和社会科学,与牛津和剑桥体系类似。这种体系可以使学生对他们的研究领域有更广泛的理解,并促进教师和学生之间友好的指导关系的发展。实现这些目标的方式,是在小型学习指导小组内讨论大量的各种文献。1905 年秋天,这个计划付诸实施,它有了一个新名称——"辅导员体系"。该计划聘用 50 名年轻的学者担任辅导员,实际上聘用了 47 名。

　　威尔逊常常把辅导员叫做"向导";词语"guy"的古代意义是"向导"或"领路人"。

文本资料研究

文本注释

下面的注释采用现行版本的页码和行数，讨论决定性文本中采用的有问题的 609 异文。

134.12　naturally〕　在"naturally"前面有一个单词"as"，位于下一行的"as"正上方，显然是排字工人的错误，已改正。

156.1　content〕　露易丝·席勒打的打字稿《致席勒》中，杜威对席勒关于内容和目的两个基本原则的讨论，其中的"content"被误用为"context"，这是一个明显的打印错误。现行版本将"context"修正为"content"。

395n.9　validification〕　尽管《社会前沿》把这个单词修改为"validation"，现行版本保留了兰斯洛特·霍格本《远离理性》（伦敦：沃兹出版公司，1936年）第8页的拼写方式。

文本说明

　　《杜威晚期著作》第十一卷收录了杜威于 1935 年至 1937 年间撰写的 93 篇论著，包括杜威于 1935 年在弗吉尼亚大学的佩基-巴伯的演讲，这些演讲曾以《自由主义与社会行动》为书名出版。本卷各篇论著的不同文体掩盖了其深层的统一性：有些文章是纯哲学的；有些哲学文章融进了一些社会和政治议题；教育论文渗透着社会和政治问题，又进而涉及杜威的哲学观点。

　　本卷 93 篇论著中，52 篇是论说文，其中 51 篇在杂志上发表过，还有一篇是未发表过的打字稿。这些论文中，有 18 篇文章发表在《社会前沿》上，是为"约翰·杜威专栏"系列撰写的；有 17 篇文章是发表过的演讲，演讲的场所各不相同，如南非新教育同盟会，以及华盛顿哥伦比亚特区人民会堂无线电广播午宴；6 篇文章是关于托洛茨基案调查的内容。

　　在这 93 篇论著中，有 15 篇是书评；8 篇是其他人著作的导言；两篇是与他人合著的文章；两篇是杜威发言的报道，而非杜威自己撰写的；剩余 7 篇是杂记。

　　本卷有 26 篇论著在杜威的有生之年不止一次地发表过，从而成为可供选择的可能权威文本，这些论著将在后面讨论；它们是《自由主义与社会行动》、《权威和社会变化》、《怀特海的哲学》、《教师和大众》、《定向之需要》、《民主对教育的挑战》、《民主和

教育管理》、《一个自由主义者谈自由主义》、《自由主义的将来》、《调查委员会首次陈述》、《真相即将揭开》、《调查结果摘要》、《托洛茨基案调查的重要意义》，以及放在一起讨论的《社会前沿》的 9 篇文章；还有《固有一死的启示》、《宗教、科学和哲学》、《威廉·詹姆斯的哲学》，以及《纠正一个学界错误》。67 篇论著只有一种存在形式，必定作为排印范本。大多数文章有一个权威文本，这就消除了文本问题；然而，对其中一

些文章的起源进行评注,可以说明杜威的写作习惯和他在 1935 年至 1937 年的活动。对那些只出现过一次的文章,如果不能发现任何补充信息,那么在文本评注中就不作讨论;除此以外,讨论按照本卷目录的顺序进行。

《自由主义与社会行动》

《自由主义与社会行动》一书共 93 页,分为三章,最初是杜威于 1935 年春天在弗吉尼亚大学发表的系列演讲。1934 年春天,弗吉尼亚大学校长约翰·劳埃德·纽康(John Lloyd Newcomb)向杜威发出邀请:"明年 2 月和 5 月间抽个方便的时间来我们这里作系列演讲,名为'佩基-巴伯演讲'。"①杜威答复:"承蒙邀请,十分荣幸……并欣然接受。"②

1934 年 10 月,接受邀请几个月后,杜威在写给以前的学生、执著的追随者约瑟夫·拉特纳(Joseph Ratner)的一封信里提到这些演讲:

> 本周我们(杜威、他的女儿露茜·布兰道尔以及孙子卡尔)要出行,从从容容地乘汽车……前往本宁顿。我在星期一早上,要到本宁顿学院作演讲。我演讲的内容是自由主义是什么和不是什么——这是一种社会哲学,它引向如下观点:行动上明智的激进主义必须以自由主义——按这个词的定义——哲学为基础。我受邀请的这个冬天去弗吉尼亚大学作佩基演讲,这是一次预热表演。③

612

杜威用《自由主义与社会行动》的题材作了实验,先是在本宁顿学院,然后在弗吉尼亚大学。杜威沿用了他那经受过时间检验的方法:反复就这个主题发表演讲,逐步精化专著的材料。

杜威再次谈到,这些演讲是在离演讲不到一个月的时候做准备的。他在 1935 年 3 月 26 日写给悉尼·胡克的信中简短地提到,"我正在为自由主义演讲做准备"④。

---

① 纽康致杜威,1934 年 4 月 1 日,校长文档(RG2/1/2.491),大学档案,弗吉尼亚大学图书馆,夏洛茨维尔。
② 杜威致纽康,1934 年 5 月 9 日,校长文档。
③ 杜威致拉特纳,1934 年 10 月 9 日,拉特纳/杜威文集,专藏,莫里斯图书馆,卡本代尔:南伊利诺伊大学。
④ 杜威致胡克,1935 年 3 月 26 日,胡克/杜威文集,特别收藏,莫里斯图书馆,卡本代尔:南伊利诺伊大学。

他在 4 月 4 日致拉特纳的信中作了详细的说明:"我陷入了一个困境……我本月 16 日—18 日要在弗吉尼亚大学做三场演讲,我进行得太慢了;它们必须是写出来出版的。一旦我开始了就不敢停下来,我怕我把线索弄丢了。"①出现在弗吉尼亚大学之前的剩余十二天里,杜威终于把那条线编织起来了,成为 1935 年 4 月 16、17、18 日公开演讲的布料。

公告的演讲主题是"自由主义",杜威的演讲是佩基-巴伯基金会演讲系列第 24 期。这个系列演讲由 1874 级学生托马斯·尼尔森·佩基(Thomas Nelson Page)于 1907 年在弗吉尼亚大学建立,1907 年以后每年进行,仅仅在第一次世界大战期间中断了三年,并在 1921 年弗吉尼亚大学一百周年校庆时中断一次。杜威之前发表这个系列演讲的杰出人物有:威廉·霍华德·塔夫脱(William Howard Taft)、阿尔弗雷德·诺斯·怀特海、沃尔特·李普曼(Walter Lippman)、阿尔伯特·杰伊·诺克(Albert Jay Nock),以及 T·S·艾略特。杜威的三场演讲于晚上 8 点在麦迪逊大楼开始,题目分别是:"自由主义:它的历史发展"、"自由主义:它的意义"、"自由主义:它的将来"。

一返回纽约,杜威就立刻开始修改这些讲稿以便出版。他在十天后,即 4 月 28 日,写信给胡克说:"我回来以后重写了我在弗吉尼亚的三篇演讲。第一篇关于历史,相对容易一些,但是我还有一项极其艰难的工作,即把另外两篇组织好,我现在还没有把握做好。一旦我能,我想把它们给你,我到时打电话。"②后来,他与胡克关于这些演讲手稿的交流,无疑是通过电话或当面进行的;因为关于他们的合作,此后再没有通信。

三天以后,也就是 5 月 1 日,杜威写信给拉特纳:"弗吉尼亚大学的演讲远远比我预想的要费力得多——我不敢松手,因为把材料组织好比我的预期要困难得多。所以,我一回到家,就坐下来重写它们。这时候,那些材料仍然是新鲜的,并且正在发酵。"③同月,杜威把手稿交给 G·P·普特南出版公司,序言日期显示为 1935 年 5 月。

6 月,杜威在(加拿大)新斯科舍省哈伯兹避暑寓所里修改校样。他对胡克说:"从开始到现在,我完成了三项奇特的工作,包括《自由主义与社会行动》的清样校对——只有 91 页,所以没有花多长时间。"④这句话表明,关于《自由主义与社会行动》,胡克与杜威的合作只限于手稿阶段,不像 1938 年他在《逻辑》的进展中起到的作用;他的作用贯穿每一个阶段,从手稿到成品书。在序言中,杜威感谢胡克和赫伯特·W·

613

---

① 杜威致拉特纳,1935 年 4 月 4 日,拉特纳/杜威文集。
② 杜威致胡克,1935 年 4 月 28 日,胡克/杜威文集。
③ 杜威致拉特纳,[1935 年]5 月 1 日,拉特纳/杜威文集。
④ 杜威致胡克,1935 年 6 月 17 日,胡克/杜威文集。

施奈德:"阅读手稿,并提出批评和评论,令我受益非浅。"①

《自由主义与社会行动》于 1935 年 8 月 22 日由纽约 G·P·普特南出版公司注册版权,编号为 A86130,显然符合预定出版时间 8 月 23 日。杜威在 8 月 14 日对一个朋友提到过这个预定时间:"我的新书预计在 23 日出版——赶在你的书前面一点儿。"②

《自由主义与社会行动》印刷了两次,第二次印刷的版权页上仍然写着 1935 年的版权日期,后面直接印上"第二次印刷"字样。第二次印刷的时间仍然是个谜,因为关于它没有任何记录,不论以版权声明的形式还是信件的形式。

在《自由主义与社会行动》的扉页上,普特南的名字上面出现了"明顿-鲍尔奇图书"(A Minton Balch Book)标记。明顿-鲍尔奇公司于 1930 年与 G·P·普特南公司合并。由于出版《确定性的寻求》(1929 年)及《新旧个人主义》(1930 年),与杜威建立了良好的关系,新公司继承了这种良好的关系,还有梅尔维尔·明顿(Melville Minton)和厄尔·H·鲍尔奇(Earle H. Balch)的专业知识。1932 年,明顿任 G·P·普特南公司的总裁,鲍尔奇任副总裁和主编。③

该书的评论家分为两个阵营:一些人和杜威一样,相信人性是善的,是可以完善的,相信获得解放的智力有能力引导社会变化;另一些人觉得,这种信念太天真了,因为相互敌对的私利在决定这些变化时起决定性作用。④ 属于前一阵营的霍拉斯·

---

① 《自由主义与社会行为》,纽约:G·P·普特南出版公司,1935 年,第 vii 页(本卷第 3 页)。

② 杜威致迈特尔·麦克洛,1935 年 8 月 14 日,约翰·杜威 1928—1942 年的信件,特别收藏,莫里斯图书馆,卡本代尔:南伊利诺伊大学。杜威提到的麦克洛的那本书是《成长:琼尼和吉米研究》(纽约:D·阿普尔顿-世纪公司,1935 年),杜威为这本书写了前言(本卷第 510—514 页)。

③ 与 G·P·普特南出版公司合并以后,杜威的其他两本书还以明顿-鲍尔奇的名义出版:《哲学和文明》(1931 年)和《艺术即经验》(1934 年)。明顿-鲍尔奇的名称以后逐渐淡出:《自由主义与社会行动》除了在普特南的名字上面还有"明顿-鲍尔奇图书"以外,还带有明顿-鲍尔奇的天鹅标志;《自由和文化》(1939 年)只在普特南的名字上标有"明顿-鲍尔奇图书",没有天鹅标志;《今天的教育》(1940 年)和《德国哲学和政治学》(1942 年)出版时就只剩下普特南的名字了。

④ 《自由主义和社会行动》的书评见:*ALA Booklist* 32(October 1935):32;*American Journal of Sociology* 44(November 1938):480 – 81(Melchior Palyi);*American Mercury* 37(January 1936):108 – 9(Albert Jay Nock);*American Review of Reviews* 92(October 1935):2;*Christian Century* 52(25 September 1935):1210(Edwin Theophil Buehrer);*Common Sense* 4(September 1935):28(Alfred M. Bingham);*Current History* 43(October 1935):v – vi(John Chamberlain);*International Journal of Ethics* 46(January 1936):229 – 36(Frank Hyneman Knight);*Nation* 141(11 September 1935):303 – 4(Reinhold Niebuhr);*New Republic* 86(4 March 1936):115 – 16(Kenneth Burke);*New York Times*,20 August 1935,p. 19(John Chamberlain);*New York Times Book Review*,1 September 1935,p. 9(Henry Hazlitt);*People's Lobby Bulletin* 5(February 1936):1 – 2;*Saturday Review of Literature*,14 December 1935,p. 7(Horace Meyer Kallen);*Survey Graphic* 24(November 1935):555 – 56(Walter Lincoln Whittlesey)。

615 M·卡伦宣称，该书"在他所属时代的条件下，用他所属时代的语言，重新陈述了杰斐逊在所属时代的条件下用所属时代的语言公布的《独立宣言》"。① 同样，阿尔弗雷德·M·宾汉姆把它描述为"一本具有杰作品质的书、一本重建人们对智力的信心的书、一本代表人类心灵和精神巅峰的书"。② 沃尔特·林肯·惠特希（Walter Lincoln Whittlesey）说："预言家说话了，人们听到他们将听到的。但是，那些坚持权力政治（即暴力）和既得经济利益的人将什么也听不到，旨意却仍然存在。"③然而，莱茵霍尔德·尼布尔（Reinhold Niebuhr）宣称，杜威的自由主义"没有看到，在社会斗争中，理性长久以来不可避免地附属于利益。它的'获得解放的智力'的理想期望一定程度的理性的自由，摆脱了社会问题思考者的特定利益和视点，这种理想与人性的构成是不相容的"。④ 至于这本书的清晰性和简洁性，阿尔伯特·杰伊·诺克（Albert Jay Nock）称，《自由主义与社会行动》"短小精悍"，思路"极其出色"。⑤

1949 年，G·P·普特南出版公司表示，有兴趣出《自由主义与社会行动》的修订版。副总裁肯尼斯·L·劳森（Kenneth L. Rawson）写信给杜威说：

> 由于明顿先生不在职，我写信给您，商量《自由主义与社会行动》修订版出版的可能性。
> 弗吉尼亚大学的韦顿先生昨天进城了，并来看望我，我现在正与他商榷此事。如果你愿意修订这本书，他们将非常愉快地允许你提取九成版税，他们只得一成，条件是他们作为［佩基-巴伯讲座］主办者，名字仍然在书中出现。由于这本书必
616 须全部重新排版，他们同意重新分配版税，前 2500 册百分之十，随后的 2500 册百分之十二点五，之后百分之十五。我们认为，这是一个很公平的安排。如果您愿意以此为基础开始，那么，我们将与弗吉尼亚大学的人一起正式确认这个安排。
> 我希望您愿意在不久的将来着手修订；无论如何，如果你有时间仔细考虑这件事，请给我回信，我将非常感激。

杜威一定以肯定的口吻回了信，因为劳森的下一封信写道：

---

① 卡伦：《通过理智获得拯救》，《星期六文学评论》，1935 年 12 月 14 日，第 7 页。
② 宾汉姆：《自由主义与社会行动》评论，《常识》，第 4 期（1935 年 12 月 14 日），第 28 页。
③ 惠特希：《曾经的时光，而今不在》，《时事纵横》，第 24 期（1935 年 11 月），第 555—556 页。
④ 尼布尔：《自由主义的悲怆》，《国家》，第 141 期（1935 年 9 月 11 日），第 303 页。
⑤ 诺克：《不可避免之事极少发生》，《美国信使》，第 37 期（1936 年 1 月），第 109 页。

我很抱歉，在此之前没有就《自由主义与社会行动》修订版的事情回复您于11月1日热情的便条。我想与厄尔·鲍尔奇讨论一下这件事，直到前几天我才得以这么做。

　　厄尔和我都认为，最好的安排是：我们编辑部这里先通读一下这本书，看看里面有多少内容在我们看来过时了而需要修改，然后发一个副本给您，上面标上我们的建议。那么，您在阅读的时候可以看见这些建议，也可以持有任何您自己的新想法。您看看，这样的修订需要多少工作。我们将很快开始这项工作，一旦完成，我立刻把副本送给您。

　　我认为，按这本书的现状来重印它，甚至添加一个新序言，都不是解决的办法；不过，您根据我们的建议看完这本书后就能更好地了解这一点。①

这个修订版计划不知怎么，最后没有实现。劳森于1950年2月8日的信最后一次提到这个方案：

　　关于《自由主义与社会行动》修订版一事，您在此之前没有收到我的回信，因为我希望有机会能和厄尔一起把它从头到尾读一遍，把某些具体的注解收集到一起发给您。毕竟，他比这里的任何其他人都更熟悉这本书，从而更能有所帮助。厄尔现在在佛罗里达，我只好等他回来后着手这件事。②

对杜威研究中心拥有的《自由主义与社会行动》第一次印刷本（DCL¹a）和第二次印刷本（DCL²a）进行校勘，结果表明：这两个印刷本之间没有变化。同样，DCL¹a与馆藏本相比较，也没有什么变化。馆藏本是现行版本的范文版本。

　　现行版本做了三处实质性的修改和一处附带的修改：在22.12，"deficiencies"（缺点）是改正了的；在29.15，"principal"改正为"principle"（原则）；在38.21，"quotient"（智商）改为复数；在25.27，"liberty"后面的分号，可能是一个印刷错误，改成了逗号。

---

① 劳森致杜威，1949年10月28日，杜威文集，特别收藏，莫里斯图书馆，卡本代尔：南伊利诺伊大学。
② 劳森致杜威，1950年2月8日，杜威文集。

《皮尔士的性质理论》

这篇文章于 1935 年 12 月 19 日在《哲学杂志》上发表，没有文本错误。该文章回应托马斯·A·高吉（Goudge）于 1935 年 9 月 26 日发表在《哲学杂志》上的文章《查尔斯·皮尔士关于经验予料的观点》。杜威于 1935 年 10 月 26 日给悉尼·胡克的信中提到了它，这提供了一个有趣的私人注解。在信中，杜威把高吉的文章称作"在关于皮尔士的那期杂志中一篇极其恶劣的文章——我查阅了他的参考文献后，就明白它有多么恶劣，也明白他如何曲解了皮尔士的主要文本——我想他不是故意的，而是由于他根本不知道它在讲什么；并出于幼稚的理由，以为他当前讨论的问题是适合'予料'这个名称的"。① 然而，虽然杜威对该文的发表有相当强烈的私人反应，却保持了一贯的委婉风格。高吉也同样以礼貌的口吻作出了答复："我最初对皮尔士观点的论述多处有可悲的混淆，澄清其中的混淆有益无害。"②

《特征和特性：种类和类》
《什么是共相》
《通称命题、种类和类》

杜威根据为其著作《逻辑：求知的理论》（*Logic：The Theory of Inquiry*）（纽约：亨利·霍尔特出版公司，1938 年）所写的笔记撰写了三篇论文：《特征和特性：种类和类》、《什么是共相》以及《通称命题、种类和类》。他从 1925 年开始断断续续地致力于《逻辑》的写作，从 1934 年开始就几乎没有间断过，因此他需要对自己的主题有一个新展望；他的方法是从《逻辑》的素材中抽取一部分，撰写成三篇论文，分别于 1936 年 5 月 7 日、5 月 21 日、12 月 3 日发表在《哲学杂志》上。他于 1935 年 10 月写信给胡克说："我暂时搁下了那本书，正在做一项独立的研究，希望我能获得一些对我有帮助的材料。我以为，如果我有所进展，就可以投一篇文章到杂志……我也写完了两篇论文，还没有投稿，一篇关于类和种类，一篇关于共相的本性——也正努力在用两篇论文对那本逻辑书中的一些问题作出独立的研究。如果写了这两篇，关于数学的论文

---

① 杜威致胡克，1935 年 10 月 26 日，胡克/杜威文集。
② 高吉：《皮尔士予料学说的进一步反思》，《哲学杂志》，第 33 卷（1936 年 5 月 21 日），第 289—295 页。

将是第三篇。"①关于种类和类的论文和共相的本性的论文,分别是 1936 年 5 月 7 日发表的《特征和特性:种类和类》,以及 1936 年 5 月 21 日发表的《什么是共相》;关于数学的论文,是 1936 年 12 月 3 日发表的《通称命题、种类和类》。

到《逻辑》完成的时候,为写这三篇文章单列出来的材料经过了彻底的修改,现在很难辨别这些材料哪一部分是书中具体的哪一章;其实,零星的片断全书都有,这里有一个短语,那里有一个举例说明,另一处有个观点论证。

《世界最高知识法庭》

哈佛大学建校三百周年庆典是一场盛大的学术宴会;1935 年 11 月 8 日星期五开始,还在桑德斯剧院举行了纪念约翰·哈佛生日的典礼。它整整持续了一年,最后是三天高潮,这就是 1936 年 9 月 16 日、17 日、18 日,叫做三百周年纪念日。就像《社会前沿》在 1936 年 10 月报道的那样,重温 13 世纪,那时巴黎大学的职能是"走在知识前沿的自由智力的宝库",哈佛会议希望为现代提供同样的启蒙指导。杜威是应邀在庆典上发言的学者之一。

全国科学作家协会报道了这场会议,围绕着"世界最高知识法庭"的可能性提出了三个问题,并把它们递交给杜威、法兰西学院的吉尔松(Étienne Gilson)、伦敦大学的马林诺夫斯基(Bronislaw Malinowski),以及国立北平大学的胡适。他们的回答发表在 1936 年 9 月 14 日的《基督教科学箴言报》上,标题是"世界最高知识法庭"。

这三个问题以及杜威的回答之后,杜威紧接着于 1936 年 9 月 4 日在哈佛庆典上发表了演讲"权威和社会变化"。

《权威和社会变化》

1936 年 9 月 4 日,杜威在哈佛大学桑德斯剧院发表演讲"权威和社会变化"。该演讲是哈佛大学三百周年庆典艺术和科学大会的一部分。这是"权威和个人"②专题

---

① 杜威致胡克,1935 年 10 月 26 日,胡克/杜威文集。
② "权威和个人"专题研讨会分成四个组。杜威和另外三个发言人组成 A－2 组,主题是"稳定性和社会变化"。约翰·哈罗德·克拉梵(John Harold Clapham)演讲"近代英国历史中的保守因素";哥伦比亚的罗伯特·莫里森·迈基维(Robert Morison MacIver)演讲"社会变化的历史模式";耶鲁的查尔斯·麦克林·安德鲁斯(Charles McLean Andrews)演讲"早期殖民地历史中的保守因素"。见《哈佛学院三百周年:三百周年纪念文集 1935—1936》,马萨诸塞州剑桥:哈佛大学出版社,1937 年,第 458、459 页。

研讨会上的一次发言,研讨会文集于 1937 年 3 月由哈佛大学出版社以《权威和个人》(H)为书名出版。此前,杜威的演讲于 1936 年 10 月 10 日在《学校和社会》(SS)上发表,标题是"权威和对社会变化的抵制";简写本标题是"权威和自由",在《时事纵横》(SG)1936 年 11 月刊上发表。1946 年,"权威和对社会变化的抵制"再次发表在杜威的一本文集《人的问题》上(纽约:哲学书库),第 93—110 页(PM),直接以 SS 文本为基础重新排版,大体上与之一致。

杜威在哈佛发表演说前不到两周,他写信给迈特尔·麦格劳:"为了我在哈佛的演讲,我现在备受煎熬……我写了两篇不同的文章,都是在写完三分之二的时候就放弃了,我今天上午开始写第三篇了。这真是繁重吃力的工作,什么想法都没有,更不用说文思泉涌了。"[①]十天以后,他对麦格劳说:"我的哈佛演讲写了五遍,不是修改,而是完全从头开始,特别是最后一遍。我昨天把它写完了,今天早上都不敢看,我怕自己会再次重写。"[②]

杜威这段时间的信函,说明他直接从新斯科舍省哈伯兹到了哈佛会议。在打字机旁写信的同时,他无疑也在打字机旁写——并重写——他的演讲辞,并以他一贯的风格拿草稿发言。杜威在 9 月 8 日回到纽约,随后至少有了一个专业打字的复写本。现在很难确定 SG 是用哪份稿本排印的;然而很清楚的是,SG 的编辑对某些段落作了修改,以图使这个材料适合普通的读者。SG 的部分文本是有权威性的,虽然很多
段落被编辑删掉了。一些保留下来、适合口头表达的结束用语在 SG 或 H 版中都没有出现,它们可能来自后来淘汰了的打字草稿。因此,SG 的变更在修订列表上列出,不过这里并没有考虑把 SG 本用作范本。

现行版用首次发表的 SS 本作为范本,也根据 SG 本、H 本和 PM 本作了修订。SS、SG、H 及 PM 中所有实质性的变更都列在修订表上。

《怀特海的哲学》

1936 年 12 月 28 日、29 日、30 日,在哈佛大学和拉德克利夫学院召开了美国哲学协会东部分会第 36 届年度会议。在此期间,有一个"艾尔弗雷德·诺斯·怀特海哲学"专题讨论会,杜威发表讲话,发言稿是"怀特海的哲学"。12 月 29 日在朗费罗楼召开的这个专题讨论会上发言的,除了杜威以外,还有格利高里·弗拉斯托斯(Gregory

---

① 杜威致麦格劳,1936 年 8 月 14 日。
② 杜威致麦格劳,1936 年 8 月 24 日。

Vlastos），发言题目是"怀特海的有机范畴"；安德鲁•尤申科（Andrew Ushenko），发言题目是"否定的理解"。怀特海紧接着以"评论"来回答。杜威的发言稿首次发表在《哲学评论》第 46 期（1937 年 3 月）第 170—177 页上；其中，他问怀特海的"永恒对象"是否表达了历史上的哲学唯理论，不同于他的哲学其他方面明显的功能知识观。怀特海的"评论"发表在《哲学评论》同一期的第 178—186 页上，紧接着杜威的文章。怀特海回答说：他必须拒绝杜威的区分，因为他一生的大部分时间都用在努力结合这两个概念上。

《哲学评论》上发表的杜威发言稿是现在版本的范本，它对杜威 1946 年的著作《人的问题》（纽约：哲学书库，第 410—418 页）中的再版文本作了四处实质性的脚注修订。

《向席勒致敬》

1937 年 8 月 6 日，席勒逝世，他的追悼会于 1937 年 11 月 28 日在新社会研究学院举行。霍拉斯•迈耶•卡伦请杜威在追悼会上发言。杜威回复："我整个夏天都在新斯科舍呆着，与外界失去了联系——你的便条使我第一次听到席勒的死讯……（我）很乐意在 11 月的会议上按你的提议去做。"[1]

根据卡伦于 1968 年对席勒追悼活动的叙述："席勒夫人出席了……我想起来了，席勒夫人想要一份杜威的评论，而这个评论是即兴的，杜威就把发言稿写出来了……事先追忆了席勒的工作。"[2]这篇颂词在杜威的有生之年没有发表。

杜威的颂词是一份两页单倍行距的打印稿（TS），现在仍然是加利福尼亚大学洛杉矶分校图书馆席勒遗稿专门藏品。[3] TS 无疑是席勒夫人把杜威准备的发言稿重新打了一份，在封面的顶部有手写的"约翰•杜威谈席勒"字样；在右下角，用同样的笔迹写着"请还给洛杉矶格洛布大街 3710 号露易丝•S•席勒"。同一笔迹写下的唯一的修改在（本卷）第 156 页第六行："真-假"添加了引号并在连字符上写上"和"，变为"'真'和'假'"。对 TS 的其他改动是打字的，包括对排印错误的改正，以及在错误地重复的单词上划出斜线。由于 TS 显然是由席勒夫人打字并修改的，这些修正在

---

① 杜威致卡伦，1937 年 9 月 22 日，卡伦文档，纽约，伊沃（Yivo）犹太研究所。
② 卡伦致乔•安•博伊斯顿（Jo Ann Boydston），1968 年 10 月 2 日，杜威研究中心，卡本代尔：南伊利诺伊大学。
③ 见艾伦•谢尔兹（Allan Shields），"席勒：约翰•杜威未发表的悼词"，《查尔斯•S•皮尔士学会会刊》，第 3 集（1967 年秋），第 51—54 页。

手稿修改列表中就没有列出。由于没有杜威的讲话原本，TS就成了《向席勒致敬》一文的范本。

《教师和大众》

　　1935年1月16日晚上10点15分，杜威通过纽约市无线新闻电台（WEVD）发表了演讲"教师和大众"，它是WEVD"空中大学"系列的一部分。两年前，即1933年1月25日，"200名作家、艺术家、教育者以及其他人"在纽约市阿尔刚昆酒店会面，计划由WEVD电台通过NBC无线电广播网实施"空中大学"广播系列。该项目是要提供"严肃课题的严肃讨论"，包括历史、哲学、心理学、音乐和艺术方面的课题。这些讲座是没有报酬的。[1]

　　杜威对该系列的第一个贡献是1933年4月28日播出的"经济复苏步骤"，主要讨论亨利·乔治的哲学（见《杜威晚期著作》，第9卷，第61—65页）。在这个演讲之后，"教师和大众"（本卷第158—161页）于1935年1月16日播出。第二年，"教育和新社会理想"（本卷第167—170页）于1936年1月14日播出。由于资金原因，NBC于1946年被迫取消"空中大学"系列。

　　《教师和大众》于1935年1月28日首次发表在《当代重要演讲录》（VS）上。这个期刊是半月刊，于1934年10月创刊，全名是"公众舆论的主要塑造者的重要演讲"。[2] VS第一期第一页出版者公告写道：

　　　　发表这些演讲的杰出人士是各自奋斗领域的公认权威，这些演讲应该保存下来，以备今天或将来随时参考。过去，很多重要的演讲要么未出版，要么散布在无数报纸资料和私人图书馆中……出版者恳请那些公认的领袖人物及时将他们的演讲稿发送到编辑手中，从而有可能在本杂志上发表。[3]

　　《教师和大众》在VS上发表一个月以后，又在《美国教师》（AT）3—4月刊上发表。VS和AT都标出了广播的日期：1月16日；但是，AT还标出了具体的时刻：晚上10点15分。AT本没有用脚注标明这篇文章先前在VS发表的功劳，这说明杜威

---

[1] 见"'空中大学'计划"，《纽约时报》，1933年1月26日，第13版。

[2] 见艾瑞克·巴诺（Erik Barnouw），《黄金网：美国广播史》（*The Golden Web：A History of Broadcasting in the United States*），纽约：牛津大学出版社，1968年，第2卷，第244页。

[3] 同上书。

单独给了 AT 一个演讲稿，AT 是按该文排印的。

在排版中，AT 引进了一些格式变化，诸如句号被移到引号里面，以及在"和"之前加上逗号（serial comma）。在（本卷）160.1 上，"universal；multitudes"改为"universal. Multitudes"；161.16，在"wealth"之后添加了逗号；160.19，"dividends[¶] If."，由"If."开始分出一段。这些变更显然是为了使 VS 的文风变得顺畅，但不是杜威的风格。现行版本虽然以 VS 为范本，但没有采用这些变更。

AT 本有两个实质性的改动（161.15—16，去掉"is a movement"中的"a"；161.17，去掉"reds"中的"s"），这两处改动是完全错误的，现行版本没有接受。除此以外，AT本其他实质性的改动都视作作者的本意，并出现在现行版本中。

现行版本另外引入了一个实质性的修订：160.6，在杜威对大萧条和失业的讨论中，现行版本在"The number of the unemployed has been increased in consequence"这个分句中的"employed"前面加了"un"。

《定向之需要》

这篇文章是与泰勒·德纳特进行一场辩论的一部分，该辩论的标题是"教育和我们的社会：一场辩论"。这篇文章首次发表在《论坛》，第 93 期（1935 年 6 月），第333—335 页。这篇文章再版于杜威 1946 年的著作《人的问题》（纽约：哲学书库）第88—92 页时，只作了一处改动：164.20—21，段落之间的小标题"II"被删除了。现在这个版本采用了这个改动。

《周年纪念致词》

1936 年 4 月 26 日，在密歇根安阿伯市召开的密歇根教师俱乐部 50 周年纪念会上，杜威作为该俱乐部四个依然健在的创立者之一，[1]发表了"定向之需要"。1886 年2 月 27 日，在杜威担任密歇根大学哲学讲师的第二年，他和另外 18 个人创立了密歇根教师俱乐部，该俱乐部的目的是研究高中和学院互惠问题。杜威经常在俱乐部发表演说。1887 年和 1888 年，他担任该俱乐部的副主席[2]。

————————————

[1] 其他三个依然健在的创立者是：本杰明·伦纳德·道基（Benjamin Leonard D'Ooge）、约瑟夫·贺拉斯·德雷克爵士（Joseph Horace Drake），以及利维·道格拉斯·麦恩斯（Levi Douglsa Mines）。
[2] 在俱乐部的第一次会议上，杜威演讲的是"从大学立场看高中心理学教育"（《杜威早期著作》，乔·安·博伊兹顿，卡本代尔和爱德华兹维尔：南伊利诺伊大学，1969 年，第 1 卷，第 81—88页）。除了第一次会议以外，该俱乐部创立早期的一些演讲都没有记录。

杜威的"周年纪念致词"首次发表在《密歇根教师俱乐部杂志》第 38 期(1936 年 7 月 25 日),第 5—13 页。该演讲有一个由他人撰写的简略报道,后来发表于《教育文摘》第 2 期(1936 年 11 月)第 1—3 页。《密歇根教师俱乐部杂志》上发表的演讲稿是现行版本的范本。

《民主对教育的挑战》

1936 年 11 月 13 日,在纽约市宾夕法尼亚酒店召开了一年一度的进步教育协会东部各州区域会议。在这个会议上,杜威发表演讲,题目是"民主对教育的挑战"。第二天,杜威的演讲摘录发表在《纽约时报》和《纽约先驱论坛报》上。

杜威的演讲于 1937 年 2 月发表在《进步教育》(PE)上。PE 中的编者脚注指明,杜威的"文章由他的演讲速记报告誊写而来"①。由于杜威可能是根据提纲发言的,PE 对誊写稿的出版是唯一可以作为《民主对教育的挑战》的范本资源。

《民主对教育的挑战》再次出版在杜威 1946 年的文集《人的问题》(PM)第 46—56 页。这里采用了 PM 的实质性修改,但是没有采用它删去 PE 的语境叙述的修改,例如它删去了第 181 页第 3—7 行的导言性段落。PM 删除了第 186 页脚注 1 的文献,现行版本保留了这个脚注。但是,现在这个版本和 PM 一样,删除了 PE 文章第一页的编者脚注:"协会的名誉主席杜威博士为进步教育者们确定了任务。今年举办了霍拉斯·曼的纪念活动。认真关注杜威确定的任务,是纪念这位'美国公立学校之父'最合适的方式。杜威的文章由他的演讲的速记报告誊写而来,这个演讲是近期在纽约召开的区域会议上发表的演讲。"

《杜威学校》:导论、一些陈述、附录 2

凯瑟琳·坎普·梅休②和安娜·坎普·爱德华兹的著作——《杜威学校》(纽约:D·阿普尔顿-世纪公司,1936 年),记叙了进步教育的早期实验,描述了 1896 至 1903

---

① 《进步教育》,第 14 期(1937 年 2 月),第 79 页。
② 纽约哥伦比亚大学教师学院专藏,凯瑟琳·坎普·梅休文档包含《杜威学校》的原始资料。该专藏中,有学校每周报告的剪贴簿、本书底稿的注解和草稿、杜威及其他与学校有关的人发表的文章,以及芝加哥大学发行的期刊《小学教师》1903 年刊和 1904 年刊。其中还包括六页纸的打印笔记,标有日期"星期二,8 月 19 日"和"星期三,8 月 20 日",这是关于杜威、梅休及爱德华兹之间讨论的记录。这些笔记主要讨论如何压缩繁多的原始资料。它们表明:杜威除了撰写文字外,还对《杜威学校》的内容和结构提出了口头建议。

年期间芝加哥大学教育学系实验学校的历史、运转状况及其哲学。在这段时间里,杜威是教育学系主任,创办并指导了这所学校。艾丽斯·C·杜威(Alice Chipman Dewey)为这所学校作出了至关重要的贡献,她计划与梅休合作,把这所学校的历史写下来。1927 年,在杜威的妻子艾丽斯·C·杜威去世之后,杜威请学校的副校长兼科学教师梅休与历史教师爱德华兹来完成这个计划。结果,《杜威学校》于 1936 年出版,为现行版本提供了范本。《杜威学校》于 1966 年由纽约市艾瑟顿出版社重印。

杜威为此书撰写了导论、分散在全书并标有脚注"约翰·杜威为作者撰写"的一些陈述,以及附录 2"芝加哥实验理论"。

现行版本引入了一些没有记载的临时符号的修订:全书在杜威的"一些陈述"上加的引号被去掉了。所有这些改动和修正都列在《杜威学校》的修订列表中。

《民主和教育管理》

1937 年 2 月 22 日,在路易斯安那州新奥尔良召开的美国教育协会校长部大会上,杜威提交了《民主和教育管理》这篇文章。那天晚上,在发表演讲之前,他被授予校长部终身名誉会员证书①。杜威的接受辞见本卷第 533—534 页。

之后,杜威的演讲迅速地出现在三个刊物上:1937 年 3 月校长部大会官方报告(DS)、1937 年 4 月《皮博迪反射镜和校友新闻》(*Peabody Reflector and Alumni News*)(PR),以及 1937 年 4 月 3 日《学校和社会》(SS)。

SS 和 PR 代表了这个演讲的第一个版本。PR 如实地复现了这个演讲,包括一些明显的错误和杜威特有的风格,因此在这里用作范本。在未采用的异文中,明显错误的典型例子是:修订列表中的 219.30—220.6,用词是"kind"而不是"kinds";220.32—4,用词是"action individual"而不是"individual action";修订列表中 221.18—26,用词是"fact"而不是"part";223.25—32,用词是"which"而不是"to which"。一些反映了杜威特有的风格的例子在 PR 中出现,但后来在 SS 实质性的修正中删掉了,从而列在未被采用的异文中,它们是:为强调而使用的斜体(220.32—41 的"*develop*"以及 225.1—24 的"*all*");概念词的大写(225.1—24 的"Government"和"Educational Administration");动词和动名词的非平行使用(222.38—223.7 的"methods which

---

① 见"约翰·杜威博士终身名誉会员证书的颁发",《美国教育协会校长部大会官方报告》,华盛顿哥伦比亚特区:美国学校行政人员协会,1937 年 3 月,第 46—48 页。

utilize instead of ignoring")。此外,在未采用的异文中,PR 还包括 225. 1—24 的短语 "to a body like the present one",这是典型的口头报告用语。PR 中另外两个为强调而使用斜体的例子(220. 13 的"*prior*"及 222. 35"*pupils*"),以及冒号-破折号句法结构(217. 29 的"together:—",229. 19—20 的"contributions:—",以及 223. 22 的"responsibility:—"),在现行版本中保留了。

然而,DS 也是该演讲的一个早期版本为出版而作了编辑:那些明显的错误改正了;未采用的异文中一些词语换成更"通顺的"表达(218. 5"states"替换"has",222. 9"vary"替换"differ",224. 10—34"instruction"替换"teaching");诸如"government"和"educational administration"等概念词,采用了小写字体;为了强调而使用的斜体删除了;动词-动名词结合被改为动词-动词结合(未采用的异文中,222. 38—223. 7"methods which utilize instead of ignore","ignoring"被改为"ignore");冒号-破折号的句法结构的消除方式是使用一个逗号或一个句号并大写紧随其后的单词,或者只用一个破折号。DS 也在"and"之前和插入语前后添加牛津逗号。这些变化严格地说,都是格式上的,可能是 DS 的编辑所为。由于这些格式上的修改不能视作作者的原意,现行版本没有采用。DS 所有实质性的改动都出现在杜威为 SS 重写的章节里,所以也没有采用。

629   SS 本完全不同于 DS 本和 PR 本,实际上,它构成了该演讲的一个新版本。很多章节完全重写了:218. 5—12,219. 30—220. 6,220. 32—41,221. 6—10,222. 38—223. 7,223. 25—32,224. 2—6,225. 1—24。然而,其余几节,SS 与 PR 和 DS 实质上一致。这表明杜威对同一个打印稿作了大量的修正,而不是撕掉它重写。SS 中所有的实质性修改和相关临时符号的修改显然都是杜威作出的,从而出现在现行版本中。

十年以后,这篇文章再次发表在杜威的著作《人的问题》(纽约:哲学书库,1946年)第 57—66 页。实质上,它是紧接着 SS 版本之后的一个版本。PM 中所有实质性的修改,被当作作者的修改采用了。这篇文章的校勘表也是对 PR、DS 和 SS 的历史校订,列出了它们之间的所有变更。

《教育,社会组织的基础》

在纪念霍拉斯·曼专职教育生涯的活动中,作为庆典仪式的一部分,杜威在霍拉斯·曼百年纪念庆典开幕式上发表演说——"教育、社会组织的基础"。该会议于 1936 年 10 月 16 日和 17 日在俄亥俄州黄溪的安提阿学院举行。杜威和其他许多杰出的教育家们应邀以"教育在民主中的职能"为题目发表演讲。这些演说辞,还有霍拉斯·曼的生平简介，以及杜威参与的一个小组座谈会的讨论报告，一起发表在《为民主进行教育：一个专题讨论会》（俄亥俄州黄溪：安提阿出版社，1937 年）。杜威的演说辞发表在第 37—54 页，专题小组的讨论发表在第 253—270 页（本卷第 226—237 页及第 567—580 页），它们是现在这个版本的范本。

美国教育协会是霍拉斯·曼百年纪念庆典的主办者。《美国教育协会期刊》第 25 期（1936 年 12 月）第 269—276 页对安提阿学院的活动作了长篇报道。杜威演讲的改写摘录出现在第 274 页。

《什么是学习》
《在活动中成长》

1934 年夏天，杜威在女儿珍妮的陪同下，到南非去参加南非教育会议。该会议于 1934 年 7 月 2 日至 13 日在开普敦举行，1934 年 7 月 16 日至 27 日在约翰内斯堡举行。该会议由新教育同志会主办，这是一个"为团结教师、父母、社会工作者和其他人以促进教育更适应变化的需要，于 1915 年成立的组织松散的国际团体"[①]。该会议由"整个南非许多政府机构、教育研究所、教堂以及公民组织筹集资金并提供其他支持"[②]。四千多人出席了这两次会议，三千多篇正式的发言稿在会议上提交。[③] 杜威是受特别邀请的 25 位海外发言人之一。

杜威在会议上发表了三篇演讲："需要一种教育哲学"、"什么是学习"以及"在活动中成长"。同年 11 月，《需要一种教育哲学》由新教育同志会在英国发表，发表在《家庭与学校新纪元》（*New Era in Home and School*）第 15 卷（1934 年 11 月）第 211—214 页。它再次发表在 E·G·马勒布编辑的书《变化社会中的教育适应》（开普敦和约翰内斯堡：朱塔出版公司，1937 年）中。一起发表的还有《什么是学习》、《在活动中成长》，这两篇文章是第一次发表。由于《需要一种教育哲学》在 1934 年发表，它出现在《杜威晚期著作》第 9 卷第 194—204 页。

马勒布在《变化社会中的教育适应》的前言中说："该会议约翰内斯堡会期的议

[①] 乔治·戴库依赞（George Dykhuizen），《约翰·杜威的生平和思想》，卡本代尔和爱德华兹维尔：南伊利诺伊大学出版社，1973 年，第 264 页。

[②] 同上书。

[③] "编者按"，《变化社会中的教育适应》，E·G·马勒布编，开普敦和约翰内斯堡：朱塔出版公司，1937 年，第 iii 页。

程,在很大程度上是开普敦会期的重复。"①确实如此,杜威于 1934 年 7 月 11 日致迈特尔·麦格劳的信件证明,他把这三篇演讲发表了两次。他告诉她:"我第一个演讲是在晚上——由于我还没有任何见闻时就已经在船上把它写好了,我写得内容太多了,它会让大多数听众不能理解——我吸取教训,在今天早上讲了一些故事,使整篇演讲变得简单一些,部分地挽回了我自己的声誉——我明天还有一个短点儿的演讲,然后这里的活动就结束了——在约翰内斯堡将重复这三篇演讲,我可以利用我在这里的经验。"②

除了杜威第二次发表这些演讲时作出的一些改动外,马勒布在出版时作了进一步的调整。他说:"尽管在两个中心(开普敦和约翰内斯堡)的两个演讲基本上是一样的,它们结合起来构成一篇,从而能够把两篇中的重要元素都包括在内。"③因此,这些演讲的三种形式——第一次发表、第二次发表以及出版时的形式——彼此之间有非常重要的变化。由于没有找到口头版本的记录,马勒布那本书中《什么是学习》和《在活动中成长》的出版形式在这里用作范本。按照这个版本的编辑实践④,《什么是学习》和《活动中的成长》的英国式拼写不露痕迹地转变为美国式拼写。

《地租的社会化》
《自由主义的未来》
《国际合作还是国际混乱》
《税收是走向社会化的一步》

1936 年,杜威作为人民会堂的在任社长退出了这个职位。自 1924 年起,杜威就一直担任这个职位。1924 年,杜威受马希(Benjamin C. Marsh)之请,担任那时被称作"反垄断联盟"的一个社团的社长,这个社团的口号是"我们为人民而战,我们发现事实并传播事实"。杜威同意接受邀请,只要这个组织能够名副其实——人民会堂。⑤

---

① "编者按",《变化社会中的教育适应》,E·G·马勒布编(开普敦和约翰内斯堡:朱塔出版公司,1937 年),第 iv 页。

② 杜威致麦格劳,1934 年 7 月 11 日,杜威书信。

③ "编者按",第 iv 页。

④ 关于这个版本的编辑原则的讨论,见弗雷德森·鲍尔斯(Fredson Bowers):《文本的校勘原则和程序》(《杜威晚期著作》,乔·安·博伊兹顿编,卡本代尔和爱德华兹维尔:南伊利诺伊大学出版社,1984 年,第 2 卷,第 407—418 页)。

⑤ 见本杰明·克拉克·马希:《人民说客:五十年记录》(*Lobbyist for the People：A Record of Fifty Years*),华盛顿,D.C.:公共事务出版社,1953 年,第 88 页。

在担任人民会堂社长的 12 年期间,杜威发表了大量的文章和声明。他早期的声明作为新闻发言稿,发表在《纽约时报》上(见《杜威晚期著作》,第 5 卷,第 429—441 页)。1931 年 3 月,人民会堂开始出版《人民会堂公报》,在此之后,他的声明就在那里发表(见《杜威晚期著作》,第 6 卷,第 335—400 页;《杜威晚期著作》,第 9 卷,第 247—290 页)。本卷收录了杜威作为社长的最后声明:《地租的社会化》、《自由主义的未来》、《国际合作还是国际混乱》,以及《税收是走向社会化的一步》,它们分别发表在《人民会堂公报》1935 年 1 月、2 月、3 月刊上。

1934 年 12 月 15 日,在华盛顿哥伦比亚特区宇宙俱乐部人民会堂举行的午宴上,杜威通过国家无线电广播发表演说"地租的社会化"。他发表的"国际合作还是国际混乱"是全球广播公司播出的一次演讲。由于他与《人民会堂公报》的编辑马希的私人联系(马希一直是人民会堂背后的推动力),这些广播节目获得了免费的无线电播报时间①。他作为人民会堂社长的最后声明——"自由主义的未来"和"税收是社会化的一步"——都不是广播节目。

这四个声明在《人民会堂公报》第 4 卷(1935 年 1 月、2 月、3 月刊)上发表,是它们唯一的一次出版,现用作当今版本的范本。

《政府和儿童》

作为参与人民会堂活动的延续,杜威帮忙组织了一个失业联合委员会;这个委员会于 1931 年成立,旨在激发政府对失业问题承担责任②。杜威担任主席。委员会在华盛顿召开了几次会议,并领导了一次全国性的新闻宣传运动,它在 1935 年解散。

《政府和儿童》仅仅发表过一次,发表在《美国教师》,第 19 期(1935 年 3 月—6 月),第 20 页。这篇文章以主席杜威的名义,请求政府援救这个国家因教育、营养、住房和医疗护理不足而蒙受损害的儿童。

633

---

① 见本杰明·克拉克·马希:《人民说客:五十年记录》,华盛顿,D. C. :公共事务出版社,1953 年,第 viii 页;也见"人们会堂第 3 届年会会议记录,附件"(1935 年 1 月 7 日),本杰明·克拉克·马希文档,国会图书馆,华盛顿 D. C. 。
② 马希:《人民说客》,第 91—92 页。这个委员会包括工业民主教堂联盟、进步劳动行动大会、和解同盟、劳工局、人民会堂、犹太教士中央会议社会服务委员会、社会服务卫理公会、工人病亡津贴协会、美国老年保障协会、公理会教育协会社会关系部、美国成衣业工人工会、美国平板印刷工工会、纽约教师联盟以及美国成品袜工人联合会。

《需要——一种新政治》

1933 年 10 月 29 日,在芝加哥召开的世界信仰同盟第一届国际大会上,杜威发表了演讲,他选择"需要——一种新政治"作为演讲题目。这次芝加哥会议举行了 60 次会议,从 1933 年 6 月 18 日持续到 10 月 29 日。1933 年 10 月至 1934 年 5 月期间,世界信仰同盟又在纽约市举办了 23 次会议。最后一场芝加哥会议在人民教堂举行,杜威在这次会议上作了发言。

《需要——一种新政治》仅仅发表过一次,刊载于《世界同盟:所有信仰、种族和国家首席发言人演讲、咨文集》,查尔斯·弗雷德里克·韦勒编(纽约:利夫莱特出版公司,1935 年),第 119—125 页。这个美国出版物的英国式拼写改成了美国式,并记录在修订列表的正规拼写表中。

《一个自由主义者谈自由主义》

这篇文章首次发表于《纽约时报杂志》,1936 年 2 月 23 日,第 3—24 页(NYT)。

1939 年再次发表在《什么是民主? 它的冲突、目的和手段》,合作系列 1,第 2 册(俄克拉荷马,诺曼:文字记录出版社),第 3—10 页(WID),其标题是"自由主义的将来,或民主的变化方式"。在这本 40 页的小册子里,除了杜威的文章以外,还有博伊德·H·博德和托马斯·维诺·史密斯(Thomas Vernor Smith)的文章。合作丛书每个系列包括 10 到 12 本小册子,每一册有 30—40 页,文章的选择"以社会意义和时效性为基础"[1]。

7 年以后,《一个自由主义者谈自由主义》以"自由主义的将来:1"为标题,再次发表于杜威的《人的问题》(纽约:哲学书库,1946 年)第 126—133 页(PM)上,作为一篇由两部分组成的文章的一部分;第二部分在后面讨论。

WID 澄清了 283.27—29 一个令人混淆的句子,引入了四个段落符号:282.4"[¶]One", 284.12"[¶]Although", 285.40"[¶]One", 288.15"[¶]If"。权威本 PM 是按 WID 版编排的,作了一些小的实质性改动和附加符号的改动。

NYT 是这篇文章的范本,并采纳了 WID 和 PM 中的权威性改动。

---

① 见"按语和邀请",约翰·杜威、博伊德·H·博德和 T·V·史密斯,《什么是民主? 它的冲突、目的和手段》,合作系列 1,第 2 册,俄克拉荷马,诺曼:文字记录出版社,第 40 页。

《自由主义的将来》

1934 年 12 月 28 日星期五,在纽约大学召开的美国哲学学会东部分会第 24 届年度会议上,杜威作了题为"自由主义的将来"的发言。发言的部分内容第二天发表在《纽约时报》(NYT)上①。1935 年 1 月 19 日出版的《学校和社会》(SS)以及 1935 年 4 月 25 日出版的《哲学杂志》(JP)发表了全文。11 年后,它再次刊印在杜威 1946 年的文集《人的问题》(纽约:哲学书库)第 133—140 页上,以"自由主义的将来:2"为标题,紧接着"自由主义的将来:1"。上面说过,"自由主义的将来:1"是 1936 年 2 月 23 日出版的《纽约时报杂志》上的文章——《一个自由主义者谈自由主义》。

以"自由主义的将来"为标题的一个打字稿(TS),由杜威打出来并改动过,保存在小约翰·赫尔曼·兰德尔的文集中②。这个 TS 或一个有相同改动的复写本是 TS 之后的 SS 的排版原本。JP 本以 SS 还是以 TS 为基础,现在不能确定;然而,文本证据表明,杜威可能把现存的 TS 作一些改动之后给了兰德尔,但已经太晚了,JP 没有把它用作排版原本。因此,JP 本是基于 SS 而不是 TS。支持这个推测的事实是:SS 和 JP 之间的差别,只是 JP 常有的少量临时符号的版式变化。同时,在 SS 中出现的一个错误——把 TS 中的"qualitative"写成了"equalitative"——在 JP 中也出现了。SS 和 JP 都包含相同的附加材料,即(本卷)293.21—23 的材料,它们没有出现在 TS 中。在 JP 发表之前,杜威手上还有一些 SS 的副本;他于 1935 年 3 月 20 日写信给理查德·维林说,他正在寄送"他在圣诞假期做的一个演讲的副本"。

TS 在 SS 和 JP 上发表之后,杜威在 TS 上作了大量的手写改动;除此以外,杜威重打了第 10 页(本卷 294.10—33)。相对而言,TS 的这一页改动较少;它的文本表达的观点与 SS 和 JP 使用的原始页(丢了)表达的观点一样,但在形式上有所改动。

改动过并部分重打过的 TS 清楚地表现了杜威发表《自由主义的将来》的最终意图,从而成为现行版本的范本和校订来源。文章在 SS 和 JP 上发表前后作出的所有改动,都出现在本卷修订列表之后的"自由主义的将来"手稿修改表中。SS,JP 和 TS 之间的所有差异都记录在修订列表中,它们也可用作史料校订。

^① 见"资本主义逼人反抗。杜威说,制度使用高压政治来阻碍改革,这将导致它自身的毁灭",《纽约时报》,1934 年 12 月 29 日,第 6 版。

^② 专藏,纽约州纽约市哥伦比亚大学巴特勒图书馆。在《哲学杂志》第 32 卷(1935 年 3 月 9 日)第 253—264 页《自由主义是对智力的信仰》一文中,兰德尔分别对杜威、威廉·欧内斯特·霍金以及 W·P·蒙塔古三人在美国哲学学会上关于自由主义的发言作了回应。

《列夫·托洛茨基案调查》

1929 年,列夫·托洛茨基被苏联放逐。1932 年,他被剥夺了苏联国籍,像一个流浪者一样,先后在土耳其(1929 年到 1933 年)、法国(1933 年到 1935 年)和挪威生活。在约瑟夫·斯大林大清洗期间,托洛茨基受到官方起诉,指控他在海外组织和领导苏联国内追随者进行颠覆活动。1936 年 8 月和 1937 年 1 月的莫斯科审判,没有听取托洛茨基和他的儿子列夫·西道夫的证词,就给他们定下了反苏联的罪名,由此引发了世界范围的抗议风暴。在加拿大、墨西哥、法国、英国以及捷克斯洛伐克,辩护委员会如雨后春笋般涌现,维护托洛茨基的庇护权,并组织国际委员会对所有的证据进行考察。

在美国,美国托洛茨基案辩护委员会(ACDLT)试图在墨西哥为托洛茨基寻求庇护,最终成功地成立了公正的、国际化的调查委员会,调查莫斯科审判中那些针对托洛茨基的指控。ACDLT 通过筹集资金出版两卷调查结果来给予支持,这两卷调查结果是:预备委员会所做的墨西哥听证会的文字记录——《列夫·托洛茨基案》(纽约和伦敦:哈珀兄弟公司,1937 年),以及主要由委员会秘书苏珊娜·拉弗丽蒂编纂的全体委员会详细报告——《无罪:莫斯科审判对托洛茨基指控的调查委员会报告》(纽约和伦敦:哈珀兄弟公司,1938 年)。

杜威于 1936 年加入 ACDLT。由于他对公民自由的支持,以及他为尼古拉·萨科和巴陀罗米奥·范赞提的辩护,他后来被任命为调查委员会的主席[1]。尽管先前出版的两卷没有收入在全集内,由于杜威加入托洛茨基案调查,7 篇文章出现在当前版本中,其中 5 篇是演讲:两篇是关于 ACDLT 的,两篇被收入《列夫·托洛茨基案》,一篇收入《无罪》,一篇是广播稿,还有一篇是采访录。尽管 4 篇文章先前不止一次发表过,每一篇范本的选择是明确的。

《列夫·托洛茨基案美国辩护委员会陈述》

1936 年 10 月,杜威与诺曼·托马斯、霍拉斯·M·卡伦、弗雷达·科奇威、迪沃

---

[1] 萨科和范赞提:《心理学和正义》,《杜威晚期著作》,第 3 卷,第 186—195 页。更多关于托洛茨基的背景知识,见《托洛茨基案》,第 2 版,纽约:莫里特出版公司,1968 年,第 vii—xiv 页;乔治·诺维科的序言,以及《国际社会主义评论》第 41 期(1977 年)中,他的文章《莫斯科审判是如何被曝光的》,第 13—14 及第 20—21 页;也见以撒·多伊切(Issac Deutscher):《被流放的先知》,伦敦:牛津大学出版社,1963 年,第 371—382、441—442 页;也见纽约大学塔米蒙特图书馆,ACDLT-调查委员会资料。

瑞·艾伦以及约瑟夫·伍德·克鲁奇一起,签署了"成立托洛茨基案美国辩护委员会呼吁书"①。12月之前,ACDLT就开始发挥作用了;它抗议挪威对托洛茨基的待遇,主张在墨西哥建立庇护所,鼓励成立调查委员会②。

ACDLT引起了各种争论,成员受到骚扰和辞职的压力(某些人确实辞职了,包括《国家》杂志的编辑基奇威),他们发表了一个公开的声明,解释他们的立场。1937年1月17日《纽约时报》第4版发表了该声明的前半部分,并标有大字标题"托洛茨基在这里遭炮轰"。杜威和卡伦签署了该声明。杜威承认卡伦起草了该声明,他写信给小说家詹姆斯·T·法雷尔(James T. Farrell)说:"你喜欢那个声明,我感到很高兴。我觉得它的确很好。我可以这么坦率地说,是因为委员会给了我太多的赞誉。它完全是卡伦写的,我唯一的职责就是在上面签字,我很高兴这么做。"③这个声明作为本版的附录4被收录了。范本是罗斯文集中的打字稿,威斯康星州历史学会,麦迪逊,第1页。 638

《列夫·托洛茨基案美国辩护委员会目的声明》

1937年3月1日,ACDLT委员会议的会议记录写道:"杜威教授作了一个简短的讲话,说明他提出原则声明的动机。"④尽管杜威是ACDLT的名誉主席,他在这次讲话一开头就承认,他对工作"不是积极的"(本卷第303页)。会议记录报告说,在讨论之后,通过了一项动议,即"接受提出的声明,并附有一个条款即执行委员会修改一句话"。不知道修改了哪句话,因为罗斯文集中的抄本是干净的,而杜威的打字稿已经不在了。杜威的声明叫作"原则声明"或"目的声明"。杜威讲话和声明的范本是罗斯文集中的抄本,威斯康星州历史学会,麦迪逊,第2页。

《调查委员会首次陈述》

3月,国际调查委员会组织成立,调查莫斯科审判针对托洛茨基的指控。3月22日,ACDLT的秘书乔治·诺维科写信给爱德华·A·罗斯,邀请他加入委员会,并宣布:"约翰·杜威由于他的年龄、他的健康以及他的诸多职责犹豫了很长时间,然而他

---

① 《关于莫斯科审判的世界声音》(纽约:托洛茨基案美国辩护委员会,1936年),第2页;打字稿,爱德华·A·罗斯论文档,威斯康星州历史学会,麦迪逊。1936年8月15日,托洛茨基在他的第一次新闻发言中,呼吁成立一个公正的委员会(诺维科,"莫斯科审判",第13页)。
② 《社会主义者呼吁》,1936年12月,第15页;《纽约时报》,1936年12月19日,第8版。
③ 杜威致法雷尔,1937年2月15日,杜威文集。
④ 会议记录,附属于杜威的讲话和声明,罗斯文集。

终于作出决定,他的良心要求他接受调查委员会的领导职责。"①罗斯写了几本关于苏联的著作,他是威斯康星大学社会学系主任,他接受了委员会的职务;他对杜威的"重大新闻"回应道,"这个国家里没有一个人能像他一样,给委员会带来这么多的威望"②。由于杜威同意担任主席,他给调查委员会带来了很多的信誉和权威。

诺维科给罗斯的信描述了杜威愿意接受主席职务并引用了相关信件,他写道:

> 我几乎不需要向您强调杜威博士接受这一重大的职责意味着什么。他78岁了,为了完成他的"逻辑"(作为杜威从前的学生,我知道这项辉煌的事业对他来说意味着什么,这项计划已经有很多年了),他把所有其他的事情都搁置一边;但是,高尚、诚实以及对民主自由原则毫不畏惧的坚持都体现在这位伟大的老人身上。他真正地达到了现在的局面所要求的高度,这使我们每个人都肃然起敬;他同意了,因为就像他在信中所写的那样,他感觉到:

> 我们这些人都相信调查委员会是解决该问题的可行办法,我们自己应该承担组建委员会的职责。你清楚地了解,我不支持托洛茨基先生的政见。问题根本无关托洛茨基先生的政见,而是关乎民主权利的基本原则。很不幸,在这个问题上,自由运动和劳工运动分裂了。保持沉默不能治愈这种分裂,因为这是一种智力愚蠢的方法。要治愈这种分裂,只有由一个委员会来彻底地讨论这个问题,指责它的委员为苏联敌人的任何诽谤都不会成功。③

1937年1月,托洛茨基离开挪威,前往墨西哥庇护所。1月11日,他从墨西哥市发电报给 ACDLT 的诺曼·托马斯和杜威等人。他说:"我完全听从委员会的安排,并准备向它提供一切可能的文件来回答委员会感兴趣的任何问题。"④

由于托洛茨基不会被允许进入美国,他不得不在墨西哥接受讯问。五位委员会成员成立了预备委员会(有时叫做"下属委员会")来到墨西哥:杜威、《自由》期刊编辑本杰明·斯托伯格、《新自由人》编辑苏珊娜·拉弗丽蒂、德国社会主义领导人和卡

---

① 诺维科致罗斯,1937年3月22日,罗斯文集。
② 罗斯致诺维科,1937年3月24日,罗斯文集。
③ 诺维科致罗斯,1937年3月22日,罗斯文集。1937年3月22日,诺维科就他访问杜威一事写信给托洛茨基:"他说,他的家人认为他这么做是疯了。他还笑着补充道,他认为他自己是有点疯了,但是他仍然决心这么做。"(列夫·托洛茨基流放文档,经哈佛大学豪顿图书馆许可。)
④ 电报的拷贝,装入菲利克斯·莫若致委员会成员罗斯的信中,1937年1月15日,罗斯文集。

尔·马克思的传记作者奥托·鲁尔,以及在听证会期间辞职的拉丁美洲事务专家克莱登·比尔斯。在墨西哥出席的,还有诺维科和詹姆斯 T. 法雷尔。其他的调查委员会成员是:罗斯、作家兼记者约翰·R·张伯伦、劳工记者阿尔弗雷德·若斯莫、《社会主义和共产主义报》的编辑兼撰稿人文德林·托马斯、编辑兼反法西斯领导人卡罗·特雷斯卡,以及拉丁美洲事务评论家弗朗西斯科·萨莫拉。

1937 年 4 月 2 日,由于 ACDLT 的负责人在国外,菲利克斯·莫若通知委员会成员:"由约翰·杜威领导的预备委员会今天前往墨西哥市。"然而,为了指出当时的紧张气氛,莫若解释说,这是杜威的要求:"他要求在他踏上墨西哥之行前必须保密,从而使他免受这里的干扰。我们已经极力克制,不对预备委员会的墨西哥之行作公开报道。"①杜威面临着共产主义舆论对他的高龄的指责,以及来自朋友、家人和一个分裂的自由社会的强烈反对。

前往墨西哥需要搭乘三天的火车。在火车上,"阳光格外灿烂",和拉弗丽蒂、斯托伯格、法雷尔、诺维科及秘书助理皮尔·库鲁格一起,杜威的准备活动是阅读托洛茨基的著作和前两次莫斯科审判的官方说法②。几周后,他写信给麦克斯·依斯特曼:"我开始这项工作,对于历史记录和其中涉及的人物的知识,我大概比谁都更愚蠢地无知";杜威给一个在苏联-美国关系上很活跃的俄国移民亚历山大·刚伯格写信说:"除了 1928 年我对 USSR 的良好印象外,过去不曾有过任何牵涉,我就进入了这件事中……当我回顾这件事的时候,我对整个派系之争的无知感到非常羞愧。"③

听证会于 4 月 10 日至 17 日在墨西哥市郊区科瑶坎举行;在那里,托洛茨基住在艺术家迭戈·里韦拉(Diego Rvila)名下的一所房子里。早上的会议 10 点钟开始,下午的会议 4 点钟开始。里韦拉房子的大厅大概可以容纳 50 人——旁听者和新闻界代表。约翰·弗雷德里克·范奈提(曾担任埃蒙·德·瓦勒拉、厄尔·白劳德、汤

---

① 莫若致委员会成员罗斯,1937 年 4 月 2 日,罗斯文档。杜威的日程安排决定了听证会的日程安排。诺维科于 1937 年 3 月 22 日写信给托洛茨基:"杜威为此行安排了时间……他有一个不能取消的约会,即 4 月 21 日在圣路易斯演讲。他和代表团的其他几个成员肯定会在 4 月 2 日离开。听证会可以在 7 日或 8 日开始。杜威必须在 18 日或 19 日离开墨西哥,乘飞机或火车在 21 日抵达圣路易斯。"(托洛茨基流放文档)。

② 詹姆斯·T·法雷尔:《杜威在墨西哥》,《约翰·杜威:科学和自由的哲学家》(*John Dewey: Philosopher of Science and Freedom*),一个专题论文集,胡克编,纽约:戴尔出版社,1950 年,第359 页。

③ 杜威致依斯特曼,1937 年 3 月 12 日,依斯特曼文集,布鲁明顿,印第安纳大学,丽莉图书馆,手稿部;杜威致刚伯格,1937 年 3 月 12 日,刚伯格文集,威斯康星州历史学会,麦迪逊。

姆·穆尼以及萨科和范赞提的辩护律师)担当委员会的法律顾问;芝加哥劳工律师阿尔伯特·歌德曼代理托洛茨基。逐字速记的全文本作为《托洛茨基案》发表。杜威在4月10日早上的介绍性说明也收入本版。

调查委员会在民间叫做"杜威委员会"。接受委员会主席的职位,对杜威来说是一个艰难的决定。然而,就如他4月10日星期六在介绍性说明的结尾所作的解释:"我把毕生的精力都献给了教育事业,我把教育看作为社会利益而进行的公众启蒙。如果我最终接受我现在担任的这个责任重大的职务,那是因为我发现,不这么做将是对我的终身事业的背叛。"(本卷第309页)。一个月之后,杜威写信给刚伯格:"如果你认为我'毫不费力地'选择了这种做法,那就犯了一个最大的错误。我把墨西哥听证会的开幕讲话发给你一份,你注意最后一句话,这是我的记忆里我作出的唯一一次严格意义上的个人声明。"①

在第一次会议的前一天,杜威就准备声明的事给罗伯塔·洛维兹·格兰特写信:"主要的事情是我必须为开幕式写我的讲话稿,然后请委员会的另外两个委员逐字仔细检查——它现在已经用模板刻好准备发表。"②在开幕式之后,他立刻给格兰特写信说,他将把他的开幕讲话"复制一份","已经交给速记员了",他将把它发给她"惠存"③。

杜威的介绍性说明的范本是新闻发布稿,收藏于卡本代尔的南伊利诺伊大学莫里斯图书馆专藏部杜威文集第5页,标题是"预备调查委员的主席/约翰·杜威博士的开幕式讲话/1937年4月10日/发布"。它在《列夫·托洛茨基案》第2—5页发表时作出的实质性修改被采用了。杜威和拉弗丽蒂之间的通信说明,杜威在把资料发给哈珀兄弟出版公司之前又看了看,作了一些改动,并就修订本给拉弗丽蒂提出了建议。

在给罗伯塔·格兰特的信中,杜威描述了墨西哥宜人的春季和绽放的香花。然而,在听证会上,警察对所有的来客进行搜身,以检查是否携带武器;窗户上装了栅栏,以防有暗杀者。杜威就公共宣传的事情给格兰特写信说:"这个早上,那里有三个新闻录像摄影师:福克斯、派拉蒙以及麦托洛·高德温。我一辈子没有那样被拍过照。"④

642

---

① 杜威致刚伯格,1937年3月12日,刚伯格文集。
② 杜威致格兰特,1937年4月9日,杜威文集。
③ 杜威致格兰特,1937年4月10日,杜威文集。
④ 同上。

法雷尔在他的直接叙述中,描述了杜威主持的会议:

> 那些天很漫长,会议很紧张、很耐人寻味、很有刺激性,充满了对一个恐怖历史悲剧的叙述。杜威一直全神贯注。在需要指导的时候,他就以最平和的方式作出指导。他保持着警觉,务必使所有需要的东西都载入记录。当某个要点需要澄清的时候,他就会插话。在盘问托洛茨基的时候,他的问题都是恰当的;那些问题具有严谨的逻辑结构,导向某些清楚、重要的论点或观念。①

643

杜威记下了他对托洛茨基的第一印象:"很难想象,他是一个残忍嗜杀的革命家。他的表情相当和蔼;他的无情的活动表明,想法可以把人变成什么样子。但是,我们居然在这里'审判'他,这似乎真是一件既悲哀又荒唐的事情。他很幽默,我想。"②尽管托洛茨基为他的英语道歉,杜威在第一次会议结束以后写道,"托洛茨基的英语比我们预期得要好些"③。关于托洛茨基的证词,杜威写道:"整个世界或半个世界都不能站在证人的立场上看待托,这太糟糕了;我总是在想,他的所作所为有多少是因为他被挤出政府而对斯大林抱有私人仇恨呢,但是看到他在证人席上的举止之后,我很难相信这是他的行为的原因——他也非常坦率。"④几天以后,杜威补充道:"这个人和他不得不说的话,令人有赤裸裸的、难以抑制的兴趣。面对这种兴趣,'真理、正义、人性'以及我们来到这里的一切其他理由都退到幕后了。"⑤杜威把托洛茨基的总结陈词看作是"高水平的文学"⑥。

托洛茨基在他的长篇总结的结尾,把杜威称作"真正的美国理想主义的完美榜样",把他称作是"一个具有不可动摇的道德权威的人、一个由于年龄原因有权置身于政治竞技场冲突之外的人"⑦。杜威后来写道:"托对我说,我证明了美国理想主义不是一个神话。"⑧

---

① 法雷尔:《杜威在墨西哥》,第 364 页。
② 杜威致格兰特,1937 年 4 月 9 日,杜威文集。
③ 杜威致格兰特,1937 年 4 月 10 日,杜威文集。
④ 杜威致格兰特,1937 年 4 月 12 日,杜威文集。
⑤ 同上。
⑥ 杜威致胡克,1937 年 8 月 14 日,胡克/杜威文集。
⑦ 《利昂·托洛茨基案》,第 585 页。
⑧ 杜威致格兰特,1937 年 4 月 25 日,杜威文集。"在会议结束的时候,杜威评论说,这是他一生中最伟大的一天。"(诺维科,《莫斯科审判》,第 20 页)

文本资料研究 503

杜威在最后一次会议之后不得不离开墨西哥,前往圣路易斯的美国内科医学院发表 4 月 21 日的演讲。杜威写道,托洛茨基"说我不能等到后来和他一起讨论哲学,他感到非常遗憾"①。而他呢,就像杜威给麦克斯·依斯特曼的信中写的,"在我能和托洛茨基一起讨论其他事情之前,我不得不离开,我对此感到非常遗憾"②。杜威把墨西哥事件称作"我一生中最有趣的独有的理智经验"③。

《"真相即将揭开"》

1937 年 5 月 9 日,杜威在纽约市麦加寺庙发表了一次讲话,包括杜威向调查委员会作的一个关于预备委员会在墨西哥的调查结果的报告,以及他对该报告的评论。根据 5 月 10 日《纽约时报》第 2 版的叙述,3500 个人出席了 ACDLT 称之为"群众大会"的会议。哥伦比亚大学教师学院的威廉·H·基尔帕特里克主持了这次会议;除杜威以外,拉弗丽蒂、斯托伯格以及范奈提也发表了讲话。

两个星期之前,杜威写信给罗伯塔·格兰特说:"我将于 5 月 9 日在纽约发表讲话——等于是委员会对其调查结果的报告……这意味着我不得不做一些工作。"④杜威、拉弗丽蒂,也许还有其他一些去了墨西哥的委员们,为报告准备资料。拉弗丽蒂把报告的打字稿(TS)发给了所有的委员,请求审批;她于 4 月 4 日写信给罗斯,附上了"一份下属委员会的报告",并请求"全体委员会允许杜威在下个星期天晚上举行的群众大会上宣读它"⑤。该报告是杜威讲话的一部分,收入本卷 310.7—314.28。这份 TS 存入爱德华·A·罗斯文集,威斯康星州历史学会,麦迪逊,第 4 页。

杜威的报告和评论的新闻发布稿(NR)加入了一些修改;《真理即将揭开》的范本是经过处理的 NR,它存放在卡本代尔的南伊利诺伊大学,莫里斯图书馆,专藏部,约瑟夫·拉特纳/约翰·杜威文集中。NR 没有标题,它的开头写着:"5 月 9 日星期天晚上,约翰·杜威博士在麦加寺庙的讲话/1937 年 5 月 10 日早报上发布。"在每一页的左上角,都写着"杜威讲话"。一份相同的 NR 存放在麦迪逊的威斯康星州历史学会,亚历山大·刚伯格文集中;杜威曾写信给刚伯格说,他将寄给他一份他在"星期天

---

① 杜威致格兰特,1937 年 4 月 9 日,杜威文集。

② 杜威致依斯特曼,1937 年 5 月 12 日,依斯特曼文集。杜威也写信给胡克,说他"本想沿着我的某些问题的路线同托洛茨基谈一次"(1937 年 8 月 14 日,胡克/杜威文集)。

③ 杜威致依斯特曼,1937 年 5 月 12 日,依斯特曼文集。杜威给格兰特的信中写道:"从理智上讲,它是我一生最有趣的经验之一——它不是没有情感特征。"(1937 年 4 月 15 日星期四晚,杜威文集)

④ 杜威致格兰特,1937 年 4 月 25 日,杜威文集。

⑤ 拉弗丽蒂致罗斯,1937 年 5 月 4 日,罗斯文集。

晚上的演讲"①。

拉特纳/杜威文集中的 NR 还附带着一张来自 ACDLT 的便条:"我们按杜威博士的要求,把这个发给您。它正以小册子的形式发表,我们将发给您一份。"ACDLT 以一个 15 页的小册子(P)的形式发表了杜威的报告和评论,其标题是杜威在讲话中引用的埃米尔·左拉谈论艾尔弗雷德·德莱弗斯案时说的一句话。P(纽约,1937 年)"经调查委员会的允许"得以发表,售价是两美分。P 没有收入其他三篇讲稿,那三篇讲稿主要谈比尔斯辞职的事。

杜威讲话的报告部分(本卷 310.7—314.28),再次发表在《列夫·托洛茨基案》上 (CLT),第 13—17 页。由于该报告和评论显然是杜威写的并且他应该也作了修改,P 和 CLT 具有权威性,它们中的修改都被采用了。

除了在 NR 中没有出现的两段话以外,P 在一些修改上遵照 NR,例如,310.2 的 "sub-committee"被改为"sub-commission",改变了 313.16—17 的措辞,并把 317.3 的 "better"改成了"bitter"。在 318.13—26,杜威没有照搬 NR("现在我想丢开我写的讲稿"),增加了两段对 1937 年 4 月 7 日的《新共和》的讨论。P 可能把杜威准备的插话用作了正文。

CLT 在再次出版报告部分的时候以 P 为依据,作了一些附加的修改:例如,把 311.39—40 的"Piatakov"改为"Pyatakov",把约翰·F·范奈提的名字加到了署名表上,调整和清理了大写,并把几处"Commission"改成了"sub-commission"。

在本版中,NR 和 P 中报告部分每一段开头出现的引号被删除了。《真相即将揭 *646* 开》的修订列表记录了 TS、NR、P 以及 CLT 之间所有的实质性改动,它也可以作为史料校订。

杜威和亚历山大·刚伯格在这段时期的交流,表明了杜威面临的对立力量。在杜威发表《真相即将揭开》这篇讲话之前,刚伯格拜访了他。② 这次讲话的两天之后,刚伯格给杜威写信解释说,由于杜威是一个公众人物,由于他的公开言行是"具有社会重要性的事",他觉得"有理由再次竭力劝说你不要使自己和反革命的'黑暗势力'

---

① 杜威致刚伯格,1937 年 5 月 12 日,刚伯格文集。

② 刚伯格向雷蒙德·罗宾斯报告了这次拜访:"我觉得,我没有权利打扰这位总是对真理和正义充满激情的老先生……上个星期六,我从郊区过来和他一起待了 4 个小时,试图说服他。他不应该在这件事情上'过分狂热',他正在使自己成为一群坏人的盟友。很可惜,他要自己去发觉这个麻烦。"(1937 年 5 月 11 日,罗宾斯文档,威斯康星州历史学会,麦迪逊)并非所有诽谤杜威的人都这么有礼貌。

结盟"。刚伯格担心杜威可能会误导"青年大众,他们由于您过去的为人而信仰您,并且没有机会自己澄清激烈斗争的事实"。刚伯格写道,杜威讲话的全部结果是"使您与苏联的敌人结盟"①。

然而,杜威的演讲获得的反应使他备受鼓舞,他回信给刚伯格说:"与您不同,我并不相信,随着时间的推移,我将处于一种越来越难受的环境中,周围是一群同床异梦的人;我强烈地持有相反的信念——仅仅两天之后,我在星期天晚上的演讲引起的反响证实了我的信念。"②

拉弗丽蒂预计在 9 月 15 日之前把墨西哥听证会速记的完整抄本《列夫·托洛茨基案》的副本装订好,以赶上调查委员会在纽约市召开的会议③。该书最初由哈珀兄弟公司在纽约和伦敦出版;1968 年,莫里特出版公司在纽约出版了第二版;《列夫·托洛茨基案》目前已经绝版。

《调查结果摘要》

拿到托洛茨基的证词之后,调查委员会继续收集证据:5 月和 6 月,一个分委员会在巴黎举行了 11 次会议,获取了托洛茨基的儿子列夫·西道夫和其他四人的证词;7 月,一个分委员会在纽约举行了 5 次会议,获取了 11 位证人的证词。

9 月,全体调查委员会在纽约会面,并于 9 月 21 日签署了《调查结果摘要》。杜威在新斯科舍省的哈伯兹过了一个长假,回来之后写信给霍拉斯·M·卡伦:"我们在星期六、星期天和星期一举行了一个委员会会议,并对调查结果获得了一致认同。我们有些人将在以后几周中拟定详细报告,主要由苏珊娜处理。"④《无罪》的序言第 vii 页写道:

---

① 刚伯格致杜威,1937 年 5 月 11 日,刚伯格文集。
② 杜威致刚伯格,1937 年 5 月 12 日,刚伯格文集。
③ 拉弗丽蒂致罗斯,1937 年 8 月 27 日的电报,罗斯文集。拉弗丽蒂于 7 月 6 日写信给杜威说:"您愿意在您离开城区之前,把您想做的其他修改给我吗? 我想尽快把它交给哈珀公司。"(杜威文集)7 月 28 日,拉弗丽蒂写信给罗斯说:"我很抱歉这么慢,但是这一卷长达 600 页,与之相关的工作很多。"(罗斯文集)8 月 3 日,拉弗丽蒂向杜威汇报说,她把最后的校样给了排字工人,正在等单页清样,并已经把索引交过去了(拉特纳/杜威文集)。《列夫·托洛茨基案》10 月初出版。1937 年 10 月 6 日,拉弗丽蒂写信给托洛茨基,告诉他关于委员会聚会的事情。杜威在聚会上为"这本装订得很漂亮的书"题记:"我代表全体委员会成员谨将这本书献给苏珊娜·拉弗丽蒂,以永久地纪念她为历史真理作出的明智贡献。约翰·杜威。"拉弗丽蒂还写道:"杜威非常喜欢他的镶银小木槌。"(托洛茨基流放文档)1937 年 10 月 20 日,拉弗丽蒂写信给托洛茨基说,她"终于按常例从哈珀公司那里拿到了 6 本书",并会把这些精装书中的一本寄给他(托洛茨基流放文集)。
④ 杜威致卡伦,1937 年 9 月 22 日,卡伦文集。

调查委员会在 1937 年 9 月 21 日的会议上拟定并签署了调查结果,用作本卷的导论。委员会指定了一个编辑委员会——约翰·杜威、苏珊娜·拉弗丽蒂以及本杰明·斯托伯格——根据这些调查结果写出最终报告①。

12 月 12 日星期天晚上,在纽约市酒店中心召开群众大会,2000 多人出席了会议。由于空间有限,几百个人被打发走了。调查委员会在这个大会上把它的调查结果公布于众。收取 25 美分和 50 美分的入场费,ACDLT 筹集了 625 美元,以帮助支付《无罪》的出版费用②。

《纽约时报》写道,"委员会的结论"是"由杜威报告的"③。拉弗丽蒂为这个会议写了一个摘要④;《调查结果摘要》的范本的出处是《调查委员调查莫斯科审判对托洛茨基的指控最终报告摘要》(纽约:列夫·托洛茨基案美国辩护委员会,1937 年),第 4 页。它在《无罪》第 13—15 页作为导论再次出版时作出的修改被采用了。

除杜威以外,在群众大会上发言的其他委员会成员有拉弗丽蒂,她描述了收集和组织资料的困难;还有范奈提,他讨论了调查的法律方面问题;还有斯托伯格、张伯伦和托马斯,他们都作了简短的讲话。杜威重复了他先前对预备委员会在墨西哥的调查结果进行报告和评论的模式,先叙述了调查委员会的调查结果,然后对它们进行评论。至少有三家报纸以几乎等同于新闻稿的形式报告了杜威的评论;拉弗丽蒂写道,新闻稿和摘要一起,将"交给报纸,于 12 月 13 日出版"⑤。由于这篇新闻稿至今未找到,杜威评论的范本是 1937 年 12 月 13 日在《美国先驱论坛报》第 2 版发表的文本(NYHT);它们在 1937 年 12 月 13 日《纽约时报》第 16 版出版时作的实质性改动被采用了。NYHT 上的临时符号更接近于杜威的惯常风格,被保留了。杜威的评论在

---

① 这个序言是斯托伯格写的;杜威批准了,并在上面签了名。纽约州纽约市哥伦比亚大学巴特勒图书馆,珍贵的书籍和手稿,本杰明·斯托伯格文集,打字稿。
② 会议报道见"调查团洗清了托洛茨基的罪名,看到了'诬陷'",《纽约先驱论坛报》,1937 年 12 月 13 日,第 2 版;"杜威调查为托洛茨基洗清了罪名",《纽约时报》,1937 年 12 月 13 日,第 1、16 版;"托洛茨基无罪,审判诬陷",《社会主义呼吁》,1937 年 12 月 18 日,第 1、2、5—8 版。
③ 《纽约时报》,1937 年 12 月 13 日,第 1 版。
④ 拉弗丽蒂于 1937 年 12 月 6 日写信给罗斯说:"我刚刚写完整个报告的摘要,将拿去发表……杜威博士当然看过,并认可了这个摘要。"(罗斯文集)《社会主义呼吁》发表了整个摘要。
⑤ 拉弗丽蒂致罗斯,1937 年 12 月 6 日,罗斯文档。群众大会后的第二天,拉弗丽蒂写信给不在城区的委员们说,杜威的演讲"是唯一油印出来并交给报刊的演讲"(1937 年 12 月 13 日,罗斯文集)。在这封信中,拉弗丽蒂称赞了杜威的"效力"。她写道,他"处于令人惊叹的状态中",经常脱离他的演讲文稿"对审判结果和供词作一些诙谐的评论"。

1937 年 12 月 18 日《社会主义呼吁》第 2 版发表，几乎与其他两个版本完全一样。所有报纸中每一段开头出现的引号在本版中都删除了。

《莫斯科审判》

调查委员会公布调查结果的第二天傍晚，12 月 13 日星期一下午 6 点半，杜威通过哥伦比亚广播系统发表了一个广播讲话，讲述莫斯科审判、由此产生的清洗以及托洛茨基案调查。杜威讲完之后，科尔里斯·拉蒙特发表了对立的观点[①]。

杜威广播稿范本是卡本代尔的南伊利诺伊大学莫里斯图书馆专藏部收藏的约瑟夫·拉特纳/约翰·杜威文集第 6 页无标题新闻稿。每一页的左上角写着"哥伦比亚广播系统/杜威"。这篇新闻稿与 1937 年 12 月 14 日《纽约时报》第 10 版以"杜威博士警告苏联策略"为标题的杜威广播报道相一致。

在卡本代尔的南伊利诺伊大学莫里斯图书馆专藏部悉尼·胡克/约翰·杜威文集中，有两篇杜威之前为该广播讲话准备的打字稿，其中一篇上面有胡克的亲笔修改。

650 ### 《托洛茨基案调查的重要意义》

本版中最后一篇托洛茨基案调查源自《华盛顿邮报》发行人尤金·迈耶尔（Eugene Meyer）的妻子艾格尼丝·E·迈耶尔的一个采访录。迈耶尔曾经是杜威在哥伦比亚的学生，她非常热衷于参与时事，并且那时是反法西斯阵营中的一员。从 1930 年开始，她和杜威就教育和政治保持着频繁的书信来往。几个月前，迈耶尔就另一个问题代表报纸提议："不管什么时候，只要您觉得想要投身当代问题，我们都将很高兴地成为您和大众之间的媒介。"[②]

这篇采访录的文本发表在 1937 年 12 月 19 日《华盛顿邮报》，第 3—4 版。它再次发表在《国际和解》第 337 期（1938 年 2 月）第 53—60 页，标题是"托洛茨基案调查的重要意义"；这里没有采用再次发表的文本中的修改，因为没有杜威参与修改的证据。这是一个非同寻常的采访，在介绍性说明之后，迈耶尔让杜威说话，而她自己的插话相对少些。在本版中，只出现了杜威的话；无关的材料都被删除了，包括迈耶尔的引言、她在采访中的一些解释性段落、她对杜威反应的描述，当然还有引号和小标题。有

[①] 更多关于拉蒙特争议的内容，见拉蒙特：《致美国自由主义者的一封公开信》，《今日苏维埃俄国》（Soviet Russia Today），第 6 期（1937 年 3 月），第 14—15 页；拉蒙特：《莫斯科审判》，同上（1938 年 1 月），第 14、26 页；以及胡克：《科尔里斯·拉蒙特："G. P. U. 的朋友"》，《现代月刊》（Modern Monthly），第 10 期（1938 年 3 月），第 5—8 页。

[②] 迈耶尔致杜威，1937 年 2 月 8 日，迈耶尔文集，华盛顿 D. C. 国会图书馆。

一处的删除导致了一个问题,335.11,括号中添加了信息;335.11,一处修改也是必要的。除了必要的修改以外,标题不是杜威的,也作了改动。

杜威很喜欢这次采访,他写信感谢迈耶尔寄给他一份采访稿,并且"更感谢这个采访本身,我希望你能和我一样对它感到满意"①。

《无罪》

1937 年 10 月末和 11 月初,杜威参与了调查委员会最终报告《无罪》的资料汇总和引文检查。他在 10 月 26 日写信给拉弗丽蒂说:"现在,托洛茨基案最终报告使我忙得不可开交,估计还要一周或 10 天。"②

然而,很明显,《无罪》的大部分工作是拉弗丽蒂做的。它的序言第 7 页是斯托伯格写的,得到了杜威的认可,其中写道:

> 这个报告的实际写作,还有对递交给委员会的大量文件资料和其他证据进行核实,拿这些材料与审判记录中的指控和证词进行比对,这需要进行辛苦的研究。这些工作大多是苏珊娜·拉弗丽蒂做的。

拉弗丽蒂写信给罗斯说:"由于我不想推给杜威博士更多的工作,除了那些必须由他完成的工作外,我必须完成大部分工作……杜威博士很好,也很配合;但是,我必须考虑他的年龄以及他的其他工作。"③杜威首要的"其他工作"是完成《逻辑:求知的理论》,他已经被迫把这本书搁置了几个月。

杜威和其他几个人一起,在出版前把完整的报告检查了一遍。他写信给罗伯塔·格兰特说,"苏珊娜报告的大部分已经'编辑'好了——我没有发现很多需要改动的地方"④。1938 年 2 月,拉弗丽蒂写信给罗斯说,手稿正在"由几个律师、几个俄国史专家、当然还有杜威博士仔细地阅读和核对"⑤。在这本书出版之后,拉弗丽蒂写信给罗斯说:"它包含极其大量的工作,不过我认为,这是值得的。我相信它从各个方

---

① 杜威致迈耶尔,1937 年 12 月 22 日,迈耶尔文集。
② 杜威致拉弗丽蒂,1937 年 10 月 26 日,杜威文集。杜威写信给托洛茨基,例如,询问托洛茨基在《苏联革命史》中关于列宁的几段话的确切出处(1937 年 10 月 25 日,托洛茨基流放文档)。一周以后,他写信给托洛茨基解释说,他在托洛茨基的"共产国际纲领草案批评"中找到了这些出处(1937 年 11 月 1 日,托洛茨基流放文档)。
③ 拉弗丽蒂致罗斯,1937 年 12 月 6 日,罗斯文集。
④ 杜威致格兰特,[1938 年 1—2 月],杜威文集。
⑤ 拉弗丽蒂致罗斯,1938 年 2 月 15 日,罗斯文集。

文本资料研究 **509**

面讲都是可靠、严谨的，因为我反复检查了每一句话和每一个引文。再则，它不仅由杜威博士仔细地阅读过，而且由范奈提先生、悉尼·胡克以及几个俄国革命史专家仔细地阅读过。"[①]

杜威还协助为该书的出版筹集资金。尽管他写给迈耶尔的信中说，他"在资金筹集方面没有天赋，也没有意向"，但是他请求"为一项重要的事业作一点贡献。这不是托洛茨基先生的事业，而是自由主义者和激进分子在进行社会变革时将要采用何种观念和方法的问题。这是我参与这件事的原因，并且自从我参与之后所发生的每一件事，都使我相信它越来越重要了"。[②]

由于拉弗丽蒂生病和资金长期短缺，导致出版延期。此后，哈珀兄弟公司于1938年6月出版了《无罪》。在伦敦，M·塞克尔-沃伯格出版社也出版了1938年版。1938年7月2日，杜威写信给麦克斯·依斯特曼，谈到该书的哈珀兄弟公司版，"我认为它很好"。[③] 在给迈耶尔的一封信中，杜威表达了他对报告的意见："我愿意预言说，即使将来出现我们现在没有得到的资料，那些资料仍然会证实我们基于现在得到的资料所作出的结论。"杜威写道，"如果由我来说"，《无罪》是一份"相当重要的历史文献"[④]。

《社会前沿》文章

《社会前沿：教育批评和重构期刊》(SF)于1934年10月开始出版，主编是乔治·S·康兹(George S. Counts)，副主编是莫德凯·葛罗斯曼(Mordecai Grossman)和诺曼·沃菲尔(Norman Woelfel)。特约撰稿人组成的创刊号编辑部有杜威，还有查理斯·A·彼尔德、博伊德·H·博德、乔治·A·科厄(George A. Coe)、梅尔·库迪(Merle Curti)、亨利·P·菲尔查尔德(Hery P. Fairchild)、约瑟夫·K·哈特(Joseph K. Hart)、布罗达斯·米切尔(Broadus Mitchell)，以及刘易斯·芒佛德(Lewis Mumford)。杜威的文章《教育可以参与社会重建吗》发表在该杂志的第一期上[⑤]。

《社会前沿》的成立是为了迎接新兴的集体主义对个人主义时代提出的挑战，它发誓"向前进，迎接一个新时代，尽可能合理地实现一切丰富和改善人类生活的可能

---

① 拉弗丽蒂致罗斯，1938年10月29日，罗斯文集。
② 杜威致迈耶尔，1937年11月15日，迈耶尔文集。
③ 朴威致依斯特曼，1938年7月2日，依斯特曼文集。
④ 杜威致迈耶尔，1937年11月15日，迈耶尔文集。
⑤ 《社会前沿》，第1期(1934年10月)，第11—12页(《杜威晚期著作》，第9卷，第205—209页)。

性"。编辑们宣誓"用批判的眼光审查每一个重要的教育事件、制度、理论和计划",并 *653*
"积极地使用每一页纸张去开发所有志之士的思想,只要他们有志于使教育在当前社
会过渡阶段履行它的全部职责"。①

1934 年 12 月第 3 期发表了如下声明:

> 《社会前沿》公告:它说服了约翰·杜威教授定期为本专栏撰稿。每一期都
> 空出一个栏目,叫作约翰·杜威专栏;美国最杰出的社会哲学家和教育哲学家讨
> 论重要的话题,以飨本刊读者。他的第一篇文章将刊登在 1 月刊上②。

杜威撰写了 18 篇短文,非常忠实地履行了对《社会前沿》的诺言,即"定期"刊登
"约翰·杜威专栏"。不过,可能由于编辑的疏忽,这些文章中有六篇没有标注这个
名称③。

杜威从《社会前沿》文章中挑选了 9 篇文章,收入 1946 年的文集《人的问题》(纽
约:哲学书库)(PM):《行政才能探讨》,第 66—69 页;《教师和他的世界》,第 70—72
页;《联合起来,我们屹立不倒》,第 72—76 页;《学术自由的社会意义》,第 76—80 页;
《智力的关键作用》,第 80—82 页;《自由与社会控制》,第 111—114 页;《自由主义与
平等》,第 118—121 页;以及《自由主义的意义》,第 121—125 页。除了《自由与社会
控制》,这些文章都是在"约翰·杜威专栏"上发表的。

为了适应 10 年以后出版的 PM,杜威改动了这些文章中的时间指示词。例如, *654*
345.2,"current meeting of the Department of Superintendence of the N. E. A. "(这次
N. E. A. 校长部大会)改为"general question of educational administration"(教育管理
的一般问题);349.12,"present depression"(当前的萧条)改为"late depression"(萧条
晚期)。他还对这些文章中一篇提及另一篇的提示语作了改动或者全部删去:342.
2—4,他删去了"The discussion of indoctrination in the January number of the *Social
Frontier* ought to clarify the intellectual atmosphere for teachers. But it involves"

---

① 《社会前沿》,第 1 期(1934 年 10 月),第 4 页。
② 同上。
③ 《自由与社会控制》,1935 年 11 月,第 41—42 页;《亨利·林维尔的退休基金》,1936 年 4 月,第
230 页;《霍拉斯·曼在今天》,1936 年 11 月,第 41—42 页;《教育中的合理性》,1936 年 12 月,第
71—73 页;《"美国的高等教育"》,1937 年 3 月,第 167—169 页;《教育与社会变革》,1937 年 5 月,
第 235—238 页。

《社会前沿》1月刊中关于灌输的讨论应该澄清教师的理智气氛。但是,它涉及),代之以"Indoctrination involves"(灌输涉及)。370.7—8,他删去了句子"It completely ignores the fact emphasized in the November issue of the *Social Frontier*"(它完全忽视了《社会前沿》11月刊强调的事实)。本版没有采用PM中这类实质性的修改,从而保留期刊出版的风格和它对当时事件的反映。PM中所有其他实质性的修改被采用了。《社会前沿》是范本。

1935年4月,《联合起来,我们屹立不倒》发表在《学校和社区》第21期(1935年4月)第143—145页(SC)上。标题下的一个编者按写道:收到的这篇文章是"《社会前沿》4月刊的预印本……我们重印此文,并表示感谢"。SC作了一些微小的并非作者的改动,其中两个被本版采用了:349.27—28,SF把"not as a thing by itself"(不是作为一个自在的事物)中"thing"之前的"a"省略了,SC补上了;350.38,SC把"well-do-to"改为"well-to-do"。

《固有一死的启示》

《固有一死的启示》是对柯利斯·拉蒙特的著作《永生之幻觉》(纽约:G·P·普特南出版公司,1935年)的书评,首次发表在《新共和》第82期(1935年4月24日)第318页(NR)上。拉蒙特得到杜威和《新共和》的允许,重印这篇评论,作为《永生之幻觉》(纽约:哲学书库,1950年)的导论(II);第二版作了"彻底修改和大量重写"[①]。导论(II)引入了一个改动,被本版采用了:425.32,"a"被添加到短语"bearing on a future life"中。NR是这篇评论的范本。

《宗教、科学和哲学》

《宗教、科学和哲学》是对伯特兰·罗素的著作《宗教和科学》(纽约:亨利·霍尔特出版公司,1935年)的评论,首次发表在《南方评论》第2期(1936年夏)第53—62页(SR)上。它再次收入杜威1946年的文集《人的问题》(纽约:哲学书库)第169—179页(PM)。PM中所有实质性的修改被本版采用,只有459.10上"present menace"改为"recent menace";这个改动是为了适应1946年PM的时间背景,而不是1935年SR的时间背景。这篇评论的时间线转移了。SR是这篇文章的范本。

---

① 拉蒙特,《永生的幻觉》,第xiii—xiv页。

《威廉·詹姆斯的哲学》

《威廉·詹姆斯的哲学》是对拉尔夫·巴顿·佩里的两卷本著作《威廉·詹姆斯的思想和性格》(波士顿:利特尔布朗出版公司,1935年)的长篇评论,首次发表在《南方评论》第2期(1937年冬)第447—461页上。这篇文章是范本。由于它在《人的问题》(纽约:哲学书库,1946年)第379—395页刊印,杜威引入了五处实质性修改,都被本版采用。

《艺术的题材》

杜威对沃特尔·阿贝尔的著作《表现与形式:表现艺术的美学价值研究》的评论,发表在1937年4月21日《新共和》(NR)上。NR版本是经过编辑的,删去了杜威提交的打字稿上的一些材料;该打字稿的一个有手工改动的复本,收藏在卡本代尔的南伊利诺伊大学莫里斯图书馆专藏部约瑟夫·拉特纳/约翰·杜威文集中。这篇打字稿是本版的范本;本版采用了NR为润色而作的一些实质性的修改,但是本版第一次包括被NR切去的评论部分。《艺术的题材》的手稿修改表列出了杜威在手稿中所作的所有手写的和打出来的改动。

《纠正一个学界错误》

为资助亚瑟·J·克劳斯诉纽约市立学院违约案,组成了资金筹集委员会。作为委员,杜威写了这封信——《纠正一个学界错误》。它发表在1937年3月31日《新共和》(NR)和1937年4月21日《基督教世纪》(CC)上。无疑,杜威把这封呼吁信的复本发给了几个期刊。由于NR和CC以同一个丢失了的文档为依据,它们都有权威性。NR和CC之间所有的差别都列在这篇文章的修订列表中,本版采用的样式用附注标出。

在NR和CC之间有五处实质性的不同。由于NR先发表,它的标题、称呼以及该刊在530.13用到自己的名称,都被本版采用。还有另外两处实质性的更改,本版采用了NR在530.9对加利福尼亚大学贝克莱分校说法,采用了CC在531.5"giving as generously and as promptly as possible"(尽可能慷慨、积极地捐助)的表述,在"generously"前添加"as"。

本版引入了一处实质性的修改:530.8,NR和CC都有"Arthur A. Brodeur",现改成"Arthur G. Brodeur"。

《评卡伦的〈实用主义对社会科学意味着什么〉》

纽约市社会研究新学院的社会哲学教授霍拉斯·迈耶·卡伦邀请杜威参加 1936 年 12 月 9 日关于"实用主义对社会科学意味着什么"的研讨会。杜威回复道："谢谢您邀请我——我不认为我能有多大贡献,不过我很乐意参加——我将在 12 月 9 日星期三晚上 7 点一刻到达学院。"①研讨会开始,卡伦首先正式发言,接着是麦克斯·阿斯科里(Max Ascoli)、爱德华·海曼(Eduard Heimann)、麦克斯·沃斯默尔(Max Wertheimer)和杜威,以及卡伦的一个姓阿姆斯特朗的研究生作评论。最后,卡伦对他们的评论作了回应,结束了研讨会。

657

33 年以后,卡伦于 1969 年 3 月查看他的论文,发现了研讨会的文字记录。他写信给乔·安·博伊兹顿说:

> 我找到了一个打字稿——没有改动过——是关于新学院研究生部公共研究班的一堂研讨会,标注的日期是 1936 年 12 月 9 日。其主题是"实用主义对社会科学意味着什么",主讲者是本人,讨论者有海曼教授、阿斯科里教授、沃斯默尔教授,研究生班的阿姆斯特朗——以及约翰·杜威。
>
> 如果朋友们需要这份记录,我很乐意检查整个原稿的错误并把它寄给你们存档。我把它放在一边完全忘记了,所以一直没有注意到。②

1969 年 5 月 5 日,卡伦再次写信描述研讨会文字记录的详情:"那位用速记把它记录下来、然后把它打出来的年轻女士,现在已经找不到了。有个人解读了她的打字稿,付出了巨大的努力。据我对那个晚上的回忆,这是一个非常可靠的报告。我已经非常仔细地检查过这个稿子。"③卡伦把研讨会的文字记录封装在他在 1969 年 5 月 5 日写的信中,当作一个礼物送给了杜威研究中心。这个文字记录是《评卡伦的〈实用主义对社会科学意味着什么〉》的范本。

凯思琳·鲍罗斯(K. P.)

哈丽雅特·弗斯特·西蒙(H. F. S.)

---

① 杜威致卡伦,1936 年 11 月 25 日,杜威研究中心,卡伦的赠品。
② 卡伦致博伊兹顿,1969 年 3 月 10 日,杜威研究中心。
③ 卡伦致博伊兹顿,1969 年 5 月 5 日,杜威研究中心。

修订列表

在范本中加入的所有实词修订和临时符号修订都记录在如下列表里，但不包括下面描述的一些形式上的改动。那些不需修订的文章，其标题都没有出现。每篇文章的范本在该文修订表开头标出；那些以前只发表过一次的文章，其范本的缩写不出现在列表中。左边的页码行数是本版的页码行数；除页头标题外，所有的排印行都计算在内。方括号以左的文字都出自本版，紧接括号的是该文字的出处的缩写。括号后面的版本符号顺序表明该条文字从第一次出现到最后一次出现的先后顺序。最后一个来源版本符号后面接分号。分号后面是未被采用的异文，按反向的时间顺序罗列。最早的版本通常是范本，放在最后。

W 意指著作全集——当前版本——并用于表示在这里第一次使用的修订。符号 WS(著作来源)用于表示杜威引用材料里作出的修订，包括修复拼写、大写以及他的来源资料的一些实词(见引文中的实词改动)。*Stet*[保留]和一个版本符号一起，表示保留一个版本或一次印刷中后来被修改了的实质性异文；分号后面是未采用的异文。如果一个异文出现两次或者更多的修改次数，该异文及其来源版缩写放在一个小括号里，紧跟在该异文所指的单词之后，或者在小括号中的异文所适用的第一个词之前加上一个星号 * 。

关于修订列表中的标点符号，曲线破折号～表示与括号前的词语相同的词语；下插入符号˰表明缺少一个标点符号。缩写[*om.*]表示括号前的异文在标出的版本或印刷中被删掉了；[*not present*]用于标出在指明的来源本中没有出现的材料。缩写[*rom.*]表示罗马字体，并用来标明取消斜写。在一个修订页码行数前出现的星号，表示该异文本评注中讨论过。

全书有许多形式的或机械的改动：

1. 在《自由主义与社会行动》中，删去了章首标题，并在各章标题前加了阿拉伯数字。

2. 在一篇或一章中，杜威的脚注使用数字连续编号；星号仅用来表示编者注释。

3. 书名和期刊名使用斜体；在期刊名前面出现的"the"是用小写罗马字体；文章和书的章节都加了引号。必要时加上书名和期刊名，并使用全名。杜威文献的形式在不清楚的地方做一致的调整。必要时采用规范缩写。

4. 句号和逗号被放在引号的里面。除了《怀特海的哲学》第146—154页，不在引用资料里的单引号都改为双引号；然而，在必要的地方也加入了左、右引号。

5. 连字符都分开了。

下列出现在括号前的拼写是对杜威拼写习惯按编辑规范作出的调整：

although] altho 248.30

centre(s)] center(s) 29.24, 54.19, 54.40, 80.36, 81.22, 211.32, 228.11, 235.39, 247.25, 271.28, 388.31, 400.24, 423.13, 441.32, 506.22, 541.33, 542.14, 544.2, 556.10, 564.5

characterize] characterise 279.1

civilization] civilisation 277.7, 279.16

cooperate(all forms)] coöperate 35.14, 39.9, 40.1, 44.18, 44.20, 48.17, 49.13, 49.39, 51.8, 57.3, 57.7, 58.2, 58.26, 64.31, 74.26, 178.35, 178.39, 190.21, 191.12 – 13, 191.14, 192.8, 193.10, 193.13 – 14, 193.20, 195.11, 196.37, 197.7, 197.32 – 33, 197.40, 198.30, 199.1, 199.4, 199.8, 199.27, 199.36, 200.5, 205.7, 205.36, 206.14, 206.39, 211.13, 212.2, 358.22, 463.6, 515.20, 536.9 – 10, 537.31, 538.4, 541.33 – 34, 546.5, 547.14

cooperate(all forms)] co-operate 129.12, 165.19, 240.17, 261.23, 262.31, 262.32 (2), 262.33, 263.22, 263.32 – 33, 264.1, 277.31, 277.32 – 33, 280.15, 280.36, 579.36

coordinate(all forms)] coördinate 106n.1, 193.21, 197.9, 204.14, 204.25, 204.35 – 36, 205.4, 513.28 – 29, 513.30, 540.21, 541.19

660 demoralization] demoralisation 275.21, 277.23

honor] honour 274.18

labor] labour 279.12

marvelous] marvellous 276.11, 277.4, 278.34, 279.4

neighbor(all forms)] neighbour 279.29(2)

organization] organisation 275.4, 281.11

preestablished] preëstablished 9.36

preexisting] preëxisting 83.3

present-day] presentday 553.25

realize] realise 275.5
reenacted] reënacted 209.10 – 11
reenforced] reënforced 64.13
reestablish] reëstablish 537.18 – 19
role] rôle 25.29, 25.35, 37.28, 230.10, 233.1, 245.33
through] thru 254.30, 555.22, 557.21, 557.31
throughout] thruout 252.33
uncoordinated] uncoördinated 18.25 – 26
utilizing] utilising 279.21
zoology] zoölogy 15.20, 102.31

《自由主义与社会行动》

范本是第一版(纽约:G·P·普特南出版公司,1935 年)的版权收藏本。

13.40	break ∧ up] WS; ~-~
18.1	Zachary ∧] W; ~,
19.19	labour] WS; labor
22.12	deficiencies] W; deficiences
25.27	liberty,] W; ~;
29.15	principle] W; principal
38.21	quotient] W; quotients
47.35	forces] WS; faculties
48.5	Government] WS; government
48.33	to-day] WS; today

《经验主义的经验考察》

范本首次发表于哥伦比亚大学哲学系编,《观念史研究》(纽约:哥伦比亚大学出版社,1935 年),第 3 卷,第 3—22 页。

78.33 – 34	a priori] W; ~-~
79.24	Helvétius] W; Helvetius

《神秘自然主义和宗教人本主义》

范本首次发表于《新人本主义者》,第 8 期(1935 年 4 月—5 月),第 74—75 页。

84.30	centers] WS; centres

《皮尔士的性质理论》

范本首次发表于《哲学杂志》,第 32 卷(1935 年 12 月 19 日),第 701—708 页。

86n.1   533] W; 535
90.11-12   its subject having] WS; having
90.16   absence] WS; aspect
90.17   unit.] W; unit.[7]
90.22   quality-element] WS; ～∧～
90.22   experience.[7]] W; ～.
90n.1   424,425;] W; 425;
91n.1   534] W; 524
94.5   connection:] W; ～;

《特征和特性：种类和类》

范本首次发表于《哲学杂志》，第 33 卷(1936 年 5 月 7 日)，第 253—261 页。

96.20   proposition] W; propositions

《什么是共相》

范本首次发表于《哲学杂志》，第 33 卷(1936 年 5 月 21 日)，第 281—288 页。

105.14,15,26;106.12,14   Negro(es)] W; negro(es)
106.11   an awkward] W; awkward

《当今的一个宗教问题》

范本首次发表于《哲学杂志》，第 33 卷(1936 年 6 月 4 日)，第 324—326 页。

115.3   decidedly] W; decidely

《通称命题、种类和类》

范本首次发表于《哲学杂志》，第 33 卷(1936 年 12 月 3 日)，第 673—680 页。

118n.6   L.S.] W; L.C.
120n.1   142] W; 143

《世界最高知识法庭》

范本首次发表于《基督教科学箴言报》，1936 年 9 月 14 日，第 1—3 页。

128.17-18 prcpossessions. 〔¶〕 So,] W; prepossessions./English Ahead/
           〔¶〕 So,
128.26   Stuart] W; Stewart

129.10 - 11   together. 〔¶ Younger〕 W; together./Young Men Vulnerable/〔¶〕
Younger

《权威和社会变化》

范本首次发表于《学校与社会》,第 44 期(1936 年 10 月 10 日),第 457—466 页
(SS)。该文也发表在《权威和个体》(马萨诸塞州剑桥:哈佛大学出版社,1937 年),第
170—190 页(H)。其删节版发表在《时事纵横》,第 25 期(1936 年 11 月),第 603—
606 页(SG)。它被收入杜威的文集《人的问题》(纽约:哲学书库,1946 年),第 93—
110 页(PM)。这是按 SS 排印的;与 SS 唯一的实质性不同列在下面。这个列表展示
了 SS、SG、H 和 PM 之间所有的差异。

130.1   Authority ... Change〕 H; Authority and Resistance to Social
Change PM; Authority and Freedom SG; Authority and Resistance
to Social Change[1]...[1] Given at the Harvard Tercentenary Conference
of Arts and Sciences, Friday evening, September 4. SS
130.4   principle〕 SS, H; principal SG
130.16   rallying-cries〕 SG, H; rally-cries SS
130.25 - 26   extend ... to〕 SS, H; 〔*om.*〕 SG
130.27   today,〕 SG, H; to-day SS
131.9 - 15   problem, ... dispute .〕 SS, H; 〔*om.*〕 SG
131.27   widespread〕 SG, H; wide-spread SS
131.29   confusion.〕 SS, H; confusion, in thought, in objectives and in
action. SG
131.38   crises〕 SG, H; crisis SS
132.1   once exercised〕 PM; had exercised H, SG, SS
132.5   on their emergence,〕 SG, H;〔*not present*〕 SS
132.5 - 6   being dangerous, even mortal,〕 H; dangerous; even as mortal ∧
PM; being dangerous, even mortal ∧ SG; dangerous; as even mortal ∧
SS
132.8   coping with and solving〕 H; coping with SG; coping with solving SS
132.19   and the〕 SG, H; and to the SS
132.23   dormant,〕 H; ∼ — SG, SS
132.25   control ∧〕 H; ∼, SG, SS
132.30 - 31   advance. 〔¶ For, ... I think〕 SS, H; advance in this discussion./
II/〔¶〕 I think SG
132.40 - 133.9   The ... individuals.〕 SS, H; 〔*om.*〕 SG
132.40   exercised〕 H; possessed SS
133.2   imagination,〕 H; the imagination, SS
133.2   purpose〕 H; will SS
133.11 - 12   produced ∧〕 SS, H; ∼, SG

133.12	forces] H; the forces SG, SS
133.22 – 134.13	In ... himself.] SS, H; [*om.*] SG
133.39	is a] H; is as SS
133.39	genuine] H; genuine, and in the main, an even stronger SS
133.40 – 134.1	In ... change.] H; [*not present*] SS
134.7	cannot] H; can not SS
*134.12	naturally] SS; as naturally H
134.14	For by] SS, H; By SG
134.14	millennia] SS, H; millenia that SG
134.16 – 17	This ... force.] SS, H; [*om.*] SG
134.18	ages untold,] SS, H; [*om.*] SG
134.21	are] H; were SG, SS
134.26 – 135.27	This ... is that] SS, H; [*om.*] SG
135.27	the ïdentification] SS, H; [¶] The identification SG
135.28 – 30	, to ... conservative,] SS, H; [*om.*] SG
135.33	science, with] H; science and SG, SS
135.35	services,] SG, H; ∼∧ SS
136.2 – 3	and they] SS, H; [*om.*] SG
136.3	represented and] SS, H; [*om.*] SG
136.3	the interests of the] SS, H; [*om.*] SG
136.4	and his] SS, H; [*om.*] SG
136.4 – 8	The formula ... conflict.] SS, H; [*om.*] SG
136.14	all] SS, H; [*om.*] SG
136.14	social and political] SS, H; [*om.*] SG
136.17	emerge. First,] SS, H; emerge:first,SG
136.21	change. Second,] SS, H; change; second, SG
136.24	universally] SS, H; [*om.*] SG
136.38	effected] SG, H; produced SS
136.39	widespread] SG, H; wide-spread SS
136.39	in despite of ∧] SS, SG; despite of, PM; in despite of, H
137.7	but that] SG, H; but SS
137.14	intelligent] PM; authoritative H, SG, SS
137.15 – 17	If the ... unsolved.] H; [*om.*] SG; The evidence of past history is that our problem has not been solved. SS
137.17 – 40	We ... authority.] SS, H; [*om.*] SG
137.21	individualism,] H; ∼; SS
137.23 – 24	and cooperative,] W; and co-operative, H; cooperative, SS
137.25	by] H, PM; for SS
137.31	assertion,] H; emphasis, SS
137.32	of the value of the] H; upon the SS
137.34	is something] H; are values SS
137.35	order: — it] H; order. It SS
137.36	all the] H; all these SS

664

137.37	of the individualistic movement] H; [*not present*] SS
137.37	yet] H; yet also SS
137.40	authority.] PM; organized authority. H, SG, SS
138.1	if any] SS, H; [*om.*] SG
138.7	today ∧] H; today, SG; to-/day ∧ SS
138.14	violent and catastrophic,] SS, H; catastrophic SG
138.18 – 19	The ... unnecessary.] SS, H; [*om.*] SG
138.21	all of] SG, H; all SS
138.22 – 23	stand ... individuals; they] SS, H; [*om.*] SG
138.24 – 29	It ... influence.] SS, H; [*om.*] SG
138.29	But] SS, H; [¶] But SG
138.31	failed] PM; has failed H, SG, SS
139.2	material] SS, H; [*om.*] SG
139.6;144.19,23	cannot] SG, H; can not SS
139.8 – 15	Enormous ... granted.] SS, H; [*om.*] SG
139.8	will] H; may SS
139.13	question ∧] H; ~, SS
139.14	because,] H; ~∧ SS
139.14	that, the] H; that SS
139.14	my] H; the SS
139.35	the discard] SS, SG, H; discard PM
139.35	idea ∧] SS; ideal, H, SG
140.4	widespread] H; wide-/spread SG; wide-spread SS
140.6	of individual ... enterprise] SS, H; [*om.*] SG
140.15	or] H; and, where necessary, by SG; or by SS
141.2	desired and desirable] SG, H; desired SS
141.2 – 6	Otherwise ... past.] SS, H; [*om.*] SG
141.10	substantial and reliable] SG, H; substantial SS
141.10	evidence] SG, PM; evidence of H, SS
141.16 – 19	To ... time.] SS, H; [*om.*] SG
141.22 – 24	To ... area.] SS, H; [*om.*] SG
141.26	*undisputed*] SG, H; [*rom.*] SS
141.31	way: the foes of inertia,] SS, H; way — inertia, SG
141.31	of old, long-established] SS, H; [*om.*] SG
141.32	— inertia, ... them] H; [*om.*] SG; — inertia, traditions ∧ and habits all of them SS
141.34 – 35	that ... are] SS; that are enveloped in the glamor of imaginative appeal, and that are H; [*om.*] SG
141.36	the values] SG, H; values SS
141.37 – 142.4	The record ... odds.] SS, H; [*om.*] SG
142.5	pertinent, what is] SS, H; [*om.*] SG
142.7	this summary story of] SS, H; [*om.*] SG
142.8 – 15	Science ... construction.] H; [*om.*] SG; Science ... observation ∧

665

and construction. SS

142.20	forth in science] H; forth SG, SS
142.20	sharply diverge] H; have sharply diverged SG, SS
142.21	is] H; has been SG; in science has been SS
142.22	succeeds] H; succeeded and could succeed SG, SS
142.22	tends] H; tended SG, SS
142.26	all of] H, SG; all SS
142.29	developed and, in] H, SG; developed. In SS
142.30	becomes] SG, H; it becomes SS
142.31	commonwealth.] SS, H; commonwealth. Here is brought into bold relief and in typical form the kind of individual freedom that is both supported by collective, organic authority and that in turn changes and is encouraged to change and develop, by its own operations, the authority upon which it depends. SG
142.32 – 143.6	One ... depends.] SS, H; [*om.*] SG
142.36	entrepreneur] H; entepreneur SS
143.3	relief ... form] H; relief SS
143.15	use ∧] H; ~, SG, SS
143.17	outstanding and] H; outstanding enough to be SG, SS
143.18	defines] H; serves to define SG, SS
143.18 – 19	still has to be solved.] H; lies before us. SG, SS
143.26 – 28	the entire ... large,] SS, H; [*om.*] SG
143.30 – 32	science. There is ... upon] SS, H; science — upon SG
143.32	consequences] SG, H; the consequences SS
143.37	Individualistic] SG, H; The truth is that individualistic SG
143.38	sequestrated] SS; sequestered H, SG
143.39	This ... alone.] H; [*not present*] SG, SS
143.40	But without] H; [*om.*] SG; Without SS
143.40 – 144.1	the aid ... activities] SS, H; [*om.*] SG
144.1 – 2	in which] H; [*not present*] SG, SS
144.2 – 10	they ... directions.] SS, H; [*om.*] SG
144.12	role] SG, H; rôle SS
144.26	uproot and eliminate] SG, H; eliminate SS
144.29	no ... victories] SS, H; [*om.*] SG
144.31	present limited field] H; present field SG; limited field SS
144.35	cynical or pessimistic] H; cynical and pessimistic SG; pessimistic SS
145.14	projecting] SG, H; experimentally projecting SS
145.14 – 15	large and] SS, H; [*om.*] SG
145.15	experimental methods] SG, H; methods SS

666

《怀特海的哲学》

范本首次发表于《哲学评论》,第 46 卷(1937 年 3 月),第 170—177 页。它被收入杜威的文集《人的问题》(纽约:哲学书库,1946年),第410—418页(PM),其中的修改被采用。

147n.2   *Ibid.* , p.4] PM; *P. R.* 4
147n.2   *Ideas*, p.285.] PM; *Ideas* 285.
148n.1   *Adventures of Ideas*, p.237.] PM; *A. I.* 237.
149n.1   *Ibid.* , p.290.] PM; *A. I.* 290.

《向席勒致敬》

范本是打字稿"杜威论席勒",收藏于加利福尼亚大学洛杉矶分校图书馆专藏部席勒藏品。

155.1   Tribute to F.C.S. Schiller] W; Dewey on Schiller. /New School of Social
          Research. /November 28, 1937
155.2   [¶ It] W; [*no* ¶] It
*156.1   content] W; context
156.36   *for*] W; *For*
156.38   Logics] WS; logics
156.40 – 157.1   provisional] WS; provision

《教师和大众》

范本首次发表于《当代重要演讲1》(1935年1月28日),第278—279页(VS)。它再次发表在《美国教师》,第19期(1935年3月—4月),第3—4页(AT),其中的修改被采用。

158.24   theory] AT; practice
159.7 – 8 the degree] AT; a degree
159.9   many kinds] AT; many, many kinds
160.6   unemployed] W; employed
160.34   their] AT; thier
161.15 – 16   a movement] *stet* VS; movement
161.17   reds] *stet* VS; red
161.26   constitution of] AT; resolutions passed at the last annual meeting by

《定向之需要》

范本首次发表于《论坛》,第93期(1935年6月),第333—335页。它被收入杜威的文集《人的问题》(纽约:哲学书库,1946年),第88—92页(PM),其中的修改被采用。

163.30   schools] W; school
164.20 – 21   here. [¶ What] PM; here. /II/[¶ What

文本资料研究   **523**

《民主对教育的挑战》

范本首次发表于《进步教育》,第14期(1937年2月),第79—85页（PE）。它被收入杜威的文集《人的问题》(纽约:哲学书库,1946年),第46—56页(PM),其中的实质性修改被采用。

181.25　　　Common School] WS; common school
183.1　　　are] PM; were
183.6　　　as] PM; as in the schools
183.6　　　learns in the schools] PM; learns
183.9　　　producing] *stet* PE; reproducing PM
183.15　　　them?] PM; these?
184.26　　　information] PM; knowledge
185.19　　　onto] PM; into
185.37　　　happened] *stet* PE; happen PM
186.17　　　an] PM; a very
186.18　　　But the] PM; the
186.19　　　entire field of politics.] PM; field of civics and politics.
186n.1　　　1. Hogben ... 1936.] *stet* PE; [*om.*] PM
187.5　　　kind] PM; only kind
187.6　　　alone will] PM; will
188.30 – 31　　education] PM; educational
189.8 – 9　　lives. The] WS; lives ... The
189.21　　　be] PM; is

《杜威学校:陈述》

范本是凯瑟琳·坎普·梅休和安娜·坎普·爱德华兹著,《杜威学校:芝加哥大学的实验学校,1896—1903》(纽约:D·阿普尔顿-世纪公司,1936年),第5—7、361—362、365—367、370—372、414—415、417、431—432页。

196.34 – 35　　conform. [¶] The] W; conform./TEACHERS' SHARE IN SELECTING SUBJECT-MATTER AND METHODS/[¶] "The
198.15 – 16　　accordingly.[¶] A] W; acordingly./DAILY CONTACT OF TEACHERS/[¶] "A
198.29 – 30　　basis. ... [¶] Cooperative] W; basis. .../ORGANIZATION/[¶] "Coöperative

《杜威学校:附录2》

该范本是凯瑟琳·坎普·梅休和安娜·坎普·爱德华兹著,《杜威学校:芝加哥大学的实验学校,1896—1903》(纽约:D·阿普尔顿-世纪公司,1936年),第463—477页"附录2:芝加哥实验的理论"。

202n.1	[of Chicago]] W; (of Chicago)
202n.7	A. A.] W; A. W.
212.27	Child-Study] W; ~∧~
212n.3	*Child-Study*] W; ~∧~
212n.4	pp. 18 – 19] W; p. 18
213.6	Child-Study] WS; child∧study
213.14	"drawn out,"] WS; "~-~,"
213.18	motor] WS; motory
213.21	sensori-motor] WS; sensory-motor
213.23, 24	co-ordinations] WS; coördinations
213.28	co-ordination] WS; coördination
213.29 – 30	being. Hence, . . . methods:] WS; being, hence educationally/THE FOLLOWING METHODS
213.33	finds] WS; find
214.4	Nature-study] WS; ~∧~
214.10	Kindergarten] WS; kindergarten
214.30	Every] W; ⁷Every
215.29	active-passive] WS; active-passing
215.32	leads.⁷] W; ~.
215n.1	177 – 178 and 164.] W; 164 and 177.

《民主和教育管理》

范本首次发表于《皮博迪反射镜和校友新闻》,第10卷(1937年4月),第123—124、135—136页(PR)。这篇文章也发表在《全美教育协会校长部大会官方报告》(华盛顿D.C.:美国学校行政官协会,1937年3月),第48—55页(DS)。它在《学校与社会》第45期(1937年4月3日)第457—462页发表时作了大量的修改(SS),SS版中的实质性修改和相关临时符号修改都被采用了。10年以后,这篇文章出现在杜威的文集《人的问题》中(纽约:哲学书库,1946年),第57—66页(PM),其中的实质性修改也被采用了。

下面所列可用作PR、DS以及SS三个版本的史料校勘,列出了它们之间的所有 *670* 改动。PM版只有实质性修改出现在下表中。

217.2	Administration¹] SS; Administration/John Dewey PR; Administration/John Dewey, Professor Emeritus, Columbia University, New York,/N. Y. DS
217.4 – 5	experienced . . . engaged] SS; experienced and who are engaged

continuously PR; experienced persons who are engaged continuously DS

217.8   methods and] SS; methods; PR; methods. DS

217.8 – 9   to the ... democracy, to which I] PM; to the ... democracy I PR, SS; I DS

217.10   years. The] SS; years. As the PR; years to the general subject of the relation of education and democracy. As the DS

217.11   subject. I shall begin] SS; subject, I shall submit for your consideration some of my conclusions. I shall begin PR, DS

217.14   necessary] PR, SS; essential DS

217.15   criterion for] SS; frame of reference and a criterion in PR, DS

217.15   special subject] PR, SS; subject DS

217.17   form, a] SS; form, than a PR, DS

217.18   laws ∧] PR, SS; ∼, DS

217.18   governmental] SS; legislation and PR, DS

217.19   that ∧] PR; ∼, SS, DS

217.19   course. But it is] PR, SS; course — but DS

217.21   The] PR; [*no* ¶] The SS, DS

217.22 – 23   wide ... relationships] SS; domain of all human relations PR, DS

217.24   we ... though] SS; often said, though PR; is often said, tho DS

217.24 – 25   appreciating all that] SS; always appreciating what PR, DS

217.26   key-note] SS; key-/note PR; keynote DS

217.26   may] SS; can PR, DS

217.27   for the] SS; of the full PR, DS

217.28   in formation of] SS; in PR, DS

217.28 – 29   regulate] SS; are created in PR, DS

217.29   together: —] PR; ∼: ∧ SS; ∼∧— DS

217.29   which] SS; something that PR, DS

217n.1 – 2   1. Read ... 1937.] SS; Address before General Sessions, Department of Superintendence, N.E.A., Municipal Auditorium, New Orleans, La., Feb.22, 1937. PR; [*not present*] DS

671   218.2   of human beings as] SS; of PR, DS

218.2 – 3   individuals. [¶] Universal] DS, SS; individuals./I/[¶] Universal PR

218.4   power] SS; office PR, DS

218.4   the other factors] PR, SS; other features DS

218.5 – 12   means ... idea that)] SS; forms of securing a participating voice in the formation and execution of public policies. They have developed in the history of human experience because it has been found by that experience that sooner or later, directly or indirectly, the interest and career of every individual are effected by these policies, and that the best way by which [the DS] security of the life and interest of each one can be effected is by giving him a rightful claim to take part in determining the policies that influence him. As a familiar phrase has [states DS] it, PR, DS

218.12   or limited] PR, SS; and no DS
218.12   is wise] PR, SS; are wise DS
218.13   rule] SS; control the lives of PR, DS
218.13 – 15   consent; the ... them.] SS; consent — without, that is, their having some share in the conduct of public affairs. PR, DS
218.16   facts ∧] PR, SS; ~— DS
218.16   each one] SS; every one PR; everyone DS
218.16 – 18   influenced in ... have,] SS; influenced by them and that every one [everyone DS] has a claim PR, DS
218.18   democracy,] SS; democracy to PR, DS
218.19   them,] PR, SS; ~— DS
218.19   are] SS; are, so to speak, PR, DS
218.19   active] SS; the active PR, DS
218. 20   political ... about] SS; democracy has come about, accordingly, PR, DS
218.20   through] PR, SS; thru DS
218.21   substitution] SS; the substitution PR, DS
218.21   mutual consultation and] SS; [*not present*] PR, DS
218.22   the method of] SS; enforced PR, DS
218.22 – 23   few ... above.] SS; will of the few. PR, DS
218.23   arrangements ... fixed] SS; forms based on PR, DS
218.24   are maintained by] SS; always involve PR, DS
218.24 – 26   need ... But] SS; is not always open and physical; there have been for short periods, at least, such things as benevolent autocracies. But PR, DS
218.26   there has been;] SS; has been there; PR; has been there, DS
218.26 – 27   perhaps economic,] SS; economic perhaps, and PR, DS   *672*
218.27   very] SS; mere PR, DS
218.30   them.] SS; them as individuals. PR, DS
218.30   Others] PR, SS; A few DS
218.32   subjects may] SS; others shall PR, DS
218.33   good] SS; deemed good PR, DS
218.34   overt] SS; the overt manifestation of PR, DS
218.36   institutions, it seems] SS; institutions it is taken for granted. It seems PR, DS
218.37   mass] SS; mass then PR, DS
218.38   development] SS; fuller development PR, DS
218.39   restriction.] SS; the restriction, save when oppression becomes overt and flagrant. PR, DS
218.40   conception ... as] SS; conception, moreover, that PR, DS
219.1   sufferers, but that the] SS; sufferers. The PR, DS
219.2   potential ... service.] SS; benefit of what experience the masses have, to say nothing of that which they might have under other conditions. PR, DS

219.3   one] SS; at least one PR, DS

219.5 – 6   from. [¶] The] DS, SS; from. /II/[¶] The PR

219.6   foundation] SS; democratic method of reaching and carrying out decisions regarding what affects the well-being of the members of a group is the only alternative to some kind of authoritarianism. The democratic ideal rests accordingly upon a definite foundation. It does so [, DS] not the less because the foundation is one of faith, of working faith, and does not consist of principles that are capable of absolute rational demonstration. Its foundation PR, DS

219.6   of democracy] SS; [*not present*] PR, DS

219.7   nature; faith] SS; nature, PR, DS

219.7   intelligence,] DS, PR; ∼∧ SS

219.8 – 10   experience. It ... to generate] SS; experience to generate PR, DS

219.10   wisdom] SS; wisdom that are PR, DS

219.12   action] SS; action, on the contrary, PR, DS

219.12   on a belief] SS; upon an opposite set of convictions. It presupposes PR, DS

219.13   few ∧] DS, PR; ∼, SS

219.14   the right] SS; right PR, DS

219.15   others;] PR, SS; ∼, DS

219.15   laying] SS; to lay PR, DS

219.15   rules ∧] PR, SS; ∼, DS

219.16   directing] SS; to direct PR, DS

219.18   controlled] SS; has controlled PR, DS

219.20   very, very] SS; only PR, DS

219.22 – 23 above, ideas] SS; above PR, DS

219.23   early] SS; earlier PR, DS

219.23 – 27 After ... persisted] SS; They are still influential PR, DS

219.27   the church] SS; church PR, DS

219.27 – 28 business and the] SS; [*not present*] PR, DS

219.28   school,] DS, SS; ∼∧ PR

219.28 – 29 and experience ... secure.] SS; and in business [business and PR] even when and where they have nominally ceased to be the basis of political government. PR, DS

219.30 – 220.6 Belief ... gifted.] SS; Faith in democratic ideals and methods does not imply that all individuals are naturally equal in intelligence or in capacity for achievement. Its cause is weakened when this claim is made. [, DS] For [for DS] then its foundations are supposed to be undermined when it is shown that there are marked differences in the natural endowments of individuals; [. DS] the [The DS] conclusions of biology and psychology are then appealed to in support of the necessity of some kind of authoritarianism and subordination. The principle of equality is involved in the democratic faith. [, DS] But [but DS] it is not

673

the principle of equality of original natural gifts. All individuals are, in the first place, equally affected by the kind [kinds DS] of institutions that exist, if not in equal quantity [, DS] at least in the fact that all alike have their opportunities, their enjoyments [, DS] and their sufferings determined by the social environment in which they live. If there is not mathematical equality in natural endowments, including the possession of equal amounts of potential intelligence, there is the fact that each one has special needs of his own, and has his own special experience which is not duplicated by others. PR, DS

220.7　　　　[¶] While what] SS; [*no* ¶] That which PR; [¶] That which DS
220.7　　　　be] SS; may not be PR, DS
220.7 – 8　　unequal amounts, it] SS; equal amounts in all persons, but it PR, DS
220.9　　　　contribute ∧] DS, PR; ∼, SS
220.10　　　only] SS; [*not present*] PR, DS
220.10　　　as it enters] DS, PR, PM; as enters SS
220.12　　　contrary ∧] PR; ∼, SS, DS
220.13　　　by some] SS; on some PR, DS
220.13　　　*prior* principle, if not] SS; *prior* basis PR; prior basis DS
220.13　　　birth or] SS; birth, PR, DS
220.14　　　color or] SS; color, PR, DS
220.14　　　wealth, then] SS; wealth or PR; wealth, or DS
220.16　　　shall] SS; should PR, DS
220.18　　　contributing,] DS, PR; ∼ ∧ SS
220.18　　　be] SS; shall be PR, DS
220.19 – 20　contributions: —] PR; ∼, SS, DS
220.20 – 21　whatever. [¶] I] SS; whatever. /III/[¶] I PR; whatever. [¶] In the preceding material I DS
220.21　　　in what precedes] PR, SS; [*not present*] DS
220.25　　　forgetting] SS; forgetting to some extent PR, DS
220.25　　　freed] SS; the freed PR, DS
220.27　　　intelligence] SS; understanding PR, DS
220.28　　　it, its manifestation] SS; it to guide it, the result PR, DS
220.29　　　sure ... and] SS; surely confusion, PR, DS
220.29　　　disorder.] SS; disorder and conflict in collective action. PR; disorder, and conflict in collective action. DS
220.29 – 30　idea ... not] SS; principle does not imply PR, DS
220.30　　　each] SS; every PR, DS
220.31　　　if it be] SS; when that statement is PR, DS
220.32　　　same ... part] SS; similar right PR, DS
220.32 – 41　While ... contribute.] SS; The democratic principle is that each individual has a right to *develop* his natural capacities and that this development is prevented or at all events stunted and distorted unless he has the opportunity to have an active share in the formation of the ends

674

which govern his action. The right to freedom of speech, to a public hearing, to assemble with others for conference and discussion — all the civil liberties the Bill of Rights guarantees — are not just rights of *action individual [individual action DS]. They are [, DS] above all [, DS] conditions of that growth of intelligence that enables individuals to participate in public action. PR, DS

221.1 have these things] SS; has all this PR, DS

221.1 – 2 school administration? There] SS; democracy and school administration? The connection seems to me to be direct. There PR, DS

221.2 – 5 government, ... Albany.] SS; regulative control or government wherever there is administration; government goes on at other places than state and federal capitals. PR, DS

221.6 the family, in] SS; [*not present*] PR, DS

221.6 business, in the church,] SS; business, finance, in churches, PR, DS

221.6 – 10 in every ... another. [¶] It] SS; in the family and school because in each and every social group and institution there are principles and rules, and methods of their enforcement, that control the relations of the members of the group to one another so as to bring about an order and harmony in the activities of the group. Political government may lay down a general framework of law within which special forms of government and regulation operate. But in a democracy it makes no attempt to dictate their special forms. On the contrary, democratic political government by its very nature provides for a good deal of leeway for independence of action in the management of each special group and institution. Political government [, DS] for example [, DS] interferes with exercise of autocratic control of children by parents only when paternal [parental DS] control is exercised so as to be obviously detrimental to the health and overt well-being of the children in a given family. /IV [*om.* DS]/[¶] It PR, DS

221.10 practice] PR, SS; practice as to DS

221.10 – 11 a democratic] SS; democratic PR, DS

221.11 control of the] SS; the direction of control of PR, DS

221.15 groups ∧] PR; ~, SS, DS

221.16 Government] PR; government SS, DS

221.16 going] SS; now going PR, DS

221.16 at the present time] SS; [*not present*] PR, DS

221.17 need] SS; need in the present context PR, DS

221.17 phase of the] SS; [*not present*] PR, DS

221.17 problem ∧] PR; ~, SS, DS

221.18 – 26 it must ... activities] SS; an underlying general principle may be stated. The methods of government, of control [, DS] and [of DS] administration in minor social groups cannot be allowed to become so undemocratic that they react unfavorably upon a wide scale back into the habits of feeling, thought [, DS] and action that are necessary to the maintenance of the democratic way of life in society generally.

This principle applies with peculiar force to the administration of school systems. The way in which any organized social interest is conducted necessarily plays an important fact [part DS] in forming the dispositions and tastes, the attitudes, interests, purposes [, DS] and desires, [∧ DS] of those who are members PR, DS

221.28	emotional ∧] PR, SS; ∼, DS
221.29	laborers] PR, SS; employees DS
221.30	specifically are] SS; are specifically PR, DS
221.31	every one] PR, SS; everyone DS
221.32	admits] SS; will admit PR, DS
221.32 – 33	activities are carried on] SS; men carry on their activities PR, DS
221.33	day;] SS; ∼, PR, DS
221.34 – 35	and ... in] PM; and the way in which the share of individuals are involved in the management of affairs in SS; in PR, DS
221.36	security, can only] PM; security, can not but SS; security and standing, cannot but PR, DS
221.37	dispositions;] SS; ∼:PR; ∼, DS
221.37	short,] DS, SS; short in PR
221.38	and intelligence] SS; [*not present*] PR, DS
221.39	sense] SS; sense, in other words, PR, DS
221.41	abilities ... a] SS; abilities and disabilities, which constitute PR; abilities, and disabilities which constitute DS
222.1 – 2	The ... it] SS; But in all groups and institutions [, DS] save the family and the school, this educational effect is indirect and for the most part an incidental, [∧ DS] (even if practically important) by-product [byproduct DS] . It PR, DS
222.2	business] SS; business, on the other hand, PR, DS
222.4	intellectual ∧] PR, SS; ∼, DS
222.6	becomes ∧ therefore ∧] DS, PR; ∼, ∼, SS
222.7	effect] SS; influence PR, DS
222.8	committed] SS; nominally committed PR, DS
222.9	life. Hence, if] SS; life./V [*om.* DS]/[¶] It is not, I take it, part of my task today to state just what the application of the democratic criterion to administration means in detail. Conditions differ [vary DS] in different places and at different times, and these differences affect details. But if PR, DS
222.11	it] SS; then it PR, DS
222.12	regular and] SS; regular PR, DS
222.13	through] PR, SS; thru DS
222.15	methods ∧] PR, SS; ∼, DS
222.16	ago ∧] DS, PR; ∼, SS

676

222.20	text-books] SS; textbooks PR, DS	
222.22	could] SS; would PR, DS	
222.22	today] DS, PR; to-day SS	
222.23	places] SS; places, [— DS] it would be hard I think to say just how many, [— DS] PR, DS	
222.23 – 24	As ... fact] SS; There were always in actual fact (as I noted in my earlier article) PR, DS	
222.25	practice] PR, SS; practise DS	
222.25	much] SS; [*not present*] PR, DS	
222.26	above: for] SS; above: where PR; above; where DS	
222.30	not only] DS, PR, PM; not SS	
222.33	serious recognition.] SS; consideration. PR, DS	
222.34	It is my impression] SS; Speaking without intimate personal knowledge and certainly without statistics, my impression is PR, DS	
222.34	even up to the present] SS; [*not present*] PR, DS	
222.35	*pupils*] PR; [*rom.*] SS, DS	
222.35	have made more progress] SS; has [have DS] advanced more rapidly PR, DS	
222.36	similar] SS; democratic PR, DS	
222.37	of the classroom.] SS; by superintendents, principals [, DS] and supervisors. PR, DS	
222.37	At all events, there] SS; There PR, DS	
222.37 – 38	an organized and vital] SS; a vital and organized PR, DS	
222.38 – 223.7	in the first ... school?] SS; for securing in schools greater freedom from set rigid objectives and means in behalf of methods which utilize instead of ignoring [ignore DS] the individual life-experience [∼∧∼DS] of children and youth. It would be difficult to point to any similar organized movement with respect to those who teach the children and youth. That there are indications of a change [, DS] I should be the last to deny. But on the other hand [, DS] it is my strong impression that it would be difficult to affirm that they are much more than occasional and sporadic. Nevertheless the reasons which hold in the case of children and youth apply with greater force in the case of teachers, because of the greater maturity and wider experience of the latter. It is this situation which emboldens me to raise the question of whether there is any problem that better deserves the attentive consideration of administrators than that of the ways by which there can be brought about a greater and more organic participation of teachers in determination of the policies regarding both subject-/matter [subjectmatter DS] and methods which finally control school administration. PR, DS	
223.8	present,] DS, PR; ∼∧ SS	
223.11	issue. Absence] SS; issue. A considerable part of the evidence for	

democratic participation in general social control is found in the fact that absence PR, DS

223.11   participation] SS; such participation PR, DS

223.12   lack] SS; a corresponding lack PR, DS

223.12   concern] SS; personal concern PR, DS   678

223.13   shut out. The ... lack] SS; shut out [excluded DS] with respect to social values and the best ways of attaining them. A lack PR, DS

223.13 – 14   responsibility.] SS; responsibility follows. PR, DS

223.15   "this] DS, PR; "This SS

223.19 – 20   · personal] SS; merely personal PR, DS

223.22   responsibility: —] PR; ~. ∧ SS, DS

223.24   matters ∧] DS, PR; ~, SS

223.25 – 32   In ... The] SS; It may be added that in the case of certain temperaments a rebellious spirit develops which gets expressed whenever it has opportunity. In other temperaments there is a disposition to pass on to those who are under the immediate jurisdiction of the teacher, [— DS] namely [, DS] the children, [— DS] the pattern of strict subordination to [om. DS] which they themselves have to follow. It may be a guess, but I think that [om. DS] it is a safe guess, that the dictatorial autocratic attitude adopted by some teachers in the class room [classroom DS] is in some considerable measure a reflex of what they feel they suffer from. It offers a partial compensation for their own subjection. If these teachers had an opportunity to take some active part in formation of general policies they might well be moved to be less autocratic in their own special domain. /VI [om. DS]/[¶] There is, of course, the PR, DS

223.32   teachers are] SS; the average teacher is PR, DS

223.32 – 33   responsibility] SS; heavy responsibility PR, DS

223.33 – 34   participation ... that] SS; taking any part in the determination of policies [, DS] while PR, DS

223.34 – 35   put ... authority.] SS; give [give an DS] administrative position to those who are equipped to hold it. PR, DS

223.36   truth] SS; amount of truth PR, DS

223.36   is also] SS; remains PR, DS

223.36 – 37   incapacity] SS; this incapacity PR, DS

223.37   assume the responsibilities] SS; take the responsibility PR, DS

223.37 – 38   involved ... by] SS; is in some measure the product of the PR, DS

223.38   in which] SS; by which PR, DS

223.39   that responsibility is] SS; responsibility has been PR, DS

223.39   I ... never] SS; There has never, I suppose, PR, DS

223.40   autocrat, big or little,] SS; autocrat in the world PR, DS

223.40   did] SS; if challenged would PR, DS

223.40 – 224.1   his conduct on the ground of] SS; himself by pointing to PR, DS   679

224.1   subjects] DS, SS; subject PR
224.2 – 6   I ... On ... consequences.] PM; I ... Upon ... consequences. SS;
             The policy of external control tends to produce the very conditions in
             those subjects [subject to it DS] which can then be appealed to [, DS] to
             justify the continuance of the policy.

             I am far from saying that there exists in advance a sufficient degree of
             wisdom, educational intelligence [, DS] and sense of professional
             responsibility on the part of the mass of teachers to guarantee the immediate
             success of a policy that confers upon them direct participation in
             determination of the educational policies that govern the school. PR, DS
224.7   best way to produce] SS; surest and most direct way to create PR, DS
224.8   exercise] SS; begin to exercise PR, DS
224.8 – 9   Power, as well as interest,] SS; Power PR, DS
224.9   comes by use and practice.] SS; comes here, as elsewhere, by exercise
             and continued practice [practise DS] . PR, DS
224.9   Moreover,] SS; It is easy to employ PR, DS
224.10 – 34   incapacity ... in which it could ... waste.] PM; incapacity ... by
             which it would ... waste. SS; the incapacity of the average teacher in a
             way which overreaches itself. If the inability is very great, it is absurd
             to suppose that the teachers have the understanding and skill that is
             necessary to execute intelligently the orders given them by others [, DS]
             in the delicate and complex task of developing the intelligence and
             character of those entrusted to their care. Sloth, indifference, evasion
             [, DS] and even sabotage are consequences that may be expected. /VII
             [om. DS]/[¶] Another corollary concerns the utilization of the
             experience acquired by those who are engaged in the day by day [day-by-
             day DS] work of teaching children and youth. It is a fact as self-evident
             as any fact can be that class-room [classroom DS] teachers are those
             who are in constant and direct contact with those who are being taught.
             The position of most administrators is, relatively speaking, remote and
             indirect. I often wonder, how [why DS] much of the effect of the best
             teaching [instruction DS] of the most successful teachers ceases at the
             door of the class-/room, [classroom, DS] save for those students who
             come immediately under its influence, and save as other teachers are
             inspired to do likewise because of accidental contacts. If there is any
680   work in the world that involves a cooperative pooling of the experience
             [experiences DS] of a large number of individuals, together with
             organized methods of conference and consultation to secure retention and
             preservation of what is found to be best, it is the work of education. A
             good deal of waste of experiences that might be enduringly fruitful
             attends all human effort in any case. But it is my [my strong DS]
             conviction that departure from and abandonment of democratic methods
             is in education by far the greatest single source of unnecessary waste of
             available and [om. DS] fertile products of past experience. PR, DS

224.35   The] PM; I conclude by saying that the SS; May I conclude by saying that the PR, DS

224.35   present subject] SS; subject discussed PR, DS

224.35 – 36 peculiar ... time.] SS; special timeliness just now? It is one aspect of the most pressing problems [problem DS] of the present era. PR, DS

224.36   practices] PR, SS; practises DS

224.37   never have been before.] SS; have not been since the rise of democratic institutions. PR, DS

224.37 – 38 nations they] SS; nations, as we all know, they PR, DS

224.38 – 39 challenged. ... Everywhere] SS; challenged; they are completely submerged. In other countries PR, DS

224.40   doubt as to whether] SS; scepticism [skepticism DS] regarding the ability of PR, DS

224.40 – 225.1 democracy ... order] SS; democratic institutions to meet the pressing needs of social organization, order [, DS] PR, DS

225.1 – 24 for ... schools.] SS; of this great [, DS] and for the most part quite unexpected [, DS] change are complex [, DS] and vary from country to country. But there is one cause which seems to operate in all the varied revolts against democracy. In the countries in which democratic institutions existed, the latter were almost exclusively political. They were limited to forms of Government, [government, DS] to parliamentary institutions. In other important forms of social life and social relations [, DS] democratic aims and methods had little expression. It is safe [, DS] I think [, DS] to regard the movement against political democracy as convincing proof that it is impossible for political democracy to be secure when it stands practically alone; [alone and DS] when it is not buttressed by the presence of democratic relations in other social institutions; [, DS] especially, I would say, in industry and education. A house divided against itself cannot stand. We cannot   *681* have undemocratic methods prevail in other institutions and yet expect political democracy to be founded on a rock.

I would not say that the problem of democratic Educational Administration [educational administration DS] is the most important aspect of this larger problem. [, DS] But [but DS] I would say that it is one phase of it. What is needed in this country at the present time is, it seems to me, a rethinking of the entire question of our traditional democracy in what it involves for *all* forms of human relations. The rethinking which is basic for the intelligent action which should follow cannot be effected in a day or a year. The democratic idea itself forbids that it be accomplished by any other method than common cooperative inquiry and experimentation. It is on this account that I feel myself privileged to present, even in bare outline, * to a body like the present one [*om.* DS] this problem of the relation of democratic ideas to educational administration. PR, DS

《自由》

范本首次发表在美国教育协会《社会经济目标对于教育的意义:美国社会经济目标委员会报告》(华盛顿哥伦比亚特区:美国教育协会,1937 年),第 9 章,第 99—105 页。

250n.3　　1937,p.38.] W; 1937.129p.

《自由主义的未来》

范本首次发表于《人民会堂公报》,第 4 卷(1935 年 2 月),第 1—2 期。

258.5　　Lippmann's] W; Lippman's
259.33　　far as] W; far

《国际合作还是国际混乱》

范本首次发表于《人民会堂公报》,第 4 卷(1935 年 2 月),第 6—7 期。

682　261.28　　warfare] W; warefare
263.28　　impoverished] W; improvised

《税收是走向社会化的一步》

范本首次发表于《人民会堂公报》,第 4 卷(1935 年 3 月),第 1—2 期。

265.2　　Over-zealous] W; ～∧～
265.11　　a net] W; net

《我们的新闻不自由》

范本首次发表于《常识》,第 4 卷(1935 年 11 月),第 6—7 期。

271.33　　Company] W; Co.

《需要——一种新政治》

范本首次发表于查尔斯·弗雷德里克·韦勒编,《世界同盟:所有信仰、民族和国家首席发言人演讲、咨文集》(纽约:利夫莱特出版公司,1935 年),第 119—125 页。

276.15　　radio-activity] W; ～∧～

《一个自由主义者谈自由主义》

范本首次发表于 1936 年 2 月 23 日《纽约时报杂志》，第 3—24 页（NYT）。它再次发表于杜威、博伊德·H·博德和 T·V·史密斯的著作《什么是民主？它的冲突、目的和手段》，合作丛书系列 1，第 2 册（俄克拉荷马诺曼：文字记录出版社），第 3—10 页（WID），以及收入杜威的文集《人的问题》（纽约：哲学书库，1946 年），第 126—133 页（PM）。PM 是按 WID 排印的。WID 和 PM 中作者的改动，被本版采用。

282.1	A Liberal Speaks Out for Liberalism] *stet* NYT; The Future of Liberalism: 1 PM; The Future of Liberalism/or/The Democratic Way of Change WID
282.3 - 4	one. One] NYT; ~. [¶] ~PM, WID
283.4	Another] PM; Another of the streams of WID, NYT
283.28	was] WID, PM; were NYT
284.12	[¶] Although] WID, PM; [*no* ¶] Although NYT
285.40	[¶] One] WID, PM; [*no* ¶] One NYT
286.24	George, they] PM; George, think WID, NYT
288.15	[¶] If] WID, PM; [*no* ¶] If NYT

《自由主义的将来》

范本是一篇打字稿，收藏于纽约州纽约市哥伦比亚大学巴特勒图书馆专藏部约翰·赫尔曼·兰德尔文档；杜威后来对这篇打字稿作了修改（TS）。这篇文章也曾发表于《学校与社会》，第 41 期（1935 年 1 月 19 日），第 73—77 页（SS），以及《哲学杂志》，第 32 期（1935 年 4 月 25 日），第 225—30 页（JP）。11 年后，它被收入杜威的文集《人的问题》（纽约：哲学书库，1946 年），第 133—40 页（PM）。

TS 和 PM 中的修改被采用了。以下列表是 SS、JP 以及修改后的 TS 的史料校勘，它展示了这些文本之间所有的差异。以下列表只列出 PM 与 SS 不同的实质性修改。杜威对 TS 的改动，列在《自由主义的将来》的手稿修改列表中。

289.3	of discussion] TS, SS; in discussion JP
289.5	nineteenth] SS, JP; nineteeth TS
289.5 - 6	an earlier] TS; the earlier JP, SS
289.6	its] SS, JP; it TS
289.8	tax-payer] TS; taxpayer JP, SS
289.8 - 9	governmental] TS; government JP, SS
289.9	action,] TS; ~ ∧ JP, SS
289.11	new liberalism ∧] TS; later liberalism, JP; liberalism, SS
289.11	named] TS; called JP, SS

291.27   would be were] PM; is when SS; becomes when JP, TS

291.28   eliminated] PM; is eliminated JP, SS, TS

291.28   place,] TS; ~∧ JP, SS

291.30   isolation ∧] TS; ~, JP, SS

291.30 – 31   but with the] PM; but the JP, SS, TS

291.31   physical: —] TS; ~, JP, SS

291.32   "cultural,"] W; '~', TS; "~∧"JP, SS

291.32   legal ∧] TS, SS; ~, JP

291.34   distort ∧] TS, SS; ~, JP

291.39   political ∧] TS, SS; ~, JP

291.40   economic ∧] TS; ~, JP, SS

291.40   in removing] TS; in the work of removing JP, SS

292.9   Underlying] SS, JP; Unlerlying TS

291.12   quantitative ∧] TS; ~, JP, SS

292.12   qualitative] TS, PM; equalitative JP, SS

292.14   attributed] SS, JP; atrributed TS

292.17   nineteenth ∧ century] TS, SS; ~-~ JP

292.23   liberty, in their intimate] TS; liberty ∧ in intimate JP, SS

292.29   may] TS; shall JP, SS

292.30   co-ordinate] TS; coördinate JP; coordinate SS

292.30   facts,] TS; ~∧ JP, SS

292.31   conceptualism,] TS; ~∧ JP, SS

292.34   thoroughgoing] W; thorough-going JP, SS; throughgoing TS

292.36   policies,] TS; ~∧ JP, SS

292.37   of increased] TS; of development of increased JP, SS

292.38   requirement] SS, JP; requirment TS

293.4   absolutism ∧] TS; ~, JP, SS

293.8   policies] TS; them JP, SS

293.14   drastic, instead of piece-meal,] TS; ~∧~∧ JP, SS

293.14   change.] TS; changes. JP, SS

293.15   an intelligent] TS; the intelligent JP, SS

293.21   "reforms."] SS, JP;'~'. TS

293.21 – 23   It is ... radicals.] SS, JP; [*not present*] TS

293.25   *method*] TS; [*rom.*] JP, SS

293.28   of radicalism] SS, JP; radical-/of radicalism TS

293.34 – 35   also aware] TS, JP; aware also SS

293.35   force,] TS; ~∧ JP, SS

293.35   *the*] TS; [*rom.*] JP, SS

293.40   them,] TS; ~∧ JP, SS

294.7   monopoly] SS, JP; monoply TS

294.11   so that] TS; so JP, SS

294.13   the ideas of] TS; [*not present*] JP, SS

686 (in left margin near 294.18)

《民主是激进的》

范本首次发表于《常识》,第 6 卷(1937 年 1 月),第 10–11 期。

《列夫·托洛茨基案美国辩护委员会目的声明》

范本是一篇打字稿,收藏于麦迪逊的威斯康星州历史学会,爱德华·A·罗斯文档,共 2 页。

303.11　　　　Dreyfus] W；Dreyfuss

《调查委员会首次陈述》

范本是一个新闻稿,在 1937 年 4 月 10 日墨西哥科瑶坎首次会议上宣读,收藏在卡本代尔的南伊利诺伊大学莫里斯图书馆专藏部杜威文集,共 5 页。它发表在《列夫·托洛茨基案》(纽约:哈珀兄弟公司,1937 年),第 2—5 页(CLT),其中的修改被采用。

306.23	courts.] CLT；Court.
307.11	court,] CLT；Court,
307.35	public,] CLT；～∧
308.9	intelligence] CLT；Intelligence
308.21	country ∧] CLT；～,
308.22	opposition] CLT；Opposition
308.26 - 27	possession,] CLT,～∧
308.30 - 31	to the Commission and] CLT；[*not present*]
308.31	whole] CLT；[*not present*]
308.32	are] CLT；is
309.4	prosecution] CLT；Prosecution
309.5	both ... inquiry] CLT；to carry on its inquiry both
309.7	material] CLT；materials
309.14	involved,] CLT,～∧
309.19	rest ∧] CLT,～,
309.21	chairman] CLT；Chairman
309.24	education,] CLT；～∧

《"真相即将揭开"》

这是 1937 年 5 月 9 日在纽约市麦加寺发表的报告。范本是一篇新闻稿,收藏在卡本代尔的南伊利诺伊大学莫里斯图书馆专藏部拉特纳/杜威文集,共 11 页(NR)。本版接受了出版单行本(纽约:列夫·托洛茨基案美国辩护委员会,1937 年,共 15 页)(P)时所作的修改,以及《列夫·托洛茨基案》(纽约:哈珀兄弟公司,1937 年)第 xxiii—xxvii 页的报告部分(CLT),第 310 页第 7 行至 314 页第 28 页的修改;CLT 没有再次发表杜威的评论。下表也列出了报告部分 310.7—314. 28 一个早期打印稿中的实质性区别。该打印稿是苏珊娜·拉弗丽蒂于 1937 年 5 月 4 日寄给爱德华·A·罗斯的,收藏在麦迪逊的威斯康星州历史学会爱德华·A·罗斯文档中(TS)。因此,它也是一个史料校勘。

310.1	*'Truth Is on the March"*] P; [*om.*] CLT; [*not present*] NR, TS
310.2 – 6	As ... Commission:] NR, P; [*om.*] CLT; [*not present*] TS
310.2	sub-Commission] P; sub-Committee NR
310.9	in the] TS, CLT; at the P, NR
310.22	Commission] CLT; commission P, NR, TS
310.24	case ... investigation.] NR, P, CLT; *prima facie* case. TS
311.8	Russian] NR, P, CLT; [*not present*] TS
311.11	require] NR, P, CLT; indicate TS
311.27	Coyoacán] W; Coyoacan CLT, P, NR, TS
311.28 – 29	Persons,] CLT; people, P, NR, TS
311.30	the foreign] CLT; foreign P, NR, TS
311.35	conspiratorial] TS, P, CLT; conspirational NR
311.39 – 40	Pyatakov] CLT; Piatakov P, NR, TS
312.2	a photostat of] NR, P, CLT; [*not present*] TS
312.12	Pyatakov's] CLT; Piatakov's P, NR, TS
312.33	Otto] NR, P, CLT; Dr. Otto TS
312.33	Ruehle] TS, P, CLT; Rüehle NR
313.16	which the sub-commission] CLT; which the Commission P; whose source he NR, TS
313.16 – 17	could ... record.] P, CLT; refused to reveal. NR, TS
313.18, 22, 37; 314.6	sub-commission] CLT; Commission P, NR, TS
313.27 – 31	He ... ask.] NR, P, CLT; [*not present*] TS
313.28	session] P; sessions CLT, NR
314.11	ever] NR, P, CLT; [*not present*] TS
314.21 – 22	case ... investigation.] NR, P, CLT; prima *facie case*. TS
314.22	the work of this] NR, P, CLT; this investigation TS
314.22 – 23	Commission] CLT; commission P, NR; [*not present*] TS
314.24 – 27	JOHN ... *Secretary*] TS, P, CLT; [*not present*] NR
314.28	JOHN ... *Concurring*] CLT; [*not present*] P, NR, TS
314.29	Remarks] W; REMARKS BY JOHN DEWEY P; [*not present*] NR
314.30	preliminary report] P; Preliminary report NR
314.31	Commission.] P; Committee. NR
315.7	sub-commission] P; sub-committee NR
315.28	Preliminary Commission] P; preliminary Commission NR
316.29 – 30	Socialist] P; socialist NR
317.3	bitter] P; better NR
317.12	and beyond] *stet* NR; beyond P
317.34	cases] P; case NR
318.13 – 26	Now ... has.] P; [*not present*] NR
318.14	Radek-Pyatakov] W; Radek-Piatakov P
318.16	Pyatakov] W; Piatakov P
318.16	Malcolm] W; Malcom P
318.21	Pyatakov's] W; Piatakov's P
318.30	Trotsky] P; he NR

319.33;320.5   sceptical] WS; skeptical
320.6   all] P;[*not present*] NR
320.20   [¶ It] P;[*no* ¶] It NR

《调查结果摘要》

范本是《调查委员会关于莫斯科审判针对托洛茨基指控的最终报告的摘要:呈交于酒店中心——纽约,周日晚,1937 年 12 月 12 日》(纽约:托洛茨基案美国辩护委员会,1937 年),第 4 页(A)。它再次发表在《无罪:调查莫斯科审判针对托洛茨基指控的调查委员会报告》(纽约和伦敦:哈珀兄弟公司,1938 年)的导论的第 xiii—xv 页(NG),其中的修订在本版被采用了。

324.1—325.9,杜威的"调查结果摘要附记"的范本发表在 1937 年 12 月 13 日《纽约先驱论坛报》,第 2 版(NYHT)。这里采用了 1937 年 12 月 13 日《纽约时报》第 16 版(NYT)发表时所作的修订。

321.2   the] NG;[*not present*] A
321.8   the confessions] NG; these confessions A
321.17   through] NG; either through A
323.25   JOHN] NG; *Signed:* John A
323.26 – 32   JOHN ... TRESCA] NG; Benjamin Stolberg/Wendelin Thomas/Alfred Rosmer/John R. Chamberlain/Carlo Tresca/E. A. Ross/Otto Ruehle A
323.35   JOHN ... *Concurring.*] NG;[*not present*] A
323.36   *New ... 1937.*] NG; Session of the Commission/on Monday, September 20, /1937, held at 231 East/14th St., New York City A
324.22   people.] NYT; people./Tactics Are Assailed NYHT
324.27   Andrés] W; Andres NYHT, NYT
324.37 – 325.1 It ... Revolution.] NYT;[*om. w. ellipsis*] NYHT
325.3 – 9   Dr. ... declared.] W; In his lengthy analysis of the commission's report, Dr. ... declared. NYT;[*not present*] NYHT
325.9   it,"] W; ~∧" NYT

690

《莫斯科审判》

这篇文章是 1937 年 12 月 13 日通过哥伦比亚广播系统发表的无线电演讲,其范本是一篇无标题的新闻稿,收藏于卡本代尔的南伊利诺伊大学莫里斯图书馆专藏部拉特纳/杜威文集,共 6 页。

326.5   Work] W; works
326.7   affidavits] W; affadavits

326.14	frame-ups.] W; frameups.
326.15	Prosecutor] W; Prosecution
326.26	400] W; 200
326.29	U.S.?] W; U.S ∧?
327.22	repeated] W; repreated
327.25	and] W; &
327.31	courts] W; Courts
327.36	what] W; in what
328.16	affects] W; effects
328.17	as] W; [*not present*]
328.20	workers ∧] W; ~,
328.23	Workers'] W; Workders'
328.23	State, ∧] W; ~∧ (
328.27 – 28	democracy] W; democray
328.31	G.P.U.] W; Gaypayu
328.33 – 34	Trotsky] W; Vrotsky
329.20	reaction ∧.] W; ~".
329.26	participants] W; particpants
329.27	history."] W; ~. ∧
329.32	frame-ups] W; frameworks
329.32	a serious] W; A serious

《托洛茨基案调查的重要意义》

这篇文章是艾格尼丝·E·迈耶尔的采访录,范本发表于 1937 年 12 月 19 日《华盛顿邮报》,第 3—4 版。

330.1	Significance of the Trotsky Inquiry] W; John Dewey, Great American Liberal, Denounces Russian Dictatorship
330.2	work,] W; works,
330.21	12] W; 13
331.1	400] W; 200
332.26	nations!"] W; ~!∧
335.11	The] W; These

《教师和他的世界》

范本首次发表于《社会前沿》,第 1 卷(1935 年 1 月),第 7 页(SF)。它被收入杜威的文集《人的问题》(纽约:哲学书库,1946 年),第 70—72 页(PM)。

《智力的关键作用》

范本首次发表于《社会前沿》,第 1 卷(1935 年 2 月),第 9—10 页(SF)。它被收入杜威的文集《人的问题》(纽约:哲学书库,1946 年),第 80—82 页(PM),其中一处实质性修改被采用了。

692

《行政才能探讨》

范本首次发表于《社会前沿》,第 1 卷(1935 年 3 月),第 9—10 页(SF)。它被收入杜威的文集《人的问题》(纽约:哲学书库,1946 年),第 66—69 页(PM),其中两处实质性修改被采用了。

《联合起来,我们屹立不倒》

范本首次发表于《社会前沿》,第 1 卷(1935 年 4 月),第 11—12 页(SF)。再次发

表于《学校和社区》,第 21 期(1935 年 4 月),第 143—45 页(SC),其中两处修改被采用
了。它被收入杜威的文集《人的问题》(纽约:哲学书库,1946 年),第 72—76 页(PM),
其中两处修改被采用了。

348.1	United, We Shall Stand] *stet* SF; II PM
348.2	At] PM; Are Teachers Adequately Organized?/[¶] At SF
349.12	present] *stet* SF; late PM
349.27 - 28	a thing] SC, PM; thing SF
349.29 - 32	There . . . country.] *stet* SF; [*om.*] PM
349.32	But upon] *stet* SF; Upon PM
349.40 - 41	function. [¶] First,] PM; function./Isolation of Teachers or a United Front of All Workers?/[¶] First, SF
350.16	depression] *stet* SF; great depression PM
350.38	well-to-do] SC, PM; well-do-to SF
351.9 - 31	I cite . . . constitution of] *stet* SF; [*om.*] PM
351.31 - 32	society. [¶] What] W; society./Immediate Forward Steps/[¶] What SF; [*om.*] PM
351.32 - 352.11	can . . . work.] *stet* SF; [*om.*] PM

《走向国民教育体系》

范本首次发表于《社会前沿》,第 1 卷(1935 年 6 月),第 9—10 页。

356.31 - 357.1	education. [¶] In] W; education./National versus Nationalistic Systems/[¶] In
358.6 - 7	diversity. [¶] Yet] W; diversity./Necessity Sets a Dilemma/[¶] Yet
358.23 - 24	task. [¶] Here] W; task./The Way Out/[¶] Here

《自由与社会控制》

范本首次发表于《社会前沿》,第 2 卷(1935 年 11 月),第 41—42 页(SF)。它被收
入杜威的文集《人的问题》(纽约:哲学书库,1946 年),第 111—14 页(PM),其中实质
性修改被采用了。

360.3	planned] PM; organized SF
360.7	maintenance] PM; maintainence SF
360.17 - 18	liberty?[¶] Well,] PM; liberty?/Liberty Is Power/[¶] Well, SF
361.7	power] PM; powers SF
361.19 - 20	classes. [¶] Demand] PM; classes./Liberty Always Relative/[¶] Demand SF
361.33	necessarily means] PM; means necessarily SF
362.15 - 16	liberties. [¶] The] PM; liberties./Liberty and Restraint/[¶] The SF
362.16	social] PM; organized SF

《自由主义的意义》

范本首次发表于《社会前沿》，第 2 卷(1935 年 12 月)，第 74—75 页(SF)。它被收入杜威的文集《人的问题》(纽约：哲学学书库,1946 年)，第 121—125 页(PM)，其中三处实质性修改被采用了。

364.1   The Meaning of Liberalism] *stet* SF; IV PM

364.26 – 27 itself. [¶] The] PM; itself. /The Spirit and the Letter of Liberalism/ [¶] The SF

366.4 – 5 claims. [¶] Given] PM; claims. /The Letter Destroys the Spirit/ [¶] *694*
      Given SF

367.2 – 3 evidence. [¶] The] PM; evidence. /How the Spirit of Liberalism Can Be Rehabilitated/ [¶] The SF

367.30 – 32 At . . . paragraphs.] *stet* SF; [*om.*] PM

《自由主义与平等》

范本首次发表于《社会前沿》，第 2 卷(1936 年 1 月)，第 105—106 页(SF)。它被收入杜威的文集《人的问题》(纽约：哲学学书库,1946 年)，第 114—117 页(PM)，其中三处实质性修改被采用了。

368.1   Liberalism and Equality] *stet* SF; II PM

368.18 – 19 powers. [¶] The] PM; powers. /Liberty and Equality/ [¶] The SF

368.26 – 27 (countries . . . dictatorships)] *stet* SF; [*om.*] PM

368.28 – 369.2 No . . . individual.] *stet* SF; [*om.*] PM

369.29 – 30 all. [¶] This] PM; all. /Democracy and Economic Equality/ [¶] This SF

370.5   incompatibility] W; incompatability PM, SF

370.7 – 8 It . . . *Frontier*.] *stet* SF; [*om.*] PM

370.23 – 24 opportunity. [¶] The] PM; opportunity. /A Jeffersonian Illustration/ [¶] The SF

《自由主义和公民自由》

范本首次发表于《社会前沿》，第 2 卷(1936 年 2 月)，第 137—138 页(SF)。它被收入杜威的文集《人的问题》(纽约：哲学学书库,1946 年)，第 118—121 页(PM)，其中三处实质性修改被采用了。

372.1   Liberalism and Civil Liberties] *stet* SF; III PM

372.25 – 26 petition. [¶] I] PM; petition. /Conflicting Theories of Civil Liberties/ [¶] I SF

373.32 – 33   community. 〔¶〕 I〕 PM; community./Untenability of the Notion of Absolute Individual "Rights"/〔¶〕 I SF

374.6   the discard〕 *stet* SF; discard PM

374.27 – 28   such. 〔¶〕 Anyone〕 PM; such./The Social Welfare Criterion of Civil Liberties/〔¶〕 Anyone SF

375.16   World War,〕 *stet* SF; first World War, PM

375.17 – 18   This . . . series.〕 *stet* SF; 〔*om.*〕 PM

《学术自由的社会意义》

范本首次发表于《社会前沿》,第 2 卷(1936 年 3 月),第 165—166 页(SF)。它被收入杜威的文集《人的问题》(纽约:哲学书库,1946 年),第 76—80 页(PM),其中三处修改被采用了。

376.1   The Social Significance of Academic Freedom〕 *stet* SF; III PM

376.12 – 13   education. 〔¶〕 The〕 PM; education./The Attack upon the Free School/〔¶〕 The SF

376.17   in an earlier article〕 *stet* SF; elsewhere PM

376.27 – 28   — at . . . services〕 *stet* SF; 〔*om.*〕 PM

377.29   policies.〕 PM; policies./Academic Freedom — A Paramount Social Issue SF

377.30 – 31   In . . . pointed〕 *stet* SF; I have more than once pointed PM

378.22 – 23   teachers. 〔¶〕 It〕 PM; teachers./Social Effects of Repressive Legislation/〔¶〕 It SF

378.23   at present an unusually〕 *stet* SF; a PM

378.25   in the present situation〕 *stet* SF; 〔*om.*〕 PM

378.26   have〕 *stet* SF; 〔*om.*〕 PM

378.29   the Hearst . . . it,〕 *stet* SF; certain circles PM

378.30   imposition of〕 *stet* SF; imposition to PM

379.4   like the present〕 *stet* SF; 〔*om.*〕 PM

《阶级斗争与民主道路》

范本首次发表于《社会前沿》,第 2 卷(1936 年 5 月),第 241—242 页。

382.18 – 19   on. 〔¶〕 Now〕 W; on./Confusing Synthesis of Marxism and Experimentalism/〔¶〕 Now

382.25(2)   *non ∧ sequitur*〕 W; ~-~

384.3 – 4   exist. 〔¶〕 The〕 W; exist./Implied Negation of the Role of Education in the Class Conflict/〔¶〕 The

384.28   effected?〕 W; affected?

385.1   class?〕 W; ~

385.8 – 9   education. 〔¶〕 I〕 W; education./The Practical Promise of a Social

Point of View/[¶] I

《霍拉斯·曼在今天》

范本首次发表于《社会前沿》,第 3 卷(1936 年 11 月),第 41—42 页。

387.22－23   education. [¶] How] W; education./More Complex Issues Today/
[¶] How
389.9－10   problem. [¶] We] W; problem./Need for a New Solution/[¶] We

《教育中的合理性》

范本首次发表于《社会前沿》,第 3 卷(1936 年 12 月),第 71—73 页。

391.20－21   educators. [¶] At] W; educators./The Nature of Rationality/[¶] At
392.19－20   "reason." [¶] President] W; "reason."/The Elements of Human
Nature/[¶] President
392.37－38   institutions. [¶] The] W; institutions./Knowledge and Action/
[¶] The
393.15   no knowledge] WS; knowledge
393.33－394.1   knowledge. [¶] Mr.] W; knowledge./Reason and Method of
Reason/[¶] Mr.
395.7   *Physics*] WS; [*rom.*]
395.24－25   them."² [¶] In] W; them."²/The Problem/[¶] In
395n.6   checking, castling] WS; checking, casting
395n.7   façade] WS; facade
*395n.9   validification] WS; validation

《哈钦斯校长改造高等教育的建议》

范本首次发表于《社会前沿》,第 3 卷(1937 年 1 月),第 103—104 页。

397.2－3   Education [¶] President] W; Education/The Existing Disorder/[¶]
President
397.10   universities] W; universites
398.26－27   empiricism. [¶] One] W; empiricism./The Remedy/[¶] One
399.40－400.1   play. [¶] There] W; play./Authority and Truth/[¶] There
400.26   learning] W; learn-/ning

《"美国的高等教育"》

范本首次发表于《社会前沿》,第 3 卷(1937 年 3 月),第 167—169 页。

402.23－24   subsidiary." [¶] That] W; subsidiary."/Legal Forensics/[¶] That
403.23－24   issue. [¶] (1)] W; issue./Evidences of a Real Issue/[¶] (1)

405.7 - 8   said. 〔¶〕 (3)〕 W; said./Where Does Mr. Hutchins Stand?/〔¶〕 (3)

406.3 - 4   rank. 〔¶〕 (4)〕 W; rank./Metaphysics in the University/〔¶〕 (4)

《教育与社会变革》

范本首次发表于《社会前沿》,第 3 卷(1937 年 5 月),第 235—238 页。

409.2 - 3   change. 〔¶〕 One〕 W; change./Schools Reflect the Social Order/〔¶〕 One

410.16 - 17   conflict. 〔¶〕 Do〕 W; conflict./Inconsistent Conservatism/〔¶〕 Do

411.2 - 3   vice-versa. 〔¶〕 This〕 W; vice-versa./Alternative Courses/〔¶〕 This

411.34 - 35   effective. 〔¶〕 There〕 W; effective./Drift or Intelligent Choice?/〔¶〕 There

412.29 - 30   education. 〔¶〕 Before〕 W; education./Neutrality Aids Reaction/〔¶〕 Before

413.6 - 7   emphasis? 〔¶〕 So〕 W; emphasis?/Revolutionary Radicals Believe Education Impotent/〔¶〕 So

414.20 - 21   purpose. 〔¶〕 It〕 W; purpose./Is Indoctrination the Way Out?/〔¶〕 It

415.16   attitudes〕 W; attributes

415.27 - 28   objective. 〔¶〕 A〕 W; objective./Democracy as a Frame of Reference/〔¶〕 A

416.16   cultural,〕 W; cultural, economic,

《实用主义的创始人》

范本首次发表于《新共和》,第 81 期(1935 年 1 月 30 日),第 338—339 页。

422.9   unfamiliar〕 W; unfamilar

《固有一死的启示》

范本首次发表于《新共和》,第 82 期(1935 年 4 月 24 日),第 318 页。它重印时,作为柯利斯·拉蒙特的《永生之幻觉》(纽约:哲学书库,1950 年)第 2 版第Ⅶ—Ⅸ页的导言(Ⅱ),其中的一处修改被采用了。

425.32   a future〕 Ⅱ; future

《柏格森论本能》

范本首次发表于《新共和》,第 83 期(1935 年 6 月 26 日),第 200—201 页。

428.19   résumé〕 W; resumé

430.30   it.〕 W; ~∧

431.6   to.〕 W; ~∧

《自然与人性》

范本首次发表于《新人本主义者》,第 8 期(1935 年 8 月秋),第 153—157 页。

433.5　　　　readjustments] WS; re-adjustments
436.15　　　satisfactorily] W; satisfactory

《评宾汉姆的〈叛乱的美国〉》

范本首次发表于《常识》,第 4 期(1935 年 12 月),第 23 页。

438.31　　　clichés] W; cliches
439.5 - 6　　nineteenth-century] WS; ～ ∧ /～
439.25 - 26　century.] W; century in Europe.
440.3 - 4　　here only point out] W; here only point out here

《詹姆斯父子》

范本首次发表于《新共和》,第 86 期(1936 年 2 月 12 日),第 24—25 页。

443.2　　　　Father] WS; father
443.3 - 4　　summing] W; summoning

《桑塔亚那的小说》

范本首次发表于《哥伦比亚评论》,第 17 期(1936 年 5—6 月),第 49—51 页。

449.17　　　dramatised] WS; dramatized

《乔治·米德的著作》

范本首次发表于《新共和》,第 87 期(1936 年 7 月 22 日),第 329—330 页。

425.11　　　*Movements*] W; "Currents

《宗教、科学和哲学》

范本首次发表于《南方评论》,第 2 期(1936 年夏),第 53—62 页(SR)。它被收入杜威的文集《人的问题》(纽约:哲学书库,1946 年),第 169—179 页(PM),其中的修改被采用了。

454.5　　　　Religion] WS; religion

456.20	coming] PM; the coming SR
456.30	a time] PM; that time SR
457.6	that even] WS; even at
458.24 – 25	temper ... beings,] PM; temper, for the mass of human beings, is submerged SR
459.10	present] *stet* SR; recent PM
460.39	perception, ... chapters,] *stet* SR; perception PM
460.40	touched ... named,] *stet* SR; [*om.*] PM
461.11	remembered,] PM; ~∧ SR
461.31	also true] PM; true SR
462.22	good is] PM; good *is* SR

《威廉·詹姆斯的哲学》

范本首次发表于《南方评论》,第 2 期(1937 年冬),第 447—461 页(SR)。它被收入杜威的文集《人的问题》(纽约:哲学书库,1946 年),第 379—395 页(PM),其中的实质性修改被采用了。

470.27	Hobhouse] W; Hodgson PM; Hobson SR
470.37	praiseworthy] WS; praise-worthy SR
471.14	common-sense] WS; ~∧~SR
472.1	professed] WS; professional SR
473.13	essay on "The Sentiment of Rationality"] W; *Essay on the Sentiment of Rationality* SR
473.14 – 15	essay on " Rationality, Activity ∧ and Faith "] W; *Essay on Rationality, Activity, and Faith* SR
474.23	savor] WS; savour PM, SR
475.23	ideational] PM; conceptual SR
475.38	genuine] PM; ultimate SR
477.1	distinctive] PM; private SR
477.17	cosmos] PM; universe SR
478.11	source.] PM; source. I can conclude only by reiterating what I have already said: It is the great, the practically unique, value of the volumes edited by Dr. Perry that we are led so surely to the fountain-head and enabled to follow so clearly the stream of living thought that issued from it. SR

《查尔斯·桑德斯·皮尔士》

范本首次发表于《新共和》,第 89 期(1937 年 2 月 3 日),第 415—416 页。

480.34	Common-sensism] WS; Commonsensism

《这样还是那样》

范本首次发表于《国家》，第 144 期（1937 年 4 月 10 日），第 412—413 页。

485.1	"Either—Or"] W; "Either—or"
486.20	rôle] WS; role

《艺术的题材》

范本是杜威的打字稿，它的一个经过修改的复写副本收藏于卡本代尔的南伊利诺伊大学莫里斯图书馆专藏部拉特纳/杜威文集。

经过删除和几处实质性的修改之后，《艺术的题材》发表在《新共和》，第 90 期（1937 年 4 月 21 日），第 335 页。除了范本修订外，下表还列出了杜威的打字稿（TS）和《新共和》版本（NR）之间的不同。因此，这也是一个史料校勘。也见《艺术的题材》的手稿修改表。

487.1	Subject-Matter in Art] W; Subject ∧ Matter in Art NR; [*not present*] TS
487.2 - 3	*Representation ... Art*] NR; [*rom.*] TS
487.2	*Aesthetic*] W; *Esthetic* NR; Aesthetic TS
487.3	Abell.] NR; Abell, Professor of Art in Acadia University; Introduction by Arthur Pope, Professor of art, Harvard University. TS
487.4	New York: ... 1936.] NR; Charles Scribner's Sons, New York, 1936. Pp x, 172. TS
487.7	between subject-matter and] W; between subject ∧ matter and NR; of representation to TS
487.14 - 15	*Art in Painting*] TS; "Art in Painting" NR
487.19 - 488.5	He ... art"!] TS; [*om.*] NR
487.23, 26, 28	Dr.] W; ∼∧ TS
487.25	*Art in Painting*] W; [*rom.*] TS
487.28	explicitly] W; explcitly TS
487.30	separable."] W; ∼∧"TS
488.2	large] W; lareg TS
488.3	text] W; tect TS
488.4	Doctor] WS; Dr. TS
488.6	by] NR; [*not present*] TS
488.6	he] NR; [*not present*] TS
488.8	elements."] NR; ∼". TS
488.10	values,"] NR; ∼", TS
488.11	nevertheless,] NR; [*not present*] TS

488.12	issue."] NR; ~". TS
488.12 - 14	What ... elements" take on esthetic value.] W; [*om.*] NR; What the former has done in addition is to show the plastic means by which these "associative elements ∧ take on esthetic value. TS
488.15	esthetics] NR; estehtics TS
488.15	state] NR; form TS
488.16	gratuitously] NR; gratuitiously TS
488.18	contemporary] NR; contemporay TS
488.21	pictures,] NR; ~∧ TS
488.22	rejecting or] NR; rejecting of TS
488.26	Barnes's] NR; Barnes' TS
488.28	effectiveness,] NR, ~∧ TS
488.28	also] NR; [*not present*] TS
488.30	it] *stet* TS; the book NR

《真空中的自由主义》

范本首次发表于《常识》,第 6 期(1937 年 12 月),第 9—11 页。

490.6 - 7	contradiction. 〔¶ A〕 W; contradiction. /Liberalism and Legalism/ 〔¶〕 A
491.3 - 4	consume." 〔¶ Here〕 W; consume. "/The Economics of a Free Society/ 〔¶〕 Here
491.37 - 38	liberals. 〔¶ That〕 W; liberals/What of Profit/ 〔¶〕 That
493.2 - 3	nominal. 〔¶ One〕 W; nominal. /The Liberal Socialist View/ 〔¶〕 One
494.22 - 23	attainment. 〔¶ In〕 W; attainment. /Morals in a Vacuum/ 〔¶〕 In

《评斯本德的〈从自由主义向前走〉》

范本首次发表于《常识》,第 6 期(1937 年 5 月),第 25—26 页。

| 496.31 | goodwill] WS; good will |

《纠正一个学界错误》

这封信发表于《新共和》,第 90 期(1937 年 3 月 31),第 242 页(NR),以及《基督教世纪》,第 54 期(1937 年 4 月 21 日),第 556 页(CC)。这两个文献有同等的权威性。下表的条目列出了这里采纳的版式。

| 530.1 | Righting an Academic Wrong] NR; Dr. Dewey Appeals CC |
| 530.2 | Sir:] NR; EDITOR THE CHRISTIAN CENTURY CC |

530.4,6,18   Kraus's] NR; Kraus' CC
530.8   G.] W; A. CC, NR
530.9   Berkeley,] NR; [*om.*] CC
530.10-11   the *Churchman*] CC; The Churchman NR
530.11   the *Commonweal*] CC; The Commonweal NR
530.13   the *New Republic*] W; The Christian Century CC; The New Republic NR
530.30   discharge,] NR; ~∧ CC
531.5   as generously] CC; generously NR
531.6   Secretary-Treasurer] NR; secretary-treasurer CC
531.8   One Hundred and Fourteenth] NR; 114th CC
531.10   New York City] NR; New York, N.Y.CC

《展望：自由社会的自由教师》

范本收入威廉·赫德·基尔帕特里克主编的《教师与社会》第13章。杜威学会年鉴首卷(纽约:D·阿普尔顿-世纪公司,1937年),第330—345页。

541.30   offices] W; office

《评卡伦的〈实用主义对社会科学意味着什么〉》

范本是1936年12月9日杜威在纽约市社会研究新学院对霍拉斯·迈耶·卡伦的《实用主义对社会科学意味着什么》所作评论的速记打字稿。这篇打字稿现收藏于卡本代尔的南伊利诺伊大学杜威研究中心,卡伦赠。

563.5   listening] W; listenting   *704*
563.10   certain] W; a certain

《座谈会：今天的教育》

范本是座谈会记录,发表于《为民主进行的教育:一个专题讨论会》(俄亥俄州黄溪:安提阿出版社,1937年),第133—146页。

573.13   past] W; race

手稿修改

705　　　下表列出《自由主义的将来》和《艺术的题材》的打字稿修改，既有杜威用打字机作的改动，也有手写的改动；《莫斯科审判》列出了杜威对这篇广播讲话打字稿的亲笔改动。

　　杜威在写作和修改过程中作出的所有改动都在这里列出，没有列出的有一些为了书写清晰而加粗的字母、附在词语上不相干的打印字母、同一个单词的错误开头、可辨认词语中字母的移位，以及不可辨认文字的修补。杜威对排字错误的改正，不管是打字改正，还是手写改正，都没有作为修改列出，除非错误可能是另一个词语或另一个词语的开头而不是单纯的印刷错误。

　　括号前的词语是原始的打字稿；如果打字稿作了修订或拼写作了规范处理，条目前的井号♯表示本版中的异文出现在修订表中。

　　杜威的修改出现在括号的右边，是钢笔写的，除非用 *in penc.* 特别指明是铅笔写的。*Del.* 表示材料被删除了；对那些用打字机删除了的材料，用 *x'd-out* 表示。*Added* 的意思是材料用手工添加；*alt.* 指用打字机对先前的材料形式作了修改，除非特别指明书写工具。缩写 *undrl.* 是指钢笔下划线。

　　对于行间文字，单独使用 *intrl.* 通常表示行间文字是打出来的。所有的加字符都是用钢笔写的，除非指明是铅笔写的。当加字符和手写一起使用时，它们是用同样的书写工具。至于位置，当加字只是行间加字时，表示方式是 *intrl.* 或 *intrl. w. caret*。当一个删除位置是在行间时，就不再使用 *intrl.* 表示，表示方式变成 *ab. del. 'xyz'*；*w. caret ab. del. 'xyz'*，或者 *ab. x'd-out 'xyz'*。*Ab.* 表示行上，没有加字符，除非标明加字符；*bel.* 是指行下并且没有加字符，除非标明加字符；*ov.* 的意思是覆盖原始字母,而不是行间。

缩写 *bef.*（之前）和 *aft.*（之后）表示在同一行作出的一个改动,不管是在原始行上,还是在行间。当一个改动本身又被修改的时候,这个修改写在它所指的那个词语修改后面的方括号内。

《自由主义的将来》的修改

289.1	The Future of Liberalism] *added*
289.2	of] *in ink ab. del.* 'put by'
289.3	liberty] *alt. fr.* 'liberalism'
289.3	defines] *bef. del.* 'also'
289.5	centuries,] *comma added*
289.5	an] *in ink ov.* 'the'
289.6	government,] *comma added*
289.6	one] *intrl. in ink w. caret*
289.7	The latter] *in ink ab. del.* 'It'
289.8-9	governmental] *alt. in ink fr.* 'government'
289.9	action,] *comma added*
289.10	by] *in ink ov.* 'of'
289.11	the new] *intrl. in ink w. caret*
289.11	expressly] *intrl. w. caret*
289.11	named] *in ink ov.* 'called'
289.11	individual] *aft. del.* 'liberty and'
289.12	primarily] *intrl. w. caret*
289.13	was] *in ink w. caret ab. del.* 'it has also'
289.14-15	(and . . . state)] *parens. in ink ov. commas*
289.16	upon] *aft. x'd-out* 'against'
289.16	enterprise.] *in ink w. caret ab. del.* 'action'
289.17	antithesis] *aft. x'd-out* 'oppositi'
289.19	by] *aft. del.* 'both'
289.21	philosophic] *intrl. w. caret*
289.21	more] *aft. del.* 'in and'
289.23	in] *in ink ov.* 'of'
289.23	earlier] *intrl. in ink w. caret*
289.29	supply] *aft. del.* 'that os'
290.1	sample] *aft. del.* 'excellent'
290.1	was] *alt. in ink fr.* 'is'
290.1	simply] *intrl. in ink w. caret*
290.2	one,] *comma added*
290.3	liberty,] *alt. fr.* 'liberties'; *comma added*
290.3	of] *in ink ov.* 'with' *aft. del.* 'of interference'

文本资料研究　**557**

707	290.3	by] *in ink ab. del.* 'on the part of'
	290.6	included] *aft. del.* 'also'
	290.7	liberty] *aft. del.* 'the'
	290.7	—freedom] *dash added*
	290.8	writing,] *comma added bef. del.* 'and'
	290.9	in] *ab. x'd-out* 'for'
	290.12	century] *bef. del. comma*
#290.12		&.] *intrl. w. caret*
	290.15	Plenty] *intrl. in ink w. caret*
	290.18	an] *aft. x'd-out* 'of'
	290.20	not,] *intrl. in ink w. caret*
	290.20	then,] *comma added*
	290.21	that] *aft. del.* 'then'
	290.21	defects,] *comma in ink ov. period*
	290.21	for] *in ink ov.* 'But'
	290.25	the conception] 'the' *alt. in ink fr.* 'their'
	290.30	in] *intrl. in ink w. caret*
	290.31	social] *intrl. in ink*
	290.33	rallying-cry] *alt. fr.* 'rally-cry'
	290.34	*philosophy,*] *undrl. ; comma added*
	290.34	the] *alt. in ink fr.* 'these'
	290.36	good] *aft. del.* 'they were'
	290.37	denial] *aft. x'd-out* 'virtual'
	290.37 – 38	relativity,] *comma added*
	290.38 – 39	so easily] *intrl. w. caret*
	291.1	ossified] *aft. x'd-out* 'hard'
	291.4	measures,] *comma added*
	291.5	and] *in penc. ab.* 'or' [*in ink ov.* 'and']
	291.5	then] *in ink ab. del.* 'that'
	291.5	uses] *alt. in ink fr.* 'used'
	291.7	keeping] *bef. x'd-out* 'what'
	291.7	that] *bef. del.* 'are'
	291.8	are] *intrl. in ink*
	291.8 – 9	have not the same meaning] *in penc. ab. penc. del.* 'assume another guise'
	291.9	means] *alt. fr.* 'meanins'
	291.9	social] *aft. penc. del.* 'further'
	291.10	relativity,] *comma added*
	291.12	Because] *aft. x'd-out* 'Thus a'
	291.13	latter] *intrl. in ink w. caret*
	291.19	come] *intrl. w. caret*
	291.20 – 21	change produced by violence] *in ink ab. del.* 'some externally imposed restriction'

291.27	pass⌋ *bef. x'd-out comma*	
291.27	now⌋ *bef. del. comma*	
291.27	liberalism⌋ *bef. del.* 'would'	
♯291.27	becomes⌋ *in ink ov.* 'is' [*in ink*] ; *bef. del.* 'be if'	
♯291.28	when its⌋ *in ink w. caret ab. x'd-out* 'its'	
291.28	inheritance⌋ *alt. in ink fr.* 'inherited'	
291.28	of absolutism⌋ *in ink w. caret ab x'd-out* 'false' *and del.* 'attandant false conceptions were'	
♯291.28	is⌋ *intrl. in ink w. caret*	
291.28	place,⌋ *intrl. w. caret* ; *comma added*	
291.29	fixed,⌋ *comma added*	
291.31	and⌋ *in ink w. caret ab. del.* 'as well as'	
291.31	physical:—⌋ *colon in ink ov. comma* ; *dash added*	
291.32	in⌋ *in ink ov.* 'if' *bef. del.* 'the term'	
♯291.32	'cultural',⌋ *comma added*	
291.33	social⌋ *in ink w. caret ab. del.* 'these'	
291.34	restrict,⌋ *comma added bef. del.* 'and'	
291.35	individuality.⌋ *period added bef. del.* 'in great numbers of persons.'	
291.35	therefore⌋ *intrl. in ink w. caret*	
291.35	active⌋ *intrl. in ink w. caret*	
291.37	individuals⌋ 's' *added*	
291.37	shall be⌋ *in ink w. caret ab. del.* 'are'	
291.39	legal,⌋ *comma added bef. del.* 'and'	
291.39	political⌋ *bef. del. comma and del.* 'favorable' [*intrl.*]	
291.40	economic⌋ *aft. x'd-out* 'of' ; *bef. del.* 'conditions'	
291.40	removing⌋ *aft. del.* 'the work of'	
291.41	liberalism⌋ *aft. x'd-out* 'hi'	
292.1	content of⌋ *bef. del.* 'the conceptions of'	
292.5	The connection⌋ *aft. x'd-out* 'Conne'	
292.6	experimental⌋ *aft. x'd-out* 'an'	
292.6	Time⌋ *aft. x'd-out* 'The meaning'	
292.7	alters⌋ *aft. x'd-out* 'changes'	
292.8	change⌋ *aft. x'd-out* 'social'	
292.10	there⌋ *intrl. w. caret*	
292.10	which⌋ *w. caret ab. x'd-out* 'that'	
292.16–17	the evolutionism⌋ *aft. del.* 'largely'	
292.17	nineteenth⌋ *aft. del.* 'the'	
292.17	doctrine⌋ *added*	
292.19	temporal⌋ *in ink w. caret ab. del.* 'the'	
292.20	processes.⌋ *period added bef. del.* 'themselves.'	
292.22	continuous⌋ *aft. x'd-out* 'a'	
292.23	liberty,⌋ *comma added*	
292.23	their⌋ *intrl. in ink w. caret*	
292.23	intimate connection⌋ *ab. x'd-out* 'relation to social changes'	

292.25   productivity] *aft. del.* 'production and'

292.25   since] *aft. x'd-out* 'durin'

292.28   together.] *period added bef. del.* 'to appreciate the [*bef. x'd-out* 'necessity'] the modification that has occurred in the concrete constitution of individuals ['s' *intrl.*] and freedom'

292.29   temporal] *aft. x'd-out* 'actual change'

292.29   ideas] *aft. x'd-out* 'th'

♯292.29   may] *in ink w. caret ab. del.* 'will'

292.30   facts,] *comma in ink ov. period*

292.30   instead of being opposed to them] *intrl. in ink*

292.31   conceptualism,] *comma added*

292.31   implies] *in ink ab. del.* 'holds'

292.32   concepts] *aft. x'd-out* 'them.'

292.35   in] *ab. x'd-out* 'and'

292.35   their] *alt. in ink fr.* 'the'

292.35 – 36   movement,] *alt. in ink fr.* 'movements'; *comma added*

292.36   and,] *aft. del.* 'they involve,'

292.36   ideas,] *comma added bef. x'd-out* 'as'

292.36   policies,] *comma added*

292.37   increased] *aft. del.* 'development of'

293.1   and a] *in ink w. caret ab. del.* 'or'

293.5   action] *bef. del.* 'that are'

293.8   conditions, while] *comma added bef. del.* 'and'; 'while' *intrl. in ink w. caret*

293.8   policies] *added bef. del.* 'them'

293.9   actual] *intrl.*

293.9 – 10   continuous] *intrl. in ink w. caret*

293.13   the] *intrl. w. caret*

293.14   drastic,] *comma added*

293.14   piece-meal,] *comma added*

293.14   change] *alt. fr.* 'changes'

293.15   an] *in ink ov.* 'the'

293.15 – 16   changing] *intrl. in ink w. caret*

293.16   discloses.] *aft. x'd-out* 'shows to be'; *period added bef. del.* 'to be called for.'

293.25   *method*] *bef. x'd-out* 'of action'

293.28   radicalism] *aft. x'd-out* 'reliance that'

293.30   desired] *intrl. w. caret*

293.30   crucial] *aft. del.* 'the'; *bef. del.* 'thing'

293.31   complete] *aft. x'd-out* 'means'

293.31   the] *intrl. in ink w. caret*

293.32   which] *w. caret ab. x'd-out* 'that'

293.33   that] *intrl. in ink w. caret*

293.34   existing] *aft. x'd-out* 'the'

710

293.34	also] *intrl. in ink w. caret*
293.35	aware] *bef. del.* 'also'
293.35	force,] *comma added*
293.35	*the*] *intrl. in ink w. caret, undrl.*
293.35 – 36	of social change] *intrl. in ink w. caret*
293.36	kind] *alt. fr.* 'kinds'
293.36	that] *intrl. w. caret*
293.38	which] *in ink ov.* 'that'
293.38	that] *intrl. in ink w. caret*
293.40	them,] *comma added*
294.3	have] *bef. penc. del.* 'to'
294.13	present] *intrl. in ink w. caret*
294.13	use] *bef. del.* 'at present'
294.17	direction] *bef. del. comma*
294.21	resist] *bef. intrl. x'd-out* 'social change'
294.21	free] *aft. x'd-out* 'use'
294.22	change,] *comma added*
294.24	the latter] *in ink w. caret ab. del.* 'it'
294.24	its] *in ink ov.* 'the'
294.24 – 25	justification.] *period added bef. del.* 'it can ever possess.'
294.28	all] *aft. x'd-out* 'these meth'
294.28	*are*] *in ink w. caret ab. del.* 'i̲s̲' [*undrl.*] ; *undrl.*
294.35	liberty] *bef. x'd-out* 'are ideas'
294.37	other] *intrl. w. caret*
294.38 – 39	With . . . point,] *intrl. w. caret*
294.39	it] *alt. fr.* 'It'
295.1	intellectual] *bef. del.* 'workers'
295.1	manual] *in ink w. caret ab. del.* 'intellectual'
295.5	state] *aft. x'd-out* 'conditi'
#295.6	presence] *aft. del.* 'the'
295.6	or] *in ink ov.* 'and'
295.7	full] *intrl. w. caret*
295.9	is a] 'a' *intrl. in ink w. caret*
295.9	delusive] *in ink w. caret ab. del.* 'false'

《莫斯科审判》的修改 *711*

327.5	events in] 'in' *alt. in penc. fr.* 'on'
#327.25	& simply] '&' *intrl. in penc.*
#328.23	State ( ] *bef. penc. del.* 'and uses lying, slander and intimidation to bring about this suppression),'
329.10	whole] *alt. in penc. fr.* 'world'
329.11 – 12	in words] *intrl. in penc.*

《艺术的题材》的修改

Alterations in "Subject-Matter in Art"

487.7	relation] *bef. c'd-out* 'to form'
487.7	plastic] *aft. x'd-out* 'form'
487.8	takes] *bef. x'd-out* 'the'
487.11	Drs.] *ab. x'd-out* 'Mr'
487.13	account] *aft. x'd-out* 'views of Dr'
487.15	offers] *aft. x'd-out* 'presents'
487.28 – 29	denies that] *ab. x'd-out* 'says'
487.29	plastic] *aft. x'd-out* 'the value'
487.32	that] *bef. x'd-out* 'he must'
488.1 – 2	subject-matter.] *period ov. comma bef. x'd-out* 'not'
488.3	which] *aft. x'd-out* 'of'; *bef. x'd-out* 'I select one.'
488.4	his] *bef. x'd-out* 'view to'
488.6	thinks] *intrl.*
488.7	provided] *aft. x'd-out* 'given'
488.12	"further] *aft. x'd-out* 'confused the issue'
488.19	A clear] *aft. x'd-out* 'To adopt'
488.22	use] *bef. x'd-out* 'or'
488.24	could] *aft. x'd-out* 'might'
488.24	openly] *intrl.*
488.25	an] *in ink ov.* 'a'
488.25 – 26	expression] *in ink ab. del.* 'development'
♯488.26	Barnes'] *apostrophe added*

行末连字符列表

I. 范本列表

下表列出范本在行末断开的可能的复合词经编辑确立的形式： *712*

12.24	shortsightedness		211.20	subject-matter
14.27	thoroughgoing		212.5 – 6	woodworking
18.32	anti-historic		226.15	self-government
32.32	far-reaching		232.19	short-lived
45.4	thoroughgoing		233.31	thoroughgoing
60.31	counterforce		261.23	cooperation
60.39	non-democratic		263.12	self-sufficiency
63.28	commonplace		268.16 – 17	undernourished
84.30	widespread		279.24 – 25	break-down
92.34	self-contradictory		284.35	law-making
128.8	re-educate		284.35	law-makers
128.25	ultra-nationalism		285.22	underprivileged
130.16	watchwords		290.26 – 27	ready-made
136.38	underprivileged		331.1	frame-up
141.2	coordination		350.2	set-up
162.15	patchwork		360.11	set-up
181.17	self-government		365.8	widespread
181.20	self-government		371.9	so-called
186.10	self-government		389.34	rethink
192.6	subject-matter		393.31	non-rational
199.40	subject-matter		428.17	preformed
205.19	subject-matter		435.7	one-way
208.31 – 32	subject-matter		436.19	ultra-conservatism
209.3 – 4	subject-matter		465.26	tread-mill
210.22	Subject-matter		490.39	interdependence

502.14-15	reenforced	539.10	cooperative
512.39-40	extra-pellicular	543.5	nursery-school
513.13	pacemaker	548.9	readapt
513n.1	well-formed	573.19	overtraining
713 535.21-22	overalls	573.21	overemphasis

II. 校勘文本列表

在文本的复本中,被模棱两可地断开的可能的复合词中的行末连字符多数未予保留,除了以下这些:

14.3	self-government	265.18	re-investments
15.25	self-interest	277.19	deep-seated
27.38	non-competing	279.24	break-down
62.6	non-economic	290.26	ready-made
63.5	self-initiated	291.29	ready-made
74.3	self-inclosed	298.5	far-reaching
95.28	temporo-spatial	306.9	cross-examine
96.27	non-enumerated	312.37	sub-commissions
97.28	non-existential	324.35	world-wide
110.21	non-physically	344.9	counter-attack
147.2	subject-matter	358.29	subject-matter
150.5	by-paths	375.19	full-fledged
150.31	subject-matter	396.10	re-organization
151.27	ready-made	397.16	non-intellectual
155.3	life-work	400.26	pre-existent
164.11	so-called	412.20	re-orientation
180.7	so-called	429.1	one-way
189.4	ever-growing	449.13	over-fluid
191.25	well-being	450.29	short-cut
199.29	so-called	474.2	nature-lore
199.37	subject-matter	488.4	subject-matter
208.31	subject-matter	490.9	well-intentioned
209.3	subject-matter	509.5	Pre-school
211.17	subject-matter	509.14	self-discipline
222.5	non-democratic	512.39	extra-pellicular
226.10	self-government	541.21	on-going
229.28	far-reaching	565.21	self-sufficient
231.39	ever-beckoning	565.28	self-sufficient
249.40	one-sided	573.7	open-minded
262.13	world-wide		

引文校勘

可以认为,杜威引文的实词异文非常重要,因此这个列表非常必要。杜威以不同的方式陈述文献资料,从记忆转用到逐字照搬,在有些地方完整地引用文献,在另一些地方仅仅提到作者的名字,还有一些地方完全省略了文献。除了明显的强调或重述以外,引号内的所有材料都找出来了;对杜威的引文作了证实,必要的地方还作了修改。所有出现在范本中的引文都保留了,没有保留的文字列在校勘表中。因此,有必要把校勘表和这个表结合在一起查阅。

尽管杜威和该时期的其他学者一样,不太关心形式的精确性,但在排印过程中还是有很多引文改动。例如,杜威的引文和原作的比较表明,一些编辑和排字工把杜威的文字和引用文字都按排字惯例改排了。因此,在本版中,来源资料的拼写和大写都得到恢复;这些改动都在修订列表中列出,并用符号 WS(著作——本版——从杜威的引用文献得出的修订)标出。同样,当可能有排字错误和印刷错误时,恢复原始异文的实词改动和临时符号的改动都标为 WS 修订。杜威常常改动或删除引文资料中的标点符号;如果有必要恢复引文资料的标点符号,这些改动也在修订表中列出,并用符号 WS 标出。

杜威往往并没有表明他对引文资料有删节。本表列出了省略掉的短语;如果省略的文字超过一行,就用带括号的省略号[...]标注出来。这里把引文资料中的斜体看作实词。杜威省略的和增加的斜体都在表中列出。

杜威的引文与原文之间的差异,凡是可归因于引文出现的语境的,诸如数字和时态,在这里没有列出。

本节记号按以下格式编排:本版的页行数,后面是条目,然后是括号;括号之后是最初出现的形式,后面接作者的姓氏、杜威的引用文献核对表中的文献标题的简写、引文资料的页行,都放在括号中。

《自由主义与社会行动》

19.27　　freedom of action of any person] liberty of action of any of their number, (Mill, *On Liberty*, 23.22 – 23)

30.28　　Men] Men, however, (Mill, *Logic*, 608.32)

30.30 – 31　　a different kind of substance,] another kind of substance, with different properties;(Mill, *Logic*, 608.34 – 35)

30.31　　oxygen differ] oxygen are different (Mill, *Logic*, 608.35)

30.33 – 34　　of individual men] of the nature of individual man (Mill, *Logic*, 608.39)

30.34 – 35　　men in the social state are] human beings in the social state, are, no doubt, (Mill, *Logic*, 620.1 – 2)

30.35　　psychological] psychological and ethological (Mill, *Logic*, 620.2)

48.3　　doctrines] doctrine (Lief, *Brandeis*, 261.3)

48.38　　wider and] wider, (George, *Political Economy*, 18.32)

48.39　　accomplishment] the accomplishment (George, *Political Economy*, 18.33)

《皮尔士的性质理论》

87.32　　no common quality] in themselves no quality in common (Peirce, *Collected Papers*, 1:282.20)

88.22　　thought] in that of thought (Peirce, *Collected Papers*, 1:230.15)

88.23　　things possess] thing possesses (Peirce, *Collected Papers*, 1:230.17)

88.24 – 25　　conceptualists. A] conceptualists. [...] A (Peirce, *Collected Papers*, 1:230.18 – 20)

88.26　　these] those (Peirce, *Collected Papers*, 1:230.21)

88.34　　*power*] [*rom.*] (Peirce, *Collected Papers*, 1:230.34)

88n.3　　occurs] happens (Peirce, *Collected Papers*, 1:228.29)

89.29　　difference] difference of quality (Peirce, *Collected Papers*, 1:155.11)

89.31　　these vibrations that] those vibrations which (Peirce, *Collected Papers*, 1:155.13 – 14)

90.11　　upon] on (Peirce, *Collected Papers*, 1:232.30)

90.12　　scheme] system (Peirce, *Collected Papers*, 1:232.30)

90.14　　*it*] its isolation (Peirce, *Collected Papers*, 1:232.33)

90.20 – 21　　determinations,] determinations, are mere potentialities, (Peirce, *Collected Papers*, 1:233.4)

90.21　　*refleced upon*] [*rom.*] (Peirce, *Collected Papers*, 1:233.5)

90.22　　*not belong*] [*rom.*] (Peirce, *Collected Papers*, 1:233.6)

91.5　　*partial*] [*rom.*] (Peirce, *Collected Papers*, 1:232.26)

91.36   philosophy] philosophical discussion (Goudge, "Peirce," 534.6)

93.10   present,] present, immediate, fresh, (Peirce, *Collected Papers*, 1: 183.38)

《特征和特性：种类和类》

99.27   whiteness] whiteness, therefore, (Mill, *Logic*, 34.22)

《什么是共相》

106.1 - 2   *idea* of Labour] idea [of Labour] (*Oxford English Dictionary*, 5: 159.2.85)

106.3   thought] thoughts (*Oxford English Dictionary*, 5:159.2.86)

《当今的一个宗教问题》

116.21   is] [*ital.*] (Hughes, "Problems," 215.31)

117.24   responses] response (Hughes, "Problems," 215.44)

《通称命题，种类和类》

118.19 - 20 scholars ... learned] *scholars* are *all the individuals who are learned* (Stebbing, *Logic*, 140.14 - 15)

118.21   *each*] [*rom.*] (Stebbing, *Logic*, 140.16)

118.22   being learned] [*ital.*] (Stebbing, *Logic*, 140.17)

119.3   are about] are directly about (Stebbing, *Logic*, 144.29 - 30)

119.13   being an S and a P] *being an S* and *being a P* (Stebbing, *Logic*, 143. 37)

119.13   them] (1)and (2)(Stebbing, *Logic*, 143.38)   *717*

119.14   S.] [*rom.*] (Stebbing, *Logic*, 143.38)

120.12 - 13 all men are mortal] [*ital.*] (Stebbing, *Logic*, 142.26)

120.15   assertion is true] proposition is significant (Stebbing, *Logic*, 142.28)

120.18   refer] belong (Stebbing, *Logic*, 142.38)

121.13 - 14 *up to the present*] [*rom.*] (Stebbing, *Logic*, 141.8 - 9)

124.4   is] is, then, (Stebbing, *Logic*, 44.11)

124.38   particulars] the particular things (Stebbing, *Logic*, 44.2)

《怀特海的哲学》

146.24   entities. They] entities. [...] that actual entities (Whitehead, *Process and Reality*, 27.31 - 37.2)

146.25   *reasons* for anything] *reasons* (Whitehead, *Process and Reality*, 37.2)

147.9	may] can (Whitehead, *Process and Reality*, 4.27)
147.9 – 10	Here ... shall] By this notion of 'interpretation' I mean that everything of which we are conscious, as enjoyed, perceived, willed, or thought, shall (Whitehead, *Process and Reality*, 4.28 – 30)
147.11	a general] the general (Whitehead, *Process and Reality*, 4.31)
148.18	that] which(Whitehead, *Adventures of Ideas*, 237.24)
148. 19	the description of experience] descriptions of human experience (Whitehead, *Adventures of Ideas*, 237.25 – 26)
148. 20	enter also into the description] also enter into the descriptions (Whitehead, *Adventures of Ideas*, 237.26)
148.38	that] which(Whitehead, *Adventures of Ideas*, 228.4)
149.29	region] region, located (Whitehead, *Adventures of Ideas*, 290.10)
151. 2	each element] everything of which we are conscious, as enjoyed, perceived, willed, or thought, (Whitehead, *Process and Reality*, 4.29 – 30)

《向席勒致敬》

| 156.10 | in] of (Schiller, *Logic for Use*, 75.14) |

《民主对教育的挑战》

181.25	is the deluge.] all is deluge.(Morgan, *Mann*, 143.14)
181.27	preventive] a preventive (Morgan, *Mann*, 132.17)
186.12 – 13	what would have to be done] [*ital.*] (Hogben, *Retreat from Reason*, 81.9)
186.15 – 16	set to] set (Hogben, *Retreat from Reason*, 81.13)
189.8	that] which(Hogben, *Retreat from Reason*, 3.9)
189.10	action] activities (Hogben, *Retreat from Reason*, 3.12)

《〈杜威学校〉：附录 2》

213.1	that] which (Dewey, "Results," 18.4)[*Early Works* 5:204.8]
213.4	for a] for (Dewey, "Results," 18.7) [*Early Works* 5:204.12]
213.6	which] which the application of results of (Dewey, "Results," 18.9 – 10) [*Early Works* 5:204.13]
213. 8	the teacher] teacher (Dewey, "Results," 18. 11) [*Early Works* 5:204.15]
213.8	the child] child (Dewey, "Results," 18.12) [*Early Works* 5:204.16]
213.10	Application] Applications (Dewey, "Results," 18.13) [*Early Works* 5:204.17]
213.14 – 15	"developed,"] or "developed," (Dewey, "Results," 18. 18 – 19) [*Early Works* 5:204.23]

213.19	always are] are always (Dewey, "Results," 18.24) [*Early Works* 5: 205.2]
213.25	coloring—personal,] coloring,—moral (personified (Dewey, "Results," 18.31－32) [*Early Works* 5:205.11]
213.25	characteristic] characters(Dewey, "Results," 18.32) [*Early Works* 5: 205.11]
213.25－26	dramatic] dramatized (Dewey, "Results," 18.32) [*Early Works* 5: 205.11]
213.26	situations, moral,] situations)(Dewey, "Results," 18.32－33) [*Early Works* 5:205.12]
214.1	things in] things for purposes of (Dewey, "Results," 19.16) [*Early Works* 5:205.29]
214.1	activities] activity (Dewey, " Results," 19. 16) [*Early Works* 5:205.29]
214.1	hence] and hence (Dewey, " Results," 19. 16) [*Early Works* 5:205.29]
214.2	with] either with (Dewey, " Results," 19. 17) [*Early Works* 5:205.30－31]
214.2	or] or with (Dewey, "Results," 19.18) [*Early Works* 5:205.31]
214.14	function.] function, what they will do. (Dewey, "Results," 19.29) [*Early Works* 5:206.2]
214.16－17	the school . . . and] [*ital.*] (Dewey, "Results," 19.31－32) [*Early Works* 5:206.4－5]
214.17	to the teacher] *teacher* (Dewey, "Results," 19.32) [*Early Works* 5: 206.5]
214.17－18	the social . . . they] [*ital.*] (Dewey, "Results," 19.32) [*Early Works* 5:206.5－6]
214.18	*live*] *for the time*, live (Dewey, "Results," 19.32－33) [*Early Works* 5:206.6]
214.18	means to] mere means for (Dewey, "Results," 19.33) [*Early Works* 5:206.6]
214.30	Every] In determining the place of thinking in experience we first noted that (Dewey, *Democracy and Education*, 177.10－11) [*Middle Works* 9:158.9－10]
215.12	the problem] a problem (Dewey, *Democracy and Education*, 177.32) [*Middle Works* 9:158.31]
215.31	the relationships] relationships (Dewey, *Democracy and Education*, 164.21) [*Middle Works* 9:147.15]
215.32	leads.] leads up. (Dewey, *Democracy and Education*, 164. 22) [*Middle Works* 9:147.16]

719

《教育，社会组织的基础》

226.14	joyous . . . soul] my whole soul thereto most joyously consenting

(Mann, *Life and Works*, 4:355.4 - 5)

226.16 inherent] the inherent (Mann, *Life and Works*, 4:355.13)
226.17 - 18 self-government ... heresies.] self-government should be regarded not simply with denial, but with abhorrence; (Mann, *Life and Works*, 4: 355.14 - 15)
229.25 party organs] the party press (Mann, *Life and Works*, 4:397.13)
229.25 to reflect] reflect (Mann, *Life and Works*, 4:397.13)
229.25 of] of all (Mann, *Life and Works*, 4:397.13)
229.27 facts, truths,] the truths, facts (Mann, *Life and Works*, 4:397.15)
229.27 the] that(Mann, *Life and Works*, 4:397.16)

《调查委员会首次陈述》

309.1 have also] also have (*Reports of Court Proceedings*, 513.24)

《"真相即将揭开"》

311.4 have also] also have (*Report of Court Proceedings*, 513.24)
318.20 upon] on (*Report of Court Proceedings*, 543.11)

《智力的关键作用》

342.10 is] are (*Social Frontier*, "Indoctrination," 30.1.46)
342.12 relation] relations (*Social Frontier*, "Indoctrination," 30.1.49)

《走向国民教育体系》

359.12 is implied] implies (Randall, "Liberalism," 260.37)
359.13 debate] contemporary debate (Randall, "Liberalism," 260.40)

《阶级斗争与民主道路》

383.55 All] *all* (Childs, "Can Teachers Stay?" 222.1.18)
383.35 tools] in the nature of tools (Childs, "Can Teachers Stay?" 222.1.19)
384.22 *ultimately*] [*rom.*] (Childs, "Can Teachers Stay?" 222.2.16)

《教育中的合理性》

392.22 and] or (Hutchins, *Higher Learning*, 66.9)
392.25 education] any course of study designed for the whole people (Hutchins, *Higher Learning*, 66.19 - 20)
393.2 [which]] it (Hogben, *Retreat from Reason*, 55.31)

393.2   gain] to gain (Hogben, *Retreat from Reason*, 55.31)
393.14   life] human life (Hogben, *Retreat from Reason*, 58.30 – 31)
393.16   tends] hath a tendency (Hogben, *Retreat from Reason*, 81.31)
393n.4 – 5 *Since ... intellectual*] [*rom.*] (Hutchins, *Higher Learning*, 91.2 –   *721*
            3)
393n.6   training] preparation (Hutchins, *Higher Learning*, 91.4)
395.9   and to] and (Hutchins, *Higher Learning*, 81.9)
395.19   data] data may (Hutchins, *Higher Learning*, 109.4)
395.25   are] were (Hutchins, *Higher Learning*, 106.18)
395n.3   studied] it is studied (Hogben, *Retreat from Reason*, 7.30)
395n.4   it] or that it (Hogben, *Retreat from Reason*, 7.32)
395n.6   moves] the moves (Hogben, *Retreat from Reason*, 7.34 – 8.1)
395n.8   that] which (Hogben, *Retreat from Reason*, 8.7)

《哈钦斯校长改造高等教育的建议》

399.4 – 5   are subsidiary] subsidiary (Hutchins, *Higher Learning*, 95.14)

《"美国的高等教育"》

403.26   looks ... Aquinas] [*ital.*] (Hutchins, "Grammar," 137.1.17 – 18)
405.11   fixed and eternal] [*ital.*] (Hutchins, "Grammar," 138.2.18)
405.36 – 37 *under ... reason.*] [*rom.*] (Hutchins, "Grammar," 138.1.29 – 30)

《实用主义的创始人》

424.6   these] those two (Peirce, *Collected Papers*, 5:131.4)

《固有一死的启示》

425.30   *in*] [*rom.*] (Lamont, *Illusion of Immortality*, 240.17)
426.11   do] in effect do (Lamont, *Illusion of Immortality*, 125.24 – 25)

《柏格森论本能》   *722*

429.31   Religion] [*ital.*] (Bergson, *Two Sources*, 112.8)
429.31   is] *is then* (Bergson, *Two Sources*, 112.8)
429.32 – 33 a ... intelligence.] [*ital.*] (Bergson, *Two Sources*, 112.8 – 10)

《自然与人性》

433.2   political-economic] economic-political (Reiser, *Modern Science*, ix.28)

465.26   could] would (Perry, *James*, 1:411.13)

466.14   in every] every (Perry, *James*, 1:10.32)

466.31   free] clear (Perry, *James*, 1:192.7)

466.37   their] to be their (Perry, *James*, 1:170.37)

467.14   behind] [*ital.*] (Perry, *James*, 1:175.35)

467.14   scene] scenes (Perry, *James*, 1:175.35)

467.15   William had] William had the same strain in his being. He had (Perry, *James*, 1:176.8 – 9)

467.21   inveteracy of] inveteracy, often appalling to a nature so incurious as mine in *that* direction, of (Perry, *James*, 1:206.13 – 14)

467.22   effect] effects (Perry, *James*, 1:206.15)

469.7   philosophical] philosophic (Perry, *James*, 1:228.27)

470.36   Surely] But surely (Perry, *James*, 2:68.33)

470.38   professor] [*ital.*] (Perry, *James*, 2:68.35 – 36)

470.39 – 471.1   to have his opinion] have his own opinion (Perry, *James*, 2:68.36 – 69.1)

471.1   *Fach.* He] Fach. […] He (Perry, *James*, 2:69.1 – 4)

471.2   opinion. How] opinion. […] How (Perry, *James*, 2:69.4 – 5)

471.3   four.'Thus] four![…] So (Perry, *James*, 2:69.6 – 9)

471.5   good] so good (Perry, *James*, 2:69.10)

471.5   what] which (Perry, *James*, 2:69.10)

471.19   *deliberately*] [*rom.*] (Perry, *James*, 2:96.16)   *724*

471.21   descriptions] description (Perry, *James*, 2:96.18)

472.2   *doubt*] [*rom.*] (Perry, *James*, 1:343.16)

472.2   questions] subjects (Perry, *James*, 1:343.17)

472.3   criticize] criticize afresh (Perry, *James*, 1:343.17)

472.24   at the] at all the (Perry, *James*, 1:443.15 – 16)

474.17   My] my own (Perry, *James*, 2:358.21)

475.8   will and feeling] feeling and will)(Perry, *James*, 2:329.15)

475.10   union] fusion (Perry, *James*, 2:329.17)

475.12   but] and (Perry, *James*, 2:327.30)

475.12   parts] part (Perry, *James*, 2:327.31)

475.12   hold] to hold (Perry, *James*, 2:327.31)

475.12 – 13   out against] out, and keep itself standing, against (Perry, *James*, 2:327.31 – 32)

475.13   attempt] attempts (Perry, *James*, 2:327.32)

475.13   loquacious] explicit or loquacious (Perry, *James*, 2:327.32 – 33)

476.39   himself] one's self (Perry, *James*, 1:322.24)

476.39 – 40   *total … universe*] [*rom.*] (Perry, *James*, 1:322.25)

476.40   evils] evil (Perry, *James*, 1:322.26)

476.40   seem] seems (Perry, *James*, 1:322.26)

725

《积极的、有弹性的个性》

548.6   promote] beget (NEA, *Implications*, 12.23)

杜威的参考书目

726　　　　这部分提供了杜威所引用的每一篇著作的出版信息。杜威藏书（卡本代尔：南伊利诺伊大学，莫里斯图书馆专藏部，约翰·杜威文集）中的书目尽可能列入下表。如果杜威注明某个文献的页码，我们通过找出引文来确认其版本；关于其他文献，这里列出的版本是最有可能的来源，根据是出版的地点或日期、当时一般可以获得的图书，或者从信件和其他资料中找到的证据。

Abell, Walter. *Representation and Form: A Study of Aesthetic Values in Representational Art*. New York: Charles Scribner's Sons, 1936.

Barnes, Albert C. *The Art in Painting*. 2d ed., rev. and enl. New York: Harcourt, Brace and Co., 1928.

Bentham, Jeremy. *An Introduction to the Principles of Morals and Legislation*. New ed. 2 vols. London: Printed for W. Pickering, 1823.

Bergson, Henri. *Creative Evolution*. Translated by Arthur Mitchell. New York: Henry Holt and Co., 1911.

——. *The Two Sources of Morality and Religion*. Translated by R. Ashley Audra and Cloudesley Brereton. New York: Henry Holt and Co., 1935.

Bingham, Alfred M. *Insurgent America: Revolt of the Middle-Classes*. New York: Harper and Brothers, 1935.

Brameld, Theodore B. "Karl Marx and the American Teacher." *Social Frontier* 2 (November 1935): 53 – 56.

Bryce, James Bryce. *The American Commonwealth*. 2 vols. London: Macmillan and Co., 1888.

Childs, John L. "Can Teachers Stay out of the Class Struggle?" *Social Frontier* 2 (April 1936): 219 – 222.

Christian Century. "Keep Out of Spain!" *Christian Century* 54 (27 January 1937): 104 – 106.

Coulter, John Merle. *Plant Relations: A First Book of Botany*. New York: D.

Appleton and Co. , 1900.

Cowley, Malcolm. "The Record of a Trial." *New Republic* 90 (7 April 1937) : 267 – 270.

Daily Worker. " USSR for World Peace, Troyanovsky Tells Press; Assails Trotzkyists,"24 April 1937, p. 2.

Darwin, Charles. *On the Origin of Species by Means of Natural Selection.* London: John Murray, 1859.

Dewey, John. *A Common Faith*. New Haven: Yale University Press; London: Humphrey Milford, Oxford University Press, 1934. [*The Later Works of John Dewey, 1925 – 1953*, edited by Jo Ann Boydston, 9: 1 – 57. Carbondale and Edwardsville: Southern Illinois University Press, 1986.]

——. *Democracy and Education: An Introduction to the Philosophy of Education.* New York: Macmillan Co. , 1916. [*The Middle Works of John Dewey, 1899 – 1924*, edited by Jo Ann Boydston, Vol. 9. Carbondale and Edwardsville: Southern Illinois University Press, 1980.]

——. *Plan of Organization of the University Primary School*. Privately printed. [Chicago, 1895] , 25 pp. [*The Early Works of John Dewey, 1882 –1898*, edited by Jo Ann Boydston, 5: 223 – 243. Carbondale and Edwardsville: Southern Illinois University Press, 1972.]

——. "Can Education Share in Social Reconstruction?" *Social Frontier* 1 (October 1934): 11 – 12. [*Later Works* 9:205 – 209.]

——. "Characteristics and Characters: Kinds and Classes." *Journal of Philosophy* 33 (7 May 1936): 253 – 261. [*Later Works* 11: 95 – 104.]

——. "Democracy in Education." *Elementary School Teacher* 4 (December 1903): 193 – 204. [*Middle Works* 3:229 – 239.]

——. "Liberalism and Civil Liberties." *Social Frontier* 2 (February 1936): 137 – 138. [*Later Works* 11:372 – 375.]

——. "Liberalism and Equality." *Social Frontier* 2 (January 1936): 105 – 106. [*Later Works* 11: 368 – 371.]

——. "Liberty and Social Control." *Social Frontier* 2 (November 1935):41 – 42. [*Later Works* 11:360 – 363.]

——. "The Meaning of Liberalism." *Social Frontier* 2 (December 1935): 74 – 75. [*Later Works* 11:364 – 367.]

——. "Pedagogy as a University Discipline." Parts 1 and 2. *University* [of Chicago] *Record* 1 (18 and 25 September 1896): 353 – 355, 361 – 363. [*Early Works* 5:281 – 289.]

——. "Rationality in Education." *Social Frontier* 3 (December 1936): 71 – 73. [*Later Works* 11:391 – 396.]

——. "Results of Child-Study Applied to Education." *Transactions of the Illinois Society for Child-Study* 1 (January 1895): 18 – 19. [*Early Works* 5:204 – 206.]

——. "What Are Universals?" *Journal of Philosophy* 33 (21 May 1936): 281 – 288. [*Later Works* 11:105 – 114.]

Dicey, Albert Venn. *Lectures on the Relation between Law and Public Opinion in England during the Nineteenth Century*. 2d ed. London: Macmillan and

727

728

Co., 1914.

Ellis, Havelock. *The New Spirit*. Washington, D. C.: National Home Library Foundation, 1935.

Encyclopaedia of the Social Sciences. Edited by Edwin R. A. Seligman. 15 vols. New York: Macmillan Co., 1930 – 1935.

George, Henry. *The Science of Political Economy*. New ed. London: Henry George Foundation of Great Britain, 1932.

——. *Social Problems*. Garden City, N. Y.: Doubleday, Doran and Co., 1930.

Goudge, Thomas A. "The Views of Charles Peirce on the Given in Experience." *Journal of Philosophy* 32 (26 September 1935): 533 – 544.

Halévy, Elie. *La Formation du radicalisme philosophique*. Vol. 1, *La Jeunesse de Bentham*. Paris: Félix Alcan, 1901.

The Historians of Greece. Vol. 1, *The History of Thucydides*. Translated by Benjamin Jowett. New York: Tandy-Thomas Co., 1909. [Funeral oration of Pericles, pp. 193 – 205.]

Hogben, Lancelot. *The Retreat from Reason*. Conway Memorial Lecture. London: Watts and Co., 1936.

Hughes, Percy. "Current Philosophical Problems." *Journal of Philosophy* 33 (9 April 1936): 212 – 217.

Hutchins, Robert Maynard. *The Higher Learning in America*. New Haven: Yale University Press, 1936.

——. "Grammar, Rhetoric, and Mr. Dewey." *Social Frontier* 3 (February 1937): 137 – 139. [*Later Works* 11:592 – 597.]

Huxley, Julian. *Scientific Research and Social Needs*. London: Watts and Co., 1934.

James, William. *Pragmatism: A New Name for Some Old Ways of Thinking*. New York: Longmans, Green, and Co., 1907.

——. *The Principles of Psychology*. Vol. 2. New York: Henry Holt and Co., 1893.

——. *The Varieties of Religious Experience: A Study in Human Nature*. New York: Longmans, Green, and Co., 1910.

Jensen, Carl Christian. *Seventy Times Seven*. Boston: Lothrop, Lee and Shepard Co., 1935.

Lamont, Corliss. *The Illusion of Immortality*. New York: G. P. Putnam's Sons, 1935.

Lecky, William Edward Hartpole. *History of the Rise and Influence of the Spirit of Rationalism in Europe*. 2 vols. London: Longman, Green, Longman, Roberts and Green, 1865.

Lief, Alfred, ed. *The Social and Economic Views of Mr. Justice Brandeis*. With a foreword by Charles A. Beard. New York: Vanguard Press, 1930.

Lippmann, Walter. *An Inquiry into the Principles of The Good Society*. Boston: Little, Brown and Co., 1937.

——. *The Method of Freedom*. New York: Macmillan Co., 1934.

Locke, John. *An Essay concerning Human Understanding*. In *The Works of John*

Locke, 10th ed. , vols. 1 - 3. London: J. Johnson, 1801.

Mann, Horace. *Horace Mann: His Ideas and Ideals*. Edited by Joy Elmer Morgan. Washington, D.C. : National Home Library Foundation, 1936.

——. "An Oration delivered before the Authorities of the City of Boston, July 4, 1842. "In *Life and Works of Horace Mann*, vol. 4, pp. 341 - 403. Boston: Lee and Shepard, 1891.

Mead, George H. *Mind, Self and Society from the Standpoint of a Social Behaviorist*. Edited by Charles W. Morris. Chicago: University of Chicago Press, 1934.

——. *Movements of Thought in the Nineteenth Century*. Edited by Merritt H. Moore. Chicago: University of Chicago Press, 1936.

Meland, Bernard Eugene. "Mystical Naturalism and Religious Humanism. " *New Humanist* 8 (April-May 1935): 72 - 74. [*Later Works* 11:583 - 587.]

Mill, John Stuart. *Autobiography*. London: Longmans, Green, Reader, and Dyer, 1873.

——. *On Liberty*. New York: Henry Holt and Co. , 1885.

——. *A System of Logic, Ratiocinative and Inductive*. 8th ed. New York: Harper and Brothers, 1874.

Morgan, Joy Elmer, ed. *Horace Mann: His Ideas and Ideals*. Washington, D.C. : National Home Library Foundation, 1936.

National Education Association. *Implications of Social-Economic Goals for Education: A Report of the Committee on Social-Economic Goals of America*. Washington, D.C. : National Education Association, 1937.

National Education Association and Department of Superintendence. Educational Policies Commission. *The Unique Function of Education in American Democracy*. Washington, D.C. : National Education Association, 1937.

Oxford English Dictionary. Oxford: At the Clarendon Press, 1933.

Parkhurst, Helen H. "Culture Work-Rhythms and the Development of Personality. " In *Educational Adaptations in a Changing Society*, edited by E. G. Malherbe, pp. 127 - 131. Capetown and Johannesburg: Juta and Co. , 1937.

Peirce, Charles Sanders. *Collected Papers of Charles Sanders Peirce*. Edited by Charles Hartshorne and Paul Weiss. Vols. 1, 3, and 5. Cambridge, Mass. : Harvard University Press, 1931, 1933, 1934.

Perry, Ralph Barton. *The Thought and Character of William James*.

Vol. 1, *Inheritance and Vocation*. Vol. 2, *Philosophy and Psychology*. Boston: Little, Brown, and Co. , 1935.

Plato. *The Republic*. In *The Dialogues of Plato*, translated by Benjamin Jowett, 2: 1 - 452. Boston: Jefferson Press, 1871.

Randall, John Herman, Jr. "Liberalism as Faith in Intelligence. " *Journal of Philosophy* 32 (9 May 1935): 253 - 264.

Raup, R. Bruce. "Shall We Use the Class Dynamic?" *Social Frontier* 2 (January 1936): 106 - 109.

Reiser, Oliver L. *Philosophy and the Concepts of Modern Science*. New York: Macmillan Co. , 1935.

730

Report of Court Proceedings in the Case of the Anti-Soviet Trotskyite Centre. Moscow: People's Commissariat of Justice of the U.S.S.R., 1937.

Royce, Josiah. *The World and the Individual*. First Series: The Four Historical Conceptions of Being. New York: Macmillan Co., 1900.

——. *The World and the Individual*. Second Series: Nature, Man, and the Moral Order. New York: Macmillan Co., 1901.

Russell, Bertrand. *Religion and Science*. New York: Henry Holt and Co., 1935.

Santayana, George. *The Last Puritan: A Memoir in the Form of a Novel*. New York: Charles Scribner's Sons, 1936.

Schiller, F. C. S. *Formal Logic: A Scientific and Social Problem*. London: Macmillan and Co., 1912.

——. *Logic for Use: An Introduction to the Voluntarist Theory of Knowledge*. New York: Harcourt, Brace and Co., 1930.

——. "Axioms as Postulates." In *Personal Idealism: Philosophical Essays by Eight Members of the University of Oxford*, edited by Henry Sturt, pp. 47 – 133. New York: Macmillan Co., 1902.

——. "On the Conception of 'Ἐν ἐργεια' Ἀκινησίας." *Mind* n.s. 36 (October 1900): 457 – 468.

Slesinger, Zalmen. *Education and the Class Struggle: A Critical Examination of the Liberal Educator's Program for Social Reconstruction*. New York: Covici Friede, 1937.

Social Frontier. "Indoctrination: The Position of The Social Frontier." *Social Frontier* 1 (January 1935): 30 – 33.

Spencer, Herbert. *Social Statics*. Abridged and rev. ed. New York: D. Appleton and Co., 1897.

Spender, Stephen. *Forward from Liberalism*. New York: Random House, 1937.

Stebbing, L. Susan. *A Modern Introduction to Logic*. 2d ed. New York: Humanities Press, 1933.

The Teacher and Society. Edited by William Heard Kilpatrick. First Yearbook of the John Dewey Society. New York: D. Appleton-Century Co., 1937.

Thucydides. *The History of Thucydides*. In *The Historians of Greece*, translated by Benjamin Jowett, vol. 1. New York: Tandy-Thomas Co., 1909. [Funeral oration of Pericles, pp. 193 – 205]

U.S. Department of the Interior. Office of Education. *The Deepening Crisis in Education*. Leaflet no. 44. Washington, D. C.: Government Printing Office, 1933.

Wallas, Graham. "Jeremy Bentham." In *Encyclopaedia of the Social Sciences*, edited by Edwin R. A. Seligman, 2:518 – 519. New York: Macmillan Co., 1930.

Ward, James. Review of William James's *Text-book of Psychology*. *Mind* n.s. 1 (October 1892): 531 – 539.

White, Andrew Dickson. *A History of the Warfare of Science with Theology in Christendom*. 2 vols. New York: D. Appleton and Co., 1896.

Whitehead, Alfred North. *Adventures of Ideas*. New York: Macmillan Co., 1933.

731

——. *Process and Reality: An Essay in Cosmology*. Gifford Lectures Delivered in the University of Edinburgh During the Session 1927－28. New York: Macmillan Co., 1929.

Zola, Émile. *La Vérité en marche*. Paris: Eugène Fasquelle, 1901.

索 引①

---

① 本索引的每个条目后所附的页码均为英文原版书页码，即本书边码。——译者

(Pellegrini and Stirling)，515，《论证与公共讨论》(佩勒格林尼和斯特灵)

Aristotle, xxii, 565, 亚里士多德; Hutchins on, 391, 393, 394 – 395, 400, 407, 592, 593, 594, 哈钦斯论~; on knowledge, 404, 405, ~论知识; on method, 128 – 129, ~论方法; on natural authority, 134, ~论自然权威; on nature of experience, 71 – 75, 83, 论经验的本性; significance of, 401, ~的意义; on universals, 107, ~论共相

Art: 艺术

Abell vs. Barnes on, 487 – 488, 阿贝尔针对巴恩斯论~; children's, 244, 246, 儿童~; decorative, 520 – 525, 装饰~; freedom of expression in, 61, ~表达的自由; mysticism in, 85, ~中的神秘主义; primitive, 244, 522, 原始~; teaching of, 195, 503 – 504, ~教学; tradition of, 117, 523 – 524, ~传统; See also Crafts, 也见：手工艺

Arts in Painting, The (Barnes), 487 – 488, 《绘画艺术》(巴恩斯)

Arts of Renoir, The (Barnes and de Mazia), 501, 《雷诺阿的艺术》(巴恩斯和梅齐亚)

Ascoli, Max, 563, 麦克斯·阿斯科利

Associated Press, 127, 271, 美联社

Attention: 注意力

in children, 213, 儿童的~

Attitudes: 态度

effect of education on, 233, 550, 教育对~的影响

Attribute. See Quality, 属性；参见：性质

Authority: 权威

historical concepts of, 133 – 137, 历史上的~概念; and individuality, 132 – 141, ~和个体性; need for, 134, 136 – 139, 对~的需要; revolt against, 130 – 137, 对~的反抗; scientific vs. Religios, 454 – 460, 科学~vs.宗教~

"Authority and Social Change", xvi, 《权威与社会变化》

Autobiography (Mill), 23, 《自传》(密尔)

Axioms: 公理

as postulate, 155, ~是假定

Backus, Burdette, 583n, 布德蒂·巴库斯

Bacon, Francis: 弗朗西斯·培根

Dewey compared with, xvn, 杜威与~比较; on experience, 76, ~论经验; on goal of science, 393, ~论科学的目标; on knowledge as power, 141, ~论知识就是力量; on methods of inquiry, 52, 53, ~论求知的方法

Bacon, Roger, 76, 罗杰·培根

Badia, Miquel y, Collection (Cooper Union Museum), 520, 巴蒂亚物品(库珀联合会博物馆)

Barnes, Albert C.: 阿尔伯特·C·巴恩斯

on painting, 487 – 488, ~论绘画

Barnes Foundation, Merion, Pa. 501, 505, 巴恩斯基金会，宾夕法尼亚州梅里恩

Beals, Carleton, 313 – 314, 卡尔顿·比尔斯

Beard, Charles A., 250, 603, 查尔斯·A·彼尔德

Beauty, 107, 美

Beliefs: 信念

compartmentalization of, 554, ~的条块划分; the effect of education on, 550, 555 – 556, 教育对~的影响; Greek concept of, 74, 希腊的~概念

Bentham, Jeremy: 杰里米·边沁

contribution to liberalism, 11 – 15, 16, 284, 对自由主义的贡献; political theory of, 28, 32, 50, 80, ~的政治理论

Bergson, Heri, xxiv, 435, 471, 亨利·柏格森; Dewey's criticism of, 431, 杜威对~的批评; on morality and religion, 428 – 430, ~论道德和宗教

Berkeley, George, 91, 乔治·贝克莱

Berlin, Germany, 312, 德国柏林

Berman-Yurin, Konon B. , 311, 322, 602, 科农·鲍里索维奇·贝尔曼-尤林

Bethlehem Steel Company, Bethelem, Pa. 271, 伯利恒钢铁公司, 宾夕法尼亚州伯利恒

Bingham, Alfred M.：阿尔弗雷德·M·宾汉姆

on mordern society, 论现代社会, 438 - 440

Biology：生物学

"organismic" concept in, 511, 512, ～中的 "有机体"概念

Bismark, Otto von, 332, 奥托·冯·俾斯麦

Blakeslee, Howard, 127, 霍华德·布莱克斯利

Bode, Boyd H. , 548, 博伊德·H·博德

Bois de Boulogne, Paris, 322, 布洛涅树林, 巴黎

Bourgeoisie, 54, 59, 383, 资产阶级（中产阶级）

Boyle, Robert, 393, 罗伯特·波义耳

Brameld, Theodore B, 383n, 西奥多·B·布拉梅尔德

Brandis, Louis D. 47 - 48, 374, 路易斯·D·布兰德斯

Broduer, Arthur G. , 530, 亚瑟·G·布洛杜尔

Broun, Heywood, 352, 604, 海伍德·布鲁恩

Browning, William, 530, 威廉·布朗宁

Bryce, James, 184, 詹姆斯·布赖斯

Bukhartsev, Dmitri P. , 322, 603, 迪米崔·帕夫洛维奇·布卡赛夫

Business, 271, 278 - 280, 286 - 287, （工）商业

Butler, Nicholas, Murray, 592, 巴特勒

California, Univeristy of, Berkeley, 530, 加利福尼亚大学伯克利分校

"Can Teachers Stay out the Class Struggle?" (Childs), 383n, 《教师能否置身于阶级斗争之外?》(柴尔德斯)

Capitalism, xxxin, 43, 52, 57, 资本主义；

Bentham on, 438, 边沁论～

Carlyle, Thomas, 19, 442, 托马斯·卡莱尔

Case of Leon Trotsky, *The*, xxviin, 《托洛茨基案》

Catholicism, Roman, 116, 罗马天主教

Causality, 52, 70, 因果性

Censorship, 253, 检查制度

"Challenge of Democracy to Education, The", xvi, 《民主对教育的挑战》

Chamberlin, John R. , 323, 约翰·张伯伦

Charaters：特性

and charaterics, xiv, 96 - 99, 101, 103, 和特征

Chicago, University of, 203, 453, 芝加哥大学

Child and the Curriculum,, *The*, xvii, 《儿童和课程》

Child labor, 21, 童工

Children：儿童

development of, 238 - 241, 243 - 246, 510 - 514, 511, ～的发展; effects of Depression on, 268, 萧条对～的影响; emotion of, 200, ～的情感; interaction with environment, 512 - 513, ～与环境的相互作用; needs and tendencies of, 194, ～的需要和倾向; relation to adults, 209, 213, ～与成年人的关系

Children's Bureau, 268, 儿童局

Childs, John L. , 383n, 约翰·L·柴尔德斯

China, 184, 中国

Chocorua, N. H. , 465, 乔科卢, 新罕布什尔州

Christian Century, 527, 《基督教世纪》

Christianity：基督教

authority of, 130, 134 - 135, ～的权威; James on, 373, 詹姆斯论～; and morality, 75, ～和道德

Churchman, 530, 《教士》

Citizenship, 229, 378, 公民（素质）

City College of New York, 530 - 531, 纽约市

Comunist Manifesto，*The*，54，59，《共产党宣言》

Communists：共产主义者

on class struggle，383，485；～论阶级斗争；on revolution，59，～论革命；rights of，598，～的权利；tactics of，324，333 - 334，～的策略

Community：社区（共同体）

future role of，540 - 541，～的未来作用

Compton，Karl T.，567*n*，568，570，573，575 - 576，579，580，卡尔・T・康普顿

Comte，Auguste，xv*n*，24，48，奥古斯特・孔德

Connat，James B，127，詹姆斯・B・科南

Conceptualism，112 - 113，概念论

Conditions：条件

logical vs. existential，95，逻辑的～vs. 存在的～

Conduct：行为

effect on education of，555 - 556，对教育～的影响

Congress of Industrial Organizations（CIO），333，产业工会联合会

Consciousness，stream of，506 - 507，意识，～流

Consequences：后果

as criterion for judgment，15，～作为判断标准

Conservation：保护

of nature，xxi-xxii，232，251，自然的～

Conservatives：保守派

influence education，410；影响教育；reaction to change，133，409，对变化的反动

Contradiction：矛盾

in proposition，121 and *n*，命题的～

Cooper，Peter，520，彼得・库珀

Cooperation：合作

in business，44，277 - 280，工商业～；in democracy，417，546，民主中的～；

necessary for social development，49；～为社会发展所必需；need for international economic，261 - 264，国际经济～的需要；in science，51，277 - 279，在科学中的～

Cooper Union Museum for the Arts of Decoration，New York City，520 - 521，522，524 - 525，纽约市库珀联合会装饰艺术博物馆

Copenhagen，Demark，322，326，330，丹麦哥本哈根

Copernicus，Nicholas，552 - 553，尼古拉斯・哥白尼

Corcoran，Patrick J.，327，333，604，帕特里克・J・科科伦

Cornell，Ezra，173，艾兹拉・康奈尔

Corry，Homer C，567*n*，571，574，578，荷马・C・考瑞

Cowley，Malcolm，318，马尔科姆・考利

Coyoacan，xxvi，311，墨西哥科瑶坎区

Crafts，69 - 70，108，手工艺

Creative Evolution（Bergson），428，《创造进化论》（柏格森）

Culture：文化

foundations of，193，367，～的基础；teaching of，115 - 116，573；～的教育；traditions of，117，～的传统

Curiosity：好奇心

in children，213，儿童的～

Curriculum：课程

charateristics of，185 - 189，242，～的特征；emphasis in，555 - 556，～的强调；subjects in，185，394，395，406，～中的科目；theory of，207 - 212，～理论

Custom：习俗

effects of education on，230 - 234，教育对～的影响；Greek concept of，70，73 - 74，希腊～概念；social effects of，36，133 - 134，379，～的社会结果

Darwin，Charles，33，查尔斯・达尔文

xiii-xiv,科学对～的影响；historical conceptions of,69－83,历史上的～概念；Hutchins on,393,399,哈钦斯论～；as interaction,501,～作为相互作用；James on,475,477,詹姆斯论～；Peirce on,86－94,481,皮尔士论～；pragmatic conception of,82－83,实用主义的～概念；Whitehead on,146,147－149,151,152,153,怀特海论～

Experimentation：实验

applied in education,194,202－203,206,～应用在教育上；applied in social problems,55－56,58,61,64n,145,292－293,383,～应用在社会问题上；Bentham on,13,边沁论～；imagination in,82,～中的想象；learning by,238,通过～学习；*See also* Scientific method,也见：科学方法

Failure：失败

in learning,240－241,学习中的～

Family：家庭

as educative institution,538,～作为教育机构；effects of Depression on,268,大萧条对～的影响

Farady,Michael,279,法拉第,迈克尔

Farmers：农民

as worker,160,～作为工人

Facism：法西斯主义

adherents of,60,164,～的信徒；Bingham on,440,宾汉姆论～；vs. communism,64,187,495,～vs. 共产主义；danger of,328,528,536－537,～的危险；Hutchins on,596,哈钦斯论～

Feudalism,283,365,封建主义

Finerty,John F.,313,314,315,323,602,约翰·F·芬纳蒂

Formal Logic（Schiller）,156,《形式逻辑》（席勒）

Forward from Liberalism（Spender）,496－

498,《从自由主义向前走》（斯本德）

"Forward Wiew",xviii*n*,《展望》

France,10,79,520,法国

Franchise,公民权。*See* Suffrage,见选举权

"Freedom",xxii*n*,《自由》

Freedom：自由

academic,376－379,570,571,572,学术～；and authority,130－131,136－145,～和权威；and collective well-being,191－192,～和集体福利；compatible with security,532,～与安全相容；cultural,294－295,文化～；economic,26－27,138－139,142－143,249－252,254,258,283,284,290,496,经济的～；of expression,46－48,61,269,270,272,290,表达的～；forces contrary to,247－255,反对～的力量；lack of,in Soviet Union,332,苏联缺乏～；Lippmann on,258－259,李普曼论～；Russell on 455－456,罗素论～；Social achievement of,24,～的社会成就；of thought,xxx,47－48,142－143,220,253,270,290,344,375,思想的；*See also* Liberty,也见：自由

Freeman,James E.,530,詹姆斯·E·弗里曼

Frech Rvolution,7,80－81,368,法国革命

Froebel,Friedrich W. A.：弗里德里希·W·A·福禄贝尔

on education through play,244,～论通过玩耍进行教育

Fry,Elizabeth,18,伊丽莎白·弗赖

"Future of Liberalism,The",xxiv,《自由主义的将来》

Geography：地理学

teaching of,214,～的教学

George,Henry：亨利·乔治

considered radical,286,被看作激进分子；on social development,xxiv,48,57,～论社会发展

Germany：德国

philosophy of，80，～哲学；relation with Soviet Union，332，～与苏联的关系；situation in，277，296，305，355，356，357，519，～的形势

Gifford，Walter S.，271，601，沃尔特·S·吉福德

Gilbreth，Lillian H.，567n，569，573 - 574，576，莉莲·H·吉尔伯莱斯

Gilson，Étienne，127n，艾提尼·吉尔松

Glory and the Dream，*The*（Manchester），xi，《光荣和梦想》（曼彻斯特）

Goebels，Paul J.，296，保罗·J·戈培尔

Goudge，Thomas A.：托马斯·A·古奇

on Peirce，86 - 94，～论皮尔士，

Government：政府

authoritarian，219，220，223，247，357，493，495，532，集权～；democratic，25，28，50 - 52，60，135，248，288，296，389，民主～；history of，283 - 287，289 - 290，365，372 - 373，～的历史；Mann on，226 - 227，387，曼论～；relation of，to governed，11，20 - 21，221，280，294，538，549，～与被统治者的关系；responds to Depression，268，276，～对大萧条的反应；teaching of，185 - 186，政府知识的教学；*See also* Politics，也见：政治（学）

G.P.U.，328，604，格别乌，苏联国家政治保卫局

"Grammar，Rhetoric，and Mr. Dewey"（Hutchins），592 - 597，《语法，修辞和杜威先生》（哈钦斯）

Great Britain：大不列颠

education in，356，～的教育；government of，265，289，372，496，～政府；history of liberalism in，xxviii，6 - 15，17 - 18，282 - 284，290，～自由主义的历史；Marx on，59n，马克思论～；philosophy of，76 - 80，155，～的哲学

Greek philosophy，6，69 - 75，希腊哲学；*See*

also Aristotle；Plato，也见：亚里士多德；柏拉图

Green，Thomas Hill，xxviii，19 - 20，托马斯·希尔·格林

Growth：*A Study of Johnny and Jimmy*（McGraw），510 - 514，《成长：琼尼和吉米研究》（麦克洛）

Habbit：习惯

development of，230 - 234，513，～的发展；Greek conception of，70，71，73 - 74，希腊的～概念；Perice on，107 - 108，皮尔士论～；social effects of，36，133 - 134，379，～的社会后果

Hall，G. Stanley，243，G·斯坦利·霍尔

Hamilton，Alexander，372，亚历山大·汉密尔顿

Hand，learned，592，手，学会的～

Happiness，12，幸福；*See also* Utility，principle of，也见：功利，～原则

Hartshorne，Charles，484，查尔斯·哈特肖恩

Harvard Univeristy，127，129，484，488，哈佛大学

Harvey，William，279，威廉·哈维

Hawthorne，442 - 443，纳沙尼尔·霍桑

Haydon，A. Eustace：A·尤斯塔斯·海东

on mystical naturalism，583 - 584，～论神秘自然主义，

Hearst，William Randolph：威廉·伦道夫·赫斯特

attacks education，165，344，351，378，～攻击教育；journalism of，269，～的新闻工作

Hegel，Georg Wilhelm Friedrich，xxv，400，格奥尔格·威廉·弗里德里希·黑格尔；on dialetics，33，51，55，60，～论辩证法

Helmholtz，Hermann ludwig Ferdinand von，279，赫曼·路德维格·费迪南德·冯·赫尔姆霍兹

经济～；ideal of, 21 - 22, 167, 168 - 170, 297，～理想

Liberty League, 26, 167, 270, 286, 290 - 291, 362, 489，自由同盟

Life and Mind of John Dewey, The (Dykhuizen), xxiiin, xxxin，《约翰·杜威的生平与思想》(戴奎真)

Lincoln, Abraham, 64, 377，亚伯罕姆·林肯

Linville, Henry Richardson, 380 - 381，亨利·理查德森·林维尔

Lippmann, Walter：沃尔特·李普曼
on freedom, 258，～论自由；on good society, 489 - 495，论良好社会

Literacy, 51, 227, 231, 388，读写知识

Literature, 61, 506 - 507, 556，文学

Livinstone, Richard W., 592，理查德·W·利文斯顿

Locke, John, xvn, 592，约翰·洛克；contribution to liberalism, 6 - 9, 16，～对自由主义的贡献；on experience, 76 - 80, 91 - 92, 94，论经验

Logic, 81, 155, 394，逻辑；formal, 102, 150 - 151, 156，形式～；Peirce on, 422 - 423, 483，皮尔士论～；of propositions, 118 - 126，命题的～；subject-matter of, 108n, 113，～的题材

Loigical positivism, 113，逻辑实证主义

Logic for Use (Schiller), 156，《应用逻辑》(席勒)

Logic：The Theory of Inquiry, xiv，《逻辑：探究的理论》

Looking Forward：1937 (Laidler), 517，《展望:1937》(莱德勒)

Looking Forward：1938 (Laidler), 519，《展望:1938》(莱德勒)

Lurye, Moissei I., 322, 602，莫塞·I·鲁耶

Lurye, Nathan L., 322, 603，那森·L·鲁耶

Lusk Laws, 380，卢斯克法案

MacArthur, Douglas, xi，道格拉斯·麦克阿瑟

Macaulay, Zachary, 18，圣扎迦利·麦考利

Magna Carta, 372，大宪章

Malinowski, Bronislaw, 127n，布劳内斯罗·马林诺夫斯基

Man：人
belief of, 554，～的信念；nature of, 84, 139, 246, 279, 586 - 587，～的本质

Manchester, William, xin，威廉·曼彻斯特

Mann, Horace, 232, 237, 545, 578，霍拉斯·曼；Conferece (Antioch College), 567，～大会(安提阿学院)；on education, 181 - 182, 226 - 227, 229, 231, 388，～论教育；as founder of public schools, 387 - 390, 409, 579，～作为公立学校的创建者；on governmetn, 226 - 227, 248, 387，～论政府；influence on Dewey, xvi-xvii，～对杜威的影响

"Man of sentiment", 282，"多愁善感的人"

Marx, Karl, 190, 259, 293, 400，马克思，卡尔；social theory of, 27, 33, 59n, 292, 439，～的社会理论

Marxism：马克思主义
class concept in, 331, 383 - 384, 439 - 440, 498, 594，～的阶级概念；*See also* Communism，也见：共产主义

Mathematics：数学
Greek conception of, 70, 75，希腊～概念；method of, 77 - 78, 98, 150, 153，～的方法；teaching of, 214, 395，～的教学

Maxwell, James Clerk, 279，詹姆斯·克拉克·麦克斯韦

Mead, George Herbert：乔治·赫伯特·米德
writings of, xxiv, 450 - 453，～的著作

Means：手段
relation of ends to, 62, 259，目的与～的关系

Meland, Bernard E.：伯纳德·E·米兰德
Dewey's critique of, xv, 84 - 85，杜威对～

的批评；on mythical naturalism, 583 -
587，～论神秘自然主义

Memory, 71,73,148,记忆

Mental Hygiene, 543,心理卫生学

Metaphysics：形而上学
Hutchins on, 395,406 - 407,596,哈钦斯
论～；Peirce on, 86,89n, 93 - 94,皮尔士
论～

Method, 146, 150 - 154,151n, 510 - 514,
方法

Method of Freedom，*The* (Lippmann), 258,
《自由的方法》(李普曼)

Mexico City, Mexico, 310,墨西哥,墨西哥市

Mill, James：詹姆斯·密尔
as empiricist, 78,81,～作为经验主义者；
influence on liberalism, 11,19,～对自由主
义的影响

Mill, John Steuard：约翰·斯图亚特·密尔
empiricism of, 80,81,128,～的经验主义；
life of, 23 - 24, 30,～的生平；logical
theory of, 30,95,99 - 101,118,126,～的
逻辑理论；social theory of, 11, 19,
30 - 32,～的社会理论

Mind, 77,79,88,156,心灵

Mind, Self and Society (Mead), 451,《心
灵、自我和社会》(米德)

Minneapolis, Minn.，327,333,明尼苏达州,
明尼阿波利斯

Modern Man's Worship (Meland), 583n,
《现代人的崇拜》(米兰德)

Modes of Thought (Whitehead), xv and n,
《思想方式》(怀特海)

Monist，421,《一元论者》

Montaigne, Michel E.，77,米歇尔·E·
蒙田

Mooley, Thomas J.，305,306,317,托马斯·
J·穆尼

Moore, Merritt H.，452,梅里特·H·摩尔

Morals, 11,72,75,77 - 78,道德

More, Hannah, 18,汉娜·摩尔

Morgan, Joy Elmer, 567n,乔伊·埃尔默·
摩根

Moscow trials (1936 - 1937), 306,309,310,
311,莫斯科审判(1936 - 1937；Cowley on,
318,考利论；as frame - ups, 315, 321 -
325,330 - 331,～作为陷害；significance
of, 326 - 329,331 - 336,～的意义

*Movements of Thought in the Nineteenth
Century* (Mead), 451 - 453,《19 世纪思想
运动》(米德)

Munitions, 263,军需品

Muralov, Nikolai L. 322,603,尼克莱·I·
穆拉洛夫

Museum, 521 - 525,博物馆

Mussolini, Benito, 190,259,276,293,400,
601,班尼托·墨索里尼

"Mystical Naturalism and Religious
Humanism" (Meland), 583 - 587,《神秘自
然主义和宗教人本主义》(米兰德)

Napoleon, Bonaparte, 290,波拿巴·拿破仑

National Association of Science Writers, 127,
美国科学家协会

National Education Association, 217n, 345,
533 - 534,533n, 美国教育协会

Nationalism, 252,459 - 460,574 - 575,民族
主义

National Press Club, 319,美国记者俱乐部

National Self Governemt committee, 516,美
国自治委员会

Naturalism, 153,554,自然主义；mystical,
84 - 85,583 - 587,神秘的～

Nature：自然
empiricist view of, 79,552 - 553,经验主义
的～观；laws of, 111 - 112,～律；man's
relation to, 84 - 85, 230 - 232, 250 -
251,人与～的关系；Whitehead on,
147,148,149,151,152,怀特海论～

Nazism, 296,344,400,纳粹

Necessity：必然性

进；social effects of，28，54，57，62，522 - 523，524，～的社会后果

Progressive Education Association 593，进步教育协会

Porletariat，5，60，无产阶级；communists on，42，331，383，498，共产主义者论～

Propaganda，51，344，576 - 578，宣传

Property：财产

private，7，8，53 - 54，549，私有～

Propositional function，122，命题函项

Propositions：命题

existential，103，存在～；general，118 - 119，120 - 121，123，通称～；generic，101 - 104，119 - 120，124 - 125，种类～；hypothetical，95 - 96，99，101 - 104，118 - 120，122，124，假言～；singular，101 - 102，103，122 - 123，单称～；universal，96 - 97，96n，99 - 104，119，120，124，125，全称的～

Protestianism，116，474，新教

Psychology，14，461，心理学；associational，32，76 - 80，81，联想～；contemporary，83，187，434，506，511，当代～；of education，203 - 204，580，教育～

Puritanism，446，清教徒

Pyatakov，Yuri L.，311，312，322，603，尤里·L·皮达可夫

Quality：性质

included in universals，107，共相包含的～；nature of，95 - 101，～的本质；not in definitions，113，～不在定义之中；Peirce on，xiv，86 - 94，皮尔士论～

Quest of the Ages，The（Haydon），583 - 584，《时代的寻求》（海东）

Radek，Karl B，312，318，322，603，卡尔·B·雷戴克

Radicalism：激进主义

ends of，xii，298 - 299，～的目的；and liberalism，287，293，～和自由主义

Randall，Hohn H，359，小约翰·H·兰德尔

Rationalism，77，146，147，150，理性主义

"Rationality，Activity，and Faith"（James），473，《理性、活动和信仰》（詹姆斯）

Rationalization：理性化

as response to change，41 - 42，作为对变化的反应

Raup，R. Bruce，385，R·布鲁斯·劳普

Reactionaries，xii，63，反动派；respond to change，409，412 - 413，～对变化的回应；use of force by，294，379，～使用武力；

Reading：阅读

teaching of，213，240，～的教学

Realism：实在论

logical，108n，111 - 112，149，逻辑～

Reason：理性

conception of，7，9，17，20，72 - 76，282，403，～的观念；Hogben on，391 - 392，402，404 - 405，霍格本论～；as reasonableness，565 - 566，作为合理性

Reasoning，215，推理

Reconstruction Finance Corporation，286，339，复兴金融公司

Reconstruction in Philosophy，596 - 597，《哲学的改造》

Reflexes，513，反射

Reid，Herbert A.，487，赫伯特·A·里德

Reiser，Oliver L.奥利弗士·L·瑞泽

Dewey's criticism of，435 - 437，杜威对～的批评；on science and philosophy，432 - 436，～论科学和哲学

Religion，xv，283，549，宗教；Bergson on，428 - 430，431，柏格森论～；conflict of science with，135，141 - 142，552，科学与～的冲突；humanism in，84 - 85，583n，584 - 587，～中的人本主义；James on，474 - 475，476，詹姆斯论～；Lamont on，425 - 427，拉蒙特论～；problem in，115 - 117，～中的问题；Reiser on，435，436，瑞

全》（阿奎那）

Suppression，218－219，压制

Syllogism，101，三段论

Symbols：符号
  child's use of, 241－242,245－246,儿童对的～使用; in logic, 112,122－123,逻辑中的～; in politics, xxx, 51,政治学中的～

Sympathy, 11,282,同情

System of Logic（Mill），30,99*n*,128,《逻辑体系》（密尔）

Tacitus, Cornelius, 460,科尼利厄斯·塔西陀

Tariffs, 261,关税

Taxation, 265－267,征税

"Teacher and the Public, The", xix*n*,《教师和大众》

Teachers, 162,268,529,教师; administrative participation of, 222－224,345,358,～的行政参与; economic status of, 348－349,～的经济状态; freedom of, 376,378,～的自由; at Laboratory School, 196－200,～在实验学校; liberal, 485－486,自由的～; organization of, 236,348－352,359,380,533,～的组织; preparation of, 389,544－545,580,～的准备; social respossibility of, xviii-xix, 340－341,342,344,537,547,～的社会责任; as workers, 158－160,～作为工人。*See also* School, 也见学校

Teachers Union, 380,教师工会

Teaching：教学
  method of, 199,222－223,240－241,557－559,580,～方法; as profession, 540－546,～作为职业

Technology：技术 advances in, 275－276,～的进步; demands of, 162－163,对～的需求; social effects of, 42,53－54,57－58,62－63,143,261,343,457－460,～的社会后果

Tennessee Valley Authority, 257,田纳西河流域管理局

Tercentenary Conference in Arts and Sciences（Harvard Univeristy），127,（哈佛大学）文理学部三百年庆典大会

Terms, 97－98,100－101,词项（词语）

Thomas, Norman, xxxiii, 526,诺曼·托马斯

Thomas, Wendelin, 323,文德林·托马斯

Thought and Character of William James, The（Perry），441－445,464－478,《威廉·詹姆斯的思想和性格》（佩里）

Tocqueville, Alexis de, 592,亚历克斯·德·托克维尔

Trade：贸易
  European, 261－264,欧洲～

Tradition, 132,133－134 传统

Transportations, 168－169,261,运输

Tresca, Carlo, 323,卡罗·特雷斯卡

Trotsky, Leon：列夫·托洛茨基
  archives of, 312,～档案; beliefs of, 318,319,323,334－335,～的信念; charges against, 305,307－308,315,317,318,321－323,326,329,330,604,针对～的指控; defense of, xxvi-xxvii, 307－309,324,598－599,～的辩护; testimony of, 310－313,～的证词; *See also* American Committee for the Defense of Leon Trotsky; Commission of Inquiry into the Charges Made against Leon Trotsky in the Moscow Trials, 也见：列夫·托洛茨基案美国辩护委员会; 莫斯科审判对托洛茨基的指控调查委员会

Trotsky, Leon Sedov：列夫·西道夫·托洛茨基
  charges against, 312,321－322,326,330,针对～的指控; defense of, 307－309,602,～的辩护

Trotsky, Natalia I. Sedov-, 312,纳塔莉亚·I·西道夫·托洛茨基

Trotskyism，324，327，托洛茨基主义

Troyanovsky, Alexander A.，316，319 - 320，亚历山大·A·特洛亚诺夫斯基

Truth：真理

in logic，155，156，157，逻辑的～；in science，277，551，科学中的～

Truths. *See* Principles，真理；参见：原则

Two Sources of Morality and Religion，*The* (Bergson)，428 - 431，《道德与宗教的两个起源》（柏格森）

Ukraine, Soviet Union，509，苏联乌克兰

Unemployment：失业

effects of，275，～的后果；relief for，257，266 - 267，601，～救助；suppressed facts about，270 - 271，掩盖～的事实；of young，340，353 - 354，年轻人～；*See also* Depression，也见：大萧条

Union party，526，联合党

Unions：联合（工会）

Teachers，349 - 352，380，教师～

Unique function of Education in American Democracy，*The*，(National Education Assoication and Department of Superintendence, Educational Policis Committee) 250 and *n*，《教育在美国民主中的独特作用》（美国教育协会和校长部，教育政策委员会）

United States：美国

Bill of Rights，220，253，372 - 373，～人权法案；Constitution，8 and *n*，16，46，372 - 373，374，377，589，～宪法；Declaration of Independence，7，16，167，169，373，～独立宣言；economy of，232，262 - 263，～经济；education in，172 - 173，229 - 235，356 - 359，364，535，～教育；foreign relations of，247 - 248，328，527 - 528，～的外交关系；government of，48，60，265 - 267，～政府；hisotry of，230，232 - 233，248 - 249，387 - 389，～历史；ideals of，167 - 170，247 - 255，535，536，

547，～理想；liberalism in，15 - 16，18，285 - 286，～自由主义；social problems in，297，357，517，～社会问题；social structure of，59*n*，266，274 - 281，535 - 536，～社会结构；Trotsky inquiry significant for，326 - 329，333 - 334，托洛茨基案调查对～有意义

"United, We Shall Stand"，xix*n*，《联合起来，我们屹立不倒》

Universality：普遍性

of qualities，86 - 89，性质的～

Universal：共相

and characters，97 - 98，103，～和特性；includes qualities，107，～包括性质；related to individuals，109 - 110，～与个体相关；theories of，111 - 113，～理论

Urbanization，55，56，208，249，城市化

Uitlitarianism：功利主义

contribution to liberalism，11 - 15，～对自由主义的贡献

Utility, principle of，12 - 13，16，28，50，284，功利，～原则

Value，461，462，价值

Varieties of Religious Experience，*The* (James)，474 - 475，《宗教经验的多样性》（詹姆斯）

Veblen, Thorstein B.，271，索斯坦·B·维布伦

Violence：暴力

as means for social change，xxi，45 - 46，55 - 56，58 - 61，65，170，250 - 260，266，287 - 288，293 - 294，378 - 379，作为社会变化的手段

Virginia, University of，3，弗吉尼亚大学

Virtue：美德

Mann on，227，388，曼论～；speculative vs. practical，404 - 405，思辨～与实践～

Voluntarism，156，唯意志论

Vyshinsky, Andrei Y.，308 - 309，311，323，

326,330,603,安德烈·Y·维辛斯基

《自由主义与社会行动》第一版页码对照

下表是《自由主义与社会行动》1935 年版（G·P·普特南出版公司出版）的页码 与本版页码的对照，冒号之前是 1935 年版的页码；冒号之后是当前版本的相应页码。

vii:3	23:19	47:35	71:50 – 51
vii:3	24:19 – 20	48:35 – 36	72:51
1:5	25:20 – 21	49:36 – 37	73:51 – 52
2:5 – 6	26:21	50:37	74:52 – 53
3:6	27:21 – 22	51:37 – 38	75:53
4:6 – 7	28:23	52:38 – 39	76:53 – 54
5:7 – 8	29:23 – 24	53:39	77:54 – 55
6:8	30:24	54:39 – 40	78:55
7:8 – 9	31:24 – 25	55:40	79:55 – 56
8:9 – 10	32:25 – 26	56:41	80:56 – 57
9:10	33:26	57:41 – 42	81:57
10:10 – 11	34:26 – 27	58:42	82:57 – 58
11:11 – 12	35:27 – 28	59:42 – 43	83:58 – 59
12:12	36:28	60:43 – 44	84:59
13:12 – 13	37:28 – 29	61:44	85:59 – 60
14:13 – 14	38:29 – 30	62:44 – 45	86:60 – 61
15:14	39:30	63:45 – 46	87:61
16:14 – 15	40:30 – 31	64:46	88:61 – 62
17:15	41:31	65:46 – 47	89:62 – 63
18:15 – 16	42:31 – 32	66:47 – 48	90:63
19:16 – 17	43:32 – 33	67:48	91:63 – 64
20:17	44:33	68:48 – 49	92:64
21:17 – 18	45:33 – 34	69:49 – 50	93:64 – 65
22:18 – 19	46:34 – 35	70:50	

译后记

    写这个"译后记",我的心情复杂。从复旦大学哲学学院刘放桐教授和汪家教授那里接受《杜威晚期著作》第11卷翻译任务迄今,我已记不清过去了几个春秋;其间,也记不清华东师范大学出版社的编辑催促过多少次,由于交稿的时间一拖再拖,我实在感到"亚历山大"。如今,终于完成了这部著作的翻译工作,压在心头的一座大山总算可以搬走了。有感于这几年来为此付出的辛勤劳动,有感于杜威的思想和人品,应该写个后记有所交代。于是,便有了这个"译后记"。

    虽然杜威不知道世上有我这个译者,但我却与杜威有着密切的关系。1920年,杜威到中国讲学,虽然主要在北京,但也访问了其他省市。1920年11月,他访问武汉,应邀在国立武昌高等师范学校作了演讲。讲学的内容是什么,我没有掌握任何资料。然而,我以为,武汉大学哲学系的建立,与杜威的访问也许有些关系。从1920年底到1922年,不过一年多的时间,武昌高师就正式建立了教育哲学系并招收了第一届学生;而这个新建的系,正好是杜威最有影响的两个领域,即哲学和教育学。后来,武昌高师及其教育哲学系几经改名,这就是武汉大学哲学学院的来历。

    我从1982年2月起,师从江天骥教授学习英美分析哲学。其间少不了读一些实用主义的著作,最初读了皮尔士的一些文章,大概因为皮尔士与分析哲学渊源更深一些。阅读实用主义哲学家的原著,使我重新认识了实用主义。后来因为看到罗素对詹姆斯和杜威大加赞赏,就找了一些詹姆斯和杜威的著作来读。我对皮尔士最深的印象,是他先于波普很多年阐述了猜想与反驳的证伪主义科学方法论;而对杜威记忆最深的,是他下面的一段话。针对罗素的批评——"在美国,真理之爱被商业主义所淹没,而实用主义就是商业主义的哲学表达",杜威回答说:"让我们有勇气说,商业本身是高尚的事情。它是交往、交换、交流、分配,共享那些原本不可企及的、私有的东西。商业主义同一切主义一样,是邪恶的。"①杜威最让我感动的事情是:他以 77 岁的高龄,担任托洛茨基案美国辩护委员会主席。虽然他与托洛茨基持有完全不同的政治立场,但为了调查真相,他克服了重重的困难和阻碍。托洛茨基案调查的意义,与杜威的思想和学说一样,远远地超出了国界。

关于杜威的思想和生平,国内国外的研究甚多;与他们相比,我只能算粗知皮毛,因此没有资格也没有胆量妄作议论。我初次知道杜威这个名字,是在读大学一年级的时候。那是 1978 年,党的十一届三中全会还没有召开,思想解放的程度还不高。那些年,杜威及其实用主义一直是帝国主义腐朽、堕落、反动哲学的代表,是思想领域的凶恶敌人。如今,随着思想解放的深入和国内学术的发展,对实用主义和杜威的研究已经由政治批判转向文本研究和客观评价了。

写到这里,我想起一个小故事。大三的时候,我的一个同班同学在火车上与一个美国人坐在一起。那时候,大学的英语教育以阅读为主,没有任何音像设备,英语的听、说能力都不太好。这个同学想与美国人谈谈杜威,由于英语口语不好,他把杜威的汉语发音变成英语的调子说出来。这个美国人疑惑了好久,始终搞不清杜威是谁。当然,有可能那个美国人对杜威也是一无所知。

《杜威晚期著作》第 11 卷收录的杜威著述发表于 1935—1937 年间,虽然文体驳杂,有专著、论文、散文、杂文、书评、报告等多种,但主题是集中的。如果要找出几个关键词的话,首选应该是"自由"、"民主"、"教育"。杜威专家约翰·J·麦克德谟特教授为本卷撰写了非常精彩的导言,介绍了杜威撰写和发表这些著作的时代背景及其思想和活动的主要特点。我在这里没有必要画蛇添足。

几年来,这部著作的翻译工作可谓是"一波三折"。当初接受翻译任务以后,由于本人公务繁忙,于是请两位年轻的同事一起翻译。一位同事由于教学任务太重,一直没有动笔翻译;另一位同事是潘磊博士,他因为要开新课,就转请在读博士生熊文娴女士翻译。所以,熊文娴博士翻译了书稿的大部分。有一位同事

---

① The Essential Dewey, vol. 1, ed. by Larry A. Hickman and Thomas M. Alexander, Indiana University Press, 1988, p. 31.

由于一直没有交稿，我只好另请喻郭飞、李楠博士翻译。几位译者译出的章节具体如下：熊文娴翻译了导言、《自由主义和社会行动》、论文部分 34 篇、列夫·托洛茨基案调查部分前 3 篇、附录部分和文本资料研究部分，以及索引部分；李楠翻译了列夫·托洛茨基案调查部分后 3 篇、社会前沿部分前 10 篇；喻郭飞翻译了社会前沿部分后 8 篇、书评部分前 5 篇；潘磊翻译了报告部分；本人翻译了书评部分后 10 篇和杂记部分。在全书的初稿完成以后，本人进行了统稿、校订和核对工作，对有些译漏的段落甚至整篇文章作了补译，对有些地方作了较大的调整和修改。

译作虽然尚未出版，但译者的情况已经发生了很大的变化：潘磊博士已晋升为副教授，熊文娴博士毕业后任教于华中科技大学，喻郭飞博士如今是云南大学哲学系的教师，李楠的博士论文已经完成。邵世恒是 2012 年入学的研究生，他不仅输入了杜威参考书目的大部分英文，而且通读了全部译稿。在此，本人对他们的辛勤劳动和付出表示诚挚的感谢。

《杜威全集》(38 卷) 的翻译出版是一项巨大的文化工程。我不过承担了其中的一卷，已深感完成这项工程的不易。酸甜苦辣，只有自知。尽管译者对本书的翻译耗费了无数的心血，也尽了最大的努力，但辞谬笔误之处肯定难免。不妥之处，恳请学界和广大读者批评指正。

朱志方

2014 年 5 月 7 日

图书在版编目（CIP）数据

杜威全集.晚期著作:1925～1953.第11卷:1935～1937/
（美）杜威（Dewey,J.）著;朱志方等译. —上海:华东师范大
学出版社,2013.7
ISBN 978-7-5675-1110-1

Ⅰ.①杜…　Ⅱ.①杜…②朱…　Ⅲ.①杜威,J.（1859～
1952)—全集　Ⅳ.①B712.51-52

中国版本图书馆 CIP 数据核字（2013）第 196509 号

国家社科基金重大项目资助（项目批准号：12＆ZD123）

杜威全集·晚期著作（1925—1953）

第十一卷（1935—1937）

著　　者　[美]约翰·杜威
译　　者　朱志方　熊文娴
　　　　　潘　磊　喻郭飞　李　楠
策划编辑　朱杰人
项目编辑　王　焰　朱华华
审读编辑　曹利群
责任校对　林文君
装帧设计　高　山

出版发行　华东师范大学出版社
社　　址　上海市中山北路 3663 号　邮编 200062
网　　址　www.ecnupress.com.cn
电　　话　021-60821666　行政传真 021-62572105
客服电话　021-62865537　门市（邮购）电话 021-62869887
地　　址　上海市中山北路 3663 号华东师范大学校内先锋路口
网　　店　http://hdsdcbs.tmall.com

印　刷　者　上海中华商务联合印刷有限公司
开　　本　787×1092　16 开
印　　张　41.25
字　　数　665 千字
版　　次　2015 年 1 月第 1 版
印　　次　2015 年 1 月第 1 次
印　　数　1—2100
书　　号　ISBN 978-7-5675-1110-1/B·798
定　　价　128.00 元

出版人　王　焰

（如发现本版图书有印订质量问题，请寄回本社客服中心调换或电话 021-62865537 联系）